Refo 500 성경 해설 3

시가서

Refo 500 성경 해설 시리즈는 종교개혁 500주년을 맞아 **〈고신 Refo 500 준비위원회〉**가 기획하고 **〈세움북스〉**가 협력하여 출간하게 되었습니다. 건강한 개혁주의 신학을 담고 있는 본서가 한국교회를 말씀 위에 바로 세우는 유익하고 좋은 도구가 되길 소망합니다.

Refo 500 성경 해설 시리즈 **3**

Refo 500 성경 해설 : 시가서

초판 1쇄 발행 2019년 4월 5일

지은이 | 박우택
펴낸이 | 강인구 · 고신 Refo 500 준비위원회
감　수 | 김성수 문장환 박영호

펴낸곳 | 세움북스
등　록 | 제2014-000144호
주　소 | 서울시 마포구 양화로 78, 502호(서교동, 서교빌딩)
전　화 | 02-3144-3500
팩　스 | 02-6008-5712
이메일 | cdgn@daum.net

디자인 | 참디자인

ISBN 979-11-87025-42-9 (03230)
　　　　979-11-87025-20-7 (03230) 세트

Refo 500 성경 해설 시리즈 ❸

Refo 500
성경 해설

박우택 지음

3 시가서
The Poetic and Wisdom Books

세움북스

저자 서문

─•ᴏᵢᴏ•─

종교개혁 500주년을 맞아 그 의미를 바르게 진단하는 일은 복된 미래를 열어가는 초석이 된다. 종교개혁이 어떤 의미를 가지고 있는지 '세계 레포 500'에서 자문학자들이 "2017년 종교개혁 500주년을 위한 진단과 전망"을 23개 항목으로 발표한 바가 있다. 그중에 이 책의 핵심과 관련된 몇 가지 내용을 요약하면 다음과 같다.

> 종교개혁은 오직 믿음으로 하나님께 의롭다 함을 받음으로 직접 하나님 앞에 서 있는 존재로서 사람을 발견하게 했다. 이러한 사람의 존재, 그 자유와 책임에 대한 언급은 교회와 기독교를 넘어 사회 각 분야, 특히 문화, 학문, 교육, 법, 정치, 경제 영역에 영향을 미쳤다. 그리고 사람이 하나님 앞에 서 있다는 사실은 자신이 믿는 것을 이해하고 자신의 믿음에 관해 설명할 수 있다는 점을 포함하기 때문에 종교개혁의 중심적인 관심사는 성경과 설교였다. 그래서 성경이 일반 대중의 언어로 번역되고 성경에 근거한 강해설교가 예배의 필수불가결한 요소가 되었다. 이 기본 신념은 그리스도인을 양성하기 위해 교육의 필요성을 불러일으켰다.

자문학자들의 이 진단은 옳을 뿐만 아니라 매우 중요하다고 생각한다. 성경을 가르칠 때 하나님 앞에 서 있는 존재로서 자기 자신을 발견하게 하고, 그 사람으로 하여금 하나님이 원하시는 새로운 세상, 곧 하나님 나라를 건설하게 할 수 있다고 믿기 때문이다.

종교개혁의 표어(motto)는 '오직 성경'(sola scriptura), '오직 믿음'(sola fide), '오직 은혜'(sola gratia)다. 이 중 첫 번째 '오직 성경'은 나머지 2개의 표어를 올바른 방향으로 이끄는 가장 중요한 요소다. 성경은 우리가 믿어야 할 믿음의 내용과 하나님이 우리를 구원하여 하나님 나라에 살게 하시는 은혜와 그 은혜를 받은 자의 자유와 책임을 기록하기 때문이다.

당시 종교개혁자들은 '오직 성경'이라고 말했지만 오늘날 불행하게도 다수의 가르치는 자들은 원저자이신 하나님의 의도와 상관없이 그들의 주관적인 생각에 따라 가르쳤다. 그래서 성도들로 하여금 성경을 바르게 읽지 못하게 했다. 이뿐만 아니라 누구든지 읽고 구원의 길을 찾을 수 있도록 쉽게 기록된 책을 어렵고 복잡하게 만들어 돌아가게 만들거나, 어떤 경우에는 아예 길을 찾을 수 없게 만든다. 심지어 성도들의 자유를 유린하거나 억압하는 도구로 사용하기도 한다. 또한 '오직 믿음'이라고 말했지만 믿음이 무엇이며, 그 믿음이 어떻게 표현되는지를 설명하지 못했기 때문에 실천과 연결되지 못했다. '오직 은혜'라고 말했지만 하나님이 우리의 구원을 위해 행하신 은혜가 무엇인지 보여 주지 못함으로 기복주의로 흐르게 하여 '값싼 은혜'만 넘쳐나게 되었다.

이러한 현상의 근본 원인은 성경이 어떤 책이며, 어떻게 기록하고 있는지 모르기 때문이다. 성경은 하나님이 우리를 구원하시기 위해 역사 가운데 행하신 구속사를 기록하고 있다. 그리고 그 구속사를 누구나 잘 알 수 있도록 우리가 사용하는 언어로 기록하였다. 언어를 이해하는 핵심은 문맥이다. 문맥은 본문의 의미를 결정하는 가장 중요한 요소다. 성경에서 어떤 단어의 문맥은 그 단어가 속해 있는 구절이며, 구절의 문맥은 그 구절이 속해 있는 문단이며, 문단의 문맥은 장(章)이며, 장의 문맥은 그 장이 속해 있는 책이다. 성경 기록의 특성상 각각의 저자가 66권을 다른 역사적인 상황에서 기록했다 할지라도 성경은 한 분 저자이신 하나님의 감동으로 된 책이기에(딤후 3:16) 성경 전체가 한 문맥을 이루고 있다. 이것은 성경 각 부분이 성경 전체의 핵심 주제인 언약과 그 언약의 목표인 하나님 나라와 밀접한 연관성을 가지고 있다는 것이다. 그럼에도 성경을 문맥과 관계없이, 또한 언약의 핵심인 그리스도와 아무런 연관성이 없이 연결하기 때문에 성경을 기록한 목적에 이르지 못한다. 하나님 앞에 서 있는 자신의 존재와 그 존재에 합당한 자유와 책임을 인식할 수가 없다. 이러한 이유에서 성경이 어떻게 그리스도와 연관되는지 올바른 신학적 관점과 그 내용을 기록한 방법을 이해하는 것이 필요하다.

현재 성경 개관서나 개론서도 있고, 셀 수도 없는 주해서들이 있다. 그럼에도 이 책을 쓴 것은 개혁주의 교리 표준과 성경해석 원리에 따라 성경 전체와 각각의 본문이 어떤 의미를 가지고 있는지 성경의 논리에 따라 설명할 필요가 있기 때문이다. 이 책은 다음과 같은 몇 가지 특징들을 가지고 있다. 이 특징들은 이 책을 어떻게 읽고 사용해야 하는지의 문제와 연관되어 있다.

1. 우리가 믿어야 할 믿음의 내용과 하나님이 그리스도 안에서 행하신 은혜를 구속사와 하나님 나라의 관점에서 설명하였다. 그래서 성경 전체와 각 권과 절들이 어떻게 이와 연관되는지 설명했다.

2. 구속사에서 하나님이 우리를 구속하시기 위하여 역사 가운데 행하신 하나님의 주권적인 사역만을 강조하지 않고, 하나님의 언약 당사자인 사람의 역할과 책임도 동일하게 강조하였다. 구속사에서 하나님이 우리를 구속하시기 위해 행하신 객관적인 사실을 아는 일이 중요하지만 언약 당사자인 사람이 하나님과 교제하며 그 은혜를 누리는 일과 이 세상에서의 그 역할과 책임도 중요하다고 보았기 때문이다.

3. 성경 저자들이 주제와 전하고자 하는 교훈을 어떻게 전달하는지 보여 주려고 했다. 각 책이 어떤 문학적 구조를 가지고 있고, 어떤 문학적 장치와 기교를 사용하여 의미를 전달하고 있는지를 보여 주려고 했다. 또한 각 책의 성격에 따라 이야기로 된 계시는 스토리를 살렸고, 설명으로 된 계시는 논리의 흐름을 살렸다.

4. 각 책의 주제와 기록 목적을 성경 자체가 가지고 있는 논리적 근거에 따라 기술했다. 어떤 근거에서 그 책의 주제가 되고 목적이 되는지, 저자가 주제를 전달하는 도구로 사용한 문학적 구조와 다양한 문학적 장치를 통하여 드러냈다.

5. 성경 각 권이 가지고 있는 스토리나 논리의 흐름에 따라 각 책의 모든 내용을 성경의 순서대로 기술했다. 누구든지 성경과 함께 읽어 가면 더 좋지만, 그냥 읽어도 성경 순서에 따라 그 내용과 그 의미를 알 수 있도록 썼다. 교회나 성도가 성경 전체를 읽거나 가르치려고 할 때 이 책과 함께 읽는다면, 성경의 주제와 논리를 따라 읽고 의미를 쉽게 파악할 수 있다. 그리고 성경 어떤 본문을 알고 싶다면 성경 순서에 따라 쉽게 찾을 수 있다.

6. 일선 목사님들이 새벽기도회, 주일 오후나 저녁예배 또는 수요 예배에서

차례대로 설교하거나 가르칠 수 있도록 썼다. 긴 본문도 선택할 수도 있고, 짧은 본문을 선택할 수 있도록 문단의 흐름과 대지를 따라 썼다. 작은 단위의 본문도 가능하다면 다 해설하려고 했다. 필요하다면 성경의 원어와 문법적 특징 등을 다루어 의미를 더 자세히 알 수 있게 썼다.

7. 목회자나 독자들이 다른 주석이나 주해서를 사용하지 않더라도 쉽게 성경의 핵심을 파악하고 가르칠 수 있도록 썼다. 뿐만 아니라 더 깊은 연구가 가능하도록 참고 문헌과 출처를 밝혔고, 또한 설명주를 달아 의미를 더 자세하게 알 수 있게 했다.

8. 목회자와 독자들이 이 책을 읽다가 의미를 더 보완하거나 적용점이 있다면 기록할 수 있도록 여백을 두었다. 성경의 특성상 이 여백은 본문의 의미를 더 풍성하게 할 수 있다.

9. 독자들이 더 잘 이해할 수 있도록 고착화된 몇 가지 외래어를 제외하고는 신학이나 문학과 관련된 전문 용어를 우리말인 한글로 표기했다. 또한 일본이나 중국의 언어 습관에서 비롯된 어투를 버리고 때로는 어색하지만 우리말로 표기하려고 했다.

이 책이 성경을 사랑하고 성경의 이상을 이 땅에 실현하기 원하는 성도들의 필요를 다 충족시키지는 못할 것이다. 그래도 이 책을 성도들이 성경과 함께 읽고 공부하면서 믿음으로 하나님에 의해 의롭다 함을 받은 자로서 그 자유와 책임을 발견하게 되기를 소망한다. 그리고 그들이 구속사의 넓은 지평에서 하나님과 교제하며 하나님 나라를 경험하게 되기를 원한다. 이뿐만 아니라 주님이 다시 오시는 그날까지 복음을 전파하여 성령 안에서 의와 평화와 기쁨이 특징인 하나님 나라를 만들어 가게 되기를 꿈꾼다(롬 14:17). 이 나라는 하나님이 그의 경륜 가운데 설계하셨고, 우리 믿음의 조상들과 바울과 요한이 꿈꾸었던 새로운 세상이다.

"고신 Refo 500 준비위원회"(이하 Refo 500)가 종교개혁 500주년 기념 사업으로 성경 전체를 우리의 교리 표준에 따라 구속사와 하나님 나라의 관점에서 개관한 책을 써 줄 수 있는지 물었고, 어떻게 쓸 것인지 계획서를 제출해 줄 것을 요청하였다. Refo 500이 그 계획서를 검토한 후 이 복되고 영광스러운 작업을 저에게 맡겨 주신 것에 진심으로 감사드린다. 특히 위원장이신 박영호 목사님(창원

새순교회)께 감사드린다. 박 목사님은 목회자와 독자의 입장에서 제가 쓴 원고를 긴 시간 동안 꼼꼼하게 여러 번 읽으며 내용을 보완하거나 바로잡는 일에 도움을 주셨다. 또한 글의 주인은 저자가 아니라 일선 목회자와 독자들이기 때문에 쉽게 읽을 수 있는 책이 되어야 함을 지적해 주셨다. 박 목사님은 성경을 알고 성경대로 살면서 교회마다 성경이 바르게 가르쳐지기를 원하는 '성경의 사람'이다. 또한 이 책의 전체적인 틀을 잡아주시고 수시로 대화하고 격려하며 감수해 주신 김성수 교수님(고려신학대학원)과 문장환 목사님(신학박사, 진주삼일교회)께 감사드린다. 또한 제가 속한 노회의 목사님들(박명진, 이영, 도근도, 김주환, 이순교, 정연무, 박보현 목사)과 사모님들에게 감사드린다. 이 분들은 제가 이 책을 쓰기 시작하면서 함께 공부하며 책의 방향성을 잡는 일에 도움을 주셨다. 이 분들 중에 정연무 목사님(한샘교회), 박보현 목사님(지음교회)은 이 책을 긴 시간 독회(讀會)하며 내용을 보완하거나 바로잡는 일에 도움을 주셨다.

이 책을 출판할 수 있도록 도와 준 『특강 소요리문답』과 『특강 종교개혁사』의 저자 황희상 선생님과 이 책을 의미 있게 생각하고 출판해 주신 세움북스 강인구 대표님에게 감사드린다.

그리고 이 책을 쓰는 일에 결코 잊을 수 없는 분들이 있다. 이분들이 기회를 주고 배려해 주지 않았다면 이 책을 쓰는 일 자체가 불가능했을 것이다. 이분들은 제가 지금 협동목사로 봉사할 수 있는 은혜를 주신 한밭교회 곽창대 목사님과 장로님들과 성도들이다. 특히 곽 목사님은 제가 이 책을 쓸 수 있도록 배려해 주시고 격려해 주셨다. 교회에서 책의 초고를 강의할 때 성도들의 질문과 격려는 책의 내용을 더욱 풍성하게 만들었다. 성경과 교회를 사랑하는 성도들과 교제하며 교회를 섬기는 것은 큰 복이다. 그리고 사랑하는 아내와 세 딸들이 복음의 동역자로 함께 기도하며 격려해 주지 않았다면 이 일이 가능하지 않기에 이들에게도 감사드린다. 그러나 하나님의 인도가 없었다면 이 영광스러운 일을 할 수 없기에 하나님의 은혜와 위로는 이 모든 감사 위에 있다.

2017. 8. 17.

박우택

추천사

—ᴏᴊᴏ—

500년 전 종교개혁은 위클리프, 후스, 루터, 칼빈 등이 성경의 진리를 깨닫고 그 진리에 헌신하므로 일어났다. 당시 잘못된 교황제도 아래서 교회는 성경을 잘못 해석하여 구원과 은혜 교리를 왜곡시켰다. 그중에 하나가 면죄부다. 성도들은 성경을 읽지 못해서 진리를 알 수 없었다. 종교개혁자들은 모든 성도가 자기들의 언어로 성경을 읽을 수 있게 했다. 그래서 종교개혁의 불길이 불꽃처럼 타올라 번졌다. 진리로 자유를 얻은 많은 사람들이 순교자의 길을 걸었음에도 하나님의 교회는 진리의 말씀 위에 세워지고 부흥하게 되었다.

시간이 흘러 종교개혁자들이 진리의 터 위에 세운 교회가 다시 무너졌다. 유럽에서 시작하여 북미 대륙까지 성경 해석에 인본주의와 세속주의가 영향을 미쳤다. 성경이 구원과 생활에 유일한 표준이 아니라는 생각이 교회 안에 들어왔다. 하나님의 존재마저 의심했다. 종교개혁 500주년을 맞이한 한국교회 역시 동일한 위기를 만나고 있다. 종교개혁자들의 후예들이라고 외치기도 하고 '오직 성경'이라는 구호도 잊은 적이 없다. 그럼에도 한국교회 선교 역사 130년에 성경을 바르고 충분하게 설교하고 가르쳤는지 확신이 서지 않는다.

성경 한 권이면 충분하다는 목회자와 성도를 찾아보기가 쉽지 않다. 또한 일부이기는 하나 성경을 잘못 해석하여 하나님의 목적과 뜻을 왜곡하는 사람들이 교회 안팎에서 늘어나고 있다. 순수한 복음이 선포되지 않는다. 새롭게 되는 길은 한 가지뿐이다. 그것은 하나님의 말씀을 바르게 해석하여 교회 안에서 충족하게 선포되어야 한다는 것이다. 말씀 위에 교회를 세워 새롭게 하고 성장시키기 위해서는 말씀과 기도에 전념해야 한다. 성경의 역사를 볼 때 모세, 사무엘 등이 백성들에게 하나님의 말씀을 전하고 가르침으로 하나님의 백성들을 바른 길로 인도했고, 바벨론 포로 이후에 에스라가 레위인과 백성들을 가르쳐 포로

귀환 공동체를 개혁했다. 신약시대 사도 바울은 말씀을 전파하여 교회를 세우고 디모데 같은 일꾼을 길러내었다. 이 역사를 보면서 우리는 사람을 바꾸고 시대를 변화시키는 것은 하나님의 말씀이라고 확신한다.

종교개혁 500주년을 맞아 출간되는『Refo 500 성경 해설 시리즈』는 박우택 목사 한 사람이 썼다. 이렇게 한 이유는 성경 전체를 일관된 관점과 방법론에 따라 통일성있게 쓰도록 하기 위함이다. 그는 고신대학교와 고려신학대학원과 교회에서 성경을 가르치고 연구한 성경신학자로서 성경이 어떤 책인지 잘 설명하였다. 또한 구속사적인 해석과 계시전달방법인 문학적인 해석을 통해 하나님의 작정과 인류를 구원하시기 위해 행하시는 대속적인 사랑과 하나님이 이 역사 속에서 이루고자 하시는 궁극적 목적인 하나님 나라가 어떻게 세워지고 완성되는지 잘 표현하였다. 창세기부터 계시록까지 66권이 한 권의 책임을 보여줄 뿐만 아니라 건강한 개혁주의 신학을 가지고 성경 전체를 해설하였다.

『Refo 500 성경 해설 시리즈』는 종교개혁 500주년을 맞아 교회가 말씀 위에 세워져 교회가 새로워지고 부흥하기를 소망하며 기획된 책이다. 누구든지 이 해설서를 통해 혼자서도 충분히 성경을 가르칠 수 있는 목회자, 교사, 부모가 될 수 있을 것이다. 성경 다중 번역 시대에 좋은 번역 성경을 읽어야 하고, 좋은 해설서를 곁에 두고 읽어야 한다. 이 책을 통해서 율법을 연구하고 준행하며 가르치기로 했던 에스라 같은 사람이 많이 일어나기를 소망한다. 하나님의 말씀이 완전하고 송이꿀보다 더 달다는 것을 맛보게 되기를 바란다(시 19:7-10). 기쁜 마음으로 이 책을 적극 추천한다.

박영호 목사(고신 Refo 500 준비위원회 위원장)

추천사

—·ℓↄ·—

　한 신학자가 일관된 신학적 관점과 방법론을 가지고 일정한 깊이와 수준을 유지하면서 성경 전 권을 다 해설한다는 것은 정말 힘든 작업이라 할 수 있다. 교회 역사에서 이런 작업을 이룬 신학자는 손에 꼽을 정도로 적다. 그러나 이 작업은 교회에 정말 필요한 일이 아닐 수 없다. 개혁 신학의 관점에서 창세기부터 요한계시록까지 꼼꼼히 주석한 고 박윤선 박사님의 성경 주석은 지난 반세기 동안 한국의 많은 목회자들에게 큰 도움을 주었다. 특히 이 주석은 장로교 목사님들만이 아니라 많은 목회자들과 성경을 배우고 싶은 성도들에게 없어서는 안 될 보배와 같은 책으로 지금도 그 독특한 위치를 차지하고 있다. 종교개혁자 칼뱅도 개혁 신학을 바탕으로 구약의 사사기, 열왕기서, 역대기서, 에스라-느헤미야, 신약의 요한계시록 등을 제외하고 성경 전 권을 주석했다. 이 주석을 전 세계의 개혁파 목사님들이 아직도 가장 권위 있게 참고하고 있다. 이렇듯 바른 신학적 관점으로 성경을 읽고 해설하는 것은 그 신학의 전통 속에 있는 설교자들과 성도들에게 중요한 선물이 아닐 수 없다.

　종교개혁 500주년이 되는 해에 박우택 박사가 성경 전 권을 해설한 책을 출간하게 된 것은 정말 의미 있고 기쁜 일이 아닐 수 없다. 박우택 박사는 거의 30년간 지역 교회에서 목회를 하고 끊임없이 설교하면서, 한편으로 고려신학대학원에서 계속 구약학을 가르쳐 온 학자이다. 그의 역사서 강의에는 학생들로 늘 가득 찼다. 학구적으로 꼼꼼하고 치밀하게 본문을 분석하고 목회적으로 종합하는 그의 수업과 강의는 신대원 학생들로부터 가장 환영받는 강의였다. 누구보다도 이 해설서를 쓸 적임자라고 할 수 있는 학자요 목회자이다.

　이 책은 저자가 서문에서 언급하였듯이 성경의 핵심 주제인 구속사와 하나님 나라의 관점으로 성경 저자들이 전달하고자 했던 방법인 문학적 특징과 문맥의 흐름을 따라 이해할 수 있도록 쓴 성경 해설서이다. 그래서 이 책은 목회자들이 설교할 때뿐만 아니라 성도들이 성경을 규칙적으로 읽거나 큐티(QT)를 할 때도 직접적으로 도움을 줄 수 있는 장점을 가지고 있다. 그리고 개혁 신학의 핵심을 담고 있는 교리 표준인 웨스트민스터 표준 문서에 따라 중요 교리를 설명하고 있다.

일본의 사사키 아타루(佐々木 中)라는 철학자는 종교개혁을 "읽기 혁명"이라고 명명한 바 있다. 이렇게 말한 것은 성경을 직접 읽을 뿐만 아니라 성경을 바른 관점과 신학을 통해 읽고자 했던 혁명이 종교개혁이었다는 것이다. 종교개혁 500주년을 맞이하여 발간되는 박우택 박사의 성경 해설서가 한국 교회 목회자들과 성도들이 성경을 바르게 읽게 하므로 설교 강단과 교회와 세상을 새롭게 만드는 신앙의 혁명을 가져오게 되기를 희망하면서 목회자들만이 아니라 모든 성도들에게 이 책을 진심으로 추천한다.

신원하 교수(고려신학대학원, 원장)

추천사

—◦ᴖ◦—

　본서와 같이 신구약 성경 전반의 흐름을 개관하되 개론서 수준이 아니라 모든 본문들을 신학적이고도 문학적으로 정리해 주는 책을 찾기는 어렵다. 더군다나 각 분야의 전문가들이 각 파트를 하나씩 담당해서 쓰는 것이 아니라 한 저자가 신구약 전체를 다루는 경우는 굉장히 보기 드문 일이다. 누군가에겐 무모한 시도로 보일 수도 있을 것이다. 하지만 저자가 박우택 박사라면 이야기가 달라진다. 박우택 목사님은 이런 책을 쓸 충분한 자격과 능력을 갖춘 분이다. 박 목사님은 거의 30년 동안 신학교와 교회에서 성경을 가르쳐 왔기 때문이다. 박 목사님은 고신대의 학부 학생들과 석사 과정 학생들, 고려신학대학원의 목회자 후보생들과 여신원 학생들, 교회의 성도들, 선교지의 지도자들을 가리지 않고 다양한 대상들에게 다양한 성경 분야들을 강의해 왔다. 이러한 그의 강의 경력은 에스라–느헤미야에 대한 그의 박사 학위 논문을 통해서 더욱 더 예리하게 다듬어졌다. 박사 학위를 받기 이전에도 신대원 학생들에게 환호를 받았던 '에스라–느헤미야' 과목이었지만 학위 논문을 쓴 이후에는 반드시 들어야 하는 선택 과목으로 확실하게 자리를 잡게 되었다. 평소에 박 목사님을 대하면서 느낀 그 느낌이 본서에 고스란히 반영되었다. 성경에 대한 열정과 구속사적 해석에 대한 소신, 그리고 교회에 대한 그의 사랑이 본서에서 그대로 묻어난다.

　본서는 여러 가지 면에서 교회 사역자들과 성도들에게 유익하다. 먼저, 성경 전체에 대한 그림을 잘 그려 준다. 구속사적인 흐름을 보여 줄 뿐만 아니라 각 책이 그 흐름 가운데서 차지하는 자리들을 잘 제시해 준다. 무엇보다 구약과 신약 본문들을 수시로 연결해 주면서 전체의 흐름을 독자들이 지속적으로 감지하게 해 준다. 평상시에 나무는 보는데 숲을 볼 수 없어서 아쉬움을 느끼던 독자들의 목마름을 채워줄 생수와 같은 책이다.

또한 본서는 신학적이고 신앙적이다. 학문적인 논쟁이나 전문적인 해석만을 다룬 책도 아니고 전문성이 결여된 묵상집도 아니다. 전문성을 가지고 각 책들에 대한 해석을 제시하되 신학적이고도 신앙적으로 제시한다. 본문에 대한 필자의 신학적 설명은 어느새 신앙적인 적용이 되고 있다. 평생 개혁주의 신학과 신앙에 헌신한 저자의 삶이 책의 곳곳에 성실하게 반영되어 있다. 독자들이 성경의 흐름을 파악하면서 신학적인 방향성을 잘 잡을 수 있게 하는 책이다.

본서는 성경이 가지고 있는 문학적인 측면들을 잘 부각시켜 준다. 하나님이 우리에게 성경을 주시되 각 시대 저자들의 문학적 기술과 감수성을 잘 사용하셔서 효과적으로 전달하셨다. 이러한 문학적 특징들이 어우러져서 신학적인 교훈이라는 열매를 만들어 낸다. 본서는 이러한 특징들을 잘 드러내 준다. 본서가 가진 이런 장점들은 저자가 문학적 기교나 특징들에 대해 수년간 탐구하고 연구한 열매이기도 하다. 우리는 본서를 통해서 다른 개론서들에서 잘 보기 어려운 선물들을 누리게 될 것이다.

본서가 가지고 있는 다양한 장점들이 본서를 읽는 많은 독자들에게 고스란히 전달이 되어 한국 교회 가운데 성경에 대한 관심과 열정이 새롭게 일어나게 되기를 기대한다.

김성수 교수(고려신학대학원, 구약학)

목 차

시가서는 어떤 책인가? · 25

Poetry

욥기 · 39

Job

시편 · 149

Psalms

잠언 · 443

Proverbs

시가서는
어떤 책인가?

S U M M A R Y

1. 시가서의 기록 특성
2. 시가서의 분류와 명칭
3. 히브리 시의 특성
4. 지혜서의 특성
    (1) 고대 근동의 지혜
    (2) 욥기, 잠언, 전도서의 지혜

시가서는 어떤 책인가?

—◦¿◦—

일반적으로 시가서를 욥기, 시편, 잠언, 전도서, 아가로 분류한다. 이 책들을 시가서로 부르는 것은 전도서를 제외한 다른 책들이 시(= 운문)로 기록되어 있기 때문이다. 이 다섯 권 가운데 '메길롯'(the Megilloth)에 전도서와 아가가 포함되어 있다. '메길롯'은 '두루마리들'이라는 뜻이지만 유대 기념일에 읽는 다섯 권의 책을 말한다. 그 책은 절기 순서에 따라 아가(유월절, 첫째 달 아빕월), 룻기(칠칠절, 셋째 달 시완월), 예레미야 애가(성전 함락을 추모하는 다섯째 달 압월 9일 금식일), 전도서(장막절, 일곱째 달 티쉬리월), 에스더(부림절, 열두째 달 아달월) 순서로 배열되었다. 아가서를 유월절에 읽었다는 것은 여호와와 이스라엘의 사랑을 강조한 것이다(벌럭 1999, 18). 그러나 시가서를 문학 장르에 따라 구분하는 것은 적절하지 않다. 전도서는 시를 포함하고 있지만 산문이다. 무엇보다 내용적으로 욥기, 잠언, 전도서는 지혜서이다.

시가서는 주로 시로 되어 있고 성도를 포함한 모든 인간이 갈등하며 질문하는 다양한 주제를 기록하고 있다. 욥기는 원인을 알 수 없는 고난과 그 고난을 어떻게 극복할 수 있는지에 대한 지혜를 보여준다. 시편은 신앙고백과 믿음이 어떤 의미가 있으며, 다양한 시험과 어려움을 어떻게 극복할 수 있는지 보여준다. 잠언은 여호와를 경외하는 삶의 구체적인 내용이 무엇이며, 그러한 삶이 왜 지혜인지 보여준다. 전도서는 죄로 말미암아 야기된 부패한 양심과 인생의 허무함 가운데 지혜로운 삶이 무엇인지 보여준다. 그리고 아가서는 사랑과 성(性, sex)의 문제를 어떻게 보아야 할 것인지 보여준다.

1. 시가서의 기록 특성

시가서는 기록방식에 있어서 율법서나 선지서처럼 직접적인 하나님의 계시를 기록한 것이 아니다. 시가서는 오경이나 역사서 그리고 선지서처럼 '여호와(하나님)께서 이르시되'라고 쓰지 않는다. 그런데도 시가서는 하나님의 말씀이다. 왜냐하면 시가서가 다른 계시와 다른 점은 하나님의 말씀을 믿고 살았던 구약 성도들이 경험한 내용을 기록한 경험적 계시이기 때문이다. 그래서 시가서를 바르게 이해하려면 몇 가지 기록 특성을 알아야 한다.

첫째, 시가서는 인간에 대한 하나님의 뜻을 기록하기보다는 하나님과 그분과 맺은 언약을 중심으로 구약 성도들이 경험한 내용을 기록한다. 그리고 하나님의 말씀에 대한 믿음의 다양한 현상과 그 믿음을 경험한 내용과 방법 그리고 삶의 경험을 통하여 체득한 지혜가 무엇인지를 설명한다. 시편은 하나님의 창조, 섭리, 통치 그리고 구속에 대한 인간의 반응인 믿음, 감사, 기도, 찬양 등의 긍정적 반응을 보이는 내용과 함께, 믿음과 현실의 부조리에서 오는 갈등과 아픔 등의 반응을 표현한다. 그리고 한 성도나 믿음의 공동체가 하나님을 믿는 삶 속에서 만날 수 있는 문제들인 죄와 고통, 사랑, 갈등과 해소 등의 내용도 담고 있다. 지혜서는 인간사회를 비롯한 창조세계를 관찰하고 묵상하고 경험해 본 결과로 하나님의 백성들이 가져야 할 삶의 지혜들을 기록한다. 그런데 이러한 내용들은 꾸미거나 상상하여 만든 문학작품이 아니다. 구속사에서 한 성도나 믿음의 공동체가 믿고, 묵상하고, 기도하고, 갈등한 내용을 경험적으로 기록한 것이다(김성수 2015, 130-131). 비록 일부 시편은 당시 역사적 사건과 연관이 있지만 시편 대부분은 모든 시대의 성도들에게 보편적으로 적용된다. 이것은 현대 성도들도 시가서를 그들의 믿음과 삶에 적용할 수 있다는 것이다.

둘째, 시가서는 인간이 만나고 경험할 수 있는 보편적 성격의 내용을 기록한다. 시가서에서 다루는 주제들, 즉 고난에 대한 문제, 죄로 인해 부패한 양심, 인생의 허무, 남녀 간의 사랑과 같은 주제들은 모든 나라와 인종을 망라하는 모든 인류의 문제이기 때문이다(벌럭 1999, 16).

2. 시가서의 분류와 명칭

구약성경을 분류할 때 히브리 성경(BHS)은 3구분법(율법서, 선지서, 성문서)으로 구분하고, 70인역은 4구분법(율법서, 역사서, 시가서, 선지서)으로 구분한다. 히브리 성경에는 시가서가 성문서에 있다. 그 순서는 시편, 욥기, 잠언, 룻기, 아가, 전도서, 예레미야 애가 등으로 나타난다. 이는 정경형성에 있어서 관점에 따라 다르게 보았기 때문이다.[1]

70인역은 구약성경을 율법서, 역사서, 시가서, 선지서 등으로 구분한다. 여기서 시가서는 시편, 잠언, 전도서, 아가 그리고 욥기 순서로 되어 있다. 하지만 지금 우리가 보편적으로 사용하는 순서는 제롬(Jerome)이 번역한 라틴어 성경(Vulgate)을 따랐다. 그 순서는 욥기, 시편, 잠언, 전도서, 아가다. 이것은 시대적인 배경을 고려한 것이다. 왜냐하면 욥은 족장 시대, 시편은 다윗, 나머지 세 권은 솔로몬이 지었다고 보기 때문이다.

우리나라의 신학서적들과 교회문서들은 이 다섯 권의 책을 '시가서'(詩歌書)라고 부른다. '시가서'라고 부른 것은 문학 장르가 시와 노래들로 이루어져 있기 때문이다. 이 명칭은 이 책들의 기술방식을 이해하는데 도움이 된다. 하지만 이 명칭은 이 책들이 어떤 내용을 담고 있는가 하는 문제를 놓치게 한다. 이 시가서를 영어권에서는 '히브리 시와 지혜문학'(*The Hebrew Poetic and Wisdom Literature*)이라고 부른다. 이 제목은 '시가서'가 시와 지혜의 문서들로 이루어져 있다는 것을 강조한다. 특히 시가서 가운데 욥기, 잠언, 전도서를 '지혜서'라고 부른다. 지혜서 역시 문학 장르로는 시지만 내용적으로는 지혜문서다. 이 명칭은 지혜서를 이해하는 나침반 역할을 한다.

하지만 우리가 염두에 두어야 할 것은 현재 성경 순서가 신적 영감의 권위에 의해 정해지지 않았다는 것이다. 신적 영감은 그 내용에만 제한된다(벌릭 1999, 19). 다만 순서는 역사적으로 그 책들을 어떤 관점으로 이해했는지를 보여준다.

---

[1] 예를 들면 잠언 다음에 룻기를 둔 것은 잠언 31:10-31에 기록된 현숙한 여인을 룻기에서 보여준다고 보았기 때문이다.

3. 히브리 시의 특성

시는 일반 산문보다 더 일정한 원칙에 따르지 않고 자유롭게 구조화된 언어다. 시는 표현된 내용(what is said)은 물론이고, 어떻게 표현되는지(how something is said)에 대해 보다 더 많은 관심을 기울이고 있다. 이런 점에서 시는 산문보다 훨씬 높은 수준의 문학적 기교를 사용한다는 특징을 지닌다(Longman 1987, 120-121). 그 기교 가운데 가장 중요한 형식상의 특성은 평행법(= 대구법)을 사용한다는 것이다. 평행법은 구약성경에서 가장 두드러지게 나타나는 문학적 기교로 같은 것을 다른 말로 말하는 것이다(루이스 2002, 9). 로쓰(Lowth 1923, 204-205, 201-216)는 평행법을 한 절이나 행이 다른 절이나 행과 동일하거나 유사하거나 평행을 이루는 것이라고 했다. 그리고 평행법은 한 진술이 표현되고, 그 뒤따르는 또 다른 진술이 추가로 붙여지거나 그 진술 아래 덧붙여질 때, 두 번째 진술은 첫 번째 진술과 의미상으로 똑같거나 반대되고, 문법적인 구성에 있어서 유사한 형식을 취한다고 했다. 예를 들면 다음과 같다.

> 여호와여
> 주의 분노로 나를 책망하지 마시오며
> 주의 진노로 나를 징계하지 마옵소서(시 6:1).

또한 히브리 시는 간결하고 다양한 이미지(image)를 사용하여 전달한다는 특징이 있다(Longman 1987, 119-134). 예를 들면 다음과 같다.

> 하나님이여 사슴이 시냇물을 찾기에 갈급함 같이
> 내 영혼이 주를 찾기에 갈급하나이다(시 42:1).

> 그들이 칼 같이 자기 혀를 연마하며
> 화살 같이 독한 말로 겨누고
> 숨은 곳에서 온전한 자를 쏘며
> 갑자기 쏘고 두려워하지 아니하는도다(시 64:3-4).

이 외에도 시는 교차대구법(chiasmus), 반복(repetition), 알파벳 이합체(alphabetic acrostic), 연의 형식 등을 통하여 의미를 전달한다. 이러한 방법을 사용한 것은 구약성경이 읽기 위한 책으로 기록되었기보다는 읽어주기 위한 책으로 기록되었기 때문이다. 고대 세계에 책을 쓰는 사람들은 현대 세계에 책을 쓰는 사람들처럼 독자들을 위한 유사한 종류의 신호를 사용했다. 그 중요한 신호가 문학구조로써 교차대칭구조와 반복, 평행구조 등을 통하여 문단을 구분하거나 주제를 강조한다(Parunak 1984, 153–168). 히브리 시의 이러한 특성을 이해하는 일은 시가서를 이해하는 열쇠와 같다.[2]

4. 지혜서의 특성

인간이 인간 자신과 우주를 어떻게 이해할 것인가를 자신의 경험에서 배우려고 한 것은 문명이 시작되었을 때부터라고 할 수 있다. 거의 모든 문화마다 문학이나 구전형태로 지혜를 모아 놓은 보고가 있다. 부모들은 자식들에게 인생과 인생의 의미를 가르쳐 주기 위하여 자기들이 알고 있는 금언, 격언, 우화, 설화 심지어는 수수께끼까지 이야기해 준다(데이비스 1993, 66). 이러한 지혜는 사람들이 삶의 현실에 직면하여 생존하기 위한 노력에서 비롯되었다. 이러한 점에서 지혜는 삶의 기술이다(롱맨 2005, 19). 지혜는 각각 다른 상황에서 어떻게 행동하고 말해야 하는지 알 수 있도록 도와주는 실제적인 지식이다. 지혜는 문제를 피하는 능력과 문제가 생겼을 때 해결하는 기술을 수반한다. 지혜는 또한 다른 사람들이 우리에게 하는 말에 올바르게 반응할 수 있도록 그들의 말과 글을 해석하는 능력도 포함한다. 그러나 이 지혜가 지성을 배제하는 것은 아니라 할지라도 여기에 초점을 맞추어서는 안 된다. 또한 성경에서 지혜란 뛰어난 지능지수(I.Q.)를 말한다는 어떤 암시도 없다(Goldsworthy 1987a, 16).

지혜서에서 말하는 지혜는 이것들을 포함하지만 이보다 더 본질적인 개념이다. 그것은 여호와를 경외하는 것이다. 어떤 의미에서 여호와를 경외하는 것이 지혜가 될 수 있고 삶의 기술이 될 수 있는가? 여호와를 경외하는 것이 삶의 기

---

2 히브리 시의 특성에 대하여는 "시편 해설"의 '서론'을 참조하라.

술이 될 수 있는가? 구약성경의 지혜서인 욥기, 잠언, 전도서는 모두 여호와를 경외하는 것이 지혜라고 말한다(욥 28:28; 잠 1:7; 전 12:13). 이 책들은 여호와를 경외하는 것을 어떻게 묘사하는가?

(1) 고대근동의 지혜

성경에 기록된 다양한 지혜는 고대근동의 지혜문서에도 유사하게 나타난다. 이러한 이유 때문에 성경의 지혜가 진화론적인 과정에 의해 생겨났거나, 주변의 종교문화에서 좋은 것들을 받아들여 생긴 것이라고 보기도 한다. 고대근동의 문서에 성경과 몇 가지 유사한 부분이 있다고 해서 고대 근동의 지혜가 같다고 할 수 없다. 하지만 성경의 지혜와 문학이 주변 문화의 영향을 받았다는 사실은 부인할 수 없다(벌럭 1999, 47). 이 점에 대하여 롱맨(2005, 85)은 이렇게 말했다.

> 고고학자들이 이스라엘과 근접한 수많은 문화에서 형식과 내용이 구약의 책들과 상당히 유사한 고대의 저작들을 발견했다. 항상 유사점 속에서도 결정적인 차이점들이 있는 것은 사실이지만 그렇다고 유사성을 무시할 수 있는 것은 아니다.

예를 들어 성경의 지혜와 애굽의 지혜 사이에 상당한 유사점이 나타난다. '아멘엠오펫'(Amen-em-Opet)의 교훈은 잠언 22:17-24:22과 상당히 유사하다.

아멘엠오펫의 교훈 1장
귀를 기울여 말하는 것들을 들어라.
네 마음이 그것들을 이해하게 하라.
그것들을 네 마음에 두는 것은 가치가 있다(Pritchard 1969, 421)

잠언 22:17-18a
너는 귀를 기울여 지혜 있는 자의 말씀을 들으며
내 지식에 마음을 둘지어다

이것을 네 속에 보존하며 …

아멘엠오펫의 교훈 2장

그의 배를 네 빵으로 채워라.

그가 만족하게 되어 부끄러움을 느끼도록.

신의 마음에 좋은 또 다른 행동은

말하기 전에 멈추는 것이다(Pritchard 1969, 422)

잠언 25:21-22

네 원수가 배고파하거든 음식을 먹이고

목말라하거든 물을 마시게 하라

그리하는 것은 핀 숯을 그의 머리에 놓는 것과 일반이요

여호와께서 네게 갚아 주시리라

이러한 내용은 직접적인 차용이 아니라 유사한 주제를 보여준다. 문맥을 고려하지 않는다면 아멘엠오펫의 교훈이 성경의 잠언과 동일한 주제를 다루었다는 것은 우연의 일치로 볼 수 없다(롱맨 2005, 86-87). 이것은 지혜가 어느 문화권이든 보편적 성격을 지니고 있다는 것이다. 이 점은 다른 문화를 무조건 배타적으로 볼 것이 아니라 어떤 점을 어떻게 수용해야 할 것인지 시사점을 준다. 그리고 비슷하거나 동일한 지혜를 다루고 있지만 성경의 지혜가 세상의 주제와 근본적으로 다른 점이 무엇인지 고려해야 함을 보여준다. 성경의 지혜와 고대 근동의 지혜가 유사하다고 하여 결코 성경의 지혜의 가치가 떨어지는 것은 아니다. 오히려 두 개를 비교해 보면 성경의 지혜의 가치가 더 돋보인다. 그 이유는 성경의 지혜는 하나님과 맺은 언약에 그 토대를 두고 있기 때문이다.

(2) 잠언, 욥기, 전도서의 지혜

고대근동의 지혜가 성경의 지혜와 부분적으로 유사한 면이 있다 할지라도 그것은 성경의 지혜와 근본적으로 다르다. 왜냐하면 이스라엘의 지혜서는 이스라

엘의 언약 신앙과 연관되어 있고, 선지적 약속과 더불어 그리스도의 오심을 가리키고 있기 때문이다(Goldsworthy 1987a, 14). 구약성경에서 언약 신앙의 핵심은 여호와를 경외하는 것이다.

① 잠언서의 지혜

잠언서의 지혜는 여호와를 경외하는 것, 곧 주의 법인 계명을 지키는 것이다. 특히 잠언서는 여호와를 경외하는 자를 자신과의 관계에서 부지런하고(잠 10:4; 12:17, 24) 근신하며(잠 3:21), 대인관계에서 정직하고(잠 2:21; 11:3), 책임감이 있고 성실하며(잠 19:1), 겸손하고(잠 3:34), 사회적인 관계에서 정직하게 거래하고(잠 11:1), 사회적 약자들을 보호하고, 뇌물을 거절하며(잠 15:27; 17:23), 구제하고 봉사하는 자(잠 11:24-25) 등으로 묘사한다. 그래서 잠언은 여호와를 경외하는 것을 인간의 다양한 삶의 넓은 영역에서 반드시 가져야 할 의, 정직, 책임감, 성실, 부지런함 등으로 설명하고 있다. 여호와를 경외하는 사람은 정직하고, 뇌물을 피하고, 부지런하고, 책망을 받아들이고, 겸손하고, 인내하고, 말을 더디고, 분내지 아니하고, 맡은 일에 성실하고, 책임감이 강하고, 자신을 희생하여 구제하는 사람이라고 구체적으로 서술하고 있다. 이러한 삶은 시내산 언약과 이 언약을 구체적인 상황에서 적용한 신명기 언약에 기록되어 있다(신 4:45-29:1; 29:2-32:47). 신명기 언약의 핵심은 하나님의 말씀을 믿고 순종하면 언약에 담긴 복을 받지만 언약을 배반하고 하나님의 말씀에 불순종하면 저주를 받게 된다는 것이다. 잠언서에 기록된 윤리는 여호와를 경외하는 구체적인 표현이고, 삶의 기술이다.

② 욥기의 지혜

언약 백성이 하나님의 말씀에 순종한다고 할지라도 고통과 어려움이 있을 수 있다. 이러한 문제에 직면할 때 풀어갈 수 있는 삶의 기술을 보여주는 책이 욥기다. 저자는 욥이 어떤 사람인지 이렇게 설명한다.

> 우스 땅에 욥이라 불리는 사람이 있었는데 그 사람은 온전하고 정직하여
> 하나님을 경외하며 악에서 떠난 자더라(욥 1:1; 참조. 겔 14:14)

> 여호와께서 사탄에게 이르시되 네가 내 종 욥을 주의하여 보았느냐 그와
> 같이 온전하고 정직하여 하나님을 경외하며 악에서 떠난 자가 세상에 없느
> 니라(욥 1:8)

욥은 하나님을 경외하는 자였다. 잠언서의 논리라면 그는 당연히 형통해야 하고 고통을 받지 않아야 한다. 그러나 그는 자녀들과 재산을 잃어버리는 고통과 발바닥에서 정수리까지 종기가 나서 고통스러웠다. 그 외에도 참기 어려운 가려움(욥 2:8), 망가진 얼굴(욥 2:12), 무서운 악몽(욥 7:14), 쉴 새 없이 흐르는 눈물(욥 16:16), 숨을 쉴 때마다 나는 악취(욥 19:17), 비쩍 마른 몸(욥 19:20), 살갗이 검어지고 벗겨짐(욥 30:30) 등의 신체적 고통도 있었다.

욥의 세 친구인 데만 사람 엘리바스와 수아 사람 빌닷 그리고 나아마 사람 소발은 욥이 당하는 모든 고난을 죄의 결과라고 해석했다(욥 4:7-8; 8:4; 11:7-11 등). 이러한 관점은 일반적으로 '인과응보의 법칙' 또는 '인과론'(causationism)이라고 한다. 이것은 행위와 그 결과 간에 밀접한 연관성이 있다고 본다. 이것은 모압 언약을 적용한 것이다. 모압 언약의 핵심은 악에서 떠난 선한 사람은 복을 받고, 악을 행한 사람은 벌을 받는다는 것이다.

그러나 욥의 세 친구들은 하늘 보좌에서 일어난 일을 몰랐다. 거기에서 사탄은 욥이 하나님을 경외하는 것은 하나님이 복을 주셨기 때문이라고 주장했다. 이에 대해 하나님은 욥의 믿음이 재물 때문도 아니고, 건강 때문도 아니라 온전한 마음으로 여호와를 경외하고 있다는 것을 증명해 보이려고 사탄에게 시험을 허락하셨다. 골즈워디(Goldsworthy 1987a, 97, 99)는 이를 가리켜 '감추어진 질서'(The hiddenness of order)라고 했다. 욥기서는 우리가 알지 못하는 감추어진 질서세계가 있고 그래서 죄로 인하여 고난받는 것이 아니라 신비로운 하나님의 섭리 가운데 있는 것도 있음을 보여준다. 욥기는 이 세계를 알지 못하지만 하나님의 전지, 전능, 자비하심을 믿고 인내하며 하나님을 경외하는 것이 지혜라고 설명한다(욥 38:1-41:34; 약 5:11). 왜냐하면 여호와를 경외하는 것이 하나님의 섭리 가운데 있는 고통을 극복할 수 있는 삶의 기술이기 때문이다.

③ 전도서의 지혜

전도서는 욥기에서 말한 감추어진 질서 세계에서 일어나는 고통 외에 우리가 알 수 없는 또 다른 문제가 있다는 것을 '전도자'(코헬레트, קֹהֶלֶת)의 입으로 말한다. 전도자는 인생은 '헛되고 헛되다'라는 염세적 표현을 반복한다(전 1:2; 2:1, 15, 19; 3:19; 5:10; 6:11; 7:6; 8:10, 14; 9:9; 11:8; 12:8). 전도자가 이러한 말을 하는 것은 '해 아래서' 곧 현실의 삶에서 잠언서의 보편적인 원리가 적용되고 있지 않기 때문이다. 예를 들면 다음과 같다.

> 내 허무한 날을 사는 동안 내가 그 모든 일을 살펴 보았더니 자기의 의로움에도 불구하고 멸망하는 의인이 있고 자기의 악행에도 불구하고 장수하는 악인이 있으니 지나치게 의인이 되지도 말며 지나치게 지혜자도 되지 말라 어찌하여 스스로 패망하게 하겠느냐 지나치게 악인이 되지도 말며 지나치게 우매한 자도 되지 말라 어찌하여 기한 전에 죽으려고 하느냐 너는 이것도 잡으며 저것에서도 네 손을 놓지 아니하는 것이 좋으니 하나님을 경외하는 자는 이 모든 일에서 벗어날 것임이니라(전 7:15-18)

> 세상에서 행해지는 헛된 일이 있나니 곧 악인들의 행위에 따라 벌을 받는 의인들도 있고 의인들의 행위에 따라 상을 받는 악인들도 있다는 것이라 내가 이르노니 이것도 헛되도다(전 8:14)

> 내가 다시 해 아래에서 보니 빠른 경주자들이라고 선착하는 것이 아니며 용사들이라고 전쟁에 승리하는 것이 아니며 지혜자들이라고 음식물을 얻는 것도 아니며 명철자들이라고 재물을 얻는 것도 아니며 지식인들이라고 은총을 입는 것이 아니니 이는 시기와 기회는 그들 모두에게 임함이니라 분명히 사람은 자기의 시기도 알지 못하나니 물고기들이 재난의 그물에 걸리고 새들이 올무에 걸림 같이 인생들도 재앙의 날이 그들에게 홀연히 임하면 거기에 걸리느니라(전 9:11-12)

이러한 말씀은 전도서의 교훈이 잠언서와 욥기의 교훈과 다름을 느끼게 한다. 이것은 본질적으로 인간이 범죄한 이후로 인간과 세상의 질서가 왜곡되거나 변질되었기 때문이다. 그래서 불합리하고 불가해한 일들이 일어나기도 한다(전 3:16; 4:1-3). 그럼에도 불구하고 전도자는 하나님을 경외하고 그의 명령을 지키는 것이 참된 지혜라고 결론을 맺는다. 그 이유는 하나님은 모든 행위와 모든 은밀한 일을 선악 간에 심판하시기 때문이다.

> 일의 결국을 다 들었으니 하나님을 경외하고 그의 명령들을 지킬지어다 이것이 모든 사람의 본분이니라 하나님은 모든 행위와 모든 은밀한 일을 선악 간에 심판하시리라(전 12:13-14)

전도자의 이러한 결론은 세상의 질서가 죄로 인하여 왜곡되고 변질되었다 할지라도 여호와를 경외하는 것은 이러한 세상에서 의미 있게 사는 삶의 기술이라는 것이다.

④ 지혜의 실천

우리는 욥기, 잠언, 전도서 안에 묘사된 지혜인 여호와를 경외하는 삶을 살기를 염원한다. 하지만 세상의 질서와 우리 개개인의 인격의 변화 없이는 불가능하다. 완전한 변화는 마지막 날 부활하게 될 때 가능하다. 그렇다고 단순한 기대에 머물러 있어서는 안 된다(Goldsworthy 1987a, 189). 이것은 인간이 범한 죄로 인하여 모든 관계가 왜곡되었기 때문이다. 그리고 인간이 그리스도 안에서 구속을 받아 새로운 존재가 되었다 할지라도 환경과 세상의 질서가 달라지지 않았기 때문에 세상에서 여호와를 경외하는 문제로 갈등한다. 그렇다고 하여 주님이 재림하실 때에 지혜를 실천할 수 있다면 지혜서는 우리에게 아무런 의미가 없다. 왜냐하면 구약의 지혜서는 우리가 살고 있는 세상과 인간의 연약함을 알고 그리스도를 믿어야 한다는 사실을 알게 하고, 동시에 그리스도를 믿음으로 그 지혜가 실현가능하도록 인도하기 때문이다. 그리고 그리스도께서 죄로 인하여 야기된 모든 왜곡된 질서와 인간성을 회복해 주셨기 때문이다. 이것은 우리 믿는 신자는 참된 지혜를 실천해야 하고, 새로운 세상을 만들어가야 할 사명이 있고, 또한 가능하다는 것을 보여준다.

그러나 오늘날 성도들은 불행하게도 이 지혜를 실천하여 자신의 인격이 변화되거나, 새로운 세상을 만들어가야 할 사명을 회피한다. 여기에는 칼빈주의의 전적 타락과 무능력 교리를 잘못 이해한 측면도 있다. 그것은 은연중에 인간의 전적 타락과 무능력을 강조한 나머지 계명을 온전히 지킬 수 없다는 고정관념을 만들어 우리의 부패한 마음에 온갖 종류의 합리화를 제공하기 때문이다(박영돈 2008, 212-213). 타락한 인간의 본성상 어쩔 수 없다는 핑계로 자신을 변화시키려고 노력하지 않는다. 또한 세상을 변화시켜야 할 사명에도 둔감하다. 그렇다면 그리스도의 구속이 어떤 의미가 있으며, 구속받은 자답게 살 수 있도록 성령을 우리에게 주신 일이 어떤 의미가 있겠는가? 그러므로 우리는 지혜서에서 보여주는 지혜를 그리스도 안에서 실천하여 그 안에 있는 은혜를 누릴 뿐만 아니라, 새로운 세상을 만들어가야 할 자로서 사명을 다해야 한다.

욥기

Job

S U M M A R Y

Ⅰ. 저자와 기록 배경

Ⅱ. 문학적 구조와특징

Ⅲ. 주제와 기록 목적

Ⅳ. 내용

　1. 서막 : 욥의 고난의 배경인 감추어진 질서(욥 1:1-2:13)

　2. 욥의 서론적 담론(욥 3:1-26)

　3. 욥과 세 친구의 대화(욥 4:1-27:23)

　4. 해설 : 참된 지혜는 어디서 오는가(욥 28:1-28)?

　5. 담론(욥 29:1-41:34)

　6. 욥의 회개(욥 42:1-6)

　7. 결말 : 욥의 회복(욥 42:7-17)

Ⅴ. 구속사적 의미

욥기

—◦◦◦—

　욥기는 인류가 씨름해 온 인간존재의 근원적인 질문 가운데 하나인 고통의 문제를 다루고 있다. 헤슬 벌럭(1999, 95-96)은 욥기를 가리켜 고통에 대한 언약 백성의 입장을 대변하는 고전적인 작품으로 보았으며, 의인의 고통 문제를 다룬 책으로 보았다. 그리고 베일(1995, 10)은 "왜 하나님은 신자들에게 그렇게 무거운 십자가를 지게 하시는가? 왜 악이 하나님으로부터 선한 것을 기대하는 그런 사람들에게도 다가오는가? 욥기는 바로 이러한 사람들에 관해서 말해준다"라고 했다. 특히 욥기는 원인을 알 수 없는 고난을 당할 때 그 문제를 어떻게 이해하고 극복해 갈 수 있는지에 대한 중요한 지혜를 준다. 그러나 이 책에서 고난은 핵심적인 주제를 전달하는 도구일 뿐이다. 욥기는 고난의 문제를 다루면서 하나님의 섭리와 믿음이 그 상황에서 어떤 의미가 있는지를 다룬다. 우리가 고난당할 때 그 상황을 극복하여 아름다운 결말을 보고, 하나님의 영광을 드러낼 수 있다면 그것은 지혜가 아닌가? 욥기는 이 문제를 극복할 수 있는 지혜를 보여주는 책이다.

I. 저자와 기록 배경

　욥기 대부분이 욥과 그의 친구들의 말로 구성되어 있다 할지라도 욥이 저자는 아니다. 욥기는 저자가 누구인지 알 수 없다. 또한 욥기는 욥이 살았던 시대와 욥 이야기를 썼던 시대가 다르다. 욥기의 저작시기에 대하여 정확한 연대를 단정하기는 어렵지만 추정 가능한 단서는 있다. 그것은 욥과 그의 세 친구와의 대화에 대하여 해설자가 설명하는 욥기 28:1-28이다. 왜냐하면 저자는 여기에 철이 흙과 돌에서 제련되는 기술적인 정보를 기록하기 때문이다. 이스라엘이 철을 다룰 수 있는 기술을 가지게 된 것은 사울 왕 시대(주전 1050-1010) 이후다(참조. 삼상 13:19-22). 이 점을 고려한다면 욥기의 저작시기는 욥이 살았던 시대보다 훨씬 후대인 왕정시대 가운데 한 시기로 추정할 수 있다.

욥은 허구(fiction)의 인물이 아니라 역사에서 실제로 있었던 인물이다. 욥이라는 인물은 욥기 이외에 세 번 언급되고 있다. 이 중에 두 번은 구약의 다른 역사적 인물인 노아와 다니엘과 함께 언급되고 있다(겔 14:14, 20). 또 한 번은 야고보가 고난과 오래참음의 본을 보여주기 위해 욥을 역사적 인물로 묘사한다(약 5:11). 그래서 욥기는 역사를 토대로 쓴 이야기다.

저자는 "우스 땅에 욥이라 불리는 사람이 있었는데"라고 소개함으로 그가 사는 시대와 장소를 짐작하게 한다. 우스는 나홀의 자녀 가운데 한 명의 이름이고(창 10:23; 22:20-24; 대상 1:17), 에돔과도 연관된 이름이다(창 36:28; 대상 1:42; 렘 25:20; 애 4:21). 또한 저자는 욥을 히브리 족장들과 같이 100세 이상을 살았고(욥 42:16), 그의 부를 가축과 종의 수로 묘사하고 있으며(욥 1:3), 가족의 제사장으로 묘사한다(욥 1:5). 그의 시대에 스바족(욥 1:15)과 갈대아인(욥 1:17)의 침입도 언급한다. 이로 보아 욥이 살았던 시대는 주전 2천 년대, 곧 족장시대라고 할 수 있다.

바로 이러한 점 때문에 학자들은 욥기를 오랜 과정의 산물로 본다. 학자들의 대부분은 대화들(욥 3-31장)이 책의 근간을 이루고 있으며, 후대에 와서 옛 산문체 민담이 나뉘어져 외곽의 틀을 구성하게 되었다고 본다. 이 학자들 가운데 일부는 엘리후와 여호와의 담론, 지혜의 근원에 대한 시(욥 28:1-28)가 후대에 삽입된 것으로 본다(Dillard & Longman 1994, 200). 아처(Archer 1946, 464)는 모세시대로 본다. 데이빗슨(Davidson 1951, lxiii, lxvi)은 언약 백성들이 하나님의 섭리를 의심하고, 그의 통치를 믿는 믿음에 큰 혼란을 겪고 있었던 바벨론 포로생활이 이 시의 배경과 잘 맞는다고 보았다. 하지만 이 가설은 논리적으로 맞지 않다. 이스라엘 백성들은 바벨론 포로생활을 죄에 대한 심판으로 이해하고 있기 때문에 욥기에서 말하는 의인의 고난이라고 할 수 없다. 그래서 욥기는 왕정시대 이후 다양한 형태로 고통을 받는 성도들을 염두에 두고 쓴 것으로 볼 수 있다.

II. 문학적 구조와 특징

저자는 큰 고통 중에서 인내함으로 견디는 의로운 사람에 관한 이야기를 선명한 문학적 구조 그리고 수사학적 기교로 쓰고 있다. 문학적 구조는 책의 주제와 목적을 찾아가는 방법이기도 하지만 주제를 어떤 구조로 어떻게 설명하고 있는지를 보여주기 때문에 중요하다. 욥기의 문학 장르는 이야기(story)가 있는 시이기 때문에 서사시다. 이야기가 있다는 것은 등장인물과 배경이 있고 사건의 발단, 분규, 절정, 대단원 등의 구성(plot)이 있다는 것이다. 또한 욥기는 서막(욥 1:1-2:13)과 결말(욥 42:7-17)은 산문(prose)이고, 몸체(욥 3:1-42:6)는 시(poetry)다. 글의 문체를 중심으로 구분하면 다음과 같다.

A 산문 : 서막(욥 1:1-2:13)

  X 운문(시) : 본론(욥 3:1-42:6)

A′ 산문 : 결말(욥 42:7-17)

문체적으로 수미쌍관법을 이루고 있는 욥기의 기록 특성은 산문으로 된 이야기가 본론을 해석하는 열쇠다. 욥기의 문학적 구조를 도식화하면 다음과 같다.

서막		몸체								결말
		담론	대화			해설	담론			회개	
1막 · 고난의 배경 1	2막 · 고난의 배경 2	욥의 서론적 담론	첫 번째 평행 구조	두 번째 평행 구조	세 번째 평행 구조	저자의 해설	욥의 결론적 담론	엘리후의 담론	하나님의 담론	욥의 회개	욥의 회복
1	2	3	4 ~ 14	15 ~ 21	22 ~ 27	28	29 ~ 31	32 ~ 37	38 ~ 41	42:1 ~ 6	42:7 ~ 17

이 구조에서 대화는 욥의 고난에 대하여 세 친구가 해석하고 거기에 대한 해결책을 제시한 일과 거기에 대한 욥의 반응(= 반론)을 세 번이나 반복적으로 기록하는 평행구조로 되어 있다(욥 3:1-27:23). 이 대화 이후 욥과 엘리후와 하나님의 담론이 있다. 엘리후는 욥과 세 친구의 말을 다 책망하면서 욥의 세 친구와는 다른 논리를 가지고 욥의 문제를 지적한다(욥 32:1-2; 14). 그리고 그는 하나님의 위대하심과 그리스도 안에서 구속하신다는 중요한 주제를 설명한다(욥 33:23-24). 특히 엘리후는 인간이 하나님의 섭리를 다 알 수 없다는 점을 논증하고 있다. 그는 욥의 경우 세 친구와 논쟁하면서 자신의 고통이 죄 때문이 아니라는 것을 설명하다가 도리어 하나님을 의롭지 못한 분으로 말하는 오류를 범했다고 지적했다. 그리고 세 친구의 경우는 자신들이 가지고 있었던 논리만을 가지고 욥을 부당하게 정죄했다고 지적했다. 한편으로 하나님의 담론에서 하나님은 엘리후가 욥과 그의 세 친구에게 한 책망을 그대로 인정하신다. 그러면서 욥에게 질문형식으로 인간의 한계를 지적하며 하나님을 함부로 판단해서는 안 된다는 것을 보여주신다(욥 38:1, 40:1).

욥기는 욥이 왜 고통을 당하는지 논리적인 답을 주지 않는다. 하지만 독자들은 서막에서 욥기의 문학적 구조가 욥이 고통을 당하게 된 배경과 결말에서 하나님이 욥을 회복하시는 내용을 통하여 그 원인과 결과를 알 수 있도록 배열되어 있다.

이 구조에서 특이한 부분은 욥기 28장이다. 이 부분은 전지적 시점을 가진 해설자가 이야기 중간에 끼어드는 삽입구(= 막간) 형식으로 해설(comment)하는 내용이다. 이 해설은 욥기의 주제가 무엇인지 알게 하는 시금석이다.

이외에도 욥기는 의미를 전달하는 다양한 문학적 장치들이 있다. 그것은 평행구조(parallel panel)와 반복 등이다. 특히 욥과 세 친구와의 대화는 평행구조가 세 번 반복되지만 마지막에 평행구조가 깨진다. 이것은 주제와 저자의 의도를 전달하는 중요한 장치다(Parunak 1984, 166-168; Alter 1981, 97).

평행구조 1 : 욥과 그의 세 친구와의 첫 번째 대화(욥 4-14장)

A 엘리바스의 첫 번째 발언(욥 4:1-5:27)

B 엘리바스에 대한 욥의 첫 번째 반응(욥 6:1-7:21)

A 빌닷의 첫 번째 발언(욥 8:1-22)

B 빌닷에 대한 욥의 첫 번째 반응(욥 9:1-10:22)

A 소발의 첫 번째 발언(욥 11:1-20)

B 소발에 대한 욥의 첫 번째 반응(욥 12:1-14:22)

평행구조 2 : 욥과 그의 세 친구와의 두 번째 대화(욥 15-21장)

A′ 엘리바스의 두 번째 발언(욥 15:1-35)

B′ 엘리바스에 대한 욥의 두 번째 반응(욥 16:1-17:16)

A′ 빌닷의 두 번째 발언(욥 18:1-21)

B′ 빌닷에 대한 욥의 두 번째 반응(욥 19:1-29)

A′ 소발의 두 번째 발언(욥 20:1-29)

B′ 소발에 대한 욥의 두 번째 반응(욥 21:1-34)

평행구조 3 : 욥과 그의 세 친구와의 세 번째 대화(욥 22-27장)

A″ 엘리바스의 세 번째 발언(욥 22:1-30)

B″ 엘리바스에 대한 욥의 세 번째 반응(욥 23:1-24:25)

A″ 빌닷의 세 번째 발언(욥 25:1-6)

B″ 빌닷에 대한 욥의 세 번째 반응(욥 26:1-27:23)

이 평행구조 가운데 '평행구조 3'에는 소발과의 논쟁이 없다. 저자는 평행구조의 형식을 깨트리고 소발과의 논쟁 대신에 해설자의 해설인 욥기 28장을 기록하고 있다. 이것은 기본 구조를 깨뜨리는 일을 통하여 핵심 주제를 전달하는 방법으로 욥기 28장이 평행구조 1-2-3으로 된 욥기 4:1-27:23의 핵심 주제라는 것을 보여준다(Parunak 1984, 166-168).

이뿐만 아니라 욥기는 전체가 운문(poetry)으로 된 서사시(epic)다. 하지만 서막인 욥기 1:1-2:13과 결말인 욥기 42:7-17은 산문(prose)이다. 이것은 이야기의 시작과 마지막을 형태상으로 수미쌍관법으로 연결하여 욥의 고난의 배경(시작)과 그 결말을 보여주므로 전체 이야기에서 하나님 섭리의 목적을 보여준다. 그 목적은 하나님은 가장 자비하시고 긍휼히 여기시는 분이기에 때로는 고통 가운데 있다고 할지라도 하나님께서 아름다운 결말을 주신다는 것이다(약 5:10-11).

욥기에 기록된 각 본문의 의미를 이해하려면 욥기 전체 구조를 이해해야 한다. 왜냐하면 욥기는 전체 구조 속에서 각 본문의 의미를 파악해야 독자들이 이해할 수 있도록 배열되었기 때문이다. 이뿐만 아니라 그 구조 안에 사용된 문학적 장치를 이해하는 일도 매우 중요하다. 그래서 욥기의 구조를 이해하는 일은 주제를 파악하는 중요한 방법이다. 욥기의 구조를 다음과 같이 구분할 수 있다.

1. 서막 : 고난의 배경인 감추어진 질서(욥 1:1-2:13)
2. 욥의 서론적 담론(욥 3:1-26)
3. 욥과 그의 세 친구와의 대화(욥 4:1-27:23)
   (1) 욥과 그의 세 친구와의 첫 번째 대화(욥 4:1-14:22)
   (2) 욥과 그의 세 친구와의 두 번째 대화(욥 15:1-21:34)
   (3) 욥과 그의 세 친구와의 세 번째 대화(욥 22:1-27:13)
4. 해설 : 참된 지혜는 어디서 오는가(욥 28:1-28)?
5. 담론(욥 29:1-41:34)
   (1) 욥의 결론적 담론(욥 29:1-31:40)
   (2) 엘리후의 담론(욥 32:1-37:24)
   (3) 하나님의 담론(욥 38:1-41:34)
6. 욥의 회개(욥 42:1-6)
7. 결말 : 욥의 회복(욥 42:7-17)

III. 주제와 기록 목적

욥기는 고통 문제를 다루면서 하나님을 섬기는 믿음과 한 개인의 경험 사이의 긴장을 축으로 이야기를 끌어가고 있다(Hartley 1988, 43). 하나님을 경외하고 악을 멀리하는 선한 사람들이 고난 당할 때 인간은 그 문제를 이해하려고 노력한다. 일반적으로 사람들은 고난에 직면할 때 "하나님께서 전능하시고 온 세상을 통치하신다면 어떻게 이러한 일이 있을 수 있는가?" 그리고 "하나님이 참으로 선하시다면 이러한 행위를 허용할 수 있는가?" 등의 질문을 한다.

싯처(2010, 18-28)는 한 음주 운전자에 의해서 그의 아내와 어머니와 네 살 난 딸이 목숨을 잃었고 당시 두 살이었던 아들은 중상을 입는 사고를 겪었다. 그는 이 사고로 말미암아 '이 고통은 하나님이 뜻하신 것인가?'라고 끊임없이 질문 했다. 그는 이 질문에 대해 스스로 답하기를 '그렇다'라고 하면 하나님은 가학적인 깡패처럼 비열해 보였다고 했다. 반대로 '아니다'라고 하면 하나님은 그 사고에서 구원해 내지도 못하는 무기력한 분으로 보였다고 했다. 사실 이러한 질문과 갈등은 우리 믿음생활에서 누구나 할 수 있다. 마틴 루터 역시 "나는 일주일 이상 그리스도로부터 완전히 떠난 적이 있었다. 하나님에 대하여 절망한 나머지 불경스러운 말도 서슴없이 내뱉었다"라고 갈등한 바 있다(Long & Plantinga eds. 1994, 114).

모압 언약은 언약을 지킬 때 "네가 네 하나님 여호와의 말씀을 삼가 듣고 내가 오늘 네게 명령하는 그의 모든 명령을 지켜 행하면 네 하나님 여호와께서 너를 세계 모든 민족 위에 뛰어나게 하실 것이라 네가 네 하나님 여호와의 말씀을 청종하면 이 모든 복이 네게 임하며 네게 이르리니 …"라고 시작하며 받을 복을 기록하고 있다(신 28:1-14). 반대로 언약을 순종하지 않을 때 "네가 만일 네 하나님 여호와의 말씀을 순종하지 아니하여 내가 오늘 네게 명령하는 그의 모든 명령과 규례를 지켜 행하지 아니하면 이 모든 저주가 네게 임하며 네게 이를 것이니 …"(신 28:15-29:1)라고 시작하며 받을 저주를 기록하고 있다. 이 언약에 따르면 어떤 사람이 고난을 당하는 것은 그가 지은 죄 때문이다.

만약 욥의 고난을 모압 언약의 복과 저주라는 신학의 틀에 맞춘다면 논리적으로 설명할 수 없다. 왜냐하면 욥의 고난은 죄의 결과가 아니기 때문이다. 실제로 경험적으로 고난은 근본적인 긴장과 갈등이 있다. 세상에는 그 삶이 진실하고, 정직하고 죄로부터 자신을 멀리하는 경건한 사람들이 많다. 그런데도 경건한 자들이 고난당하는 경우가 있다. 그래서 이러한 신학은 이들에게 위로가 되지 못한다. 무죄한 자가 고통을 받을 때 신앙의 위기를 극복하기 위하여 갈등하는 부분에 대해 답을 주지 못한다. 오히려 큰 수수께끼와 같은 고통만 일으킬 뿐이다. 욥기 3-27장에 기록된 욥과 그의 친구들과의 대화에 욥 친구들의 주장은 그들의 입장에서 완전한 논리처럼 들린다(욥 4:8; 5:8; 27). 그러나 죄가 없는데도 고난당하는 욥은 그의 입장에서는 더 큰 갈등만 있다. 욥의 친구들이 이해하고 있었던 신학은 고통당하는 의롭고 경건한 욥을 위로하거나 힘을 주는 일에 도움이 되지 못했다. 욥의 세 친구의 논리를 받아들인다면 언약 백성이 이 상황에 직면하게 될 때 하나님 뜻을 이루는 일에 방해를 받는다.

하지만 저자는 이러한 신학의 틀을 깨트렸다. 그는 그 신학은 경건한 자들이 고난당할 때 대처할 아무런 방법이 없다는 것을 알았다. 또한 불합리한 일을 경험할 수밖에 없었고 내적으로 고통과 갈등이 더할 수밖에 없다는 사실도 알았다. 그래서 저자는 논리적인 논쟁을 하는 대신에 한 가지 이야기로 시작한다. 그는 그의 이야기를 통해 고난 문제에 대한 관점을 변화시켰다.

저자는 하나님과 인간 사이에 제3의 존재가 있음을 보여준다. 그 존재는 사탄이다(욥 1:6-2:10). 하나님과 언약 백성과의 관계는 서로 교제하는 관계이다. 그러나 사탄은 이 관계를 왜곡시키거나 분리시키려 한다. 그의 최고 목적은 하나님과 인간의 관계를 깨트리는 것이다. 저자는 이 대적을 묘사함으로 이야기를 시작하고 있다. 하나님이 사탄에게 욥의 믿음을 칭찬할 때 사탄은 욥이 하나님을 경외하는 것은 동기가 순수하지 못하다고 했다. 동시에 사탄은 하나님을 그 동기도 모르는 어리석은 분으로 보이려고 했다(욥 1:9-11; 2:5). 사탄이 궁극적으로 노리는 것은 하나님과 언약 백성의 관계를 깨트리는 것이었다.

그러나 우리는 사탄의 주장을 절대로 무시할 수 없다. 왜냐하면 사탄의 주장대로 우리가 정말로 하나님이 복을 주셨기 때문에 하나님을 섬기는 것이라면 하나님을 인격적으로 사랑하고 섬기는 것이 아니기 때문이다. 그래서 하나님은 욥이 하나님을 섬기는 것은 물질이나 건강의 복 때문이 아니라 하나님을 진심으로 사랑하고 섬기고 있다는 것을 증명하셔야 했다. 그리고 욥이 하나님의 섭리를 알지 못해 더욱 고통 가운데 있었지만 그 가운데서도 인내하며 믿음을 지킬 때 하나님은 그에게 어떤 결과를 주시는지 보여주셔야 했다.

욥기는 이러한 문제들을 논의하면서 하나님의 섭리와 우리의 관계를 중심으로 주제를 설명하고 있다. 하트리(Hartley 1988, 43-47)도 욥기는 하나님이 은혜로 우시고 자비로우신 분이시기 때문에 그를 찾는 자들에게 좋은 것을 주신다는 기본적인 진리를 논증하는 것이라고 했다. 그리고 비쉘(W. Vischer)의 말을 인용하여 "지금 여기에서도 이 믿음은 참으로 증명되어야 한다"라고 했다. 욥기의 주제는 우리 인간사에 일어나는 고통의 문제를 다 설명할 수 없다고 할지라도 섭리의 궁극적 목적을 믿고 인내하며 여호와를 경외하는 것이 참된 지혜라는 것이다. 그리고 원인을 알지 못하는 고난 가운데서도 여호와를 경외하는 것이 이 문제를 풀어낼 수 있는 삶의 기술임을 보여주려는 것이다.

저자는 이 주제를 중심으로 몇 가지 중요한 목적을 가지고 욥기를 기록했다. 첫째, 욥이 하나님을 경외하는 것은 사탄이 주장한 것처럼 물질적인 축복이나 건강 때문이 아니라 순전한 마음으로 하나님을 섬기고 있다는 것을 증명함으로 성도들도 순전한 마음으로 하나님을 섬기게 하려는 것이다. 둘째, 우리 인간이 하나님의 섭리를 다 알지 못하여 갈등한다고 할지라도 변함없이 여호와를 경외한다면 하나님은 모든 것을 합력하여 선을 이루시는 자비로우신 분이심을 증명해 주신다는 것이다(참조. 롬 8:28; 약 5:11). 그래서 어떤 상황 가운데 있다 할지라도, 심지어 우리가 욥과 같은 고통의 순간에서도 여호와를 경외하는 일은 의미 있다는 것을 보여주려는 것이다. 셋째, 보이지 않는 하나님 나라와 사탄 나라, 어둠의 나라와 빛의 나라 사이에는 끊임없이 갈등이 일어나기 때문에 우리의 싸움이 악한 영들과의 싸움인 것을 보여주려는 것이다(엡 6:10-18).

IV. 내용

내용 구조

1. 서막 : 고난의 배경인 감추어진 질서(욥 1:1-2:13)

2. 욥의 서론적 담론(욥 3:1-26)

3. 욥과 그의 세 친구와의 대화(욥 4:1-27:23)

   (1) 욥과 그의 세 친구와의 첫 번째 대화(욥 4:1-14:22)

   (2) 욥과 그의 세 친구와의 두 번째 대화(욥 15:1-21:34)

   (3) 욥과 그의 세 친구와의 세 번째 대화(욥 22:1-27:23)

4. 해설 : 참된 지혜는 어디서 오는가(욥 28:1-28)?

5. 담론(욥 29:1-41:34)

   (1) 욥의 결론적 담론(욥 29:1-31:40)

   (2) 엘리후의 담론(욥 32:1-37:24)

   (3) 하나님의 담론(욥 38:1-41:34)

6. 욥의 회개(욥 42:1-6)

7. 결말 : 욥의 회복(욥 42:7-17)

1. 서막 : 고난의 배경인 감추어진 질서(욥 1:1-2:13)

이 문단은 욥기의 서막으로 결말인 욥기 42:7-17과 함께 산문으로 되어있다. 여기서 욥이 고난 당하는 배경인 감추어진 질서세계에서 일어난 일을 보여준다. 여기서 저자는 독자들에게 주요 등장인물인 하나님과 사탄 그리고 욥과 그의 세 친구를 소개한다. 이와 함께 인간이 알 수 없는 감추어진 질서 안에 있는 하늘 보좌가 인간사에 미치는 영향을 욥을 통해 보여준다. 이 서막은 이야기의 발단과 배경과 중심 주제가 무엇인지 보여준다.

내용 분해

(1) 욥의 믿음과 삶(욥 1:1-5)
(2) 욥의 고난의 배경(욥 1:6-2:13)

내용 해설

(1) 욥의 믿음과 삶(욥 1:1-5)

이 문단은 욥의 믿음과 삶을 간략하게 설명한다. 욥은 우스 땅에 살았고 경건하고 성실한 사람이었다(욥 1:1-5). 우스는 나홀의 맏아들의 이름이기도 하고(참조. 창 22:20-24), 에돔의 후손의 이름이기도 하다(참조. 창 36:28). 이를 통해 그가 살았던 시대와 장소를 짐작하기도 한다. 그는 족장시대의 사람이고 아람에서 살았다. 무엇보다 그는 하나님을 경외하고 악을 멀리한 사람이었다. 이 점에 대해 하나님께서도 "순전하고 정직하여 하나님을 경외하며 악에서 떠난 자"(욥 1:8)라고 하셨다. 이뿐만 아니라 욥은 많은 가축 떼를 소유한 큰 부자였다(욥 1:3). 심지어 욥은 그의 자녀들을 하나님 앞에서 살아가도록 잘 양육한 사람이었다(욥 1:4-5).

(2) 욥의 고난(욥 1:6-2:13)

이 문단은 욥이 고난 당하는 배경을 보여준다. 여기서 저자는 욥을 비롯한 인간이 알 수 없는 감추어진 질서인 하늘 보좌에서 일어난 일을 설명한다. 그 일은 하나님과 사탄의 대화를 통해 보여준 하나님의 섭리다.

① 사탄의 첫 번째 질문(욥 1:6-12)

이 문단은 욥과 인간의 삶 배후에 또 다른 세상이 있음을 보여준다. 골즈워디(Goldsworthy 1987b, 97, 99)는 이를 가리켜 '감추어진 질서'(The hiddenness of order)라고 했다. 그가 이렇게 부른 것은 실제로 존재하지만 인간의 눈에 보이지 않기 때문이다. 이 질서 안에서 일어나는 일들은 마치 초월적이며 신비한 모습을 보여준다. 이 세계가 인간의 이성으로 이해가 되지 않기 때문에 지어낸 것이라고 보는 사람들도 있다. 하지만 우리는 하늘 보좌에 가 본 일이 없지만 하나님이 계시는 하늘 보좌가 있다는 사실을 믿는다. 성경은 세상에서 일어나는 모든 현상 배후에 하나님과 사탄이 있다는 것을 보여준다.

어느 날 하늘 보좌에 하나님과 하나님의 아들들이 있는데 온 세상을 두루 돌아다닌 사탄이 나타났다. 그때 하나님은 사탄에게 욥의 믿음을 칭찬하시자 사탄은 욥이 하나님을 섬기는 것은 하나님이 주신 재물의 복 때문이라고 했다. 그리고 욥에게서 소유물을 거둔다면 하나님을 대적하고 욕할 것이라고 했다(욥 1:8-11). 그러면 사탄이 말한 것처럼 욥이 하나님을 경외하는 것은 하나님께서 주신 재물의 축복 때문일까? 그것이 아님을 증명하기 위해 하나님께서 사탄에게 시험을 허락하셨다. 그리고 그의 몸에는 손을 대지 말게 하셨다(욥 1:12). 이 점을 볼 때 우리는 욥의 고난과 관련하여 인간의 눈에 보이지 않는 감추어진 질서에 사탄이 있고, 하나님이 그 배후에서 섭리하고 계신다는 것을 알 수 있다.

② 욥의 첫 번째 고난(욥 1:13-22)

이 문단은 장면이 하늘 보좌에서 땅으로 바뀌어 사탄이 네 개의 재앙으로 욥을 치는 내용이다. 이 중에 두 개는 인간으로 말미암는 재앙이고, 두 개는 자연 재앙이다. 인간으로 말미암은 재앙은 '스바 사람'이 쳐들어온 일과(욥 1:15) 갈대아 사람들이 세 무리를 지어 약대를 빼앗아 간 일이다(욥 1:17). 자연 재앙은 하늘에서 불이 내려와 양과 종을 불살라 버린 일과(욥 1:16) 큰 바람으로 말미암아 욥의 자녀들이 죽은 일이다(욥 1:18-19).

이 일에 사탄이 직접 나타나지 않는다. 재앙을 전하는 종이 '사탄이 그랬다'라고 보고하지 않고, '스바 사람이', '하나님의 불이 하늘에서 떨어져서', '갈대아 사람들이 쳐들어와서', '큰 바람이' 등으로 보고한다. 욥은 무장한 도둑 떼들과 천재지변으로 재산을 다 잃고 자녀들도 잃었다. 욥은 이 재앙 배경에 있는 하늘 보좌에서 있었던 일을 알았을까? 몰랐다. 이 일은 감추어진 질서세계에서 일어난 일이기 때문이다. 여기에 문제의 어려움이 있다.

욥은 이 고난에 대하여 어떤 반응을 보였는가? 욥은 그의 옷을 찢으며 슬퍼

했다. 이 행동은 슬픔의 표시이고 하나님 앞에서 자신을 돌아보는 행위이다. 사탄이 하나님이 그의 소유물을 치면 하나님을 대석하고 욕하리라 했지만 욥은 이모든 일에 범죄하지 아니하고 하나님을 향하여 원망하지 않았다(욥 1:22). 그래서 욥이 여호와를 경외하는 것은 재물이나 자녀들의 축복과 같은 외적인 문제 때문이 아니라는 것이 증명되었다.

③ 사탄의 두 번째 질문(욥 2:1-6)

다시 장면(scene)이 땅에서 하늘 보좌로 바뀐다. 여호와께서 사탄에게 까닭없이 그를 치게 하였어도 욥이 여전히 믿음을 지킨 것을 보았느냐고 질문하셨다(욥 2:3). 이때 사탄은 "가죽으로 가죽을 바꾸오니 사람이 그의 모든 소유물로 자기의 생명을 바꾸올지라"(욥 2:4)라고 말했다. 여기에 '가죽으로 가죽을 바꾸오니'(오르 버아드-오르, עוֹר בְּעַד-עוֹר)는 이해하기가 어렵다.[3] 그러나 사탄의 말의 취지는 이어 나오는 말로 알 수 있다. 그것은 욥이 가졌던 모든 것을 여호와께서 가져가셨음에도 불구하고 여호와를 경외할 수 있었던 것은 그의 생명이 보존되었다는 것이다. 그래서 욥의 살과 뼈를 치면 주를 향하여 욕하게 될 것이라고 했다(욥 2:5). 여호와께서 사탄의 말을 들으시고 그에게 욥을 맡겼다. 그러나 그의 생명을 해하지 못하게 하셨다(욥 2:6).

④ 욥의 두 번째 고난(욥 2:7-10)

하나님의 허락을 받은 사탄은 욥을 쳐서 발바닥에서 정수리까지 종기가 나게 했다(욥 2:7). '종기'는 히브리어로 '셔힌'(שְׁחִין)인데 이 단어가 파생된 어근인 '샤한'(שחן)은 우가릿어, 아카드어, 아람어 등의 동족 언어들에서 '뜨거워지다' 혹은 '염증이 나다'를 의미한다. 그래서 이 단어의 명사형은 피부 염증의 모든 종류를 가리키는 단어로 볼 수 있다(클린스 2006, 249). 욥기에 욥의 병을 언급하는 표현들

---

3 '가죽'(오르, עוֹר)이라고 번역된 단어는 욥기에서 '가죽'으로 사용되기도 하지만 '피부'를 말한다(욥 7:5; 10:11; 18:13). 여기에 '피부'(오르, עוֹר)를 반복해서 사용하는 것은 사탄이 욥의 몸을 감싸고 있는 피부를 쳐 그의 믿음을 포기하게 하려는 것을 암시한다(Alden 1993, 64). 이 절에 대하여 클린스(2006, 241-245)는 자세하게 논의한다. 그는 출애굽기 21:23-25의 "생명은 생명으로, 눈은 눈으로"라는 말과 유사하다 보고 욥이 그의 생명을 얻고자 소유를 포기했다고 보았다.

이 여러 곳에 나타난다. 그것은 종기(욥 2:7), 참기 어려운 가려움(욥 2:8), 망가진 얼굴(욥 2:12), 무서운 악몽(욥 7:14), 흐르는 눈물(욥 16:16), 숨을 쉴 때마다 나는 악취(욥 19:17), 비쩍 마른 몸(욥 19:20), 살갗이 검어지고 벗겨지고 열이 남(욥 30:30) 등이다. 이로 볼 때 욥의 신체적 고통이 얼마나 큰지 알 수 있다. 이를 지켜본 그의 아내는 "당신이 그래도 자기의 온전함을 굳게 지키느냐 하나님을 욕하고 죽으라"(욥 2:9)라고 했다. 욥은 이 상황에서도 "우리가 하나님께 복을 받았은즉 화도 받지 않겠느냐"(욥 2:10)라고 하면서 입술로 범죄하지 않았다. 이 말은 욥이 하나님이 하시는 일에 목적이 있음을 인정한 것으로 재앙을 보내신 하나님을 바라보았다는 것이다(데이비스 1993, 16). 이것이 신체적 고통 속에 나타난 욥의 믿음이었다.

⑤ 욥의 세 친구가 찾아옴(욥 2:11-13)

욥에게 큰 재앙이 임했다는 소식을 듣고 각각 자기가 살던 지역에서 세 친구가 찾아왔다. 그들은 데만 사람 엘리바스, 수아 사람 빌닷, 나아마 사람 소발이다(욥 2:11). 엘리바스(אֱלִיפַז)는 지혜로 알려진 도시인 데만 사람이다(렘 49:7). 이 데만은 에돔 지역의 중요한 도시임으로 엘리바스를 에돔 사람으로 볼 수 있다(창 36:4, 11, 15; 겔 25:13; 암 1:11-12). 빌닷(בִּלְדַּד)은 성경 다른 곳에는 나오지 않고 욥기에만 나온다. '수아 사람'(שׁוּחִי)이라는 명칭은 아브라함이 그두라에게서 낳은 아들 가운데 한 명인 '수아'(שׁוּחַ)에게서 나온 이름으로 보인다. 그의 형제 욕산이 낳은 아들이 스바와 드단이다(창 25:2-3; 대상 1:32). 드단은 에돔과 아라비아 지역이다(렘 49:8; 겔 38:13 등). 이로 보아 빌닷은 에돔이나 아라비아 지역에 살던 사람으로 볼 수 있다. 소발(צוֹפַר)도 빌닷과 같이 성경 다른 곳에 나오지 않고 욥기에만 나온다. 그는 나아마 사람인데 이 나아마 역시 욥기에만 나타나기에 다른 정보는 알 수 없다. 이 세 사람 중에 엘리바스가 가장 나이가 많았던 것처럼 보인다. 그의 이름이 맨 먼저 나오고(욥 2:11; 42:9), 그가 맨 먼저 말하고 그의 말이 가장 길고, 하나님이 다른 친구들의 대표자로서 그를 불렀기 때문이다(욥 42:7). 그들은 욥이 고통을 받은 후 적어도 몇 달이 지나 찾아온 것처럼 보인다(욥 7:3). 그들은 욥의 상태를 보고 일주일 동안 아무 말도 하지 않고 침묵으로 보냈다(욥 2:13). 세 친구가 욥을 찾아온 목적은 욥의 소문을 듣고 위문하고 위로하기 위함이다. 이들은 서로 약속하고 동시에 만났다(욥 2:11). 우리 주변에 누군가 고통을 당할 때 위로해 주어야 할 때가 있다. 실제로 찾아가서 위로하고 삶을 함께 나누는 일은 쉽지 않은 일이다. 그래서 욥의 세 친구가 찾아온 것은 의미있는 일이다. 그들은 욥이 당한 재앙이 너무 커 단번에 욥을 알아볼 수 없었다(욥 2:12). 그래서 그들은 감정을 억제하지 못하고 소리 높여 통곡했다. 그리고 밤낮 7일 동안 침묵하고 있을 수밖에 없었다(욥 2:13).

2. 욥의 서론적 담론(욥 3:1-26)

이 문단은 욥이 그의 고난에 대해 아파하고 갈등하는 내용이다. 독백 형태로 된 욥의 담론은 다음과 같은 구조로 되어있다.

- 가정 : (생일을 저주하며) 태어나지 않았더라면 좋았을 것이다(욥 3:3-9)
- 이유 : 눈으로 환난을 보게 하였기 때문이다(욥 3:10)
- 질문 : 어찌하여 죽지 않고 태어났는가(욥 3:11-12)
- 이유 : 죽었다면 평안히 쉬고 있었을 것이다(욥 3:13-19)
- 질문 : 어찌하여 생명을 주셨는가(욥 3:20-23)
- 이유 : 평온도 없고 안일도 없고 불안만 있다(욥 3:24-26)

욥은 7일간의 침묵을 깨고 독백 형식으로 말했다. 욥은 그가 당하는 고난이 극심하여 태어나지 않았거나, 태어났더라도 죽었다면 좋았을 것이라고 말한다. 그가 태어날 때 날을 저주하는 자들, 곧 '리워야단'을 격동시킬 수 있는 자들이 밤을 저주했다면 태어나지 않았을 것이라고 말한다(욥 3:8). '리워야단'(לִוְיָתָן)은 성경에 모두 6번 나타난다(욥 3:8; 41:1; 시 74:14; 104:26; 사 27:1×2). 리워야단은 사탄의 영향 아래 힘과 권세를 가진 악한 권세이거나 사탄과 같은 존재라는 것을 이미지로 표현한 것이다(김정우 1994, 126-127). 욥이 이렇게 말한 것은 리워야단이 격동하여 그가 태어나지 않았다면 고난 당하지 않았을 것이라는 뜻이다. 그래서 욥은 "어찌하여 고난 당하는 자에게 빛을 주셨으며 마음이 아픈 자에게 생명을 주셨는고"(욥 3:20)라고 질문한다. 욥이 직면한 삶이 그가 고백한 대로 평온도 없고 안일도 없고 휴식도 없고 불안만 있기 때문이다(욥 3:26). 누구나 이러한 종류는 아니라 할지라도 다양한 유형의 고난을 당할 수 있다. 이때 욥처럼 갈등할 수 있다. 욥이 감추어진 질서 안에 일어난 일을 몰라 갈등했듯이 우리 역시 감추어진 질서 안에 있는 하나님의 섭리를 모르기 때문에 갈등할 수 있다.

3. 욥과 그의 세 친구와의 대화(욥 4:1-27:23)

이 긴 문단은 욥의 고난에 대하여 그의 세 친구의 해석과 여기에 대한 욥의 반론을 세 차례 반복하여 기록한다. 그 구조는 다음과 같은 평행구조로 되어 있다.

평행구조 1 : 욥과 그의 세 친구와의 첫 번째 대화(욥 4-14장)

A 엘리바스의 첫 번째 발언(욥 4:1-5:27)

B 엘리바스에 대한 욥의 첫 번째 반응(욥 6:1-7:21)

A 빌닷의 첫 번째 발언(욥 8:1-22)

B 빌닷에 대한 욥의 첫 번째 반응(욥 9:1-10:22)

A 소발의 첫 번째 발언(욥 11:1-20)

B 소발에 대한 욥의 첫 번째 반응(욥 12:1-14:22)

평행구조 2 : 욥과 그의 세 친구와의 두 번째 대화(욥 15-21장)

A′ 엘리바스의 두 번째 발언(욥 15:1-35)

B′ 엘리바스에 대한 욥의 두 번째 반응(욥 16:1-17:16)

A′ 빌닷의 두 번째 발언(욥 18:1-21)

B′ 빌닷에 대한 욥의 두 번째 반응(욥 19:1-29)

A′ 소발의 두 번째 발언(욥 20:1-29)

B′ 소발에 대한 욥의 두 번째 반응(욥 21:1-34)

평행구조 3 : 욥과 그의 세 친구와의 세 번째 대화(욥 22-27장)

A″ 엘리바스의 세 번째 발언(욥 22:1–30)

B″ 엘리바스에 대한 욥의 세 번째 반응(욥 23:1–24:25)

A‴ 빌닷의 세 번째 발언(욥 25:1–6)

B‴ 빌닷에 대한 욥의 세 번째 반응(욥 26:1–27:23)

내용 분해

(1) 욥과 그의 세 친구와의 첫 번째 대화(욥 4:1–14:22)

(2) 욥과 그의 세 친구와의 두 번째 대화(욥 15:1–21:34)

(3) 욥과 그의 세 친구와의 세 번째 대화(욥 22:1–27:23)

내용 해설

(1) 욥과 그의 세 친구와의 첫 번째 대화(욥 4:1–14:22)

이 문단은 욥과 그의 세 친구와의 첫 번째 대화로 욥의 고난에 대해 그의 세 친구인 엘리바스와 빌닷과 소발이 해석하고, 그 해석에 대하여 욥이 반응하는 내용을 담고 있다. 이 대화는 엘리바스 – 욥 – 빌닷 – 욥 – 소발 – 욥의 순서로 전개된다.

① 엘리바스의 첫 번째 발언(욥 4:1–5:27)

이 문단은 엘리바스가 욥의 고난의 원인이 무엇인지 진단하고 처방하는 내용이다. 첫 번째 친구인 엘리바스의 발언은 세 개의 평행구조에서 다른 세 친구보다 길고 정교하다.

a. 욥의 고난에 대한 위로의 말(욥 4:1-6)

욥이 자신의 고난에 대해 탄식하는 말을 듣고 엘리바스는 조심스럽게 "누가 네게 말하면 네가 싫증을 내겠느냐, 누가 참고 말하지 아니하겠느냐"(욥 4:2)라고 말했다. 이 말씀의 의미를 공동번역은 "누가 자네에게 말을 건네려 한다면 자네는 귀찮게 여기겠지 그렇다고 입을 다물고만 있을 수도 없는 일일세"라고 번역했다. 이것은 엘리바스가 욥이 싫어해도 먼저 욥의 고난 문제를 말하겠다는 뜻이다. 그는 욥의 과거와 현재, 곧 '전에'와 '이제'를 비교하며 이야기를 시작한다. 욥은 '전에' 손이 늘어진 자와 넘어져 가는 자, 그리고 무릎이 약한 자들을 위로했다(욥 4:3-4). '손이 늘어진 자', '넘어져 가는 자' 그리고 '무릎이 약한 자' 등은 비유적인 표현으로 질병이나 기타 어려운 문제로 고통당하는 자들의 모습을 보여준다. 욥은 과거에 이러한 사람들에게 용기를 주고 회복시키는 위로자였다. 엘리바스는 이와 더불어 '이제' 욥 자신이 실제로 이러한 문제를 만나자 놀라고 있다는 사실을 지적한다(욥 4:5). 그는 이어서 욥의 자랑이 여호와를 경외하는 것이고 온전한 길임을 말한다(욥 4:6). 그의 말대로 욥은 하나님을 경외하고 온전하게 사는 것을 소망으로 여기며 살았다(참조. 욥 1:1, 8; 2:3). 엘리바스가 이 점을 지적한 것은 이 점을 기본으로 그의 고통의 문제를 설명하겠다는 뜻이다.

b. 욥의 고난에 대한 엘리바스의 해석(욥 4:7-11)

엘리바스는 욥에게 "죄 없이 망한 자가 누구인가 정직한 자의 끊어짐이 어디 있는가"(욥 4:7)라고 말했다. 이것은 행위와 나타난 결과 사이에 인과관계가 있다는 단순한 인과응보의 논리다. 반대로 이 논리는 지금 번영과 행복을 누리는 사람은 선하다는 결론을 내리는 위험을 안고 있다. 그는 '내가 보건대'라고 말하며 자신의 경험과 관점에 근거해 말한다. 그는 비유적 언어로 "악을 밭 갈고 독을 뿌리는 자는 그대로 거둔다"(욥 4:8)라고 한다. 이것은 심은 대로 거둔다는 것으로 그의 논리의 기초다. 이 기초 위에 악한 자는 하나님의 입 가운데 멸망하고 젊은 사자라도 멸망한다고 말한다(욥 4:9-11). 악한 자는 아무리 권세있는 자라도 멸망한다는 것이다. 이러한 인과응보의 원리의 배후에는 모압 언약에서 언약의 말씀을 지키면 복을 받고 그 말씀을 배반하면 저주를 받는다는 원리가 있다(참조. 신 28:1-29:1). 세상에는 도덕적 질서라는 원칙이 존재한다. 이것은 선을 행하는 자들에게 용기를 준다. 이것은 신앙의 기본적인 적용이다(Atkinson 1991, 43). 그의 논리에 따르면 욥이 고통당하는 것은 죄가 있기 때문이다. 하지만 이 논리는 죄를 범하지 않은 욥에게 적용되지 않는다. 왜냐하면 욥의 고통은 감추어진 질서세계에서 일어난 일이기 때문이다.

c. 엘리바스의 해석 근거인 신비적 경험(욥 4:12-5:7)

엘리바스는 환상 가운데 본 특별한 경험에 근거하여 그의 논지를 확증하고자 한다. 그는 어떤 말씀이 들려 두려움과 떨림에 사로잡혔다. 그때 한 목소리로 말하는 것을 들었다. "사람이 어찌 하나님보다 의롭겠느냐 사람이 어찌 그 창조하신 이보다 깨끗하겠느냐"(욥 4:17) 엘리바스는 이런 수사적 질문을 통해 흙집에 살며 하루살이 앞에서도 무너질 사람이 자신의 의로움을 주장할 수 없다고 말한다(욥 4:19-20). 그는 이 논리에 근거하여 "너는 부르짖어 보라 네게 응답할 자가 있겠느냐 거룩한 자 중에 네가 누구에게로 향하겠느냐"(욥 5:1)라고 말했다. 여기 '거룩한 자들'은 하늘의 존재인 천사들을 말한다(참조. 슥 14:5). 그러면서 다시 그는 자기의 경험을 근거로 "내가 미련한 자가 뿌리내리는 것을 보고 그의 집을 당장 저주하였노라"(욥 5:3)라고 말했다. 그리고 그는 "재난은 티끌에서 일어나는 것이 아니며 고생은 흙에서 나는 것이 아니다"(욥 5:6)라고 했다. 이것은 모든 재난은 자연적인 과정에서 나타나는 것이 아니라 죄를 지은 결과에 따라 나타난다는 것이다(Hartley 1988, 118-119).

d. 엘리바스의 해결책 : 하나님을 찾으라(욥 5:8-27)

엘리바스의 논리에 따르면 욥은 하나님의 심판으로 고통을 받는 것이다. 엘리바스는 그 해결책을 욥에게 일방적으로 권하지 않고 "나라면 하나님을 찾겠고 내 일을 하나님께 의탁하리라"(욥 5:8)라고 했다. 이것은 하나님께 회개하고 구원을 얻으라는 것이다. 그러면서 그는 하나님이 비를 땅에 보내는 분이시며, 낮은 자를 높이며 애곡하는 자를 일으켜 구원하는 분이시며, 교활한 자의 계교를 꺾어 성공하지 못하게 하는 분이시라고 설명한다(욥 5:9-15). 그러므로 가난한 자가 희망이 있고 악행이 입을 다문다(욥 5:16). 하나님은 자연세계와 인간세계 모두 영향을 미치는 분이시다. 하나님에 대한 엘리바스의 설명과 그의 해결책 역시 하늘 보좌에서 일어난 일을 고려하지 않는다면 옳다.

엘리바스는 여기에 머물지 않고 '볼지어다'라고 주의를 환기시키며 하나님을 찾으라고 했다(욥 5:17). 왜냐하면 하나님은 아프게 하시다가도 싸매시며 상하게 하시다가도 그의 손으로 고치시기 때문이다(욥 5:18). 하나님은 여섯 가지 환난에서 구원하시고 일곱 가지 환난이라도 재앙이 미치지 않게 하실 것이다(욥 5:19).

여기 연속적인 숫자(x, x+1)는 문학적 장치의 하나로 많은 수를 나타낸다(Roth 1962, 301, 311). 이것은 회개한다면 수많은 환난에서 구원해 주신다는 뜻이다. 그리고 회개하고 하나님을 찾으면 기근과 들짐승과 들에 있는 돌과도 언약을 맺고, 후손의 많음과 장수의 복을 받을 것이다(욥 5:20-26). 엘리바스는 이러한 발언에 대해 '우리가 연구한 바가 이와 같다'(욥 5:27)라고 했다. 엘리바스가 이렇게 권고한 것은 고통의 순간 하나님을 의지한 사람이 가졌던 비법을 욥에게 교훈함으로 그의 고난에서 회복되어 복된 삶을 살기를 희망한다는 것이다(Hartley 1988, 124, 128). 그의 말은 맞지만 욥에게 그의 해결책은 적용되지 않는다.

② 엘리바스에 대한 욥의 첫 번째 반응(욥 6:1-7:21)

이 문단은 욥의 고난에 대해 엘리바스가 해석하고 해결책을 제시한 것에 대해 욥이 첫 번째로 반응하는 내용을 담고 있다. 엘리바스의 발언은 고난과 죄의 문제가 서로 연결되어 있다는 전제에 기초해 있기에 욥은 그 전제를 받아들일 수 없었다. 그래서 거기에 대해 자신의 견해로 반응한다. 그의 반응은 욥이 친구들에게 탄식하는 내용(욥 6:1-30), 하나님께 탄식하는 내용(욥 7:1-21)으로 구성되어 있다. 욥은 친구들과의 대화가 진행될수록 문제해결을 위해 탄식의 대상이 친구들에게서 하나님에게로 향한다.

a. 친구들에 대한 반응(욥 6:1-30)

• 욥의 고난의 무게(욥 6:1-13) : 욥은 엘리바스의 발언에 대해 먼저 자신의 괴로움이 얼마나 큰지를 말한다. 욥은 자신의 괴로움을 저울에 달아보면 바다의 모래보다 무거울 것이며(욥 6:2-3), 자신의 고난은 엘리바스의 말대로 죄 때문이 아니라 전능자의 화살이 자신에게 박혔고 하나님이 자기를 치셨기 때문이라고 했다(욥 6:4). 욥은 고난이 심하여 하나님이 자신의 간구를 들으시고 멸해주시기를 소망한다(욥 6:8-9). 그리고 욥은 하나님이 자신의 생명을 멸하신다고 할지라도 고통 가운데 기뻐하는 것은 엘리바스가 말한 것처럼 거룩하신 이의 말씀을 거역하지 않았기 때문이라고 했다(욥 6:10). 그래서 그는 여섯 개의 수사의문문으로 자신이 죽을 정도의 힘든 심정을 토로하고 있다(욥 6:11-13).

• 친구들에 대한 탄식(욥 6:14-30) : 욥은 엘리바스의 발언을 듣고 위로를 받기보다 상처를 받았던 것으로 보인다. 그는 친구들에게 실망감을 숨기지 않는다. 그는 "낙심한 자가 비록 전능자를 경외하기를 저버릴지라도 그의 친구로부터 동정을 받는다"(욥 6:14)라고 했다. 이것은 자신이 하나님 경외하기를 버린다 할지라도 친구라면 동정심(헤세드, חֶסֶד)이 있어야 한다는 뜻이다. 하지만 그의 친구들은 개울과 개울의 물살같이 변덕스럽다(욥 6:15). 이 '개울'(나할, נַחַל)은 '와디'(wadi)를 말한다. 와디는 얼음이 녹아 흐를 때와 더운 날이 다르다(욥 6:16-17). 데마나 스바의 행인들이 이 와디의 물을 기대하고 왔는데 물이 없다면 낙심하게 된다(욥 6:18-21). 욥은 이러한 와디의 이미지로 친구들이 자신의 기대를 저버린다고 말한다. 친구들이 자기를 보고 두려워한다고 하며 "내가 언제 너희에게 무엇을 달라고 말했더냐?"와 더불어 모두 네 가지 질문을 하며 실망감을 표현했다(욥 6:22-23). 그리고 욥은 "옳은 말이 어찌 그리 고통스러운고, 너희의 책망은 무엇을 책망함이냐"(욥 6:25)라고 말하며 돌이켜 친구들에게 행악자가 되지 말고 돌아오라고 권했다(욥 6:29). 엘리바스의 말은 욥의 상황을 고려하지 않는다면 옳은 말이다. 그러나 옳은 말도 낙심한 사람에게는 상황에 따라 위로나 문제해결에 도움이 되기보다는 고통을 가중시킬 수도 있다.

b. 하나님께 대한 욥의 탄식(욥 7:1-21)

• 욥의 고통(욥 7:1-6) : 욥은 이 땅에 사는 인생에게 힘든 노동이 있고, 노동 후에 저녁 그늘을 기다리는 것 같이 자신도 고통에서 안식하기를 원한다(욥 7:1-2). 욥은 고통의 시간이 여러 달 되었고 고달픈 밤이 작정되어 있다고 말했다(욥 7:3). 그는 자신이 당하는 고통을 자세히 묘사한다. 그는 누울 때 언제 일어날까, 언제나 밤이 갈까 하여 새벽까지 뒤척인다. 그의 살에는 구더기와 흙덩이가 의복처럼 입혔고 피부는 굳었다가 터지기도 한다(욥 7:4-5). 그의 날을 베틀의 북보다 빨라 희망없이 보낸다(욥 7:6). 그가 이렇게 묘사하는 것은 그의 고통의 상태의 심각함과 더불어 그의 생명이 끝날 때가 되었다고 생각하는 것이다.

• 욥의 간구와 탄식(욥 7:7-21) : 여기서 욥은 하나님께 직접 간구한다. 그는 자신의 생명이 한낱 바람 같음을 생각해 달라고 간구하면서 구름이 사라져 없어짐 같이 스올로 내려가는 자는 다시 올라오지 못할 것처럼 자기 집으로 돌아오지

못할 것이라고 했다(욥 7:7-10). 그러면서 그는 자기 마음의 괴로움 때문에 불평한다고 하면서 "내가 바다니이까 바다 괴물(탄닌, תַנִּין)이니이까"(욥 7:12)라고 말하며 어찌하여 자기를 마치 하나님의 대적처럼 지키는지(= 감시하는지) 질문했다.[4] 그리고 욥은 자신이 만약 죄를 지었다고 해도 주께 해가 되는 것이 아닌데 어찌하여 주의 과녁으로 삼아 무거운 짐이 되게 하시는지 불평했다(욥 7:20). 이뿐만 아니라 허물과 죄를 용서하시는 주께서 어찌하여 자기 죄악은 제거해 주시지 않는지 질문했다(욥 7:21). 이러한 욥의 행동은 비록 자신이 고통 때문에 죽은 지경에 처했다 할지라도 하나님이 자신을 변호해 주시기를 원하고 하나님을 결코 떠나지 않겠다는 것이다.

③ 빌닷의 첫 번째 발언(욥 8:1-22)

이 문단은 욥의 반응을 듣고 그의 두 번째 친구 빌닷이 발언하는 내용을 담고 있다. 빌닷의 발언은 욥의 고난에 대한 그의 해석과 그 해결책(욥 8:1-7), 그의 해석의 근거(욥 8:8-22)와 관련된 내용으로 구성되어 있다.

a. 욥의 고난에 대한 빌닷의 해석과 그 해결책(욥 8:1-7)

빌닷은 욥이 엘리바스의 발언에 반응하는 것을 듣고 "네가 어느 때까지 이런 말을 하겠으며 어느 때까지 네 입의 말이 거센 바람과 같겠는가?"(욥 8:2)라고 했다. 여기 '거센 바람'은 그의 말이 해만 끼친다는 비유적인 표현이다. 그러면서 하나님은 정의를 굽게 하시는 분이 아니라는 전제에서 욥의 자녀들이 주께 죄를 지었기에 죄의 벌로 죽었다고 말했다(욥 8:3-4). 빌닷이 욥의 고난을 해석한 근거는 엘리바스와 같이 인과응보의 원리다. 하지만 욥의 자녀들이 죽은 것은 죄 때문이 아니라 감추어진 질서 안에 있는 하나님의 섭리 때문이다(욥 1:11-12).

빌닷은 하나님의 공의에 근거하여 욥의 고난을 해석할 뿐만 아니라 그 해결책까지 제시했다.

네가 만일 하나님을 찾으며 전능하신 이에게 간구하고 또 청결하고 정직하

---

4 '지키다'라는 개념은 긍정적인 의미가 아니라 부정적인 의미로 지켜보고 있다는 개념이다.

면 반드시 너를 돌보시고 네 의로운 처소를 평안하게 하실 것이라 네 시작

은 미약하였으나 네 나중은 심히 창대하리라(욥 8:5-7).

빌닷이 욥에게 제시한 두 가지 해결책은 성도라면 상식적으로 잘 아는 것이
다. 하나는 하나님을 찾고 그의 은혜를 구하는 것이다. 또 하나는 청결하고 정직
해야 한다. 그러면 하나님께서 반드시 돌보시고 시작은 미약하였으나 나중은 심
히 창대하게 하실 것이다. 그러면 욥은 빌닷이 그의 고난을 해석하고 제시한 해
결책을 들었을 때 위로가 되었을까? 아니다. 욥은 빌닷의 말대로 하나님의 정의
로우심에 따라 죄에 대해 벌을 받는 것이 아니기 때문이다.

b. 빌닷의 해석 근거인 전통(욥 8:8-22)

빌닷은 조상들의 전통을 근거로 하나님이 정의를 굽게 하시지 않는다는 그
의 논지를 발전시켰다(Hartley 1988, 157). 이 역시 인과응보의 원리에서 벗어나
지 않는다. 그는 "너는 옛 시대 사람에게 물으며 조상들이 터득한 일을 배울지어
다"(욥 8:8)라고 말했다. 이것은 조상들의 전통에 따라 그가 해석하고 있다는 것
이다. 사람이 세상에 있는 날이 마치 그림자와 같기에 오랜 세월을 두고 형성된
조상들의 말을 들어야 한다는 것이다(욥 8:9-10). 그리고 빌닷은 자신의 해석의
타당성을 입증하기 위해 세 가지 비유로 말했다.

첫째, 왕골이 진펄 아닌 데서 크게 자랄 수 없고 갈대가 물 없는 데서 크게 자
라지만 다른 풀보다 일찍 마른다. 이와 같이 하나님을 잊어버리는 자의 길도 빨
리 멸망한다(욥 8:11-13a).

둘째, 저속한 자의 희망도 끊어진다. 거미줄 같이 그 집을 의지할지라도 집이
서지 못하거나, 줄을 붙잡아 주어도 집이 보존되지 못하는 것과 같다(욥 8:13b-
15).

셋째, 식물이 햇빛을 받고 물이 올라 그 가지가 동산에 뻗으며 그 뿌리가 돌
무더기에 서리어 들어갔어도 그곳에서 뽑히면 죽듯이 그 길의 기쁨은 이와 같다
(욥 8:16-19).

빌닷은 이 세 가지 비유를 통해 하나님은 순전한 사람을 버리지 않으시고 악
한 자들을 붙들어 주지 아니하시기에 욥에게 의인의 길에 서라고 말한다. 욥의

상황을 고려하지 않으면 그의 말은 옳다. 하지만 욥의 경우에는 적용되지 않는다. 그는 하나님이 보시기에 온전하고 정직하여 여호와를 경외하는 자이기 때문이다(욥 1:1, 8).

④ 빌닷에 대한 욥의 첫 번째 반응(욥 9:1-10:22)

이 문단은 욥의 고난에 대해 빌닷이 해석하고 해결책을 제시한 것에 대해 욥이 반응하는 내용을 담고 있다. 이 문단은 욥의 탐구(욥 9:1-35), 욥의 탄식(욥 10:1-22) 등의 내용으로 구성되어 있다.

a. 욥의 탐구(욥 9:1-35)

욥은 "진실로 내가 이 일이 그런 줄 알거니와 …"(욥 9:2))라고 하며 시작한다. 이것은 빌닷이 "하나님이 어찌 정의를 굽게 하시겠으며"라는 말씀을 받은 것이다. 욥은 사람이 하나님께 변론하기 좋아해도 그를 거슬러 스스로 완악하게 행하고도 형통할 자가 없다고 말했다(욥 9:3-4). 이것은 빌닷의 말을 하나님을 거슬러 완악하게 말한 것으로 이해했다는 것이다. 그러면서 그의 말이 맞지 않음을 반박하기 위해 자신이 탐구한 하나님에 대해 설명한다. 욥은 하나님이 무한한 능력을 가지신 분으로 사람이 측량할 수 없는 기이한 일을 행하시는 분이라고 설명한다(욥 9:5-10). 욥은 이 하나님을 설명한 후 하나님이 빼앗으시면 누구든 막을 수 없고 라합을 돕는 자들도 굴복하는데 자신이 어떻게 할 수 없다고 말한다(욥 9:12-14). '라합'(רהב)은 신화적인 바다 괴물로 고대 문서에 나타나는 이름이다(Atkinson 1991, 77). 욥은 이 하나님이 자신이 온전하다고 할지라도 까닭없이 치시고 심지어 눈 녹은 물과 잿물로 손을 깨끗하게 해도 자기를 개천에 빠트리는데 어떻게 하겠느냐고 했다(욥 9:7-18, 30-31). 욥이 탐구한 것은 하나님은 의로우신 분이기는 하지만 전능자이시기에 그가 행하시는 일을 알 수 없고, 온전한 자나 악한 자나 다 멸망시키는 분이라는 것이다(욥 9:11, 21-23).

b. 욥의 탄식(욥 10:1-22)

욥은 하나님이 의로우신 분이심을 알고 있었다. 그럼에도 불구하고 그는 자기 살기에 곤비하여 하나님께 불평을 토로하며 괴로움을 말할 것이라고 했다(욥

10:1). 그러면서 그는 하나님이 무슨 까닭으로 자기와 변론하시는지 알게 해 달라고 했다(욥 10:2). 그리고 욥은 자신이 죄를 짓지도 않았는데 하나님이 마치 죄를 지은 사람처럼 보신다고 불평하고 하나님이 자기를 빚어 만드셨음에도 멸하려 하신다고 토로했다(욥 10:4, 7-9). 또한 그는 주께서 자주 증거하는 자를 바꾸어 자기를 치는 것을 마치 군대가 치는 것 같다고 했다(욥 10:17). 그리고 왜 자기를 이 땅에 태어나게 하셨는지 질문하며 만약 태어나게 하지 않으셨다면 아무 눈에도 보이지 않았을 것이라고 했다(욥 10:18). 욥은 무거운 하나님의 진노를 경험하고 있다. 그는 하나님이 부당하고 공의롭지 않게 벌을 주고 있다고 생각한다(Hartley 1988, 192). 그럼에도 그는 자기 날이 얼마 남지 않았기에 죽음의 그늘진 땅으로 가기 전에 하나님이 진노를 그치고 잠시라도 평안을 얻게 해 주실 것을 간구한다(욥 10:20-22). 욥은 하나님의 섭리를 알지 못하기에 그가 갈등하고 탄식하는 것은 조금도 이상한 일이 아니다.

⑤ 소발의 첫 번째 발언(욥 11:1-20)

이 문단은 욥의 세 번째 친구 소발이 욥의 고난을 해석하고 그 해결책을 제시하는 내용을 담고 있다. 소발은 엘리바스와 같이 신비적 경험에 호소하지 않고, 빌닷과 같이 조상들의 전통에 호소하지도 않는다. 대신에 그의 기초는 조리가 있는 신학이다(Hartley 1988, 193).

a. 욥에 대한 비난(욥 11:1-4)

소발은 자신의 무고함을 주장하는 욥을 가리켜 "말이 많은 사람이 어찌 의롭다 함을 얻겠느냐"라고 말하며 욥의 말이 친구들의 발언을 비웃는 것이라 생각하고 잠잠할 수 없다고 했다(욥 11:2-3). 그는 빌닷에 대한 욥의 첫 번째 반응을 요약하여 욥이 "내 도는 정결하고 나는 주께서 보시기에 깨끗하다"(욥 11:4)라고 말했다고 비난한다. 여기서 '도'(레카흐, לֶקַח)는 문자적으로 '받은 것'(what is received)을 말한다. 이는 조상들의 전통을 통해 받은 믿음을 의미한다(Hartley 1988, 194). 그러나 욥은 소발이 말한 것처럼 전통을 통해 받은 것을 기초로 말하지 않았고 그가 받은 도가 순수하다고 주장하지 않았다. 다만 욥이 하나님에 대해 생각하고 있었던 것과 하나님이 행하시는 방법이 그의 상황으로 말미암아 당황스럽기는 했어도 욥은 그가 믿는 하나님을 근거로 말했다. 그러나 소발은 마치 욥이 새로운 가르침을 제시한 것처럼 욥이 말한 보응 교리에 대해 지나치게 말한 것이다(Hartley 1988, 194-195).

b. 하나님의 지혜(욥 11:5-12)

소발은 욥의 말을 비난하기 위해 하나님의 지혜를 근거로 설명한다. 그는 하나님이 욥에게 말씀하시고 하나님의 지혜의 오묘함을 보여주시기를 원한다. 왜냐하면 하나님의 지혜는 우리가 이해하기 어렵기 때문이다. 그러면서 욥에게 하나님이 그의 죄의 한 부분을 잊어버리신 것을 알아야 한다고 충고했다(욥 11:6).[5] 이것은 욥이 실제로 지은 죄보다 욥이 받은 벌이 가볍다는 것이다. 소발은 욥이 받은 벌 이상으로 죄를 지었다고 결론을 내렸다(Hartley 1988, 197). 그는 이 말을 증명하기 위해 "네가 하나님의 오묘함을 어찌 능히 측량하며 전능자를 어찌 완전히 알겠느냐"(욥 11:7)라고 말하며 그 오묘함의 크심이 땅보다 길고 바다보다 넓다고 했다(욥 11:8-9). 이 하나님이 허망한 사람을 아시고 악한 일은 상관하지 않는듯하나 보신다. 허망한 사람은 지각이 없어 마치 길들이지 않은 들나귀 같다고 했다(욥 11:11-12). 소발은 욥이 하나님 보시기에 도덕적으로 정결하지 못하기 때문에 그가 하나님께 나아가는 유일한 길은 법적인 논쟁이 아니라 회개라고 보았다(Hartley 1988, 199). 그러나 욥은 소발이 말한 대로 하나님에 대한 지식이 없는 것도 아니고 하나님이 알지 못하는 죄를 지은 것도 아니다.

c. 해결책 : 회개하기를 요구함(욥 11:13-20)

소발은 욥에게 그의 고난 문제를 해결할 수 있는 해결책으로 마음을 바로 정하고 죄악이 있거든 버리라고 권했다(욥 11:13-14). 그러면 환난이 물이 흘러감 같이 흘러갈 것이며, 많은 사람이 욥에게 은혜를 구할 것이라고 했다(욥 11:15-20). 이렇게 소발은 욥에게 하나님을 찾도록 권고했으나 하늘 보좌에서 하나님

---

5 개역개정판은 번역이 적절하지 못하여 이해하기가 어렵다. NIV와 표준새번역은 원문의 의미를 잘 살려서 번역했다. 표준새번역은 "지혜의 비밀을 네게 드러내어 주시기를 바란다. 지혜란 우리가 이해하기에는 너무나도 어려운 것이다. 너는, 하나님이 네게 내리시는 벌이, 네 죄보다 가볍다는 것을 알아야 한다"라고 번역했다.

이 사탄에게 시험을 허락한 사실을 몰랐다. 욥에 대한 그의 잘못된 진단과 영적인 권면은 위로자가 냉휼히 여기는 마음으로 권면해야 하고, 그것이 의의 열매를 맺으려면 상황의 독특성을 고려해야 한다는 것을 보여준다(Hartley 1988, 204).

⑥ 소발에 대한 욥의 첫 번째 반응(욥 12:1-14:22)

이 문단은 욥의 고난에 대해 소발이 해석하고 해결책을 제시한 것에 대한 욥의 반응을 담고 있다. 소발의 첫 번째 반응은 세 친구에 대한 욥의 답변 중에서 가장 길다. 욥의 말의 절반은 친구들의 해석에 대한 반박이고(욥 12:1-13:19), 나머지 절반은 하나님에 대한 것이다(욥 13:20-14:22).

a. 친구들의 해석에 대한 반박 1(욥 12:1-11)

친구들이 욥의 고난이 죄 때문이라고 해석한 일에 대해 욥은 비꼬듯이 "너희만 참으로 백성이로구나 너희가 죽으면 지혜도 죽겠구나"(욥 12:1)라고 했다. 그리고 욥은 자신도 그 정도는 알고 있고 일반 사람들도 그 정도의 지식을 가지고 있다고 했다(욥 12:2-3). 그러면서 욥은 그들의 해석이 왜 잘못되었는지 예증한다(욥 12:4-25).

욥은 자신을 가리켜 "하나님께 불러 아뢰어 들으심을 입은 내가"라고 했고, "의롭고 온전한 자"라고 했다(욥 12:4). 그럼에도 이웃에게 웃음거리가 되고 있다. 욥은 평안한 자는 재앙을 멸시하나 반드시 그런 것이 아님을 예를 들어 설명한다(욥 12:5). 그는 강도의 장막은 형통하고 하나님을 진노하게 자는 평안하고 하나님이 그의 손에 후히 주신다고 했다(욥 12:6). 욥이 부조리(不條理)한 사회 현상 가운데 하나를 예로 든 것은 친구들이 말하는 것처럼 '재앙 = 죄'라는 등식은 성립되지 않는다는 것이다.

그런데 이상하게도 욥과 같은 이러한 갈등이 우리에게도 있고, 이해할 수 없는 고통이나 어려움이 찾아오면 욥처럼 비꼬듯이 하나님을 원망할 때도 있다. 어떤 성도가 성경의 이 본문을 읽고 묵상한 내용인데 성도의 갈등을 잘 보여준다.

"강도의 장막은 형통하고 하나님을 진노하게 하는 자는 평안하니 하나님이 그의 손에 후히 주심이니라"(욥 12:6)라는 말씀이 나의 심정과 갈등을 그대로 보여주고 있는 것 같다. 인과율의 법칙대로 현상들이 나타나는 것이 아니라 악을 행하고 사람들의 관계를 끊고 온갖 거짓말을 일삼는 자들이 형통하고, 진급하고, 큰 집에서 건강하게 살고, 좋은 차를 타고 다닌다. 나는 욥처럼 '하나님은 악한 자들을 사랑하고 그들에게 더 많이 부어주시는구나'라고 질문하고 한탄하며, 어떤 때는 큰 소리로 절규한다. 하지만 나는 여전히 사람들에게 조롱거리가 되고 있다. 누가 나의 고통과 어려움을 알까? 하나님이 전능하시기에 내 마음을 아신다고 믿지만 나타난 현상을 보면 늘 가물가물한다. 이것이 지금의 나의 고통이고 갈등이다. '하나님은 이 갈등을 아실까? 아니야, 하나님은 악한 자들의 편이지'라고 내심 투정대다가도 '그러면 나도 거짓말을 하고 그렇게 행동해 볼까? 그러면 축복하실까?'라고 생각해 본다. 하지만 나는 그 짓만은 못한다. 그런데 이상하게도 그 짓거리는 할 수 없고, 또한 할 수 없게 하신다는 거야. 뭐야 이게.

욥은 그의 말을 입증하기 위해 모든 짐승에게 물어보라고 하며 그들도 여호와의 손이 이를 행하셨음을 알고 있다고 했다. 그리고 모든 생물이나 사람의 목숨도 그의 손에 달려 있다고 했다(욥 12:7-10). 이에 대해 입이 맛을 구별함 같이 귀가 말을 분간한다고 했다(욥 12:11).

b. 하나님의 주권적 통치(욥 12:12-25)

욥은 앞의 단락(욥 12:1-11)에서 친구들의 주장을 반박했다. 이 단락에서는 모든 것이 하나님의 손에 달려 있음을 입증하기 위해 하나님의 주권적인 통치를 설명한다. 몇 가지 예를 들면 다음과 같다. 이 예를 보면 인간사의 모든 문제의 근원에는 하나님이 계신다는 것을 알 수 있다.

- 능력과 지혜가 하나님께 있고, 속은 자와 속이는 자가 다 그에게 속해 있다 (욥 12:13, 16).
- 모사를 벌거벗겨 끌어가시며 재판장을 어리석게 하신다(욥 12:17)
- 민족을 커지게 하시고 다시 멸하기도 하신다(욥 12:23a).

• 만민의 우두머리들의 총명을 빼앗아 그들을 길 없는 거친 들에 방황하게 하신다(욥 12:24).

c. 친구들의 해석에 대한 반박 2(욥 13:1-19)

욥은 하나님이 하시는 일을 자신이 눈으로 보고 귀로 들어 알고 있을 뿐만 아니라 친구들이 알고 있는 것을 다 알고 있다고 하며 전능자 하나님에게 직접 변론하겠다고 했다(욥 13:1-3). 여기서 '변론하다'(야카흐, יכח)라는 단어는 법정적인 용어다(참조. 사 11:3, 4). 그리고 욥은 친구들의 문제가 무엇인지 반박한다. 욥은 친구들이 거짓말을 지어내는 자고, 쓸모없는 의원이라고 비난하며 가만히 있는 것이 지혜라고 했다(욥 13:4-5). 욥은 오히려 친구들의 말은 하나님을 속이는 일이고 하나님의 심판을 받을 일이라고 했다(욥 13:9, 11). 그리고 비유적 언어로 친구들의 격언은 재 같은 속담이고 방어하는 것은 토성이라고 하며 그냥 잠잠하고 자기를 버려두라고 했다(욥 13:12-13). 욥은 이미 전능자 하나님에게 변론하겠다고 말한 대로 그 앞에서 자기의 행위를 아뢸 것이라고 했다. '아뢰다'라는 단어는 '변론하다'와 같은 단어다(참조. 욥 13:3). 욥은 경건하지 못한 자는 그 앞에 이르지 못한다고 하며 그 앞에 아뢰는 것(= 변론하는 것)이 자신의 구원이 될 것이라고 했다(욥 13:16). 여기서 구원은 잘못이 없음을 입증해 주는 것을 의미한다(Zuck 1978, 61). 그러면서 욥은 자신이 정의롭다 함을 얻게 될 것을 확신하고 있다(욥 13:18).

d. 욥이 그의 문제를 하나님께 말함(욥 13:20-28)

욥은 친구들과 대화하는 것이 아니라 하나님께 문제를 아뢰며 두 가지 일을 행하시지 말 것을 구했다. 하나는 주의 손을 대지 말아 달라는 것이고, 또 하나는 주의 위엄으로 두렵게 하지 말아 달라는 것이다(욥 13:20-21). 욥이 첫 번째 구한 것은 그의 육체적 고통을 끝내 달라는 것이고, 두 번째 구한 것은 하나님의 위엄으로 그가 위축되어 무기력하지 않게 해 달라는 것이다(Hartley 1988, 225-226). 그리고 자기를 불러 대답하게 하시든지, 아니면 자신이 말하고 하나님이 자기에게 대답해 달라고 했다(욥 13:22). 이것은 욥이 그의 비참에서 벗어나는 데도 관심이 있으나 하나님을 신뢰하는 자리에서 하나님을 두려워하는 자리로 옮겨진 상황에서 벗어나는데 훨씬 더 관심이 있다는 것이다(Atkinson 1991, 85).

이 지점에서 욥이 계속 그의 말을 이어가는지, 아니면 그가 구한 것에 대해 하나님이 응답해 주시기를 기다렸는지는 분명하지 않다.[6] 그래서 욥은 죄에 관해 성경에 나오는 세 가지 단어를 사용하여 "나의 '죄악'(아온, יָוֹן)이 얼마나 많으니이까 나의 '허물'(페솨, פֶּשַׁע)과 '죄'(하타아트, חַטָּאת)를 내게 알게 하옵소서"라고 했다(욥 13:23). 이 말은 하나님이 응답해 주시지 않는 일에 대한 항변이다. 욥의 이 말이 항변인 것은 그가 하나님께 던지는 수사적 질문 때문이다.

주께서 어찌하여 얼굴을 가리시고
나를 주의 원수로 여기시나이까
주께서 어찌하여 날리는 낙엽을 놀라게 하시며
마른 검불을 뒤쫓으시나이까(욥 13:24-25)

욥이 이러한 수사적 질문을 하는 것은 죄를 범한 것이 아닌데도 주께서 얼굴을 가리시기 때문이다. 하나님이 자기를 원수로 대하시고 바람에 날리는 낙엽과 마른 검불과 같은 존재를 놀라게 하신다고 보았다. 하나님이 얼굴을 가리시고 대적하심으로 썩은 물건의 낡아짐 같으며 좀먹은 의복 같다고 했다(욥 13:26-28). 이것은 욥이 하나님이 말씀해 주시도록 간구하는 것과 동시에 지금 그의 상황이 얼마나 심각한 것인지 이미지로 보여준다.

e. 욥의 절망(욥 14:1-22)

지금까지의 분위기가 갑자기 전환되어 욥은 법정에서 승리할 수 있다는 믿음의 확신에서 인생이 소망이 없다는 탄식으로 바뀐다.

• 인생의 짧음(욥 14:1-6) : 욥은 여인에게서 태어난 사람은 그 수명이 짧고, 걱정이 가득하며, 꽃과 같이 시들다가 사라지는 존재라고 설명한다(욥 14:1-2). 이것이 인간의 존재적 특성이고 한계다. 인간이 이렇게 연약함에도 욥은 하나님이 왜 자기를 끊임없이 자세히 살피시고 주 앞으로 이끌어 재판하시는지 질문한

---

6 주크(Zuck 1978, 62)는 하나님의 응답을 기다리는 과정이 있었다고 본다.

다(욥 14:3). 그리고 욥은 하나님이 자신을 그렇게 자세히 살피고 재판하시는 것이 부당함을 입증하기 위해 "누가 깨끗한 것을 더러운 것 가운데 낼 수 있으리이까 하나도 없나이다"(욥 14:4)라고 했다. 이와 유사한 말을 욥이 한 바가 있고(욥 9:30-31), 빌닷도 유사하게 말한다(욥 25:4). 욥이 이 말을 하는 것은 인생 자체가 완전하지 않고 더러운데 여기서 깨끗한 것을 찾으시는 하나님께 문제를 제기하는 것이다. 그래서 어차피 주께서 정하신 대로 살 수밖에 없는 한계를 가지고 있는데 자기를 괴롭게 하지 말고 그냥 두어달라고 했다(욥 14:5-6).

• 죽음과 부활의 소망(욥 14:7-17) : 욥은 인간의 한계를 나무와 비교하며 설명한다. 나무가 희망이 있는 이유는 찍힐지라도 다시 움이 나고, 뿌리가 땅에서 늙고 줄기가 죽을지라도 물이 있으면 다시 움이 돋기 때문이다(욥 14:7-9). 그러나 인간은 죽으면 하늘이 없어진다고 해도 다시 일어나지 못한다(욥 14:10-12). 그러면 욥이 죽으면 자신의 무죄함을 어떻게 증명할 것인가? 욥은 하나님이 자기를 스올에 감추었다가 기억해 달라고 하며 육신이 죽으면 장정이라도 다시 살 수 없기에 주께서 그를 불러주시기를 간구한다. 그리고 주께서 주의 손으로 지으신 자기를 기다리신다고 했다(욥 14:13-15). 이것은 욥이 부활할 때를 바라보고 있다는 것이다(Atkinson 1991, 87). 이 점을 더 자세하게 알 수 있는 것은 욥기 14:16-17이다. 표준새번역이 이 절의 의미를 잘 드러내었다.

> 그러므로 지금은 주께서 내 모든 걸음걸음을 세고 계시지만, 그때에는 내
> 죄를 살피지 않으실 것입니다. 주께서는 내 허물을 자루에 넣어 봉하시고,
> 내 잘못을 덮어 주실 것입니다.

욥은 지금은 주께서 자신의 걸음을 자세히 세고 계시지만 부활 때에는 죄를 살피지 않고 자루에다 봉하고 자기의 허물을 다 덮어 주실 것을 믿었다.

• 희망의 상실(욥 14:18-22) : 욥은 앞 단락의 낙관적 분위기와 대조적으로 이 단락에서는 희망이 상실되는 아픔을 탄식한다. 무너지는 산은 흩어지고 바위는 그 자리에서 옮겨지듯이 주께서 사람의 희망을 끊으신다(욥 14:18-19). 주께서 사

람을 이기시고 죽게 하시기 때문에 살아있는 자들의 땅에서 아들들이 존귀하게 되어도 알지 못하고 비천하게 되어도 알지 못한다(욥 14:20-21). 인간이 죽으면 산 자의 세계를 모른다는 것이다. 욥은 다만 살은 아프고 그의 영혼이 애곡할 뿐이라고 했다(욥 14:22). 여기 '살'(바살, רָשָׂב)은 사람의 육체를 말한다. 그래서 이 말씀은 스올에서 경험하는 것이라기보다는 죽음을 예상하고 느끼는 현실의 고통을 의미한다(Hartley 1988, 240).[7]

(2) 욥과 그의 세 친구와의 두 번째 대화(욥 15:1-21:34)

이 문단은 욥과 그의 세 친구와의 두 번째 대화가 첫 번째 대화에서 보여주었듯이 엘리바스 – 욥 – 빌닷 – 욥 – 소발 – 욥의 순서로 전개된다. 첫 번째 대화와의 차이점은 내용이 짧고 분명하며, 그들의 논쟁이 훨씬 거칠고 덜 관용적이라는 것이다(Zuck 1978, 68). 특히 이들은 악한 자가 가게 될 끔찍한 운명에 초점을 맞춘다. 긍정적으로 볼 때 그들이 이렇게 말하는 것은 욥이 회개하지 않는다면 더 큰 어려움을 겪을 수 있기 때문에 그러지 않도록 회개하기를 촉구한 것으로 이해할 수 있다(Hartley 1988, 242). 하지만 이 두 번째 평행구조에 있는 대화는 첫 번째 대화에서 있었던 욥이 회복할 방법과 그의 미래를 생각하는 면이 없고 악인이 받을 운명만 언급되고 있다. 이것은 욥을 악인으로 규정하기 때문이다.

① 엘리바스의 두 번째 발언(욥 15:1-35)
엘리바스의 두 번째 발언은 두 부분으로 구분된다. 이 문단은 욥의 말에 대한 반박(욥 15:1-16)과 악인의 운명(욥 15:17-35)에 대한 내용으로 구성되어 있다.

a. 욥의 말에 대한 반박(욥 15:1-16)
엘리바스는 세 개의 수사적 질문으로 욥이 참된 지혜자가 아니라고 말한다(욥 15:1-3). 그 질문은 다음과 같다.

---

[7] 지하 세계에서 계속 고통을 받는다는 개념은 구약성경에서 이사야 66:24에만 나온다.

- 지혜로운 자가 어찌 헛된 지식으로 대답하겠느냐?
- 어찌 동풍을 그의 복부에 채우겠느냐?[8]
- 어찌 도움이 되지 아니하는 이야기, 무익한 말로 변론하겠느냐?

엘리바스의 이 말은 욥이 지혜에 대해 말한 모든 것이 의미가 없다는 뜻이다. 엘리바스에 따르면 욥은 하나님 경외하기를 그만두어[9] 하나님 앞에 묵도하기를 그치게 한다고 했다(욥 15:4). 그가 왜 이러한 결론에 이르게 되었는가? 그 이유는 욥의 말 자체를 하나님 경외하기를 그만두는 행위로 보았기 때문이다(욥 15:5-6).[10] 이것은 욥의 말과 행동이 그가 죄인임을 증거한다는 것이다. 이러한 엘리바스의 지적은 욥의 고통과 탄식을 이해하지 못하는 편협한 신앙관을 드러낸다(하경택 2018, 193).

엘리바스는 욥의 말을 반박하기 위해 세 쌍의 수사적 질문을 한다(욥 15:7-9).

- 네가 제일 먼저 난 사람이냐?
- 산들이 있기 전에 네가 출생하였느냐?
- 하나님의 오묘하심을 네가 들었느냐?
- 지혜를 홀로 가졌느냐?
- 네가 아는 것을 우리가 알지 못하는 것이 무엇이냐?
- 네가 깨달은 것을 우리가 소유하지 못한 것이 무엇이냐?

이 질문에 대해 욥은 '아니오'라고 말할 수밖에 없다. 이 질문 후에 엘리바스는 자신들 중에 욥보다 나이가 많은 사람도 있고 심지어 욥의 아버지보다 나이가 많다고 하며 욥의 행동을 지적했다(욥 15:10).

이어서 엘리바스는 욥이 하나님의 위로와 말씀을 거절한다고 책망했다(욥

---

8 여기서 '복부'(베텐, בֶּטֶן)는 '뱃속'을 의미한다. 이 용어를 쓴 것은 환유법으로 팔레스틴에서 동쪽 사막에서 불어오는 뜨거운 바람과 같이 의미없는 것으로 욥의 인격을 채웠다는 뜻이다.

9 '그만두어'라는 단어는 '그만두다'(파라르 < הֵפֵר)라는 단어의 사역형으로 '그만두게 하다'라는 뜻이다. 뒤에 '그치게 하다'는 일반강동사를 사용하여 일차적으로 욥의 말 자체가 욥 자신을 하나님을 경외하는 행동이 아니고, 또한 다른 사람에게 하나님 섬기기를 그치게 한다는 것이다.

10 원문은 이유를 나타내거나 앞의 말을 입증하는 접속사 '키'(כ)로 시작한다.

15:11). 그가 말하는 하나님의 위로와 말씀은 그가 환상 중에 받은 말씀인 욥기 4:17-21을 의미한다. 그래서 엘리바스는 욥기 15:14-16에서 욥기 4:17-19의 말씀을 거의 다시 반복하며 욥이 하나님께 분노하며 의롭다고 말한 것을 책망한다. 엘리바스는 하나님은 거룩한 자들인 천사들(참조. 욥 5:1)도 믿지 아니하고 하늘도 그가 보시기에 부정한데 하물며 부패한 사람을 용납하시겠느냐고 책망했다(욥 15:15-16). 이것은 엘리바스가 욥을 죄인으로 보고 말한 것이다.

b. 악인의 운명에 대한 설명(욥 15:17-35)

엘리바스는 욥에게 자기의 말을 들을 것을 요구했다. 그의 말은 그가 경험한 것으로 지혜로운 자들이 전해준 것이며 조상들도 알고 있다고 했다(욥 15:17-18). 엘리바스가 경험하고 지혜로운 자들이 전해준 지혜는 악인의 운명에 관한 것이다. 악인은 그의 일평생에 고통을 당하고 그의 햇수가 정해졌다(욥 15:20). 악인은 "음식이 어디 있느냐"라고 하며 생활문제로 고통을 당한다(욥 15:23). 여기 '음식'(레헴, לֶחֶם)은 제유법으로 사람이 살아가는 일에 필요한 것을 말한다. 환난과 역경이 싸움을 준비한 왕처럼 그를 공격하여 어렵게 한다(욥 15:24). 그 이유는 교만하여 목을 세우고 전능자 하나님을 대적하였기 때문이다(욥 15:25-26). 왜 그가 교만하여 하나님을 대적했을까? 엘리바스는 그 이유를 비유적인 언어로 그의 얼굴은 살이 찌고 허리에는 기름이 엉기었기 때문이라고 했다(욥 15:27).[11] 이것은 상징적인 표현으로 건강하고 재물이 풍부함을 나타낸다(참조. 시 73:7; 렘 5:25-26). 그러나 악인은 포도 열매가 익기 전에 떨어짐 같고 감람 꽃이 떨어짐 같이 멸망할 것이라고 했다(욥 15:28-35). 엘리바스의 견해에 따르면 욥은 하나님을 대적하는 악한 자다. 하지만 그는 감추어진 질서세계에서 일어난 일을 알지 못했다. 이것은 자신의 경험이나 사람들의 지혜로 알 수 없다.

엘리바스는 첫 번째 대화와 달리 왜 욥에게 이렇게 거친 말을 했는가? 하트리(Hartley 1988, 255)가 이해하듯 지금 고통당하는 욥에게 하나님이 악인의 행위에 따라 심판하실 때 있게 될 악인의 운명을 보여주어 하나님께로 돌이키기 위함일까? 이렇게 보는 것도 가능하나 죄인으로 단정하고 받게 될 심판을 말하는

---

11 원문은 이 절을 이유를 나타내거나 앞의 말을 입증하는 접속사 '키'(כִּי)로 시작한다. KJV와 NASB는 이유절로 번역했다.

것으로도 볼 수 있다.

② 엘리바스에 대한 욥의 두 번째 반응(욥 16:1–17:16)

이 문단에서 욥이 엘리바스의 잔인하고 경멸적인 발언에 대해 반박하고 하나님으로부터 소외되어 있다는 고통스러운 감정을 표현하고 있다. 이 문단은 다음과 같은 구조로 구성되어 있다.

A 친구들을 향한 탄식 1(욥 16:1–6)
  B 하나님을 향한 탄식 1(욥 16:7–17)
    X 욥의 소망 : 하늘의 증인(욥 16:18–17:2)
  B′ 하나님을 향한 탄식 2(욥 17:3–5)
A′ 친구들을 향한 탄식 2(욥 17:6–16)

a. 친구들을 향한 탄식 1(욥 16:1-6)

욥은 친구들의 발언과 같은 말은 많이 들었다고 하면서 그들을 향해 '재난을 주는 위로자'라고 했다. 사실 이 번역은 문맥적으로 적절하지 못하다. 히브리어 원문에 '아말'(עָמָל)을 개역개정판은 '재난'이라고 번역했으나 '고난'이나 '고통'이라고 번역하여 '고난을 주는 위로자들' 또는 '번뇌케 하는 위로자들'이 좋다. 욥은 친구들에게 서로의 처지를 바꿀 수 있다면 나도 너희에게 아프게 말하고 비웃을 수 있지만[12] 자기는 그들을 위로하고 근심을 풀어주었을 것이라고 했다(욥 16:4–5). 그리고 욥은 자기가 말해도 근심이 풀리지 않고 잠잠해도 아픔이 줄어들지 않을 것이라고 했다(욥 16:6).

b. 하나님을 향한 탄식 1(욥 16:7-17)

욥은 하나님이 자기를 피로하게 하시고 온 집안을 패망하게 하셨다고 불평한다(욥 16:7). 욥은 하나님이 자기에게 진노하시고 적대시하시며 이를 갈고 원수처럼 대하신다고 느꼈다(욥 16:9). 무리들도 뺨을 치고 모욕한다(욥 16:10). 욥은 이

---

12 '머리를 흔들다'라는 말은 조롱하거나 비웃는다는 뜻이다(참조. 왕 19:21; 시 22:7).

일을 하나님이 자기를 악인에게 넘기신 것으로 이해했다(욥 16:11). 이렇게 말한 것은 친구들이 말한 것처럼 자기가 악한 자이기에 형벌을 받는 것이 아니라는 것이다(참조. 욥 8:22; 11:20; 15:20-34).

하나님을 향한 욥의 탄식은 감정적인 절정에 이른다. 특히 욥은 그 감정을 두 개의 이미지로 표현한다. 하나는 먹이를 찾아 공격하는 사나운 짐승이며(욥 16:12a), 또 하나는 동물이나 적들을 화살로 쏘는 사냥꾼이나 궁수의 이미지(욥 16:12b-14)이다. 사나운 짐승이 그를 꺾고 목을 부숴뜨리고, 사냥꾼이나 궁수가 화살을 쏘아 콩팥을 꿰뚫고 쓸개가 땅에 흘러나오는 그림을 상상해 보라! 그래서 그의 얼굴은 울음으로, 그의 눈꺼풀에는 죽음의 그늘이 있다(욥 16:16). 그럼에도 친구들이 주장하는 것처럼 죄 때문에 이러한 고통을 당하는 것이 아님을 "내 손에는 포학이 없고 나의 기도는 정결"하기 때문이라고 주장한다(욥 16:17). 이것은 그의 말이 비록 하나님을 대적하는 불평으로 가득하다 할지라도 하나님이 그에게 응답해 주시기를 간절하게 구하는 것이다(Hartley 1988, 262). 왜냐하면 [13] 욥은 자기의 기운이 쇠하였을 뿐만 아니라 그를 조롱하는 자들이 그와 함께 있으면서 충동하는 것을 그의 눈으로 보고 있기 때문이다(욥 16:22-17:2).

c. 욥의 소망 : 하늘의 증인(욥 16:18-17:2)

이 짧은 단락은 누구를 지정하여 말하는 것이 아니라 안타까움에 대한 욥의 독백이다. 그는 '땅아!'라고 부르며 그의 피를 가리지 말고 그의 부르짖음이 쉴 자리를 잡지 못하게 하라고 했다(욥 16:18). 이것은 마치 아벨의 피가 하늘을 향해 호소하듯이 욥이 하늘을 향해 호소하는 것이다(참조. 창 4:10). 그리고 욥은 여전히 '지금'(아타, עַתָּה) 그의 무죄를 입증할 증인이며 중보자가 하늘에 계시다고 믿는다(욥 16:19). 그의 중보자는 누구를 말하는가? 욥이 찾은 한 중보자는 바로 하나님이다(Hartley 1988, 264).

---

[13] 욥기 16:22은 이유를 말하는 접속사 '키'(כִּי)로 시작한다. 이것은 그가 중보자를 찾는 이유를 보여준다.

d. 하나님을 향한 탄식 2(욥 17:3-5)

욥은 하나님이 그를 대적하신다 할지라노(욥 16:7-9, 11-14) 나시 하나님을 향해 탄식하며 담보물을 주실 것을 구한다(욥 17:3). '나에게 담보물을 주소서'(עָרְבֵנִי 〈 עָרַב)라는 말은 욥을 지켜주고 무죄하다는 것을 밝혀줄 수 있는 분으로 보증해 달라는 뜻이다. 이어 평행법으로 나오는 '나의 손을 잡아주다'라는 말은 업무와 관련된 거래를 확증하거나 동의하는 행위를 말한다(참조. 잠 6:1; Zuck 1978, 79). 하나님이 그렇게 해 주셔야 할 이유는 주께서 그들의 마음을 깨닫지 못하게 하셨기 때문이다. 그래서 자기를 비난하는 친구들을 높여주지도 말라고 한다(욥 17:4-5). 욥이 이렇게 말한 것은 오직 하나님만이 자신의 무죄를 증거해 줄 수 있다고 보았기 때문이다.

e. 친구들을 향한 탄식 2(욥 17:6-16)

욥은 다시 친구들을 향하여 탄식한다. 그는 하나님이 그를 백성의 속담거리가 되게 하심으로 사람들이 그에게 침을 뱉는다고 했다(욥 17:6). 이는 욥이 가장 수치스럽고 모욕적인 자리에 처했다는 것이다. 그 결과 그의 눈은 근심 때문에 어두워지고 그의 온 지체가 단지 그림자처럼 사라지는 존재가 되었다(욥 17:7). 이것은 몸이 병들고 쇠약해졌다는 것이다. 정직한 자는 이로 말미암아 놀라고 죄 없는 자는 경건하지 못한 자 때문에 분이 나지만 의인은 그 길을 꾸준히 간다(욥 17:8-9). 여기에 '정직한 자'와 '죄 없는 자'가 욥이라면 이러한 고난으로 놀라고 친구들 때문에 화가 나지만 자신은 꾸준히 의인의 길을 가겠다는 의미로 볼 수 있다.[14]

이러한 상황에서 욥은 스올이 그의 집이 되고, 무덤이 그의 아버지고 구더기가 그의 어머니와 자매라 할지라도, 다른 말로 하면 자기가 당하는 고통을 다 인정한다 할지라도 아무런 희망이 없음을 탄식한다(욥 17:11-16). 이러한 그에게 하늘의 증인은 그가 죽기 전에 그가 죄 때문에 고통을 당하는 것이 아님을 증명해 주셔야 한다.

---

14 정직한 자가 일반적인 사람을 가리킨다면 의로운 욥에게 이러한 일이 일어난 것을 보고 놀라고 불경건한 자들을 보고 화가 나지만 의인은 꾸준히 의의 길로 가겠다는 뜻으로 볼 수 있다 (Zuck 1978, 79-80).

③ 빌닷의 두 번째 발언(욥 18:1-21)

이 문단은 친구들의 발언에 대해 욥이 격한 반응을 보이는 일에 대해 빌닷이 두 번째로 발언하는 내용이다. 이 문단은 욥의 반응에 대한 비난(욥 18:1-4)과 악인의 운명(욥 18:5-21)에 대한 내용으로 구성되어 있다.

a. 욥의 반응에 대한 비난(욥 18:1-4)

빌닷은 그의 첫 번째 발언 때와 같이 '어느 때에 가서'(참조. '어느 때까지' 욥 8:2)라는 표현을 쓰며 욥의 말을 더 듣기 어렵다는 감정을 드러낸다. 그러면서 "너희가 어느 때에 가서 말의 끝을 맺겠느냐 …"라고 하며 욥에게 말하면서도 2인칭 복수로 부른다. 70인역 성경은 단수로 번역하였고, 표준새번역 역시 단수로 번역하여 욥 개인에게 하는 말로 본다.[15] 내용적으로 단수로 보는 것이 자연스럽다. 빌닷은 짐승들이 그들의 발언보다 더 낫다는 욥의 말을 염두에 두고 욥이 자기들을 짐승으로 본다고 책망한다(욥 18:3; 참조. 욥 12:7-9). 빌닷은 욥이 분노로 자기 자신을 찢는 자라고 보았다. 이는 욥이 하나님이 자기를 찢는다고 말한 것에 대한 반응으로 보인다(참조. 욥 16:9). 빌닷은 하나님이 욥을 찢는 것이 아니라 욥이 스스로 자신을 찢는 것으로 보았다. 빌닷은 "너 때문에 땅이 버림을 받겠느냐 바위가 그 자리에서 옮겨지겠느냐"(욥 18:4)라고 수사적 질문을 던졌다. 이것은 욥 때문에 하나님이 자연의 질서를 바꾸시지 않는다는 것이다. 이렇게 말한 것은 사람이 고난받는 것은 죄 때문이라는 것이다(Zuck 1978, 82). 빌닷은 하나님이 자연법칙을 바꾸시지 않듯이 인과응보의 법칙을 바꾸시지 않는다고 보았다.

b. 악인의 운명(욥 18:5-21)

빌닷은 욥의 죄를 염두에 두고 다양한 은유적 표현으로 악인의 운명을 묘사한다. '빛', '불빛', '등불'이라는 이미지를 통해 악인은 그 빛이 꺼지듯이 꺼진다(욥 18:5-6). 악인은 그의 활기찬 걸음이 피곤해지고 자기 꾀에 빠진다(욥 18:7). 그 이유는 그의 발이 '그물'(레쉐트, רֶשֶׁת)에 빠지고 '올가미'(서바카, שְׂבָכָה)에 걸리며, 그의 발뒤꿈치는 '덫'(파흐, פַּח)에 치이고, 그의 몸은 '올무'(차밈, צַמִּים)에 얽히며, 그

---

15 MT 본문은 2인칭 복수로 되어있어 욥과 친구들에게 말한다고 보기도 한다. 하지만 문맥에서 욥을 비난하는 것을 보아 적절하지는 않다.

를 잡을 '덫'(헤벨, חֶבֶל)이 땅에 숨겨져 있고, 그를 빠트릴 '함정'(말코넷, מַלְכֹּדֶת)이 준비되어 있기 때문이다(욥 18:8-10). '올무'와 연관된 6개의 유사한 단어를 사용하여 악인이 하는 모든 일은 실패할 것을 말한다. 이 외에도 악인은 '무서운 것이 사방에서 그를 놀라게 하고'(욥 18:11), '질병이 그의 피부를 삼키고'(욥 18:13), '공포'에 사로잡히고(욥 18:14), '유황이 그의 처소에 뿌려지고'(욥 18:15), '광명으로부터 흑암으로 들어가며'(욥 18:18), 그가 거하던 곳에 '남은 자'가 없을 것이다(욥 18:19). 빌닷은 불의한 자의 집이 이러하고 하나님을 알지 못하는 자의 처소가 이와 같다고 했다(욥 18:21). 빌닷은 악인이 받을 보편적인 운명을 말하는 것처럼 보이나 욥을 악인으로 보고 이러한 운명을 맞게 될 것이라고 보았다.

빌닷의 두 번째 발언이 첫 번째 평행구조와 다른 점은 욥의 회개를 기대하고 그의 미래를 염려하는 면이 없다는 것이다. 이것은 대화가 점점 거칠어져 감정의 골이 깊어졌다는 것으로 볼 수도 있지만 욥을 악인으로 단정하고 있다는 것이다. 우리가 욥의 상황에서 빌닷의 말을 들었다면 어떤 감정을 느낄 수 있겠는가? 빌닷이 악인의 운명에 대해 말하는 부분은 욥의 상황을 고려하지 않고 내용 자체만 보면 신학적으로 틀린 것이 없다. 그러나 상황을 고려하지 않는 말은 그것이 성경의 교훈이라 할지라도 치명적인 상처가 될 수 있다.

④ 빌닷에 대한 욥의 두 번째 반응(욥 19:1-29)
이 문단은 사람들에게 많이 알려진 내용 가운데 하나다. 그것은 헨델(G. F. Handel)의 오라트리오 『메시아』(Messiah) 제3부 "부활과 영원한 생명"의 첫 부분이 욥기 19:25-26이기도 하고, 찬송가 170장 "내 주님은 살아계셔"(구, 16장 내 주는 살아계시고)로 많이 알려져 있기 때문이다. 이 문단은 친구들에 대한 불평(욥 19:1-6), 하나님에 대한 불평(욥 19:7-12), 소외에 대한 탄식(욥 19:13-22), 대속자에 대한 갈망(욥 19:23-26), 친구들에 대한 경고(욥 19:28-29) 등으로 구성되어 있다.

a. 친구들에 대한 불평(욥 19:1-6)
욥은 친구들의 말이 자기를 괴롭히는 것으로 보고 빌닷이 두 번이나 한 말을 마음에 두고 '어느 때까지' 자기를 비난할 것인지 질문한다(욥 19:2; 참조. 욥 8:2;

18:2). 그리고 친구들이 자기를 열 번이나[16] 학대하고도 부끄러워하지 않는다고 했다(욥 19:2-3). 친구들의 이러한 태도에 대해 욥은 비록 자신에게 허물이 있다 할지라도 자신의 문제이기에 관여할 바가 아니라고 말했다(욥 19:4).[17] 빌닷이 '올무'라는 단어를 6번 사용하여 욥의 잘못이라고 했지만 욥은 자신의 죄 때문에 올무에 걸린 것이 아니라 하나님이 그물로 에워싸셨기 때문으로 이해했다(욥 19:6; 참조. 욥 18:8-10).

b. 하나님에 대한 불평(욥 19:7-12)

욥은 자신이 고통당하는 문제에 대해 하나님께 부르짖어도 응답이 없음에 대해 불평한다. 그는 폭행을 당한다고 부르짖으나 응답이 없고 도움을 간구해도 정의가 없음을 탄식한다(욥 19:7). 욥은 자신의 시각에서 하나님이 행하셨다고 생각하는 행동을 다양한 은유적 표현으로 묘사한다.

- 장애물을 두심으로 욥이 가는 길을 막으셨다(욥 19:8a).
- 욥의 길을 어둡게 하셨다(욥 19:8b).
- 욥의 영광을 거두어 가시고 그의 관모를 벗기셨다(욥 19:9). 이것은 사회적 지위를 상실했음을 의미한다(참조. 렘 13:18; 애 5:16; 욥 29:7-11).
- 건물의 담을 헐듯이 사면을 허셨다(욥 19:10a).
- 나무를 뽑듯이 욥의 희망을 뽑으셨다(욥 19:10b).
- 욥을 원수처럼 보셨다(욥 19:11).
- 군대가 성을 향해 길을 돋우고 성을 포위하고 진을 치듯이 치셨다(욥 19:12).

c. 소외에 대한 탄식(욥 19:13-22)

욥은 그의 형제들과 친척들과 그를 아는 모든 사람으로부터 소외되었다고 탄식한다. 예를 들면 친척이 그를 버렸고(욥 19:14), 자기 종을 불러도 대답하지 아

---

16 '열 번'(עֶשֶׂר פְּעָמִים)은 꼭 '열 번'을 의미하기보다는 '여러 번', '자주'라는 뜻이다.

17 개역개정판은 "비록 내게 허물이 있다 할지라도 그 허물이 내게만 있느냐"라고 번역하여 마치 욥만 허물이 있는 것이 아니라 친구들도 있다는 의미로 들린다. 원문은 번역하기가 어려우나 NIV처럼 "참으로 내가 잘못된 길로 간다할지라도 내 허물은 내 문제다"라는 뜻이다.

니하고(욥 19:16), 어린아이들까지 업신여기고(욥 19:18), 사랑하는 사람들이 돌이 켜 원수가 되었다고 탄식한다(욥 19:19). 그리고 그의 친구들을 부르며 "너희는 나를 불쌍히 여겨다오"를 두 번이나 반복하며 하나님처럼 박해하지 말고 함께 고통의 짐을 져 달라고 간청했다(욥 19:21-22). 실제 오늘날의 현실에서도 고통을 당하면 형제와 친척들이나 친구들과 아랫사람들과 오랫동안 삶을 나누었던 사람들조차 등을 돌린다. 가장 도움이 필요한 때에 소외되는 아픔을 느낀다.

d. 대속자(= 구속자)에 대한 갈망(욥 19:23-26)

욥은 지금 가장 어렵고 고통스러운 지점에 이르렀다. 친구들과 가족들은 모두 그를 버렸다. 인간적인 도움은 사라졌다. 이때 욥은 그의 말이 책에 기록되거나 철필과 납으로 영원히 돌에 새겨지기를 원했다(욥 19:23-24). 철필은 돌에 새기기 위한 도구이지만 납은 새기는 도구가 아니라 녹여서 바위에 새긴 홈에다 붓는 재료다. 이러한 비문은 미래 세대에 그의 사건이 정당함으로 판단되기를 원하는 것이다(Zuck 1978, 89).[18] 이것은 그의 말이 영원히 기억되기를 원하는 것이다. 여기에 기록된 내용이 무엇인지 불확실하지만 그의 탄식과 무죄함에 대한 내용, 하나님을 확실하게 신뢰하는 믿음 그리고 자신의 명예를 회복해 주기를 소망하는 내용일 것이다(Hartley 1988, 291).

욥은 이 말 후에 "나의 대속자가 살아계시니 마침내 그가 땅 위에 서실 것이라"(욥 19:25)라고 했다. 대속자(고엘, גֹּאֵל)는 '구속하다', '구원하다'라는 뜻인 '가알'(גָּאַל)의 분사형이다. 이 단어는 '몸값을 주고 사다'라는 뜻도 있고(사 52:3), 가장 가까운 친족이 기업을 물어준다는 뜻도 있다(레 25:23-25; 룻 2:20). 또한 하나님이 자기 백성을 구원하시는 의미도 있다(출 6:6; 15:13). 욥이 '나의 대속자가 살아계시다'라는 것은 그가 처한 이 고통에서 구원해 주시고 회복해 주실 분이 살아계시다는 것이다. 이 대속자는 누구를 말하는가? 헨델이 『메시아』에서 이 부분

---

18 철필로 바위에 글을 새기고 그 새긴 곳에 납을 부어 만드는 것이 욥이 이 말을 했을 당시에 가능한지는 알 수 없다. 하지만 욥이 철필로 돌에 새기고 납을 녹여 그 새긴 곳에 부어 만들고자 한 방식의 비문으로는 페르시아의 다리우스 1세(주전 522-486)의 업적이 새겨진 "베히스툰 비문"(Behistun or Bisutun Inscription)이 있다. 이 비문은 이란의 베히스툰 산 절벽에 새겨져 있다(Hartley 1988, 291; Wikipedia "Behistun Inscription").

을 부활의 주로 적용했기 때문에 일반적으로 사람들은 욥이 예수 그리스도의 신앙을 찾았다고 생각한다. 그러나 예수님과 욥의 대속자를 같은 분으로 생각하는 것은 신약의 관점에서 너무 성급하게 구약을 읽은 결과다(Longman 2012, 262; 하경택 2018, 235-236).

그러면 욥의 대속자는 누구를 의미하는가? 욥은 그의 대속자가 '마침내'(아하론, אַחֲרוֹן)[19] 땅 위에 설 것이라고 했다(욥 19:25). '마침내'는 종종 종말에 일어날 일들을 말하기도 한다. 그러나 욥은 먼 미래를 생각하는 것이 아니라 하나님이 그를 변호해 주시고 그의 모든 상황을 정리해 주시는 날로 이해했다. 이 문맥에서 '마침내'는 욥이 죽기 전에 하나님이 욥의 명예를 회복시켜 주시는 것을 의미한다(Hartley 1988, 294). 그리고 여기서 '설 것이다'(쿰, קוּם)라는 동사는 법적인 전문 용어로 법정에 증인으로 선다는 뜻이다. 그래서 욥은 그의 가까운 친족이 대속자로서 욥을 위해 책임을 이행해 주듯이 하나님이 대속해 줄 것을 바라보았다는 것이다(Hartley 1988, 294).

이뿐만 아니라 그의 가죽이 벗김을 당한 후에도 육체 밖에서 하나님을 볼 것이고 낯선 사람처럼 대하지 않을 것이라고 했다(욥 19:26-27). 이 절은 욥이 그의 대속자로서 하나님을 언제, 어떻게 볼 것인지 이야기한다. 여기서 생기는 질문은 욥이 죽기 전에 하나님을 볼 것인지, 아니면 죽은 후에 볼 것인지 하는 것이다(Hartley 1988, 295). 이에 대한 여러 견해를 하트리(Hartley 1988, 295-296)가 네 가지로 정리했다. 첫째, 하나님은 욥을 무덤에서 일으켜 그를 비난하는 자들 앞에서 그의 무죄를 밝혀줄 것이다. 둘째, 하나님이 욥의 무죄를 입증하기 위해 나타나실 때 욥이 무덤에서 육이 없는 영으로 사건을 증언할 것이다. 셋째, 욥의 생각은 조건적이다. 만약 그가 하나님을 본다면 하나님이 그의 무죄함을 증언해 주시는 것을 볼 것이다. 넷째, 하나님이 욥이 죽기 전에 개입하셔서 그의 이전의 상태로 욥을 회복시키실 것이다.

이 견해 가운데 넷째가 가장 타당하다. 욥기 19:26-27에서 욥은 1인칭으로 "내가 … 하나님을 보리라 내가 그를 보니 … 내 눈으로 그를 보니"라고 하며 '하나님을 보다'를 세 번이나 말했다. 그러므로 이 절은 죽음 이후의 모습을

---

19 이 단어는 전통적으로 '미래에', '훗날에', '끝날에'로 해석한다.

말하는 것이 아니라 죽음 이전에 가죽이 벗김을 당하는 극심한 고통 가운데서도, 아니면 실병으로 인해 온 몸이 뭉그러지는 것과 같은 질병적인 상황이 온다 할지라도 자신이 살아있는 동안 그의 대속자 하나님을 보게 될 것을 말한다(하경택 2018, 238; Longman 2012, 261).[20] 욥의 대속자는 하나님이다. 성경 여러 곳에 하나님을 대속자(= 구속자)로 설명한다(시 19:14; 사 41:14; 43:14). 욥은 이 희망이 강렬하여 자신의 가장 깊은 내면인 신장이 타들어 갈 정도라고 했다(욥 19:27b).[21]

e. 친구들에게 대한 경고(욥 19:28-29)

욥은 대속자에 대한 믿음으로 마치는 것이 아니라 친구들에게 경고함으로 마친다. 그들이 욥이 당하는 모든 고난의 뿌리가 욥에게 있다고 할 때 욥은 그들에게 칼을 두려워하라고 했다(욥 19:28-29). 욥은 친구들에게 경고하면서 욥이 심판을 받기보다는 그들이 받게 될 것이라고 경고했다.

⑤ 소발의 두 번째 발언(욥 20:1-29)

이 문단은 친구들이 그를 고통스럽게 하고 하나님이 그가 지금 당하는 고통의 근원이라고 말하는 욥의 비난에 대해 소발이 두 번째로 발언하는 내용이다. 그의 발언은 친구들의 모든 비난 가운데서 가장 신랄하다. 그는 욥이 그의 구속자가 살아계시다는 말에 대해 간접적으로 비난하며 악인이 그 행한 일로 맞게 될 운명을 말한다. 이 문단은 욥의 반응에 대한 비난(욥 20:1-3)과 악인의 운명(욥 20:4-29)에 대한 내용으로 구성되어 있다.

---

20 베일(1995, 78)은 이때를 욥이 죽은 이후로 보고 이 땅에서 그는 아무런 소망을 갖지 못했기 때문에 그 대신 그의 구속자가 그가 죽은 후에 이행하여 주실 것을 기대했다고 보기도 한다. 또한 그는 욥의 구속자에 대한 믿음을 우리와 연결지어 이렇게 설명했다. "우리는 여러 문제에 있어서 불의와 불공정한 것이 최종 결정권을 가지는 경우가 많은 세상에서 살고 있다. 모든 사람은 흙으로 돌아간다. 믿는 자도 마찬가지다. 땅에서는 기쁨보다 슬픔을 더 많이 겪는 어려운 생을 마친 후에 그렇게 된다. 아무도 그것을 보상해 줄 수 없다. 그러나 욥과 함께 우리는 한 구속자가 그들에 대해서 죽음의 건너편에서도 변호해 주실 것을 믿는다."(베일 1995, 80).

21 개역개정판은 이 절을 "내 마음이 초조하구나"라고 번역했다. '내 마음'의 원문은 '내 안의 신장'(כִלְיֹתַי בְחֵקִי)으로 인체의 가장 깊은 곳을 의미한다. 표준새번역은 "내 간장이 녹는구나"라고 번역했다.

a. 욥의 말에 대한 비난(욥 20:1-3)

소발은 욥의 말에 마음이 많이 상했다. 그래서 그는 욥의 말이 무례하다 생각하고 그의 중심에서 조급함으로 대답할 수밖에 없다고 했다(욥 20:2). 그는 욥이 자기를 부끄럽게 하는 말을 했다고 생각하고 자신의 이해를 초월한 영이 대답하게 한다고 했다(욥 20:3).[22] 이 말은 이전에 엘리바스도 했고(욥 4:12-17), 엘리후도 할 것이다(욥 32:8). 이것은 외부의 더 높은 권위에 호소하여 자신의 주장을 뒷받침하는 방식이다(Longman 2012, 266).

b. 악인의 운명(욥 20:4-29)

소발은 인간의 역사에서 누구나 알고 있는 보편적 진리라고 생각하는 것을 예를 들어 설명한다. 그것은 악인의 자랑은 잠시고 경건하지 못한 자의 즐거움도 잠깐이라는 것이다(욥 20:4-5). 악인의 탁월함이 뛰어나 하늘까지 오르고 구름에 닿아도 자기의 똥처럼 망할 것이고 친구들이 "그가 어디 있느냐?"라고 물어도 찾을 수 없을 것이다(욥 20:6-7). 그가 얻은 재물을 다 내어주겠고 결국은 그의 기골이 장대해도 흙에 누울 것이다(욥 20:8-11). 소발이나 많은 사람은 이것을 보편적 진리라고 생각하지만 실제로 악인이 재물이 많고 그 권세가 하늘에 닿는 현상은 어떻게 설명할 것인가? 이 역시 소발이 자기가 현상적으로 본 것만 가지고 해석한 것이다.

소발은 그의 견해를 더 심화하여 악인이 행한 악한 행동을 음식에 비유하며 욥을 압박한다. 악인은 악을 그의 혀 밑에 감추고 있다고 할지라도 그 음식이 창자 속에서 변하여 뱃속에서 독사의 쓸개가 되어 죽을 것이다(욥 20:12-18). 그 이유는 그가 가난한 자를 학대하고 버렸으며 자기가 세우지 않은 집을 빼앗았기 때문이다(욥 20:19).

소발은 악인의 운명을 설명하며 악인이 평안을 알지 못하고 풍족할 때도 괴로움이 이를 것이라고 했다. 이 모두는 하나님이 맹렬한 진노를 내리시기 때문이다(욥 20:23). 그가 철 병기를 피할 때 놋 화살을 쏘아 꿰뚫을 것이고(욥 20:24),

---

22 개역개정판은 "나의 슬기로운 마음이 나로 하여금 대답하게 하는구나"라고 번역했으나 원문은 다르다. 이 절은 "나를 이해하게 만드는 영이 나로 하여금 대답하게 한다"(וְרוּחַ מִבִּינָתִי יַעֲנֵנִי)라고 번역하는 것이 좋다.

하늘과 땅이 그의 죄악을 드러낼 것이다(욥 20:27). 이 모든 일은 악인이 하나님께
받을 분깃이다(욥 20:29).

소발은 누구를 염두에 두고 이 말을 했는가? 욥이다. 소발이 묘사하는 악인
의 운명은 지금 재난을 당하는 욥의 상황과 유사하지 않은가? 욥은 모든 재산을
다 잃었다(욥 1:10-19). 질병으로 고통을 당하고 있다. 악인과 그 운명의 상관관
계를 가지고 설명한 그의 시각에서 욥은 악인이고 하나님의 심판을 받은 것 외
에 달리 설명할 수 없다. 소발이 말한 대로 악인은 이러한 운명을 맞아야 하고,
또한 맞기를 기대한다. 그렇다면 만약 어떤 악인이 행복한 죽음을 맞이하고, 어
떤 의인이 고통 가운데 죽음을 맞이한다면 이를 어떻게 설명할 것인가? 소발은
죄로 인해 고난받는 것 외에 다른 이유로 고난받는 것을 전혀 고려하지 않고 있
다.

⑥ 소발에 대한 욥의 두 번째 반응(욥 21:1-34)

이 문단은 소발의 두 번째 발언에 대한 욥의 두 번째 반응이다. 인과응보의
교리의 관점에서 욥이 악인이기 때문에 하나님의 진노를 받고 있다는 소발의 말
에 대해 욥이 반박하는 내용을 담고 있다. 이 문단은 친구들에게 그의 말을 들어
달라고 요청하는 내용(욥 21:1-6)과 친구들의 발언에 대해 반박하는 내용으로 구
성되어 있다(욥 21:7-34).

a. 친구들에 대한 요청 : 내 말을 자세히 들어라(욥 21:1-6)

욥은 그의 친구들에게 자신의 말을 자세히 들어달라고 요청하고 그것이 '너
희의 위로'(תַּנְחוּמֹתֵיכֶם)라고 했다(욥 21:2). 이 말을 문자 그대로 보면 이해하기 어렵
다. 내용적인 의미는 욥이 하는 말을 들어주는 것이 친구들이 욥에게 주는 위로
라는 뜻이다.[23] 고통당하는 자가 원하는 것은 정죄하는 입이 아니라 듣는 귀다
(죽 2000, 84).

욥은 자신이 말한 다음에 그들에게 조롱하라고 하면서 자신의 원망이 사람

---

23 표준새번역이 이 절을 원문대로 번역한 것은 아니지만 의미를 살려 번역했다. "너희는 내 말
  을 건성으로 듣지 말아라. 너희가 나를 위로할 생각이면, 내가 하는 말에 귀를 기울여라. 그것
  이 내게는 유일한 위로이다."

을 향하는 것이 아니라 하나님을 향하기 때문에 조급할 수밖에 없다고 했다(욥 21:4). 그리고 친구들이 자기의 망가진 모습을 보고 손으로 입을 가릴 것이라고 했다(욥 21:5). 이것은 놀라서 침묵하게 될 것이라는 뜻이다(참조. 욥 29:9; 40:4; 미 7:16). 욥은 자신의 충격적인 모습을 떠올리기만 해도 불안하고 두려움에 사로잡혔다(욥 21:6). 그러나 그의 친구들은 그가 죄의 결과로 하나님의 진노를 받는다고 했다.

b. 친구들의 발언에 대한 반박(욥 21:7-34)

욥은 악인들이 번성하는 것을 다양한 시각에서 설명하며 소발의 발언을 반박한다. 그는 악인이 왜 장수하고 번영을 누리는가(욥 21:7-16), 악인의 등불이 꺼지는 것이 몇 번인가(욥 21:17-26), 친구들의 속셈을 드러냄(욥 21:27-34) 등의 주제로 친구들의 발언이 잘못되었음을 드러낸다.

• 악인이 왜 장수하고 번영을 누리는가(욥 21:7-16) : 욥은 친구들의 말대로 악인이 하나님의 진노를 받아 멸망하는 것이 옳다면 악인이 어찌하여 장수하고 그 세력이 강하고 번영하는지 질문한다(욥 21:7). 그들의 후손은 굳게 서고 그들의 집은 평안하여 두려움이 없다(욥 21:8-9). 당시 농경과 목축사회에서 중요한 재산인 가축 떼들이 번성한다(욥 21:10-11). 소고와 수금으로 노래하며 삶의 여유와 자유를 누린다(욥 21:12). 그들의 날을 즐기다가 '잠깐 사이에' 스올에 내려간다(욥 21:13). 악인들은 오랫동안 질병이나 고통을 경험하지 않고 평안히, 빨리 죽는다는 것이다. 이런 점에서 오늘날 오랜 기간 경제적인 문제로 고통하기도 하고, 돈이 없어 질병으로 투병하다 죽는 사람을 보면 욥이 언급한 죽음은 복되다. 어찌 이뿐이랴? 그들은 오히려 "전능자가 누구이며 우리가 섬기며 우리가 그에게 기도한들 무슨 소용이 있으랴"라고 반문하며 전능자 하나님 섬기기를 거부한다(욥 21:15).

그러나 욥은 나타난 현상으로 볼 때 악인이 행복하게 보이지만 그 행복이 궁극적으로 그들의 손에 달린 것이 아니기 때문에 그들의 계획을 따를 생각이 없다고 말한다(욥 21:16). 여기에 욥의 믿음이 잘 나타난다. 이 논지를 통해 욥은 악인이 번성하고 장수하기 때문에 자동적으로 자신의 고통을 악인의 범주에 넣어 판단해서는 안 된다고 논증하는 것이다.

• 악인의 등불이 꺼지는 것이 몇 번인가(욥 21:17-26) : 욥은 악인의 빛은 꺼지고(욥 18:5), 기근과 재앙과 질병이 그를 덮칠 것(욥 18:12)이라고 말한 빌닷의 주장에 대해 과연 이러한 일이 몇 번 일어났는지 질문한다(욥 21:17). 그리고 그들이 몇 번 바람 앞에 검불 같이, 폭풍에 날려가는 겨 같이 되었는지 질문한다(욥 21:18). 욥은 이 일에 대해 하나님이 갚아주셔야 한다고 생각한다(욥 21:19-20). 왜냐하면 그 일이 그가 죽은 뒤에 일어난다면 그의 집과 관계가 없는 것이 되기 때문이다 (욥 21:21).[24] 욥이 생각하기에 인과응보의 교리가 적용되려면 그가 살아있을 때 형벌이 내려져야 한다는 것이다(Hartley 1988, 317). 그러나 어떤 사람은 죽을 때까지 안전하고 그의 그릇과 골수는 윤택하고(경제적으로 넉넉하고), 어떤 사람은 고통을 품고 행복을 맛보지 못하고 죽는다. 그래도 죽는 것은 매 한 가지다(욥 21:23-26). 욥의 논리는 어떤 악인은 살았을 때도 윤택한 삶을 살다 가기 때문에 죽음의 상태를 보고 악인인지 의인인지 알 수 없으므로 친구들이 말하는 인과응보의 교리가 틀렸다는 것이다.

• 친구들의 속셈을 드러냄(욥 21:27-34) : 욥은 그의 말에 대해 친구들이 어떻게 대답하고, 어떻게 자신을 해하려고 하는지 그 속셈을 알고 있다(욥 21:27). 그들은 "귀인의 집이 어디 있으며 악인의 살던 장막이 어디 있느냐"(욥 21:28)라고 물을 것이다. 욥은 친구들에게 이 일에 대해 길 가는 사람에게 물어보았는지 질문한다(욥 21:29). 여기 '길 가는 사람'은 땅과 나라에서 많은 상황을 관찰할 기회를 가진 여행객을 말한다(참조. 애 1:12; 2:15; 시 80:12). 욥이 왜 이들에게 물어보라고 했는가? 그것은 그들의 폭넓은 경험이 인간 삶의 일반적인 상태에 대한 폭넓은 관점을 친구들에게 제공해 줄 수 있다고 보았기 때문이다(Hartley 1988, 321). 그리고 악인은 재난의 날에 살아남고 구원을 받는다(욥 21:30).[25] 누가 그의 면전에서

---

24 욥기 21:21은 이유를 말하는 접속사 '키'(כִּי)로 시작한다.

25 욥기 21:30을 개역개정판은 "악인은 재난의 날을 위하여 남겨둔 바 되었고 진노의 날을 향하여 끌려가느니라"라고 번역하여 악인이 심판을 받는 것처럼 번역했지만 원문은 재난의 날에 살아남고 진노의 날에도 이끌림을 받는다는 뜻이다. NIV가 원문의 의미를 잘 번역했다. "that

그의 길을 알려주며 그의 소행에 보응할 수 있겠는가? 사람들은 그 장례행렬을 쫓아가고 그의 무덤을 지키는 명예로운 죽음을 맞는다(욥 21:31-33). 악한 사람은 재앙에서 살아남고 하나님의 진노를 받지 않고 살아남고 심지어 그들의 장례식 조차 행복하다. 세상은 뒤죽박죽이다(Longman 2012, 280). 욥은 이 현상을 설명하며 친구들에게 "그런데도 너희는 나를 헛되이 위로하려느냐 너희 대답은 거짓일 뿐이다"(욥 21:34)라고 말한다. 여기 '헛되이'라는 말은 전도서에 자주 나오는 '헤벨'(הֶבֶל)로 '무의미하다'라는 뜻이다(참조, 전 1:2). 친구들의 말은 욥을 위로하는 것이 아니라 그에게 아무런 의미가 없다는 것이다. 하지만 욥은 자기 문제를 옹호하려다 그 역시 과장하고 있다. 모든 악인이 번창하거나 모든 의인이 고통을 당하는 것은 아니기 때문이다(Longman 2012, 280).

(3) 욥과 그의 세 친구와의 세 번째 대화(욥 22:1-27:13)

이 문단은 욥과 그의 세 친구와의 세 번째 대화로 앞의 두 개의 대화와 달리 엘리바스 – 욥 – 빌닷 – 욥의 발언과 반응의 순서로 전개된다. 하지만 세 번째 대화에는 소발의 세 번째 발언과 그에 대한 욥의 반응이 없다. 그 대신에 그 자리에 이 이야기를 전하는 전지적 시점을 가진 해설자(narrator)의 해설이 욥기 28:1-28에 나온다. 이것은 성경에 자주 나오는 특징으로 저자의 의도를 전달하는 매우 중요한 장치다(Parunak 1984, 166-168; Alter 1981, 97).

① 엘리바스의 세 번째 발언(욥 22:1-30)

이 문단은 엘리바스의 세 번째 발언으로 욥을 신랄하게 비난하는 내용을 담고 있다. 여기서 엘리바스는 이전의 두 번의 발언보다 훨씬 강하게 욥을 비난한다. 이 문단은 욥에 대한 하나님의 무관심(욥 22:1-5), 욥의 사회적 범죄(욥 22:6-11), 욥의 영적 반항(욥 22:12-20), 욥의 회개를 요청함(욥 22:21-30) 등으로 구성되어 있다.

---

the evil man is spared from the day of calamity, that he is delivered from the day of wrath?"

a. 욥에 대한 하나님의 무관심(욥 22:1-5)

엘리바스는 욥이 한 수상을 근거로 발언을 시작한다. 욥은 자신이 '의롭고', '온전하다'라고 말했다(욥 9:20; 12:4). 엘리바스는 욥이 설령 의롭고 온전하다고 해도 전능자에게 무슨 기쁨이 되겠느냐고 했다(욥 22:2-3). 이 말은 인간이 거룩한 삶을 살 수 있다 해도 하나님께 어떤 것도 요구할 수 없다는 뜻이다(Hartley 1988, 325). 그는 하나님의 심문하심은 욥의 경건함 때문이 아니라 죄악 때문이라고 했다(욥 22:4-5). 그의 관점에서 욥이 고난 당한다는 것은 죄를 지었기 때문이고 그래서 하나님의 심판을 받는 것이다.

b. 욥의 사회적 범죄(욥 22:6-11)

엘리바스는 욥이 범죄했다는 증거도 없이 욥의 사회적 죄악을 고발했다. 그는 욥이 까닭없이 형제를 볼모로 잡아 헐벗은 자의 의복을 벗겼다고 했다(욥 22:6). 이 행위는 욥 당시 율법이 주어지지 않은 시대라 할지라도 채무자 지불 보증으로 그의 겉옷을 주었다면 저녁 때는 채무자가 추위를 막을 수 있도록 돌려주어야 한다는 율법을 생각나게 한다(참조. 출 22:26-27; 신 24:10-13). 또한 그는 욥이 목마른 자에게 물을 마시게 하지 않고 주린 자에게 음식을 주지 않았다고 했다(욥 22:7). 권세 있는 자로 땅을 소유하고 있고 존귀한 자로 살고 있음에도 과부를 빈손으로 돌려보내고 고아의 팔을 꺾었다고 했다(욥 22:8-9). 이것은 욥이 권세가 있고 존귀한 자로서 가난한 자들을 도울 수 있었음에도 불구하고 고아와 과부를 학대했다는 것이다. 엘리바스는 이러한 행동의 결과로 현재 올무가 욥을 둘러 있고 두려움이 엄습하여 홍수가 그를 덮었다고 보았다(욥 22:10-11). 엘리바스의 관점에서 욥이 고난 당하는 것은 권세 있는 자로서 해야 할 일을 하지 않고 가난한 자들을 돕지 않거나 학대한 결과다. 그러나 그는 감추어진 질서 안에 일어난 일을 보지 못했다.

c. 욥의 영적 반항(욥 22:12-20)

엘리바스는 수사적 질문으로 하나님이 높은 하늘에 계시지 아니하며, 별이 얼마나 높으냐고 말한다(욥 22:12). 이것은 하나님이 높이 계셔서 인간사를 다 보고 계신다는 것이다. 그가 이렇게 말한 것은 욥이 하나님이 무엇을 아시며 흑암 중에서 어찌 심판할 수 있느냐고 말했기 때문이다(욥 22:13-14). 그러나 엘리바스는 욥의 말을 곡해했다. 욥은 하나님이 모든 것을 감찰하신다는 것을 알았다(욥 7:17-20; 10:4-6; 13:27 등). 다만 하나님이 악한 자를 심판하시지 않는 것처럼 보여 갈등했다(욥 12:6). 그런데도 엘리바스는 욥이 악인이 밟던 길을 지킨다고 했다(욥 22:15). 그리고 욥의 말 중에 악한 자들이 하나님을 대적하며 "우리를 떠나소서", "전능자가 우리를 위하여 무엇을 할 수 있으랴"라고 한 말을 인용하여 욥에게 적용했다(욥 22:18; 비교. 21:14-15). 이와 반대로 엘리바스는 욥이 "악인의 계획이 나에게서 멀구나"(욥 21:16)라고 한 말을 인용하여 자신에게 적용했다(욥 22:18). 그리고 엘리바스는 자신을 포함한 의인은 악인들을 비웃으며 "우리의 원수가 망하였고 그들의 남은 것을 불이 삼켰느니라"(욥 22:19-20)라고 말할 것이라 했다. "그들의 남은 것을 불이 삼켰느니라"라는 말은 빌닷과 소발의 말을 되풀이한 것이다(욥 18:15; 20:26). 엘리바스가 이렇게 말한 것은 욥을 악인으로 보았기 때문이다.

d. 욥의 회개를 요청함(욥 22:21-30)

엘리바스는 욥에게 하나님과 화목하고 평안하라고 권했다(욥 22:21). 그는 이 일을 위해 하나님의 교훈을 받고 마음에 두어야 하고(욥 22:22), 불의를 버려야 하고(욥 22:23), 보화를 티끌로 여기고 오빌의 금을 돌로 여겨야 한다(욥 22:24)고 했다. 그러면 복이 임하고(욥 22:21), 전능자가 보화가 되시고 고귀한 은이 되시며(욥 22:25), 하나님께 기도하면 하나님이 들으실 것이고(욥 22:27), 무엇을 결정하면 하나님이 이루실 것이고 그가 가는 길에 빛이 비칠 것이다(욥 22:28).

욥기 22:29-30은 본문을 번역하기도 쉽지 않고 이해하기도 쉽지 않다.[26] 하트리(Hartley 1988, 334)는 욥이 하나님과 관계를 회복함으로 고통에 직면해 있는 사람들을 도울 수 있을 것이라고 NIV번역을 토대로 해석했다. 그리고 낙심한 자에게 용기를 주며 하나님은 의로운 종의 간구를 들으시고 고통하는 자를 구원하실 것이라고 보았다.

엘리바스의 말은 욥의 상황을 고려하지 않는다면 맞다. 이것을 청중을 향한

---

[26] 개역개정판, 표준새번역, 공동번역은 원문과 완전히 다르고 어떤 사본을 근거로 번역했는지 조차 알기 어렵다.

설교로 바꾸면 이렇게 할 수 있다.

> 여러분은 하나님과 화목하십시오(욥 22:21). 전능자에게 돌아가십시오(욥
> 22:23). 그러면 여러분에게 복이 임할 것이며, 다시 세움을 입을 것입니다.
> 그리고 금을 티끌과 돌로 여기고 전능자를 찾으면 전능자가 여러분의 보
> 배가 되며 여러분의 기도를 들어주실 것입니다(욥 22:24-27). 또한 여러분
> 이 깨끗할 때 죄 있는 사람이라 할지라도 그를 구원받게 할 수 있습니다(욥
> 22:29-30).

하경택(2018, 270)은 엘리바스의 발언이 상황을 고려하지 않을 때 그의 말이 얼
마나 부적절한 설교의 모델이 될 수 있는지 이렇게 말했다.

> 이 얼마나 훌륭한 설교인가? 욥이 회개할 때 얼마나 놀라운 결과를 맞게
> 될 것인가를 말하고 있다. 하지만 이것은 욥에게는 전혀 위로나 감동이 될
> 수 없는 설교다. 왜냐하면 욥의 상황에 대한 부정확한 인식과 왜곡된 동기
> 에서 출발하고 있기 때문이다.

② 엘리바스에 대한 욥의 세 번째 반응(욥 23:1-24:25)

이 문단은 엘리바스의 세 번째 발언에 대한 욥의 세 번째 반응이다. 여기서
욥은 친구들의 발언을 무시한다. 이전에는 친구들의 말에 반박하는 내용이 있
었지만 여기서는 하나님께 자신의 문제를 말하는 일에 집중하고 있다. 이 문단
은 하나님을 발견하려는 욥의 열망(욥 23:1-9), 무죄함에 대한 욥의 확신(욥 23:10-
12), 하나님의 주권에 대한 욥의 두려움(욥 23:13-17), 하나님의 무관심에 대한 욥
의 갈등(욥 24:1-17), 악인의 운명(욥 24:18-25) 등의 내용으로 구성되어 있다.

a. 하나님을 발견하려는 욥의 열망(욥 23:1-9)

욥은 엘리바스의 회개하라는 말을 무시하고 자기에게 반항하는 마음과 불평

이[27] 있다는 말로 시작하며 그의 손으로 그의 신음을 막아야 할 정도로 무겁다고 했다(Hartley 1988, 338; 1978, 107; 하경택 2018, 273).[28] 욥은 자신이 현재 당하는 고통에 대해 간략하게 언급한 후에 하나님 만나기를 갈망한다. 그는 하나님의 처소에 들어가 소송하고 변론하여 하나님이 대답하시는 것을 듣기를 갈망한다(욥 23:3-5).[29] 여기 법적 용어들이 있다. 개역개정판의 '호소'라고 된 말은 '합법적인 주장', '소송', '심판' 등의 의미를 가진 '미쉬파트'(מִשְׁפָּט)이고, '변론'은 '토카하트'(תּוֹכֵחָה)로 소송에서 공적으로 논쟁하는 것을 말한다. 욥은 하나님께 소송하고 자기의 입장을 변론하면, 하나님은 큰 권능을 가지고 다투시기보다 듣고 자기가 당하는 고통의 근원적인 문제가 어디에 있는지 대답해 주실 것이라고 기대했다(욥 23:6-7). 하지만 그는 동서남북 어디를 보아도 하나님을 만날 수 없음을 탄식한다(욥 23:8-9).[30]

b. 무죄함에 대한 욥의 확신(욥 23:10-12)

욥은 자기는 동서남북 어디를 보아도 하나님을 찾을 수 없지만 하나님은 자기가 가는 길을 아시기 때문에 하나님이 그를 단련하신 후에 순금같이 나오리라 확신한다(욥 23:10). 이 말씀은 한국교회에서 하나님이 고난을 통해 욥을 연단하여 순금 같은 믿음의 사람으로 세우실 것이라는 확신을 말하고 있는 것으로 이해하여 오용되고 있다. 이러한 이해는 본문의 문맥을 파악하지 못한 결과다(하

---

27 개역개정판에 '근심'이라고 번역한 단어는 '시아흐'(שִׂיחַ)로 여러 영어번역성경이 번역한 것처럼 '불평'이라고 번역하는 것이 좋다. 그러면 앞의 '반항하는 마음'과 짝을 이루어 욥의 마음을 더 잘 알 수 있다.

28 개역개정판의 "내가 받는 재앙이 탄식보다 무거움이라"라는 번역은 어느 사본을 근거로 번역했는지 불분명하다. 원문은 "나의 손이 나의 신음을 무겁게 누른다"(יָדִי כָּבְדָה עַל־אַנְחָתִי)라고 번역할 수 있다. 70인역이 '나의 손'(יָדִי)을 '그의 손'(ה: חֶשְׂא רַצ)으로 번역하여 하나님이 그의 신음에도 불구하고 누르시는 것으로 번역했다.

29 개역개정판은 욥기 23:3을 "어찌하면 그 앞에서 내가 호소하며 변론할 말을 내 입에 채우고"라고 번역하여 욥이 하나님의 법정에 소송한다는 개념을 찾을 수 없다.

30 욥기 23:8-9에 앞, 뒤, 왼쪽, 오른쪽으로 번역되어 있으나 '앞'은 '동'(케뎀, קֶדֶם), '뒤'는 '서'(아호르, אָחוֹר), '왼쪽'은 '북'(스모올, שְׂמֹאל), '오른쪽'은 '남'(야민, יָמִין)이다. NIV와 표준새번역은 이렇게 번역했다. "그러나 동쪽으로 가서 찾아보아도, 하나님은 거기에 안 계시고, 서쪽으로 가서 찾아보아도, 하나님을 뵐 수가 없구나. 북쪽에서 일을 하고 계실 터인데도, 그분을 뵐 수가 없고, 남쪽에서 일을 하고 계실 터인데도, 그분을 뵐 수가 없구나."

경택 2018, 275). 문맥으로 보아 이 말씀은 한 사람의 삶의 여정을 의미하는 '길'과 '단련하다'와 '순금'이라는 은유석 표현을 사용하여 욥이 불순물이 세서된 순금 처럼 법정에서의 소송이 끝나 하나님이 자신의 무죄함을 입증해 줄 것이라는 뜻 이다(죽 2000, 92; 하경택 2018, 275).

욥은 이러한 확신의 근거로 하나님 앞에 신실하게 행동했다는 것을 든다. 욥 은 엘리바스가 말한 것처럼 악한 자의 길을 따르지 않았고(욥 22:15) 하나님의 선 한 길을 지켰고, 매일 규칙적으로 먹는 음식보다 하나님의 입의 말씀을 더 귀하 게 여겼다(욥 23:11-12).

c. 하나님의 주권에 대한 욥의 두려움(욥 23:13-17)

욥은 모든 문제의 열쇠를 쥐고 계시는 하나님이 어떤 분이신지 설명한다. 하 나님은 '한 분으로' 계시고 아무도 그를 돌이킬 수 없다(욥 23:13).[31] 이 표현은 "이 스라엘아 들어라 우리 하나님 여호와는 오직 유일한 여호와시니"(신 6:4)라는 말 씀을 생각나게 한다. 이 하나님이 작정하신 일을 반드시 이루시는 것처럼 욥에 대해 품으셨던 뜻도 이루실 것이다(욥 23:13-14). 욥은 이 하나님의 위대하심과 주권을 숙고함으로 감사하기보다는 두려움에 빠졌다. 이 두려움은 하나님이 그 의 마음을 약하게 하시고 전능자가 두렵게 하셨기 때문이다(욥 23:15-16). 그러나 욥은 어둠이나 자기의 얼굴이 흑암으로 가려져도 침묵하지 않았다(욥 23:17).[32] '어둠'이나 '흑암'은 비유적 언어로 욥이 어떤 상황에 처해 있어도 침묵하지 않았 다는 뜻이다. 하나님을 무서워하는 자와 경외하는 자의 차이는 그가 어떤 상황 에서 어떻게 반응하는가에 있다. 하나님을 무서워하는 자는 도망갈 것이지만 그 를 경외하는 자는 그렇지 않다(Longman 2012, 300). 욥은 하나님이 두려운 것이 사 실이지만 침묵하지 않을 것이다.

---

31 개역개정판은 욥기 23:13의 전반부를 "그는 뜻이 일정하시니 …"라고 번역했지만 어떤 사본 을 근거로 번역했는지 알 수 없다. 원문에 따르면 "그는 한 분으로 계신다"(וְהוּא בְאֶחָד)라고 번 역해야 한다.

32 개역개정판은 욥기 23:17을 "이는 내가 두려워하는 것이 어둠 때문이나 흑암이 내 얼굴을 가 렸기 때문이 아니로다"라고 번역했지만 원문과 다르다. 원문은 NIV나 NASB처럼 "그러나 나 는 어둠 때문이거나 내 얼굴을 가리는 흑암 때문에 침묵하지 않았다"(Yet I am not silenced by the darkness, by the thick darkness that covers my face)라고 번역해야 한다.

d. 하나님의 무관심에 대한 욥의 갈등(욥 24:1-17)

욥은 하나님 앞에 침묵하지 않을 것이라고 한 대로 하나님이 무관심하게 보이는 것에 대해 말한다. 욥은 "어찌하여 전능자는 때를 정해 놓지 아니하셨는고 그를 아는 자들이 그의 날을 보지 못하는고"(욥 24:1)라고 질문했다. '때'나 '날'은 같은 의미로 모든 일을 위한 적절한 시간을 말하는 것이다. 이 문맥에서 '때'는 악한 자들에 대해 보응하는 때를 말한다. 욥의 질문은 하나님이 왜 때를 지키지 않느냐는 것이다. 그러면서 악한 자들의 소행을 열거한다.

어떤 이는 땅의 경계표를 옮긴다(욥 24:2a). 이것은 남의 땅을 거짓이나 폭력으로 빼앗았다는 것이다. 또한 어떤 이는 양 떼를 훔쳤다(욥 24:2b). 당시 농경과 목축사회에서 생활기반을 잃었다는 것이다. 어떤 사람은 고아의 나귀와 과부의 소를 볼모로 잡았다(욥 24:3). 이것은 어떤 사람이 부유한 주인에게 빚을 졌는데 그들이 빚을 갚지 못하자 주인은 그들의 자녀나 홀로 남은 아내에게서 남은 재산을 담보물로 빼앗아갔다는 것이다. 악인은 가난한 자들을 길에서 몰아내었다. 그래서 그들은 거친 광야에서 들나귀 같이 비천하게 일하며 자식을 먹인다(욥 24:4-5). 또한 그들은 남의 밭에서 일하며, 그것도 악인이 남겨둔 포도를 딴다(욥 24:6). 이 얼마나 비참한 일인가? 그들은 또한 의복이 없어 벗은 몸으로 밤을 지내기도 하고 산중에서 소나기를 만나도 가릴 것이 없다(욥 24:7-8). 어떤 악인은 빚을 받기 위해 어머니 품에서 어린아이를 빼앗아 종으로 삼고, 가난한 자의 옷을 담보로 잡았기에 가난한 자는 옷이 없어 벌거벗고 다닌다(욥 24:9-10a). 또한 가난한 자들은 곡식 이삭을 나르면서 일해도 굶주리고, 기름을 짜고 술 틀을 밟지만 목마르다(욥 24:10b-11). 이것은 악인이 노동력을 착취하고 그들에게 정당한 임금을 주지 않았기 때문이다. 욥은 이러한 현상을 말하며 하나님이 그들의 참상을 보지 아니하신다고 탄식했다(욥 24:12).

욥이 보기에 하나님이 보시지 않는다고 생각하는 자들은 더 있다. 욥은 그들을 가리켜 '광명을 배반하는 사람들'이라고 했다. 이것은 사람들이 보지 않는 밤에 악을 행하는 사람들이다. 이들은 살인자들과 도둑들과 간음하는 자들이다(욥 24:13-17). 이들은 밤에 악을 행하고 낮에 자신을 숨긴다. 이들은 빛을 알지 못하고 어둠과 우호적인 관계를 유지한다. 이들은 자신들의 행동이 눈에서 숨겨지는 것을 편안하게 느낀다(Longman 2012, 303).

e. 악인의 운명(욥 24:18-25)

이 분단은 해석하기가 어렵다. 이 본문의 화자가 누구인지 분명하지 않기 때문에 다양한 해석이 있었다. 혹자는 이 본문을 빌닷과 소발의 말로 수정하여 읽기도 했다. 그러나 본문을 수정해서 읽기보다 전승된 본문 자체를 정경으로 받아들여야 한다. 또한 이 문단이 악인의 멸망을 묘사한다고 보면 앞에서 욥이 하나님이 악인들의 악행에 대해 심판하실 때를 정해 놓지 않아 불평한 것과 모순된다. 그러나 욥은 일반적인 인과응보의 원리를 반대한 것이 아니라 이 원리가 자신에게 적용되는 것에 대해 반대했다는 점을 고려한다면 욥이 말한 것으로 볼 수 있다. 욥은 욥기 24:1-7에서 악인의 악한 행동을 묘사한 후 그들이 필경은 심판을 받게 되리라는 확신이나 소망을 표현한다(Longman 2012, 304). 하트리(Hartley 1988, 352)는 욥의 악인에 대한 일련의 저주로 보았다. 하나님이 의롭게 행동하신다는 증명적 행위로 악인에게 정의를 시행하시기를 원하여 욥이 저주 형식으로 말했다는 것이다.

악인들은 물의 거품이고[33] 그들의 소유는 땅에서 저주를 받아 다시는 포도원 길을 다니지 못한다(욥 24:18). 이것은 그들의 땅이 저주를 받아 수확물이 없게 되기를 바라는 것이다. 가뭄과 더위가 눈 녹은 물을 빼앗듯이 스올이 그들의 생명을 빼앗고 구더기가 그들을 먹을 것이고 그들의 불의가 나무처럼 꺾이어 사라질 것이다(욥 24:19-20). 하나님은 그의 능력으로 강포한 자들을 끌어내신다. 그래서 간혹 일어나는 자가 있어도 살아남지 못한다. 하나님이 그들에게 잠시 평안을 주셔서 지탱하게 하시지만 잠깐 높아졌다가 천대를 받을 것이며 잘려 모아진 곡식 이삭처럼 될 것이다(욥 24:21-24). 욥은 이 저주에 대해 "가령 그렇지 않을지라도 능히 내 말이 거짓되다고 지적하거나 내 말을 헛되게 만들 자 누구냐"(욥 24:25)라고 말한다. 그는 자신이 저주한 대로 이루어지지 않을 수도 있음을 부정하지 않는다. 그럼에도 그는 자신의 믿음대로 이루어지기를 소망한다. 현실과 믿음 사이의 간격은 항상 존재한다. 이 간격이 완전히 해소되는 것은 주님이 재림하실 때이다.

---

[33] 개역개정판은 욥기 24:18a를 "그들은 물 위에 빨리 흘러가고"라고 번역했지만 "그들은 물 표면의 거품이다"(קַל־הוּא עַל־פְּנֵי־מָיִם)라고 번역해야 한다. NIV가 원문의 의미를 잘 드러내어 번역했다. "Yet they are foam on the surface of the water;"

③ 빌닷의 세 번째 발언(욥 25:1-6)

이 문단은 빌닷의 세 번째 발언으로 매우 단순하고 짧다. 빌닷의 발언이 짧다는 것은 친구들이 욥에 맞서는 힘이 다했고, 더 이상 욥을 설득하지 못하고 포기함을 보여준다(Longman 2012, 308-309; 쥬 2000, 95).[34] 빌닷은 세 번째 발언에서 욥의 말을 반박하기보다는 하나님의 위대하심과 인간의 연약함을 대조적으로 보여준다.

하나님은 주권과 위엄을 가지셨고 높은 곳에서 화평을 베푸신다(욥 25:2). '높은 곳에서 화평을 베푸신다'라는 표현은 고대 근동의 우주 창조설에 공통적인 주제인 하늘에서 갈등이 있었음을 암시한다. 모든 우주적 권세가 이제 하나님께 복종하게 되어 하늘에서도 하나님을 대적할 권세가 없다면 땅에서도 없다는 뜻이다(Hartley 1988, 356). 또한 빌닷은 하나님의 군대를 계수할 수 없고, 그가 비추는 광명을 받지 않는 자가 없다고 했다(욥 25:3). 하나님의 은혜롭고 우주적인 통치는 빛의 이미지를 통해 증언된다. 빛은 어디에서나 따뜻함과 기쁨과 생명을 준다. 이와 같이 빛의 근원이신 하나님은 생명을 주시고 모든 피조물을 보존하신다(Hartley 1988, 356-357).

빌닷은 이러한 하나님 앞에서 의롭다고 주장하며 깨끗하다고 말할 자가 있겠느냐고 수사적 질문을 한다(욥 25:4). 이것을 입증하기 위해 '보라'(헤인, הֵן)라고 주위를 집중시키며 하나님의 눈에 달과 별도 빛나지 못한데 하물며 구더기 같고 벌레 같은 인생이겠느냐고 말한다(욥 25:5-6). 빌닷이 말하고자 하는 요지는 여기에 있다. 하나님과 인간 사이에는 질적인 차이가 있기에 인간인 욥이 하나님께 자신의 의를 주장할 수 없다는 것이다. 빌닷은 욥의 실존 자체를 문제 삼으며 욥의 주장을 무력화시키려고 한다(하경택 2018, 290).

빌닷은 욥이 자신이 하나님 앞에 의롭다고 주장하자 인간은 구더기와 벌레 같은 존재라고 말한다. 그는 이 진리를 욥에게 적용하여 하나님께 도전할 위치에 있지 않음을 깨닫기를 바란다(Longman 2012, 309). 빌닷의 발언은 욥을 비난하

---

34 하트리(Hartley 1988, 355)은 빌닷의 세 번째 발언이 서론과 결론이 없고 너무 짧기 때문에 욥기 24-28장이 잘못 배열되었다고 보고 재구성했다. 그는 잘못된 부분을 욥기 27:13-23로 보았다. 그 용어 유형이 욥보다 친구들에게 더 가깝다고 보았기 때문이다. 그래서 그는 욥기 25:1-6 다음에 욥기 27:13-23을 배치하여 주석했다.

기 위해 욥의 상황을 고려하지 않고 인간을 지나치게 비하한 것처럼 보이나 한편으로는 성경이 인간을 이렇게 묘사한다. 그러나 성경은 인간의 또 나른 면을 강조한다. 하나님은 인간을 하나님의 형상으로 창조하여 하나님과 교제하며 하나님이 창조하신 온 세상을 다스리는 권세를 인간에게 주셨다(창 1:26-28; 시 8:5-8). 그러나 죄로 말미암아 인간존재가 변질되어 하나님과 인간, 인간과 인간, 인간과 창조 세계와 누렸던 조화가 깨어졌다. 인간은 그 스스로 구더기 같은 존재로 전락시킬 수 있다. 실제로 하나님은 "버러지 같은 너 야곱아, 너희 이스라엘 사람들아"(사 41:14)라고 부르기도 했다. 하지만 인간은 언약 안에서 하나님의 사랑받는 존재요 왕 같은 제사장이며 거룩한 백성이기도 하다(출 19:5-6). 그리고 그리스도 안에서 구속받은 모든 성도는 하나님의 거룩한 백성이다. 그래서 빌닷이 당시 욥에게 이 교리를 적용한 것은 그의 상황을 고려하지 않은 결과이고 지나치게 인간의 긍정적인 면은 무시하고 부정적인 면만 강조한 것이다. 인간은 스스로를 구더기 수준으로 전락시킬 수 있지만 모든 인간은 하나님의 형상을 지니고 있을 뿐만 아니라 그리스도 안에 있는 성도는 회복된 하나님의 형상을 지니고 있다(골 3:10).

④ 빌닷에 대한 욥의 세 번째 반응(욥 26:1-27:23)

이 문단은 빌닷의 세 번째 발언에 대한 욥의 세 번째 반응으로 빌닷에 대한 반박(욥 26:1-4), 하나님의 창조 능력(욥 26:5-14), 무죄함에 대한 욥의 맹세(욥 27:1-6), 대적들에 대한 저주(욥 27:7-12), 악인의 운명(욥 27:13-23) 등의 내용으로 구성되어 있다.

a. 빌닷에 대한 반박(욥 26:1-4)

이 단락에서 욥은 2인칭 단수로 빌닷 개인에게 말한다. 욥은 빌닷에게 비아냥거리듯이 "네가 힘 없는 자를 참 잘도 도와 주는구나, 기력 없는 팔을 참 잘도 구원하여 주는구나, 지혜 없는 자를 참 잘도 가르치는구나 …"(욥 26:2-3)라고 말했다. 욥이 왜 이 말을 했을까? 그것은 빌닷이 하나님의 위대함과 비교하며 인간의 비참함을 말하면서도 그의 지혜와 지식으로 도움을 주지 못했다는 것이다. 그러면서 누구에게 말하고 있으며 누구의 정신으로 말하고 있는지 살펴보라고

했다(욥 26:4). 욥은 여기서 통렬하게 빌닷의 말의 근원에 의문을 품는다. 그의 영
감의 근원을 질문하므로 그의 교훈의 가치를 의심하는 것이다(Hartley 1988, 363).

b. 하나님의 창조 능력(욥 26:5-14)

욥은 하나님의 창조 능력을 여러 영역에 걸쳐 설명한다. 그 내용에 따라 분류
하면 하나님의 능력은 음부의 영역(욥 26:5-6), 자연세계의 영역(욥 26:7-10), 우주
안에 미치는 영역(욥 26:11-14) 등이다.

• 음부의 영역(욥 26:5-6) : 하나님은 죽은 자의 영들의 영역인 음부를 완전히
통치하신다. '죽은 자의 영'은 히브리어로 '르바임'(רְפָאִים)인데 많은 성경이 르바
임 족속들(신 2:20-21; 신 3:11), 세상의 모든 영웅(사 14:9), 죽은 자들(잠 9:18), 사망
의 회중(잠 21:16) 등으로 번역하였다. 죽은 자의 영들이 물(מַיִם)과 스올(שְׁאוֹל)과 멸
망(= 아바돈, אֲבַדּוֹן)[35]에 거하지만 하나님이 그들을 다 감찰하신다.

• 자연세계의 영역(욥 26:7-10) : 하나님은 '북쪽'을 허공에 펴시고 땅을 아무것
도 없는 곳에 매다시고, 물을 빽빽한 구름에 싸시나 구름이 찢어지지 아니한다
(욥 26:7-8). 자기의 '보좌'[36]를 펴시고 그 보좌 위에 그의 구름으로 펼치셨다(욥
26:9). 그리고 수면에 경계를 그으시니 그곳은 빛과 어둠이 함께 끝나는 곳이다
(욥 26:10). 여기에 '경계를 긋다'(후그, חוּג)라는 말은 수평선을 말하는 것으로 '원을
그리다'라는 뜻이다. 이것은 지구가 둥글다는 것을 나타낸다. 이 수평선은 태양
이 동쪽에서 뜨고 서쪽으로 지므로 빛과 어둠이 시작되고 마치는 곳이다(Zuck
1978, 117-118).

• 우주 안에 미치는 영역(욥 26:11-14) : 하나님은 그의 능력으로 하늘 기둥을 흔

---

35 개역개정판은 '멸망'이라고 번역하였으나 히브리어 '아바돈'(אֲבַדּוֹן)은 개역한글판이 '멸망의 웅
덩이'로, 공동번역이 '죽음의 나라'로 번역한 것처럼 죽은 자들이 가는 장소로 번역되어야 한
다.

36 개역개정판과 NIV, NASB 등은 '보름달'(full moon)이라고 번역했다. 원문은 '키세이'(כִּסֵּה)로
보좌를 말한다. 70인역도 '보좌'(θρόνος)라고 번역했다. 욥은 이 말씀에서 하나님이 온 자연
세계를 다스린다는 개념을 강조한 것으로 보인다.

드시고 '바다'(얌, יָם)와 '라합'(라합, רַהַב)과 '날렵한 뱀'(나하쉬 바리아흐, נָחָשׁ בָּרִיחַ)을 무찌르신다(욥 26:11-13). 이들은 모두 신화 속에 등장하는 세력들이나. '바다'(얌, יָם)[37]는 고대 가나안에서 모든 신을 다스리는 신이었다(Longman 2012, 316). '라합'(רַהַב)은 신화적인 바다 괴물로 고대 문서에 나타나는 이름이다(Atkinson 1991, 77). '날렵한 뱀'(나하쉬 바리아흐, נָחָשׁ בָּרִיחַ)은 리워야단(לִוְיָתָן)과 같은 존재로 보인다(참조. 욥 41:1). 욥은 이러한 존재를 제압하고 통치하는 것은 하나님이 하신 일 가운데 일부분에 불과하다고 했다(욥 26:14). 하나님의 능력은 욥이 설명한 것보다 훨씬 더 넓다. 욥이 왜 이렇게 말하는가? 하나님의 창조적 능력을 제한된 인간의 능력으로 다 묘사할 수 없을진대 하나님이 행하시는 일을 사람이 이해할 수 없기에 함부로 판단하지 말아야 한다는 것이다.

c. 무죄함에 대한 욥의 맹세(욥 27:1-6)

욥은 계속하여 그의 말을 이어간다(욥 27:1).[38] 그는 하나님을 원망하듯이 '나의 정당함을 물리치신 하나님'과 '나의 영혼을 괴롭게 하신 전능자'라고 부르며 그 하나님의 사심을 두고 맹세한다(욥 27:2). 그것은 그가 살아있는 한 불의와 거짓을 말하지 아니하고 온전함을 버리지 않겠다는 것이다(욥 27:3-6).

d. 대적들에 대한 저주(욥 27:7-12)

욥은 자기의 원수가 악인이 되고, 일어나 자기를 치는 자는 불의한 자가 되어 하나님이 그 영혼을 찾으실 때 아무런 희망이 없기를 원한다(욥 27:7-10). 그리고 욥은 '너희'라는 2인칭 복수로 친구들에게 직접적으로 말한다. 욥은 친구들에게 하나님이 그의 손으로 하신 일과 전능자의 계획과 뜻[39]을 숨기지 아니하고 가르치겠다고 한다(욥 27:11). 그러면서 친구들이 하나님이 하신 일을 다 보고서도 헛

---

37 여기서 '바다'로 번역된 히브리어 '얌'을 고유명사로 보고 고대 근동의 신의 이름인 '얌'으로 음역하는 것이 더 좋다.

38 여기서 '풍자'는 단순히 비유적인 의미가 아니라 히브리어 '마샬'(מָשָׁל)로 '잠언'이라는 말도 되고, '조롱하는 노래'(미 2:4)라는 의미로 번역할 수 있기에 욥의 심정을 표현하는 듯한 중의적 의미를 가지고 있다고 볼 수 있다.

39 개역개정판은 '전능자에게 있는 것'(עִם־שַׁדַּי)은 '전능자와 함께 있는 것'으로 직역할 수 있으나 전능자이신 하나님에게 속한 계획과 뜻을 의미한다.

된 것만 말한다고 책망한다(욥 27:12). 그래서 욥은 그의 친구들의 지혜를 완전히 거부했다.

e. 악인의 운명(욥 27:13-23)

이 단락에 대해 학자들은 소발의 것이라고 생각하여 빌닷의 발언(욥 25:1-6) 다음에 두어 읽기도 한다(Hartley 1988, 355-361). 그러나 전수받은 히브리어 본문 자체를 정경으로 받아들이는 것이 좋다.

이 단락에서 욥은 악인이 받을 분깃에 대해 자세하게 설명한다. 욥은 이미 악인의 운명에 대해 말한 바 있다(참조. 욥 24:18-25). 거기서 그는 대적들이 징벌받기를 갈망했다. 하지만 소발의 주장과 달리 즉시 심판받지 않는다고 했다(참조. 욥 20:5; 21:7). 여기서 욥은 악인이 심판을 받기를 갈망하며 이 땅에서 어떤 심판을 받게 될 것인지 묘사한다.

악인은 자손이 번성해도 칼을 위함(= 칼에 죽을 운명)이고, 그의 후손들은 배부르지 못할 것이며, 그 남은 자들은 병으로 죽을 것이다(욥 27:14-15). 악인은 은을 티끌 같이 쌓고 의복을 진흙 같이 준비한다 할지라도 의인이 차지할 것이다(욥 27:16-17). 그가 악하고 정당하지 못한 방법으로 많은 재산을 축적하여 예금 잔고가 셀 수 없다고 해도 그것이 다 다른 사람의 손에 넘어간다는 것이다. 그의 집은 텅빈 좀(고치)의 집처럼 비고, 파수꾼이 임시로 거처하는 초막처럼 불안정하고, 부자로 누울 것이나 눈을 뜨면 아무것도 없게 될 것이다(욥 27:18-19). 두려움이 물 같이 닥칠 것이고, 폭풍이 밤에 그를 빼앗아 갈 것이며, 동풍이 그를 몰아낼 것이다(욥 27:20-21). 이것은 두려움이라는 공포와 자연재해 등으로 망하게 된다는 뜻이다. 그래서 욥은 하나님이 악인들을 아끼지 않고 던져버리실 것이라고 했다(욥 27:22). 사람들은 악인이 심판당함을 보고 그를 비웃게 될 것이다(욥 27:23). 이는 악인이 사람들의 비웃음거리가 된다는 것이다. 욥이 이렇게 말한 것은 아직 하나님의 심판이 이루어지지 않아 갈등하나 마침내 하나님의 공의가 이 땅에서 분명하게 드러나게 될 것을 갈망하기 때문이다(하경택 2018, 306-307).

4. 해설 : 참된 지혜는 어디서 오는가(욥 28:1-28)?

이 문단은 욥이 세 친구와 대화한 세 개의 평행구조 가운데 마지막 세 번째 깨어진 평행구조 끝에 있다. 이것은 주제와 저자의 의도를 전달하는 매우 중요한 장치다(Parunak 1984, 166-168; Alter 1981, 97). 이 문단의 화자(speaker)는 욥과 그의 세 친구가 아니라 이 이야기를 전하는 전지적 관점을 가진 해설자(narrator)다.[40] 이 문단은 해설자가 세 사람의 대화를 듣고 해설하는 내용으로 욥과 그의 친구들과의 대화와 그 이후에 있게 될 욥 – 엘리후 – 하나님으로 이어지는 담론 사이의 다리 역할을 한다(Hartley 1988, 373).[41]

내용 분해

(1) 사람의 지혜의 탁월함(욥 28:1-11)

(2) 사람의 지혜의 한계(욥 28:12-20)

(3) 참된 지혜는 어디서 오는가(욥 28:21-28)?

내용 해설

(1) 사람의 지혜의 탁월함(욥 28:1-11)

이 문단은 사람의 지혜가 탁월한 능력이 있음을 지하에 묻힌 자원을 채굴하여 가공하는 기술을 통해 설명한다. 욥이 살았던 시대는 아브라함 시대(주전

---

40 이야기로 된 글은 저자가 대개 전지적 관점을 가진 해설자를 세운다. 왜냐하면 저자는 인간이라는 한계를 가진 존재이기 때문이다. 이야기에서 해설자는 그 이야기의 핵심과 방향을 이끌어가는 역할을 한다. 넓은 의미로 해설자는 저자이기도 하다.

41 욥기 28장은 화자가 누구냐에 대해 많은 논란을 야기시킨 본문이다. 왜냐하면 주제나 문체 면을 볼 때 욥의 담론으로 보기에는 너무 다르고 어색하기 때문이다. 그래서 다른 저자가 쓴 것을 삽입한 것으로 보기도 하고, 책의 구조 안에서 순서가 뒤바뀐 것으로 보기도 한다. 클라인즈(Clines 2006, 889-926)는 이 담론이 잘못 놓였고 엘리후의 발언 다음에 와야 한다고 믿는다. 롱맨(Longman 2012, 324-328)은 지금까지의 욥의 사상과 어울리지 않고 전적으로 새로운 사상의 흐름으로 시작한다고 하면서도 이에 대한 논리적 설명없이 욥의 담론으로 보았다.

2166-1991)로부터 멀리 떨어진 시대가 아니다. 넓게는 주전 1900년대에서 1500년대까지 보기도 한다. 이 시대는 주로 농경과 목축 사회였다. 그런데 욥기서의 저자는 광물에 대한 지식이 많으며, 어떻게 보석이 생겨나는지를 알고 있다. 또한 철이 흙과 돌에서 제련되어야 한다는 기술적인 정보도 알고 있다(욥 28:1-2). 이것은 욥이 살았던 시대와 욥의 이야기를 기록한 시대가 다르다는 것을 보여준다. 이스라엘이 철을 제련하는 기술을 언제부터 가지게 되었는지 정확하게 알 수 없다. 하지만 사무엘서 저자는 이스라엘이 사울 시대(주전 1050-1010)에 철을 제련하는 기술이 없어서 도끼와 괭이와 같은 철 연장을 벼리려면 블레셋에 가야 했다고 기록한다(삼상 13:19-22). 저자가 이 이야기를 기록할 당시 은과 금만이 아니라 철과 동을 광산에서 캐어내고 제련하는 기술은 오늘날과 비교하면 스마트폰을 생활에 응용하는 것과 같은 놀라운 과학적인 기술이었다. 이 점을 고려하면 욥기서는 욥이 살았던 시대보다 훨씬 후대인 왕정시대나 바벨론 포로시대에 하나님의 성령에 감동한 어떤 저자가 썼다고 볼 수 있다.

저자는 지하에 묻힌 자원을 탐지하고 채굴하는 과정을 그림으로 그리듯 땅 속 깊은 곳에 있는 광석을 탐지하여 갱도를 뚫고 들어가는 모습을 묘사한다(욥 28:3-4). 음식은 땅으로부터 나온다. 농부가 씨를 뿌리고 김매고 거두는 것은 음식을 먹기 위함이다. 하지만 지하에 묻힌 자원을 채굴하는 것은 그곳에 청옥이나 사금과 같은 보석을 얻기 위함이다(욥 28:5-6).

저자는 사람의 지혜가 뛰어나다는 것을 말하기 위해 예리한 감각을 가진 솔개와 매의 눈과 사나운 사자와 비교한다(욥 28:7-8). 하늘 높은 곳을 나르는 매가 땅에 있는 작은 동물을 보는 눈은 있어도 지하에 있는 광석은 볼 수 없다. 만약에 그들이 볼 수 있다 해도 그것을 채굴하고 제련하는 기술을 가질 수 없다. 저자가 지하에 매장된 자원을 발견하고 채굴하는 내용을 자세하게 묘사하고, 매의 눈과 용맹한 사자와 비교하는 이유는 사람의 지혜가 탁월함을 보이기 위함이다.

이 비교 후에 반석에 수로를 터서 각종 보물을 눈으로 발견하고 누수를 막아 물이 스며들지 않게 하고 감추어져 있던 것을 밝은 데로 끌어낸다고 했다(욥 28:10-11). 여기 '수로'는 히브리어 '여오르'의 복수형인 '여오림'(יאֹרִים)으로 '수로'라는 뜻도 있으나 터널, 굴이라는 뜻으로 보아야 한다. 반석을 뚫어 터널을 만들고, 혹시 그 터널에 물이 스며들어오면 터널이 무너지기 때문에 누수 현상도 막는 첨단의 기술까지 설명한다. 이러한 묘사는 이 책을 쓴 시대로 추정되는 왕정시대나 그 후의 바벨론 포로시대라도 첨단 기술이다. 이것은 사람의 시혜가 탁월하다는 것이다.

(2) 사람의 지혜의 한계(욥 28:12-20)

저자는 사람의 지혜가 탁월함을 말하다가 수사의문문으로 "지혜는 어디서 얻으며 명철이 있는 곳은 어디인고"(욥 28:12, 20)라고 질문한다. 이것을 수미쌍관법으로 설명한 것은 사람에게는 참된 지혜가 없다는 것을 논증하는 것이다. 욥이 당하는 고난의 문제를 풀 수 있는 지혜가 어디에 있는지 그 길을 사람이 알 수 없고 사람 사는 땅에서는 찾을 수 없고, 깊은 물과 바다를 의인화하여 그들도 알 수 없다고 한다(욥 28:13-14). 심지어 사람이 가진 탁월한 지혜로 채굴하고 가공한 순금, 은, 오빌의 금, 청옥수, 남보석 등으로도 살 수 없다(욥 28:15-19). 이것은 사람의 지혜로 얻은 것을 가지고도 참된 지혜를 살 수 없다는 것으로 사람의 지혜는 한계가 있다는 것이다. 여기에 아이러니(irony)가 있다.

저자가 사람이 탁월한 지혜를 가지고 있다고 하면서도 지혜를 어디서 얻을 수 있는지 수사의문문으로 질문하는 이유는 무엇인가? 지금까지 욥의 친구들은 욥의 고난의 문제를 인과응보의 논리로 욥이 지은 죄 때문이라고 해석했고 욥은 아니라고 반론을 폈다. 이 대화가 욥기 3장부터 27장까지 욥의 탄식 → 엘리바스의 발언 → 욥의 반응 → 빌닷의 발언 → 욥의 반응 → 소발의 발언 → 욥의 반응이라는 구조로 세 번의 평행구조가 반복적으로 나타난다. 하지만 세 번째 평행구조에서 소발의 발언과 욥의 반응이 나타나지 않고 그 자리에 저자의 해설인 욥기 28장이 있다. 여기서 저자는 사람이 아무리 탁월한 지혜를 가지고 있다 할지라도 모든 문제를 풀 수 없다는 것을 보여준다. 이 문제를 풀 수 있다면 그것이 참된 지혜가 아닐까?

(3) 참된 지혜는 어디서 오는가(욥 28:21-28)?

이 문단은 참된 지혜가 어디서 오는지 설명한다. 참 지혜가 모든 생명 있는 자의 눈에는 가려져 알 수 없지만 온 천하를 창조하시고 세상의 질서를 정하신 하나님은 지혜가 있는 길을 아시고 사람에게 말씀해 주셨다(욥 28:21-27). 지혜의 길을 아시는 하나님은 참된 지혜가 어디에 있는지 강조하기 위하여 '보라(㏌)'라는 감탄사를 사용하여 "주를 경외함이 지혜요 악을 떠남이 명철이니라"(욥 28:28)라고 하셨다. 여기에서 '주를 경외함이 지혜요'라는 말과 '악을 떠남이 명철이니라'라는 말은 같은 개념을 다르게 표현한 것이다. 이것이 욥의 고난의 문제를 위시하여 사람이 사는 세상에 일어나는 모든 고통스러운 문제를 풀 수 있는 지혜가 될 수 있는가? 이 책의 결말에서 저자는 하나님이 욥의 모든 것을 회복시켜 주시되 갑절로 회복시킨 사실을 설명한다(욥 42:12-17). 야고보는 당시 고통받는 성도들을 위로하기 위해 욥의 결말을 가지고 설명했다.

> 보라 인내하는 자를 우리가 복되다 하나니 너희가 욥의 인내를 들었고 주
> 께서 주신 결말을 보았거니와 주는 가장 자비하시고 긍휼히 여기시는 이시
> 니라(약 5:11).

야고보가 욥의 사례를 적용한 것은 성도들이 인내하며 믿음을 지킨다면 자비로우시고 긍휼에 풍성하신 하나님이 욥에게 아름다운 결말을 주신 것처럼 성도들에게도 아름다운 결말을 주신다는 것을 알게 하여 여호와를 경외케 하려는 것이다. 이것은 우리에게도 동일하게 적용된다. 그러면 우리가 여호와를 경외하며 그 계명을 지키며 사는 것을 참된 지혜로 받아들이고 실천하는 일이 어떻게 가능한가? 그것은 두 가지 이유 때문에 가능하다. 하나는 우리 주 예수 그리스도께서 우리 연약함을 대신하여 십자가에서 죽으심으로 우리를 새로운 존재로 구속해 주셨기 때문이다. 또 하나는 구속받은 자답게 살아갈 수 있도록 성령을 모든 믿는 자들에게 주셨기 때문이다. 참된 지혜는 어디에서 오는가? 그것은 여호와를 경외하는 일에서 온다.

5. 담론(욥 29:1-41:34)

이 문단은 세 개의 담론으로 구성되어 있다. 그것은 욥과 엘리후와 하나님의 담론이다. 욥은 세 친구와의 대화에서 자신의 고난이 죄 때문이 아님을 주장하고 그가 과거에 어떻게 살았고, 어떤 믿음을 소유하고 있는지 설명한 후에 하나님께 소송하므로 그의 담론을 마친다. 엘리후의 담론은 욥의 친구들이 인과응보의 원리로 욥의 고난을 설명하는 것과 유사한 부분도 있으나 욥의 친구들과 다른 관점에서 욥의 고난 문제를 설명한다. 그는 욥의 고통을 친구들과 달리 하나님의 신비적 섭리의 관점에서 설명한다. 그리고 고난을 받아들이는 욥의 태도를 지적하고 있다. 하나님의 담론은 두 부분으로 이루어져 있다(욥 38:1-40:2; 40:6-41:34). 하나님의 담론은 대부분 수사적 질문으로 이루어져 있다는 특징을 가지고 있다.

내용 분해

(1) 욥의 담론(욥 29:1-31:40)
(2) 엘리후의 담론(욥 32:1-37:24)
(3) 하나님의 담론(욥 38:1-41:34)

내용 해설

(1) 욥의 담론(욥 29:1-31:40)

이 문단은 욥이 세 친구와의 대화에서 자신의 고난이 죄 때문이 아님을 주장하는 최후 진술과 같은 요긴한 내용을 담고 있다. 이 내용에 대해 학자들이 욥의 독백이라고 주장하는 것은 적절하지 못하다. 이 내용은 욥의 친구들이 침묵하고 있는 것처럼 보여도 친구들에 대한 욥의 공적인 진술이며 그의 무죄함에 대한 최후 진술이다(Andersen 1974, 230). 이 담론은 욥이 과거 자신의 삶을 기억하는 내용(욥 29:1-25), 현재 자신이 당하는 고난에 대한 슬픔을 말하는 내용(욥 30:1-31),

자신의 무죄함에 대해 맹세하는 내용(욥 31:1-40) 등으로 구성되어 있다.

① 과거 욥의 삶(욥 29:1-25)

이 문단에서 욥은 앞에서 말한 내용을 이어서 말한다. 욥기 29:1에 "욥이 풍자하여 이르되"라고 그의 담론을 시작하는데 이것은 앞의 27:1을 시작하는 말과 원문이 동일하다.[42] 이것은 욥의 진술이 단지 독백이 아니라 그가 죄가 없음을 마지막으로 진술하는 내용임을 보여준다. 이 문단은 욥이 과거에 어떤 삶을 살았는지를 회상하고 있다. 이 담론은 다음과 같은 평행구조로 되어있다(Walton 2012, 314).

A 욥은 하나님의 어떤 보호를 받았는가(욥 29:1-6)
B 욥은 지도자로 어떤 위치에 있었는가(욥 29:7-10)
C 욥은 지도자로 어떻게 봉사했는가(욥 29:11-17)

A′ 욥은 어떤 복을 받았는가(욥 29:18-20)
B′ 사람들이 욥을 어떻게 존경했는가(욥 29:21-23)
C′ 욥은 지도자로 어떻게 봉사했는가(욥 29:24-25)

a. 욥에게 주신 하나님의 복(욥 29:1-6, 18-20)

욥은 "나는 지난 세월과 하나님이 나를 보호하시던 때가 다시 오기를 원하노라"(욥 29:2)라고 하며 과거에 하나님이 보호해 주셨던 삶을 회상한다. 그는 하나님의 빛을 힘입어 암흑에서도 걸어다녔다(욥 29:3). 이것은 은유적 표현으로 때로는 흑암과 같은 고통의 시간에도 하나님의 은혜의 빛으로 안전하게 살았다는 것이다. 하나님이 그의 장막에 기름을 발라주셨다(욥 29:4). 이는 하나님이 그의 집에 큰 복을 주셨다는 것이다(참조. 시 23:5). 이뿐만 아니라 그의 자녀들이 그를 둘

---

42 원문은 "와요셒 욥 서에이트 머샤로 와요멜"(וַיֹּסֶף אִיּוֹב שְׂאֵת מְשָׁלוֹ וַיֹּאמַר)이라는 말로 시작하는데 욥기 27:1과 같다. 원문의 '머샤로'(מְשָׁלוֹ)를 개역개정판은 '풍자하여'라고 번역하여 다음에 나오는 내용이 풍자나 비유인 것처럼 생각할 수 있다. 그러나 다음 내용은 풍자와 거리가 멀다. 그래서 NIV처럼 '그의 담론'(his discourse)이라고 번역하는 것이 적절하다.

러 있었다(욥 29:5). 많은 자녀들은 하나님이 주시는 복 가운데 하나다(시 127:3-5; 128:1-4). 젖으로 빌을 씻으며 바위가 기름 시내를 쏟아내었디(욥 29:6). 젖과 기름의 풍부함은 부유함을 상징한다(Hartley 1988, 388).

욥은 자기의 보금자리에서 숨을 거두며 자기가 사는 날이 모래알 같이 많으리라 생각했다(욥 29:18). 은유적 표현으로 그의 뿌리는 물로 뻗어 나가고 이슬은 그의 가지에서 밤을 지내고 갈 것이라고 했다(욥 29:19). 당시 농경과 목축사회에서 뿌리가 물로 뻗어 나가고 이슬이 머문다는 것은 소산물이 잘 된다는 것이다. 그의 영광은 새로워지고 그의 손에 있는 활은 끊어지지 않았다(욥 29:20).[43] 영광은 선망의 대상이 되는 평판을 의미하고 활은 힘을 의미하는 것으로 이것이 끊어지지 않고 늘 새것이라는 것은 언제든지 화살을 쏠 수 있다는 것을 의미한다(Hartley 1988, 393). 이것이 욥이 받은 하나님의 복이다.

b. 지도자로서의 욥(욥 29:7-10, 21-23)

욥은 성문에 자리가 마련되어 있었으며 이 욥을 보고 젊은이들은 숨고 노인들은 일어서며, 지도자들은 말소리를 낮추었다(욥 29:7-10). 주요 성문의 넓은 광장은 고대사회의 중심이었고 사업과 정치의 장소였다(Hartley 1988, 389). 여기에 욥의 자리가 마련되었고 그 앞에서 말소리를 낮추었다는 것은 당시 욥의 사회적 위치를 보여준다. 그는 당시 사회의 지도자였다.

욥이 지도자로서 성문에서 말을 하면 백성들이 그의 말을 듣고 희망을 걸었고, 욥이 가르칠 때 잠잠하였다(욥 29:21). 이는 그의 수사적 기술이 통찰력이 있어서 감히 반대할 수 없었다는 것이다(Hartley 1988, 394). 그는 그 도시에서 선한 영향력을 끼치는 사람이었다. 그리고 그의 말이 백성들에게 스며들었기에 백성들은 마치 비를 기다리듯 그의 말을 기다렸다(욥 29:22-23).

c. 지도자로서의 욥의 봉사(욥 29:11-17, 24-25)

욥은 사람들이 그를 축복하는 것을 들었고, 그를 증언하는 것을 보았다(욥 29:11). 왜 사람들이 욥을 축복하고 증언했을까? 그것은 욥이 지도자로서 부르짖

---

43 개역개정판에 '화살'이라고 번역된 단어의 원문은 '케쉐트(קֶשֶׁת)로 여기서는 활로 번역되어야 한다.

는 빈민, 도와줄 자 없는 고아, 망하게 된 자들, 과부 등의 사회적 약자들을 도와
주었기 때문이다(욥 29:12-13). 그리고 욥이 정의로 옷 입고 맹인의 눈도 되어주
고, 저는 사람의 발도 되어주며, 빈궁한 자의 아버지도 되며, 모르는 사람의 송
사도 도와주었기 때문이다(욥 29:14-16). 또한 불의한 자의 턱뼈를 부수고 노획한
물건을 그 잇새에서 빼어내었기 때문이다(욥 29:17). 턱뼈와 잇새는 은유적 표현
으로 마치 사나운 동물이 그 힘으로 삼키듯이 악한 자들이 폭력으로 빼앗는 것
을 말한다.

욥은 가난한 사람들이 의지할 곳이 없을 때 외면하지 않고 그들에게 미소를
지었고 그로 말미암아 사람들은 그의 따뜻한 웃음으로 힘을 얻었다(욥 29:24).[44]
이것은 지도자로서 사람들을 따뜻하게 대해주었다는 것이다. 표준새번역은 이
절을 다음과 같이 의역했다.

내가 미소를 지으면 그들은 새로운 확신을 얻고, 내가 웃는 얼굴을 하면 그
들은 새로운 용기를 얻었다.

욥은 왕이 군대를 거느리고 지켜주는 것처럼, 위로자가 슬픔 가운데 있는 자
들을 위로해 주는 것처럼 사람들을 지켜주고 위로해 주었다(욥 29:25). 이러한 설
명은 욥이 지도자로서 어떻게 봉사했는지를 보여준다. 그는 백성들을 사랑하고
정의를 실천했다.

② 현재 욥의 삶(욥 30:1-31)

이 문단에서 욥은 과거 그가 살았던 삶과 대조적으로 현재 고통받는 자신의
삶을 설명한다. 특히 이 문단에서 욥은 사람들이 현재 그를 대하는 태도와 그가
경험한 것이 과거와 완전히 대조적임을 보여준다. 이 문단에서 욥은 과거 그의
삶을 보여주는 욥기 29:1-25과 대조적임을 소개하는 신호기능인 '이제는'(아타,
עַתָּה)이라는 단어를 세 번이나 사용하며 설명한다(욥 30:1, 9, 16).

---

44 NIV는 이 절을 "When I smiled at them, they scarcely believed it; the light of my face
was precious to them"이라고 번역했다. 욥이 사람들에게 미소지을 때 사람들은 믿을 수 없
었다. 왜냐하면 욥의 얼굴 빛이 그들을 실망시키지 않고 위로를 주었기 때문이다.

a. 욥을 조롱하는 자들(욥 30:1-8)

욥은 자기를 조롱하는 자들이 어떤 사람인지 말한다. 그들은 욥보다 젊은 자들이다. 그들의 아비는 욥의 집에 양 떼들을 지키는 개 중에도 두지 못할 자들이다(욥 30:1). 그들은 궁핍과 기근으로 인하여 먹을거리도 없었고 침침한 골짜기에 살았다(욥 30:2-7). 또한 그들은 본래 미련한 자의 자식들이고 이름도 없는 자들의 자식으로서 고토에서 쫓겨난 자들이다(욥 30:8). 그들은 사회의 쓰레기처럼 간주되었던 자들이다. 욥은 왜 그를 조롱하는 자들 가운데 그들을 언급하는가? 욥은 그의 모든 것을 잃기 전에는 이러한 빈민들을 건져주었다(욥 29:12, 16). 클라인즈(2015, 646)는 욥을 조롱하는 자들을 과거에 욥이 관대함으로 돌봐주었던 자들이라고 했다.

b. 조롱의 정도(욥 30:9-15)

그들은 욥을 조롱하며 그들의 놀림거리로 삼았을 뿐만 아니라 그의 얼굴에 서슴지 않고 침을 뱉었다(욥 30:9-10). 이러한 일은 욥만 당하는 것이 아니다. 어려울 때 도움을 받은 자들이 그가 받은 모든 은혜를 잊어버리고 은혜를 베푼 자를 무시하고 함부로 대하는 일이 많다. 욥은 이러한 상황에 대해 하나님이 그의 활시위를 늘어지게 하시고 그를 곤고하게 하셨기 때문이라고 했다(욥 30:11). '활시위를 늘어지게 하다'라는 것은 은유적인 표현으로 활시위가 늘어져 그 기능을 할 수 없는 것처럼 하나님이 욥의 힘을 약하게 하셨다는 뜻이다. 이러한 상태에 있었던 욥은 조롱하는 자들이 그의 발에 덫을 놓고, 그를 대적하고 달려들어 그의 품위를 바람 같이 날려 버렸고, 그의 구원이 구름 같이 지나가 버렸다고 탄식한다(욥 30:12-15). 이러한 상황에서 욥은 얼마나 비참함과 괴로움과 수치를 느꼈을까?

c. 하나님에 대한 비난(욥 30:16-23)

이 문단에서 욥은 그의 고통의 직접적인 원인자를 하나님으로 보고 하나님을 비난한다. 욥은 조롱하는 자들로 말미암아 당하는 정신적 고통과 더불어 육체적 고통도 심했다. 그는 "이제는 내 생명이 내 속에서 녹으니 환난 날이 나를 사로잡음이라"(욥 30:16)라고 했다. 여기 '생명'이라고 번역된 히브리어 원문은 '영혼'(네페쉬, שֶׁפֶנ)으로 인간의 삶을 움직이는 핵심요소다. 이 영혼이 마치 물이 쏟아지듯이 쏟아졌다.[45] 이뿐만 아니라 밤이 되면 그의 뼈가 쑤셔서 아픔이 쉬지 않는다(욥 30:17). 욥은 이 일에 대해 하나님이 그를 진흙에 던지셨고 그를 티끌과 재 같이 하셨기 때문이라고 했다(욥 30:19). 욥은 그의 고통의 원인자가 하나님이시고 그로 인해 하나님께 부르짖었으나 무시되었다고 생각했다. 이는 이미 세 친구와 대화할 때도 밝힌 바가 있다.

> 하나님이 나를 억울하게 하시고 자기 그물로 나를 에워싸신 줄을 알아야 할지니라 내가 폭행을 당한다고 부르짖으나 응답이 없고 도움을 간구하였으나 정의가 없구나(욥 19:6-7).

욥은 세 친구와 대화에서 지금까지 하나님을 3인칭으로 불렀으나 여기서는 2인칭으로 부르며 절규한다(욥 30:20-23).[46] 이것은 그가 직접 하나님께 호소하고 있다는 것이다. 그는 주께서 그를 잔혹하게 대하시고 결국은 죽게 하실 것이라고 했다.

d. 욥의 자기 탄식(욥 30:24-31)

이 문단에서 욥은 하나님에 대해 비난하다가 비난할 수밖에 없는 그의 상황을 탄식한다. 그는 "사람이 넘어질 때에 어찌 손을 펴지 아니하며 재앙을 당할 때에 어찌 도움을 부르짖지 아니하리이까"(욥 30:24)라고 했다. 욥은 고생하는 자를 위해 울었고, 빈궁한 자를 위해 근심했기에 복을 기대했으나 화가 왔음을 탄식했다(욥 30:25-26). 그리고 욥은 사탄이 그의 몸을 침으로 그의 몸이 어떤 상태가 되었는지 탄식하며 설명한다.

> 내 마음이 들끓어 고요함이 없구나 환난 날이 내게 임하였구나 나는 햇볕

---

45 개역개정판의 '녹다'라고 번역된 원문은 '샤팍'(שָׁפַךְ)으로 물이 쏟아지듯이 쏟아지는 것을 뜻한다.
46 개역개정판이 '주'라고 번역한 것은 우리 문화에서 2인칭 단수 대명사인 '당신'이라는 표현을 하나님께 쓸 수 없기 때문이다.

에 쬐지 않고도 검어진 피부를 가지고 걸으며 회중 가운데 서서 도움을 부르짖고 있느니라 나는 이리의 형제요 타조의 벗이로구나 나를 덮고 있는 피부는 검어졌고 내 뼈는 열기로 말미암아 탔구나(욥 30:27-30).

그래서 욥은 "내 수금은 통곡이 되었고 내 피리는 애곡이 되었구나"(욥 30:31)라고 했다. 수금과 피리는 원래 기쁨을 노래하는 악기다. 욥이 이렇게 표현한 것은 이 악기들이 기쁨을 노래하는 것이 아니라 슬픔과 장례를 노래하는 악기가 되었다는 것으로 그의 고통이 죽음이 임박한 심적인 고통임을 잘 보여준다. 그가 고통하며 탄식하는 것을 읽을 때 우리는 그의 정신적인 고통(욥 30:27, 29, 31)과 육체적인 고통(욥 30:28, 30)이 얼마나 큰지 알게 된다.

③ 욥의 무죄함을 입증하기 위한 맹세(욥 31:1-40)

이 문단에서 욥은 과거에 어떤 삶을 살았는지 회상하고, 또한 그가 현재 직면해 있는 고통에 대한 슬픔을 탄식한 후에 자신이 어떤 악도 행하지 않았음을 증명하기 위해 맹세로 도전한다. 여기서 욥은 자기가 어떤 삶을 살았는지 모두 13가지로 표현한다.

a. 처녀를 나쁜 의도를 가지고 보지 않았다(욥 31:1-3)

욥은 "내가 내 눈과 약속하였나니 어찌 처녀에게 주목하랴"(욥 31:1)라고 했다. 여기 '주목하다'(אֶתְבּוֹנָן < בִּין)라는 동사는 '이해하다'라는 동사의 재귀 강조형이다(Kautzsch 1990, 55 b, 67 l). 이것은 단순히 본다는 의미가 아니라 어떤 의도를 가지고 본다는 뜻이다. 이 의미가 무엇을 의미하는지 그 뒤의 몇 개의 수사의문문이 보여준다. 그것은 위에 계신 하나님께서 내리시는 분깃이 무엇이겠느냐, 높은 곳의 전능자께서 주시는 기업이 무엇이겠느냐, 불의한 자에게 환난이 아니겠느냐 등이다(욥 31:2-4). 그래서 이 의미는 부정적인 의미로 보아야 한다. NIV는 "내 눈이 음탕하게 처녀를 보지 않았다"라고 번역했는데 의미를 잘 드러내었다.

b. 거짓말을 하지 않았다(욥 31:5-6)

욥은 허위와 동행하지 않고 그의 발이 속임수에 빠르지 않았다(욥 31:5). 이것은 거짓말로 다른 사람을 속이지 않았다는 것이다. 욥은 그의 행동을 입증하기 위해 하나님이 공평한 저울로 달아보기를 원한다고 했다(욥 31:6).

c. 정도를 걸었다(욥 31:7-8)

욥은 만일 그의 걸음이 길에서 떠났거나 그의 마음이 눈을 따랐거나 그의 손에 더러운 것이 묻었다면 자신의 소출이 뿌리째 뽑히기를 원했다(욥 31:7-8). 여기에 '길', '눈', '손' 등은 환유법으로 '길'은 마땅히 걸어야 할 정도(正導), '눈'은 욕심, '손'은 정도를 벗어나 욕심에 따라 행한 일을 말한다. 사람들이 정도와 원리를 떠나는 이유는 어디에 있는가? 대부분 고상한 이유를 대어 스스로 합리화시키기는 하지만 자신의 욕심 때문이다. 신약성경에서 사도 요한은 정도에서 떠난 세상의 가치관을 한 줄로 정리하기를 "세상에 있는 모든 것이 육신의 정욕과 안목의 정욕과 이생의 자랑이니 다 아버지께로부터 온 것이 아니요 세상으로부터 온 것이라"(요일 2:16)라고 했다.

d. 이웃 여인과 부도덕한 관계를 가지지 않았다(욥 31:9-12)

욥은 그의 마음이 유혹되어 이웃의 문을 엿보아 문에서 기다렸다면 자신의 아내가 타인의 맷돌을 돌리는 종이 되고 타인과 더불어 동침하기를 원한다고 했다(욥 31:9-11). 이것은 욥이 이웃 여인과 부도덕한 관계를 가지지 않았다는 것이다.

e. 아랫 사람의 권리를 무시하지 않았다(욥 31:13-15)

욥은 남종이나 여종이 자기와 쟁론할 때 그의 권리를 저버렸다면 하나님이 심판하실 때 무엇이라고 대답하겠느냐고 했다(욥 31:13-14). 이것은 욥이 그의 아랫사람의 인격과 권리를 무시하지 않았다는 것이다. 그리고 그는 자기의 태를 만드신 분이 종도 만들지 않았느냐고 했다(욥 31:15). 이것은 주인이나 종이나 하나님이 동일한 인격체로 창조하셨다는 것이다. 욥이 이렇게 말한 것은 종의 인격과 권리를 존중하고 한 인격으로 대했다는 것이다. 오늘날 세상에 속한 사람들은 자기가 부리는 부하직원과 대화할 때 아랫사람이라고 인격과 권리를 무시하는 일이 많다. 그러나 욥은 비록 남종이나 여종이라 할지라도 그의 인격과 권리를 무시하지 않았다.

f. 가난한 자와 과부의 필요를 공급해 주었다(욥 31:16-23)

세상에 속한 사람들과 자칭 성도라 하는 자는 가난한 자와 과부의 아픔을 모른다. 그들의 필요를 공급해 주기보다는 무시하고 착취하기까지 한다. 하지만 욥은 가난한 자와 과부 등과 같이 소외되고 힘없는 사람들을 볼 때 자신의 안일만 생각하지 않고 함께 나누었다. 그는 만약 가난하고 소외된 자를 주먹으로 휘둘렀다면, 곧 그가 가진 힘으로 고통과 수치심을 안겨주었다면 그의 팔뼈가 부스러지기를 원한다고 했다(욥 31:22). 그러면서 하나님의 재앙을 두려워하는 자는 그런 일을 못 한다고 했다(욥 31:23). 가난하고 소외된 자를 돌보고 그들의 필요를 돌보는 것은 하나님 앞에 있는 성도의 삶의 특징이다.

g. 금(돈)을 최고의 가치로 생각하지 않았다(욥 31:24-25)

이 세상에 속한 사람들은 돈이 자신의 행복을 지켜주기 때문에 제일 신뢰하는 존재로 이해한다. 그래서 돈을 얻기 위하여 온갖 악행을 저지르기도 한다. 하지만 욥은 금이 자신의 소망을 지켜주거나 그의 삶을 맡길만한 것으로 이해하지 않았고 재물의 풍부함으로 기뻐하지 않았다(욥 31:24-25). 포스터(1998, 34, 75)는 돈은 우리의 마음을 사로잡는 영적인 힘이 있다고 했고, 세상에서는 돈이 권력으로 오르는 계단을 의미한다고 했다. 그러나 욥은 돈을 최고의 가치로 여기지 않았다.

h. 해와 달을 숭배하지 않았다(욥 31:26-28)

욥은 해가 빛남과 달이 밝게 뜬 것을 보고 유혹되어 해와 달을 섬겼다면 재판에 회부할 죄악이고, 만약 그러했다면 위에 계신 하나님을 속이는 행동이라고 했다(욥 31:26-28). 개역개정판의 "내 손에 입맞추다"는 원문과 거리가 먼 번역이다. 원문을 직역하면 "내 손이 내 입으로 입맞추었다"(וַתִּשַּׁק יָדִי לְפִי)라고 번역할 수 있다.[47] NIV처럼 "내 손이 그들에게 경의의 입맞춤을 드렸다"라는 뜻이다. 입맞

---

47 '내 손'은 환유법으로 욥의 인격을 의미하는 것으로 자신이 우상에게 절하지 않았다는 것이다.

춤은 사랑과 헌신의 상징으로 이방 종교에서 널리 성행했다(Hartley 1988, 419). 욥이 이 말을 하는 것은 자신이 결코 다른 신을 섬긴 일이 없다는 것이다.

i. 원수까지 동정했다(욥 31:29-30)

우리 인간의 보편적인 정서는 우리가 미워하는 원수들이 멸망하기를 원하는 마음을 가지고 있다. 심지어 원수들이 죽기를 저주하기도 한다. 그러나 욥은 그를 미워하는 자의 멸망을 기뻐하였거나 재난을 당하는 것을 보고 즐거워하거나 그의 생명을 저주하지 않았다(욥 31:29-30).

j. 나그네를 잘 대접했다(욥 31:31-32)

욥은 그의 집에 있는 사람들이 "주인의 고기에 배부르지 않은 자가 어디 있느냐"라고 말한 것을 인용했다. 그리고 그는 나그네가 거리에서 자지 않도록 문을 열어 주었다(욥 31:31-32). 욥은 지나가는 길손들과 나그네들을 따뜻하게 영접하며 후하게 대접해 주었다. 마치 아브라함과 롯이 부지중에 하나님과 천사를 영접한 것처럼 그렇게 한 것으로 보인다(창 18:2-3; 19:1; 히 13:2).

k. 위선적으로 행동하지 않았다(욥 31:33-34)

욥은 다른 사람처럼 자기의 악행을 숨긴 일이 있거나 자기의 죄악을 자기 품에 감춘 일이 있으며, 다른 사람들이 두려워 대문 밖으로 나가지 못하고 잠잠했느냐고 물었다(욥 31:33-34). 여기서 욥이 부인한 죄는 위선이다. 그는 아담이 숨으려고 했던 것처럼 그의 악행을 감추려 하지 않았고(참조. 창 3:7-10) 죄악을 품에 감추려고 하지 않았다(Zuck 1978, 138)[48]. 세상에 속한 사람들은 자신의 약점이나 허물을 가리려고 한다. 혹시라도 죄악을 행하였으면 사람들의 평판이 두려워서 그것을 감추기 위해 온갖 거짓과 위선을 행한다. 그러나 욥은 자신의 악행이나 죄악을 감추지 않았고 사람들에게 비난받을 죄를 범하지 않았다.

---

[48] 원문에 '커아담'(כְּאָדָם 〈 כ + אָדָם)을 개역개정판이나 NIV처럼 '사람처럼'이라고 번역할 수 있고 고유명사로 보아 KJV와 NASB처럼 '아담처럼'으로 번역할 수 있다. 히브리어 원문은 둘 다 가능하다.

l. 자연과 환경을 잘 관리했다(욥 31:38)

욥은 자기의 밭이 자기를 항히여 부르짖고 밭이랑이 함께 울었디면 밀 대신에 가시나무가 나는 것이 마땅하다고 했다(욥 31:38, 40). 이것은 그의 밭을 남용하지 않았다는 것이다(Hartley 1988, 422). 욥은 자연을 착취하여 무자비하게 개발하거나 경작하여 자신의 이익의 도구로 삼지 않았다. 만약에 밭을 남용했다면 그 밭에서 밀이 아니라 가시나무가 나는 것이 마땅하다고 했다. 하나님을 경외하는 사람들은 자연이나 환경을 함부로 사용하여 고통스럽게 하지 않는다. 이 점에 대해 바울은 "피조물의 고대하는 바는 하나님의 아들들이 나타나는 것이라"(롬 8:19)라고 했다. 그리스도 안에서 구속받은 하나님의 아들들은 자연과 환경을 함부로 대하지 않고 잘 관리하고 돌보아야 한다.

m. 남의 것을 도적질하지 않았다(욥 31:39-40)

욥은 정당한 값을 내지 않고 그 소출을 먹고 그 소유주의 생명을 잃게 하였다면 밀 대신에 가시나무가 나고 보리 대신에 독보리가 나는 것이 마땅하다고 했다(욥 31:39-40). 욥이 이렇게 말한 것은 남의 것을 도적질하거나 폭력으로 빼앗아 그의 삶을 영위하지 않았다는 것이다.

욥은 자신이 어떤 죄도 범하지 않았음을 맹세했다. 특히 그는 "누구든지 나의 변명을 들어다오 나의 서명이 여기 있으니 전능자가 내게 대답하시기를 바라노라 나를 고발하는 자가 있다면 그에게 고소장을 쓰게 하라"(욥 31:35)라고 했다. 욥은 전능자 하나님이 대답해 주시기를 간절히 열망했다. 욥은 앞서 언급한 13가지 죄를 범하지 않았으며 만약에 그러한 죄를 범했으면 저주를 받겠다고 맹세했다. 욥은 이러한 맹세를 하고 대담하게도 여기에 서명하여 소송장을 제출하고 자기를 고발하는 자가 있으면 그도 고소장을 써서 제출하라고 했다. 욥은 전능자 하나님이 자기의 문제에 답을 주시기를 원한다.

(2) 엘리후의 담론(욥 32:1-37:24)

이 문단은 엘리후의 담론이다. 이 담론은 욥이 자신은 죄가 없다고 주장하다가 자신이 하나님보다 의롭다고 주장한 것에 대한 엘리후의 반론과 엘리후가 욥의 친구들이 그들의 관점에 따라 욥을 정죄하는 것을 듣고 그들을 책망하는 내용이다. 저자는 엘리후가 언제부터 욥과 그의 친구들의 대화에 끼어들었는지 설명하지 않는다. 엘리후에 대해서는 이 책의 서막인 욥기 1–2장과 세 친구의 변론에서도 전혀 언급이 없다. 그래서 파이퍼(Pfeiffer 1948, 673)는 엘리후의 담론을 후대에 삽입한 것이라고 했다. 하지만 저자가 엘리후를 서막에 소개하지 않았지만 그는 처음부터 그 자리에 있었다. 그가 욥과 세 친구의 대화를 다 듣고 이 담론을 말하기 때문이다. 욥의 세 친구는 욥의 고난을 인과응보의 논리에 따라 죄의 결과로 해석했다. 학자들은 엘리후 역시 이 논리에서 크게 벗어나지 않은 것으로 이해했다. 그중에 롱맨(2005, 117)은 욥기 34:11에 "사람의 행위를 따라 갚으사 각각 그의 행위대로 받게 하시나니"라는 말씀을 인용하여 세 친구가 제시했던 인과응보의 논리와 같은 것으로 이해했다. 얼핏 읽으면 엘리후의 담론이 세 친구의 담론과 다르지 않은 것처럼 보인다. 그러나 엘리후의 담론을 자세히 읽으면 욥의 세 친구와 결정적으로 다른 부분이 있다. 욥기 32:14에 엘리후가 세 친구와 대화하면서 "그가 내게 자기 이론을 제기하지 아니하였으니 나도 당신들의 이론으로 그에게 대답하지 아니하리라"라고 했다. 이 말은 세 친구가 말한 인과응보의 논리로 설명하지 않겠다는 것이다.

그러면 엘리후가 욥의 세 친구와 다르게 말하는 논리는 무엇인가? 욥은 그의 친구들과 대화하면서 그들의 말대로 죄를 지었기 때문에 고통받는 것이 아니라고 주장하다가 하나님을 불의한 분이라고 했다(욥 33:8–12). 엘리후가 지적한 것은 욥이 죄가 없음을 주장하다가 하나님을 불의한 자로 본다는 욥의 태도이다. 후에 하나님도 욥의 말이 잘못되었음을 엘리후와 같이 "네가 내 공의를 부인하려느냐 네 의를 세우려고 나를 악하다 하겠느냐"(욥 40:8)라고 말씀하셨다. 엘리후의 논리는 욥의 세 친구처럼 욥이 죄 때문에 고통을 받는다고 정죄하지는 않는다. 주크(Zuck 1978, 141)는 엘리후의 논지를 세 친구와 비교하며 다음과 같이 정리했다.

세 명의 위로자는 욥이 죄를 지었기 때문에 고통한다고 주장했지만 엘리후는 그가 고통한 것 때문에 죄를 지었다고 설명했다! 그의 고통은 하나님 앞에서 교만한 행동을 하게 했을 뿐만 아니라 하나님의 방법에 의문을 가지게 했다. 세 명의 위로자가 내린 진단은 욥의 고난이 과거에 지은 죄와 연관되어 있다는 것이지만 반면에 엘리후의 진단은 현재 고통을 대하는 욥의 태도에 죄가 있다는 것이다.

엘리후의 담론은 욥과 그의 친구들과의 대화와 하나님의 담론 사이에 위치하여 서로를 연결하는 다리 역할을 한다. 엘리후의 담론은 욥이 죄 때문에 고통을 받는 것이 아니라 고통을 받을 때 하나님의 은혜로운 통치와 섭리를 불의한 것으로 돌리는 죄를 지적하고, 고통을 받아들이는 태도를 지적하는데 그 중요성이 있다. 욥이 죄 때문에 고통을 당하는 것은 아니라 할지라도 그 고통을 대하는 태도에서 죄를 범하고 있다는 것이다. 바로 이 점이 세 친구와 결정적으로 다른 점이다.

① 서론(욥 32:1-5)

이 문단에서 저자는 서막에서 소개되지 않았던 한 사람 엘리후를 소개한다. 저자는 엘리후를 '람 종족 부스 사람 바라겔의 아들'이라고 소개한다(욥 32:2). 그의 소개는 이 책에 나오는 세 친구보다 더 길다. 그의 아버지 바라겔은 람 종족 부스 사람이다. 람은 종족의 이름이고 부스는 지파의 이름이다. '엘리후'(אֱלִיהוּא)라는 이름의 뜻은 '그는 나의 하나님이다'라는 뜻이고, 그의 아버지 '바라겔'(בַּרַכְאֵל)은 '하나님이 복 주셨다'라는 뜻이다. 엘리후라는 이름과 그의 계보를 볼 때 엘리후는 참되신 하나님을 신실하게 섬기는 아브라함의친족으로 볼 수도 있다.[49] 이 책에서 엘리후의 이름과 그의 기능으로 보아 하나님 앞에 보냄을 받은 자로서 그는 하나님의 영광을 옹호할 것이고, 하나님은 은혜롭고 공의롭게 그의 백성을 훈련하시며 가르치시는 분임을 보여줄 것이다. 그의 담론은 여호와께서 욥에게 나타나심을 준비하는 역할을 한다(Hartley 1988, 429).

욥이 자신을 의인으로 여기므로 세 친구가 말하기를 그쳤다(욥 32:1). 욥과 그의 친구들의 대화를 다 들은 엘리후는 화를 내었다(욥 32:2, 3, 5). 욥에게 화를 냄은 하나님보다 자기가 의롭다 함이고, 또한 세 친구에게 화를 냄은 그들이 능히

---

49 '람'(רָם)은 유다 자손 헤스론의 아들로 나온다(룻 4:9; 대상 2:9-10, 25, 27). 하지만 엘리후가 이 람의 후손으로 보기에는 시대적으로 맞지 않다.

대답을 하지 못함에도 욥을 정죄하였기 때문이다(욥 32:2, 3).

② 첫 번째 담론(욥 32:6-33:33)

이 문단은 엘리후의 첫 번째 담론으로 엘리후가 이 대화에 개입하게 된 이유를 설명한 후에 하나님이 고통을 사용하시는 이유를 설명한다.

a. 엘리후가 대화에 개입한 이유(욥 32:6-22)

엘리후의 첫 번째 담론은 욥기 33:1부터 시작한다. 그는 욥의 고난 문제를 말하기 전에 이 대화에 개입하게 된 이유를 먼저 밝힌다. 그는 욥과 그의 친구들보다 나이가 어리다. 그래서 나이가 많고 연륜이 많은 자가 지혜를 가르치는 것이 좋다고 생각했다(욥 32:6-7). 그러나 그는 사람의 속에는 영이 있고 전능자의 숨결이 깨달음을 주시기 때문에 어른이라고 다 지혜로운 것이 아니기에 자신의 의견을 말할 수 있다고 했다(욥 32:7-9). 그는 욥이 자기의 의견에 대해 말하지 않았기에 친구들이 사용한 동일한 이론으로 대답하지 않고 다른 논리로 말하겠다고 했다(욥 32:14). 그러면서 엘리후는 친구들이 욥의 말에 놀라 아무 말도 하지 못하기에 자기의 대답을 보이겠다고 했다. 이에 대해 그는 그의 속에 있는 영이 말하도록 압박하기 때문이라고 했다(욥 32:15-18). 이 상태를 비유적인 표현으로 마치 포도주 통 같고 터지게 된 새 가죽 부대 같다고 했다(욥 32:19). 그는 말을 할 것이지만 사람의 낯을 보지 않고 사람에게 영광을 돌리지 않겠다고 했다(욥 32:21-22). 이것은 그가 사람을 보지 않고 하나님 앞에서 헌신하는 자세로 자신의 견해를 설명하겠다는 뜻이다.

b. 고통을 주시는 이유(욥 33:1-33)

엘리후의 담론은 욥이 들도록 도전하며 시작한다. 그는 욥에게 자신이 정직하게 말한다고 하면서 흙으로 지음을 받은 자가 그의 위엄과 권위로 말할 수 없음을 밝힌다(욥 33:1-7). 그가 이렇게 말한 것은 자신의 권위로 말하는 것이 아니기에 욥이 듣고 대답할 수 있으면 하라는 도전이다.

그러면서 엘리후는 욥이 그의 친구들과 대화한 말을 듣고 그 말 가운데 핵심을 인용하여 욥의 죄를 욥기 33:8-11에서 지적하며 설명한다.

그대는 실로 내가 듣는 데서 말하였고 나는 그대의 말소리를 들었느니라

이르기를 나는 깨끗하여 악인이 아니며 순진하고 불의도 없거늘 참으로 하

나님이 나에게서 잘못을 찾으시며 나를 자기의 원수로 여기사 내 발을 차

꼬에 채우시고 나의 모든 길을 감시하신다 하였느니라.

이로 볼 때 엘리후가 욥과 그의 친구들과의 대화를 자세하게 들었다는 것을 알 수 있다. 특히 엘리후는 욥이 한 말을 조목조목 지적한다. 예를 들어 위의 말씀에서 "나는 깨끗하여 악인이 아니며 순전하고 불의도 없거늘"은 욥기 10:7과 9:30과 13:23에서 욥이 한 말이고, "하나님이 나에게서 잘못을 찾으시며 나를 자기의 원수로 여기사"는 욥기 13:24에서, "내 발을 차꼬에 채우시고"는 욥기 13:27에서, "나의 모든 길을 감시하신다"는 욥기 14:16에서 한 말이다. 이것은 욥의 세 친구가 욥이 죄를 지어 고난받는다고 했을 때 욥이 한 말이다. 그래서 엘리후는 욥에게 의롭지 못하다고 하며 그 이유를 하나님은 사람보다 크시기 때문이라고 했다(욥 33:12). 그는 욥과 그의 친구들과 하나님의 차이를 보게 하여 사람의 제한된 이성적 능력으로 하나님의 섭리를 다 알지 못한다고 말하는 것이다. 그래서 엘리후는 욥이 하나님께 대해 불평한 것이 왜 잘못되었는지 보여주어 욥이 참된 하나님에 대한 분명한 그림을 가지도록 하나님의 방법을 옹호할 것임을 말한다(Hartley 1988, 442).

엘리후는 욥에게 하나님께서 사람의 말에 대답하지 않으신다 하여 하나님과 논쟁하는 것은 타당하지 않다고 말했다(욥 33:13). 그리고 "한 번 말씀하시고 다시 말씀하시되 사람은 관심이 없도다"(욥 33:14)라고 했다. 이것은 하나님이 계속 말씀하셨음에도 사람이 관심을 기울이지 않았다는 뜻이다.[50] 하나님은 어떤 방식으로 말씀하셨는가? 엘리후는 여러 가지로 말씀하심을 설명한다. 하나님은 꿈이나 환상으로 사람의 귀를 열어 그의 행실을 버리게 하시고 교만을 막아 멸망치 않게 하신다(욥 33:15-18). 또는 병상의 고통이나 뼈가 늘 쑤셔오는 징계를 주어 그의 몸으로 음식을 받지 않게 하여 멸망하게 하신다(욥 33:19-22). 그러나 하

---

[50] 이 말씀의 원문을 "하나님은 한 번 말씀하시고 두 번 말씀하셨다 …"라고 번역해야 한다. 이러한 연속적인 숫자(x, x+1)는 문학적 장치의 하나로 많은 수를 나타낸다(Roth 1962, 301, 311). 그래서 이 말씀은 하나님께서 계속 말씀하셨다는 뜻이다.

나님은 일천 천사 가운데 하나를 그 사람의 중보자로 세워 그를 고통에서 건져 하나님께 돌아오는 올바른 방법을 보여주셨다. 그리고 하나님이 그를 불쌍히 여겨 "그를 건져서 구덩이에 내려가지 않게 하라 내가 대속물을 얻었다"라고 하실 것이다(욥 33:23-24). 여기서 하나님이 세우신 일천 천사들 가운데 하나는 누구를 말하는가? 이에 대해 학자들은 언약에 신실한 사람으로 보기도 하고, 고통하는 자의 양심으로, 천군 천사 가운데 한 사람으로, 욥기 16:19에 언급한 하늘에 계신 중보자, 여호와의 천사, 감추어진 그리스도 등으로 보았다(Hartley 1988, 446). 하나님은 그 사람을 불쌍히 여겨 구덩이에 내려가지 않게 하라고 하시고 그 사람의 죄를 대신하는 대속물을 얻었다고 하셨다. 여기서 대속물이 무엇을 의미하는지 설명하지 않는다.

그러나 하나님이 중보자를 통해 대속물을 제공함으로 고통받는 자의 살을 회복하여 청년보다 부드러워지게 할 것이다(욥 33:25). 그래서 회복된 사람은 하나님께 기도하므로 하나님이 그에게 은혜를 베풀어 하나님의 얼굴을 보게 하시고 하나님의 의를 회복시키신다(욥 33:26). 고난받는 자는 이를 통해 자신이 죄를 범했다는 사실을 인식하고 적극적으로 하나님이 그를 사망에서 구속해 주시고 건강을 회복해 주신 일을 증거한다(욥 33:27-28).

엘리후는 하나님이 이 일을 '반복하여'[51] 행하시는 것은 사람들의 영혼을 구덩이에서 이끌어 생명의 빛을 비추려 함이라고 했다(욥 33:29-30). 엘리후는 이 말을 한 다음에 욥에게 바르게 응답하도록 요청했다(욥 33:31-33).

엘리후가 이렇게 말하는 것은 하나님이 침묵하시는 것이 아니라 꿈과 고통과 예상치 못한 방법으로 말씀하시기에 욥이 그의 불행을 통해 하나님이 말씀하시는 것을 듣기를 희망하기 때문이다. 그리고 하나님께 불평하기보다는 그를 향한 하나님의 은혜로운 방법에 초점을 맞추어 돌아오기를 원하기 때문이다(Hartley 1988, 449). 그러나 욥은 엘리후의 말에 아무런 반응을 보이지 않고 침묵했다.

엘리후는 하나님께 불평하는 욥의 말을 주목하여 하나님이 침묵하시는 것이

---

[51] 욥기 33:29이 '재삼'이라고 번역한 단어는 '파아마임 샤로쉬'(שָׁלוֹשׁ פַּעֲמַיִם)로 이 뜻은 문자적으로 '두 번 세 번'인데 NIV는 twice, even three times라고 번역한 것처럼 '두세 번'으로 번역해야 한다. 이것은 연속적인 숫자(x, x+1)로 된 문학적 장치의 하나로 많은 수를 나타낸다(Roth 1962, 301, 311). 그래서 이 말씀은 하나님께서 반복하여 이러한 일을 행하셨다는 뜻이다.

아니라 다양한 방식으로 말씀하시고 구속의 길을 열어주시는 분이심을 설명한다. 그러나 욥은 아무런 응답이 없다. 여전히 그에게 살능이 있기 때문이나. 이 때 어떻게 할 것인가? 아우구스티누스(1992, I-8)가 말한 것은 의미가 있다.

> 똑같은 고난을 당할 때 선인들은 기도하고 찬양하는 반면에 악인들은 하나님을 증오하며 모독한다. 이로 보아 우리는 고난당하는 자의 본성이 중요하지, 고난의 본성이 문제가 되는 것이 아님을 알 수가 있다. 구정물 통을 흔들어 보라. 그러면 더러운 악취가 풍길 것이다. 이제 향료를 흔들어 보라 똑같은 동작이지만 이때에는 향기로운 내음이 솟아오를 것이다.

③ 두 번째 담론(욥 34:1-37)

엘리후의 두 번째 담론은 악한 자들이 번영하고 의인들이 고통하는 데도 하나님은 악한 자들을 심판하지 않으신다고 불평하는 욥에게 하나님의 의로운 통치를 옹호하며, 욥이 불평을 그치고 복종하기를 원하는 내용을 담고 있다.

a. 엘리후가 반박하려는 욥의 말(욥 34:1-9)

엘리후는 입이 음식물의 맛을 분별함같이 귀가 말을 분별한다고 하며 우리가 정의를 가려내자고 도전한다(욥 34:1-4). 그는 욥이 자기는 의로운데도 하나님이 부인하셨고, 자기는 정당함에도 거짓말쟁이가 되었고, 허물이 없으나 화살로 상처를 입었다고 말한 것을 지적하였다(욥 34:5-6). 그러면서 그는 욥이 비방하기를 물 마시듯 하며 악한 일을 악한 자들과 한패가 되어 악인과 함께 다니면서 "사람이 하나님을 기쁘시게 하여도 무익하다"[52]라고 말했다고 했다(욥 34:9). 욥이 고난으로 말미암아 하나님이 정의를 행하시지 않는다고 불평하면서 한 진지한 질문에 대해 대해 엘리후는 불행하게도 부정적인 의미로만 생각했다(Hartley 1988, 452).

---

[52] 개역개정판은 욥기 34:9을 "이르기를 사람이 하나님을 기뻐하나 무익하다 하는구나"라고 번역했지만 원문의 의미를 잘 살리지 못했다. 이 절에 대해 표준새번역이 의미를 더 잘 번역했다. "사람이 하나님을 기쁘게 해드린다 해도, 덕볼 것은 하나도 없다!' 하고 말합니다."

b. 하나님의 성품(욥 34:10-15)

엘리후는 '너희 총명한 자들아'(욥 34:10)라고 부르며 하나님의 성품을 언급함으로 하나님이 공의로우신 분임을 옹호한다. 전능자 하나님은 악과 불의를 행하시지 않는 분이기 때문에 악을 행하시거나 정의를 왜곡시키는 일은 하나님의 성품과 반대된다(욥기 34:10, 12). 그래서 엘리후는 하나님의 의로우신 통치를 논증하는 수단으로 하나님의 성품을 자세히 설명함으로 그의 논지를 발전시킨다(Zuck 1978, 150). 엘리후가 밝히는 하나님의 성품은 다음과 같다.

- 하나님은 행위에 따라 갚는 분이시다(욥 34:11)
- 전능자는 공의를 왜곡시키지 않으신다(욥 34:12)
- 온 세상을 통치하시는 하나님은 그의 뜻대로 사람의 영과 생명을 거두는 분이시다(욥 34:13-15)

c. 하나님의 의로우신 통치(욥 34:16-30)

엘리후는 앞의 단락(욥 34:10-15)에서 '너희 총명한 자들아'라고 부르며 친구들을 포함하여 말했다면 이 단락에서는 '네가 총명이 있거든'(욥 34:16)이라고 말하며 욥 개인에게 하나님의 성품을 적용하여 말한다.

엘리후는 욥에게 수사적인 질문으로 하나님이 정의를 미워하시는 분이 아니라면 어찌 욥을 다스릴 수 있으며, 전능하신 이를 어떻게 정죄할 수 있겠느냐고 했다(욥 34:16-17). 하나님은 왕이나 고관이나 가난한 자나 부자나 다 외모로 대하시지 않는다. 이는 하나님이 그들을 지으셨기 때문이다(욥 34:18-19). 하나님은 그들을 한 밤중에 순식간에 죽이실 수도 있고 권세있는 자도 사람의 손을 빌리지 않고 제거하실 수 있다(욥 34:20). 엘리후는 이 하나님의 통치행위를 구체적으로 설명한다.

- 하나님은 인간의 행동을 다 감찰하시는 분이기에 그 앞에서 행악자들이 숨을 곳이 없다(욥 34:21-22).
- 하나님은 세력 있는 자를 조사할 것도 없이 그들의 행위를 아시고 밤 사이에 심판하신다(욥 34:23-25).

• 하나님은 악한 자를 사람의 눈 앞에서 공적으로 치시기도 한다. 이는 그들이 하나님을 떠나고 그의 모든 길을 알지 못하여 기난한 자들과 빈궁한 자들을 압제함으로 그들의 부르짖음이 상달하였기 때문이다(욥 34:26–28).

엘리후는 하나님의 통치행위를 설명한 뒤에 주께서 침묵하신다고 하여서 누가 하나님을 정죄할 수 있고, 하나님이 얼굴을 감추실 때 누가 감히 하나님을 나타나게 할 수 있느냐고 했다(욥 34:29). 엘리후가 이렇게 말한 것은 하나님이 침묵하시는 것처럼 보일 때도 그것은 하나님의 주권에 속한 문제이기 때문에 인간이 정죄하고 판단해서는 안 된다는 것이다.

d. 회개의 요청과 판결(욥 34:31-37)

이 단락에서 엘리후는 욥에게 하나님의 성품과 하나님의 의로우신 통치행위를 적용하여 회개하기를 요청했다. 그는 욥에게 "내가 죄를 지었사오니 다시는 범죄하지 아니하겠나이다 내가 깨닫지 못하는 것을 내게 가르치소서 내가 악을 행하였으나 다시는 아니하겠나이다"(욥 34:31–32)라고 회개했는지 질문했다. 그러면서 "그대가 하나님께 회개하기를 거절할 때 그대가 말한 대로 대가를 치를 수 있습니까? 그렇다면 그대가 선택하십시오. 그 문제는 내가 알 바 아닙니다"(욥 33:33)라고 말했다.[53] 그러나 욥은 이 권고를 거절했다. 왜냐하면 엘리후가 통렬하게 욥을 비난하고 있기 때문이다(Hartley 1988, 461). 엘리후는 슬기로운 자들을 부르며 욥을 악인과 같다고 하며 하나님을 거역하는 말을 한다고 했다(욥 34:34-37). 엘리후는 욥의 고난을 과거에 지은 죄 때문이라고 보지 않았다. 그러나 욥이 하나님을 대하는 태도에 잘못이 있다고 비난했다. 이 점에서 욥의 친구들이 욥이 고통하는 것은 그가 범한 죄를 감춘 데 있다고 본 것과는 다르다.

---

[53] 개역개정판의 욥기 34:33은 "하나님께서 그대가 거절한다고 하여 그대의 뜻대로 속전을 치르시겠느냐 그러면 그대가 스스로 택할 것이요 내가 할 것이 아니니 그대는 아는 대로 말하라"라고 했지만 의미가 모호하다. 하트리(Hartley 1988, 460)도 이 절의 온전한 의미를 알기 어렵다고 했다. 그래서 문맥의 흐름에 따라 설명했다.

④ 세 번째 담론(욥 35:1-16)

이 문단은 엘리후의 세 번째 담론으로 욥이 자신의 무죄에 대해 하나님이 보상해 주시지 않았다는 불평에 대해 엘리후가 하나님의 주권을 옹호하는 내용을 담고 있다. 여기 엘리후의 방법론은 다른 담론과 유사하다. 이 문단은 엘리후가 욥의 말을 인용하고(욥 35:2-3) 욥을 반박하는 구조로 되어 있다(욥 35:4-16).

a. 욥의 말을 인용함(욥 35:1-3)

엘리후는 욥이 죄가 없다고 말한 것에 주목했다(욥 6:28-30; 9:20; 13:18; 16:17; 23:7, 10-12; 31:1-40). 또한 욥이 하나님이 그에 대해 정당하지 않게 행동하신다고 불평한 말에 주목했다(욥 9:22-24; 10:5-7; 13:23; 16:7-14; 19:7-12). 엘리후는 지금 욥의 태도에 대해 말한다. 그는 욥에게 "내가 하나님보다 더 의롭다"(욥 35:2)[54] 라고 말한 것에 대해 합당하게 여기느냐고 질문했다. 욥이 정확하게 이 말을 했다고 볼 수 없다. 그래도 욥이 강력하게 자신의 무죄를 옹호하기도 하고, 하나님이 그를 부당하게 대한다고 비난했기에 마치 하나님의 의를 능가하는 의를 가진 것처럼 비쳤을 수도 있다. 엘리후의 불합리한 수사적 질문에 대해 욥은 당연히 '아니오'라고 말했을 것이다. 어떤 인간도 하나님보다 더 의로울 수는 없기 때문이다(Hartley 1988, 463).

다음으로 엘리후는 욥이 하나님 앞에서 범죄하지 않는 것이 무슨 유익이 있겠느냐고 말한 부분을 인용했다(욥 35:3). 욥은 하나님을 섬기는 일의 의미에 대해 의문을 가졌다. 왜냐하면 그는 악인처럼 고통을 받았기 때문이다. 욥은 하나님의 법을 순종하는 일에는 어떤 보상이 있어야 한다고 믿었다. 그러나 그의 고난은 그의 믿음에 의문을 가지게 만들었다(Hartley 1988, 463).[55]

---

54 욥기 35:2을 개역개정판은 "그대는 그대의 의가 하나님께로부터 왔다"라고 한 말씀의 원문은 '칫키 메이엘'(צִדְקִי מֵאֵל)이다. 개역개정판의 번역도 가능하지만 의미가 모호하다. 문자적으로 '나의 의는 하나님보다'라고 할 수도 있으나 하트리(Hartley 1988, 463)가 번역한 것처럼 '나는 하나님보다 더 의롭다'라고 하는 것이 더 좋은 것 같다.

55 예를 들면 욥기 9:22에 욥은 "일이 다 같은 것이라 그러므로 나는 말하기를 하나님이 온전한 자나 악한 자나 멸망시키신다 하나니"라고 말했다.

b. 욥의 말에 대한 반박(욥 35:4-16)

엘리후는 욥에게 하늘의 뜬구름을 보라고 하면서 그것이 아무런 영향을 미치지 못하는 것처럼 악행이나 의로운 행동이 하나님께 아무런 영향을 미치지 못한다고 했다. 그리고 욥의 악도 어떤 사람에게나 있고, 욥의 공의가 어떤 인생에게도 있다고 했다(욥 35:5-8). 엘리후의 말은 사람의 행동이 하나님께 영향을 미치지 못한다는 것이다. 이것이 얼마나 위험한 일인지 앤더슨(Andersen 1974, 256)이 잘 지적했다.

> 엘리후는 하나님은 인간의 악한 행동이나 의로운 행동에 영향을 받지 않으신다고 말함으로 자신을 구석으로 몰아가고 있다. 만일 그가 하나님의 본질적인 의가 완전하다거나, 인간의 선에 의해 증가될 수 없다거나, 인간의 악에 의해 감소되지 않는다고 말한다면 그 생각은 매우 추상적이거나 회피하는 것이다. 만일 그것이 하나님이 어떤 방식이든 인간의 행실에 관심을 가질 수 없음을 의미하는 것이라면 그가 욥기 35:6-7에서 말한 견해를 반복하는 것이며 스스로 전체 주장을 손상시키는 것이다. 사실상 그는 의가 하나님께 아무것도 아님을 말하는 것이다. 공평함으로 시작해서 무관심으로 끝을 맺고 있다.

엘리후는 다음으로 무죄한 자들이 압제자들의 학대에 대해 부르짖는 문제를 거론한다. 이는 욥이 상한 자가 부르짖어도 하나님은 돌보시지 않는다고 불평했기 때문이다(참조. 욥 24:12; 24:1-17). 이에 대해 엘리후는 하나님이 이 부르짖음에 응답하지 않는 이유를 몇 가지로 설명했다. 이 부분은 개역개정판보다 표준새번역이 원문의 의미를 비교적 잘 전달했기에 소개한다.

> 그들을 창조하신 하나님께로 돌아가지 않습니다. 어두운 때에도, 희망을 주시는 그 창조주 하나님께로 돌아가지 않습니다. 하나님이 우리에게 짐승이나 새가 가진 지혜보다 더 나은 지혜를 주시는데도 하나님께로 돌아가지 않습니다. 그들이 거만하고 악하므로, 하나님께 "도와주십시오" 하고 부르짖어도, 하나님은 들은 체도 않으십니다. 전능하신 하나님은 악한 자들을

보지도 않으시고, 그들의 호소를 들어 주지도 않으시므로, 그 악한 자들의
울부짖음에는 아무런 힘이 없습니다. 욥 어른은 하나님을 볼 수 없다고 말
씀하셨습니다. 그러나 참고 기다리십시오. 어른께서 걸어 놓은 소송장이
하나님 앞에 놓여 있습니다(욥 35:10-14 표준새번역).

엘리후는 사람들이 부르짖어도 응답받지 못하는 이유를 네 가지로 설명했다.
첫째, 그들을 창조하시고 짐승이나 새보다 더 나은 지혜를 주신 하나님께 돌아
가지 않기 때문이다(욥 35:10-11). 둘째, 거만하고 악하기 때문이다(욥 35:12). 셋
째, 헛된 것을 구하기 때문이다(욥 35:13).[56] 넷째, 믿음 없이 하나님을 볼 수 없다
고 말하기 때문이다. 특히 이 넷째는 엘리후가 욥 개인에게 적용하여 판단은 하
나님 앞에 있기에 참고 기다리라고 했다(욥 35:14).

엘리후는 하나님이 의롭다는 진리를 옹호하기 위해 욥의 친구들이 그랬던 것
처럼 욥을 비난하고 정죄하고 있다. 다만 친구들처럼 문제의 본질이 욥이 은밀
하게 지은 죄 때문이라고 말하지는 않는다(Hartley 1988, 467).

⑤ 네 번째 담론(욥 36:1-37:24)

이 문단은 엘리후의 네 번째 담론이다. 이 담론에서 엘리후는 앞에서 다룬 세
개의 주제들 – 고난, 하나님의 공의, 하나님의 주권 – 을 다루지만 앞에서보다
는 다소 부드럽게 다룬다. 그의 사상의 심오함과 용어를 효과적으로 사용하는
기술은 앞서 사용한 화법보다 한 옥타브가 높다(Zuck 1978, 155-156). 이 담론은
지금까지의 어조(tone)와 다르게 인간을 공의롭게 다스리는 하나님의 공의와 자
연계의 여러 현상 가운데 나타난 창조주 하나님의 주권적인 능력과 지혜의 광대
함을 설명한다. 이 문단에는 네 번이나 하나님의 은혜와 능력을 주목해 보도록
지시하는 감탄사 '헤인'(הֵן)이 있다(욥 36:5, 22, 26, 30).[57] 엘리후의 네 번째 담론은
사람을 다루시는 하나님의 공의와 능력(욥 36:1-25)과 자연을 다루시는 하나님의
주권과 자비하심(욥 36:26-37:24)으로 구성되어 있다.

---

[56] 욥기 35:13은 개역개정판이 원문을 바르게 번역했다. "헛된 것은 하나님이 결코 듣지 아니하
시며 전능자가 돌아보지 아니하심이라."(אַךְ־שָׁוְא לֹא־יִשְׁמַע אֵל וְשַׁדַּי לֹא יְשׁוּרֶנָּה)
[57] 개역개정판에는 아쉽게도 '보라'라고 번역할 수 있는 '헤인'(הֵן)이 욥기 36:30에만 있다.

a. 사람을 다루시는 하나님의 공의와 능력(욥 36:1-25)

엘리후는 욥에게 인내하며 들어줄 것을 요청하고 '하나님을 위하여' 할 말이 있다고 하며 그의 담론을 시작한다(욥 36:1-2). 그가 전하려고 하는 말에 대해 "먼 데서 지식을 얻고 나를 지으신 이에게 의를 돌려보내리라"(욥 36:3)라고 했다. 여기서 '먼 데서 지식을 얻고'라는 말은 그의 말의 타당성을 보증하려는 지혜의 근원으로 하나님이 계신 곳에서 지식을 얻었다는 것이다.[58] 여기서 그가 이 말을 한 것은 욥기 32:18에서 말한 것처럼 그의 말이 영에 감동이 되었다는 것을 강조하는 것이다. 또한 엘리후는 여기서 그를 지으신 이인 하나님이 의롭게 행하신다는 것을 논증하려는 의도가 있음을 밝힌다(Hartley 1988, 468). 그리고 엘리후는 자신의 말이 거짓이 아니며 온전한 지식을 가진 자라고 허풍을 떤다(욥 36:4). 이 엘리후가 하나님의 공의와 능력을 다양하게 밝힌다.

엘리후는 주위를 환기시키며 주목하게 하는 감탄사 '보라'(헤인, הֵן)라고 하며 하나님이 어떤 분이신지 소개한다. 하나님은 능력이 있으시면서도 아무도 멸시하지 않으신다(욥 36:5). 여기서 '아무도 멸시하지 않으신다'라는 것은 자비하심이 있다는 것이다. 이 말을 더 분명하게 하기 위해 '그의 마음이 풍성하시다'라는 말을 덧붙인다.[59] 그는 악한 자를 살려두지 않으시고 고난받는 자에게 공의를 베푸신다(욥 36:6). 이 말은 욥이 수사적 질문으로 "어찌하여 악인이 생존하고 장수하며 세력이 강하냐"(욥 21:7)라고 한 말을 반박한 것이다. 하나님은 의인에게 그의 눈을 떼지 않으시고 그를 높여 왕과 같이 존귀하게 하신다(욥 36:7).

그러나 의인들이 환난의 줄에 얽혔으면 하나님은 그것을 통해 그들의 죄와 교만한 행위를 알게 하시고 그들의 귀를 열어 회개케 하신다(욥 36:8-10). 이때 그들은 순종하여 형통할 수도 있고, 순종하지 아니하여 지식 없이 죽을 수도 있다(욥 36:11-12). '지식 없이 죽을 수 있다'라는 것은 무엇을 의미하는 것일까? 그것은 그들이 그 문제를 통해서 배우는 것 없이 죽는다는 뜻이다(Zuck 1978, 157). 환난을 통해 어떤 지식을 배워야 하는가? 그것은 하나님이 죄를 깨닫게 하시고 귀

---

[58] 그의 지식의 범위를 보여주는 것으로 보기도 한다(Zuck 1978, 156).

[59] 욥기 36:5의 원문은 'הֶן־אֵל כַּבִּיר וְלֹא יִמְאָס כַּבִּיר כֹּחַ לֵב'이다. 개역개정판의 '지혜'라고 번역된 단어는 '마음'(לֵב)이다. 이러한 표현을 쓴 것은 외적인 힘만이 아니라 내적인 요소인 마음의 자비하심이 풍성함을 보여준다.

를 열어 회개케 하신다는 것이다(참조. 욥 36:8-10).

그러면 악인은 고통 중에 멸망하고, 의인은 고통 중에 구원을 받는데 무엇이 이 차이를 가져오는가? 마음이 경건하지 아니한 자들은 고난을 주시는 분이 하나님이라 가정하고 그들의 문제에 대해 분노하나 하나님께 도움을 구하지 않는다. 그래서 그들은 남창과 함께 부끄러운 삶을 살 뿐만 아니라 젊어서 죽을 수도 있다(욥 36:13-14). 그러나 의인은 고난을 당할 때 하나님이 귀를 열어주심으로 회개하고 구원을 받는다(욥 36:15). 그 차이는 회개다. 하나님이 고통을 사용하시는 목적은 사람을 고난을 통해 악에서 돌이켜 그들을 위해 예비한 복을 주시기 위함이다(Hartley 1988, 472).

이어서 엘리후는 고난과 하나님의 공의와 능력에 대한 이 관점을 욥에게 적용한다(욥 36:16-25). 엘리후에 따르면 하나님은 욥을 좁지 않고 넉넉한 곳으로 인도하여 그의 상에 기름진 것이 놓이기를 원하신다(욥 36:16). 은유적 표현으로 된 이 말은 하나님이 욥에게 고난을 주신 것은 그에게 넉넉한 곳, 곧 모든 고난에서 벗어나 자유롭고 풍성한 삶을 주시려는 자비하심이 배후에 있다는 뜻이다. 그러나 엘리후는 이제 욥에게 아쉽게도 악인이 받을 벌이 가득하고 하나님의 심판과 정의가 그를 붙잡고 있다고 생각한다(욥 36:17). 이 관점에서 볼 때 엘리후는 욥에게 일어난 일을 그가 감춘 허물에서 떠나 하나님께 인도하려는 하나님의 은혜로운 방법으로 보았다. 엘리후는 하나님이 욥의 경우에 공의롭게 행하셨다고 생각한다(Hartley 1988, 474). 그래서 엘리후는 욥에게 몇 가지 권고한다.

- 하나님이 고통을 주셨다고 분노하지 말라(욥 36:18a).
- 의로운 삶 이외에 고난을 대속하기 위한 값(속전)을 지불하려고 하지 말라(욥 36:18b).[60] 엘리후의 이 권고는 지금 욥이 모든 재산을 다 잃었고 몸이 병든 상태에서 가능하지 않다.
- 고난 가운데 부르짖거나 자신이 가진 능력으로 문제를 해결할 수 있다고

---

[60] 이 절의 의미를 명확하게 파악하기 어렵다. 개역개정판의 "많은 뇌물이 그대를 그릇된 길로 가게 할까 조심하라"라고 번역된 말씀을 표준새번역은 "속전을 많이 바친다고 하여 용서받는 것은 아닙니다"라고 번역했다. 이러한 번역 차이는 히브리어 '코페르'(כֹּפֶר)가 '뇌물'로도 가능하고, '속전'으로도 가능하기 때문이다.

생각하지 말라(욥 36:19). 엘리후는 욥에게 고난에 대한 경험이 없이 그리고 큰 노력도 없이 결코 구원을 빌건힐 수 없다는 깃을 확신시기려는 것 같다 (Hartley 1988, 474).

- 밤을 사모하지 말라(욥 36:20). 밤은 은유적 표현으로 죽음을 의미한다. 욥은 이미 여러 차례 죽기를 원했다(참조. 욥 7:21; 10:18–22; 17:13–16).
- 악으로 치우치지 말라(욥 36:21).

엘리후는 '보라'(원문은 ןֵה이 있음)라는 말로 주위를 환기시키며 욥이 하나님이 그의 삶을 연단하시는 것을 받아들이도록 격려하기 위해 하나님의 위대하심을 찬양한다(욥 36:22). 하나님은 그의 권능으로 높이 계시기 때문에 그같이 교훈을 베풀 자가 없기에 위대한 선생이시다. 아무도 하나님의 길을 정할 수 없기에 하나님은 주권자가 되신다. 그래서 아무도 주께서 불의를 행하셨다고 말할 수 없다(욥 36:22–23).

이러한 하나님을 찬양한 후에 엘리후는 욥에게 하나님이 하신 일을 기억하고 높이라고 권고한다. 하나님은 모든 인생이 찬양해야 할 분이시고 모든 사람이 멀리서도 알 수 있는 분이시기 때문이다(욥 36:24–25). 실제로 하나님은 모든 인류가 하나님을 알 수 있도록 자연을 통해 그가 하신 일을 계시하셨다. 그러면 엘리후의 이러한 권고는 욥에게 답이 될 수 있었는가? 그는 아무런 대답이 없다.

b. 자연을 다루시는 하나님의 주권과 자비하심(욥 36:26-37:24)

이 문단에서 엘리후는 '보라'(원문은 ןֵה이 있음)라는 말로 주위를 환기시키며 자연을 다루시는 하나님의 주권과 자비하심을 차례로 설명한다. 하나님의 높으심을 우리가 이해할 수 없고 그의 햇수를 헤아릴 수 없다(욥 36:26). 하나님의 높으심과 위대하심은 인간의 이해범위를 초월하고 하나님의 존재에 있어서 영원하시다는 것이다. 하나님은 안개와 비(욥 36:27–28), 구름과 우레를 주장하는 분이시다(욥 36:29).

엘리후는 '보라'(원문은 ןֵה이 있음)라는 말로 주위를 환기시키며 하나님을 설명한다(욥 36:30). 하나님은 번갯불을 자기 사면에 펼치시고 바다 밑까지 비치시며, 이런 것들을 사용하여 만민을 심판하시기도 하고 음식을 주시기도 하신다(욥

36:31). 특히 하나님은 비를 주심으로 인류를 돌보시기도 하지만 한편으로 기근으로 고통을 주시기도 한다. 하나님은 번갯불을 손바닥 안에 넣어 과녁을 치기도 하신다(욥 36:32).

엘리후는 이러한 하나님으로 말미암아 그의 마음이 떨었다고 하며 욥에게 그의 음성을 똑똑히 들으라고 권면했다(욥 37:1-2). 그리고 그는 앞에서 말한 하나님을 자세히 설명한다. 하나님은 주권적으로 그가 가지신 능력을 사용하여 심판하기도 하시고, 자비를 베풀기도 하시는 분이다. 그의 소리를 천하에 펼치고 번갯불을 땅 끝까지 이르게 하시고, 눈을 내리게 하시고 작은 비와 큰 비를 내리게 명하시는 분이다(욥 37:3-6). 특이한 것은 모든 사람의 손에 표를 주셔서 이러한 모든 일이 하나님이 하신 일임을 알게 하신다는 것이다(욥 37:7). 이러한 하나님의 섭리하심에 따라 짐승은 겨울에 그 처소에 머문다(욥 37:8). 추위와 얼음과 번개 등을 사용하시어 하나님의 목적에 따라 징계하기도 하시고, 땅의 작물을 자라게 하시고, 사람에게 긍휼을 베푸시는 수단으로 사용하시기도 한다(욥 37:9-13).

엘리후는 자연 세계를 다루시는 하나님의 주권과 능력과 자비하심을 설명한 다음 욥에게 그가 말한 하나님의 오묘한 일을 깨달으라고 했다(욥 37:14). 그러면서 욥에게 여러 수사적 질문을 던졌다.

- 번개로 번쩍거리는 것을 아느냐(욥 37:15)
- 겹겹이 쌓인 구름과 완전한 지식의 경이로움을 아느냐(욥 37:16)
- 남풍으로 말미암아 의복이 따뜻한 까닭을 아느냐(욥 37:17)
- 하나님을 도와 구름장을 두들겨 거울 같이 단단하게 할 수 있느냐(욥 37:18)

이러한 수사적 질문을 통해 기대하는 대답은 '아니오'다. 엘리후는 감히 하나님께 말할 수 없다고 했다. 누군가 하나님께 말한다면 그는 죽임을 당할 것이다(욥 37:20). 엘리후가 이렇게 말한 것은 욥이 죄를 지어 고난 당하는 것이 아님을 맹세하며 전능자가 대답하기를 원한다고 말한 것에 대한 대답이다(참조. 욥 31:35). 엘리후는 욥이 자신을 옹호하기 위해 고소장을 제출하여 논쟁하고자 시도하는 것은 결과적으로 멸망하는 길임을 말한다(Zuck 1978, 161).

엘리후는 비유적인 언어로 바람이 불어 하늘이 말끔하게 되면 그 밝은 빛을 아무노 볼 수 없고, 북쪽에서 황금 같은 빛이 나온다고 헀다(욥 37:21-22). 이젓온 하나님의 현현(theophany)을 상징적으로 보여준다(Hartley 1988, 484). 그런데 엘리후는 인간이 전능자를 발견할 수 없다고 하면서도 흥미로운 말을 했다. 그것은 "그는 권능이 지극히 크사 정의나 무한한 공의로 압박하지 않으신다"이다(욥 37:23).[61] 엘리후는 하나님을 하나님의 두 가지 속성, 곧 전능자로서 권능을 가지신 분이며, 동시에 정의와 무한한 공의를 가지신 분으로 설명했다. 이 하나님이 '압박하지 않으신다'라는 것은 그의 권능으로 정의를 압박하지 않으시는 자비로운 분임을 보여준다. 엘리후는 이 하나님을 설명한 후에 최종 결론으로 사람들은 하나님을 경외해야 한다고 말했다. 왜냐하면 하나님은 큰 권능을 가지신 분이시며 공의로운 분으로서 스스로 지혜롭다 하는 모든 자를 무시하시는 분이기 때문이다(욥 37:24). 욥은 이 능력의 하나님 앞에서 겸손해야 한다.

지금까지 살펴본 바와 같이 엘리후의 담론은 욥의 친구들과 다르다. 그들은 인간의 약함이나 죄악된 행위에 대한 직접적인 결과로 상황을 해석했다. 반면에 엘리후는 의인이 고통을 당할 수 있다는 점을 인정했다. 그는 하나님이 사람을 가르치기 위해 꿈과 같은 것을 사용하듯이 고통도 사용하신다는 것이다. 그래서 그는 욥이 고통 받는 것은 하나님이 가르치기 위한 수단이기도 하지만 이것을 받아들이는 욥의 태도에 더 문제가 있다고 보았다. 또한 그는 욥이 자신의 의로움을 말하려다가 하나님이 공의롭지 못하다고 불평한 점을 지적했다.

엘리후의 담론은 하나님이 말씀하시는 길을 예비했다. 그는 엘리바스와 빌닷과 소발이 언급한 면을 뛰어넘어 고통의 다양한 면들과 하나님의 속성을 강조했다 할지라도 욥의 상황에 대한 전체적인 통찰력을 보여주지는 못했다. 사실 그는 그런 완전한 통찰력을 가질 수 없다. 어떤 인간도 할 수 없다. 그러므로 하나님이 직접 말씀하시는 것이 필요했다(Zuck 1978, 162).

---

[61] 개역개정판 욥기 37:23에 나오는 '굽히지 않다'라는 단어의 원문은 '압박하지 않는다'(לֹא יְעַנֶּה) 라고 번역해야 한다. NIV는 '압제하지 않는다'라고 번역했고, NASB는 '폭력으로 하지 않을 것이다'라고 번역했다.

(3) 하나님의 담론(욥 38:1-41:34)

하나님이 욥에게 말씀하시는 내용은 욥기의 절정으로 두 개의 담론으로 되어 있다(욥 38:1-40:2; 40:6-41:34). 하나님의 담론은 일련의 수사적 질문으로 구성되어 있다.

① 서론(욥 38:1-3)

여호와께서 폭풍우 가운데 욥에게 말씀하셨다(욥 38:1). 이러한 하나님의 현현(theophany)을 어떻게 이해해야 하는가? '폭풍우'(써아라, סְעָרָה)는 폭풍우라기보다 하나님이 엘리야를 하늘로 올리실 때 사용한 회오리 바람이다(참조. 왕하 2:1, 11). 또한 하나님의 임재의 표현으로 사람을 치는 회오리 바람으로 묘사되기도 한다(참조. 렘 23:19; 30:23). 하나님이 회오리 바람 가운데 "무지한 말로 생각을 어둡게 한 자가 누구냐"라고 하시며 묻는 말에 대답하라고 하셨다(욥 38:2-3). 이것은 하나님께서 욥에게 인간이 얼마나 연약한 존재인지 알고 하나님을 경외케 하려는 것이다.

② 하나님의 첫 번째 담론(욥 38:4-40:2)

하나님의 첫 번째 담론은 수사적 질문형식으로 되어있다. 이 담론은 하나님이 왜 욥에게 이러한 일이 일어났는지 분명하게 설명해 주시지 않고 대우주에 대한 질문(욥 38:4-38)과 동물에 대한 질문(욥 38:39-40:2)으로 이루어져 있다.

a. 대우주에 대한 수사적 질문(욥 38:4-38)

이 문단은 하나님이 욥에게 대우주의 창조와 섭리에 관해 수사적 질문을 하신 내용을 담고 있다. 그 질문을 정리하면 다음과 같다.

- 내가 땅의 기초를 놓을 때에 네가 어디 있었느냐(욥 38:4)
- 누가 그것의 도량법을 정하였는지, 누가 그 줄을 그것의 위에 띄웠는지 네가 아느냐(욥 38:5)
- 그것의 주추는 무엇 위에 세웠으며 그 모퉁잇돌을 누가 놓았느냐(욥 38:6)

- 바다가 그 모태에서 터져 나올 때에 문으로 그것을 가둔 자가 누구냐(욥 38:8)

- 네가 너의 날에 아침에게 명령하였느냐 새벽에게 그 자리를 일러 주었느냐 (욥 38:12)

- 그것으로 땅 끝을 붙잡고 악한 자들을 그 땅에서 떨쳐 버린 일이 있었느냐 (욥 38:13)

- 네가 바다의 샘에 들어갔었느냐 깊은 물 밑으로 걸어 다녀 보았느냐(욥 38:16)

- 사망의 문이 네게 나타났느냐 사망의 그늘진 문을 네가 보았느냐(욥 38:17)

- 땅의 너비를 네가 측량할 수 있느냐(욥 38:18)

- 어느 것이 광명이 있는 곳으로 가는 길이냐 어느 것이 흑암이 있는 곳으로 가는 길이냐 너는 그의 지경으로 그를 데려갈 수 있느냐 그의 집으로 가는 길을 알고 있느냐(욥 38:19-20)

- 네가 눈 곳간에 들어갔었느냐 우박 창고를 보았느냐(욥 38:22)

- 광명이 어느 길로 뻗치며 동풍이 어느 길로 땅에 흩어지느냐(욥 38:24)

- 누가 홍수를 위하여 물길을 터 주었으며 우레와 번개 길을 내어 주었느냐 (욥 38:25)

- 누가 사람 없는 땅에, 사람 없는 광야에 비를 내리며, 황무하고 황폐한 토지를 흡족하게 하여 연한 풀이 돋아나게 하였느냐(욥 38:26-27)

- 비에게 아비가 있느냐 이슬방울은 누가 낳았느냐(욥 38:28)

- 얼음은 누구의 태에서 났느냐 공중의 서리는 누가 낳았느냐(욥 38:29)

- 네가 묘성을 매어 묶을 수 있으며 삼성의 띠를 풀 수 있겠느냐(욥 38:31)

- 너는 별자리들을 각각 제 때에 이끌어 낼 수 있으며 북두성을 다른 별들에게로 이끌어 갈 수 있겠느냐(욥 38:32)

- 네가 하늘의 궤도를 아느냐 하늘로 하여금 그 법칙을 땅에 베풀게 하겠느냐(욥 38:33)

- 네가 목소리를 구름에까지 높여 넘치는 물이 네게 덮이게 하겠느냐(욥 38:34)

- 네가 번개를 보내어 가게 하되 번개가 네게 우리가 여기 있나이다 하게 하

겠느냐(욥 38:35)

- 가슴 속의 지혜는 누가 준 것이냐 수탉에게 슬기를 준 자가 누구냐(욥 38:36)
- 누가 지혜로 구름의 수를 세겠느냐 누가 하늘의 물주머니를 기울이겠느냐 (욥 38:37)
- 티끌이 덩어리를 이루며 흙덩이가 서로 붙게 하겠느냐(욥 38:38)

b. 동물에 대한 수사적 질문(욥 38:39-40:2)

이 문단은 하나님이 욥에게 동물에 관해 수사적 질문을 하신 내용을 담고 있다. 그 질문을 정리하면 다음과 같다.

- 네가 사자를 위하여 먹이를 사냥하겠느냐 젊은 사자의 식욕을 채우겠느냐 (욥 38:39)
- 까마귀 새끼가 하나님을 향하여 부르짖으며 먹을 것이 없어서 허우적거릴 때에 그것을 위하여 먹이를 마련하는 이가 누구냐(욥 38:41)
- 산 염소가 새끼 치는 때를 네가 아느냐 암사슴이 새끼 낳는 것을 네가 본 적이 있느냐(욥 39:1)
- 누가 들나귀를 놓아 자유롭게 하였느냐 누가 빠른 나귀의 매인 것을 풀었느냐(욥 39:5)
- 들소가 어찌 기꺼이 너를 위하여 일하겠으며 네 외양간에 머물겠느냐(욥 39:9)
- 네가 능히 줄로 매어 들소가 이랑을 갈게 하겠느냐 그것이 어찌 골짜기에서 너를 따라 써레를 끌겠느냐 그것이 힘이 세다고 네가 그것을 의지하겠느냐 네 수고를 그것에게 맡기겠느냐 그것이 네 곡식을 집으로 실어 오며 네 타작마당에 곡식 모으기를 그것에게 의탁하겠느냐(욥 39:10-12)
- 타조는 즐거이 날개를 치나 학의 깃털과 날개 같겠느냐(욥 39:13)
- 말의 힘을 네가 주었느냐 그 목에 흩날리는 갈기를 네가 입혔느냐(욥 39:19)
- 매가 떠올라서 날개를 펼쳐 남쪽으로 향하는 것이 어찌 네 지혜로 말미암음이냐(욥 39:26)
- 독수리가 공중에 떠서 높은 곳에 보금자리를 만드는 것이 어찌 네 명령을

따름이냐(욥 39:27)

하나님은 욥에게 질문하신 후에 "트집 잡는 자가 전능자와 다투겠느냐 하나님을 탓하는 자는 대답할지니라"(욥 40:2)라고 말씀하셨다. 하나님의 이 질문에 대해 무엇이라고 대답할 수 있겠는가? 그의 대답은 "아닙니다! 저는 모릅니다"라고 할 것이다. 하나님이 욥에게 이 질문을 한 의도는 무엇인가? 그것은 하나님의 능력은 무한히 크시며, 그의 지혜는 끝이 없다는 것을 알게 하기 위함이다(베일 1995, 108). 그러면 욥이 전능하신 하나님의 질문에 하나님의 의도를 알았을까?

③ 욥의 대답(욥 40:3-5)

하나님의 질문에 대해 욥은 무엇이라고 대답했는가? 그는 "보소서 나는 비천하오니 무엇이라 주께 대답하리이까? 손으로 내 입을 가릴 뿐이로소이다"(욥 40:4)라고 대답하며 다시는 대답하지 않겠다고 했다(욥 40:5). 하나님은 욥의 대답을 듣고 만족하셨는가? 하나님이 두 번째 임재하여 말씀하신 것을 볼 때 만족하지 않으셨던 것처럼 보인다. 월턴(Walton 2012, 405)은 하나님은 욥이 자기가 얼마나 어리석은지 이해하지 못했기에 두 번째 단계의 담론으로 나아가셨다고 보았다. 베일(1995, 109) 역시 하나님이 욥의 침묵에 만족하지 않으신 것으로 보았다. 하나님이 두 번째 담론으로 나아가신 것은 욥이 체념하며 하나님의 뜻에 복종하는 것이 아니라 그의 마음 한 구석에 있는 의혹이 사라져 불행 가운데서도 온전히 순종하기를 원하셨기 때문이라고 보았다.

④ 하나님의 두 번째 담론(욥 40:6-41:34)

이 문단은 하나님이 첫 번째 담론을 하실 때와 같이 동일한 방식으로 회오리 바람 가운데 욥에게 수사적 질문을 한 내용을 담고 있다(욥 40:6-7; 참조. 욥 38:1-3).

a. 공의에 대한 수사적 질문(욥 40:6-14)

이 문단은 여호와께서 욥의 비난하는 말에 대해 결함이 있음을 지적하는 내용이다. 욥은 자신이 고통당하는 일이 자신의 죄 때문이 아니라고 하나님을 거칠게 비난했다. 욥은 하나님이 공의로 행동하시지 않는다고 도전한 바가 있다. 이 배경에서 여호와께서 "네가 내 공의를 부인하려느냐 네 의를 세우려고 나를 악하다 하겠느냐"(욥 40:8)라고 하셨다. 그럼에도 불구하고 하나님과 그의 종 욥의 관계가 회복되어야 한다면 욥 자신이 의롭다고 말한 것에 대해 그의 태도가 바뀌어야 하고 세상을 통치하시는 하나님의 방식에 대해 불평한 것 역시 교정되어야 한다(Hartley 1988, 519). 그래서 하나님은 욥이 뛰어나지 못할 뿐만 아니라 하나님과 동등하지 못하다는 것을 증명하셨다(욥 40:9). 그는 하나님과 같은 능력이 있는 것도 아니고 하나님과 같은 소리를 낼 수 있는 것도 아니다.[62] 하나님은 이 말씀과 더불어 아이러니하게도 욥에게 '네가' 우주를 통치한다고 생각하고 하나님 역할을 하라고 도전하셨다(Zuck 1978, 176). 하나님은 욥에게 위엄과 존귀로 단장하며 영광과 영화로 옷 입으라고 하셨다(욥 40:10). 이것은 하나님의 자리에 서라는 것이다. 그 자리에 앉아서 교만한 자를 낮추고 악인을 짓밟으라고 하셨다(욥 40:11-12). 그리하면 너의 오른손이 너를 구원할 수 있다고 인정하겠다고 욥에게 말씀하셨다(욥 40:14). 이는 만약 욥이 하나님의 자리에 앉아 교만한 자를 멸하면 욥이 자기를 구원할 수 있는 자이며 그의 불평이 옳았음을 하나님이 인정하고 찬양할 것이라는 의미다.[63] 욥은 공의로 통치하지 않으신다고 불평한 일을 증명해야 한다. 이 여호와의 도전에는 강한 아이러니가 있다. 만약 욥이 이 모든 일을 할 수 있다면 욥은 하나님과 그를 변호해 줄 자가 필요하지 않고 그 스스로 자신의 오른손으로(자신의 힘으로) 구원할 수 있을 것이다(Hartley 1988, 521). 그리고 하나님은 베헤못과 리워야단을 언급하시며 이들을 제어할 수 있는지를 물으셨다(욥 40:15-41:34).

b. 베헤못에 대한 수사적 질문(욥 40:15-24)

이 문단은 베헤못에 대한 설명이다. '베헤못'(בְּהֵמוֹת)은 '짐승'을 의미하는 '버헤

---

62 개역개정판은 원문의 의미를 살려 "네가 하나님처럼 능력이 있느냐"라고 번역했지만 "네가 하나님 같은 팔이 있느냐"(וְאִם־זְרוֹעַ כָּאֵל)라고 해야 한다. 이 경우 '팔'은 환유로 힘을 의미한다. 이러한 표현은 시적인 느낌을 살리고 인간과 하나님과의 대조를 잘 보여준다.

63 개역개정판의 '인정하리라'라는 번역도 가능하나 원문은 '야다'(ידה)로 '찬양하다'라는 의미다 (참조. 창 29:35; 왕상 8:33).

이마'(בהמה)의 복수형으로 '거대한 짐승', '원시 동물'로 번역할 수 있다. 이 단어는 욥기 40장 이외에 어떤 곳에서도 특성한 동물을 표현하기 위해 사용되지 않는다. 그래서 베헤못을 실재의 동물과 동일시하여 하마나 코끼리나 물소 등으로 이해하기도 했다. 하지만 이 동물에 대한 묘사가 우리가 경험할 수 있는 실재 동물의 모양이나 생태와 일치하지 않는다. 그래서 베헤못을 우리가 경험할 수 있는 실재 동물로 보기도 하지만 창조세계 안에 있는 혼돈의 전형으로 신과 사람의 원수인 신화적인 동물로 보기도 한다(하경택 2018, 451). 베헤못에 대한 묘사는 다음과 같다.

> 이제 소 같이 풀을 먹는 베헤못을 볼지어다 내가 너를 지은 것 같이 그것도 지었느니라 그것의 힘은 허리에 있고 그 뚝심은 배의 힘줄에 있고 그것이 꼬리 치는 것은 백향목이 흔들리는 것 같고 그 넓적다리 힘줄은 서로 얽혀 있으며 그 뼈는 놋관 같고 그 뼈대는 쇠 막대기 같으니 그것은 하나님이 만드신 것 중에 으뜸이라 그것을 지으신 이가 자기의 칼을 가져 오기를 바라노라 모든 들 짐승들이 뛰노는 산은 그것을 위하여 먹이를 내느니라 그것이 연 잎 아래에나 갈대 그늘에서나 늪 속에 엎드리니 연 잎 그늘이 덮으며 시내 버들이 그를 감싸는도다(욥 40:15-22).

앳캔슨(Atkinson 1991, 151)도 실재 짐승에 대한 묘사이거나 신화에 나오는 일종의 공상적 동물일 것이라고 보았다. 하지만 하나님이 베헤못에 대해 '소 같이 풀을 먹는' 존재라고 하셨고, 하나님이 지었다고 하셨다(욥 40:15). 특이한 것은 하나님이 만드신 것 중에 으뜸이라고 한 점이다(욥 40:19). 이 말씀으로 보아 베헤못은 욥기 41:1-34에 묘사된 신화적인 존재이거나 영적인 존재인 리워야단과는 구별된 존재로 보인다. 베헤못에 대한 이러한 묘사는 주권적인 하나님의 통제 하에 있는 거대한 동물의 한 예로서 베헤못의 중요성을 강조한다(Smick & Youngblood 2002, 774). 학자들은 이 거대한 동물 베헤못을 공룡으로 보기도 한다. 하나님은 욥에게 "그것이 눈을 뜨고 있을 때 누가 능히 잡을 수 있겠으며 갈고리로 그것의 코를 꿸 수 있겠느냐"(욥 40:24)라고 질문하셨다. 하나님이 욥에게 이 질문을 하신 것은 인간은 이 동물을 다룰 수 없지만 하나님이 만드셨고 능히 다룰 수 있음을 보여줌으로 인간의 능력은 한계가 있음을 보여주려는 것이다.

c. 리워야단에 대한 수사적 질문(욥 41:1-34)

이 문단에서 하나님은 욥에게 리워야단에 대해 수사적 질문을 하심으로 하나님은 악한 영들까지 통치하시며 그의 능력을 나타내시는 위대한 분으로 설명한다. 하나님은 욥에게 "네가 낚시로 리워야단을 끌어낼 수 있겠느냐 노끈으로 그 혀를 맬 수 있겠느냐 갈고리로 아가미를 꿸 수 있겠느냐"(욥 41:1)라고 질문하셨다. 여기에 '낚시', '노끈', '갈고리' 등의 은유적 표현으로 리워야단을 꿸 수 있느냐고 질문했지만 그 생김새와 하는 일은 동물이나 바다에 사는 존재가 아니다. 여러 영어번역성경은 '리워야단'(לִוְיָתָן)이 무엇인지 몰라 히브리어를 그대로 음역하여 '레비아탄'(leviathan)이라고 번역했다.

• 리워야단의 정체 : 욥기 41장에는 리워야단에 대한 수사의문문으로 된 질문이 있고(욥 41:1-11), 그의 구조와 힘과 능력을 묘사하는 내용이 있다(욥 41:12-33). 이 존재에 대해 묘사하는 내용의 한 부분을 보면 리워야단은 세상에 속한 존재가 아니라는 것을 알 수 있다.

> 내가 그것의 지체와 그것의 큰 용맹과 늠름한 체구에 대하여 잠잠하지 아니하리라 누가 그것의 겉가죽을 벗기겠으며 그것에게 겹재갈을 물릴 수 있겠느냐 누가 그것의 턱을 벌릴 수 있겠느냐 그의 둥근 이틀은 심히 두렵구나 그의 즐비한 비늘은 그의 자랑이로다 튼튼하게 봉인하듯이 닫혀 있구나 그것들이 서로 달라붙어 있어 바람이 그 사이로 지나가지 못하는구나 서로 이어져 붙었으니 능히 나눌 수도 없구나 그것이 재채기를 한즉 빛을 발하고 그것의 눈은 새벽의 눈꺼풀 빛 같으며 그것의 입에서는 횃불이 나오고 불꽃이 튀어 나오며 그것의 콧구멍에서는 연기가 나오니 마치 갈대를 태울 때에 솥이 끓는 것과 같구나 그의 입김은 숯불을 지피며 그의 입은 불길을 뿜는구나(욥 41:12-21).

특히 욥기 41:34은 리워야단에 대한 결론으로 "모든 높은 자를 내려다보며 모든 교만한 자들에게 군림하는 왕이니라"라고 했다. 이것은 이 리워야단이 악마 적인 존재이거나 사탄과 유사한 존재를 이미지 언어로 설명하고 있다는 것을 알 수 있다. 성경에는 리워야단은 이 구절을 포함하여 다섯 개의 구절에서 모두 여섯 번 나타난다.

> 그 날에 여호와께서 그의 견고하고 크고 강한 칼로 날랜 뱀 리워야단 곧 꼬불꼬불한 뱀 리워야단을 벌하시며 바다에 있는 용을 죽이시리라(사 27:1).

> 주께서 주의 능력으로 바다를 나누시고 물 가운데 용들의 머리를 깨뜨리셨으며 리워야단의 머리를 부수시고 그것을 사막에 사는 자에게 음식물로 주셨으며(시 74:13-14).

> 날을 저주하는 자들 곧 리워야단을 격동시키기에 익숙한 자들이 그 밤을 저주하였더라면(욥 3:8).

> 거기에는 크고 넓은 바다가 있고 그 속에는 생물 곧 크고 작은 동물들이 무수하니이다 그 곳에는 배들이 다니며 주께서 지으신 리워야단이 그 속에서 노나이다(시 104:25-26).

교회 역사에서 학자들은 리워야단이 무엇을 의미하는지 세 가지로 해석해 왔다. 첫째, 자연적인 존재로 해석하여 이러한 동물이 실제로 있었다고 본다. 둘째, 상징적인 존재로 실제로 이러한 동물은 존재하지 않고 단지 악이나 악한 권세인 마귀를 상징하는 것으로 보았다. 셋째, 신화적 존재인데 이 존재의 이미지를 가지고 영적인 실체인 마귀를 설명하는 것으로 보았다. 여기서 셋째인 신화적인 존재로서 이 존재가 가지는 이미지를 가지고 영적인 실체인 마귀를 설명한다고 보는 것이 좋다. 성경에 어떤 진리나 대상을 설명하기 위하여 '이미지'(imagery)로 설명하는 것은 흔한 방법이다. 만약 이 이미지가 독자들이 경험한 것이라면 구체적이고 감각적인 느낌을 줄 수 있다. 성경이 기록될 당시에 아주 잘 알려진 신화가 있었다. 그 신화 가운데 하나인 바벨론의 창조신화『에누마 엘리쉬』에 마르둑과 티아맛이라는 신이 나타난다. 티아맛은 아카드어(Akkadian)로 ti'amatu, Ti-'amat 등으로 표기되는데 기본적인 뜻은 '바다'이다. 이 티아맛은 바다의 짐승으로 두 날개를 가지고 있고 뱀의 형상을 가진 용, 하늘을 나는 뱀, 일곱 머리를 가진 용 등으로 묘사된다.

그리고 리워야단은 우가릿(Ugarit) 신화 가운데 나타난 로탄(Lotan)과 유사한 부분도 있다. 우가릿 신화는 1928년 시리아의 한 농부에 의해 옛 우가릿(현 Ras Shamra)에서 발견된 토판으로 된 문헌들에 기록되어 있다. 그 토판의 첫줄에 ltn 이 있는데 Lotan으로 읽는다. 이 신화에서 로탄은 바다의 신으로 용(Tannin), 매끄러운 뱀, 꼬불꼬불한 뱀, 일곱 머리의 폭군으로 묘사되고 있다. 이 신화에 나오는 로탄이 성경에 묘사하고 있는 리워야단과 아주 유사하다.

그러면 왜 성경의 저자가 이방의 신화인 바벨론 신화나 우가릿 신화에 나오는 이러한 신화적인 존재인 티아맛이나 로탄의 이미지를 가지고 악한 자를 묘사하는가? 성경은 어떤 진리나 개념이나 대상을 묘사하기 위해 무수한 이미지 언어들과 당시의 문화에서 쉽게 연상될 수 있는 말을 사용했다. 리워야단의 정체는 역사 속에 활동하는 사탄의 영향 아래에서 힘과 권세를 가진 악한 존재이거나 사탄과 같은 존재를 잘 표현하기 위한 이미지(imagery)라고 결론지을 수 있다 (김정우 1994, 13-143).

• 하나님이 리워야단을 언급한 목적 : 하나님이 욥에게 왜 바벨론 신화에 나오는 티아맛이나 우가릿 신화에 나오는 로탄의 이미지를 가진 리워야단을 언급한 목적은 무엇인가? 드라이버(Driver 2018, 349)는 욥이 하나님께서 공의로 세상을 다스리시느냐고 물은 것처럼 이제 하나님이 욥에게 우주의 보좌에 앉아서 신의 속성을 나타낼 수 있는지를 묻고 있다고 했다. 바로 이 점에 대하여 하나님은 욥에게 리워야단과 같은 악마적 존재도 그 발 앞에 굴복시키지 못하면서 마치 하나님처럼 판단하고 하나님을 불의한 자처럼 생각하는 것이 잘못되었다고 지적하신 것이다. 또한 욥을 고통스럽게 한 배후인 사탄의 권세조차 하나님이 통치하신다는 것을 보여주고자 한 것이다. 그러므로 우리는 우리의 제한된 시각을 가지고 때로는 우리가 보기에 이해되지 않는 것처럼 보이는 일이 있다고 하나님을 원망하거나 욥처럼 하나님을 불의한 분으로 생각해서는 안 된다.

이 이미지를 그대로 닮은 존재가 신약성경에도 묘사되고 있다. 그것은 요한 계시록 13.1-4이다.

> 내가 보니 바다에서 한 짐승이 나오는데 뿔이 열이요 머리가 일곱이라 그 뿔에는 열 왕관이 있고 그 머리들에는 신성모독 하는 이름들이 있더라 내가 본 짐승은 표범과 비슷하고 그 발은 곰의 발 같고 그 입은 사자의 입 같은데 용이 자기의 능력과 보좌와 큰 권세를 그에게 주었더라 그의 머리 하나가 상하여 죽게 된 것 같더니 그 죽게 되었던 상처가 나으매 온 땅이 놀랍게 여겨 짐승을 따르고 용이 짐승에게 권세를 주므로 용에게 경배하며 짐승에게 경배하여 이르되 누가 이 짐승과 같으냐 누가 능히 이와 더불어 싸우리요 하더라.

성경의 저자들은 이런 기괴하고 이상한 이미지를 힘과 권세를 가진 악한 자들을 통칭하는 것으로 사용한다. 하나님은 악한 사탄과 그 사탄의 세력 아래에서 영향을 미치는 모든 악한 자들도 하나님의 주권 속에 있고 언제든지 그 발아래 복종시킬 수 있는 능력이 있는 분이시다. 이 초월적이고 초자연적이며 무한한 능력이 있는 하나님은 동시에 우리의 아버지가 되셔서 우리 안에 내재하시고 우리와 함께 교제하시며 함께 하신다. 이 얼마나 영광스럽고 감사한 일인가!

6. 욥의 회개(욥 42:1-6)

하나님의 능력과 지혜에 대한 설명을 들은 욥은 자신이 하나님께 죄를 지었다고 회개할 수밖에 없었다. 그는 주께서 못하실 일이 없으며 무슨 계획이든지 못 이루시는 일이 없음을 고백했다(욥 42:1-2). 그리고 자신이 무지하여 스스로 깨달을 수 없고, 알 수도 없는 일을 말했다고 하며 자신의 말을 스스로 거두어들이고 회개했다(욥 42:3-6).

욥은 하나님에 대해 알지도 못하면서 말했다고 하며 어떻게 회개했는가? 하나님은 폭풍우 가운데서 나타나 "너는 내가 네게 묻는 것을 대답하라"(욥 38:3; 40:6-7)라고 하시며 수많은 질문을 하셨다. 욥은 그 질문을 듣고 자신이 하나님 앞에서 얼마나 무지한 존재였는지 깨달았다. 하나님이 욥이 당하는 고난에 대하여 직접적으로 답변을 주시지 않았다 할지라도 욥은 하나님을 대면하며 깊은 수치심을 느끼고 그의 모든 비판을 철회했다. 하나님의 이 말씀을 들었을 당시 욥은 여전히 상처를 긁고 있었고 하나님은 아무런 설명을 하지 않으셨다. 그럼에도 불구하고 그에게 있는 고통 때문에 갈등하며 비판하던 '그때'와 '이제'의 차이는 무엇인가? 그것은 욥이 "내가 주께 대하여 귀로 듣기만 하였사오나 이제는 눈으로 주를 뵈옵나이다"(욥 42:5)라고 말한 것처럼 주를 뵈었기 때문이다. 욥이 그의 눈으로 그의 대속자를 볼 것이라고 간절하게 열망했던 것처럼 이제 그 일이 성취되었다(참조. 욥 19:25-27). 욥은 하나님을 본 일로 말미암아 하나님께 압도되었고 놀라움과 두려움으로 거의 모든 불평을 거두어들였다(Hartley 1988, 537). 하나님은 베헤못과 리워야단의 비밀을 포함한 창조의 비밀에 관해 질문하셨다. 하나님은 욥에게 자신의 전능과 전지하심에 관해 확신시키셨다. 그것은 반항하는 심령 속에서 하나님의 인도에 대해 믿음을 회복시키는 하나님의 방법이었다(베일 1995, 114).

7. 결말 : 욥의 회복(욥 42:7-17)

욥기서의 결말은 하나님의 섭리에 대하여 중요한 내용을 보여준다. 이 결말은 욥기 3:1-42:6에 기록된 시가 아니라 서막(욥 1:1-2:13)과 같이 산문(prose)으로 되어있다. 이야기로 된 이 결말에서 지금까지의 갈등이 해소된다. 여기서 저자는 하나님과 욥 사이에 생긴 갈등이 해소되는 이야기를 담고 있다. 행복한 결말(happy ending)로 끝나는 욥의 이야기가 왜 모든 그리스도인에게 중요한가? 그것은 그의 하나님이 우리 하나님이 되시며 욥에 대한 하나님의 사랑이 하나님을 믿는 모든 사람에게 동일하기 때문이다. 이 결말은 우리에게 힘든 순간이 다가올 때 희망을 준다(베일 1995, 127-128).

내용 분해

(1) 욥의 세 친구에 대한 하나님의 판결과 회복(욥 42:7-9)

(2) 하나님이 욥에게 주신 복과 회복(욥 42:10–17)

(3) 행복한 결론을 기록한 목적 : 하나님의 섭리(약 5:11)

내용 해설

(1) 욥의 세 친구에 대한 하나님의 판결과 회복(욥 42:7–9)

하나님은 욥의 말에 대해 판결하셨지만 욥의 고난에 대하여 해석한 욥의 친구들에 대해서도 최종적으로 판결을 내리시고 회복의 길을 열어주셨다. 하나님은 욥의 고난에 대해 해석한 세 친구의 말이 욥의 말처럼 옳지 못하다고 하셨다(욥 42:7, 9). 하나님은 그들이 감추어진 질서세계 안에서 이루어진 일을 보지 못하고 나타난 현상만 보고 자신들이 가진 논리와 신학만으로 하나님의 주권적인 섭리를 제한하였을 뿐만 아니라 무죄한 욥을 정죄한 일에 대하여 옳지 못하다고 판결하셨다. 이 점은 우리가 고통당하는 형제나 자매를 평가하는 일을 얼마나 신중하고 조심스럽게 해야 하는지를 알게 한다.

그런데 하나님은 욥의 세 친구가 '옳지 못하다'라고 하시며 "너희는 수소 일곱과 숫양 일곱을 가지고 내 종 욥에게 가서 너희를 위해 번제를 드리라"라고 하셨다. 그리고 욥이 그들을 위해 기도할 때 그들이 우매한 만큼 갚지 않을 것이라고 하셨다(욥 42: 7–8). 여기서 욥이 그들을 위해 기도한다는 것은 제사를 집행한다는 개념도 포함한다.[64] 이것은 친구들이 회복될 수 있는 길을 열어주신 것이다. 여호와의 종 욥이 그의 친구들을 위해 기도함으로 하나님의 진노로부터 그들이 용서를 받고 이웃과 화목하게 된다. 이 몇 절에는 신학의 풍부한 광맥이 감추어져 있다. 세 친구에 대한 하나님의 진노는 '내 종'이라고 부르는 욥을 통해 회복되었다. 이 종은 그리스도를 상기시킨다. 그 종은 속죄제와 번제를 드리고 하나님의 자비와 은혜를 구하면서 사람들을 대신하여 하나님 앞에 서 있다. 욥기는 그 하나님과 인간 사이의 중보자, 곧 죄를 위한 제물로 자신을 드리시고 지금도

---

[64] 제물을 드리는 사람은 친구들이다. 원문은 "너희들이 올라가서 너희를 위해 번제를 드리라"(וְהַעֲלִיתֶם עוֹלָה בַּעַדְכֶם)이다. 번제를 드리는 자는 2인칭 복수로 친구들을 말한다. 그들이 제물을 바치고 욥은 제사장이 되어 제사를 집행하며 기도한다(참조. 욥 1:5).

살아계셔서 우리를 위해 중보 기도를 드리는 그리스도에게 초점을 맞추고 있다 (Atkinson 1991, 158).

(2) 하나님이 욥에게 주신 복과 회복(욥 42:10-17)

하나님은 욥을 그의 곤경에서 회복시키시고 그에게 복을 주셨다. 욥은 하나님의 말씀에 순종하여 그의 친구들을 위해 기도하라고 하신 대로 기도한 후에 그의 운명을 회복시키셨다. 여기서 주는 자가 받을 것이고 용서하는 자가 용서함을 받는다는 기초적인 영적 진리를 논증한다(Hartley 1988, 540). 저자는 하나님이 욥에게 어떤 복을 주셨는지 열거한다. 그것은 재물의 복과 자녀의 복이다. 하나님은 욥에게 그가 전에 소유하였던 것보다 두 배로 주셨는데 양 1만 4천 마리, 약대 6천 마리, 소 2천 마리, 나귀 1천 마리 등이다(욥 42:12). 또한 욥은 이전과 같이 일곱 명의 아들과 세 명의 딸을 두었다. 이것은 두 배가 아니다. 주목해야 할 것은 그의 죽은 자녀들을 계산에 넣어야 한다는 것이다. 욥이 정기적으로 드렸던 번제로 그들의 죄는 사함을 받았다(욥 1:5). 그 번제는 자녀들의 동의하에 드려졌다. 그들은 여호와와 함께 있다(베일 1995, 132). 이 복은 동화의 마지막처럼 행복한 결혼생활과 아름다운 자녀들, 장수하는 복이다. 이것이 믿음을 지킨 욥의 행복한 결말이다. 그러나 이 결말을 보고 낭만적인 태도를 취하지 말아야 한다. 이에 대해 베일(1995, 132)은 의미 있는 말을 했다.

> 욥의 슬픔이 완전히 제거되지 않았다. 그는 자녀들과 살해된 종들을 죽음에서 되돌려 받은 것은 아니다. 마음의 상처는 여전히 남아 있었다. 과거는 결코 완전히 회복되지 않았다. 게다가 새로운 번영은 하루 밤 사이에 오지 않았다. 그것은 오랜 세월이 걸렸다.

사람은 누구나 죄와 그 죄로 말미암아 왜곡된 사회구조로 인하여 고통 가운데 빠질 수도 있고, 죽을 수도 있다. 그가 구속받은 성도라 할지라도 이 일에 예외는 없다. 이러한 이유로 영원한 하나님 나라를 바라볼 수밖에 없다.

모든 눈물을 그 눈에서 닦아 주시니 다시는 사망이 없고 애통하는 것이나

곡하는 것이나 아픈 것이 다시 있지 아니하리니 처음 것들이 다 지나갔음

이러라(계 21:4).

(3) 행복한 결론을 기록한 목적 : 하나님의 섭리(약 5:11)

욥기서에서 행복한 결말을 기록한 목적은 어디에 있는가? 우리도 믿음을 지키면 욥처럼 행복한 결말을 맞이하게 된다는 것을 가르쳐 주시려는 것인가? 이 세상에서 믿음을 지킨다고 할지라도 때로는 욥과 같은 복을 누리지 못할 수도 있다. 하지만 저자가 욥기의 결론을 통하여 보여주려는 것은 욥처럼 아무런 이유없이 고난이 닥쳐도 어리석게 원망하지 말고 하나님을 신뢰하면 하나님이 위로해 주신다는 것이다. 인간은 하나님의 섭리를 다 이해할 수 없다. 그러나 우리가 한 가지 확실하게 알 수 있는 것은 하나님의 모든 섭리는 성도의 유익을 위한 것이라는 사실이다(참조. 롬 8:28). 우리가 할 수 있는 일은 이 사실을 믿고 변함없이 하나님을 경외하는 것이다. 이것이 욥기서가 말하는 지혜다.

신약성경에서 야고보는 당시 하나님을 섬기는 신자들이 고난 당하는 것을 보고 오래 참고 견디는 것이 어떤 의미가 있는지 설명하기 위해 욥의 경우를 예를 들어 설명했다.

너희가 욥의 인내를 들었고 주께서 주신 결말을 보았거니와 주는 가장 자비하시고 긍휼히 여기시는 이시니라(약 5:11).

하나님은 가장 자비로우시고 긍휼히 여기는 자이시기 때문에 그 결말을 아름답게 하신다. 이것이 섭리의 목표다. 그렇다면 섭리를 믿는 신앙은 어떻게 나타나야 할까? 욥이 고난의 순간에 보여준 것처럼 갈등할 수는 있어도 하나님이 가장 자비로우신 분이심을 믿고 인내하며 여호와를 경외해야 한다.

V. 구속사적 의미

구속사에서 욥기의 위치

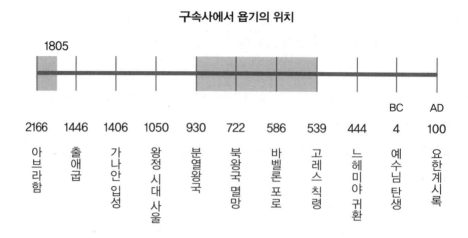

2166	1446	1406	1050	930	722	586	539	444	BC 4	AD 100
아브라함	출애굽	가나안입성	왕정시대사울	분열왕국	북왕국멸망	바벨론포로	고레스칙령	느헤미야귀환	예수님탄생	요한계시록

욥기는 욥이 살았던 시대와 저자가 이 책을 기록했던 시기가 다르다. 그래서 욥기의 구속사는 욥이 살았던 시대로 추정되는 아브라함 시대부터 요셉이 죽은 해(창 50:26)인 주전 1805년까지의 구속사와 이 책을 기록했을 것으로 추정되는 왕정시대 가운데 솔로몬 이후 나라가 분열된 주전 930년경부터 넓게는 바벨론 포로생활을 한 시기인 주전 539년까지의 구속사를 기록했다고 볼 수 있다.[65]

일반적으로 구속사는 하나님이 자기를 위하여 백성을 부르고 보존하고 형성시키고, 또 그들을 통해 온 세상에 복음을 전하는 사역에 대한 포괄적인 이야기를 다룬다. 또한 구속사는 하나님의 계시, 특히 메시아가 어떻게 계시되어 있고, 어떤 일을 행하실 것인지에 대한 점진적인 개념을 다룬다(가레트 & 해리스 2014, 1218). 이 관점에서만 보면 욥기서는 구속사와 거의 연관이 없는 것처럼 보인다. 하지만 구속사는 항상 두 가지 면을 고려해야 한다. 하나는 구원하시는 하나님이시고, 또 하나는 구속받아 하나님과 교제하며 하나님의 뜻을 이 세상에 이루어야 할 언약 백성이다.

욥기는 구원하시는 하나님이 어떤 분이신지 다양한 방법으로 보여준다. 먼저 하늘 보좌에서 이루어진 하나님과 사탄의 대화에서 하나님의 허락이 없이는 사

---

[65] 이 점에 대해 이 책의 "저자와 기록 배경"을 참조하라.

탄이 마음대로 할 수 없다는 것을 보여줌으로 하나님은 인간의 생사화복을 주장하시는 분이심을 보여준다(욥 1:12; 2:6). 그리고 하나님이 직접 욥에게 질문하는 형식으로 천지를 창조하시고 섭리하실 뿐만 아니라 악한 마귀 권세를 상징하는 리워야단까지 주장하시는 분임을 자세히 설명한다(욥 38:1-41:34).

또 한편으로 욥기는 구속받은 언약 백성에게 하나님을 경외한다는 것이 어떤 의미가 있는지를 보여준다. 욥은 온전하고 정직하여 하나님을 경외하며 악에서 떠난 자였다(욥 1:1-2, 8). 하지만 그가 하나님을 경외하는 것이 사탄이 말한 것처럼 하나님이 소유물에 복을 주셨거나 건강 등 조건에 좌우되는 것이라면 이 땅에 진실한 믿음은 존재하지 않는다는 것이 된다(신득일 2012, 395). 참된 믿음은 조건에 좌우되는 것이 아니라 전심으로 하나님을 신뢰하는 것이다. 이야기의 결말에서 욥은 원인을 알 수 없는 고통 중에서도 믿음을 지켰고 하나님이 섭리하심으로 욥은 처음의 소유보다 갑절의 복을 받았다(욥 42:10-17).

욥기서에서 행복한 결말을 기록한 목적은 우리도 믿음을 지키면 욥처럼 행복한 결말을 맞이하게 된다는 것을 가르쳐 주려는 것은 아니다. 이 세상에서 믿음을 지킨다고 할지라도 때로는 욥과 같은 복을 누리지 못할 수도 있다. 그럼에도 불구하고 우리가 한 가지 확실하게 알 수 있는 것은 하나님의 모든 섭리는 성도의 유익을 위한 것이라는 사실이다(참조. 롬 8:28). 신약성경에서 야고보는 당시 하나님을 섬기는 신자들이 고난 당하는 것을 보고 오래 참음의 한 사례로 하나님이 욥에게 주신 결말을 통해 주는 가장 자비하시고 긍휼히 여기시는 분임을 알려주었다(약 5:11).

또한 욥기는 이 책에 등장하는 사탄이 하나님의 주권 아래 있다 할지라도 끊임없이 우리를 유혹하며 우리 믿음에 갈등을 일으키게 한다는 것을 보여줌으로 우리의 싸움이 악한 영들과의 싸움인 것도 보여준다(엡 6:10-18). 그래서 욥기는 구속사에서 우리가 이 세상에서 끊임없이 직면하는 고통 – 때로는 원인을 알 수 없다 할지라도 – 가운데서 끝까지 인내하며 하나님을 경외하는 일이 그 문제를 풀 수 있는 참된 지혜인 것을 보여준다(욥 28:20, 28).

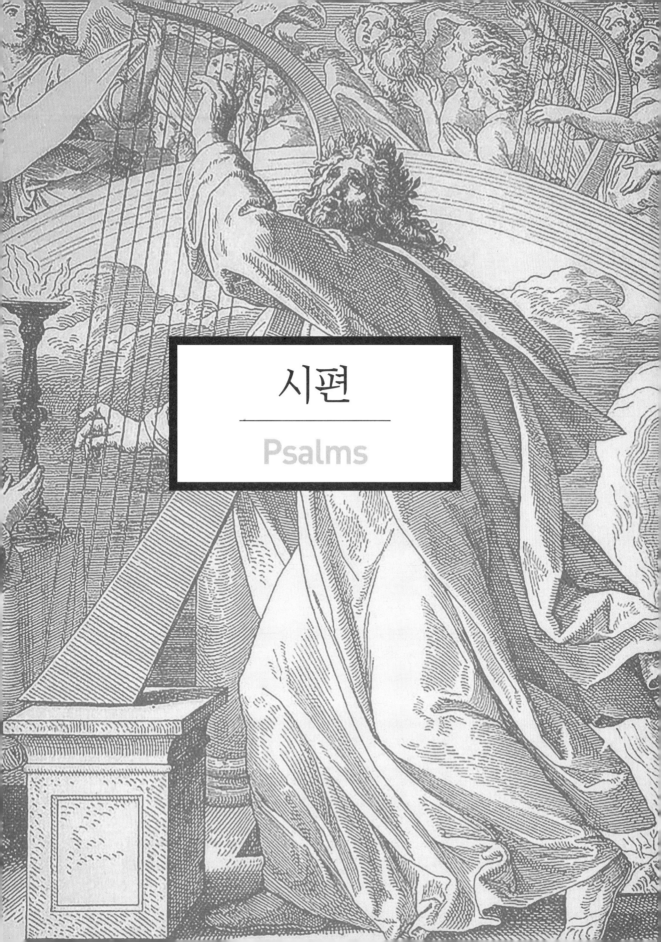

시편

Psalms

S U M M A R Y

시편

—•ઊ•—

예수님은 부활하신 후에 자신의 부활을 구약성경에 기록된 대로 성취되었다고 설명하시며, 구약성경이 어떤 내용을 담고 있는지 이렇게 말씀하셨다.

> 또 이르시되 내가 너희와 함께 있을 때에 너희에게 말한 바 곧 모세의 율법과 선지자의 글과 시편에 나를 가리켜 기록된 모든 것이 이루어져야 하리라 한 말이 이것이라 하시고 이에 그들의 마음을 열어 성경을 깨닫게 하시고 또 이르시되 이같이 그리스도가 고난을 받고 제 삼일에 죽은 자 가운데서 살아날 것과 또 그의 이름으로 죄 사함을 받게 하는 회개가 예루살렘에서 시작하여 모든 족속에게 전파될 것이 기록되었으니(눅 24:44-47)

예수님은 구약성경을 가리켜 '모세의 율법과 선지자의 글과 시편'이라고 하시며, 세 번째 부분인 시편을 '성문서'를 대표하는 책으로 넣어 말씀하셨다.[66] 이 구분은 구약성경을 이해하는 일에도 중요하다. 히브리어 성경은 모세오경, 선지서, 성문서로 구분했지만 오늘날은 일반적으로 모세오경, 역사서, 시가서, 선지서로 구분한다. 이는 선지서와 성문서를 구분하는 것에 차이가 있기 때문이다. 히브리어 성경은 현대의 역사서(여호수아에서 열왕기하까지)를 전선지서로, 선지서(이사야부터 말라기까지)를 후선지서로 구분한다. 시편은 히브리어 성경에는 성문서에 들어있지만 현대는 시가서로 구분한다. 모세오경은 언약의 백성이 어

---

[66] 구약성경의 히브리어 명칭은 '토라 너비임 우커투빔'(תורה נביאים וכתובים)이다. 신약성경에서 이 책은 '율법과 선지자'(마 5:17; 7:12) 또는 '율법과 선지자와 글들'(눅 24:44)이라는 이름으로 나타난다. 이것은 구약성경의 히브리식 명칭이다.

떤 사람이며, 어떻게 살아야 하는지에 대한 규범인 언약관계를 설명하고, 선지서(현대의 역사서와 선지서)는 그 언약관계가 역사적 상황 속에서 어떻게 적용되었는지를 설명한다. 그리고 시편을 위시한 시가서에서 저자들은 언약의 백성들이 개인이 처한 상황에서 언약관계가 개인과 공동체에 어떤 의미가 있는지 다양한 삶의 환경에서 경험한 지혜, 믿음, 갈등, 고통, 분노, 위기 등을 일반화하여 기록했다. 특히 시편은 하나님이 다양하고 특별한 방법으로 그 분의 백성을 만나는 곳이다(롱맨 1989, 14). 그리고 사람은 쉽게 죄의 길로 치우쳐 탐욕에 사로잡혀 불순종하지만 하나님과 사람의 본질적인 차이를 알게 하여 한편으로 사람의 불완전성과, 다른 한편으로는 완전성을 보여준다(벌럭 1999, 172).

그러나 이 시편은 언약관계를 떠나서 이해할 수 없다. 왜냐하면 시편은 언약을 삶의 중심 원리로 삼고 살았던 개인과 공동체의 믿음과 경험을 기록하였기 때문이다. 이것이 언약이 역사 가운데 어떻게 발전되었고, 어떤 역사적 상황에서 어떤 기능을 하였는지를 기록한 역사서와 선지서와의 차이점이다. 무엇보다 시편은 언약관계에 기초하여 개인과 공동체의 경험을 일반화하여 기록했다. 이 점에 대하여 벌럭(1999, 171)은 다음과 같이 말했다.

시편에는 구약의 역사와 신학이 단편적으로 그리고 비조직적으로 나타나 있다. 역사 속에서 그리고 하나님과 개인적인 만남에서 오는 역동적인 힘이 이 노래들로부터 발산되고 있다. 이것들은 역사로부터 그리고 하나님과 개인적인 만남에서 생겨났을 뿐만 아니라 비슷한 상황을 경험할 수 있게 한다. 시편을 읽고 기도한다는 것은, 곧 이것들을 먼저 읽었고 기도했으며, 거기에 있는 기쁨과 고통, 그리고 분노를 먼저 느꼈던 수많은 사람들의 목소리에 함께 참여하는 것과 같다.

I. 책 이름

오늘날 시편(Psalms or Psalter)이라는 제목은 히브리어로 '미즈모르'(מזמור)라는 단어를 70인 역에서 '살모스'(psalmos, Ψαλμος)라고 번역한 데서 나왔다. 이 단어는 '찬양하다'(살로우, ψαλλω)라는 단어에서 유래되었고, Psalter는 70인역 가운데 주후 5세기경의 한 사본인 알렉산드리아 사본에서 온 이름으로 '살테이리 온, Ψαλτηριον)에서 온 말로 '현악기' 또는 '찬양'이라는 뜻이다. 그리고 시편의 히브리어 책 이름은 '터히림'(תְּהִלִּים)이다. 이는 히브리어 '찬양하다'라는 동사 '하 랄'(הלל)에서 나온 단수 명사인 '터힐라'(תְּהִלָּה)의 복수형이다. 이러한 명칭들을 볼 때 오늘날 '시편'이라는 명칭은 적절하지 못하다는 것을 알 수 있다. 그러나 시편 이라는 이름을 붙이게 된 것은 책의 문학 장르가 시로 되어 있기 때문이다. 시편 은 하나님을 예배하고 찬송하는 책이다.

시편을 이러한 이름으로 부른 것은 시편의 많은 내용이 기도를 포함하고 있 음에도 불구하고 시편을 최종적으로 편집한 사람들과 그 후대의 사람들이 이 책 을 '찬양집'으로 사용했음을 암시한다. 혹은 시편이 전반부의 많은 부분을 차지 하는 탄식과 기도들이 하나님의 응답으로 말미암아 후반부의 대부분을 차지하 는 '찬양'으로 끝날 수밖에 없음을 의도적으로 보여주기 위해 이 이름을 사용했 을 수도 있다.

II. 시편의 기원과 표제

시편의 기원을 알려주는 실마리가 되는 중요한 암시는 각 시가 가지고 있는 표제들이다. 각각의 시들을 소개하는 표제들은 저자, 그 저술을 자극했던 역사 적 상황, 그 시편의 기능 그리고 이따금 다른 문제들에 대한 정보를 제공해 준다 (롱맨 3세 1989, 48). 이뿐만 아니라 표제는 시편이 어떤 성격이며, 어떤 악기에 맞 추어 불렀고, 어떤 음조에 맞추어 불렀는지의 정보도 제공해 준다. 표제는 제목 (title)이라고 보기도 하지만 시의 성격과 유형과 연주 방법을 알려주는 '도입'이 라고 보기도 한다(루카스 2015, 51).

각각의 시편은 여러 표제들이 암시하고 있는 것처럼 이스라엘 백성들의 다양 한 삶의 정황 속에서 비롯되었다. 똑같은 기원의 역사를 가진 시편은 거의 없다. 다양한 개인과 집단의 경험 속에서 각각의 시편은 창작되었다. 백성들의 손을 통해서, 궁중에서 교육받은 사람들의 손을 통해서, 왕을 통해서, 제사드리는 사 람들에 의해서 창작되었다.

시편 150편 중에 116개에 표제가 붙어 있다. 표제가 붙어 있지 않은 시편은 주로 4권과 5권에 몰려 있다. 표제들은 주로 저자, 모음집의 이름, 시의 종류, 음악적인 설명, 예전적인 설명, 역사적 배경 등을 담고 있다. 예를 들면 시편 60편의 표제는 "다윗이 교훈하기 위하여 지은 믹담, 영장으로 수산에둣에 맞춘 노래, 다윗이 아람 나하라임과 아람소바와 싸우는 중에 요압이 돌아와 에돔을 소금 골짜기에서 쳐서 만 이천 인을 죽인 때에"라고 되어 있다. 이 표제는 그 시편을 이해하고 해석하는데 중요한 실마리를 제공해 주며, 그 시편이 개인적으로나 언약 공동체에서 어떻게 사용되었는지를 잘 보여준다.

1. 저자나 선집을 소개하는 표제

저자나 선집을 소개하는 유형은 다윗, 아삽, 고라 자손, 여두둔, 솔로몬, 에스라 사람 에단, 에스라 사람 헤만, 하나님의 사람 모세 등이다. 시편의 표제 가운데 다윗을 저자로 밝히고 있는 시편이 많이 있다. 예를 들면 시편 4편 "다윗의 시, 인도자를 따라 현악에 맞춘 노래," 시편 32편 "다윗의 마스길," 시편 39편은 "다윗의 시, 인도자를 따라 여두둔 형식으로 부르는 노래" 등이다. 그리고 저자를 소개하는 유형의 표제를 보면 고라(시편 84, 85 등), 아삽(시편 82, 83 등), 솔로몬(시편 72, 127), 심지어 모세(시편 90)의 시도 있다.

하지만 시편을 해석한 역사를 살펴보면 학자들은 저자를 소개하는 표제의 정확성에 대하여 의문을 가졌다. 그 이유는 무엇일까? 그것은 시편의 저작연대에 대하여 많은 시편들이 이스라엘 역사의 후기나 바벨론 포로기에 기록되었다고 보기 때문이다. 그렇다면 시편의 많은 부분을 차지하는 다윗의 시는 다윗이 썼는지 의문을 제기할 수밖에 없는 상황이 되고 만다. 그래서 많은 영어번역 성경에 '다윗의'(of David)라고 번역한 히브리어 문구를 '다윗에게'(to David) 또는 '다윗을 위하여'(for David)라고 번역하기도 한다. 문법적으로 '…의'라고 번역한 히브리어 '버'(ל)를 다양하게 번역할 수 있는 가능성이 있다. 사실 히브리어의 전치사는 문맥을 고려하지 않고서는 그 뜻을 완전하게 파악할 수가 없다(롱맨 3세 1989, 49). 그렇다 할지라도 그것은 어디까지나 가정이나 추측일 뿐이기에 우리는 다윗의 시로 받아들인다. 성경은 다윗을 수금을 잘 타며(삼상 16:23), '이스라엘의 노래 잘 하는 자'(삼하 23:1)로 묘사하기 때문이다. 이것은 다윗이 시와 노래에 많은 재능이 있고 또한 지었음을 짐작케 한다. 그래서 시편 표제에 소개하는 저자를 그 시의 저자로 받아들여야 한다.

시편의 표제에 아삽이 들어있는 시는 모두 열두 편이다. 시편 50편을 제외한 73-83편은 한 그룹을 형성한다. 아삽은 다윗 시대 사람으로 노래를 하고, 노래를 짓는 인물이다(대상 15:19; 16:4-5). 후대에 아삽의 아들들이 이 역할을 한다(대상 25:1; 대하 5:12; 스 2:41; 3:10; 느 7:44; 11:22). 그리고 다윗 시대보다 훨씬 후대인 주전 586년 성전 파괴 상황을 반영한 시편 74편과 79편에도 '아삽의'라는 표제가 붙어 있고, 시편 73편과 77편을 제외하고는 공동체 시편들이다. 이것은 후대에 수집한 것으로 아삽과 연관된 시 선집이라는 것을 알 수 있다(루카스 2015, 54-55).

2. 역사적 상황을 소개하는 표제

역사적 표제들은 그 시편을 쓰도록 자극한 사건의 배경을 잘 보여준다. 시편에 역사적 상황을 표제에 사용한 경우는 모두 열네 편이다(시편 3, 7, 18, 30, 34, 51, 52, 54, 56, 57, 59, 60, 63, 142편). 이 표제들은 각각의 시가 언제, 어떤 상황에서 기록되었는지 알려준다. 하지만 차일즈(Childs 1971, 137-150)는 역사적 표제들이 그 시편과 실제로는, 또한 최소한 본래에는 관계가 없다고 생각한다. 이와 반대로 데렉 키드너(Kidner 1973, 46)는 실제 역사를 알려준다고 주장한다. 그 근거로 역사적 표제들이 본문의 일부가 아니라는 사본상의 증거가 없다는 것을 제시했다. 우리는 시편에 기록된 역사적 표제들을 정경으로 믿는다.

하지만 51편의 표제가 "다윗이 밧세바와 동침한 후 선지자 나단이 그에게 왔을 때"라고 되어있지만 내용적으로 이 역사적 사건이 기록된 사무엘하 12장의 내용과 잘 어울린다. 시편 3편의 표제는 "다윗이 그의 아들 압살롬을 피할 때에 지은 시"라고 되어 있다. 하지만 이 내용이 기록된 사무엘하 15:13-18:6에서 다윗은 그의 아들 압살롬의 군대를 피해 도망가고 있고, 시편 3편에서 다윗은 하나님께 도움을 청하고 있다. 그리고 사무엘서에서 다윗은 매우 의기소침하고 또 압살롬이 다치지 않을까 염려하고 있지만 시편에서는 하나님이 그의 대적을 멸하시는 것을 보고자 하는 소원을 아뢰고 있다. 또한 시편 30편은 그 표제가 "다윗의 시, 곧 성전 낙성가"라고 되어 있다. 하지만 성전 낙성과는 관계가 없는 것처럼 보이고 오히려 감사의 시로 보는 것이 자연스럽다.

바로 이러한 이유로 롱맨(1989, 52-53)은 시편을 읽을 때 이중적인 의미로 읽어야 하고, 표제에 따라 시편을 읽어야 하지만 표제에 맞추기 위하여 부자연스럽게 해석해서도 안 된다고 했다. 그의 지적은 한편으로 사실이다. 하지만 역사적 사실이 표제와 다르게 보인다고 관계없는 것은 아니다. 우리는 성경 전체가 기록된 하나님의 말씀이며 성령의 감동으로 된 것임을 믿는다. 이러한 차이는 저자가 자신의 관점에 따라 기록하였기 때문에 모순되는 것처럼 보이지만 오히려 그 사건을 입체적으로 볼 수 있게 한다. 예를 들어 시편 3편의 표제는 "다윗이 그의 아들 압살롬을 피할 때에 지은 시"이다. 사무엘서를 기록한 저자가 사건을 중심으로 기록하였다면, 시편 3편은 다윗이 그의 아들 압살롬에게 쫓길 때의 개인적인 경험에 근거하여 썼고, 그 사건 당시의 신앙적인 감정을 기록했다고 볼 수 있다.

또한 시편 60편의 표제에 보면 "다윗이 교훈하기 위하여 지은 믹담, 인도자를 따라 수산에둣에 맞춘 노래, 다윗이 아람 나하라임과 아람소바와 싸우는 중에 요압이 돌아와 에돔을 소금 골짜기에서 쳐서 만 이천인을 죽인 때에"라고 되어있다. 이 시편은 사무엘하 8:1-14을 배경으로 지은 시다. 이 역사기록에는 왜 아람 사람들이나 에돔이 이스라엘을 침략하여 이스라엘 백성들이 곤경 가운데 있고, 이 상황에서 갈등하고 고민하는 내용이 무엇이었는지 기록하지 않는다. 그러나 시편 60:1-2, 10을 볼 때 그때의 신앙적인 감정을 경험적으로 묘사하고 있다. 다윗의 시는 당시에 아람, 에돔, 모압 등이 침략하여 이스라엘 백성들이 고통 당하는 원인은 이스라엘 백성들의 죄로 인한 하나님의 징계였고, 그 가운데 이스라엘 백성들은 하나님이 그들과 함께 계시지 않는 것처럼 보여 갈등을 일으켰음을 보여준다.

이러한 면에서 볼 때 시편에서 언약백성들은 질병이나 전쟁이나 원수들의 공격과 같은 위기 속에서 하나님께 기도하였고, 기도응답을 통해 하나님께 감사하며 하나님의 자비하심과 위대하심을 찬양하였다는 것을 알 수 있다. 처음에 저자가 특별한 역사적 상황이나 개인적 체험에 바탕을 두고 썼다 할지라도 모든 시대의 성도들에게 보편적으로 적용할 수 있다.

3. 시편의 유형을 보여주는 표제

시편의 표제는 그 시가 어떤 유형의 시인지를 보여준다. 그 유형은 다음과 같다.[67]

• 미즈모르(מִזְמוֹר) : 이 용어는 성경에서 시편에 쉰일곱 편에 나타난다. 개역개정판에서는 '시'라고 번역하였다. 70인 역은 '살모스'(*psalmos*, ψαλμός)라고 번역하였고, 영어 성경은 이 단어를 음역하여 'psalm'이라고 번역하였다. 이 유형의 시편은 3, 4, 5, 6, 8, 9, 12, 13, 15, 19, 20, 21, 2, 23, 24, 29, 30, 31, 38, 39, 40, 41, 47, 48, 49, 50, 51, 62, 63, 64, 65, 66, 67, 68, 73, 75, 76, 77, 79, 80, 82, 83, 84, 85, 87, 88, 92, 98, 100, 101, 108, 109, 110, 139, 140, 141, 143편이다. 이 시편은 단어의 어원이 '노래하다'의 의미인 '자마르'(זמר)에서 왔기 때문에 노래의 한 유형으로 볼 수 있다.

• 쉬르(שִׁיר) : 이 용어는 시편에서 모두 서른다섯 편에 나타나는데, 개역개정판에는 대부분 '노래'라고 번역하였다. 이 유형의 시편은 7, 30, 45, 46, 48, 65, 66, 67, 68, 75, 76, 83, 87, 88, 92, 96, 98, 101, 108, 120, 121, 122, 123, 124, 125, 126, 127, 128, 129, 130, 131, 132, 133, 134, 149편이다. 이 중에 시편 30, 48, 66편 등은 '미즈모르'와 같이 나타난다.

• 마스길(מַשְׂכִּיל) : 이 용어는 시편에서 모두 열세 편이다. 이 유형의 시편은 32, 42, 44, 45, 52, 53, 54, 55, 74, 78, 88, 89, 142편이다. 이 시편은 '주의를 기울이다', '숙고하다'라는 의미인 '사칼'(שׂכל)에서 왔기 때문에 깊이 숙고해야 할 내용을 교훈하는 시로 볼 수 있다.

• 믹담(מִכְתָּם) : 이 용어는 시편에 여섯 편에 나타난다. 이 유형의 시는 시편 16, 56, 57, 58, 59, 60편이다. 시편 60편에 '다윗이 교훈하기 위하여 지은 믹담'이라는 표현을 보아 교훈하는 시로 볼 수 있다. 특히 이 시들의 내용을 볼 때 어떤 위험한 상황에서 기도할 때 하나님이 구원해 주심을 가르치려는 것으로 보인다.

• 터필라(תְּפִלָּה) : 이 용어는 구약성경에 모두 80번 나타나지만 시편의 표제로는 다섯 편에 나타난다. 개역개정판에는 '기도'라고 번역되어 있다. 이 유형의

---

67 한글 성경은 원문의 의미를 충분히 드러내지 못하는 한계가 있다. 하지만 원문이 어떤 의미인지 아는 것은 나름대로 시를 이해하는 일에 도움이 된다.

시편은 17, 86, 90, 102, 142편이다. 이는 모두 탄식시이다.

- 터힐라(תְּהִלָּה) : 이 용어는 구약성경에 59번 나타나지만 시편의 표제로는 한 번, 시편 145편에만 나타난다. 개역개정판은 '찬송시'라고 번역하였다.

- 쉬르 함마아롯(שִׁיר הַמַּעֲלוֹת) : 개역개정판은 이 용어를 '성전에 올라가는 노래'라고 번역하였다. 이 유형의 시편은 시편 120–134편으로 모두 열다섯 편이다. '성전에 올라간다'는 단어의 원문인 '함마아롯'(הַמַּעֲלוֹת)은 '제사하다', '올라가다'의 의미인 '아라'(עָלָה)에서 왔다. 이 시 가운데 어떤 시들은 성전에 올라가는 것과 관계 없는 것처럼 보인다. 그래서 KJV에서는 '가장 뛰어난 노래'(A Song of Degrees)라고 번역하였고, RSV에서는 '송영'이라고 번역하였다.

4. 음악적 특성을 보여주는 표제

시편의 표제는 또한 어떤 악기, 어떤 음조(tunes)에 맞추어 시편을 불렀는지의 정보를 알려준다.

- 어떤 악기에 맞추어 시편을 불렀는지 보여주는 표제 : 시편에는 나팔, 비파, 수금, 소고, 현악, 퉁소, 제금 등의 다양한 악기들을 사용했음을 보여준다(시 150:3–6).
  - 현악 : 시편 4, 6, 12, 54, 55, 61, 67, 76편
  - (현악) 여덟 번째 줄(스미닛, שְׁמִינִית) : 시편 6, 12편
  - 관악 : 시편 5편
- 어떤 음조에 맞추어 시편을 불렀는지 보여주는 표제 : 이 음조들이 어떤 의미를 가지고 있는지 어원에 따라 짐작할 뿐이지 불분명하다.
  - 깃딧(גִּתִּית 〈 גַּת, 포도주 짜는 기구) : 시편 8, 81, 84편
  - 알다스헷(אַל־תַּשְׁחֵת, Do not destroy) : 시편 57, 58, 59, 75편
  - 소산님(שׁוֹשַׁנִּים, 백합화) : 시편 45, 69, 80편
  - 수산에둣(שׁוּשַׁן עֵדוּת, 언약의 백합화) : 시편 60편
  - 아앨렛샤할(אַיֶּלֶת הַשַּׁחַר, 새벽의 암사슴) : 시편 22편
  - 요낫 엘렘 르호김(יוֹנַת אֵלֶם רְחֹקִים, 멀리 있는 참나무에 앉은 비둘기) : 시편 56편
  - 뭇랍벤(מוּת לַבֵּן, 아들의 죽음) : 시편 9편

- 알라못(עֲלָמוֹת) : 시편 46편
- 마할랏(מַחֲלַת) : 시편 53, 88편
- 식가욘(שִׁגָּיוֹן) : 시편 7편

III. 시편의 편집과 기록연대

시편은 오랜 역사를 거쳐 편집되고, 전해지고, 수집되고, 배열되었다. 시편은 이스라엘 역사의 초기부터 후기 역사의 본문을 포함하고 있기 때문에 구약성경 전체의 축소판이라 할 수 있다. 또한 시편은 한 저자에 의해 쓰였거나 편집된 것이 아니라 다른 시대, 다른 배경에서 다른 저자들에 의해 쓰였거나 편집되었다(Wilson 2002, 20). 시편이 현재의 형태로 만들어지기까지 여러 모음집들이 수집되고 편집되었다는 실마리들이 있다.

1. 최종 편집 이전에 존재했던 시편들

현재의 시편이 있기까지 존재했을 것으로 보이는 시편들 가운데 대표적인 것이 다윗의 시다. 일반적으로 1권인 시편 3–41편은 다윗의 시다. 2권인 42–72편도 고라 자손과 아삽의 시와 솔로몬의 시(시 72편)를 포함하고 있다 할지라도 72:20에 "이새의 아들 다윗의 기도가 끝나니라"고 기록한다.[68] 이것은 최종 편집 이전에 편집자가 특별한 목적을 가지고 편집했을 개연성이 있음을 보여준다. 이 외에 작은 단위의 시편 모음인 고라 자손들의 시(시 42–49; 84–85; 87–88), 아삽의 시(시 50; 73–83), 성전에 올라가는 노래(시 120–134) 등이 있었다.

2. 의도적으로 편집하고 배열했다는 증거들

현재의 시편이 있기까지 누군가가 어떤 목적을 가지고 의도적으로 시편을 편집했다. 그 근거는 다음과 같다.

---

[68] 시편 72편의 경우 그 표제인 '솔로몬의 시'(리셔로모, לִשְׁלֹמֹה)는 '솔로몬을 위한 시'(for Solomon) 또는 '솔로몬에게 헌정한 시'(to Solomon)라는 의미도 있다.

(1) 하나님의 이름인 '여호와' (יהוה)와 '하나님' (엘로힘, אֱלֹהִים)의 사용빈도

시편의 각 권에 사용된 하나님의 이름을 도표로 만들어 보면 다음과 같다.

	여호와(יהוה)	하나님(אֱלֹהִים)
제1권(1-41편)	278	15
제2권(42-72편)	32	198
제3권(73-89편)	33	63
제4권(90-106편)	105	24
제5권(107-150편)	236	31

시편에 사용된 하나님의 이름의 빈도수는 시편의 특정한 상황을 반영해 주며 의도적으로 편집했다는 것을 보여준다.[69] 시편 14편과 53편은 동일한 시다. 그럼 에도 시편 14:2, 4, 7은 '여호와'로, 시편 53:2, 4, 6은 '하나님'이라는 이름을 사용하 고 있다. 이것은 편집자가 의도적으로 배열했다는 것을 보여준다. 이 경우 동일한 내용을 담고 있다고 할지라도 의미를 결정하는 것은 전후문맥이다. 예를 들면 시편 14편은 앞의 13편과 뒤의 15편이고, 시편 53편은 앞의 52편과 뒤의 54편이다.[70]

(2) 작은 단위의 시편 모음

작은 단위의 시편 모음은 마스길(42-45, 52-55편), 믹담(56-60편), 할렐루야 시 (111-118, 146-150편), 성전에 올라가는 노래(120-134편) 등이 있다.

(3) 동일한 시편

시편에는 다음의 도표에 있는 바와 같이 동일한 내용을 담고 있는 시들이 있다.

---

69 시편의 빈도수를 정확하게 계산하기에 어려움이 있다. 전치사를 포함한 연계형이 많기 때문 이다. 예를 들면 제1권인 시편 1-41편에는 하나님의 이름에 연계형을 포함하면 49번이 나타 난다. 연계형을 포함한 경우에 대한 예를 들면 시편 4:1에 '내 의의 하나님이여'(엘로헤이 치 드키, אֱלֹהֵי צִדְקִי와 같은 경우다.

70 시편의 문맥에 대하여 김성수(2005: 184-190)의 "시편에도 문맥이 있는가"를 참조하라.

시 14편	= 시 53편
시 40:13–17	= 시 70편
시 57:7–11	= 시 108:1–5
시 60:5–12	= 시 108:6–13

이 외에도 하나의 시를 두 개로 나눈 것처럼 보이는 시도 있다. 예를 들어 시편 9편과 10편은 알파벳 이합체(= 알파벳 두운 시)로 시편 9편은 '알레프'(a)부터 '카프'(k)까지, 시편 10편은 '라메드'(l)부터 '타우'(t)까지 되어 있다. 또한 시편 42편과 43편은 동일한 후렴구로 엮여 있다. 이러한 점은 누군가 편집했음을 알게 한다.

(4) 시편의 구조

시편은 시 선집이기 때문에 구조적 통일성을 분명하게 분석할 수 없다(Dumbrell 2002, 245). 그런데 시편은 다섯 권으로 나누어져 있다(1–41편; 42–72편; 73–89편; 90–106편; 107–150편). 각 권은 '이스라엘의 하나님을 찬양하는' 송영으로 마무리한다. 이것은 최종 편집자가 삽입했을 가능성이 있다. 그리고 시편 150편은 시편의 제5권만이 아니라 시편 전체를 결론짓는 송영이라고 할 수 있다. 이 송영에 '여호와를 찬양할지어다'라는 내용이 공통으로 나타나 있다. 그리고 시편 150편은 전체가 송영이다.

시 41:13
이스라엘의 하나님 여호와를 영원부터 영원까지 송축할지로다 아멘 아멘.

시 72:18–19
홀로 기이한 일들을 행하시는 여호와 하나님 곧 이스라엘의 하나님을 찬송하며 그 영화로운 이름을 영원히 찬송할지어다 온 땅에 그의 영광이 충만할지어다 아멘 아멘
이새의 아들 다윗의 기도가 끝나니라.

시 89:52

여호와를 영원히 찬송할지어다 아멘 아멘.

시 106:48

여호와 이스라엘의 하나님을 영원부터 영원까지 찬양할지어다 모든 백성
들아 아멘 할지어다 할렐루야.

시 150:1-6

할렐루야

그의 성소에서 하나님을 찬양하며

그의 권능의 궁창에서 그를 찬양할지어다

그의 능하신 행동을 찬양하며

그의 지극히 위대하심을 따라 찬양할지어다

나팔 소리로 찬양하며

비파와 수금으로 찬양할지어다

소고 치며 춤추어 찬양하며

현악과 퉁소로 찬양할지어다

큰 소리 나는 제금으로 찬양하며

높은 소리 나는 제금으로 찬양할지어다

호흡이 있는 자마다 여호와를 찬양할지어다

할렐루야.

이러한 여러 증거들은 시편이 긴 역사적 과정 속에서 최종 시의 편집자가 의
도적으로 동일한 저자나 제목이나 비슷한 주제에 따라 엮은 모음집이라는 것을
보여준다. 그리고 시편의 저자와 편집과정을 볼 때 시편의 기록연대를 확정하기
는 어렵지만 그 연대가 모세시대부터 바벨론 포로 이후 시대까지 아우른다는 것
을 알 수 있다.

IV. 시편의 유형

시편의 유형을 분류할 수 있는 일반적인 기준은 없다. 시편은 시(= 운문)라는 장르(genre)에 속한 글이지만 일반적으로 내용과 기능에 따라 유형을 분류한다.[71] 윌슨(Wilson 2002, 65)은 찬양시, 탄식시, 감사시의 세 범주로 유형을 분류했다. 이 시편의 유형을 좀 더 세분화하면 찬양시, 탄식시, 저주시, 감사시, 역사시, 제왕시, 지혜시, 메시아시 등으로 구분할 수 있다. 이 분류는 절대적인 것이 아니라 관점에 따라 다르게 볼 수 있다. 그럼에도 이 분류는 시편을 이해하는 일에 도움이 된다.

1. 찬양시(praise psalms)

찬양시는 자신이나 다른 사람에게 하나님을 찬양하도록 요청하는 내용을 담은 시다. 주로 하나님의 이름과 행하신 일과 속성과 인격에 초점을 맞추어 하나님을 창조주로, 온 세상을 통치하는 분으로, 혼란스러운 세상에서 변함없이 신뢰할 수 있는 분으로 묘사한다. 그래서 자연세계와 인간사에 나타난 하나님의 능력과 권위를 믿도록 호소한다(Wilson 2002, 65). 시편에 찬양시는 8, 19, 29, 47, 48, 65, 67, 92, 96, 100편, 할렐루야 시(111-118, 146-150편) 등이다. 찬양시는 대체로 다음과 같은 구조로 되어 있다(롱맨 1989, 28).

• 찬양하라는 요청으로 시작한다.
• 찬양해야 할 이유를 설명한다.
• 종종 찬양하라는 요청을 추가로 포함시키거나 찬양하라는 요청으로 끝맺는다.

---

71 드라이버(Driver 1956, 368-369)는 시편을 내용적으로 하나님의 섭리에 대한 시, 하나님의 임재에 대한 믿음, 신뢰, 기쁨 등을 표현한 시, 국가적인 시, 역사적인 시, 제왕시 등으로 분류했다. 궁켈(Gunkel 1967)은 기능적으로 찬송시, 공동체 탄식시, 개인시, 감사시, 제왕시 등으로 분류했다. 궁켈은 특정한 시가 생겨난 상황에 맞추어 그 시가 이스라엘의 삶에서 어떤 기능을 하였는지가 중요하다고 했다. 그의 방법론은 특정한 시의 유형(genre)을 파악함으로 그것이 어떤 상황의 삶에서 비롯되었는지 거슬러 올라감으로 파악하는 양식비평이다(Wilson 2002, 60).

찬양시의 가장 중요한 부분은 찬양해야 할 이유이다. 하나님을 찬양하는 것은 추상적인 속성 때문이 아니라 하나님의 백성들의 개인적이고 공동체적인 삶에 들어와 역사하셨기 때문이다. 저자가 찬양하라는 요청에서 이유를 기술하는 부분으로 넘어가는 전환은 히브리 시에서 쉽게 찾을 수 있다. 왜냐하면 대개 이유를 나타내는 접속사 '키'(כִּי)라는 단어가 붙어 있기 때문이다(롱맨 1989, 29).[72]

또한 시편에는 하나님의 성인 시온(= 예루살렘)을 중심주제로 삼는 찬양시가 있다. 이 시편들은 하나님이 선택하신 그 성과 성을 보호하시는 하나님을 찬양하고 있다. 이를 '시온의 노래'라고 부르는데 시편 46, 48, 76, 84, 87, 122편 등이 있다. 그러나 이 시편들은 찬양시가 가지고 있는 특징적인 구조가 없다(루카스 2015, 26).

2. 탄식시(lament psalms)

탄식시는 자신이나 공동체가 고통 속에 있을 때 하나님께 힘든 상황을 아뢰고 구원해 주시기를 요청하는 내용을 담은 시이다. 탄식시는 자신의 생각과 행동으로 인하여 탄식하는 경우도 있고, 대적들의 행동으로 말미암아 탄식하는 경우도 있다. 관점에 따라 다를 수 있으나 콜린스(2014, 1078)는 탄식시가 전체 시편의 1/3을 차지한다고 보았다. 개인 탄식시는 3, 5, 6, 7, 13, 17, 22, 25, 26, 27, 31, 35, 36, 38, 39, 40, 41, 42, 43, 51, 54, 55, 56, 57, 59, 61, 63, 64, 69, 70, 71, 77, 86, 88, 94, 102, 109, 120, 123, 130, 139, 140, 142, 143편, 공동체 탄식시는 10, 12, 44, 79, 80, 85, 90, 137편 등이 있다. 그리고 이 시에 35, 69, 105편 등은 저주시로 분류하기도 한다. 탄식시는 대개 다음의 구조로 되어 있다(롱맨 1989, 32).

- 하나님께 도움을 구하는 요청
- 불평이나 탄식
- 죄의 고백이나 무죄 고백
- 대적들에 대한 고소나 저주

---

[72] 영어 성경은 대개 for로 번역되어 있으나 아쉽게도 한글 성경은 번역이 안 된 곳이 많다. 시편의 경우 영어 성경과 대조하여 읽으면 이해하기가 쉽다.

- 하나님의 응답에 대한 확신
- 찬송이나 축복

　이러한 요소들이 탄식시에서 반드시 나타나는 것은 아니라 할지라도 이 구조가 많이 나타난다. 이 가운데 불평이 탄식시의 초점이다. 그것은 시편 저자가 탄식하며 기도한 것이 무엇인지 알게 하기 때문이다(롱맨 1989, 33). 그리고 죄를 고백하는 경우는 징계를 받아 고통을 당한다고 생각하기에 회개라 할 수 있다. 그러나 무죄를 고백하는 경우는 죄를 지은 일이 없는데도 핍박을 당하거나 어려움을 당하는 경우다. 그러나 대부분의 탄식시의 경우 하나님의 응답에 대한 확신을 가지면서 시편 저자가 가지고 있는 믿음을 고백한다.

3. 저주시(curse psalms)

　저주시는 대적들을 저주하는 내용을 담은 시다. 이 시편은 시편 35, 69, 109편 등과 여러 시편에 부분적으로 나타나 있지만 이해하기 어려운 요소가 있다. 예를 들면 다음과 같다.

> 그들이 까닭 없이 나를 잡으려고
> 그들의 그물을 웅덩이에 숨기며
> 까닭 없이 내 생명을 해하려고
> 함정을 팠사오니
> 멸망이 순식간에 그에게 닥치게 하시며
> 그가 숨긴 그물에 자기가 잡히게 하시며
> 멸망 중에 떨어지게 하소서
> (시 35:7-8).
> 그들의 밥상이 올무가 되게 하시며
> 그들의 평안이 덫이 되게 하소서
> 그들의 눈이 어두워 보지 못하게 하시며
> 그들의 허리가 항상 떨리게 하소서

주의 분노를 그들의 위에 부으시며

주의 맹렬하신 노가 그들에게 미치게 하소서

그들의 거처가 황폐하게 하시며

그들의 장막에 사는 자가 없게 하소서

(시 69:22-25).

멸망할 딸 바벨론아

네가 우리에게 행한 대로 네게 갚는 자가 복이 있으리로다

네 어린 것들을 바위에 메어치는 자는 복이 있으리로다

(시 137:8-9).

저주시를 이해하기 어렵게 만드는 것은 구약이나 신약에서 동일하게 명령하는 원수를 갚지 말고 이웃을 사랑하라는 계명(출 23:4-5; 레 19:18; 마 22:39; 롬 12:17, 19)과 조화되기 어렵다고 보기 때문이다. 그래서 과장법으로 자기주장을 표현한 것이라거나, 영적이며 비유적인 표현이라거나, 저주를 임하게 하는 주술이나, 심판에 대한 예언 등으로 해석했다(불록 2003, 387-394).

대표적인 저주시인 시편 35, 69, 109편 등은 대적들이 '까닭 없이' 또는 '부당하게'(시 35:7, 19; 69:4; 109:3) 악을 행한 일을 언급하고 있다. 저자는 이 일에 대하여 의로운 재판관이신 하나님이 대적들의 악행을 심판해 주시기를 구했다. 저주시를 넓은 문맥에서 보면 저자는 개인적으로 복수하기보다는 하나님이 보복하시고 심판하신다는 율법의 원리를 알고 있었던 것 같다(신 32:35; 참조. 잠 20:22; 롬 12:19). 왜냐하면 악인의 악행을 하나님에게 고발하며 하나님이 심판해 주시기를 구하기 때문이다.

또한 관심을 끄는 부분은 신약의 저자들이 저주시를 어떻게 이해했는가 하는 것이다. 예수님은 시편 35:19과 69:4을 인용하여 세상이 자신을 '이유 없이' 미워하게 될 것이라고 설명하셨다.

그러나 이는 그들의 율법에 기록된 바 그들이 이유 없이 나를 미워하였다

한 말을 응하게 하려 함이라(요 15:25).

예수님은 유월절에 성전에 올라가 성전을 깨끗하게 하셨다(요 2:13-16). 해설 사는 제자들이 예수님이 십자가에 죽으신 후에 시편 69:9을 인용하며 그 사건의 의미를 기억했다고 설명하였다(참조. 요 2:22).

> 제자들이 성경 말씀에 주의 전을 사모하는 열심이 나를 삼키리라 한 것을
> 기억하더라(요 2:17).

성령 강림 직전에 마가의 다락방에서 기도하던 중에 사도 베드로는 가롯 유다가 죽은 후에 다른 사람이 그 직분을 찾아야 할 정당성을 설명하면서 시편 69:25과 109:8을 인용하였다.

> 시편에 기록하였으되 그의 거처를 황폐하게 하시며 거기 거하는 자가 없게
> 하소서 하였고 또 일렀으되 그의 직분을 타인이 취하게 하소서 하였도다
> (행 1:20).

사도 바울은 유대인들이 복음을 믿지 않는 일에 다윗이 대적들에 관해 말한 시편 69:22-23을 인용하여 하나님이 그들의 마음을 완고하게 하신 결과로 해석 했다(Wessel 2002, 1763).

> 또 다윗이 이르되 그들의 밥상이 올무와 덫과 거치는 것과 보응이 되게 하
> 시옵고 그들의 눈은 흐려 보지 못하고 그들의 등은 항상 굽게 하옵소서 하
> 였느니라(롬 11:9-10).

신약의 저자들은 악인의 악행을 설명하거나, 하나님의 심판을 설명할 때 저 주시를 인용하였다. 이로 볼 때 저주시는 대적자들이나 악인들의 악행을 지적 하고 그 일에 대하여 하나님을 신뢰하고 하나님의 공의로운 심판을 요청하는 시 다. 이런 면에서 저주시를 탄식시로 분류할 수 있다. 그럼에도 저주시를 따로 분 류한 것은 저자가 저주를 단순히 개인의 복수심이 아니라 하나님의 공의로운 심 판으로 표현하기 때문이다.

신약의 저자들이 저주시를 인용한 것을 보면 시편에 있는 예언적인 내용이 성취된 것도 있지만 당시 시편 저자가 처했던 역사적 상황에서 했던 저주를 적용한 것도 있다. 이 경우에 저자들은 악인들의 악행에 대해 하나님의 심판을 구한다. 이러한 저주시는 관용을 베풀거나 '이웃 사랑'으로 해결할 수 있는 것이 아니라 폭력을 행하는 자들의 불의와 오만에 대한 것이다(Zenger 1996, 67). 이것은 악을 행하는 자들에게 하나님의 공의가 실현되기를 구하는 것이다. 성도는 인간 사회에 일어나는 악행에 대하여 분노하고, 저주하며 기도해야 할 때가 있다.

4. 감사시(thanksgiving psalms)

감사시는 하나님이 베푸신 은혜에 대하여 감사하는 내용을 담은 시다. 감사시는 찬양시와 탄식시의 한 영역을 차지하기도 한다. 대부분의 감사시의 핵심은 죄와 배신, 압제, 고통 또는 부조리한 세상의 위협 등과 연관되어 있다. 탄식시와의 차이점은 시간이다. 탄식시의 경우 고통은 저자의 현재적이며 계속적인 경험을 묘사한 반면, 감사시의 경우 고통이나 아픔을 과거에 일어난 사건으로 묘사한다. 또한 감사시는 이러한 고통과 함께 시편 저자의 삶에 들어와 구속하시고 상황을 바꾸시는 하나님의 구원하시는 능력과 은혜에 대한 확신을 재확인한다(Wilson 2002, 65-66). 감사시는 시편 104, 107, 116, 117, 136편 등이다.

감사시는 일반적으로 다음과 같은 구조로 되어 있다.

- 서론
  - 하나님의 이름을 부름
  - 감사하려는 저자의 의도
- 본론
  - 과거에 겪은 어려운 상황
  - 그 상황에서 저자가 구원을 위해 드린 기도
  - 여호와가 구원하신 행동에 대한 묘사
  - 저자가 했던 맹세를 이행했다는 것에 대한 묘사
- 결론

- 자신이나 회중을 향해 감사와 찬양을 촉구함

5. 역사시(history psalms)

역사시는 하나님이 과거에 이루신 구원의 사건을 회상하는 내용을 담은 시다. 역사시는 시편 77, 78, 89, 105, 106, 135편 등이다. 시편 77편은 출애굽 사건, 78편은 야곱과 언약을 맺은 사건부터 출애굽, 광야생활, 가나안 시대와 바벨론 포로 시대까지 베푸신 하나님의 은혜를 설명한다. 시편 89편은 다윗과 맺은 언약을 토대로 하나님의 백성들에게 적용하는 내용을 담고 있다. 시편 105편은 하나님이 아브라함을 택하신 일부터 광야시대까지 신실하게 인도하신 은혜를, 시편 106편은 출애굽부터 바벨론 포로시대까지 하나님이 은혜를 베푸셨음에도 이스라엘이 배반한 역사를 담고 있다. 이 역사시들은 시편 저자들이 다양한 관점과 논리로 역사를 서술하고 역사를 통하여 교훈하는 내용을 담고 있다.

6. 제왕시(royal psalms)

제왕시는 왕과 그의 정치적이고 사회적이며 종교적 임무와 관련된 내용을 담고 있는 시다. 일반적으로 제왕시는 시편 2, 18, 20, 21, 45, 72, 89, 101, 110, 132, 144:1-11 등이다(Wilson 2002, 66). 시편 20편은 왕에게 복을 내리기를 기원하며, 시편 21편은 왕이 하나님께 감사하고 하나님을 신뢰하는 마음을 표현하고 있다. 또한 시편 45편은 왕의 결혼을 축하하고 있다. 시편 2편과 132편은 왕의 역할과 연관되어 있고, 시편 20-21편과 110편은 왕의 군사적인 행동을 하나님이 지켜주시기를 구하고 있다(Wilson 2002, 67). 이러한 제왕시는 왕의 의로운 통치로 백성들이 복 받기를 원하는 내용을 담고 있다. 그리고 이 제왕시는 대부분 메시아 시편으로 기능하며 오실 왕이 이스라엘만이 아니라 온 세상을 다스리는 왕으로 묘사하기도 한다(참조. 시 72편). 제왕시는 뚜렷하게 구분되는 양식을 가지고 있지 않고 다양하며 내용이 하나님과 왕의 관계와 관련이 있다는 것이 특징이다(루카스 2015, 33).

7. 지혜시(wisdom psalms)

지혜시는 어떻게 사는 것이 복된 삶이며 지혜로운 삶인지의 내용을 담은 시다. 지혜시는 시편 1, 37, 49, 73, 112, 119, 127, 128편 등이다. 예를 들어 시편 1편은 어떤 사람이 복 있는 사람인지 대조를 통하여 보여준다.

복 있는 사람은
악인들의 꾀를 따르지 아니하며
죄인들의 길에 서지 아니하며
오만한 자들의 자리에 앉지 아니하고
오직 여호와의 율법을 즐거워하여
그의 율법을 주야로 묵상하는도다(시 1:1-2).

또한 시편 37편은 악인들 때문에 불평하지 말라고 권하며 그들의 번영은 풀과 같이 속히 베임을 당할 것이나 의인들은 하나님이 지켜주신다고 노래한다. 시편 119편은 성경에서 가장 긴 장으로 하나님의 법이 어떤 성격을 가지고 있고, 그 법을 지키는 일이 왜 복된 삶인지 설명한다. 시편 127-128편은 여호와를 경외하는 일이 왜 복된 삶인지 설명한다. 이처럼 지혜시는 참된 지혜는 여호와를 경외하며 그 말씀을 지키는 일이고, 그것이 복되다는 것을 다양한 방법으로 설명한다.

8. 메시아시(Messiah psalms)

메시아시는 그리스도의 인격과 사역을 예언하는 내용을 담은 시다. 예수님은 친히 시편을 언급하시며 자신에 관한 내용을 기록하였다고 하셨다(눅 24:44). 그러나 모든 시편이 넓은 의미에서 그리스도와 연관되기는 하지만 직접적인 연관이 있는 것은 몇 편되지 않는다. 일반적으로 메시아시는 시편 2, 8, 16, 22, 40, 45, 68, 69, 78, 89, 102, 109, 110, 118, 132편 등이다. 하지만 이 시편은 구속사적인 면에서 메시아의 인격과 사역과 연관되는 것은 사실이지만 일차적으로 당시의 사건과 연관되어 있다.

시편을 잘 이해하기 위하여 시편을 찬양시, 탄식시, 저주시, 감사시, 역사시, 제왕시, 지혜시, 메시아시 등으로 분류하지만 절대적인 것은 아니다. 시편은 어느 하나로 분류할 수 있는 것이 아니다. 왜냐하면 두 가지 이상의 다른 특징들을 담고 있는 것도 있기 때문이다. 예를 들어 시편 78편은 역사시와 지혜시기도 하고, 시편 45편은 제왕시와 지혜시 그리고 찬양시이기도 하다. 이것은 시편이 서로 완전히 분리된 것이 아니라 공통되는 특징을 가지고 있다는 것이다. 그래서 시편을 분류하되 여기에 얽매이지 말고 하나 이상의 범주에 놓고 연구하는 것이 유익하다(롱맨 2005, 43). 그럼에도 이러한 분류는 시편을 이해하는 일에 도움을 주기에 참조하면 유익하다.

분 류	시 편
찬양시	8, 19, 29, 47, 65, 67, 92, 96, 100, 124 시온의 노래 : 46, 48, 76, 84, 87, 122 할렐루야 시 : 111-118, 146-150
탄식시	개인 탄식시 : 3, 4, 5, 6, 7, 11, 13, 17, 22, 25, 26, 27, 28, 31, 35, 36, 38, 39, 40, 41, 42, 43, 51, 54, 55, 56, 57, 59, 61, 63, 64, 69, 70, 71, 77, 86, 88, 94, 102, 109, 120, 123, 130, 139, 140, 142, 143 공동체 탄식시 : 10, 12, 44, 79, 80, 85, 90, 137
저주시	35, 69, 109
감사시	30, 104, 107, 116, 117, 136
역사시	77, 78, 89, 105, 106, 135
제왕시	2, 18, 20, 21, 45, 72, 89, 101, 110, 132, 144:1-11
지혜시	1, 15, 19, 37, 49, 73, 112, 119, 127, 128
메시아시	2, 8, 16, 22, 40, 45, 68, 69, 78, 89, 102, 109, 110, 118, 132

V. 시편의 신학

많은 사람들은 '신학'을 성경의 진리를 전문적인 사람들만이 알 수 있는 특별한 지식이나 학문으로 생각한다. 그러나 신학(theology)은 헬라어 '테오로고스'(θεόλόγος)에서 온 말로 '하나님'이라는 '테오스'(theos, θεός)와 '말씀'이라는 '로고스'(logos, λόγος)가 결합된 말로서 '하나님의 말씀' 또는 '하나님에 대한 진리'를 말한다. 그래서 신학은 우리의 가슴을 뜨겁게 달구는 하나님의 말씀이다. 시편의 신학이라 함은 시편에서 하나님이 어떤 분이며, 어떤 일을 하셨고, 우리와 어떤 관계가 있으며, 어떻게 하나님을 알고 교제할 수 있는지, 그리고 사람은 어떤 존재이며, 그 가운데 언약 백성은 어떤 존재이고, 어떻게 살아야 하는지를 보여주는 내용을 말한다. 그러나 시편은 이 내용을 조직적으로 설명하지 않는다. 시편은 저자들이 삶에서 하나님과 만나 밀접하게 교제하는 가운데 경험한 신학을 제공해 준다(롱맨 1989, 66).

또한 시편은 다양한 시대에 다양한 목적과 다양한 방법으로 지은 시편들을 모은 모음집이기 때문에 시편이 담고 있는 내용은 신학적으로 다양할 수밖에 없다. 이 시편이 모두 150편으로 동일한 시가 몇 편 들어있거나 두 개의 시가 하나로 엮인 시도 있지만 각각 독립된 시로 이루어져 있다. 그러므로 시편에 담겨진 신학을 몇 가지로 요약한다는 것은 어렵다. 그럼에도 시편이 보여주는 핵심적인 신학을 이해하는 일은 시편을 이해하는 열쇠와 같다.

1. 하나님과 이스라엘의 언약 관계

성경은 하나님과 그 분의 백성 간의 관계를 '언약' 관계로 설명한다. 하지만 하나님과 사람 사이의 언약 관계는 사람과 사람 사이의 언약 관계와 다르다. 왜냐하면 하나님은 사람을 지으신 창조주이시고 자신의 눈높이를 낮추어 사람과 관계를 맺으시고, 조건을 정하시고 그 관계를 주권적으로 보존하시고 인도해 가시기 때문이다(웨스트민스터 신앙고백서 7장, "하나님이 사람과 맺으신 언약" 1-3항). 이 언약은 하나님이 주권적으로 시행하신 피로 맺은 유대 관계다(Robertson 1980, 15). 시편은 이러한 유대 관계를 다양한 비유적 언어로 표현한다. 그것은 하나님을 목자(시 23:1; 28:9; 80:1), 아버지(시 68:5; 89:26), 왕(시 5:2; 10:16), 용사(시 78:65) 등으로 표현한 것이나. 이러한 각각의 표현은 하나님이 자기 백성과 가지신 언약 관계의 특징적인 면을 강조한다. 그래서 언약은 하나님과 사람의 만남으로서 구약성경과 시편의 핵심을 차지한다. 다른 말로 하면 구약성경과 시편의 초점은 하나님과 사람의 만남이다(Dillard & Longman 1994, 228).

시편 저자들은 아브라함과 맺은 언약(창 12:1-3; 15:7-21; 17:1-21)과 시내산 언약(출 19:3-24:11), 다윗 언약(삼하 7:1-29) 등을 알고 있고, 온 우주와 세상을 창조하신 하나님이 그들의 하나님이 되시고, 그들은 하나님의 백성이 됨을 알고 있다. 그들은 하나님과 맺은 언약 관계에 근거하여 하나님께 말씀드리고, 하나님에 대하여 말하는 자들이다. 그래서 언약은 시편 신학의 많은 요소들을 하나로 묶어주는 개념이다(Dillard & Longman 1994, 228). 그래서 시편 저자들이 찬양하거나 감사하며, 때로는 탄식하며 기도하는 것은 언약 백성으로서의 반응이다. 이 언약 관계에서 시편 저자들은 역사와 율법을 강조한다.

(1) 역사

하나님과 언약 백성의 관계는 언약을 맺을 당시와 갱신할 때 있었던 역사적 사건과 밀접한 연관이 있다(출 20:2; 신 1:6-4:49; 수 24:2-13; 삼상 12:8-15). 역사를 기억하는 것은 시편 저자들에게 중요하다. 시편 저자들은 하나님이 자기 백성을 위해 과거에 행하신 구원과 사랑의 행동을 반복하여 언급한다. 하나님의 백성들은 그 역사를 들음으로 기쁨의 이유를 찾았다(시 98:1-3). 또한 고통과 역경 가운데 있을 때 역사 가운데 행하신 하나님의 은혜로운 행동을 회상했다(시 77:1-72). 많은 시들이 역사적 요소들을 가지고 있지만 특히 몇몇 시편들은 그 핵심 목적이 하나님의 은혜로운 행동을 다시 말해주는 것이다(시 78, 105, 106, 136). 그래서 하나님이 그의 백성과 맺은 언약은 추상적이지 않다. 하나님은 역사의 영역에 들어오셔서 이스라엘을 위해 행동하신다(Dillard & Longman 1994, 229). 시편 저자들이 역사 가운데 행하신 은혜로운 행동을 반복하여 언급하는 것은 과거를 회상하고 현재를 조명하며 미래로 나아가기 위한 것이다.

(2) 율법

하나님은 이스라엘을 애굽에서 구원해 내신 후에 시내산에서 언약을 맺으시면서 율법을 주셨다. 하나님은 이 율법을 이스라엘을 애굽의 압제에서 구원해 내신 후에 언약을 맺으실 때 주셨다. 이때 하나님이 주신 율법은 하나님을 사랑하고 섬기며 교제하는 방법이다. 또한 언약 백성의 삶의 특성을 보여준다. 이러한 삶은 언약의 목표인 하나님 나라를 이루는 방법이다.[73]

시편 저자들은 이러한 언약 관계에서 율법을 찬양하고, 율법을 지켜야 할 의무를 강조한다(시 78:1, 7, 10; 89:31). 특히 시편 저자들은 언약 백성이 율법을 지키는 일이 얼마나 유익하고 좋은지 다양한 비유적 언어들을 통해 설명한다. 예를 들면 다음과 같다.

오직 여호와의 율법을 즐거워하여

그의 율법을 주야로 묵상하는도다

그는 시냇가에 심은 나무가 철을 따라 열매를 맺으며

그 잎사귀가 마르지 아니함 같으니

그가 하는 모든 일이 다 형통하리로다(시 1:2-3).

여호와의 율법은 완전하여 영혼을 소성시키며

여호와의 증거는 확실하여 우둔한 자를 지혜롭게 하며

여호와의 교훈은 정직하여 마음을 기쁘게 하고

여호와의 계명은 순결하여 눈을 밝게 하시도다

여호와를 경외하는 도는 정결하여 영원까지 이르고

여호와의 법도 진실하여 다 의로우니

금 곧 많은 순금보다 더 사모할 것이며

꿀과 송이꿀보다 더 달도다(시 19:7-10).

---

[73] 출애굽기 19:1-24:11에 기록된 시내산 언약에서 율법이 어떤 기능을 하는지 참조하라.

시편 저자들은 하나님과 맺은 언약 관계를 배경으로 하나님을 신뢰하기도 하고, 회개하기도 하고, 부르짖기도 한다. 왜냐하면 시편은 언약 관계에서 우리가 하나님에 대하여 믿어야 할 내용도 있고, 한편으로는 언약 백성으로서 하나님을 믿고 순종해야 할 책임적인 내용도 있기 때문이다. 그것은 구체적으로 율법을 지킴으로 나타난다.

2. 하나님에 대한 묘사

(1) 초월적이며 내재적인 하나님

시편 저자들은 하나님을 모든 역사와 땅과 하늘을 창조하시고, 그 가운데 사람을 창조하시고 통치하시는 초월적인 분으로 설명한다(시 28:5; 95:6; 100:3; 103:19, 104:24; 136:4-9).

> 여호와께서 그의 보좌를 하늘에 세우시고
> 그의 왕권으로 만유를 다스리시도다(시 103:19).

> 주께서 옷을 입음 같이 빛을 입으시며
> 하늘을 휘장 같이 치시며
> 물에 자기 누각의 들보를 얹으시며
> 구름으로 자기 수레를 삼으시고
> 바람 날개로 다니시며
> 바람을 자기 사신으로 삼으시고 불꽃으로
> 자기 사역자를 삼으시며
> 땅에 기초를 놓으사
> 영원히 흔들리지 아니하게 하셨나이다(시 104:2-5).

초월적인 하나님은 창조주로서 창조세계를 오묘하게 다루시며, 그것들을 그의 뜻대로 움직이시는 분이다(벌럭 1999, 203). 동시에 시편 저자들은 초월적인 하나님을 이스라엘 공동체 안에서 그들을 주관하시는 주로, 개인적으로 각 사람들의 삶에 직접 관여하시고 도우시는 내재적인 하나님으로 묘사한다. 시편 저자들은 하나님의 내재적 성격을 이해하기 쉬운 용어로 바꾸어 그에게 간구하는 각 사람들을 도우시는 분으로 묘사한다. 그들은 초월적 하나님을 그의 양들을 돌보는 목자(시 23:1; 8:1), 새끼들을 그의 날개 아래 보호하는 새(시 91:4), 자기 백성을 공의로 판결하시는 분(시 50:4, 6), 반석, 요새, 건지시는 분, 피할 바위, 방패(시 18:2) 등의 이미지로 설명한다(벌럭 1999, 205-206). 시편 저자들은 하나님의 초월적 속성과 내재적 속성을 반복하여 언급한다. 이것은 하나님이 그들이 처한 당시의 여러 상황에서 찬송과 믿음과 위로와 소망의 근거가 된다는 것을 밝히기 위함이다.

(2) 교만한 자를 미워하시고 겸손한 자를 기뻐하시는 하나님

시편 저자들은 하나님을 교만한 자들을 미워하시는 분으로 묘사한다. 하나님은 교만하고 악한 자들을 미워하시고 갚으시지만 겸손하고 진실한 자들을 보호하신다.

악인은 그의 교만한 얼굴로 말하기를
"여호와께서 이를 감찰하지 아니하신다" 하며
그의 모든 사상에 "하나님이 없다" 하나이다(시 10:4).

너희 모든 성도들아 여호와를 사랑하라
여호와께서 진실한 자를 보호하시고
교만하게 행하는 자에게 엄중히 갚으시느니라(시 31:23).

여호와께서 겸손한 자들은 붙드시고
악인들은 땅에 엎드러뜨리시는도다(시 147:6).

여호와께서는 자기 백성을 기뻐하시며
겸손한 자를 구원으로 아름답게 하심이로다(사 149:4).

교만한 자들은 하나님이 없다고 생각하고 세상의 부와 지위와 안전을 얻기 위하여 어떤 힘이든지 무자비하게 휘두르며, 그들 스스로기 법이며, 그들이 원하는 대로 다른 사람들을 착취한다. 그래서 시편에서 이러한 종류의 교만을 모든 악의 근본으로 간주한다. 교만한 자들은 한 때 번성하는 것 같지만 하나님이 심판하신다. 반대로 진실하게 행하는 겸손한 자들은 하나님이 기뻐하시고 그들에게 은혜를 주신다. 이러한 결과는 겸손하게 여호와를 경외하며 살도록 도전한다.

③ 공의로 재판하시는 하나님

시편 저자들은 하나님을 공의로 재판하시는 분으로 묘사한다. 특히 하나님은 사회적으로 소외되고 힘이 없어 억울하게 고통 받는 자들을 정의로 재판하신다.

> 하나님은 의로우신 재판장이심이여
> 매일 분노하시는 하나님이시로다(시 7:11).

> 그의 거룩한 처소에 계신 하나님은
> 고아의 아버지시며 과부의 재판장이시라(시 68:5).

사람들은 악한 자들의 거짓된 말과 행동을 정당하게 재판할 수 없다. 그러나 하나님은 악한 자들의 행위와 그 비밀스러운 마음의 동기까지 아신다. 하나님은 선하고 신실한 재판관으로서 자기 힘으로 방어할 능력이 없어 학대받는 자들을 보호하시는 분이다. 이것이 시편에서 '가난하고 궁핍한 자들'이 하나님께 담대하게 부르짖을 수 있는 이유다. 또한 자주 "여호와여 왜?"(우리를 구원하지 않으시나이까?), "여호와여 언제까지?"라고 부르짖는 이유다(Stek 2002, 782).

3. 사람에 대한 묘사

(1) 하나님의 형상으로 창조된 존귀한 사람

시편 저자들은 인간의 다양한 모습을 설명한다. 하나님은 사람을 창조하셨을 뿐만 아니라 그에게 모든 만물을 다스리는 권세를 주셨다.

> 여호와가 우리 하나님이신 줄 너희는 알지어다
> 그는 우리를 지으신 이요
> 우리는 그의 것이니
> 그의 백성이요
> 그의 기르시는 양이로다(시 100:3).

> 사람이 무엇이기에 주께서 그를 생각하시며
> 인자가 무엇이기에 주께서 그를 돌보시나이까
> 그를 하나님보다 조금 못하게 하시고
> 영화와 존귀로 관을 씌우셨나이다
> 주의 손으로 만드신 것을 다스리게 하시고
> 만물을 그의 발 아래 두셨으니(시 8:4-6).

이러한 표현들은 사람은 이 세상에 우연히 생긴 존재가 아니라 하나님의 섭리 안에 중심적인 존재로 창조되었음을 알게 한다(벌럭 1999, 207). 특히 구속받은 언약 백성은 하나님의 백성으로 특별한 관계에 있는 자라고 설명한다. 하나님은 그의 백성을 그가 임재하시는 성소로 삼으시고 교제하시며 그의 통치를 수행하신다(시 114:2). 이 점은 언약 백성으로 하여금 그의 위치를 알게 하여 하나님께 무엇이든지 구할 수 있고, 동시에 만물을 다스리는 권세와 책임을 가진 자라는 것을 알게 한다.

(2) 죄로 타락한 사람

또한 시편은 사람이 존귀한 자로 지어진 것은 사실이지만 죄로 타락한 존재이고, 연약하고 악한 본성을 가진 존재임을 보여준다.

사람은 존귀하나 장구하지 못함이여

멸망하는 짐승 같도다(시 49:12).

그의 입에는 저주와 거짓과 포악이 충만하며

그의 혀 밑에는 잔해와 죄악이 있나이다(시 10:7).

내가 죄악 중에서 출생하였음이여

어머니가 죄 중에서 나를 잉태하였나이다(시 51:5).

시편 저자들은 이러한 사람의 다양한 모습을 보여주어 하나님의 은혜 안에서 사람들이 구원을 발견할 수 있을 것이라는 희망을 불어 넣는다(벌럭 1999, 207).

4. 성전과 예루살렘(= 시온)에 대한 묘사

시편 저자들은 성전과 예루살렘에 대하여 다양한 방법으로 설명한다. 성전을 하나님이 임재하시고 그의 백성과 만나 교제하는 장소로 설명한다.

너희는 시온에 계신 여호와를 찬송하며

그의 행사를 백성 중에 선포할지어다(시 9:11).

성소에서 너를 도와주시고

시온에서 너를 붙드시며(시 20:2).

시편 저자들은 성전을 하나님이 임재하시며 그의 백성과 교제하시며, 통치를 수행하시는 곳으로 설명하지만 성전은 구속사적인 면에서 볼 때 궁극적으로 그리스도의 교회와 관련이 있다. 그리고 그들은 성전을 그리스도의 초림으로 시작되는 구속의 새로운 시대를 그리스도 안에서 바라보았고, 그리스도의 재림으로 완성될 것을 바라보았을 것이다(Stek 2002, 783).

VI. 시편의 기록 목적

시편은 150편으로 이루어져 있기에 한 가지의 기록 목적을 가지고 있다고 말할 수 없다. 하지만 시편의 문학적 구조와 신학을 보면 어떤 목적으로 기록되었는지 알 수 있다. 시편은 다섯 권으로 나누어져 있다(1–41편; 42–72편; 73–89편; 90–106편; 107–150편). 그리고 시편의 각 권은 '이스라엘의 하나님을 찬양하는' 송영으로 마무리한다(시 41:13; 72:18–19; 89:52; 106:48; 150:6). 이것은 시편이 성전예배나 개인의 삶에서 하나님을 찬양하게 하려는 목적으로 기록되었음을 보여준다. 또한 시편의 히브리어 책 이름인 '터히림'(תְּהִלִּים)도 이 사실을 뒷받침한다.[74]

그러면 어떤 하나님을 어떻게 찬양하고 있는가? 하나님은 그의 백성과 언약을 맺으시고, 역사 가운데 초월적인 능력으로 구원하시고, 하나님의 백성답게 살아가도록 율법을 주셨다. 이 기초 위에서 성도들은 믿음과 기도와 율법을 지켜 행함으로 하나님을 찬양한다. 그래서 우리는 시편이 여러 다양한 상황에서 어떻게 믿음과 기도로 하나님께 나아가 하나님과 교제하며 찬양하는지 다양한 경건의 방법을 보여주어 언약 백성으로 합당하게 살게 하려는 목적으로 기록되고 편집되었다는 것을 알 수 있다.

VII. 시편의 특징(시편을 분석하는 방법)

시편은 시로 된 하나님의 말씀이기 때문에 시의 특징을 가지고 있다. 그 특징은 간결성, 평행법(= 대구법), 이미지, 반복이다. 이 특징을 이해하는 것은 시편을 분석하는 방법이기도 한다.

1. 간결성(terseness)

히브리 시의 첫 번째 특성은 간결하고 짧다는 것이다. 이와 대조적으로 산문은 길다(Longman 1987, 121). 히브리 시는 소절이나 시구(colon)로 되어 있고, 의미

---

74 이 이름은 '찬양하다'라는 히브리어 동사 '하랄'(הלל)에서 나온 단수 명사인 '터힐라'(תְּהִלָּה)의 복수형이다.

론적으로나 문법적 반복에 의해 행을 이룬다(Longman 1987, 122). 이러한 점에서 히브리 시의 간결성을 위한 상치는 크게 두 가시가 있다.

첫째, 생략(ellipsis)이다. 대개 첫 소절에서 사용한 명사나 동사가 다음 소절에서 생략된다(Longman 1987, 122). 예를 들면, 다음과 같다.

시편 1:1

복 있는 사람은 / 악인들의 꾀를 따르지 아니하며

/ 죄인들의 길에 서지 아니하며

/ 오만한 자들의 자리에 앉지 아니하고

시편 33:12

여호와를 자기 하나님으로 삼은 나라 /

곧 하나님의 기업으로 선택된 백성은 / 복이 있도다

시편 1:1은 명사인 '복 있는 사람'을 생략한 경우이고, 시편 33:12은 동사인 '복이 있도다'를 생략한 경우다.

둘째, 접속사와 불변화사(particles)를 거의 쓰지 않는다. '그리고', '그러나' 등의 접속사와 '그때'(then), '…할 때'(when), 논리 지시어인 '그러므로', '왜냐하면' 등도 잘 쓰지 않는다. 이 점은 본문 안에 의도적인 모호함을 끌어들이는 약점이 있다(Longman 1987, 122). 그럼에도 모호함은 의미가 다르지 않다면 다양하게 이해될 수 있다. 하지만 흥미롭게도 중요한 의미와 논리 흐름에 필요하다면 히브리 시는 접속사와 불변화사를 사용하기도 한다.

2. 평행법(parallelism)

히브리 시의 두 번째 특성은 평행법을 사용한다는 것이다. '평행법'은 동일한 단어가 아니라 유사한 개념이나 의미를 가진 단어와 동일한 문법 구조를 사용하여 의미를 구체적이고 풍성하게 하는 문학적 장치다. 로쓰(Lowth 1923, 204-205, 201-216)는 평행법을 한 절이나 행이 다른 절이나 행과 동일하거나 유사하거나 평행을 이루는 것이라고 했다. 그리고 그는 평행법을 한 진술이 표현되고, 그 뒤따르는 또 다른 진술이 추가로 붙여지거나 그 진술 아래 덧붙여질 때, 두 번째 진술은 첫 번째 진술과 의미상으로 똑같거나 반대되고, 문법적인 구성에 있어서 유사한 형식을 취한다고 했다. 이 평행법을 유사 평행법, 대조 평행법, 그리고 종합 평행법 등으로 구분했다. 이러한 평행법을 기초로 알터(Robert Alter 1985, 3-26)는 히브리 시는 유사한 것을 피하는 경향 때문에 한 줄에 어떤 것을 소개하고 다음 줄에서는 더 구체적으로 거기에 집중(focusing)하는 경향이 있다고 했다. 평행법은 의미를 강화하고 집중하는 효과가 있다.

(1) 유사 평행법(synonymous parallelism)

유사 평행법은 한 행에 뒤따르는 두 번째 행이 구조적으로 앞 행과 평행을 이루며 앞 행의 의미를 유사하게 반복하는 것이다. 이것은 첫 행의 의미를 확장하고, 구체화하고, 강화한다.

시편 7:16

a	b	c
그의 재앙은 / 자기 머리로	/ 돌아가고
그의 포악은 / 자기 정수리에 / 내리리로다

시편 19:1
하늘이 / 하나님의 영광을 / 선포하고
궁창이 / 그 손으로 하신 일을 / 나타내는도다

시편 7:16에서 '재앙'과 '포악'은 같은 의미이며, '자기 머리'와 '자기 정수리' 그리고 '돌아오고'와 '내리리로다'라는 표현 역시 같은 뜻이다. 시편 19:1에서는 '하늘'은 일반적인 용어이고(창 1:1), 여기에 대응하는 '궁창'은 좀 더 구체적인 표현으로서 땅 위의 공간을 가리킨다(창 1:6-8). 이와 함께 '하나님의 영광'은 하나님의 임재를 표현하는 일반적인 뜻이고 '그 손으로 하신 일'은 같은 의미이지만 좀 더 구체적인 뜻이다. 또한 '선포하다'라는 의미를 좀 더 구체적으로 '나타낸다'로 사용한다. 이처럼 유사 평행법은 일반적인 것에서 구체적인 것으로 옮겨간다.

(2) 대조 평행법(antithetic parallelism)

대조 평행법은 첫 행에 뒤따르는 행이 첫 행의 의미와 대조적으로 표현된 것이다. 이 경우 대부분 문법 구조가 같다. 이것은 잠언서에 많이 나타난다. 잠언 10:1-15:29은 주로 대조 평행법으로 기록되어 있다.

> 시편 1:6
> 무릇 의인들의 길은 / 여호와께서 인정하시나
> 악인들의 길은　　　/ 망하리로다

> 잠언 10:1
> 지혜로운 아들은 / 아비를 기쁘게 하거니와
> 미련한 아들은　　/ 어미의 근심이니라

(3) 종합 평행법(synthetic parallelism)

종합 평행법은 첫 행의 의미가 뒤따르는 행에 의해 확장되고 보완된 것이다. 이것을 평행법으로 보기에 무리가 있다고 보는 견해도 있다. 그럼에도 이것은 히브리 시의 구조를 이해하는데 중요한 통찰력을 준다.

① 진술과 보완(진술 → 보완)

시편 1:2-3
- 오직 여호와의 율법을 즐거워하여 그의 율법을 주야로 묵상하는도다
- 그는 시냇가에 심은 나무가 철을 따라 열매를 맺으며 그 잎사귀가 마르지

아니함 같으니 그가 하는 모든 일이 다 형통하리로다

이 경우에 첫 행의 의미는 뒤따르는 행에서 의미가 더 확장되고 설명된다.

② 진술과 이유(진술 → 이유)

시편 98:1
- 새 노래로 여호와께 찬송하라
- 그는 기이한 일을 행하사 그의 오른손과 거룩한 팔로 자기를 위하여 구원을 베푸셨음이로다

③ 진술과 결과(진술 → 결과)

시편 67:7
- 하나님이 우리에게 복을 주시리니
- 땅의 모든 끝이 하나님을 경외하리로다

d. 진술과 질문(진술 → 질문)

시편 6:5
- 사망 중에서는 주를 기억하는 일이 없사오니
- 스올에서 주께 감사할 자 누구리이까

④ 질문과 대답(질문 → 대답)

시편 119:9
- 청년이 무엇으로 그의 행실을 깨끗하게 하리이까
- 주의 말씀만 지킬 따름이니이다

평행법은 성경의 시뿐만 아니라 히브리 언어관습에 대한 이해를 주어 하나님의 말씀을 이해하는 일에 도움을 준다. 루이스(2002, 10-11)는 시편의 이러한 특성을 가리켜 "기가 막힌 행운이거나, 하나님의 지혜로운 섭리에 따라 우리에게 주신 선물"이라고 했다. 그는 예수님께서도 이 평행법을 즐겨 사용했다고 하면서 다음의 예를 들었다.

> 너희가 비판하는 그 비판으로
> 너희가 비판을 받을 것이요
> 너희가 헤아리는 그 헤아림으로
> 너희가 헤아림을 받을 것이니라 (마 7:2).

이 절에서 하반절은 어떤 논리를 더해주지 않지만 다른 표현을 사용하여 상반절을 메아리치게 한다. 즉 비판하는 것이 헤아리는 것으로 구체화된다.

> 구하라 그러면 너희에게 주실 것이요
> 찾으라 그러면 찾을 것이요
> 문을 두드리라 그러면 열릴 것이니라 (마 7:7).

예수님은 첫 절에서 권면한 후에 뒤따라 나오는 절에서 다른 이미지를 두 번이나 사용하여 그의 권면을 반복하여 강조하신다. 여기에는 교훈적이며 실천적인 목적이 있다. 그것은 리듬이 넘치는 표현과 사람을 끌어당기는 표현을 통하여 영원히 기억해야 할 진리를 잊을 수 없게 한다.

3. 반복(repetitions)

히브리 시의 세 번째 특징은 반복을 많이 사용한다는 것이다. 반복은 기억을 쉽게 하고, 앞의 내용을 환기시키며, 시의 핵심을 강조하는 기능이 있다. 반복에는 단어와 구의 반복, 수미쌍관법, 후렴, 주제어 반복 등이 있다.

(1) 수미쌍관법(inclusio)

수미쌍관법은 한 시나 연이 비슷하거나 같은 단어와 구로 시작하고 마치는 것을 말한다. 이러한 반복은 반복되는 단어나 구 안에 시나 연을 감싸며 그 내용의 범위와 성격과 주제를 분명하게 보여주는 효과가 있다.

시편 8:1, 9

"여호와 우리 주여, 주의 이름이 온 땅에 어찌 그리 아름다운지요!"

시편 106; 113; 135; 146-150

"할렐루야!"

(2) 후렴(refrain)

후렴은 한 행이나 여러 행이 일정한 간격을 두고 거의 똑같이 반복되는 것을 말한다.

시편 136

"그 인자하심이 영원함이로다."

시편 42:5, 11; 43:5

"내 영혼아 네가 어찌하여 낙심하며 어찌하여 내 속에서 불안해 하는가 너는 하나님께 소망을 두라 그가 나타나 도우심으로 말미암아 내 하나님을 여전히 찬송하리로다."

(3) 주제어 반복

어떤 시나 본문은 주제어를 반복하여 사용함으로 주제가 무엇인지 알게 해준다. 예를 들면 시편 121편에 '여호와'가 다섯 번(시 121:2, 5곱하기 2, 7, 8)이 나오고, '지키다'라는 동사가 여섯 번(시 121:3, 4, 5, 7곱하기 2, 8)이 반복적으로 나온다.

그리고 대명사 '너'가 열 번(시 121:3곱하기 2, 5곱하기 3, 6, 7곱하기 2, 8곱하기 2)가 반복적으로 나온다. 이것은 여호와가 너를 지키시는 분이심이 주제라는 것이다.

4. 이미지(image)

히브리 시의 네 번째 특징은 많은 이미지를 사용한다는 것이다.[75] 문학적 이미지는 언어로 독자의 마음에 무엇인가 연상시키는 감각작용이다(Longman 1987, 128). 히브리 시에서 이미지는 주로 비유적 언어를 말한다. 일반적으로 가장 많이 사용되는 비유적 언어는 'A는 B다'라는 유형의 은유(metaphor)와 'A는 B와 같다'라는 유형의 직유(simile)가 있다.

비유적 언어의 특징은 그림이나 느낌으로 연상된다는 것이다.[76] 예를 들면 "야곱의 하나님은 우리의 피난처시로다"(시 46:7, 11)는 시각적으로, "나의 기도가 주의 앞에 분향함과 같이 되며"(시 141:2)는 후각적으로, "우매한 자들의 웃음소리는 솥 밑에서 가시나무가 타는 소리 같으니"(전 7:6)는 청각적으로 개념이 연상된다.

비유에는 제유법(synecdoche)과 환유법(metonymy)도 있다. 제유법은 사물의 부분을 통해 전체를 표현하는 방법이다. 예를 들어 "나의 영혼이 주를 가까이 따르니 주의 오른손이 나를 붙드시거니와" (시 63:8)에서 '주의 오른손'을 하나님의 한 지체로 표현하였지만 하나님의 모든 인격과 능력을 뜻한다. 환유법은 사물의 속성을 통해 그 사물의 전체나 자체를 표현하는 방법이다. 예를 들어 "하나님이여 주의 보좌는 영원하며 주의 나라의 규는 공평한 규이니이다"(시 45:6)에서 '주의 보좌'와 '주의 나라의 규'는 환유로 주의 왕권과 통치를 뜻한다.

히브리 시에서 이러한 이미지를 사용하는 것은 생동감을 증대시키고 개념을 분명하게 이해시키기 위한 것이다. 예를 들어, 시편 23편은 목자와 양이라는 이

---

75 '이미지'(image)는 모습, 영상, 인상, 개념, 상징, 수사적 비유(직유, 은유) 등을 의미한다. 이 책에서는 이러한 의미를 다 담을 수 있는 개념으로 보고 부득이 외래어로 표기했다.

76 케어드(Caird 1980, 145ff)는 은유를 지각적, 실용적, 공감각적, 정서적 은유로 세분화했다. 하지만 은유를 세분화하여 복잡하게 생각할 필요가 없다. 은유는 우리의 감각으로 보고 느끼게 하는 비유적 언어(figurative language)이기 때문이다.

미지와 잔치의 주인과 손님이라는 이미지를 사용하여 하나님과 우리와의 관계를 설명한다. 이미지는 의미를 복잡하게 만드는 것이 아니라 그림으로 연상시켜 단순하게 만든다. 그리고 히브리어는 형용사와 추상적인 용어들이 많지 않은 대신에 상징이나 비유를 많이 사용한다(Robinson 1947, 25). 그러므로 이미지는 히브리 시를 이해하는 열쇠다.

5. 기타(교차대구법, 알파벳 이합체 등)

히브리 시는 이 외에도 다양한 문학적 장치들을 활용하여 핵심적인 교훈을 전달한다.

(1) 교차대구법(chiasmus)

교차대구법은 넓은 의미로 교차대칭구조에 속하는 것으로 두 가지 개념만을 서로 교차하여 배치하는 문학 장치다. 이것을 특히 '교차대구법'(chiasmus)이라 부르는 것은 이 구조를 도식화하면 헬라어로 '카이'(X)가 되기 때문이다. 일반적으로 이러한 경우를 조사해 보면 두 가지 개념이 서로 밀접한 연관성을 가지고 있어서 함께 강조되어야 할 필요성이 있을 때 사용한다. 이 경우 한글 번역으로 본다면 대구법이지만 히브리어는 한글과 어순이 다르기 때문에 서로 교차된다. 이러한 장치는 구약성경만이 아니라 신약성경에도 나타난다.

시편 19:1(개역개정판 어순)

하늘이 / 하나님의 영광을   / 선포하고
궁창이 / 그 손으로 하신 일을 / 나타내는도다

시편 19:1(히브리어 성경)

(b)כְּבוֹד־אֵל   הַשָּׁמַיִם מְסַפְּרִים(a)

(a′)מַגִּיד הָרָקִיעַ:   וּמַעֲשֵׂה יָדָיו(b′)

하늘이 선포하고(a)   / 하나님의 영광을(b)

그 손으로 하신 일을(b')   / 너디네는도다 궁창이(a')

잠언 2:4(히브리어 성경 어순)

כֶּסֶף(b)   אִם־תְּבַקְשֶׁנָּה(a)

תַחְפְּשֶׂנָּה:(a')   וְכַמַּטְמוֹנִים(b')

만일 네가 그것을 구하면(a)   은과 같이(b)

또 감추인 보배같이(b')   네가 그것을 찾으면(a')

요한복음 14:15-21

A 너희가 나를 사랑하면(a) 나의 계명을 지키리라(b)

   X 삽입구 : 보혜사를 보내실 것을 약속하심(요 14:16-20)

A' 나의 계명을 지키는 자라야(b') 나를 사랑하는 자니(a')

이 구조를 도식화하면 다음과 같이 할 수 있습니다.

(2) 알파벳 이합체 혹은 알파벳 두운 시(alphabetic acrostic)

알파벳 이합체 시는 히브리어 알파벳의 순서에 따라 각 행의 첫 글자를 시작하거나, 각 행의 첫 글자를 짜 맞추면 말이 되는 시들을 가리킨다. 예를 들면 시편 9/10, 25, 34, 37, 111, 112, 119, 145; 잠언 31:10-31; 애가 1, 2, 3, 4장 등이 있다.

(3) 연의 형식(strophic pattern)

일반적으로 히브리 시를 읽을 때 내용적으로는 연을 구분할 수 있으나 전해져 온 본문 자체로는 연을 구분하기 어렵다. 하지만 시편 119편이 알파벳 시로 각 연이 8절의 규칙적인 형식으로 구성된 것이나, 시편 107편이 네 개의 평행구조가 존재하는 것으로 보아 내용이나 사고의 단위로써 연의 형식이 있었다는 것을 알 수 있다. 연의 형식은 주제를 전달하는 논리를 보여준다.

성경 저자들이 다양한 문학적 장치들을 사용하여 시를 기록한 것은 시의 구조와 아름다움을 알게 하여 기억의 효과를 높이기 위한 것이다. 특히 알파벳 이합체 시는 시의 외적인 아름다움도 있지만 기억하기 쉽게 하려는 것이다. 기억의 효과를 높이기 위하여 음성적인 기교를 사용하기도 한다. 예를 들면 각 단어들이나 각 음절에서 비슷한 소리들을 사용하는 두운법(alliteration)과 한 절에서 비슷한 모음을 반복하는 모운법(assonance)이 있다. 그리고 단어의 소리와 의미를 교묘하게 이용하는 재담(paronomasia)도 있다(벌럭 1999, 44-47). 그러나 이러한 음성적 기교를 번역하는 일은 거의 불가능하다(벌럭 1999, 45). 특히 한글의 특성상 이러한 의미를 살리는 일은 더 어렵다.

VIII. 내용

내용 구조
제1권 : 시 1-41편
제2권 : 시 42-72편
제3권 : 시 73-89편
제4권 : 시 90-106편
제5권 : 시 107-150편

제1권 : 시편 1-41편

현재 성경이 제1권을 1-41편으로 구분하고 있지만 1-2편은 시편 전체의 서론이다. 시편 1편은 복 있는 사람은 어떤 사람인지, 그 미래가 어떤 삶인지 악인의 삶과 대조하여 보여주고, 시편 2편은 어떻게 복 있는 사람으로 사는 것이 가능한지 보여준다.

제1권은 여호와(יהוה) 시편으로 알려져 있다. 그것은 제1권에 하나님의 이름인 '여호와'가 278번 나오고, '엘로힘'(אלהים)은 불과 15번만 나오기 때문이다. 이 외에도 제1권의 특징은 시편 10, 33편을 제외하고 모두 다윗의 시라는 것과, 시편 33편을 제외하고 다 표제가 있다는 것이다.[77]

시편 1편 : 복 있는 사람

1 복 있는 사람은

　악인들의 꾀를 따르지 아니하며

　죄인들의 길에 서지 아니하며

　오만한 자들의 자리에 앉지 아니하고

2 오직 여호와의 율법을 즐거워하여

　그의 율법을 주야로 묵상하는도다

3 그는 시냇가에 심은 나무가 철을 따라 열매를 맺으며

　그 잎사귀가 마르지 아니함 같으니

　그가 하는 모든 일이 다 형통하리로다

4 악인들은 그렇지 아니함이여

　오직 바람에 나는 겨와 같도다

---

[77] 시편 9-10편은 알파벳 이합체 시로 두 시를 하나의 시로 보기 때문에 시편 10편에 표제가 없어도 표제가 없는 것으로 보지 않는다.

5 그러므로 악인들은 심판을 견디지 못하며

　죄인들이 의인들의 모임에 들지 못하리로다

6 무릇 의인들의 길은 여호와께서 인정하시나

　악인들의 길은 망하리로다

시편 1편은 시편 2편과 함께 시편 전체의 서론으로 언약 백성으로 율법을 지키는 일이 왜 복 있는 사람인지를 보여준다. 이 시를 다음과 같은 구조로 구분할 수 있다.

시의 구조
(1) 복 있는 사람의 삶(시 1:1-3) (2) 악인의 삶(시 1:4-5) (3) 결론 : 어떤 삶을 선택할 것인가(시 1:6)

(1) 복 있는 사람의 삶(시 1:1-3)

저자는 복 있는 사람이 어떤 사람인지 평행법과 대조법을 사용하여 악인의 삶과 대조하여 보여준다. 먼저 소극적인(negative) 방식으로 복 있는 사람이 어떤 사람인지 보여준다.

　악인들의 꾀를 따르지 아니하며

　죄인들의 길에 서지 아니하며

　오만한 자들의 자리에 앉지 아니하고

여기에서 '악인들'과 '죄인들'과 '오만한 자들'은 같은 개념을 다르게 세 가지 방식으로 표현한 것이다. 역시 '꾀'와 '길'과 '자리' 그리고 '따르지 아니하며'와 '서지 아니하며'와 '앉지 아니하며'도 같은 개념을 다르게 표현한 것이다. 평행구로 된 이 세 개의 표현은 논리적 진전이 있다. '악인들' 다음으로 '죄인들' 그

리고 '오만한 자들'이라는 개념으로 발전한다. '꾀' 다음으로 '길' 그리고 '자리'
노 논리석 신선이 있나. '꾀'는 생각(thinking), '길'은 행동(behaving), '자리'는 소속
(belonging)과 연관이 있다. 또한 '따르다'(walking) 다음으로 '서다'(standing) 그리
고 '앉다'(sitting)도 논리적 진전이 있다.

저자는 복 있는 사람이 어떤 사람인지 '이와 대조적으로'(키 임, כִּי אִם)[78] 적극적
인(positive) 의미로도 소개한다. 그는 여호와의 율법을 즐거워하고 그의 율법을
주야로 묵상한다. 여기서 율법은 히브리어로 '토라'(תּוֹרָה)를 말한다. 이는 좁은 의
미로는 모세오경인 창세기, 출애굽기, 레위기, 민수기, 신명기를 의미하지만 넓
은 의미로는 하나님의 통치규범인 하나님의 말씀 전체를 의미한다. '묵상'에 해
당하는 히브리어 '하가'(הָגָה)는 의성어다. 성경을 낮은 음성으로 읊조리는 것을
말하기도 하고, 자기 자신에게 말하며 깊이 숙고하는 것을 말하기도 한다(Wilson
2002, 96). 성경에 나타난 묵상은 다른 종교에서 말하는 명상이나 정신운동이 아
니라 하나님의 말씀의 뜻을 마음에 새기고 그 말씀을 자기에게 적용하면서 하나
님과 교제하는 것이다. 이 일은 하나님과 만나는 신비한 세계를 경험하게 한다.

저자는 복 있는 사람의 의미를 더 확장하여, 그가 누리는 복이 구체적으로 어
떤 것인지 비유적으로 보여준다. 시편 1:3에 "그는 시냇가에 심은 나무가 철을
따라 열매를 맺으며 그 잎사귀가 마르지 아니함 같으니 그가 하는 모든 일이 다
형통하리로다"라고 했다. 개역개정판에 '시냇가'로 번역했으나 히브리어는 '여
러 갈래의 물길에'(알-팔게이 마임, עַל־פַּלְגֵי מַיִם)라는 뜻으로 물길이 사방으로 연결되
어 있는 것을 말한다. 이곳에 심긴 나무는 계절에 관계없이 뿌리로부터 물과 영
양을 공급받는다. 이와 같이 율법을 주야로 묵상하는 사람은 시냇가에 심겨진
나무가 뿌리를 통하여 물과 영양을 공급받듯이 하나님이 주시는 신령한 은혜와
능력을 공급받는다. 그래서 복 있는 사람이라고 말하는 것이다.

---

[78] 개역개정판은 '오직'이라고 번역했으나 원문인 '키 임'(כִּי אִם)은 부정문 다음에 올 때는 반대되
는 의미를 나타내는 '그러나'이다(시 1:2). 그러나 명사 앞에 '키 임'(כִּי אִם)이 올 때는 '오직', '단
지'(only)라는 뜻이다(시 1:4).

(2) 악인의 삶(시 1:4-5)

이와 반대로 저자는 악인을 "바람에 나는 겨와 같다"(시 1:4)라고 했다. 추수기 농부들이 타작마당에서 바람을 이용하여 곡식을 키질할 때 겨는 바람에 날려가고 알곡은 떨어진다. 이 이미지를 가지고 악인들은 다만 바람에 날려 버려지는 존재에 지나지 않는다고 설명한다. 시편 1:3의 의인의 삶과 대조적으로 시편 1:4-5은 악인의 삶이 얼마나 허무한지 보여준다. 그래서 악인들은 하나님이 심판하실 때에 심판을 견디지 못한다. 또한 의인의 모임에 들지 못한다. 이것은 하나님의 백성들과 한 무리가 되어 하나님의 은혜 가운데 살지 못한다는 뜻이다.

여기서 '심판'은 하나님 나라가 이 세상에서 믿음으로 경험하는 현재적인 의미와 주님이 재림 시에 눈으로 직접 보고 경험하게 될 미래적인 의미를 함께 가지고 있듯이 이중적이다. 여호와가 악인의 길을 이 세상에서 심판하시고 마지막 날에는 완전히 심판하실 것이다. 또한 이들은 하나님의 모임(회중)에 들지 못하고 지옥의 어두운 곳에 들어가게 될 것이다.

(3) 결론 : 어떤 삶을 선택할 것인가(시 1:6)

저자는 이미 의인의 길과 악인의 길이 어떠한지 시냇가에 심은 나무와 바람에 나는 겨의 이미지로 보여준 바 있다. 그런데도 최종적으로 저자는 "무릇 의인들의 길은 여호와께서 인정하시나 악인들의 길은 망하리로다"라며 독자에게 어떤 길을 선택할 것인지 도전한다. 여기서 '인정하다'라는 말은 히브리어로 '야다'(יָדַע)이다. 구약성경에서 이 단어는 단순히 어떤 사물이나 사람에 대한 지적인 지식이나 정보를 주는 것이 아니다. 오히려 경험과 관계의 결과로 알게 되는 지식이다(Wilson 2002, 99). 곧 하나님과 교제하며 그 은혜를 경험한다는 뜻이다. 이것이 의인의 길을 따르는 결과이다. 반대로 악인의 길을 따를 때 망한다. 이러한 삶의 결과들을 보면서 우리는 의인들의 길에 서서 주의 율법을 즐거워하며 그 율법의 말씀을 주야로 묵상하며 살 것인지, 아니면 하나님의 법을 버리고 악인들의 길을 따라 살 것인지를 결정해야 한다. 의인들의 길을 걸어갈 때 하나님과 교제하며 경험하는 심오한 은혜의 실재를 경험하게 되지만 악인들의 길을 걸어

간다면 멸망하게 될 것이다. 독자는 이 시를 읽고 어떤 길을 선택해야 할 것인지
결정해야 한다.

시편 2편 : 그리스도의 통치를 받아들이라

1 어찌하여 이방 나라들이 분노하며
   민족들이 헛된 일을 꾸미는가

2 세상의 군왕들이 나서며
   관원들이 서로 꾀하여
   여호와와 그의 기름 부음 받은 자를 대적하며

3 "우리가 그들의 맨 것을 끊고
   그의 결박을 벗어 버리자" 하는도다

4 하늘에 계신 이가 웃으심이여
   주께서 그들을 비웃으시리로다

5 그 때에 분을 발하며 진노하사
   그들을 놀라게 하여 이르시기를

6 "내가 나의 왕을 내 거룩한 산 시온에 세웠다" 하시리로다

7 "내가 여호와의 명령을 전하노라
   여호와께서 내게 이르시되
   '너는 내 아들이라 오늘 내가 너를 낳았도다

8 내게 구하라 내가 이방 나라를 네 유업으로 주리니
   네 소유가 땅 끝까지 이르리로다

9 네가 철장으로 그들을 깨뜨림이여
   질그릇 같이 부수리라' 하시도다"

10 그런즉 군왕들아 너희는 지혜를 얻으며

세상의 재판관들아 너희는 교훈을 받을지어다
11 여호와를 경외함으로 섬기고 떨며 즐거워할지어다
12 그의 아들에게 입맞추라
그렇지 아니하면 진노하심으로 너희가 길에서 망하리니
그의 진노가 급하심이라
여호와께 피하는 모든 사람은 다 복이 있도다

시편 2편은 1편과 함께 시편 전체의 서론으로 어떻게 복 있는 사람의 삶이 가능한지를 보여준다. 시편 1:1은 "이러이러한 사람이 '복이 있다'(아셔레이, אַשְׁרֵי)"라는 말씀으로 시작하고, 시편 2:12 맨 마지막은 "이러이러한 사람이 '복이 있다'(아셔레이, אַשְׁרֵי)"라고 마친다. 이런 표현은 히브리 문학 관습 가운데 하나로 전체 주제를 표현하는 단어를 처음과 끝에 두어 핵심주제가 무엇인지 알려주는 방법이다. 그래서 이 두 편의 시는 복 있는 사람이 어떤 사람인지 보여준다. 시편 1편에서 복 있는 사람은 여호와의 법을 주야로 묵상하며 그 말씀대로 사는 사람이고, 시편 2편은 이 일을 가능하게 하는 방법으로 하나님이 세우신 그리스도를 왕으로 받아들이고 믿고 순종하는 것이라고 말한다.

이 시편은 다윗이 지은 시다. 그러나 다윗의 시라는 증거가 이 시에는 나타나 있지 않다. 그런데도 다윗의 시로 보는 것은 신약성경에서 다윗의 시라고 말하고 있기 때문이다(행 4:25-26). 또한 이 시를 메시아 시로 보는데 그것은 시편 2:7의 "너는 내 아들이라 오늘 내가 너를 낳았도다"라는 말씀을 그리스도에게 적용하기 때문이다(행 13:33; 히 1:5; 5:5). 이것이 이 시편의 극치다(스토트 1989, 10). 이 시편은 그리스도는 최고의 주권을 가진 왕으로서 온 세상을 다스리시는 분이기 때문에 그를 믿고 그 통치를 받아들이는 자는 복이 있음을 보여준다.

시의 구조
(1) 그리스도의 통치를 거부하는 자들(시 2:1-3)
(2) 그리스도의 통치를 거부하는 자들에 대한 하나님의 반응(시 2:4-6)
(3) 왕이신 그리스도의 통치(시 2:7-9)
(4) 왕이신 그리스도의 통치를 받아들이라(시 2:10-12)

(1) 그리스도의 통치를 거부하는 자들(시 2:1-3)

이 연에서 저자는 여호와와 그의 기름부음 받은 자를 대적하는 자들에 대하여 묘사한다. 구약시대에 왕을 세울 때, 그 머리에 기름을 부었다(참조. 왕상1:34). 이 본문에서 여호와와 그의 기름 부음 받은 자를 대적하는 것은 왕과 왕의 계승자가 왕위에 즉위하는 것을 반대함을 의미한다. 이런 이유에서 이 시를 '제왕시' 또는 '왕의 즉위시'라고 부른다. 이 시에서 대적자들은 누구를 대적하는가? 여호와와 그의 기름 부음 받은 자이다. '그의 기름 부음 받은 자'(머쉬호, מְשִׁיחוֹ)는 히브리어로 '마쉬아흐'(מָשִׁיחַ)에 대명사 접미사 '그의'(וֹ)가 결합된 단어다. 이 단어의 헬라어가 그리스도(χριστός)이다. 구약시대에는 왕과 제사장에게 기름을 부었다. 그래서 여호와의 기름 부음 받은 자는 일차적으로는 다윗 자신이나 솔로몬이기도 하지만 이들 직분이 예표하는 분인 왕으로 오실 그리스도를 의미한다.

대적자들인 군왕들과 관원들은 대적하며 "우리가 그 맨 것을 끊고 그의 결박을 벗어 버리자"(시 2:3)라고 말했다. 하나님과 맺은 관계를 끊고 하나님이 기름 부어 세운 왕인 그리스도의 통치를 받지 말자는 것이다. 이 본문이 인용된 사도행전 4:25-26에서 사도들은 이 말씀을 당시 왕으로 오신 그리스도를 전파할 때 이를 반대하는 관원들에게 적용했다. 예수님이 이 땅에 왕으로 오셨을 때 빌라도와 헤롯을 위시한 통치자들과 백성들은 예수님이 왕과 그리스도가 되신다는 사실을 거부하고 반대했다. 이러한 반대에 대하여 사도들은 "하나님의 권능과 뜻대로 하려고 예정하신 그것을 행하려는 것"(행 4:28)이라고 했다. 이 뜻은 시편 2:1-3에서 말씀한 바와 같이 사람들이 그리스도의 통치를 반대하고 있지만 결국은 하나님의 뜻대로 예정하신 것을 이루신다는 것이다. 이것은 대적들이 반대하지만 그들의 목적을 이루는 것이 아니라 하나님의 뜻을 이루신다는 것이다.

(2) 그리스도의 통치를 거부하는 자들에 대한 하나님의 반응(시 2:4-6)

하나님은 그리스도의 통치를 반대하는 자들을 비웃으실 뿐만 아니라 분을 발하며 진노하셨다(시 2:4-5). 그리고 하나님은 "내가 나의 왕을 내 거룩한 산 시온에 세웠다"(시 2:6)라고 하셨다. 하나님이 진노하신 것은 대적들이 새 왕의 즉위,

즉 그리스도의 왕되심을 거부하고 그의 통치를 받아들이지 않았기 때문이다. 하나님은 그의 왕을 거룩한 산 시온에 세웠다. 거룩한 산 시온은 성전이 있는 곳이고 왕의 보좌가 있는 곳으로 예루살렘과 동일한 의미로 사용되기도 하고(삼하 5:6-8), 하나님이 통치하시는 곳으로서의 장소적인 의미로 사용되기도 한다(사 60:14; 히 12:12; 계 14:1). 하나님은 모든 나라와 민족이 반대해도 그리스도를 왕으로 세워 새로운 나라를 세우실 것이다.

(3) 왕이신 그리스도의 통치(시 2:7-9)

이 연은 앞의 두 연과 달리 화자(話者)가 다르다. 화자는 왕으로 세움을 받은 아들이다. 그 아들이 여호와께서 그에게 주신 권세를 여호와께서 직접 말씀하시는 방식인 직접화법으로 선언한다. 여기서 말하는 화자는 일차적으로 다윗이나 솔로몬이지만 동시에 그리스도다. 시편 2:7에 "너는 내 아들이라 오늘 내가 너를 낳았다"라는 말씀은 여호와 하나님께서 왕권을 기름 부음 받은 자이신 그리스도에게 주셨다는 뜻이다.

사도 바울은 비시디아 안디옥 회당에서 설교할 때 이 말씀을 부활하신 그리스도에게 적용하였다.

곧 하나님이 예수를 일으키사 우리 자녀들에게 이 약속을 이루게 하셨다 함이라 시편 둘째 편에 기록한 바와 같이 너는 내 아들이라 오늘 너를 낳았다 하셨고 또 하나님께서 죽은 자 가운데서 그를 일으키사 다시 썩음을 당하지 않게 하실 것을 가르쳐 이르시되 내가 다윗의 거룩하고 미쁜 은사를 너희에게 주리라 하셨으며(행 13:33-34).

바울은 이 시편의 말씀을 그리스도께서 십자가에 죽으시고 부활하심으로 온 세상을 다스리는 왕권을 받으신 것으로 이해했다. 또한 여호와께서 그리스도에게 '이방 나라'를 유업으로 주어 그의 소유가 땅끝까지 이를 것이라고 하셨다. 이는 그리스도가 온 세상을 왕으로 다스린다는 뜻이다. 그리고 그의 왕의 권세에 대하여 "네가 철장으로 그들을 깨뜨림이여 질그릇 같이 부수리라"(시 2:9)라고 하셨다. 여기서 '철장'은 '철로 된 막대기'(버쉐베트 바르젤, בְּשֵׁבֶט בַּרְזֶל)라는 뜻으로 왕권을 상징한다. 이것은 그리스도가 왕의 권세를 가지고 계신다는 뜻이나, 그는 이 권세를 가지고 대적자들을 질그릇같이 부술 것이다.

(4) 왕이신 그리스도의 통치를 받아들이라(시 2:10-12)

이 연에서 저자는 왕권을 가지신 그리스도의 통치를 받아들이고 순종하도록 권면한다.

> 그런즉 군왕들아 너희는 지혜를 얻으며
> 세상의 재판관들아 너희는 교훈을 받을지어다(시 2:10).

저자는 시의 결론으로 지혜를 얻으며, 교훈을 받으라고 권면한다. 저자는 무엇이 지혜며 교훈이라고 말하는가? 그것은 여호와를 경외함으로 섬기고 떨며 즐거워하는 것이다(시 2:11). 이 말씀은 동일한 내용을 다르게 말한 것이다. 저자는 역시 동일한 내용으로 "그의 아들에게 입맞추라"라고 권면한다. 입 맞추는 일은 구약시대나 고대 근동에서 신이나 왕에게 복종하겠다고 하는 충성의 표시로 사용되었다(왕상 19:18; 호 13:2). 그래서 이 행동은 하나님이 세우신 왕이신 그리스도의 통치를 받아들이고 그에게 복종하라는 뜻이다.

저자는 이 시의 최종적 결론으로 "그의 아들에게 입맞추라 그렇지 아니하면 진노하심으로 너희가 길에서 망하리니 그 진노가 급하심이라"(시 2:12)라고 했다. 그러면서 '그에게', 곧 여호와께서 세우신 아들인 그리스도에게 피하는 모든 사람은 복이 있다고 했다.[79] 이것은 여호와께서 그리스도를 의지하는 자를 하나님의 법을 즐거워하고 또한 순종하여 복을 받을 수 있도록 인도하신다는 것이다. 왜냐하면 그리스도께서 이 세상에 오셔서 우리 죄를 대신하여 십자가에 죽으시고, 구원해 주시고 성령을 주심으로 하나님의 법을 즐거워하고 그 법을 지킬 수

---

[79] 개역개정판에는 "여호와께 피하는 모든 사람은 다 복이 있도다"라고 번역했으나 "그에게 피하는 모든 사람은 다 복이 있다"(אַשְׁרֵי כָּל־חוֹסֵי בוֹ)라고 번역해야 한다. 여기서 '그'는 여호와께서 왕으로 세우신 아들인 그리스도를 말한다.

있게 해 주셨기 때문이다. 그래서 시편 2편은 어떻게 복 있는 사람으로 살 수 있는지를 보여준다.

시편 3편 : 구원은 여호와께 있사오니

다윗이 그의 아들 압살롬을 피할 때에 지은 시

1 여호와여

나의 대적이 어찌 그리 많은지요

일어나 나를 치는 자가 많으니이다

2 많은 사람이 나를 대적하여 말하기를

"그는 하나님께 구원을 받지 못한다" 하나이다 (셀라)

3 여호와여

주는 나의 방패시오

나의 영광이시오

나의 머리를 드시는 자이시니이다

4 내가 나의 목소리로 여호와께 부르짖으니

그의 성산에서 응답하시는도다 (셀라)

5 내가 누워 자고 깨었으니

여호와께서 나를 붙드심이로다

6 천만인이 나를 에워싸 진 친다 하여도

나는 두려워하지 아니하리이다

7 여호와여 일어나소서

나의 하나님이여 나를 구원하소서

주께서 나의 모든 원수의 뺨을 치시며

악인의 이를 꺾으셨나이다

8 구원은 여호와께 있사오니

　주의 복을 주의 백성에게 내리소서 (셀라)

　이 시편은 표제에 있는 바와 같이 "다윗이 그의 아들 압살롬을 피할 때 지은 시"다. 다윗이 왕이 된 후 가장 고통스러웠던 일 가운데 하나는 그의 아들 압살롬이 반역하여 광야로 쫓겨갈 때였다. 이 역사는 사무엘하 15장부터 18장까지 기록되어 있다. 역사서에는 다윗이 이때 경험했던 그의 개인적 감정과 믿음을 설명하지 않는다. 하지만 이 시에서 다윗은 어떤 고통과 감정을 느꼈고 이 문제를 어떻게 풀었는지 설명한다.

　이 시편은 어렵고 고통스러운 상황에 직면할 때 여호와께 부르짖는 일이 어떤 의미가 있는지를 보여준다. 이 시편은 다음과 같은 구조를 가지고 있다.

시의 구조

(1) 다윗의 고통(시 3:1-2)
(2) 다윗의 믿음(시 3:3-6)
(3) 다윗의 기도(시 3:7-8)

(1) 다윗의 고통(시 3:1-2)

　이 시편의 역사적 배경에서 보여주듯이 다윗이 압살롬에게 쫓길 때 그를 죽이려는 대적들이 많았다. 다윗은 대적이 많으며, 일어나 그를 치려는 자가 많다고 평행법으로 설명했다. 다윗의 아들 압살롬이 모반하자 주변 환경이 달라졌다. 당시 압살롬이 모반하였을 때 다윗을 버리고 압살롬의 진영에 가담하여 다윗을 죽이려고 한 사람들이 많이 있었다. 그중에 다윗의 모사로서 당대에 가장 뛰어난 지략가인 아히도벨도 있었다(삼하 15:12). 아히도벨은 다윗이 아내로 삼은 밧세바의 조부다(삼하 11:3; 23:34). 시므이 같은 사람은 다윗을 저주하고 욕했다(삼하 16:7-8). 이때 다윗을 대적하는 사람들은 "그는 하나님께 구원을 받지 못한다"(시 3:2)라고 말했다.

　지금 우리는 다윗과 같은 상황은 아니라 할지라도 고통스럽고 힘들 때가 있다. 경제적인 어려움이나 부조리한 사회 현실로 인한 어려움, 질병이나 사고 등의 위험으로 위기에 처할 때가 있다. 이 위기를 어떻게 극복할 수 있겠는가?

(2) 다윗의 믿음(시 3:3-6)

다윗은 여호와께서 그를 보호해 주는 방패가 되시며, 자기의 영광이며, 머리를 들게 하시는 분으로 믿었다고 평행법을 사용하여 고백한다. 그는 여호와께서 자기의 존재를 드러내고 높여주시는 분으로 믿었다. 그는 이 믿음에 근거하여 "내가 나의 목소리로 여호와께 부르짖으니"(시 3:4)라고 했다. 단순히 '기도'라는 표현 대신에 '나의 목소리로'라는 단어와 '부르짖다'라는 단어를 함께 사용한다. 기도라는 표현보다 더 절박하고 간절함을 담고 있다. 또한 '부르짖다'(אֶקְרָא)라는 히브리어 단어는 미완료형으로 여호와께 그의 목소리로 계속 부르짖을 것이라는 의미를 담고 있다.

저자인 다윗은 계속 부르짖을 때 여호와께서 "그의 성산에서 응답하시는도다(셀라)"(시 3:4)라고 했다. 이것은 다윗이 여호와께서 그의 간구를 들으신다는 것을 믿었다는 것이다. 다윗은 이 구절 끝에 '셀라'라고 했다. '셀라'(סֶלָה)는 시편에 여러 가지 의미로 사용된다.[80] 여기서는 보편적 규칙을 말하는 것으로 '영원히'라는 뜻이다(Bible Works, סֶלָה). 여호와께 목소리를 높여 부르짖을 때 여호와께서는 그가 계신 곳 성산에서 응답하신다. 이것이 당시 다윗이 가졌던 믿음의 핵심이요 보편적 규칙이다.

다윗은 이 믿음으로 기도하였기 때문에 하나님이 응답해 주시리라는 확신을 가질 수 있었다. 확신은 우리를 힘들게 하고 고통스럽게 하는 현실을 견딜 수 있는 힘을 준다. 그래서 다윗은 "내가 누워 자고 깨었으니 여호와께서 나를 붙드심이로다"(시 3:5)라고 말한다. '누워 자고 깨다'라는 말은 관용어법으로 일상적인 삶을 산다는 뜻이다(참조. 시 4:8). 이러한 그의 믿음은 천만인이 그를 에워싼다고 할지라도 두려워하지 않을 것이라는 고백으로 이어졌다(시 3:6).

---

80 셀라는 시편에 여러 의미로 사용된다. 첫 번째로는 악상부호로 잠시 쉰다는 '쉼표'의 의미와, 두 번째로는 다음에 나오는 절을 목소리를 더 높이라는 의미와, 세 번째로는 보편적 규칙을 말하는 것으로 '영원히'라는 뜻도 있다(Bible Works, סֶלָה)

(3) 다윗의 기도(시 3:7-8)

다윗은 이 상황에서 믿음의 표현으로 무엇이라고 기도했을까? 그는 다음과 같이 기도했다. 그의 기도는 평행법으로 되어있다.

> 여호와여 일어나소서
> 나의 하나님이여 나를 구원하소서
> 주께서 나의 모든 원수의 뺨을 치시며
> 악인의 이를 꺾으셨나이다
> 구원은 여호와께 있사오니
> 주의 복을 주의 백성에게 내리소서 셀라(시 3:7-8).

구약성경의 관용어법 가운데 어떤 직접적인 행동을 행하도록 명령할 때 '일어나다'라는 동사를 사용하는 사례가 많다(출 12:31; 신 2:13; 삿 7:9). 이러한 경우에 '일어나다'는 속히 어떤 행동을 해야 한다는 의미로 사용한다. 그는 "주께서 나의 모든 원수의 뺨을 치시며 악인의 이를 꺾으셨나이다"라고 기도했다. '뺨'(러히, לְחִי)이라고 번역된 히브리어 단어는 성경에 '뺨'으로도 나타나기도 하나(참조. 왕상 22:24) 여기서는 '턱뼈'(jaw)로 보아야 한다. 턱뼈와 이(齒)라는 이미지를 사용한 것은 사나운 짐승들의 삼키려는 이미지를 가지고 원수의 공격이 얼마나 무서운 것인지를 보여주기 위함이다.

그런데 다윗은 하나님께서 그를 삼키려고 턱을 벌리며 무서운 이를 드러내는 자를 짐승을 치듯이 '치시며 … 꺾으셨나이다'라고 했다. 이것이 기도라면 '치시고 꺾어주옵소서'라고 해야 논리적으로 맞는데 왜 과거형을 썼을까? 이것은 선지적 과거로 주께서 기도를 확실하게 들으실 것을 바라보고 한 행동이기 때문이다. 이 기도와 더불어 "구원은 여호와께 있사오니 주의 복을 주의 백성에게 내리소서 셀라"(시 3:8)라고 기도하고 있다. 여기 '셀라'는 보편적 규칙으로 '영원히'라는 뜻이다. 이것은 여호와는 영원히 그의 백성을 구원하시고, 그의 백성을 돌보신다는 의미다. 특히 이 시의 마지막 부분은 다윗 개인의 경험에 근거한 탄식시지만 더 넓게 언약 공동체 전체로 확장되고 있다(Wilson 2002, 134).

여호와께서 다윗이 부르짖는 기도를 들으셨을까? 당시 다윗은 큰 위기 가운데 있었다. 당대 최고의 모사 아히도벨은 압살롬에게 당장 군사 1만 2천을 뽑아서 다윗이 도망하여 피곤하고 약할 때 기습하자는 전략을 내어놓았다. 하지만 압살롬과 그를 따르던 사람들은 다윗이 보낸 그의 친구 후새가 낸 전략을 따랐다. 이 사건에 대하여 사무엘하 17:14에 보면 해설자가 이 사건의 의미를 이렇게 해설했다.

> 압살롬과 온 이스라엘 사람들이 이르되 아렉 사람 후새의 계략은 아히도벨의 계략보다 낫다 하니 이는 여호와께서 압살롬에게 화를 내리려 하사 아히도벨의 좋은 계략을 물리치라고 명령하셨음이더라.

여호와 하나님께서 당시 기름 부어 세운 왕인 다윗을 지켜주시기 위해 역사에 개입하셨다. 이는 하나님이 그의 백성과 맺은 무조건적 성격의 언약 때문이다. 하지만 이 시대를 배경으로 쓴 시편 3편을 볼 때 다윗의 믿음과 기도가 중요한 역할을 했다는 것도 사실이다. 그러므로 생활고, 질병, 복잡한 인간관계, 친구들의 배반, 실직, 자녀의 문제 등으로 고통을 당해도 구원은 여호와께 있다는 사실을 믿고 부르짖는 일은 중요하다. 부르짖음은 구원이 여호와께 있음을 알 수 있는 실제적인 방법이기 때문이다.

시편 4편 : 주께서 주시는 기쁨

다윗의 시, 인도자를 따라 현악에 맞춘 노래

1 내 의의 하나님이여
   내가 부를 때에 응답하소서
   곤란 중에 나를 너그럽게 하셨사오니
   내게 은혜를 베푸사 나의 기도를 들으소서

2 인생들아 어느 때까지 나의 영광을 바꾸어 욕되게 하며

헛된 일을 좋아하고 거짓을 구하려는가 (셀라)

3 여호와께서 자기를 위하여 경건한 자를 택하신 줄 너희가 알지어다

내가 그를 부를 때에 여호와께서 들으시리로다

4 너희는 떨며 범죄하지 말지어다

자리에 누워 심중에 말하고 잠잠할지어다 (셀라)

5 의의 제사를 드리고 여호와를 의지할지어다

6 여러 사람의 말이 "우리에게 선을 보일 자 누구뇨" 하오니

여호와여 주의 얼굴을 들어 우리에게 비추소서

7 주께서 내 마음에 두신 기쁨은

그들의 곡식과 새 포도주가 풍성할 때보다 더하니이다

8 내가 평안히 눕고 자기도 하리니

나를 안전히 살게 하시는 이는 오직 여호와이시니이다

이 시편의 표제는 "다윗의 시, 인도자를 따라 현악에 맞춘 노래"다. 이 표제는 저자가 다윗이며, 이 시편은 모든 하나님의 백성들이 함께 부르는 노래이며, 다양한 악기 연주를 통하여 하나님을 찬양하는 노래라는 것을 보여준다. 이 시편은 우리를 괴롭게 하는 상황에서 때로는 분노할 수 있지만, 자신을 살피고 의의 제사를 드린다면 주께서 문제를 해결해 주신다는 보증으로 기쁨을 주신다는 것을 보여준다.

시의 구조
(1) 기도에 응답해 달라는 간구(시 4:1)
(2) 인생들과 경건한 자들에게 주는 권면(시 4:2–5)
(3) 권면의 근거(시 4:6–8)

(1) 기도에 응답해 달라는 간구(시 4:1)

다윗은 "내 의의 하나님이여"라고 부르며 기도에 응답해 달라고 간구한다. 그가 "내 의의 하나님이여"라고 부른 것은 하나님이 다윗이 의롭다는 것을 증명해 줄 수 있는 분으로 보았다는 것이다. 성경에 '의'는 하나님의 인격적인 속성이면서도 법정적인 의미도 있다. 이것은 하나님의 인격적인 속성 면에서는 하나님이 의로우시다면 의로운 특성이 나타나야 한다는 것이고, 법정적인 면에서는 의로우신 재판장으로 자신의 의로움을 변호하셔야 한다는 것이다. 그러므로 다윗이 그를 비방하는 자들 때문에 고통하며 간구하고 있다고 본다.

다윗은 자신이 과거 곤란 중에 있을 때 하나님이 '너그럽게 하셨다'는 사실을 상기시킴으로 간구한다. 이 동사의 시제는 과거시제로 번역할 수 있다.[81] 다윗은 과거에 응답받았던 경험을 근거로 간구한다. 과거에 하나님께 기도할 때 응답해 주셨던 경험을 토대로 현재에도 하나님께서 응답해 주시기를 구하는 것은 기도의 좋은 방법이다. 이 기도는 과거에 기도를 들어주셨던 하나님께서 현재도 들으실 것이라는 확신을 가지게 한다.

(2) 인생들과 경건한 자들에게 주는 권면(시 4:2-5)

다윗은 인생들과 경건한 자들에게 권면하는 것으로 자신의 믿음을 보여준다. 다윗은 시편 4:2에서 "인생들아 어느 때까지 나의 영광을 변하여 욕되게 하며, 헛된 일을 좋아하고 거짓을 구하려는가 셀라"라고 했다. 여기에 '인생들'(버네이 이쉬, בְּנֵי אִישׁ)은 사회적 지위를 가지고 권력을 휘두르는 사람이다(Wilson 2002, 152).[82] NIV 성경은 이 단어를 구별하여 '귀족'이라고 번역하기도 한다(참조. 시 49:2; 62:9). 넓은 의미에서 세상의 가치를 따르는 사람으로도 볼 수 있다. 어떤 사람의 영광을 변하여 욕되게 하고, 헛된 일을 좋아하고 거짓을 구하는 것은 불경건한 사람들이 하는 전형적인 일이다.

---

81 히브리어 동사는 '히르합타'(הִרְחַבְתָּ)로 히필, 완료형으로 과거사로 번역한다.

82 이 단어는 유사한 의미인 '버네이 아담'(בְּנֵי־אָדָם)과 대조적인 의미로 보기도 한다. '버네이 아담'은 일반적인 사람을 말한다(참조. 시 62:9).

그런데 다윗은 악한 자들이 자기 명예를 욕되게 하며 거짓말을 '언제까지' 할 것인지를 질문하면서 '셀라'라고 했다. '셀라'는 여러 가지 의미가 있지만 여기서는 다음에 나오는 절인 시편 4:3을 음을 높여 부르라는 신호다. "여호와께서 자기를 위하여 경건한 자를 택하신 줄 너희가 알지어다 내가 그를 부를 때에 여호와께서 들으시리로다." 이것이 다윗이 권면한 첫 번째 핵심이며 그의 믿음이다. 여기서 '경건한 자'(חָסִיד)는 시편에만 26번 나오는 단어인데 하나님께 헌신되고 그와 맺은 언약을 신실하게 지키는 사람을 말한다(Stek 2002, 791). 여호와는 경건한 자들을 선택하시고 그들이 부르짖을 때 응답하신다. 이것은 다윗만이 아니라 구속받은 성도의 가장 큰 무기다.

경건한 자들은 억울하고 불의한 일을 만나 여호와께 기도할 때 다윗의 권면을 귀담아들어야 한다. 시편 4:4-5에서 "너희는 떨며 범죄하지 말지어다 자리에 누워 심중에 말하고 잠잠할지어다 (셀라)"라고 했다. 여기에 '떨다'(리거주, רִגְזוּ)라는 단어는 '라가즈'(רָגַז)의 명령법으로 여기서는 '분노하라'라고 번역해야 한다. 원문대로 하면 "너희는 분노하라 그러나 범죄하지 말라"라고 번역해야 한다. 신약성경에서 바울은 이 말씀을 인용하여 에베소서 4:26에 이렇게 기록한다. "분을 내어도 죄를 짓지 말며 해가 지도록 분을 품지 말고" 이 말씀은 그리스도를 믿어 새 사람이 된 성도들에게 주는 권면이다. 여기서도 이 말씀을 바르게 번역하지 못했다. 여기에 '분을 내어도'라는 헬라어 단어를 '분을 내라'(ὀργίζεσθε)는 명령법으로 번역해야 한다.

시편 4:4이나 이 말씀을 인용한 에베소서 4:26이 의미하는 바는 경건한 자들은 악한 자들이 자신의 명예를 욕되게 하거나, 악을 행하는 것을 볼 때 분노해야 한다는 것이다. 사람에게 분노 자체는 건강한 감정이다. 하지만 죄를 범해서는 안 된다. 그래서 "자리에 누워 심중에 말하고 잠잠할지어다"라고 했다. 여기에 '심중에 말하고'라는 말은 '여러분들의 마음에 말하고'라는 뜻으로 마음으로 깊이 생각하고 잠잠하라는 뜻이다. 이 다음에 '셀라'가 있다. 이것은 시편 4:5을 음을 높여 부르라는 뜻이다. 세상의 가치에 함몰된 사람들이 모욕하고 악을 행할 때 분노가 일어나지만 죄를 범하지 말고 깊이 자신을 먼저 살핀 다음에 "의의 제사를 드리고 여호와를 의지할지어다"라고 했다. 이것은 형식적인 제사를 드리지 말고 의로운 행실이 포함된 제사를 드리라는 것이다. 이 시에서 의의 제사를 드리는 일과 여호와를 의지하는 것은 동격이다. 이것은 성도가 거룩하고 의로운 삶을 살면서 하나님께 기도하는 것은 여호와를 의지하는 방법이라는 것이다. 이것이 다윗이 권면한 두 번째 핵심이며 그의 믿음이다.

(3) 권면의 근거(시 4:6-8)

다윗이 두 가지를 권면한 근거는 여호와께서 선을 보여주실 분이기 때문이다. 다윗은 "우리에게 선을 보일 자 누구뇨"라고 했다. 여기에 '선'(토브, טוֹב)은 하나님이 천지 만물들을 창조하시고 그 만드신 것을 보고 '좋았더라'라고 한 단어와 동일하다. 그래서 "우리에게 선을 보일 자 누구뇨"라고 한 것은 "저 상황에서 누가 우리의 문제를 완벽하게 처리해 줄 수 있겠느냐"라고 하는 뜻이다. 그래서 다윗은 이미지 언어로 "여호와여 주의 얼굴을 들어 우리에게 비추소서"(시 4:6)라고 했다.

여호와께서는 다윗의 기도를 들으시고 그의 마음에 기쁨을 주셨다. 여호와께서 주신 이 기쁨은 다윗의 모든 문제를 풀어주신다는 신호다. 다윗은 주께서 주시는 기쁨을 표현하기를 "그들의 곡식과 새 포도주가 풍성할 때보다 더하니이다"(시 4:7)라는 이미지 언어로 말했다. 이러한 결과를 보고 다윗은 "내가 평안히 눕고 자기도 하리니 (그 이유는) 나를 안전하게 하시는 이는 오직 여호와이시니이다"라고 고백했다. 여호와께서 주신 이 기쁨은 실체가 모호한 영적인 기쁨이 아니라 다윗으로 하여금 평안히 눕기도 하고 자기도 할 수 있을 정도의 실제적이고 현실적인 기쁨이다. 주께서 주신 기쁨은 여호와께 부르짖으며 기도한 모든 내용에 대해 여호와께서 응답하신다는 구체적이고도 분명한 증거나 확신이다. "믿음은 바라는 것들의 실상이요 보이지 않는 것들의 증거니."(히 11:1)

시편 5편 : 주는 의인에게 은혜를 주신다

다윗의 시, 인도자를 따라 관악에 맞춘 노래

1 여호와여

　나의 말에 귀를 기울이사

　나의 심정을 헤아려 주소서

2 나의 왕, 나의 하나님이여

　내가 부르짖는 소리를 들으소서

　내가 주께 기도하나이다

3 여호와여

　아침에 주께서 나의 소리를 들으시리니

　아침에 내가 주께 기도하고 바라리이다

4 주는 죄악을 기뻐하는 신이 아니시니

　악이 주와 함께 머물지 못하며

5 오만한 자들이 주의 목전에 서지 못하리이다

　주는 모든 행악자를 미워하시며

6 거짓말하는 자들을 멸망시키시리이다

　여호와께서는 피 흘리기를 즐기는 자와

　속이는 자를 싫어하시나이다

7 오직 나는 주의 풍성한 사랑을 힘입어 주의 집에 들어가

　주를 경외함으로 성전을 향하여 예배하리이다

8 여호와여

　나의 원수들로 말미암아 주의 의로 나를 인도하시고

　주의 길을 내 목전에 곧게 하소서

9 그들의 입에 신실함이 없고

그들의 심중이 심히 악하며

그들의 목구멍은 열린 무덤 같고

그들의 혀로는 아첨하나이다

10 하나님이여 그들을 정죄하사 자기 꾀에 빠지게 하시고

그 많은 허물로 말미암아 그들을 쫓아내소서

그들이 주를 배역함이니이다

11 그러나 주께 피하는 모든 사람은 다 기뻐하며

주의 보호로 말미암아 영원히 기뻐 외치고

주의 이름을 사랑하는 자들은 주를 즐거워하리이다

12 여호와여

주는 의인에게 복을 주시고

방패로 함 같이 은혜로 그를 호위하시리이다

이 시편은 개인의 탄식시로 복잡한 인간관계에서 오는 고통을 풀 수 있는 방법은 여호와는 의인에게 복을 주신다는 사실을 믿고 주를 경외함으로 부르짖어야 한다는 것을 보여준다.

시의 구조
(1) 여호와께 부르짖어 호소함(시 5:1-3)
(2) 부르짖음의 근거인 여호와의 의로운 속성(시 5:4-6)
(3) 다윗의 간구(시 5:7-8)
(4) 악인의 죄악을 고발함(시 5:9-10)
(5) 다윗의 믿음(시 5:11-12)

(1) 여호와께 부르짖어 호소함(시 5:1-3)

저자 다윗은 탄식시의 공통적인 요소인 부르짖음으로 시작한다(시 5:1-2). 그는 의미상으로 같거나 비슷한 뜻을 반복하여 그의 절박함과 답답함을 표현한다.

그것은 '나의 심정을 헤아려 주소서'라는 말과 '내가 부르짖는 소리를 들으소서'
라는 표현이다. '심정'(하기그, הֲגִיג)이라고 번역된 히브리어 단어는 '중얼거리다'라
는 뜻으로 사람의 생각 속에 있는 것을 말로 표현할 수 없는 답답한 상태를 말한
다. '신음소리'(groan)로 번역할 수 있다. 다윗은 그의 답답함과 절박한 심정을 언
제 기도했는가? 그는 '아침에'(보케르, בֹּקֶר) 기도했는데 이는 '동이 틀 무렵'으로 아
침 소제 드리는 시간이다(참조. 왕하 3:20). 동일한 단어를 시편 46:6은 '새벽에'라
고 번역했다.

(2) 부르짖음의 근거인 여호와의 의로운 속성(시 5:4-6)

다윗 자신이 안고 있는 답답하고 절박한 심정을 여호와께 부르짖는 근거는
그가 믿는 여호와다. 시편 5:4-6에서 다윗은 자신이 믿는 여호와가 어떤 분이신
지 구체적으로 다음과 같이 설명한다.

> 주는 죄악을 기뻐하는 신이 아니시니
> 악이 주와 함께 머물지 못하며
> 오만한 자들이 주의 목전에 서지 못하리이다
> 주는 모든 행악자를 미워하시며
> 거짓말하는 자들을 멸망시키시리이다
> 여호와께서는 피 흘리기를 즐기는 자와
> 속이는 자를 싫어하시나이다

하지만 다윗이나 우리가 종종 갈등하는 것은 이 하나님의 속성에 대한 믿음
과 현실의 간격(gap) 때문이다. 우리가 믿는 하나님은 죄악을 기뻐하지 아니하
시기 때문에 악이 주와 함께 머물지 못해야 함에도 악하고, 오만하고, 거짓말을
하고, 피 흘리기를 좋아하고, 속이는 자들이 잘 되는 것처럼 보인다. 그럼에도
저자가 기대하는 것은 하나님이 그의 성품에 따라 악을 행하는 자들을 심판하신
다는 믿음이다.

(3) 다윗의 간구(시 5:7-8)

다윗은 자신이 믿는 하나님을 바라보며 "나는 주의 풍성한 사랑을 힘입어 주의 집에 들어가 주를 경외함으로 성전을 향하여 예배하리이다"(시 5:7)라고 간구한다. 그는 어떻게 주의 집에 들어가는지 평행법으로 설명한다. 하나는 '주의 풍성한 사랑을 힘입어' 주의 집에 들어가고, 또 하나는 '주를 경외함으로' 성전을 향하여 예배한다. 풍성한 사랑을 주시는 주체는 여호와시고, 주를 경외하는 주체는 성도다. 주의 풍성한 사랑을 힘입는다는 말과 주를 경외하는 것은 동일한 의미를 다른 시각에서 표현한 것이다. 주의 풍성한 사랑을 힘입는 사람은 주를 경외하는 사람이고, 반대로 주를 경외하는 사람은 주의 풍성한 사랑을 받는 사람이다. 주의 사랑을 받은 사람이라면 주를 경외하게 되어있다. 주를 경외하는 것은 하나님의 풍성한 사랑을 받은 외적인 증거이기 때문이다. 이러한 사람은 주의 전에 들어가 어떤 문제든 아뢸 수 있는 특권이 있다.

다윗은 주의 전에 들어가 무엇을 구했는가? 그는 "여호와여 나의 원수들로 말미암아 주의 의로 나를 인도하시고 주의 길을 내 목전에 곧게 하소서"(시 5:8)라고 간구했다. '주의 의'와 '주의 길'은 서로 평행을 이룬다. '주의 의'는 주께서 법정에서 의롭다고 판결해 주셔야 한다는 것이다. 다윗은 원수들로 인하여 고통할 때 주께서 법적으로 의롭다 하심으로 주의 길을 곧게(straight) 열어달라고 간구했다.

(4) 악인의 죄악을 고발함(시 5:9-10)

이 연에서 다윗은 악인들의 죄를 고발하고 그 죄에 대해 보응해 주시기를 구한다. 다윗은 먼저 성전에서 여호와께 예배하며 악인들의 죄목을 고발한다.

> 그들의 입에 신실함이 없고
> 그들의 심중이 심히 악하며
> 그들의 목구멍은 열린 무덤 같고
> 그들의 혀로는 아첨하나이다(시 5:9)

'그들의 심중이 심히 악하다'는 말은 마음의 동기 자체가 악하다는 것이다. 이 뿐 아니라 복수 명을 통하여 나오는 말은 열린 무덤과 같다고 고발했다. '열린 무덤 같다'라는 말은 당시 이스라엘의 장례문화와 관련된 이미지 언어다. 가족이 죽으면 바위나 산에 구멍을 뚫어 시신을 그 안에 두고 입구를 봉하고 회를 칠하기도 하고, 평토장한 무덤도 있었다(참조. 눅 11:44). 그러나 겉으로는 회를 칠하여 깨끗하고 아름답게 보이는 무덤이 열리면 어떻겠는가? 그리고 혀로는 다른 사람을 비난하면서 아첨한다. 사도 바울은 부패하고 타락한 사람의 본성을 입증하는 말씀으로 로마서 3:13에서 이 말씀을 인용했다. 사실 타락한 사람은 그들의 거짓과 위선을 교묘한 말로 위장하고 은폐하는 일에 능하다.

다윗은 이런 악한 사람들의 죄악들을 고발하면서 정죄해 달라고 했다(시 5:10). 특히 죄의 벌로 '자기 꾀에 빠지게 하시고'라든지, '쫓아내소서'라는 표현을 사용하여 그들이 행한 악한 일에 대해 보응을 받게 해 달라고 구했다.

(5) 다윗의 믿음(시 5:11-12)

다윗은 이제 이 시의 마지막에 자신의 믿음을 말한다. 그의 믿음은 주께 피하는 모든 사람은 다 기뻐하며, 주의 이름을 사랑하는 자들은 주를 즐거워하고, 주는 의인에게 복을 주시고, 은혜로 그를 호위하신다는 것이다(시 5:11-12). '주께 피하는 사람'과 '주의 이름을 사랑하는 자들' 그리고 '의인'이라는 말은 히브리식 반복어법으로 같은 의미를 다르게 표현한 것이다. 신약적인 표현으로 바꾸면 '그리스도를 믿음으로 의롭다 하심을 받고 그리스도 안에서 그의 말씀을 믿고 순종하는 사람'이라고 할 수 있다. 이러한 사람은 하나님을 즐거워할 것이고 (하나님과 교제할 것이고), 하나님은 이들에게 복을 주실 것이고, 방패가 적의 공격을 막아주듯이 은혜로 호위해 주실 것이다. 이것이 다윗의 믿음이요 우리의 믿음이다.

시편 6편 : 역경 가운데서 드리는 기도

다윗의 시, 인도자를 따라 현악 여덟째 줄에 맞춘 노래

1 여호와여

주의 분노로 나를 책망하지 마시오며

주의 진노로 나를 징계하지 마옵소서

2 여호와여 내가 수척하였사오니 내게 은혜를 베푸소서

여호와여 나의 뼈가 떨리오니 나를 고치소서

3 나의 영혼도 매우 떨리나이다 여호와여 어느 때까지니이까

4 여호와여

돌아와 나의 영혼을 건지시며

주의 사랑으로 나를 구원하소서

5 사망 중에서는 주를 기억하는 일이 없사오니

스올에서 주께 감사할 자 누구리이까

6 내가 탄식함으로 피곤하여

밤마다 눈물로 내 침상을 띄우며

내 요를 적시나이다

7 내 눈이 근심으로 말미암아 쇠하며

내 모든 대적으로 말미암아 어두워졌나이다

8 악을 행하는 너희는 다 나를 떠나라

여호와께서 내 울음 소리를 들으셨도다

9 여호와께서 내 간구를 들으셨음이여

여호와께서 내 기도를 받으시리로다

10 내 모든 원수들이 부끄러움을 당하고 심히 떪이여

갑자기 부끄러워 물러가리로다

이 시편은 탄식시로 표제에서 슬프고 무거운 분위기를 느낄 수 있다. '현악 여덟째 줄'은 현악기에서 저음을 내는 현으로 슬프고 무거운 분위기를 보여주기 때문이다. 이 시편은 원치 않는 역경 속에 있을 때 하나님과 맺은 사랑의 언약을 근거로 기도하는 일이 중요하다는 것을 보여준다.

시의 구조
(1) 다윗의 탄원(시 6:1-4)
(2) 다윗의 고통(시 6:5-7)
(3) 다윗의 믿음(시 6:8-10)

(1) 다윗의 탄원(시 6:1-4)

다윗은 이 시에서 어떤 문제로 자신에게 고통이 찾아왔는지 설명하지 않지만 아무런 이유가 없는 것으로 보지는 않는다. 시편 6:1에서 '책망하지 마시오며'와 '징계하지 마옵소서'라고 평행법으로 표현했다. '책망하다'는 법정적인 용어로 죄에 대하여 책임을 묻는 말이고, '징계하다'는 잘못된 부분을 바로 잡고 세운다는 의미다(Wilson 2002, 177-178). 다윗은 자신이 당하는 고통을 하나님께서 자신을 책망하시고 잘못된 것을 바로 잡는 것으로 이해했다.

시편 6:2-3에서 다윗은 자신이 지금 얼마나 고통스러운지 상황을 평행법과 부분을 통해 전체를 표현하는 제유법으로 설명한다.

> 여호와여 내가 수척하였사오니 내게 은혜를 베푸소서
> 여호와여 나의 뼈가 떨리오니 나를 고치소서
> 나의 영혼도 매우 떨리나이다 여호와여 어느 때까지니이까

다윗은 '수척하다', '뼈가 떨리다', '영혼이 떨리다'라고 했다. '수척하다'는 몸이 야위었다는 뜻으로 병이 들어 힘이 없다는 것이다. '뼈가 떨리다'는 몸의 균형을 잃었다는 뜻이고, '영혼이 떨리다'는 것은 정신적으로 큰 충격에 빠져서 불안하게 되었다는 뜻이다. 다윗은 이 상황에서 '내게 은혜를 베푸소서', '나를 고

치소서'라고 기도했다. 의학적으로도 고통스럽고 힘들 때 몸도 아프고 마음도 아프고 불안증세가 나타나고 몸의 균형을 잃는다. 다윗은 이 고통스러운 상태에 대해 "여호와여 돌아와 나의 영혼을 건지시며 주의 사랑으로 나를 구원하소서"(시 6:4)라고 기도했다. 다윗은 자신의 죄로 인하여 하나님이 돌아서셨으나 다시 돌아와 '주의 사랑으로' 구원해 달라고 기도했다. 다윗의 이 기도는 주와 맺은 사랑의 언약에 근거하여 구원해 달라는 뜻이다(참조. 신 7:12). 하나님은 사람이 하나님과 맺은 언약을 지키지 못하였기 때문에 장차 오실 그리스도 안에서 사랑의 언약, 곧 은혜 언약을 맺었다. 그래서 때로는 우리가 죄를 범하여 고통을 받는다 할지라도 은혜 언약에 근거해 구할 수 있다. 이것이 우리가 받은 은혜요 특권이다.

(2) 다윗의 고통(시 6:5-7)

다윗은 이 사랑의 언약에 근거하여 구원해 달라고 하면서 자신이 처한 상황을 '사망 중에서'와 '스올에서'라고 했다(시 6:5). '스올'은 죽어서 가는 무덤에 대한 시적인 명칭으로 사용되고(시 30:3; 141:7), 악인들이 가는 지옥을 말하기도 한다(시 49:14-15; 55:15). 여기서는 '사망 중에서'와 함께 평행법으로 쓰고 있기에 죽음의 지경에 처해 있음을 보여준다. 이 상황에서 다윗은 "내가 탄식함으로 피곤하여 밤마다 눈물로 내 침상을 띄우며 내 요를 적시나이다"(시 6:6)라고 했다. 이것은 시적인 과장법으로 다윗이 온 밤을 눈물로 지새우고 그 눈물이 침상을 띄울 정도로 많이 흘렸다는 뜻이다. 심지어 그의 기력이 쇠하여 "내 눈이 근심으로 말미암아 쇠하며 내 모든 대적으로 말미암아 어두워졌다"(시 6:7)라고 했다. '눈이 쇠하다'라는 뜻은 히브리어 관용구인데 온 몸의 기력이 떨어져 간다는 뜻이다. 왜 그럴까? 다윗은 '근심으로 말미암아'라고 하였고, 또한 평행법으로 '내 모든 대적으로 말미암아'라고 하였다. 다윗은 근심의 원인이 된 그의 대적들이 누구인지 밝히지 않는다. 그러나 누구나 고통스러운 문제들이 발생하면 기력이 떨어지고 실제로 눈도 잘 보이지 않는다.

(3) 다윗의 믿음(시 6:8-10)

다윗은 이 연에서 어떻게 그 상황을 극복했는지 설명한다. 그것은 그의 믿음이다. 그는 평행법으로 "여호와께서 내 울음소리를 들으셨고, 여호와께서 내 간구를 들으셨음이여 여호와께서 내 기도를 받으시리로다"(시 6:8-9)라고 했다. 여기에 '울음소리'와 '간구'와 '기도'는 모두 같은 개념인 기도를 다르게 표현한 것이다. 그런데 다윗은 그의 기도를 '들으셨도다'는 완료형인 과거 시제로, '받으시리로다'는 미래 시제로 표현했다. 그리고 그의 원수들이 '물러가리로다'(시 6:10)도 미래 시제로 표현했다. 여기서 과거는 '선지적 과거'로 지금은 이루어지지 않았지만 이루어질 것을 확신한다는 의미다. 이것은 다윗이 이 시를 쓸 당시에 눈물로 드리는 간구를 하나님께서 들어주셨다는 뜻이 아니라 들어주실 것이라는 믿음을 가지고 있었다는 뜻이다. 그의 믿음은 여호와는 언약 백성의 기도를 들으신다는 것이다. 이 믿음은 성도의 생명선이요 희망이다.

시편 7편 : 의로운 재판관이신 하나님

이 시편은 표제에 "다윗의 식가욘, 베냐민인 구시의 말에 따라 여호와께 드린 노래"라고 되어 있는 것처럼 다윗이 베냐민 지파의 구시라는 사람의 말에 따라 고통 받을 때의 상황을 염두에 두고 지은 시다. 여기에 '식가욘'(שִׁגָּיוֹן)이 무엇을 의미하는지 알 수 없다. 하지만 하박국 선지자가 가슴이 떨려 지은 노래인 하박국 3장에는 동일한 용어의 복수형인 '시기오놋'(שִׁגְיֹנוֹת)이 나온다(합 3:1). 하박국 3:19에서 이 노래를 '수금에 맞춘' 노래라고 했기에 수금과 연관되어 있는 것처럼 보인다. 이 시편은 하나님은 의로운 재판장이시기 때문에 사람의 마음과 동기까지 살펴 판결해 주신다는 것을 보여준다.

시의 구조
(1) 다윗의 고통(시 7:1-2)
(2) 다윗의 자기성찰 : 하나님 앞에서 자신을 돌아봄(시 7:3-5)
(3) 다윗의 기도 : 하나님의 판결을 구함(시 7:6-9)
(4) 다윗의 믿음 : 의로우신 재판장이신 하나님(시 7:10-17)

(1) 다윗의 고통(시 7:1-2)

표제에는 다윗을 고통스럽게 한 사람은 '베냐민인 구시'라고 하였지만 이 이름은 다른 곳에 나타나지 않는다. 하지만 이 사람의 출신지파가 사울 왕이 속한 '베냐민'이기 때문에 다윗이 왕이 되기 전에 사울과 다윗 사이를 말로 이간시킨 사람 가운데 한 사람으로 보인다(참조. 삼상 24:9, 15). 다윗은 당시 얼마나 위험한 상황이었는지 '나를 쫓는 모든 자들에게서' 구원해 달라고 했다(시 7:1). 그리고 그 절박함을 '그들이 사자같이 나를 찢고 뜯을까' 한다는 이미지로 표현했다(시 7:2). 다윗은 베냐민 사람 구시가 하는 부정적인 말로 인하여 큰 위험과 고통을 받았다.

(2) 다윗의 자기 성찰 : 하나님 앞에서 자신을 먼저 살핌(시 7:3-5)

다윗은 이 상황에서 '만일(임, אם) 어떤 일을 했다면'[83]이라는 가정법을 세 번이나 사용하여 원수들이 말한 것을 행하였거나, 그의 손에 죄악이 있거나, 평화를 행하는 자들을 악으로 갚았거나, 무고히 남의 권리나 인격을 침해하였다면 원수가 자기 생명을 땅에 짓밟게 하라고 했다(시 7:3-5). 이는 다윗이 그러한 행동을 하지 않았다는 것이다. 다윗이 이렇게 말한 것은 하나님 앞에서 자신의 삶을 먼저 살폈기 때문이다.

---

83 히브리어 본문에는 '만일'(임, אם)이라는 접속사를 세 번 사용했으나 내용적으로는 네 개다.

(3) 다윗의 기도 : 하나님의 판결을 구함(시 7:6-9)

다윗은 자신을 살핀 후에 하나님의 의로운 판결을 간구했다(시 7:6-9). 특히 다윗은 시편 7:6에서 하나님이 즉각적으로 기도를 들으시고 응답하셔야 한다는 것을 '일어나사'와 '깨소서'라는 명령법을 사용하여 구하고 있다. 하나님을 향하여 명령법으로 간구한 것은 사안의 긴급성과 절박성을 나타낸다. 다음에 나오는 절을 음을 높여 부르라는 신호로 보이는 '셀라' 다음에 나오는 이 말씀은 이 시의 핵심으로 신속하게 재판을 열어 해결해 달라는 것이다. 다윗은 "민족들의 모임이 주를 두르게 하시고 그 위 높은 자리에 돌아오소서"(시 7:7)라고 했다. 이 말씀은 민족들의 모임이 하나님을 중심으로 둘러서 있고 하나님이 그 보좌에 앉아서 모든 민족을 재판하시는 모습을 이미지로 보여준다.

다윗은 하나님을 모든 민족을 재판하는 재판관으로 묘사한 다음에 하나님께 자신의 의와 성실함을 따라 재판해 줄 것을 간구했다(시 7:8). 그리고 악인의 악을 끊고 의인을 세워줄 것을 간구했다. 그러면서 다윗은 재판하시는 여호와를 '의로우신 하나님'이라고 부르며 '사람의 마음과 양심을 감찰하시는 분'이라고 했다. 여기에 '마음'(레이브, לֵב)이라는 말과 '양심'(킬야, כִּלְיָה)이라는 말은 같은 의미를 다르게 표현한 것이다. 두 단어를 구분하면 '마음'은 감정적이며 주관적인 요소에 강조점이 있고, '양심'은 이성적이며 객관적인 요소에 강조점이 있다. 이러한 표현을 사용한 것은 하나님은 사람의 감추어진 동기까지 다 살피신다는 것을 강조하기 위한 것이다.

(4) 다윗의 믿음 : 의로우신 재판장이신 하나님(시 7:10-17)

다윗은 마지막 연에서 그의 간구의 근거가 되는 그의 믿음이 무엇인지 설명한다. 그는 "나의 방패는 마음이 정직한 자를 구원하시는 하나님께 있도다"(시 7:10)라고 했다. 다윗은 하나님을 마음이 정직한 자를 구원하시는 분으로 믿었다. 또한 하나님을 의로우신 재판장으로 믿었다(시 7:11). 특히 그는 하나님을 사람이 회개하지 않으면 그를 심판하시기 위해 칼을 갈고 계시며, 활의 시위를 당기고 계시는 분으로 믿었다(시 7:12). 또한 죽일 도구를 예비하신 분으로 믿었다

(시 7:13). 다윗이 이러한 표현을 사용한 것은 하나님은 의로우신 재판장으로 악을 행하는 자들을 심판하실 준비를 다 갖추신 분으로 묘사하기 위함이다.

다윗은 하나님이 섭리하시는 방식 가운데 한 가지로 악한 사람을 심판하시는 방법을 설명한다. 그것은 악인이 악을 행하고 자신의 이익과 명예를 위하여 함정을 파지만 결국 자기 함정에 자기가 빠지게 되어 죽임을 당하게 된다는 것이다(시 7:14-16). 이것이 다윗의 믿음이었다.

다윗은 이러한 믿음을 가지고 있었기에 이 시의 마지막 7:17에 의미있는 찬양을 할 수 있었다. "내가 여호와께 그의 의를 따라 감사함이여 지존하신 여호와의 이름을 찬양하리로다." 베냐민 사람 구시의 악한 말로 인하여 위험에 처했어도 하나님을 의로우신 재판장으로 믿고 간구한 다윗은 이스라엘의 역사에서 가장 위대한 왕이요 하나님의 구속역사에서 중요한 믿음의 조상 가운데 한 사람이 되었다.

오늘날 우리도 그리스도를 믿음으로 의로운 재판장이신 하나님을 아버지로 섬기게 되었다. 하나님은 의로운 재판장으로서 사람의 마음과 생각과 사상과 그 동기를 아시고 의롭게 판결해 주시는 분이다. 그래서 우리가 악인으로부터 고통당할 때 다윗처럼 우리 자신을 살피고 정직하게 행하며 하나님께 구하면 의로운 재판장이신 하나님이 갚아주실 것이다.

시편 8편 : 사람이 무엇이기에

다윗의 시, 인도자를 따라 깃딧에 맞춘 노래

1 여호와 우리 주여

주의 이름이 온 땅에 어찌 그리 아름다운지요

주의 영광이 하늘을 덮었나이다

2 주의 대적으로 말미암아

어린 아이들과 젖먹이들의 입으로 권능을 세우심이여

이는 원수들과 보복자들을 잠잠하게 하려 하심이니이다

3 주의 손가락으로 만드신 주의 하늘과

주께서 베풀어 두신 달과 별들을 내가 보오니

4 사람이 무엇이기에 주께서 그를 생각하시며

인자가 무엇이기에 주께서 그를 돌보시나이까

5 그를 하나님보다 조금 못하게 하시고

영화와 존귀로 관을 씌우셨나이다

6 주의 손으로 만드신 것을 다스리게 하시고

만물을 그의 발 아래 두셨으니

7 곧 모든 소와 양과 들짐승이며

8 공중의 새와 바다의 물고기와 바닷길에 다니는 것이니이다

9 여호와 우리 주여

주의 이름이 온 땅에 어찌 그리 아름다운지요

이 시편은 하나님이 창조하시고 구속하신 사람이 얼마나 위대한 존재인지 잘 보여준다. 이 시의 표제는 "다윗의 시, 인도자를 따라 깃딧에 맞춘 노래"다. '깃딧'(גִּתִּית 〈 גַּת)은 포도주를 담는 통을 의미하는 단어에서 나온 것으로 보아 오늘날 북이나 드럼 같은 타악기로 볼 수 있다. 이 음조에 맞춘 노래는 시편 8, 81, 84편 이다. 이 시에서 다윗은 하나님이 우리 인간을 세상에서 특별한 존재로 창조하시고 세상을 다스리는 위대한 사명을 맡기셨다는 사실을 보여준다.

시의 구조

(1) 여호와의 이름을 찬양하라(시 8:1-2)
(2) 여호와께서 사람에게 주신 은혜(시 8:3-5)
(3) 여호와께서 사람에게 은혜를 주신 목적(시 8:6-9)

---

(1) 여호와의 이름을 찬양하라(시 8:1-2)

이 시편은 "주의 이름이 온 땅에 어찌 그리 아름다운지요"라는 감탄문으로 시작하고 마친다(시 8:1, 9). 이것은 주를 알만한 것이 온 땅에 장엄하게 펼쳐져 있다는 것이다. 왜냐하면 주가 어떤 분이신지 알 수 있도록 주의 영광이 하늘을 덮고 있기 때문이다. 여기서 하늘은 온 우주를 말한다.

그럼에도 주의 대적들은 하나님의 영광을 보지 못한다. 그래서 다윗은 "주의 대적으로 말미암아 어린아이들과 젖먹이들의 입으로 권능을 세우심이여 이는 원수와 보복자들을 잠잠하게 하려 하심이니이다"라고 했다. 이 말씀의 뜻은 무엇일까? 예수님께서 예루살렘 성전에 올라가셔서 가르치실 때 아이들이 '호산나'라고 찬송하였다. 그때 대제사장들과 서기관들이 분개하자 예수님은 이 말씀을 인용하셨다. 예수님이 인용하신 목적은 사람들과 아이들조차 예수님을 메시아로 알아보고 '호산나 다윗의 자손이여'라고 외치는데 성경을 배운 대제사장들과 서기관들은 모르고 있다는 것을 책망하신 것이다(마 21:15-16). 그러므로 다윗이 이 시에서 이 말을 한 것은 하나님의 영광이 온 세상에 드러나 있기에 찬양해야 한다는 것이다.

(2) 여호와께서 사람에게 주신 은혜(시 8:3-5)

다윗은 여호와의 이름이 그가 창조하신 온 세상에 장엄하게 펼쳐진 것을 보면서 하나님이 창조하신 사람이 얼마나 위대한 존재인지 알았다. 그는 "사람이 무엇이기에 주께서 그를 생각하시며 인자가 무엇이기에 그를 돌보시나이까?"(시 8:4)라고 했다. '사람'과 '인자' 그리고 '생각하시며'와 '돌보신다'는 유사한 개념의 반복을 통해 의미를 풍성하게 하는 평행법이다. '생각하다'(자카르, זכר)는 '기억하다'는 의미로 하나님과 맺은 언약을 기억한다는 의미다(참조. 출 2:24). '돌보신다'(파카드, פקד)는 말은 '방문하다'는 뜻이기도 하다. 이 의미는 언약 백성을 찾아와 돌보시는 전반적인 행위를 말한다. 그래서 이 말씀은 하나님께서 만드신 하늘과 달과 별들의 웅장함과 비교해 볼 때 사람이 어떤 존재이기에, 하나님께서 사람과 언약을 맺으시고 돌보시는지 감탄하는 말이다.

다윗은 사람이 어떤 존재인지 더 구체적으로 "그를 하나님보다 조금 못하게 하시고 영화와 존귀로 관을 씌우셨나이다"(시 8:5)라고 했다.[84] 이 시의 저자인 다윗은 사람을 하나님 다음으로 존귀한 존재로 이해했다. 그는 하나님이 이 사람에게 '영화와 존귀로 관을 씌우셨다'고 했다. 이것은 은유적인 표현으로 하나님께서 사람에게 왕적인 권위를 부여하여 하나님이 만드신 세상을 통치하는 권세를 주셨다는 것이다. 이것이 여호와께서 사람에게 주신 은혜다.

(3) 여호와께서 사람에게 은혜를 주신 목적(시 8:6-9)

여호와께서 왜 이 은혜를 사람에게 주셨는가? 여호와께서 '만물을 그의 발아래 두셨다'는 것은 사람에게 모든 권세를 맡기셨다는 것이다. 세상을 창조하신 분이며 통치자이신 주님께서 사람에게 소와 양과 들짐승, 그리고 공중의 새와 바다의 물고기와 바닷길에 다니는 것들을 다스리는 권세를 위임해 주셨다. 여호와께서 사람에게 이 은혜를 주신 것은 하나님이 창조하신 온 세상을 다스리게 하기 위함이다. 이 은혜를 하나님이 창조 시에 사람에게 주셨다(참조. 창 1:26-28). 원래 사람은 모든 피조물과는 달리 하나님의 형상으로 창조되었다. 이것은 관계적인 의미로 하나님을 알고 교제하는 존재, 다른 사람을 사랑하고 협력하여 하나님의 뜻을 이루는 존재, 하나님이 만드신 세상과 자연을 잘 관리하고 돌보는 존재라는 뜻이다. 그러나 사람은 죄를 범함으로 이 관계가 깨어져 하나님을 경배하는 대신에 헛된 우상을 섬기고, 다른 사람을 미워하고, 자신의 이기적인 목적을 위해 모함하고, 해롭게 하고, 심지어 죽이기까지 하는 존재가 되었다. 그리고 자연과의 관계에서 역시 사람의 이기적인 목적을 위하여 땅과 땅에 속한 모든 자원을 착취하게 되었다.

감사하게도 이 모든 관계를 왜곡시킨 주범인 우리의 죄를 그리스도께서 대신 담당하시고 십자가에서 죽어주심으로 이 관계를 회복시켜 주셨다. 하나님을 알

---

[84] 신약의 히브리서 저자는 시편 8:5의 '하나님'(엘로힘, אלהים)을 70인역에 따라 '천사'(ἀγγέλους)로 기록했다(히 2:7). 이는 히브리서 저자가 히브리어를 몰라서 '천사'라고 기록한 아니라 이 절을 그리스도에게 적용하여 예수님의 낮아지심을 설명하기 위함이다. 천사들의 존재는 인간보다 낮은 존재이기 때문이다(히 1:14).

고 사랑하고 섬길 수 있게 하셨다. 인간을 사랑하고 섬기게 하시고 원수까지도 사랑할 수 있는 마음을 주셨다. 또한 자연에 대한 관점이 달라져 숭배의 대상이나 착취의 대상이 아니라 하나님의 말씀에 따라 잘 다스려야 할 대상으로 인식하게 되었다. 그래서 하나님의 형상으로 지음을 받은 우리 성도는 하나님께서 만드신 온 세상을 잘 다스려야 한다. 개혁주의 교회는 이것을 문화적 명령이라고 말한다. 하나님은 왜 인간을 창조하시고, 또한 왜 그리스도 안에서 구속해 주셨는가? 그것은 사람이 하나님이 창조하신 모든 세상을 하나님이 주신 사명에 따라 바르게 통치하고 관리하도록 하기 위함이다. 그러므로 우리는 왕 같은 제사장으로 하나님이 창조하시고 구속하신 목적에 따라 만물을 바르게 다스려야 한다.

시편 9편 : 여호와는 공의로 세계를 심판하신다

시편 9편과 10편은 원래 하나의 시편이다. 헬라어로 번역된 70인역과 라틴어로 번역된 벌게이트는 두 편을 하나의 시편으로 합쳤다. 그 근거는 몇 가지가 있다. 첫째, 이 두 편의 시는 알파벳 이합체 시(acrostic poem)[85]로 22개의 히브리어 자음 중 시편 9편은 '알렙'(א)부터 열한 번째 글자인 '카프'(כ)까지로 되어 있고, 시편 10편은 열두 번째 글자인 '라메드'(ל)부터 마지막 스물두 번째 글자인 '타우'(ת)로 되어 있다. 둘째, 시편 제1권이 3편부터 41편까인데 여기에는 대부분 표제가 있지만 시편 10편은 표제가 없다. 셋째, 시편 9편이 셀라로 마치고 있다. 이것은 9편이 계속되고 있다는 것이다. 시편에서 셀라는 끝에 나타난 적이 없다(김정우 1994, 324).[86]

이 시의 표제는 "다윗의 시, 인도자를 따라 뭇랍벤에 맞춘 노래"이다. '뭇랍벤'은 '아들의 죽음'이라는 뜻이다. 이 시에서 여호와는 성도들의 기도를 들으시고

---

85 알파벳 이합체 시는 히브리어 알파벳 순서에 따라 각 행의 첫 글자를 시작하거나, 각 행의 첫 글자를 짜 맞추면 말이 되는 시들을 가리킨다. 예를 들면 시편 9/10편, 25, 34, 37, 111, 112, 119, 145; 잠언 31:10-31; 애가 1, 2, 3, 4장 등이 있다.
86 예외적으로 '셀라'가 끝에 나오는 경우도 있다. 예를 들면 시편 24:10; 46:11 등이다. 이 경우는 셀라의 의미가 보편적인 진리를 나타내어 '영원히' 또는 '아멘'의 의미를 가진 경우다.

공의로 세계를 심판하시는 분임을 보여준다. 이 시를 다음과 같은 구조로 구분할 수 있다.

시의 구조

(1) 다윗의 감사와 그 이유(시 9:1-6)
(2) 다윗이 믿은 여호와(시 9:7-14)
(3) 여호와의 심판(시 9:15-18)
(4) 다윗의 기도와 우리의 기도(시 9:19-20)

---

(1) 다윗의 감사와 그 이유(시 9:1-6)

이 연에서 다윗은 여호와께 감사하며 주의 모든 기이한 일들을 전하고, 주의 이름을 찬송하겠다고 했다(시 9:1-2). 그는 '주의 모든 기이한 일들'을 "내 원수들이 물러갈 때에 주 앞에서 넘어져 망함이니이다"(시 9:3)라고 했다. 그리고 그 이유를 주께서 자신의 의로운 송사를 변호하시고 심판해 주셨기 때문이라고 했다(시 9:4).[87] 주의 모든 기이한 일들은 하나님께서 그의 백성을 위해 행하신 기적적인 행동을 말한다(시 26:7; 71:17; 75:1 등). 특히 다윗은 재판석에 앉아 계신 주님을 연상하며 "나의 의와 송사를 변호하셨다"고 했다.[88] 이것은 그가 원수들로 인하여 기도할 때 여호와께서 들으시고 의롭게 판결해 주셨다는 것이다.

다윗이 원수들로 지목한 대상은 누구인가? 다윗은 그 대상을 '이방 나라'와 '악인들'이라고 말한다. 그러나 이들이 구체적으로 누구인지 불분명하다. 당시 상황에 비추어본다면 블레셋(삼하 5:22-25), 여부스(삼하 5:6-12), 모압(삼하 8:2), 소바(삼하 8:3), 아람(삼하 8:5-7), 에돔(삼하 8:13-14), 암몬(삼하 12:26-31) 등으로 볼 수 있다. 이들이 이스라엘을 멸망시키려 한 것은 이스라엘을 통하여 오실 메시아와 그가 세우실 하나님 나라를 해하는 행동이다. 다윗이 이 문제를 놓고 여호와께

---

87 히브리어 본문은 '왜냐하면'이라는 접속사 '키'(כִּי)로 시작한다. 이것은 다윗이 하나님께 재판을 의뢰한 기도를 하나님이 들으시고 응답하셨다는 것이다.

88 여기에 '나의 의와 송사'(마쉬파티 버디니, מִשְׁפָּטִי וְדִינִי)는 '심판' 또는 '재판'의 의미를 담고 있는 '미쉬파트'(מִשְׁפָּט)와 '딘'(דִין)이라는 두 단어를 결합하여 하나의 의미를 나타내는 '중언법'(hendiadys)으로 다윗이 하나님께 판결을 구하는 '나의 바로 그 송사'라고 보아야 한다.

기도하며 판결을 구했을 때 여호와께서 들으시고 기이한 일들을 행하시며 지존하신 하나님의 이름을 드러내셨다(참조. 삼하 5:22-25). 이것이 다윗이 감사한 이유다.

(2) 다윗이 믿은 여호와(시 9:7-14)

이 연에서 다윗은 여호와를 3인칭으로 부르며 그가 믿은 여호와가 어떤 분이신지 주관적이 아니라 객관적으로 소개한다. 그는 이미지 언어로 여호와를 온 세상을 심판하시기 위하여 왕의 보좌에 앉아계신 분으로 그리고 압제를 당하는 자의 요새이시요 환난 때의 요새로 묘사한다(시 9:7-9). 다윗은 여호와가 어떤 분이신지 소개한 후에 '너희는'이라는 2인칭 복수를 사용하여 모든 사람들도 여호와를 알고 찬양하도록 초청하면서 여호와를 두 개의 이미지 언어로 표현한다(시 9:11). 하나는 '시온에 계신 여호와'이고, 또 하나는 '피 흘림을 심문하시는 여호와'다. 시온은 성소를 의미하기도 하고(시 20:2), 하나님의 백성들을 의미하기도 한다(시 97:8; 사 1:27). 여호와를 '피 흘림을 심문하시는 이'로 묘사한 것은 폭력을 행사하여 사람의 인격과 생명을 해하는 자들을 심문하고 판결하시는 분임을 보여주려는 것이다.

다윗은 시편 9:11-12에서 여호와를 3인칭으로 부르다가 시편 9:13-14에서는 2인칭으로 부르고 다시 1인칭으로 자신의 문제를 아뢴다. 이는 여호와를 국가와 공동체의 문제만 아니라 개인의 문제도 들어주시는 분으로 알게 하려는 것이다.

(3) 여호와의 심판(시 9:15-18)

이 연에서 다윗은 여호와가 어떻게 심판하셨는지 이미지 언어로 설명한다. 악한 자들은 자기가 판 웅덩이에 빠지고, 자기가 숨긴 그물에 자기 발이 걸렸다(시 9:15). 이 일이 우연처럼 보이지만 이는 사건의 배후에서 여호와께서 자신을 알리시고 심판을 행하신 결과이다(시 9:16). 그런데 저자는 이 말씀 다음에 '힉가욘, 셀라'(הִגָּיוֹן סֶלָה)라고 했다. '힉가욘'(הִגָּיוֹן)은 '작은 소리로 말하다', '묵상하다'라는 뜻인 '하가'(הגה)의 명사형으로 이 말씀을 깊이 생각한다는 뜻이다. 이것은 여호와께서 공의로 악한 자를 심판하신다'는 보편적인 진리를 깊이 묵상하리는 신호기능이다. 이 진리의 말씀처럼 여호와는 궁핍한 자들을 잊지 아니하시고, 가난한 자들을 실망하지 않게 하실 것이다(시 9:18).

(4) 다윗의 기도와 우리의 기도(시 9:19–20)

이 연에서 다윗은 여호와께 인생이 승리를 얻지 못하게 하시고, 이방 나라들이 주 앞에서 심판을 받게 해 달라고 기도한다(시 9:19). 그리고 그들을 두렵게 하시고 이방 나라들은 인생뿐임을 알게 해 달라고 기도한다(시 9:20). 시편 8편은 하나님이 사람을 창조하시고 그에게 창조하신 모든 만물과 세계를 다스리는 권세를 주셨다고 기록한다. 시편 9편은 구속받은 사람이 어떻게 세상을 통치하는지를 보여준다. 그것은 기도다. 오늘날 세상에는 대통령을 위시하여 기업의 사장이나 다양한 권세를 받은 자들이 있다. 이들이 권세를 주신 하나님의 목적대로 행하지 못한다면 여호와께서 공의로 세계를 심판해 주시도록 기도해야 한다. 기도는 그리스도와 함께 세상을 다스리는 방법이기 때문이다(듀엘 1994, 20).

시편 10편 : 악인에 대한 성도의 갈등

이 시편은 시편 9편과 연결된 하나의 시편으로 시편 9편에 이어 22개의 히브리어 자음 중 열두 번째 글자인 '라메드'(ל)부터 마지막 스물두 번째 글자인 '타우'(ת)까지 되어 있는 알파벳 이합체 시다. 이 시에서 여호와는 악인들의 행동을 보고 갈등하며 간구하는 성도들의 기도를 들으시고 심판하시는 분임을 보여준다. 이 시를 다음과 같은 구조로 구분할 수 있다.

시의 구조
(1) 악인에 대한 성도의 갈등(시 10:1–11)
(2) 갈등을 해결하는 방법인 기도와 믿음(시 10:12–18)

(1) 악인에 대한 성도의 갈등(시 10:1-11)

이 연에서 다윗은 악인에 대한 성도의 갈등을 묘사하면서 악인을 시편 10:2에만 3인칭 복수, 나머지는 모두 3인칭 단수로 묘사한다. 그는 이 악인으로 말미암아 환난을 당해도 여호와가 멀리 서 계시는 것처럼 보여 갈등했다(시 10:1). 이 갈등을 극복하기 위해 성도가 할 수 있는 일은 무엇일까? 그것은 다윗이 이 시에서 "자기가 베푼 꾀에 자기가 빠지게 하소서"(시 10:2)라고 기도한 것처럼 기도하는 것이다(참조. 시 9:15).

이 기도 후에 다윗은 악인의 죄악된 행동이나 사상을 하나님께 고발하는 형식으로 시편 10:3-11에서 하나씩 열거하며 기록한다. 악인은 그의 마음의 욕심을 자랑하며, 탐욕을 부린다. 그의 입에는 저주와 거짓과 포악이 있고, 그의 혀에는 잔해[89]와 죄악이 있다(시 10:3, 7). 그리고 다윗은 이러한 악을 행하는 악인이 마음과 사상에 하는 말을 직접화법으로 전한다.

> "여호와께서 이를 감찰하지 아니하신다."(시 10:4).
>
> "하나님이 없다."(시 10:4).
>
> "나는 흔들리지 아니하며 대대로 환난을 당하지 아니하리라."(시 10:6).
>
> "하나님이 잊으셨고 그의 얼굴을 가리셨으니 영원히 보지 아니하시리라."(시 10:11).

이러한 생각과 말은 그의 마음에 하나님 두기를 싫어할 때 나타나는 현상이다. 이러한 현상에 대하여 사도 바울도 지적한 바가 있다(참조. 롬 1:28-32). 그리스도 안에서 구속함을 받고 왕 같은 제사장으로 부름을 받아 세상을 통치하는 자로서 이러한 악인의 행동을 보면 갈등이 생기지 않을까?

---

89 '잔해'는 히브리어로 '아말'(עָמָל)인데 불행, 재앙, 고통이라는 뜻이다. 악한 자의 혀 밑에 잔해가 있다는 것은 그의 말에 다른 사람들을 불행하게 만들고 고통스럽게 만드는 악독이 숨겨져 있다는 것이다.

(2) 갈등을 해결하는 방법인 기도와 믿음(시 10:12-18)

이 연에서 다윗은 갈등을 해결하는 방법인 기도와 믿음을 설명한다. 특히 다윗은 여호와를 부르고 난 뒤 기도하면서 여호와를 가리켜 2인칭 단수로 '당신은'(개역개정판은 '주는')이라고 부른다. 이것은 '나와 너'(I & You)라는 친밀한 관계에서 쓰는 표현이다. 그는 "여호와여 일어나옵소서 하나님이여 손을 드옵소서 가난한 자들을 잊지 마옵소서"(시 10:12)라고 탄원한다. 특히 악인이 "주는 감찰하지 아니하리라"(시 10:13; 참조. 시 10:4)라고 한 말을 다시 인용하며 악한 자의 악을 더 이상 찾아낼 수 없을 때까지 찾을 것을 간구했다(시 10:13, 15). 그는 이 간구를 하면서 여호와가 재앙과 원한을 감찰하시고, 겸손한 자의 소원을 들으시고, 그들의 마음을 견고하게 세우시고,[90] 고아와 압제 당하는 자를 위하여 심판하실 분으로 믿었다(시 10:14, 17-18). 다윗은 악인들에 대한 갈등과 그 갈등을 해결하기 위하여 영원토록 왕이신 여호와께서 겸손한 자들의 소원을 들으신다는 사실을 믿고 악인들의 행동을 고발하면서 심판해 주실 것을 간구했다. 갈등을 극복하는 방법은 믿음과 기도다.

성도는 악인들의 악한 행동을 볼 때 그 안에 있는 하나님의 법 때문에 갈등하고 기도한다. 하나님은 기도를 들으시고 악한 자들을 벌하고 세상을 공의로 통치하신다(참조. 시 141:2; 계 5:8-10). 그래서 성도는 기도함으로 왕 같은 제사장으로 하나님과 동역하며 하나님의 의로운 통치가 나타나도록 해야 한다. 이것이 악한 자들과 싸우는 전쟁방식이다. 이 전쟁을 가리켜 '거룩한 전쟁'이라 부를 수 있다.

---

90 개역개정판은 시편 10:17에서 '준비하시며'라고 번역했으나 히브리어는 '쿤'(כון)으로 '견고하게 세우시며'라고 번역해야 한다.

시편 11편 : 여호와께 피하라

이 시의 저자인 다윗이 위기에 직면했을 때 그의 곁에 있었던 사람들은 그에게 산으로 피하라고 하였다. 하지만 그는 여호와를 신뢰하는 믿음이 어떤 역할을 하는지 보여준다. 이 시에서 여호와는 악인과 의인을 살피시고 의롭게 심판하시는 분이기에 여호와께 피할 때 우리의 믿음대로 행하시는 분임을 알게 한다. 이 시를 다음과 같은 구조로 구분할 수 있다.

시의 구조
(1) 다윗의 상황과 갈등(시 11:1-3) (2) 다윗의 상황과 갈등을 극복하는 방법인 믿음(시 11:4-7)

(1) 다윗의 상황과 갈등(시 11:1-3)

이 연에서 다윗은 자신이 어떤 상황에 처해 있었고 그 상황에서 무엇을 갈등했는지 설명한다. 다윗은 여호와께 피했다(시 11:1). 이것은 이미지 언어로 여호와가 피난처가 되어 주신다는 믿음을 가졌다는 것이다(참조. 시 46:1). 여호와께 피하는 다윗의 행동에 대하여 그와 함께 있었던 사람들은 이미지 언어로 '새 같이 산으로 도망하라'고 했다. 왜 그랬을까? 히브리어 성경에는 '왜냐하면'(키, כִּי)이라는 이유 접속사와 어떤 특별한 장면을 주목하게 하는 기능을 하는 '보라'라는 의미의 '히네이'(הִנֵּה)라는 감탄사(interjection)가 있다. 이것은 산으로 피해야 할 이유와 긴급한 상황을 환기시키는 역할을 한다. 그 이유를 악인이 활을 당기고 화살을 시위에 넣어 의인을 쏘려는 이미지 언어로 설명한다. 그들은 이 상황을 환기시키고 "터가 무너지면 의인이 무엇을 하랴"라고 하며 피하라고 했다. 여기 '터'[91]는 삶의 기반인 생명, 사회적인 지위, 직장, 돈, 건강 등을 말한다.

---

[91] '터'의 원문으로 '하샤토트'(הַשָּׁתוֹת ⟨ שַׁת)인데 복수다.

(2) 다윗의 상황과 갈등을 극복한 방법인 믿음(시 11:4-7)

이 연에서 다윗은 이 상황을 어떻게 극복했는지를 보여준다. 그것은 여호와에 대한 믿음이다.

첫째, 다윗은 여호와께서 성전에 계시고, 여호와의 보좌는 하늘에 계신다는 사실을 믿었다(시 11:4). 구약시대에 성막이나 성전은 하나님이 임재하시는 구체적인 장소이다(참조. 출 25:8). 그리고 여호와의 보좌가 하늘에 있다는 것은 여호와께서 한 곳에 제한되어 있는 것이 아니라 어디든지 임재하여 그의 능력을 나타내시는 초월적인 존재라는 것이다. 다윗은 땅에 있는 여호와의 성전에서 기도하지만 이 성전이 온 세상을 통치하시는 하늘 보좌와 연결되어 있다고 믿었다.

둘째, 다윗은 여호와께서 인생을 살피신다고 믿었다(시 11:4). 그는 하나님을 사람처럼 묘사하여 '그의 눈'과 '그의 안목'이 감찰하신다고 했다. 여기에 '안목'(아파아파임, עפעפים)은 '눈꺼풀'이다. 이는 하나님을 사람의 모습으로 묘사한 신인동형론적(anthropomorphic) 표현으로 일종의 비유다. '그의 눈'과 '그의 안목'은 평행법으로 둘 다 같은 개념이다. 그럼에도 '눈꺼풀'로 감찰한다고 한 것은 이미지 언어로 미세한 부분조차 자세히 살핀다는 것을 보여주기 위함이다.

셋째, 다윗은 여호와를 의인을 감찰하시고 악인과 폭력을 좋아하는 자를 미워하시는 분으로 믿었다(시 11:5).

넷째, 다윗은 여호와를 악인에게는 그물을 던져 불과 유황으로 심판하시지만, 정직한 자에게는 여호와의 얼굴을 보여주시는 분으로 믿었다(시 11:6-7).

이 시에서 다윗이 그가 믿고 간구한 결과를 기록하지 않는다 할지라도 그의 믿음대로 여호와는 악인을 심판하시고 그의 살아계심과 능력을 보여주셨을 것이다. 이와 같이 우리는 악한 자들이 불법을 행하거나, 또는 부조리한 사회구조와 현실적인 문제로 고통을 당할 때 다윗이 한 것처럼 여호와께 간구할 수 있다. 이러한 방법으로 정의와 사랑이 넘치는 새로운 세상, 하나님 나라를 건설할 수 있다.

시편 12편 : 경건한 자들의 탄식

이 시편은 공동체의 탄식시다. 이 시의 표제는 "인도자를 따라 여덟째 줄에 맞춘 노래"다. 이것은 현악기의 여덟째 줄에 맞추어 부른 노래로 내용이 무겁다는 것을 암시한다. 여덟째 줄은 저음을 내기 때문이다. 이 시는 악인들이 날뛰는 세상에서 하나님은 경건한 자들이 탄식하며 기도하는 것을 들으시고 그들이 갈망하는 구원을 이루어 새 시대를 이루시는 분임을 보여준다.

시의 구조
(1) 다윗의 탄식과 기도(시 12:1-4) (2) 다윗의 믿음(시 12:5-8)

(1) 다윗의 탄식과 기도(시 12:1-4)

이 연에서 다윗은 당시 사회 현상을 보고 탄식하며 기도한다. 그가 "여호와여 도우소서"(시 12:1)라고 기도한 이유는 경건한 자들(= 신실한 자들)이 끊어지고, 충실한 자들(= 믿을만한 자들)이 인생 중에 없어지기 때문이다(시 12:1). 왜 신실하고 정직한 사람들이 끊어지게 되었을까? 그 이유를 다윗은 거짓과 아첨과 두 마음으로 말하는 사람들이 점점 많아지기 때문이라고 말한다(시 12:2). 이 시에서 다윗은 악인의 많은 모습 가운데 특별히 그들이 사용하는 말에 집중한다. 악한 자들은 거짓을 말한다. 다윗은 거짓말을 좀 더 구체적으로 아첨하는 입술과 두 마음으로 말하는 것이라고 했다. '아첨하다'는 단어는 히브리어로 '하락'(חלק)인데, '부드럽다', '말솜씨가 좋다'는 뜻이다(참조. 사 30:10; 단 11:32). 또한 두 마음을 가지고 있다는 것은 말하는 것과 마음에 품은 생각이 다르다는 것이다. 이들은 "우리의 혀가 이기리라 우리 입술은 우리 것이니 우리를 주관할 자 누구리요"(시 12:4)라고 말한다. 이런 행동은 그들의 교만함을 보여줄 뿐만 아니라 개인의 믿음과 사회공동체의 믿음을 파괴한다.

(2) 다윗의 믿음(시 12:5-8)

이 연에서 다윗은 신실하고 믿을만한 사람들이 살아가기 어려운 세상을 염려하고 탄식하면서 기도한 근거가 무엇인지 설명한다.

첫째, 다윗은 거짓말하고 아첨하는 입술과 두 마음을 품은 악한 사람들 때문에 갈등하고 고통하는 가련하고 궁핍한 자를 그들이 원하는 안전한 지대에 두신다는 여호와의 말씀을 믿었다(시 12:5). '안전한 지대'는 히브리어로 '예이샤'(ישע)인데 구원을 의미하는 단어다. 공동번역은 이 의미를 살려 "그들이 갈망하는 구원을 베풀리라"라고 번역했다. 다윗은 악한 자들이 거짓말로 인간관계를 파괴하고 사회공동체를 파괴한다고 할지라도 여호와께서 경건한 자들이 사모하는 구원을 베푸신다는 말씀을 믿었다.

다윗은 이 말씀이 확실하다는 것을 비유적인 언어로 "여호와의 말씀은 순결함이여 흙 도가니에 일곱 번 단련한 은 같도다"(시 12:6)라고 했다. 은은 지하에서 나올 때 돌과 흙과 불순물이 함께 섞여 있지만 도가니(용광로)에서 제련되는 과정을 통해 불순물이 제거되어 깨끗하게 된다. 다윗이 이러한 비유를 사용한 것은 하나님의 말씀은 두 마음을 품은 자와 달리 순수하고 깨끗하기 때문에 하나님이 그 말씀대로 행하신다는 것을 보여주기 위함이다.

둘째, 다윗은 비열한 자들이 사람들 중에 높임을 받고, 악인들이 날뛰지만 여호와께서 경건한 자들을 영원까지 보존해 주실 것을 믿었다(시 12:7).

만약 우리가 다윗과 같은 믿음을 가지고 있다면 온갖 거짓말로 사람들을 속이는 것과 비열한 자들이 높임을 받는 것을 볼 때 여호와께서 구원해 주시고 경건한 자들을 보존해 주시도록 기도해야 하지 않을까? 무엇보다 그리스도 안에서 구원받은 성도들은 거짓말과 아첨과 두 마음을 품은 말을 하여 공동체를 해하는 행동을 해서는 안 된다. 오히려 하나님의 인격과 통치방식을 믿고 부도덕하고, 정직과 성실을 왜곡하는 악한 사람들을 보고 탄식하며 그들의 심판을 위해 기도해야 한다.

시편 13편 : 여호와여 어느 때까지니이까?

우리는 종종 고통스러운 일을 만날 때 "하나님은 왜 이러한 일을 일어나게 하시는가?" "왜 기도에 응답하시지 않는가?" "내 믿음이 연약한가?" 등의 질문을 한다. 또한 하나님의 약속을 믿고 기도해도 응답이 없을 때 "언제까지 기다려야 하는가?"라고 질문하며 믿음의 갈등을 일으키기도 한다. 이 시편은 성도가 역경 가운데 언제까지 기도하며 기다려야 하는지 갈등하지만 그래도 기도하는 일이 그 갈등을 극복하는 방법임을 보여준다.

시의 구조
(1) 다윗의 갈등(시 13:1-2)
(2) 다윗이 갈등을 극복한 방법 : 기도(시 13:3-4)
(3) 기도의 근거 : 믿음(시 13:5-6)

(1) 다윗의 갈등(시 13:1-2)

이 연에서 다윗은 원인은 알 수 없지만 크게 갈등하고 있었다는 것을 보여준다. 이 시편은 그의 생애에서 어떤 때인지 알 수 없지만 큰 갈등의 시기가 있었음을 암시한다. 이 짧은 연에서 그는 '어느 때까지'(아드-아나, עַד־אָנָה)라는 말을 네 번이나 반복한다. 또한 그가 가진 갈등을 '잊으신다', '얼굴을 숨기신다', '영혼이 번민하고 근심한다', '원수들이 나를 치고 자랑한다' 등의 다양한 감정으로 표현했다. 이것이 질병 때문인지 다른 요인이 있는지 알 수 없지만 크게 고통한 것은 사실이다. 이러한 표현들은 당시 다윗만이 아니라 그리스도 안에 있는 성도들도 동일하게 느끼는 감정들이다. 아메리카 인디언 선교사였던 데이비드 브레이너드(David Brainerd)도 1743년 5월 18일의 일기에서 그를 가장 고통스럽게 한 것은 하나님께서 그에게서 얼굴을 감추고 계신다고 느낄 때라고 했다.

(2) 다윗이 갈등을 극복한 방법 : 기도(시 13:3-4)

이 연에서 다윗은 갈등을 극복하기 위한 방법으로 어떤 기도를 드렸는지 보여준다. 그는 "나를 생각하사 응답하시고 나의 눈을 밝히소서"(시 13:3)라고 기도했다. '나의 눈을 밝히소서'라는 기도는 관용적인 표현으로 건강을 회복시켜 달라는 것이다.[92] 질병이나 슬픔으로 고통을 당하면 눈이 침침해지고 무거워진다. 반대로 건강하고 기쁨이 충만하면 눈이 잘 보인다. 그래서 다윗의 기도는 하나님이 응답하심으로 건강을 주어 기쁨을 회복시켜 달라는 것이다. 그리고 그 일로 그의 원수들이 "내가 그를 이겼다"(시 13:4)하지 못하게 해 달라는 것이다. 기도는 모든 종류의 갈등과 아픔을 극복하는 방법이다. 이 점은 그리스도 안에서 구속받은 성도들에게도 동일하다. 왜냐하면 예수님께서 "너희가 내 안에 내가 너희 안에 있으면 무엇이든지 원하는 대로 구하라 그리하면 이루리라"(요 15:7)라고 하셨기 때문이다.

(3) 기도의 근거 : 믿음(시 13:5-6)

이 연에서 다윗은 앞의 내용과 반대되는 것을 표시하는 접속사 '(그러나) 나는'[93]이라고 시작하며 변화된 그의 태도를 보여준다. 그것은 그 상황을 반전시킬 수 있는 믿음 때문이다. 그는 "(그러나) 나는 오직 주의 사랑을 의지하였사오니 나의 마음은 주의 구원을 기뻐하리이다 내가 여호와를 찬송하리니 이는 주께서 내게 은덕을 베푸심이로다"(시 13:5-6)라고 했다. 여기 '의지하다'(바타흐티, בָּטַחְתִּי)라는 동사는 완료형으로 과거와 현재완료로 번역할 수 있다. '기뻐하다'(야게일, יָגֵל)라는 동사는 미완료형으로 미래로 번역할 수 있다. 이것은 다윗이 과거부터 지금까지 주를 의지해 왔기에 주의 구원을 기뻐할 것이라는 뜻이다. 또한 여호와를 '찬송하다'(아쉬라, אָשִׁירָה)라는 동사는 미래로, 그리고 찬송할 이유로 "이는 주께서 내게 은덕을 베푸심이로다"라고 했을 때 '은덕을 베풀다'(가말, גָּמַל)라는 동사는 과거와 현재완료로 번역할 수 있다. 이것은 다윗이 의지해 왔던 여호와께서 과거부터 지금까지 은덕을 베푸셨기 때문에 지금의 고통스러운 상황도 해결해

---

92 구약성경에서 눈이 어두워진다는 표현은 기력이 쇠하거나(시 38:10; 삼상 14:27, 29), 종종 고통과 연관된 슬픔이 있을 때(시 31:9; 88:9; 욥17:7; 애 2:11), 소망이 더디 이루어지거나 끊어질 때(시 69:3; 119:82, 123; 신 28:32; 사 38:14) 등에 나타난다(Stek 2002, 793, 799).

93 원문은 '바아니'(וַאֲנִי)라는 단어로 '그러나'라는 접속사와 '1인칭 대명사'가 결합되어 있다.

주심으로 찬송하게 하실 것을 바라보았다는 것이다. 이것이 다윗의 기도의 근거인 믿음이다. 이러한 이유에서 과거부터 지금까지 여호와께서 어떤 은혜와 사랑을 베풀어주셨는지 그 목록(list)을 만들어보는 일은 경건생활에 큰 도움이 된다. 그 목록은 계속 하나님을 의지하고 기도할 마음을 가지게 하기 때문이다.

시편 14편(= 시 53편) : 구원이 시온에서 나오는도다

이 시편은 시편 53편과 내용적으로 거의 같다. 하지만 같은 의미는 아니다. 의미를 결정하는 중요한 요소는 문맥과 관점이다. 시편은 각각 독립된 내용이지만 전체적으로 주제에 따라 논리적 흐름이 있도록 배열되었다. 그래서 동일한 내용을 담고 있다고 할지라도 문맥에 따라 의미가 다를 수 있다. 시편 14편과 53편은 멜로디를 다르게 조율하여(tuning) 불렀다. 시편 53편은 '마할랏'에 맞춘 노래다. 이 말은 '병 들다'라는 뜻인 '하라'(חָלָה)의 명사형인 '마하라'(מַחֲלָה)에서 왔다고 보고 '질병의 시'로 보기도 한다(Harris 1980, 656a).[94] 시편 14편은 시편 문맥의 흐름으로 볼 때 시편 8편부터 언약 백성들이 어떻게 세상을 통치하는지를 설명하는 것과 연관되어 있다. 이 시는 어리석은 자는 하나님이 없다고 생각하고 악을 행하지만 하나님은 의인의 세대에 계시며, 시온에서 기도할 때 그의 능력을 나타내시는 분임을 보여준다.

시의 구조
(1) 어리석은 자의 삶의 특성(시 14:1-3)
(2) 어리석은 자가 알지 못하고 있는 것(시 14:4-6)
(3) 성도의 위로 : 구원이 시온에서 나온다(시 14:7)

---

94 개역개정판은 시편 88편의 표제에 있는 '마할랏'을 난외주에서 '병의 노래'라고 해석했다. 내용적으로 이 의미를 담고 있다. 그런데 이스마엘의 딸(창 28:9)과 르호보암의 아내(대하 11:18)의 이름도 '마할랏'이다. 이 이름은 동일한 어근인 '하라'(חָלָה)와 같아도 이 뜻은 '기도하다', '은혜를 구하다'라는 뜻이다(Harris 1980, 656).

(1) 어리석은 자의 삶의 특성(시 14:1-3)

이 연에서 다윗은 어리석은 자의 삶의 특성이 어떻게 나타나는지 보여준다. 일반적으로 '어리석은 자'는 배운 것이나 상식이 부족하여 사람들 앞에서 체면과 분수를 지키지 못하는 사람을 말한다. 하지만 다윗에게 어리석은 자는 이런 사람을 말하는 것이 아니라 그의 마음에 '하나님이 없다'라고 말하는 사람이다(시 14:1). 다윗은 하나님이 그들이 하는 일을 보고 계시는 것처럼 묘사한다. '여호와께서 하늘에서 인생을 굽어살피사'(시 14:2)라는 표현은 홍수 이야기의 서론(창 6:5-7, 11-13)과 바벨탑 이야기(창 11:5-7)를 생각나게 하여 하나님이 세상을 살피시는 모습을 연상시킨다(Wilson 2002, 288). 다윗은 하나님이 땅을 살피신 결과 다 치우쳐 더러운 자가 되었고 선을 행하는 자가 없다고 표현했다(시 14:3). 어리석은 자들의 삶의 특성은 더럽고 선을 행하지 않는다는 것이다. 바울은 구체적으로 이들은 우상을 숭배하고(롬 1:22-23), 성적으로 타락하고(롬 1:26-27), 부도덕한 행동들(롬 1:28-31)을 행한다고 설명했다. 사도 바울은 모든 사람이 죄 아래 있다는 것을 입증하기 위하여 시편 14:1-3을 증거본문으로 로마서 3:10-12에서 인용했다.

> 기록된 바 의인은 없나니 하나도 없으며 깨닫는 자도 없고 하나님을 찾는 자도 없고 다 치우쳐 함께 무익하게 되고 선을 행하는 자는 없나니 하나도 없도다.

어리석은 자들이 말하는 것처럼 하나님이 계시지 않는가? 바울은 하나님은 자신이 어떤 분이신지 알고 섬기도록 계시하셨기 때문에 누구도 하나님을 알지 못한다고 핑계할 수 없다고 했다(롬 1:18-20). 하나님을 알지 못할 때 우상을 숭배하고 부도덕한 행동들로 나타난다.

(2) 어리석은 자가 알지 못하고 있는 것(시 14:4-6)

이 연에서 다윗은 어리석은 자들(= 죄악을 행하는 자)이 알지 못하고 있는 것이 무엇인지 보여준다. 그는 수사의문문으로 "죄악을 행하는 자는 다 무지하냐?"(시 14:4)라고 질문하므로 그들의 무지를 강조한다. 그들이 무지하기에 비유적인 표현으로 "그들이 떡 먹듯이 내 백성을 먹는다"라고 했다. 여기서 '떡'은 당시의 주식인 빵으로 우리나라 문화에서는 주식(主食)인 '밥'이라고 할 수 있다. 그래서 이 말은 악한 자들이 밥을 먹고 생명을 유지하듯 백성들에게 악을 행하며, 백성들을 착취하여 자기의 배를 채운다는 뜻이다(참조. 미 3:3). 이들은 이런 일을 행하면서 여호와를 부르지 아니한다(시 14:4). 이는 여호와를 전혀 고려하지 않는다는 뜻이다.

그러나 이들이 알지 못하는 것 두 가지가 있다. 하나는 여호와께서 의인의 세대 가운데 계신다는 것이고, 또 하나는 가난한 자의 피난처가 되신다는 것이다(시 14:5-6). 여기 '세대'라는 말은 히브리어로 '도르'(דור)인데 '계보' 또는 '계통'이라는 뜻이다. 그래서 '의인의 세대'는 하나님이 계신다는 사실을 믿고 그의 말씀을 따라 정직하고 의를 행하며 사는 사람들을 말한다. 구약시대 의인은 아브라함 언약을 믿고 오실 그리스도를 바라보고 계명을 지키며 사는 사람들이다. 신약시대에는 그리스도를 믿어 의롭게 된 자들로 주의 계명을 지키며 의롭고 정직하게 사는 사람들이다. '가난한 자'는 경제적으로 가난한 자를 말하는 것이 아니라 눈에 보이는 힘과 권력이 없는 자를 말한다. 하나님은 의인의 세대 가운데 계시고, 가난한 자의 피난처가 되신다.

(3) 성도의 위로 : 구원이 시온에서 나온다(시 14:7)

이 연에서 다윗은 이 시의 결론으로 성도의 위로가 무엇인지 제시한다. 그 위로는 이스라엘의 구원이 시온에서 나온다는 것이다(시 14:7). 개역개정판은 "이스라엘의 구원이 시온에서 나오기를 원하도다"라고 번역했지만 히브리어 원문은 NIV나 NASB처럼 "오, 이스라엘의 구원이 시온에서 나오는도다"라고 번역할 수 있다. 이것은 중요한 진리를 표현하는 방식이다. 성경은 시온을 장소적인 예루살렘(삼하 5:7), 여호와가 임재하시는 성소(시 20:2), 하나님의 백성(시 9:11; 97:8), 하늘의 예루살렘(히 12:22) 등의 개념으로 사용한다. 여기서 시온은 하나님의 백성과 성소와 하늘의 예루살렘으로 보아도 된다. 이스라엘의 구원이 시온에서 나온다면 그의 백성된 이스라엘은 의인과 성실하고 정직하게 사는 자들이 고통과 착취를 낭하시 않노록 시온에 임새해 셰신 어호와께 기도힐 수 있다. 이깃이 성도의 위로다.

신약시대 성도들도 그리스도 안에서 하늘 보좌로 자유롭게 나아가 구할 수 있다(히 10:19-20). 때로 성도는 세상적인 관점에서 약하고 권력이 없을 수도 있다. 그러나 하나님은 의인의 세대에 계시고, 구원이 시온에서 나오기 때문에 그의 백성 가운데 임재하시며, 하늘 보좌에 계시는 하나님께 구하는 것은 성도의 위로요 힘이요 권력이다.

시편 15편 : 누가 주의 장막에 머무를 수 있는가?

다윗의 시

1 여호와여

  주의 장막에 머무를 자 누구오며

  주의 성산에 사는 자 누구오니이까

2 정직하게 행하며

  공의를 실천하며

  그의 마음에 진실을 말하며

3 그의 혀로 남을 허물하지 아니하고

  그의 이웃에게 악을 행하지 아니하며

  그의 이웃을 비방하지 아니하며

4 그의 눈은 망령된 자를 멸시하며

  여호와를 두려워하는 자들을 존대하며

  그의 마음에 서원한 것은 해로울지라도 변하지 아니하며

5 이자를 받으려고 돈을 꾸어 주지 아니하며

뇌물을 받고 무죄한 자를 해하지 아니하는 자이니

이런 일을 행하는 자는 영원히 흔들리지 아니하리이다

이 시편은 앞의 시편 14편과 연관되어 있다. 성도가 시온에 계신 하나님께 구할 수 있다 하여 성소에서 기도하면 하나님이 다 응답하실까? 이 시편은 어떤 성도가 성소에 임재해 계시는 하나님과 교제할 수 있는지를 보여준다. 시편 15:1은 "여호와여 주의 장막에 머무를 자 누구오며 주의 성산에 사는 자 누구오니이까?"라고 질문하고, 그 질문에 대한 대답을 시편 15:2-5에 기록한다. 이 구조를 볼 때 성도가 주의 장막에 머물며 하나님과 교제하는 은혜를 누리고 하나님의 통치를 수행하기 위해서는 반드시 선한 행위가 수반되어야 함을 알 수 있다.

시의 구조
(1) "누가 주의 장막에 머무를 수 있는가"라는 질문의 의미(시 15:1)
(2) 주의 장막에 머무를 수 있는 사람의 삶의 특성(시 15:2-5a)
(3) 주의 장막에 머무를 수 있는 사람에게 주신 은혜(시 15:5b)

(1) "누가 주의 장막에 머무를 수 있는가?"라는 질문의 의미(시 15:1)

이 연에서 다윗은 "여호와여 주의 장막에 머무를 자 누구오며 주의 성산에 사는 자 누구오니이까?"라고 질문한다. '주의 장막에 머무를 자 누구오며'라는 말씀과 '주의 성산에 사는 자 누구오니이까?'라는 질문은 평행법으로 되어 있다. 이것은 유사한 개념을 다르게 표현하여 의미를 풍성하고 분명하게 알 수 있도록 확장하고 강조한다. 주의 장막(= 성막)의 핵심은 하나님이 임재하여 그의 백성과 만나 교제하며 은혜를 베푸시는 곳이다. 그 점은 처음 하나님이 장막을 만들라고 하신 말씀에 잘 나타난다.

내가 그들 중에 거할 성소를 그들이 나를 위하여 짓되(출 25:8).

속죄소를 궤 위에 얹고 내가 네게 줄 증거판을 궤 속에 넣으라 거기서 너와

만나고 속죄소 위 곧 증거궤 위에 있는 두 그룹 사이에서 내가 이스라엘 자

손을 위하여 네게 명령할 모든 일을 네게 이르리라(출 25:21-22).

구약시대 장막은 하나님이 임재하시는 장소요, 하나님과 만나 교제할 수 있는 곳이다. 이 장막은 거룩한 산 시온성, 곧 예루살렘에 있었기에 이곳을 '주의 성산'이라 불렀다. 그러므로 다윗이 "주의 장막에 머무를 자 누구인가?"라고 한 질문은 "누가 하나님과 만나 교제하며 그 은혜와 복을 경험하며 언약 백성으로 하나님의 통치를 이 땅에 나타낼 수 있느냐?"라는 질문이다.

그러나 오늘날 우리는 성소와 법궤를 가지고 있지 않다. 그래도 여전히 이 질문이 중요한가? 그렇다. 왜냐하면 이 장막과 모든 제사제도가 예표하고 있는 예수 그리스도께서 친히 대제사장이 되셔서 그 자신의 피를 가지고 성소에 들어가셔서 성소가 의미하는 바를 성취하셨기 때문이다. 이것을 결정적으로 보여주는 사건이 예수님이 십자가에 돌아가실 때 성전 휘장이 위로부터 아래로 찢어진 사건이다(막 15:37-38). 그리스도께서 십자가에 죽으심으로 이 휘장이 찢어졌다는 것은 그를 믿는 자는 누구든지 시공간에 제약을 받지 않고 하나님께 자유롭게 나아갈 수 있다는 것이다. 히브리서 저자는 우리가 예수의 피를 힘입어 성소에 들어갈 담력을 얻게 되었다고 했다(히 10:19). 그래서 다윗이 시편 15:1에서의 한 질문은 그리스도께서 십자가에서 죽으심으로 열어 놓으신 새롭고 산 길을 통하여 하나님과 만나 교제하며, 하나님의 통치를 수행할 수 있는 사람은 어떤 사람인가 하는 질문이다.

(2) 주의 장막에 머무를 수 있는 사람의 삶의 특성(시 15:2-5a)

이 연에서 다윗은 이 시편 15:1의 질문에 대한 대답으로 주의 장막에 머물며 하나님과 교제할 수 있는 사람의 삶의 특성을 보여준다. 그 특성을 총론격으로 시편 15:2에서 "정직하게 행하며 공의를 실천하며 그의 마음에 진실을 말하며"라고 한다. 이 말씀의 히브리어는 다 분사형으로 되어있어 "(그 사람은) 정직하게

행하는 자이고, 의를 실천하는 자이며, 그의 마음에 진실을 말하는 자다"[95]라고 번역해야 한다. 다윗은 이 개념을 실제적으로 시편 15:3 이하에서 밝혀준다.

첫째, 하나님과 교제하는 사람은 다른 사람을 그의 혀, 곧 말로 해롭게 하지 않는다(시 15:3). 히브리어 성경에 "그의 이웃을 비방하지 아니하며"라는 말씀은 "그의 이웃 위에 비방거리를 올려놓지 않는다"(버 헬파 로−나사 알−커로보, עַל־קְרֹבוֹ וְחֶרְפָּה לֹא־נָשָׂא)라는 이미지 언어로 되어있다. 어떤 사람의 머리 위에 비방거리가 놓여있다고 생각해 보라. 무엇을 먼저 보게 될까? 그 사람의 인격을 보기보다는 그 비방거리를 먼저 보게 된다. 그러면 그 비방거리로 인하여 잘못된 선입견을 가지게 만들어서 결국 이웃이 하는 일을 방해한다.

둘째, 하나님과 교제하는 사람은 선과 악의 개념을 왜곡시키지 않는다(시 15:4a). 그는 망령된 자를 멸시하고, 여호와를 두려워하는 자를 존대한다. 이것은 주의 장막에 머무는 사람은 그의 눈으로(그의 관점에 따라), 곧 외모로 사람을 판단하지 않고 망령된 자를 멸시하고 여호와를 섬기며 그의 계명을 지키며 선을 행하는 사람을 존대한다는 것이다. 그러나 악인은 당시나 지금이나 자기의 이익에 따라 망령된 자를 선하다 하거나 여호와를 두려워하는 자를 무시한다. 그러나 주의 장막에 머무는 자는 자기의 이익에 따라 선과 악의 개념을 왜곡시키지 않는다.

셋째, 하나님과 교제하는 사람은 마음에 진실을 말한다(시 15:4b-5a). 그 마음에 서원한 것은 자신에게 해롭다 할지라도 그대로 지키며, 사회적인 약자들이 경제적인 곤경에 처해 있는 것을 악용하여 착취하지 않고, 뇌물로 정의와 사회적 질서를 흔들지 아니한다. 또한 뇌물을 받고 죄 없는 사람을 해하지 않는다. 이러한 행동은 사회 질서를 흔드는 악한 일이다. 주의 장막에 머무는 성도는 일체의 뇌물을 주지도 말아야 하고 받지도 말아야 한다.

여호와의 장막에 머무르는 일과 거기에 머무르는 자의 삶의 특성인 선한 행위는 어떤 관계가 있을까? 웨스트민스터 신앙고백서 16장 2항에 "하나님의 명령에 대한 순종으로 이루어진 선한 행위들은 살아있는 믿음의 열매요 그 증표이다 …"라고 했다. 이때 선한 행위는 구원의 조건이 아니라 예수 그리스도 안에서

---

95 הוֹלֵךְ תָּמִים וּפֹעֵל צֶדֶק וְדֹבֵר אֱמֶת בִּלְבָבוֹ

얻게 된 구원의 결과다. 선한 행위는 구원의 조건은 아니지만 구원받은 자에게 반드시 나타나야 할 삶의 열매다. 특히 선한 행위는 구원받은 자가 주의 장막에 머물면서 은혜를 공급받아 주의 일을 할 수 있는 조건이다. 다른 말로 하면 선한 행위는 은혜의 방편도 된다. 왜냐하면 이러한 삶의 특성을 드러내는 일이 없이는 주의 장막에 머물며 은혜를 누릴 수 없기 때문이다.

(3) 주의 장막에 머무를 수 있는 사람에게 주신 은혜(시 15:5b)

이 연에서 다윗은 주의 장막에 머무는 자의 삶의 특성을 드러내며 사는 자들이 받을 은혜가 무엇인지 보여준다. 그것은 "이런 일을 행하는 자는 영원히 흔들리지 아니한다"(시 15:5b)는 것이다. 무엇이 영원히 흔들리지 아니한다는 것일까? 그것은 주의 장막에 머무르며 주와 만나 교제하는 일이다. 선한 행위를 겸비하여 주의 장막에 거하는 자는 주와 만나 교제하는 삶이 영원히 계속될 것이라는 뜻이다. 특히 이 일이 '영원히' 흔들리지 아니할 것이라고 했다. 이것은 이 땅에서 하나님을 만나 교제하는 일은 말할 것도 없고 영원히 교제하게 된다는 것이다. 이것이 하나님이 그의 장막에 머무르는 자의 삶의 특성을 드러내며 사는 자들에게 주신 은혜다.

시편 16편 : 하나님의 임재를 경험하라

이 시편은 시편 15편에 이어 주의 장막에 머물며 산다는 것이 현재와 미래에 어떤 의미가 있는지 보여준다. 이 시의 표제는 '다윗의 믹담'이다. 이 유형의 시편은 이 시를 포함해 시편 56-60편까지 모두 여섯 편이지만 이 의미가 무엇인지 알려주는 증거가 없기 때문에 주의를 기울여야 한다(Wilson 2002, 306). 이 시에서 다윗은 여호와를 모시는 일은 하나님의 임재를 경험할 뿐만 아니라 마음도 기쁘고 육체도 안전하게 사는 방법임을 보여준다.

시의 구조
(1) 다윗의 믿음 : 현재(시 16:1-6)
(2) 다윗이 그의 믿음을 실현하는 방법(시 16:7-8)
(3) 다윗의 믿음 : 미래(시 16:9-11)

(1) 다윗의 믿음 : 현재(시 16:1-6)

이 연에서 다윗은 자신이 어떤 믿음을 가지고 있었는지 설명한다. 첫째, 여호와께서 모든 것을 지배하시고 복을 주시는 분으로 믿었다. 그는 "주는 나의 주님이시오니 주 밖에는 나의 복이 없다"(시 16:2)고 했다. 개역개정판은 '주는'이라고 3인칭으로 번역되어 있으나 히브리어 성경은 '아타'(אַתָּה)로 2인칭 '당신은'이다. 여호와를 2인칭으로 부를 때는 우리와 만나 교제하시는 친밀한 관계를 나타낼 때이다. '나의 주님'이라고 한 표현에서 '주님'은 '아돈'(אָדוֹן)으로 주인이라는 뜻도 있지만 모든 것을 지배하고 관리하는 분이라는 뜻이다.

둘째, 땅에 있는 성도들을 존귀한 자로 보고 그들과 교제하는 일에 즐거움이 있다고 믿었다(시 16:3). 땅에 있는 성도들을 '존귀한 자'로 이해한 것은 시내산 언약의 "세계가 다 내게 속하였나니 너희가 내 말을 잘 듣고 언약을 지키면 너희는 모든 민족 중에서 내 소유가 되겠고 너희가 내게 대하여 제사장 나라와 거룩한 백성이 되리라"(출 19:5-6)라는 말씀에 근거해 있다. 그는 그의 모든 즐거움이 성도들에게 있다고 했다. 이것은 성도들과 교제하는 일이 의미가 있고 기쁨이 있다는 뜻이다. 감사한 것은 하나님의 기쁨도 성도들에게 있다는 것이다(습 3:17). 다윗은 이러한 하나님을 믿는 일이 어떤 의미가 있는지 다른 신들을 섬기는 일과 대조하며 보여준다. 그는 다른 신들에게 예물을 드리는 자는 괴로움이 더하기 때문에 그 이름조차 부르지 않겠다고 다짐한다(시 16:4).

셋째, 여호와를 그의 산업과 잔의 소득이며 분깃을 지키는 분으로 믿었다(시 16:5). 여기서 산업과 잔과 소득과 분깃 등의 용어는 사람이 살아가는 일에 필요한 것이다. 다윗이 이 용어를 사용한 것은 여호와께서 레위인에게 약속한 것과 같이 사람이 살아가는 일에 필요한 모든 것을 공급해 주시는 분으로 믿었다는 것이다(참조. 민 18:20; 신 10:9; 18:1–2).

(2) 다윗이 그의 믿음을 실현한 방법(시 16:7–8)

이 연에서 다윗은 그의 믿음을 어떻게 실현하는지 그 방법을 보여준다. 그가 "나를 훈계하신 여호와를 송축할지라 밤마다 내 양심이 나를 교훈하도다"(시 16:7)라고 한 것은 그가 하나님의 말씀을 가까이했다는 것이다. 여기 '밤마다'는 '밤에도'(아파–레이로트, אַף־לֵילוֹת)라고 번역해야 한다. 이것은 낮에는 말할 것도 없고 아무런 활동을 하지 않는 밤에도 그의 양심이 교훈한다는 것이다. 그리고 다윗은 "내가 여호와를 항상 내 앞에 모심이여"라고 했다. 여기서 '모신다'(= 두다)라는 표현은 히브리어에서 동사의 반복과 강조를 나타내는 동사로 되어있다.[96] 이것은 다윗이 오랫동안 항상 여호와를 모셔왔음을 의미한다. 또한 '항상'(타미드, תָּמִיד)이라는 부사도 그가 계속하여 여호와를 자기 앞에 모셨음을 보여준다. 여호와를 모신다는 것은 모호하고 막연한 개념이 아니라 주의 법도와 규례를 두고 그 말씀대로 행한다는 것이다(참조. 시 119:30). 이것이 다윗이 그의 믿음을 실현한 방법이다. 왜 그랬을까? 그는 여호와가 그의 오른쪽에 계심으로 자신이 흔들리지 아니할 것을 믿었기 때문이다(시 16:8b).[97]

(3) 다윗의 믿음 : 미래(시 16:9–11)

이 연에서 다윗은 믿음으로 어떤 미래를 바라보았는지 보여준다. 다윗은 이 상황에서 그의 마음도 기쁘고, 육체도 안전하게 될 것이라고 했다(시 16:9).[98] 그는 그 이유를 주께서 그를 스올, 곧 무덤에 버리지 않으시고, 주의 거룩한 자를 멸망시키지 않을 것이기 때문이라고 했다(시 16:9–10). 여기서 NIV, NASB, KJV는 '주의 거룩한 자'(חֲסִידְךָ ⟨ חָסִיד + ךָ)를 'your Holy One'이라고 번역하여 그리스

---

96 이 동사는 '샤와'(שִׁוִּיתִי ⟨ שׁוה)의 피엘형이다.

97 원문에 이유를 나타내는 접속사 '키'(כִּי)가 있다. NIV, NASB 등도 이유절로 번역했다.

98 시편 16:9을 시작하며 '이러므로'(라케인, לָכֵן)라는 결과 접속사로 시작한다. 이것은 그가 계속적으로 주심으로 어떤 결과를 가져오게 되었는지를 보여준다.

도에게 적용하였다. 그러나 시편 16:10이 평행법으로 "이는 주께서 내 영혼을 스올에 버리지 아니하시며 주의 거룩한 자를 멸망시키지 않으실 것임이니이다"라고 기록된 점을 고려한다면 '주의 거룩한 자'를 일차적으로 다윗으로 보아야 한다.[99] 또한 다윗은 선지자였기에 그리스도를 염두에 두고 이중적으로 사용했을 수도 있다(참조. 행 2:30-31). 그리고 다윗이 마음도 기쁘고 육체도 안전하게 되는 것은 주께서 그에게 생명의 길을 알게 하시되, 곧 주의 앞에는 충만한 기쁨이 있고, 주의 오른쪽에는 영원한 즐거움이 있다는 것을 알았기 때문이다(시 16:11). 이것이 다윗의 믿음이었다.

특이한 것은 사도 베드로가 성령이 강림한 오순절에 설교할 때 시편 16:8-10을 그리스도의 부활에 적용했다는 것이다(행 2:25-28). 바울도 시편 16:10을 그리스도의 부활에 적용했다(행 13:35). 이러한 이유에서 이 시를 메시아 시로 분류한다. 그럼에도 다윗은 그 상황에서 여호와께서 그의 삶을 지켜주신다는 것을 믿은 것은 사실이다. 동시에 다윗은 선지자로서 미리 보고 하나님이 오실 그리스도를 지키시듯이 자신도 지키실 것을 믿었다고 볼 수도 있다. 이 믿음이 그의 삶을 독특하게 만들었고, 어떤 상황에서도 그가 하나님의 임재를 경험하며 고난을 이겨낼 수 있는 원동력이 되었다.

시편 17편 : 나의 기도에 귀를 기울이소서

이 시의 표제는 "다윗의 기도"다. 시편이 상당수 기도지만 탄식시인 시편 17, 86, 90, 102, 142편만 표제에 '기도'(터필라, תְּפִלָּה)라는 표현이 있다. 이 시편은 다윗이 불경건한 대적자들에 의해 공격을 받을 때 재판장이신 여호와께 기도하는 내용이다.

---

99 '주의 거룩한 자'는 NIV, NASB, KJV처럼 그리스도라고 볼 수 있지만 일차적으로 다윗으로 번역할 수도 있다. 공동번역은 " 어찌 이 목숨을 지하에 버려 두시며 당신만 사모하는 이 몸을 어찌 썩게 버려 두시리이까? "라고 번역했다.

(1) 하나님의 변호를 구하는 기도(시 17:1-5)

이 연에서 다윗은 여호와께 기도하며 자신의 무죄함을 변호해 줄 것을 호소한다. 그는 여호와께 기도할 때 '의의 호소', '나의 울부짖음', '나의 기도' 등과 '들으소서', '주의하소서', '귀를 기울이소서' 등의 평행법을 사용하여 기도의 성격과 간절함을 표현한다(시 17:1). 그리고 그는 주께서 자기를 '판단하시며', '공평함을 살피소서', '포악한 자의 길을 가지 아니하였다' 등의 표현을 통해 자신의 무죄함을 변호해 줄 것을 기도한다(시 17:2-5). 다윗이 무죄를 변호해 달라는 것은 어떤 죄도 결코 범하지 않았다는 것이 아니라 그의 대적들이 말하는 죄를 범하지 않고 하나님 앞에 정직하게 행했음을 변호해 달라는 것이다.

(2) 하나님의 구원을 구하는 기도(시 17:6-12)

이 연에서 다윗은 자신이 처한 상황을 설명하며 구원해 주시기를 구한다. 그는 하나님이 그의 기도를 들으시고 구원해 주실 수 있는 분으로 믿고 "주께 피하는 자들을 … 오른손으로 구원하시는 주여"(시 17:7)라며 기도했다. 그는 이미지 언어로 "나를 눈동자 같이 지키시고 주의 날개 그늘 아래에 감추사"(시 17:8)라고 했다. 눈꺼풀과 눈물샘과 안구와 각막 등의 눈의 구조를 이해한다면 완벽하게 보호해 달라는 것이다. 주의 날개 역시 보호와 구원을 보여주는 이미지 언어다.

다윗은 자신이 어떤 상황에 처해 있으며 대적들이 어떤 사람들인지 보여준다. 그는 대적들을 '나를 압제하는 악인들'과 '나의 목숨을 노리는 원수들'이라고 했다(시 17:9). 그는 그들이 어떤 사람이며, 어떤 행동을 하는지 다양한 이미지 언어로 설명한다. 다윗은 '그들의 마음은 기름에 잠겼으며'라고 했는데 히브리어 원문은 '마음'이라는 단어가 없다. 그래서 '그들의 기름은 닫혔고'(헬바모 싸그루, חֶלְבָּמוֹ סָגְרוּ)라고 번역할 수 있다. 원문의 '기름'에 해당하는 '헤이렙'(חֵלֶב)은 문자적으로 동물의 가장 좋은 부분을 의미하는 '기름'(창 4:4)으로 사용되기도 하고, 은유적으로 '가장 좋은 것'(창 45:18)을 의미하기도 한다. 그래서 이 구절은 사람의 가장 중요한 부분인 마음이 닫혀 동정심이 없다는 것을 은유적으로 보여준다. 그들의 입은 교만하게 말한다. 또한 이미지 언어로 옮킨 것을 찢으려 하는 사자 같고, 은밀한 곳에서 사냥감을 노리고 있는 젊은 사자 같다고 설명한다(시 17:12). 다윗은 이러한 악한 자들로부터 구원해 줄 것을 기도한다.

(3) 하나님의 심판을 구하는 기도(시 17:13-15)

이 연에서 다윗은 악인들에 대한 하나님의 심판을 구한다. 그는 '주의 칼로' 악인에게서 그의 영혼을 구해달라고 했다(시 17:13). 이것은 그들의 악행을 심판해 달라는 것이다. 그는 악인들은 이미 이 세상에서 그들의 분깃을 받았고, 주의 재물로 배를 채우고, 자녀로 만족하고, 그들의 남은 산업을 자녀들에게 물려준다고 고발한다(시 17:14). 이것이 성도들로 하여금 끊임없이 갈등을 일으키게 한다. 그럼에도 다윗은 의를 행하며 주의 얼굴을 뵙고 주의 형상으로 주와 교제하며 하나님의 뜻을 이루며 사는 것으로 만족할 것이라고 한다(시 17:15).

시편 18편 : 여호와께서 다윗과 그의 후손을 구원하신다

이 시편은 사무엘하 22:1-51과 동일하다. 그럼에도 각 문맥 속에서 다르게 이해해야 한다. 동일한 내용의 시라 해도 사무엘서에 넣은 목적과 시편에 넣은 목적이 다르기 때문이다. 이 시편은 하나님이 다윗을 왕으로 세우시고 그에게 은혜를 베푸신 것은 그와 그의 후손을 위한 것임을 보여준다. 이 시편은 정교한 구조로 여호와에 대한 믿음의 내용과 더불어 믿음의 결과를 설명한다.

시의 구조
(1) 표제
(2) 다윗의 믿음과 기도(시 18:1-6)
(3) 여호와의 응답(시 18:7-19)　　　　　　　　여호와 3인칭(I - He)
(4) 여호와의 응답을 받은 이유(시 18:20-24)　　여호와 3인칭(I - He)
(5) 여호와에 대한 믿음 1(시 18:25-29)　　　　여호와 2인칭(I - You)
(6) 여호와에 대한 믿음 2(시 18:30-36)　　　　여호와 3인칭(I - He)
(7) 여호와에 대한 믿음의 결과(시 18:37-45)
(8) 결론 : 여호와의 은혜에 대한 감사(시 18:46-50)

(1) 표제

이 시의 표제는 저자가 다윗이며, 인도자를 따라 온 회중이 예배 중에 부르는 찬송시이다. "여호와께서 다윗을 그 모든 원수들의 손에서와 사울의 손에서 건져 주신 날에"라는 표제는 어떤 역사를 배경으로 하고 있는지 보여준다. 그러나 이 표제만으로 다윗이 이 시를 사울의 죽음 이전에 썼는지, 아니면 그 이후에 썼는지 알 수 없지만 이 역사와 무관하지 않다는 것은 분명하다.

(2) 다윗의 믿음과 기도(시 18:1-6)

다윗은 여호와를 사랑한다고 하면서 여호와가 어떤 분이신지 다양한 은유를 통해 설명하다. 특별히 개인적으로 경험한 여호와이심을 강조하며 여호와를 '나의 힘', '나의 반석', '나의 요새', '나를 건지시는 이', '나의 구원의 뿔' 등으로 표현한다(시 18:1-2). 여호와에 대한 다윗의 믿음은 여호와께서 능히 원수들에게서 구원을 얻게 하실 수 있는 분임을 기대하게 만든다.

다윗은 그림 언어로 사망의 줄이 그를 얽고 불의의 창수가 두렵게 한다고 했다(시 18:4-5). 그 환난 중에 다윗은 여호와께 부르짖었다. 여호와께서는 그의 성전에서 다윗이 부르짖는 소리를 들으셨다(시 18:6). 우리가 다윗이 믿은 하나님을 만나고 경험하는 방법은 부르짖는 것이다.

(3) 여호와의 응답(시 18:7-19)

다윗은 여호와께서 그의 부르짖음을 들으시고 어떻게 응답하셨는지 생생하게 묘사한다. 특히 여호와를 3인칭(I-He)으로 묘사한다. 다윗은 여호와의 진노로 말미암아 땅이 진동하고 산들의 터도 요동하고, 바람 날개를 타시고, 음성을 내어 우박과 숯불을 내리시는 초자연적인 분으로 묘사한다(시 18:7-15). 이러한 여호와께서 재앙의 날에 다윗을 구원해 주셨다(시 18:16-19).

(4) 여호와의 응답을 받은 이유(시 18:20-24)

다윗은 여호와를 3인칭(I-He)으로 묘사하며 여호와께서 그의 의를 따라 상 주시고, 그의 손의 깨끗함을 따라 갚으신 이유를 수미쌍관법으로 설명한다(시 18:20, 24). 그 이유는 다윗이 여호와의 도를 지키고 그 앞에서 완전하여 죄악에서 자신을 지켰기 때문이다(시 18:21-23). 이것은 여호와께 구하는 것도 중요하지만 주의 도와 규례를 지켜 행해야 한다는 것을 보여준다.

(5) 여호와에 대한 믿음 1(시 18:25-29)

이 연에서 다윗은 여호와를 2인칭으로 설명함으로 서로 교제하는 관계임을 보여준다.[100] 다윗은 여호와를 자비로운 자에게는 자비로우심을, 완전한 자에게는 완전하심을, 깨끗한 자에게는 깨끗하심을 나타내며, 사악한 자에게는 거스리심을 보이시는 분으로 믿었다(시 18:25-26). 또한 다윗은 여호와를 곤고한 백성을 구원하시고, 이미지 언어로 다윗의 등불을 켜 흑암을 밝히시는 분으로 믿었다(시 18:27-28). 그래서 다윗은 여호와를 의뢰하고 적군을 향해 달리며 담을 뛰어넘을 수 있었다(시 18:29).

---

100 여호와를 '당신은'(I-You)이라는 2인칭으로 부르는 것은 친밀하고 서로 교제하는 관계임을 보여주는 히브리식 표현이다. 개역개정판은 여호와를 2인칭으로 표현할 때 '주'라고 표현하였지만 공동번역은 '당신'이라고 번역했다. 우리 문화에서 '당신'이라는 표현은 윗사람에게 사용할 때 적절하지 못하기 때문에 '주'라고 표현한 것으로 보인다.

(6) 여호와에 대한 믿음 2(시 18:30-36)

이 연에서 다윗은 다시 여호와를 3인칭(I-He)으로 부르며 여호와에 대한 믿음을 설명한다. 그는 하나님의 도(= 여호와의 말씀)는 완전하고 순수하여 여호와께 피하는 모든 자의 방패가 되신다고 했다(시 18:30). 이 하나님이 그의 발을 암사슴 발 같게 하여 높은 곳에 세워주신다고 했다(시 18:33). 또한 다윗은 여호와께서 주의 구원하는 방패를 주시고 주의 오른손이 붙드시고, 그의 걸음을 넓게 하셨고, 실족하지 않게 하시는 분이라고 했다(시 18:35-36).

(7) 여호와에 대한 믿음의 결과(시 18:37-45)

이 연에서 다윗은 여호와에 대한 믿음의 결과로 자신이 대적들을 친 일(A, A′)과 여호와께서 하신 일(B, B′) 그리고 대적들이 어떤 상태가 되었는지(C, C′) 다음과 같이 평행구조로 설명한다.

A 다윗이 한 일(시 18:37-38)   1인칭(I)
B 여호와가 하신 일(시 18:39-40)   2인칭(You)
C 대적들의 상태(시 18:41)   3인칭(They)
A′ 다윗이 한 일(시 18:42)   1인칭(I)
B′ 여호와가 하신 일(시 18:43)   2인칭(You)
C′ 대적들의 상태(시 18:44-45)   3인칭(They)

다윗은 이 시적 구조를 통하여 여호와를 믿고 싸운 자신의 책임과 여호와께서 그 전쟁에서 어떻게 싸우셨으며, 적들이 어떻게 되었는지 보여준다. 이로 볼 때 여호와를 온전히 믿고 순종하면 여호와께서 일하시고 승리를 주신다는 것을 알 수 있다.

(8) 결론 : 여호와의 은혜에 대한 감사(시 18:46-50)

다윗은 마지막 연에서 그가 경험한 여호와, 곧 살아계셔서 구원해 주시는 여호와를 찬송한다(시 18:46). 그는 여호와가 그를 대적들 위에 높이 드시고, 포악한 자에게서 건지신 은혜에 감사한다(시 18:47-49). 특히 이 시의 결론으로 여호와께서 다윗에게 큰 구원을 주신 것은 영원토록 다윗과 그의 후손을 위한 것이라고 했다. 이것은 하나님이 다윗과 언약을 맺으실 때 다윗의 몸에서 날 후손인 그리스도를 통하여 하나님 나라를 견고하게 하고 영원토록 다윗의 왕위를 견고하게 하신다는 약속의 성취를 바라본 것이다(참조. 삼하 7:12-16). 다윗이 이 시에서 바라본 대로 하나님은 그리스도께서 이 세상에 오셔서 완전한 나라를 세우실 때까지 우리의 반석이시고 요새가 되어 주신다. 그래서 우리가 그리스도를 믿고 그의 규례를 지킨다면 여호와께서 다윗을 지켜주신 것처럼 우리도 지켜주실 것이다.

시편 19편 : 하나님의 계시와 사람의 응답

다윗의 시, 인도자를 따라 부르는 노래

1 하늘이 하나님의 영광을 선포하고
  궁창이 그의 손으로 하신 일을 나타내는도다
2 날은 날에게 말하고
  밤은 밤에게 지식을 전하니
3 언어도 없고
  말씀도 없으며
  들리는 소리도 없으나
4 그의 소리가 온 땅에 통하고
  그의 말씀이 세상 끝까지 이르도다

하나님이 해를 위하여 하늘에 장막을 베푸셨도다

5 해는

그의 신방에서 나오는 신랑과 같고

그의 길을 달리기 기뻐하는 장사 같아서

6 하늘 이 끝에서 나와서 하늘 저 끝까지 운행함이여

그의 열기에서 피할 자가 없도다

7 여호와의 율법은 완전하여 영혼을 소성시키며

여호와의 증거는 확실하여 우둔한 자를 지혜롭게 하며

8 여호와의 교훈은 정직하여 마음을 기쁘게 하고

여호와의 계명은 순결하여 눈을 밝게 하시도다

9 여호와를 경외하는 도는 정결하여 영원까지 이르고

여호와의 법도 진실하여 다 의로우니

10 금 곧 많은 순금보다 더 사모할 것이며

꿀과 송이꿀보다 더 달도다

11 또 주의 종이 이것으로 경고를 받고

이것을 지킴으로 상이 크니이다

12 자기 허물을 능히 깨달을 자 누구리요

나를 숨은 허물에서 벗어나게 하소서

13 또 주의 종에게 고의로 죄를 짓지 말게 하사

그 죄가 나를 주장하지 못하게 하소서

그리하면 내가 정직하여 큰 죄과에서 벗어나겠나이다

14 나의 반석이시요 나의 구속자이신 여호와여

내 입의 말과 마음의 묵상이

주님 앞에 열납되기를 원하나이다

루이스(2002, 71)는 이 시를 시편 중에서 가장 위대한 시며, 세계에서 가장 뛰어난 서정시로 보았다. 이 시에서 다윗은 하나님이 그 만드신 자연과 말씀을 통하여 자신을 계시하시기 때문에 그 계시의 말씀에 합당하게 응답하는 자를 주님이 받으신다는 것을 보여준다.

시의 구조

(1) 자연계시(시 19:1–6)
(2) 특별계시(시 19:7–11)
(3) 계시에 대한 반응 : 다윗의 기도(시 19:12–14)

---

(1) 자연계시(시 19:1–6)

이 연에서 다윗은 의인법으로 자연 세계가 하나님을 어떤 분으로 계시하시는지 네 개의 평행법과 두 개의 이미지로 설명한다. 첫 번째 평행법은 다음과 같다.

하늘이 / 하나님의 영광을 / 선포하고
궁창이 / 그의 손으로 하신 일을 / 나타내는도다(시 19:1)

'하늘'과 '궁창', '영광'과 '그의 손으로 하신 일' 그리고 '선포하다'와 '나타내다'라는 표현은 같은 뜻을 다르게 표현한 것이다. 이것은 하나님이 자연을 통하여 자신이 어떤 분이신지 그의 능력과 존재를 보여주신다는 것이다. 이 하나님을 아는 지식을 '날은 날에게, 밤은 밤에게' 전한다(시 19:2). 이것은 낮이나 밤이나 쉬지 않고 전파된다는 뜻이다. 언어도 없고 말씀도 없고, 소리도 없으나, 그 소리가 온 땅에 통하고 세계 끝까지 이르러 전파된다(시 19:3–4). 이것은 자연이 하나님이 어떤 분이신지 온 땅에 전파한다는 것이다. 사도 바울은 모든 사람이 하나님의 말씀을 들었다는 것을 입증하기 위하여 로마서 10:18에서 시편 19:4을 인용했다.

그러나 내가 말하노니 그들이 듣지 아니 하였느냐 그렇지 아니하니 그 소
리가 온 땅에 퍼졌고 그 말씀이 땅 끝까지 이르렀노라 하였느니라.

이어서 다윗은 이 자연이 하나님의 영광을 어떻게 전파하는지 '해'의 이미지
를 사용하여 설명한다.

하나님이 해를 위하여 하늘에 장막을 베푸셨도다
해는 그의 신방에서 나오는 신랑과 같고
그의 길을 달리기 기뻐하는 장사 같아서
하늘 이 끝에서 나와서 하늘 저 끝까지 운행함이여
그의 열기에서 피할 자가 없도다(시 19:4b-6).

시적인 표현으로 해는 하나님이 베푸신 장막에서 나온다. 그 해는 마치 갓 결
혼한 신랑과 같고, 잘 달리는 마라톤 선수(커기보르 라루츠, כְּגִבּוֹר לָרוּץ)와 같이 하늘
이 끝에서 나와서 하늘 저 끝까지 비춘다. 그래서 그 열기에서 피할 자가 없다.
이 이미지로 설명하는 이유는 하나님이 그의 창조하신 자연세계를 통해 하나님
의 영광을 선포하였기에 아무도 하나님을 알지 못한다고 말하지 못하고, 또한
하나님의 임재에서 숨을 수 있는 사람이 없기 때문이다. 이러한 사상은 로마서
1:19-20에서도 나타난다.

이는 하나님을 알 만한 것이 그들 속에 보임이라 하나님께서 이를 그들에
게 보이셨느니라 창세로부터 그의 보이지 아니하는 것들 곧 그의 영원하신
능력과 신성이 그가 만드신 만물에 분명히 보여 알려졌나니 그러므로 그들
이 핑계하지 못할지니라.

(2) 특별계시(시 19:7-11)

앞의 연에서 다윗은 자연을 통하여 하나님이 그의 영광을 보이신 것을 강조
하고 있지만, 이 연은 말씀을 통하여 보이셨다는 것을 강조한다. 그는 앞의 연

(시 19:1-6)에서는 하나님의 명칭을 히브리어로 '하나님'(엘, אֵל)으로 말하다가 이연(시 19:7-11)에서는 언약관계를 나타내는 이름인 '여호와'(יהוה)로 말한다. 특히 그는 시편 19:7-9에서 평행법으로 말씀의 특성과 결과를 보여준다.

> 여호와의 율법은 / 완전하여 / 영혼을 소성시키며
> 여호와의 증거는 / 확실하여 / 우둔한 자를 지혜롭게 하며
> 여호와의 교훈은 / 정직하여 / 마음을 기쁘게 하고
> 여호와의 계명은 / 순결하여 / 눈을 밝게 하시도다
> 여호와를 경외하는 도는 / 정결하여 / 영원까지 이르고
> 여호와의 법도 / 진실하여 / 다 의로우니

다윗은 평행법으로 여호와의 말씀을 여호와의 율법, 여호와의 증거, 여호와의 교훈, 여호와의 계명, 여호와를 경외하는 도, 여호와의 규례라는 다양한 표현을 사용한다. 여호와의 말씀은 완전하고, 확실하며, 정직하고, 순결하며, 정결하며, 진실하다는 특성이 있다고 설명한다. 또한 여호와의 말씀을 듣고 지키면 어떤 결과가 있는지 보여준다. 여호와의 말씀은 영혼을 소성케 하고, 우둔한 자를 지혜롭게 하고, 마음을 기쁘게 하며, 눈을 밝게 하며(선악에 대한 분별력을 주며), 영원까지 이르게 되고, 의로운 삶을 살게 한다는 것을 보여준다.

이어서 다윗은 특별계시인 말씀의 가치와 맛을 보여주기 위하여 두 가지 이미지(image) 언어로 설명한다.

> 금 곧 많은 순금보다 / 더 사모할 것이며
> 꿀과 송이꿀보다(= 꿀 곧 송이꿀보다) / 더 달도다(시 19:10)

사람들은 세상에서 예나 지금이나 금(= 돈)을 귀중한 것으로 간주한다. 심지어 스스로 신자라고 하면서도 금 때문에 신앙도 포기하고 생명의 위험을 무릅쓰는 사람도 있다. 그런데 다윗은 여호와의 율법은 많은 정금보다 더 사모할 만한 가치가 있다고 한다. 또한 율법의 맛에 대하여 꿀, 그 가운데 송이꿀(벌집에서 뚝뚝 떨어지는 꿀)보다 더 달다고 한다. 이것은 여호와의 말씀이 특별한 맛이 있다는

것으로 말씀을 체험해 본 사람은 그 신비로운 맛을 알 수 있다는 것이다. 그리고 나윗은 성도가 여호와의 말씀으로 경고를 받기도 하지만 말씀을 지킴으로 큰 상을 받는다고 설명한다. 그렇다면 여호와의 말씀을 듣고 지키는 일은 무거운 짐이 아니라 얼마나 복되고 영광스러운 일인가?

(3) 계시에 대한 반응 : 다윗의 기도(시 19:12-14)

이 연에서 다윗은 하나님의 계시에 대한 자신의 반응을 묘사한다. 그는 첫 번째 연(시 19:1-6)에서 자연을 통해 하나님의 영광이 계시되고, 두 번째 연(시 19:7-11)에서 여호와의 말씀이 어떤 특성이 있는지 설명하였다. 그런데 이 연은 첫 번째 연의 마지막 결론인 "그의 열기에서 피할 자가 없도다"(시 19:6b)와 짝을 이룬다. 해의 열기에서 피할 자 없는 것처럼 여호와의 말씀이 자신을 살피면 어떤 것도 숨길 수 없다. 그래서 다윗은 '숨은 허물'에서 자신을 벗어나게 해 달라고 기도했다. '숨은 허물'은 히브리어 성경에 여기에만 나오는 단어로 시편 19:13의 '고의로 짓는 죄'와 대조적으로 사용하기에 '부지중에 짓는 죄'로 보기도 한다(Wilson 2002, 371). 하지만 자신이 비밀스럽게 감추고 있는 죄로 보는 것이 더 자연스러워 보인다. 또한 '고의로'(미제이딤, מִזֵּדִים) 죄를 지어 그 죄가 자신을 주장하지 못하게 해달라고 기도했다. 이것은 죄의 결과가 얼마나 심각한지 인식했기 때문이다. 죄는 하나님과 교제하지 못하고 그 은혜를 누리지 못하게 한다. 모세는 '고의로' 죄를 짓는 것을 여호와를 비방하는 죄와 같은 것으로 보았다(민 15:30-31; 신 17:12).

다윗은 이러한 사실을 인식하고 여호와를 반석이며 구속자로 고백하고 "내 입의 말과 마음의 묵상이 주님 앞에 열납되기를 원하나이다"(시 19:14)라고 기도한다. 여기에 '마음의 묵상'(헤그욘 리비, הֶגְיוֹן לִבִּי)은 '마음에 있는 작은 생각'을 말하는 것으로 마음의 생각이나 사상, 동기 등을 말한다.[101] 그리고 '입의 말'이 외적인 것이라면 '마음의 묵상'은 내적인 것을 말한다. 이것은 다윗이 여호와의 뜻에 온전히 복종하며 살기를 원했다는 것이다(Wilson 2002, 372). 다윗은 하나님 말씀

---

[101] 이 단어를 문법적으로 작은 것을 표현하는 지소어로 표현한 것은 마음의 작은 생각이나 동기까지 다 아신다는 것을 강조하기 위함이다.

의 성격에 따라 자신의 말이나 마음의 모든 사상이 하나님이 받으실만한 깨끗한 제물처럼 되기를 소원하고 있다.

시편 20편 : 왕을 위한 기도

이 시편은 다윗의 시지만 백성들이 여호와께서 전쟁에 출정하는 왕에게 승리를 주시기를 기도하는 내용을 담고 있다. 시편 20편은 21편과 동일한 제왕시로 밀접한 연관성이 있다. 시편 20편이 왕의 승리를 위한 기도라면, 21편은 그 기도에 응답하신 하나님께 감사하는 노래다.

시의 구조
(1) 왕의 승리를 위한 기도(시 20:1–5)
(2) 왕의 승리에 대한 믿음(시 20:6)
(3) 왕의 승리에 대한 확신(시 20:7–9)

(1) 왕의 승리를 위한 기도(시 20:1–5)

이 연에서 다윗은 백성들이 왕을 '네게' 또는 '너를'이라고 부르며 왕을 위해 여호와께 중보 기도하는 것을 묘사한다. 그 기도는 야곱의 하나님이 왕을 높이고, 성소에서 붙드시고, 모든 제사를 받아달라는 것이다(시 20:1–3). 그래서 여호와께서 왕의 소원대로 그의 모든 계획을 이루어주심으로 '우리가'(시 20:5) 왕의 승리로 개가를 부르게 해 달라는 것이다. 이것은 왕의 승리가 백성들의 안녕과 직결되어 있기 때문이다.

(2) 왕의 승리에 대한 믿음(시 20:6)

다윗은 백성들이 기도한 후에 1인칭 단수인 '내가'라는 표현을 사용하여 여호와께서 그의 기름 부음 받은 자를 구원하시는 것을 안다고 했다. 또한 여호와께서 그의 오른손의 능력으로 그의 거룩한 하늘에서 응답하실 것도 안다고 했다.

(3) 왕의 승리에 대한 확신(시 20:7-9)

이 연에서 다윗은 왕의 백성들인 '우리'가 일반 사람들과 대조하며 어떤 근거에서 왕의 승리를 확신하고 있는지 보여준다. 사람들은 병거와 말들, 곧 외적인 군사력을 자랑하지만 우리는 여호와 하나님의 이름을 자랑한다(시 20:7). 그들은 비틀거리나 우리는 바로 선다(시 20:8).

이러한 확신을 가지는 것은 이 시에서 반복적으로 사용하여 강조하듯이 여호와께서 '응답하시는'(아나, עָנָה) 분이고(시 20:1, 6, 9), '구원하시는'(야샤, יָשַׁע) 분이기 때문이다(시 20:6×2, 9). 이것은 모든 성도들에게도 큰 위로다. 여호와는 우리 기도를 응답하시고, 구원하시는 분이기 때문이다.

시편 21편 : 왕이 주의 구원으로 말미암아 즐거워하리이다

이 시편은 시편 20편과 밀접한 연관성이 있는 제왕시다. 시편 20편은 왕의 승리를 위한 기도이고, 21편은 여호와의 구원으로 말미암아 즐거워하고 감사하는 노래이기 때문이다.

시의 구조
(1) 왕에게 베푸신 여호와의 은혜(시 21:1-7)
(2) 왕의 승리(시 21:8-13)

(1) 왕에게 베푸신 여호와의 은혜(시 21:1-7)

이 연에서 다윗은 왕을 3인칭, 여호와를 2인칭으로 묘사한다. 이것은 다윗이 화자를 통해 여호와와 친밀한 관계에서 말하는 방식으로 썼기 때문이다. 이 연은 왕이 여호와께서 베푸신 복과 은혜로 말미암아 즐거워하는 이유를 보여준다. 그것은 2인칭으로 '주의(= 당신의) 힘', '주의(= 당신의) 구원'(시 21:1, 5)이라는 표현에 나타난 바와 같이 주께서 마음의 소원과 입술의 요구를 들어주시고, 복을 주셨기 때문이다(시 21:2-6).

이 연의 결론으로 시편 21:7은 왕과 여호와를 3인칭으로 묘사한다. 이것은 저자가 이 연을 해설한 것이다. 그것은 왕이 여호와를 의지하기에 지존하신 이인 여호와의 인자함이 흔들리지 아니한다는 것이다(시 21:7). 이것은 앞으로 왕이 여호와를 신뢰하면 지금까지 베푸신 여호와의 인자하심이 계속된다는 것이다. 이 연의 결론 부분은 다음의 내용을 이어주는 이음매 역할을 한다.

(2) 왕의 승리(시 21:8-13)

이 연에서 다윗은 왕을 2인칭으로, 여호와를 3인칭으로 묘사하며 왕이 여호와를 의지할 때 모든 원수들과 치른 전쟁에서 승리하게 될 것을 보여준다.[102] 이것은 화자가 왕에게 말하는 방식으로 묘사하기 때문이다. 화자는 왕이 여호와를 의지한다면 왕이 원수들과 그들의 후손들까지 멸할 것이라고 한다(시 21:8-11). 그는 '그들을 풀무불 같게 할 것이다'(시 21:9)와 '그들의 얼굴을 향하여 활시위를 당긴다'(시 21:12) 등의 이미지 언어로 왕이 원수들을 멸할 것이라고 했다.

다윗은 이 연의 결론으로 여호와를 부르며 2인칭으로 "주의(= 당신의) 능력으로 높임을 받으소서 우리가 주의(= 당신의) 권능을 노래하고 찬송하게 하소서"(시 21:13)라는 기원으로 마친다. 이 기원은 주기도문에서 "이름이 거룩히 여김을 받으시오며"라는 기도와 같이 주께서 그의 능력으로 스스로 높임을 받으실 뿐만 아니라, 성도가 주의 능력을 찬송하게 해 달라는 것이다.

시편 22편 : 엘리 엘리 라마 사박다니

이 시편은 한 의로운 사람이 고통받는 것을 묘사한 탄식시면서, 동시에 메시아의 고난을 예언적으로 보여주는 메시아 시다. 시편 가운데 어떤 시도 예수님

---

[102] 시편 21:8-12은 왕을 2인칭 단수로 묘사한다. 개역개정판은 이를 '왕이', '왕의' 그리고 '왕을'이라고 번역했으나 작은 글씨로 썼다. 이것은 우리 말 어법의 차이 때문으로 보인다.

이 십자가에 달리실 때의 상황을 이처럼 자세하게 묘사한 곳이 없다. 이 시가 신약성경에 어떻게 인용되었는지 비교해 보면 다음과 같다.

시편 22편		신약성경
시 22:1	내 하나님이여 내 하나님이여 어찌 나를 버리셨나이까	마 27:46 막 15:34 / 제구시쯤에 예수께서 크게 소리 질러 이르시되 엘리 엘리 라마 사박다니 하시니 이는 곧 나의 하나님, 나의 하나님, 어찌하여 나를 버리셨나이까 하는 뜻이라
시 22:7	나를 보는 자는 다 나를 비웃으며 입술을 비쭉거리고 머리를 흔들며 말하되	마 27:39 / 지나가는 자들은 자기 머리를 흔들며 예수를 모욕하여
시 22:8	"그가 여호와께 의탁하니 구원하실 걸, 그를 기뻐하시니 건지실 걸" 하나이다	마 27:43 / 그가 하나님을 신뢰하니 하나님이 원하시면 이제 그를 구원하실지라 그의 말이 나는 하나님의 아들이라 하였도다 하며
시 22:18	내 겉옷을 나누며 속옷을 제비 뽑나이다	마 27:35 요 19:24 / 그들이 예수를 십자가에 못 박은 후에 그 옷을 제비 뽑아 나누고
시 22:22	내가 주의 이름을 형제에게 선포하고 회중 가운데에서 주를 찬송하리이다	히 2:12 / 이르시되 내가 주의 이름을 내 형제들에게 선포하고 내가 주를 교회 중에서 찬송하리라 하셨으며

신약의 저자들이 시편을 인용할 때 어떤 의미로 인용했는지 생각할 필요가 있다. 예수님이 십자가에서 고난을 받으실 때 시의 저자가 받는 고난과 같은 고난을 예수님이 받는다고 볼 수 있다. 특히 사도 요한은 "군인들이 서로 말하되 이것을 찢지 말고 누가 얻나 제비 뽑자 하니 이는 성경에 그들이 내 옷을 나누고 내 옷을 제비 뽑나이다 한 것을 응하게 하려 함이러라 군인들은 이런 일을 하고"(요 19:24)라고 기록한다. 이것은 예수님이 십자가에서 운명하신 후 군인들이 예수님의 옷을 나누는 일을 시편 저자가 예언한 내용이 성취된 것으로 보았다는 것이다.

이 시편은 '아옐렛 샤할'(אַיֶּלֶת הַשַּׁחַר)에 맞춘 노래다. 문자적인 의미는 '새벽의 암사슴'이란 뜻이다. 이 표제가 보여주는 이미지는 긴 밤이 지나고 새 날이 떠오르는 것을 보여준다. 표제대로 이 시편은 고난의 긴 밤 이후에 영광의 날이 도래하는 것으로 종결된다.

시의 구조
(1) 고난받는 자의 탄식과 간구(시 22:1-2)
(2) 간구의 근거(시 22:3-5)
(3) 고난받는 자의 상황(시 22:6-8)
(4) 고난받는 자의 고통과 간구(시 22:9-21)
(5) 미래의 구원에 대한 감사와 찬양(시 22:22-31)

(1) 고난받는 자의 탄식과 간구(시 22:1-2)

이 연에서 다윗은 한 고난받는 자가 탄식하며 간구하는 모습을 묘사한다. '내 하나님'이라고 부르는 것은 고난받는 자와 하나님이 친밀한 관계에 있었음을 보여준다. 하지만 그는 하나님께 버림을 받은 것처럼 보여 "내 하나님이여 내 하나님이여 어찌 나를 버리셨나이까"라고 탄식했다. 이 말씀은 히브리어로 '엘리 엘리 라마 아잡타니'(אֵלִי אֵלִי לְמָה עֲזַבְתָּנִי)로 예수님이 십자가 위에서 하신 '엘리 엘리 라마 사박다니'와 차이가 있지만 같은 뜻이다.[103] 다윗이 이 표현을 한 것은 일차적으로 예수님에게 적용하기 위한 것은 아니다. 이 말씀을 예수님에게만 적용하여 읽는다면 이 시편의 원래 의미와 하나님의 말씀이 우리에게 계속 적용되는 것을 무시하는 것이다(Wilson 2002, 413). 이 말씀은 예수님의 고난이 얼마나 고통스러운 것인지 보여주는 예언적인 성격도 있지만, 당시 고난받는 한 성도의 고통을 말하기도 하기 때문이다. 고난받는 자가 더 고통하는 것은 그 상황에서 낮에도 부르짖고 밤에도 잠잠하지 아니했지만 응답이 없는 것처럼 보였기 때문이다(시 22:2).

(2) 간구의 근거(시 22:3-5)

이 연에서 다윗은 그의 간구의 근거가 어디에 있는지 보여준다. 고난받는 자는 주께서 이스라엘 중에 계신 것과 과거 역사에서 그들이 주를 '의뢰하고 의뢰

---

[103] 이 차이는 예수님 당시 성지(the Holy Land)에서 일반적으로 사용하던 언어인 아람 방언으로 했기 때문이다(Wessel & Lane 2002, 1561).

하였음으로' 즉 '전심으로 의뢰하였으므로' 그들을 건지신 사건을 언급했다(시 22:4). 동시에 평행법으로 '수께 부르짖어' 구원을 얻었다고 했다(시 22:5). 이것은 과거 역사에서 조상들이 여호와를 신뢰하고 부르짖었을 때 구원해 주신 것이 사실이라면 지금 자신이 부르짖는 기도를 들어주셔야 한다는 것이다.

(3) 고난받는 자의 상황(시 22:6-8)

이 연에서 다윗은 과거 역사 속에서 구원받은 이스라엘과 대조적으로 고난받는 자를 사람들에게 조롱을 받는 모습으로 묘사한다. 그는 자신을 벌레며 사람이 아니며 백성의 조롱거리라고 했다(시 22:6). 심지어 그를 보는 자들이 머리를 흔들며 "그가 여호와께 의탁하니 구원하실 걸, 그를 기뻐하시니 건지실 걸"(시 22:8)이라고 말하면서 그의 믿음을 조롱했다. 예수님이 십자가에 달리셨을 때 행인들은 예수님이 하나님의 아들이라 하셨기에 하나님이 구원하실 것이라고 조롱했다(마 27:43). 고난당할 때 사람들이 벌레처럼 대하고, 믿음을 조롱할 때 얼마나 힘들겠는가?

(4) 고난받는 자의 고통과 간구(시 22:9-21)

이 연에서 다윗은 고난받는 자의 고통과 간구를 다양한 이미지 언어로 묘사한다. 고난받는 자는 자신의 과거를 회상하며 날 때부터 주께서 자기로 주를 의지하게 하시고, 자기 하나님이 되셨다고 했다(시 22:9-10). 그가 이렇게 말하는 것은 환난의 때에 주께서 자기를 멀리하시면 안 된다는 것이다(시 22:11). 그는 자신이 지금 위험에 처해 있다는 것을 다양한 이미지 언어로 묘사한다. 그것은 '많은 황소가 나를 에워싸며'(시 22:12), '바산의 힘센 소들이 나를 둘러쌌으며'(시 22:12), '부르짖는 사자 같으니이다'(시 22:13), '나는 물 같이 쏟아졌으며'(시 22:14), '내 마음은 밀납 같아서 내 속에서 녹았으며'(시 22:14), '내 힘이 말라 질그릇 조각 같고'(시 22:15), '개들이 나를 에워쌌고'(시 22:16), '개의 세력에서'(시 22:20), '나를 사자의 입에서'(시 22:21), '들소의 뿔에서'(시 22:21) 등이다. 고난받는 자는 "내 겉옷을 나누며 속옷을 제비뽑나이다"(시 22:18)라고 말함으로 대적들이 그에게 있는 모든 것을 다 가져간다고 했다. 사도 요한은 군인들이 예수님을 십자가에 못 박은 후 옷을 제비뽑아 나눔으로 이 말씀이 성취된 것으로 보았다(요 19:24; 참조. 마 27:35). 이것은 고통받는 자가 얼마나 절박한 심정으로 간구하는지를 보여준다.

(5) 미래의 구원에 대한 감사와 찬양(시 22:22-31)

이 연에서 다윗은 지금까지의 분위기와는 다른 반전을 보여준다. 고난받는 자는 형제와 회중과 여호와를 두려워하는 자(= 여호와를 경외하는 자)와 이스라엘 자손들에게 주의 이름을 찬송하고 그를 경외하라고 했다(시 22:22-23). 그는 그 이유를 "그는 곤고한 자의 곤고를 멸시하거나 싫어하지 아니하시며 그의 얼굴을 그에게서 숨기지 아니하시고, 그가 울부짖을 때에 들으셨도다"(시 22:24)라고 했다. 시편 22:24의 원문에는 이유를 나타내는 접속사 '왜냐하면'(키, כִּי)이 있다. 이 말씀은 시편 22:1-2과 대조를 이룬다. 여기에 사용된 동사가 '완료형'인 과거사로 썼다고 해서 그를 괴롭히는 고통에서 해방되었기 때문만은 아니다.[104] 그는 미래에 있게 될 구원을 바라보며 구원의 하나님을 찬양할 것을 말했다. 그는 미래의 구원을 바라보고 서원을 갚을 것이라고 했다(시 22:25).

그는 자기만 주를 찬송하는 것이 아니라 겸손한 자와 여호와를 찾는 자들이 주를 찬송하고, 땅의 모든 끝이 여호와를 기억하고 돌아오며 모든 나라의 모든 족속이 주 앞에 예배할 것이라고 했다(시 22:26-27). 왜냐하면 나라는 여호와의 것이요 여호와는 모든 나라의 주재가 되시기 때문이다(시 22:28).[105] 그래서 모든 사람이 주를 섬기고, 후손들도 섬기게 될 것이다. 다윗은 이를 통해 우주적이며 종말론적인 미래를 강조한다(Wilson 2002, 421). 그리고 그는 여호와의 구원을 경험한 자들이 '그의 공의'를 태어날 백성에게 전하며 '주께서 이를 행하셨다'라고 전할 것이라고 했다(시 22:31). 이 '공의'(처다카, צְדָקָה)는 단순히 인격적 특징이 아니라 어떤 일을 행한 결과다. 이 단어는 본래 법정적인 용어로 재판관에 의해 의롭다 함을 받게 된 지위를 뜻한다(Wilson 2002, 423). 그러므로 시편 22:22-31은

---

104 미래에 확실하게 이루어질 일을 바라보고 쓴 완료형 동사를 '선지적 과거'라고 한다.
105 히브리어 성경 시편 22:28에는 '왜냐하면'이라는 이유 접속사 '키'(כִּי)가 있다.

오실 메시아로 말미암아 여호와를 찾는 자들이 의롭다 함을 받을 뿐만 아니라 하나님과 교세하며 사는 하나님 나라를 보여준다.

시편 23편 : 여호와의 집에 영원히 살리라

다윗의 시

1 여호와는 나의 목자시니
   내게 부족함이 없으리로다

2 그가 나를 푸른 풀밭에 누이시며
   쉴 만한 물 가로 인도하시는도다

3 내 영혼을 소생시키시고
   자기 이름을 위하여 의의 길로 인도하시는도다

4 내가 사망의 음침한 골짜기로 다닐지라도
   해를 두려워하지 않을 것은
   주께서 나와 함께 하심이라
   주의 지팡이와 막대기가 나를 안위하시나이다

5 주께서 내 원수의 목전에서 내게 상을 차려 주시고
   기름을 내 머리에 부으셨으니 내 잔이 넘치나이다

6 내 평생에 선하심과 인자하심이 반드시 나를 따르리니
   내가 여호와의 집에 영원히 살리로다

이 시편은 성경 전체에서 많은 세대의 성도들에게 가장 친숙하고 많은 사랑을 받는 시 가운데 한편이다. 이는 하나님의 돌보심과 인도가 생생하게 묘사되어 있기 때문이다. 이 시편은 두 가지 이미지 언어를 통해 왜 여호와의 집에 영원히 살고 싶어 하는지를 보여준다.

시의 구조
(1) 목자와 양 이미지(시 23:1-4) (2) 주인과 손님 이미지(시 23:5) (3) 결론 : 여호와의 집에 영원히 살리라(시 23:6)

(1) 목자와 양 이미지(시 23:1-4)

이 연에서 다윗은 목자와 양의 이미지를 가지고 하나님과 성도의 관계를 설명한다. 다윗은 여호와를 목자라는 이미지를 통하여 "여호와는 나의 목자시니 내게 부족함이 없으리로다"(시 23:1)라고 했다. 맨 먼저 하나님을 목자 이미지로 사용한 사람은 야곱이다(창 48:15; 49:24).[106] 이스라엘의 역사에서 하나님의 구원을 설명할 때도 목자가 양을 인도하는 것처럼 묘사한다(시 78:52). 신약성경도 예수님과 우리와의 관계를 목자와 양의 관계로 설명한다(요 10:11; 히 13:20). 다윗은 목자 되신 하나님이 어떤 분이신지 "그가 나를 푸른 풀밭에 누이시며 쉴만한 물가로 인도하시는도다"(시 23:2)라고 했다. 이러한 이미지를 통해 목자가 양들을 만족하게 하고 자유롭게 쉬며 즐길 수 있게 하듯이 하나님이 자기 백성을 만족하게 하시는 분으로 설명한다.

다윗은 목자와 양이라는 이미지로 여호와를 설명하다가 실제적인 의미로 방향을 옮겨 그의 영혼을 소생시키고 여호와의 이름을 위하여 의의 길로 인도하시는 분으로 묘사한다(시 23:3). '소생시키다'(슈브, שׁוּב)는 '회복시키다'는 의미도 있지만 '돌이키다', '회개하다' 등의 의미도 있다. 여호와께서 왜 영혼을 소생시키실까? 그것은 여호와의 이름을 위하여 '의의 길'로 인도하시기 위함이다. 의의 길은 여호와가 인정하시는 도덕적이고 올바른 길로 잘 되는 길이다. 스텍(Stek 2002, 810)은 잠언 8:20-21; 21:21 등을 인용하여 의의 길을 '번영'(prosperity)이라고 했다. 여호와께서 의의 길로 인도하시는 것은 '자기 이름을 위하여'다. 이것은 하나님의 영광을 드러내도록 하기 위함이라는 것이다.

---

106 창세기 48:15에 개역개정판은 '기르신 하나님'이라고 되어 있으나 히브리어 원문은 '하엘로힘 하로에'(הָאֱלֹהִים הָרֹעֶה)로 '목자처럼 돌보시는 하나님'이다.

그러나 여호와의 이름을 위하여 의의 길로 가는 일은 결코 쉽고 평탄한 길이 아니나. 왜냐하면 때로 그 길은 사망의 음침한 골짜기 같은 길이기도 하기 때문이다(시 23:4). '사망의 음침한 골짜기'는 두려움과 고통과 위험과 불안과 죽음이 있는 절망적인 세상을 말할 때 사용된 시적 표현이다(욥 10:21-22; 시 44:19; 107:10, 13-14; 사 9:2; 렘 2:6). 그런데 다윗은 사망의 음침한 골짜기로 다닌다고 할지라도 '해'(라, רע)를 두려워하지 않는다고 했다. 그 이유를 다윗은 "주께서(= 당신이) 나와 함께하시고 주의(= 당신의) 지팡이와 막대기가 나를 안위하시나이다"라고 했다. 여기에 중요한 인칭 변화가 있다. 시편 23:1-3에서는 여호와를 '여호와는 나의 목자', '그가 나를 푸른 초장에', '자기(그의) 이름을 위하여' 등의 3인칭으로 불렀으나 시편 23:4부터는 여호와를 2인칭으로 부른다. 이것은 언약 관계에서 '나와 너'의 친밀함을 강조하는 것이다. 주께서 함께해 주실 뿐만 아니라 지팡이와 막대기로 보호해 주신다. 막대기는 양들을 세고 보호하는 도구이고, 지팡이는 끝이 동그랗게 굽은 긴 막대기로 양들을 인도하는 역할을 한다. 하지만 더 중요한 것은 이들이 목자의 표시이고 목자가 그들과 함께 있다는 표라는 것이다 (Alexander 1991, 117).

(2) 주인과 손님 이미지(시 23:5)

이 연에서 다윗은 잔치의 주인과 손님 이미지로 여호와와 자기의 관계를 묘사한다. 여기서 '나와 너'라는 친밀한 언약 관계가 절정을 이룬다. 다윗은 여호와께서 그의 머리에 기름을 부어주심으로 그의 잔이 넘친다고 고백한다. 이것은 당시 세계에서 가장 중요한 손님(guests)을 맞이할 때 하는 방법이었다. 시몬이라는 바리새인이 예수님을 청했을 때 한 여인이 향유를 예수님의 발에 붓고 자기 머리털로 씻었다. 이를 지켜본 시몬이 예수님이 선지자라면 이 여자가 죄인인 줄을 알았을 것이라고 비판했다. 이때 예수님은 "너는 내 머리에 감람유도 붓지 아니하였으되 그는 향유를 내 발에 부었느니라"(눅 7:46)라고 하셨다. 향유를 머리에 붓는다는 것은 중요한 손님으로 보았다는 것이다. 하지만 시몬은 예수님을 초청했지만 그렇게 대하지 않았다. 그래서 여호와께서 그의 머리에 기름을 부었다는 것은 최고의 귀빈으로 대했다는 것이다.

그런데 여호와께서 어디에 상을 차려놓으셨는가? '원수의 목전에서' 상을 차려주셨다. 이것은 원수들의 위협이 있음에도 여호와께서 '나와 너'의 친밀한 관계에서 다윗을 최고의 손님으로 대하시고 교제하신다는 것을 보여준다. 이 이미지는 부활하신 주님께서 라오디게아 교회에 주신 말씀인 "볼지어다 내가 문 밖에서 서서 두드리노니 누구든지 내 음성을 듣고 문을 열면 내가 그에게로 들어가 그와 더불어 먹고 그는 나로 더불어 먹으리라"(계 3:20)라는 말씀을 생각나게 한다.

(3) 결론 : 영원히 여호와의 집에 살리라(시 23:6)

다윗은 앞의 두 연에서 여호와가 얼마나 좋은 분이신지 목자와 양의 이미지와 주인과 손님의 이미지를 통하여 보여주었다. 그는 이제 결론으로 "내 평생에 선하심과 인자하심이 반드시 나를 따르리니 내가 여호와의 집에 영원히 살리로다"(시 23:6)라고 고백한다. 여호와의 언약 백성에게 그의 선하심과 인자하심이 반드시 따른다면 '여호와의 집'에 영원히 살겠다고 고백해야 하지 않을까? '여호와의 집'은 다윗시대에는 성막이요 솔로몬시대 이후는 성전이다. 이곳은 하나님이 임재하여 그의 백성들과 만나 교제하며 은혜를 베푸시는 장소다. 신약시대에는 여호와의 집은 그리스도께서 십자가에서 죽으심으로 중간에 막힌 담인 휘장을 걷어 내리시고 그리스도 안에서 시공간에 제약을 받지 않고 교제하는 곳이다 (참조. 막 15:37-38; 히 10:19-10). 구약시대에는 언약 백성이 여호와의 집에서 선하시고 인자하신 여호와와 만나 교제하는 복을 받았고, 신약시대에는 그리스도 안에서 구속받은 자들이 받았다.

그러면 어떻게 이 좋은 여호와의 집에 살면서 은혜를 받으며 살 수 있을까? 시편 23편은 이 점에 대해 설명하지 않는다. 그러나 시편의 편집자는 시편 24-30편에 이 주제를 모아 여호와의 집과 그 안에 거하는 문제를 다룬다(Wilson 2002, 431). 시편은 각각 독립되어 있으면서 전체가 논리적으로 연결되어 있다(김성수 2005, 184-190).

시편 24편 : 여호와의 산에 오를 자 누구인가?

시편 23편이 여호와의 집에 살기를 원하는 열망을 표현했다면 24편은 어떤 사람이 여호와의 집에 살 수 있는지를 보여준다. 이 시편이 예배 중에 사용되었다는 것은 교송(交誦, antiphonary) 형식으로 된 질문과 대답 구조에서 잘 볼 수 있다(Wilson 2002, 447).

시의 구조

(1) 여호와는 어떤 분이신가(시 24:1-2)
(2) 여호와의 산에 오를 자 누구인가(시 24:3-6)
(3) 여호와의 통치를 받아들이라(시 24:7-10)

---

(1) 여호와는 어떤 분이신가(시 24:1-2)

이 연에서 다윗은 여호와가 어떤 분이신지 장엄한 선포로 시작한다. 땅과 거기 충만한 것과 세계와 그중에 거하는 자가 다 여호와의 것이다(시 24:1). 그 이유는[107] 여호와께서 그 터를 바다 위에 세우시고 강들 위에 건설하셨기 때문이다(시 24:2). 이 말씀은 여호와께서 어떻게 땅을 바다와 강 위에 세우셨는지에 대해 의문을 품을 수 있다. 하지만 다윗은 하나님이 궁창을 만드시고 궁창 아래의 물과 궁창 위의 물로 나누시고, 물에서 뭍을 드러내시고 땅이라 하신 사실을 잘 알고 있었다(참조. 창 1:6-7, 9-10, 20). 이 묘사는 하나님이 창조자가 되시고 온 세상의 주가 되신다는 것이다.

바울은 자유와 덕의 관계를 설명하면서 시장에 파는 것은 양심을 위하여 묻지 말고 다 먹을 수 있다는 것을 입증하는 증거본문으로 시편 24:1을 인용했다(고전 10:26). 이것은 하나님이 창조하신 모든 만물은 하나님의 소유이기 때문에 다 선하고 좋다는 것이다.

---

107 원문은 '왜냐하면'이라는 이유를 나타내는 접속사 '키'(כִּי)가 있다.

(2) 여호와의 산에 오를 자 누구인가(시 24:3-6)

이 연에서 다윗은 세상의 창조자가 되시고 온 세상의 주가 되시는 여호와께서 임재해 계시는 여호와의 산에 오를 자가 누구인지 질문하고, 거기에 대하여 대답하는 형식으로 묘사한다. 저자는 평행법으로 "여호와의 산에 오를 자가 누구며, 거룩한 곳에 설 자가 누구인가"(시 24:3)라고 질문한다. 여호와의 산은 다윗이 성막을 설치하여 여호와의 법궤를 둔 곳이며, 솔로몬 시대에 지은 성전이다. 이곳에 여호와께서 임재하시며 그의 백성과 만나 교제하신다(참조. 출 28:8, 22; 29:43-46). 그래서 이 질문은 누가 온 세상을 창조하시고 주가 되시는 하나님께 나아가 교제할 수 있느냐는 질문이다.

이 질문에 대한 대답을 시편 24:4-6에서 기록한다. 그는 손이 깨끗하며, 마음이 청결하며, 뜻을 허탄한데 두지 아니하며, 거짓 맹세치 아니하는 자다. 사람의 신체 가운데 세 기관인 손과 마음과 혀의 문제를 지적한다. '손이 깨끗하다'는 것은 행하는 일이 선하다는 것이다. '마음이 청결하다'는 것은 무엇을 의미하는가? 다윗은 이 부분을 동격으로 '뜻을 허탄한데 두지 아니한다'고 했다. 이것은 그의 마음을 세상의 명예나 돈과 같은 헛된 것에 두지 않는다는 것이다. 또한 '거짓 맹세하지 아니한다'는 것은 말에 진실하다는 것이다. 다윗은 이러한 삶을 사는 사람이 여호와께 복을 받고 구원의 하나님께 의를 얻을 것이라고 했다. 이 사람이 여호와를 찾는 족속이요, 야곱의 하나님의 얼굴을 구하는 자이다. 여호와의 산에 올라가 그와 만나 교제할 수 있는 자는 손과 마음과 말이 깨끗해야 한다. 이것이 의롭다 함을 받은 자의 마땅한 삶의 열매이기 때문이다. 누가 여호와의 산에 올라가 여호와와 교제할 수 있는가?

(3) 여호와의 통치를 받아들이라(시 24:7-10)

이 연에서 다윗은 여호와의 산에 올라 그와 교제하려면 여호와의 통치를 받아들여야 한다는 것을 왕이 성에 입성하는 이미지 언어로 묘사한다. 이것을 교송(交誦) 형식과 A-B-A'-B'의 평행 구조로 보여준다.

A	문들아 너희 머리를 들지어다
	영원한 문들아 들릴지어다
	영광의 왕이 들어가시리로다
B	영광의 왕이 누구시냐(Q)
	강하고 능한 여호와시오(A)
	전쟁에 능한 여호와시로다(A)
A′	문들아 너희 머리를 들지어다
	영원한 문들아 들릴지어다
	영광의 왕이 들어가시리로다
B′	영광의 왕이 누구시냐(Q)
	만군의 여호와께서 곧 영광의 왕이시로다 셀라(A)

이 이미지는 고대에 성을 차지하기 위하여 왕이 전쟁하는 모습을 연상시킨다(참조. 왕하 15:16). 온 세상을 창조하신 하나님, 전쟁에 능하신 분이 문들을 향해 '들어라'라고 했다. 여기서 '들다'라는 동사를 능동태(들지어다)와 수동태(들릴지어다)로 번갈아 사용한다. 이것은 영광의 왕이신 하나님을 알아보고 스스로 열든지, 열리게라도 해야 한다는 뜻이다. 이 말씀을 A와 A′에서 두 번이나 반복한다. 그런데 B와 B′에서 "영광의 왕이 누구시냐"라고 질문하고 그분은 강하고 능한 여호와, 전쟁에 능한 여호와, 만군의 여호와라고 대답한다. 특히 이 시 마지막에 있는 '셀라'는 보편적 규칙을 의미한다. 이러한 시적 구조를 통하여 문을 열고 왕의 통치를 받아들이면 여호와의 산에서 여호와와 교제하는 복을 누릴 것이지만, 그의 통치를 거부하면 심판을 받게 될 것을 보여준다.

시편 25편 : 내가 주를 바라보나이다

이 시편은 마지막 22절을 제외하고 히브리어 알파벳의 순서에 따라 구성된 알파벳 이합체 시(acrostic poem)다.[108] 이러한 형태의 시를 쓴 목적은 내용을 쉽게 기억하게 하려는 것이다. 이 시편은 성도가 환난과 고통 속에서 하나님께 탄식하며 구하는 시다.

시의 구조
(1) 고통에서 도움을 위한 기도(시 25:1–3)
(2) 인도와 용서를 위한 기도(시 25:4–7)
(3) 여호와의 언약을 믿는 믿음(시 25:8–15)
(4) 구원을 위한 기도(시 25:16–22)

(1) 고통에서 도움을 위한 기도(시 25:1–3)

이 연에서 다윗은 고통 중에 하나님께 도움을 구하고 있다. 여기서 '주를 우러러보나이다', '내가 주께 의지하였사오니', '주를 바라는 자들' 등의 표현을 통해 주를 의지하여 기도하고 있다는 것을 알게 한다. 그는 '나를 부끄럽지 않게 하시고'나 '원수들이 나를 이겨 개가를 부르지 않게 하소서'라고 기도했다. 이 기도를 하면서 대조 평행법으로 주를 바라는 자들은 수치를 당하지 아니한다는 그의 믿음을 강조한다.[109]

> 주를 바라는 자들은 수치를 당하지 아니하려니와
>
> 까닭 없이 속이는 자들은 수치를 당하리이다(시 25:3).

다윗의 이 고백은 믿음이 관념의 체계 속에 있는 것이 아니라 실제 현실로 드

---

108 시편에서 알파벳 이합체 시로 된 시는 9/10, 25, 34, 37, 111, 112, 119, 145편이다.

109 원문에 접속사 '감'(כִּי)으로 시작한다. 이 역시 강조하는 표현이다. NASB는 Indeed, KJV는 Yea로 번역했다.

러날 것으로 믿는다는 것이다. 스펄전(1997b, 366)은 "믿음은 우리가 타고 있는 배를 해안에 연결해 주는 밧줄과 같다. 이 밧줄을 끌면 우리는 해안으로 접근할 수 있다. 이처럼 믿음은 우리를 하나님과 연결해 주는 밧줄이다"라고 했다.

(2) 인도와 용서를 구하는 기도(시 25:4-7)

다윗은 이 연에서 역경의 원인을 외부에 돌리지 않고 자신을 성찰한다. 그는 "주의 도를 내게 보이시고 주의 길을 내게 가르치소서 주의 진리로 나를 지도하시고 교훈하소서"(시 25:4-5)라고 기도했다. 여기 '주의 도', '주의 길', '주의 진리'는 평행법으로 같은 의미다. 이것은 이 상황에서 어떻게 처신해야 하는지 인도해 달라는 기도다. 이 기도와 함께 영원부터 있는 주의 긍휼하심과 인자하심에 따라 자기가 젊을 때 지은 죄를 기억하지 마시고, 주의 선하심을 따라 자신을 기억해 달라고 기도했다(시 25:6-7).

(3) 여호와의 언약을 믿는 믿음(시 25:8-15)

이 연에서 다윗은 자신이 믿는 여호와에 대한 믿음을 고백한다. 이 믿음은 그의 기도의 중요한 근거다. 다윗은 주의 도와 길을 가르쳐달라고 구한 바 있다(시 25:4-5). 그런데 그는 여호와는 선하시고 정직하시기 때문에 '그 방법으로'[110], 즉 선하시고 정직한 방법으로 온유한 자에게 '주의 도'(달코, דַּרְכּוֹ)를 가르치실 것을 믿었다(시 25:8-9). 여호와의 모든 길, 여호와께서 인도하시는 모든 길은 그의 언약과 증거를 지키는 자들에게는 인자와 진리다(시 25:10). 이것은 다윗이 여호와께서 언약의 말씀을 믿고 지키는 자에게는 인자와 진리로 인도하신다는 것을 믿었다는 것이다. 이 고백과 더불어 다윗은 여호와의 말씀을 완전히 지키지 못했음을 고백하고 주의 이름으로 말미암아 용서해 주실 것을 구한다(시 25:11).

이어서 다윗은 "여호와를 경외하는 자 누구냐?"(시 25:12)라는 수사적 질문을

---

110 시편 25:8의 '그의 도로'의 히브리어 원문은 '바다렉'(בַדֶּרֶךְ)이다. 이는 불분리전치사 '버'(בְ)와 정관사 '하'(הַ) 그리고 길 또는 방법을 의미하는 '데렉'(דֶּרֶךְ)이 결합된 것으로 '그 방법으로'라고 번역해야 한다.

한다. 이 시에서 여호와를 경외하는 자는 다윗과 이스라엘이다. 다윗은 여호와를 경외하는 자가 평안하고 땅을 상속하게 될 것을 믿었다. 또한 여호와께서 언약을 맺은 일이 어떤 의미가 있는지 알게 하실 것을 믿었다(시 25:13-14).[111] 그래서 다윗은 그의 눈이 여호와를 바라보기에 그의 발을 그물에서 벗어나게 하실 것을 믿었다(시 25:15).

(4) 구원을 위한 기도(시 25:16-22)

이 연에서 다윗은 그의 믿음에 근거하여 여호와께 자신이 당하고 있는 고통과 어려움에서 구원해 주실 것을 기도한다. 다윗은 기도하면서 '주여 나는 외롭고 괴로우니'(시 25:16), '나의 근심이 많사오니'(시 25:17), '나의 곤고와 환난을 보시고'(시 25:18), '내 원수'(시 25:19) 등의 표현을 사용했다. 이러한 표현은 그가 겪고 있는 고통의 상태를 보여준다. 그리고 이 상태에서 '은혜를 베푸소서'(시 25:16), '고난에서 끌어내소서'(시 25:17), '내 모든 죄를 사하소서'(시 25:18), '수치를 당하지 않게 하소서'(시 25:20), '성실과 정직으로 보호하소서'(시 25:21) 등의 표현으로 간구한다.

여기서 두 부분에 관심을 기울일 필요가 있다. 첫째, '내 모든 죄를 사하소서'(시 25:18)라는 기도다. 모든 고통의 원인이 반드시 죄 때문은 아니다. 그럼에도 다윗의 이러한 기도는 죄와 무관하지 않음을 보여준다. 죄를 회개하며 기도하는 일은 문제를 해결하는 중요한 이다. 둘째, '성실과 정직으로 나를 보호하소서'(시 25:21)라는 기도다. '성실과 정직'의 주체가 하나님인지, 저자인지 불분명하다. 하나님이 주체라면 하나님의 속성으로 보아 주의 성실과 정직으로 지켜달라는 뜻이고, 저자인 다윗이 주체라면 성실하고 정직하게 살겠으니 지켜달라는 뜻이다. 둘 다 가능하지만 시편 26:1과 연결지어 볼 때 후자로 보는 것이 좋다.

한편 특이한 점은 시편 25:22은 알파벳 이합체 시의 형식에서 벗어나 있다는 것이다. 이 절은 히브리어 '구속하다'(파다, פָּדָה)라는 동사의 명령법인 '퍼데

---

[111] 시편 25:14에 "그의 언약을 그들에게 보이시리로다"라는 말씀에 '보이다'는 히브리어로 '야다'(יָדַע)의 사역동사로 '알다', '경험하다,' '교제하다', '성관계를 가지다' 등의 뜻이다. 여기서는 언약의 의미를 알고 경험하게 된다는 뜻이다.

이'(ᵖᵈ)로 시작한다. 주의해 볼 것은 저자 개인의 문제가 아니라 '이스라엘'을 모든 환난에서 속량(= 구속)해 주실 것을 구한다는 것이다. 이러한 점은 개인의 고통만이 아니라 이스라엘의 환난도 죄와 무관하지 않다는 것을 보여준다.

시편 26편 : 여호와여 나를 판단하소서

이 시편은 다윗이 악한 자들이 자기를 죄인이라고 비난한 말에 대해 하나님이 자신의 무죄함을 밝혀줄 것을 구하는 탄식시다. 시편 25:21의 '성실과 정직으로' 살겠다는 것과 26:1의 '나의 완전함에 행하였사오며' 그리고 26:11의 '나의 완전함에 행하오리니'는 서로 연결되어 있다.[112] 문맥으로 보아 이것은 다윗이 말씀에 따라 완전하게 살았음에도 불구하고 어려움 가운데 처해 있기 때문에 이에 대해 하나님이 판단해 주시길 구하는 내용임을 알 수 있다.

시의 구조
(1) 판단(심판)을 요청함(시 26:1)
(2) 판단(심판)을 요청하는 근거(시 26:2-8)
(3) 판단(심판)을 위한 기도(시 26:9-12)

(1) 판단(심판)을 요청함(시 26:1)

이 연에서 다윗은 '여호와여'[113]라고 부르며 자기는 완전함(ᴅᴛ)에 행하였고, 흔들리지 않고 여호와를 의지했기에 자기를 판단해(ᵂᵖᵂ, 재판하다, 심판하다) 달라고 구했다(시 26:1).

---

112 히브리어 원문에 시편 25:21의 '성실과 정직으로'(ᴅᴛ-ᵂᵂᵞ) 살겠다는 것과 26:1, 11의 '나의 완전함'(버투미, בְּתֻמִּי ⟨ᴅᴛ)은 서로 연결되어 있다. 이는 비슷한 주제인 '여호와의 집'과 그 집에 '사는 것'에 초점을 맞추고 있기 때문이다(Wilson 2002, 470-471).

113 시편 26편에는 '여호와여'라고 부르는 것이 네 번 나타난다(시 26:1, 2, 6, 8).

(2) 판단(심판)을 요청하는 근거(시 26:2-8)

이 연에서 다윗은 판단을 요청하는 근거로 자신이 어떻게 살았고, 또한 어떻게 살 것인지를 밝힌다. 그는 '여호와여'라고 부르며 여호와께서 자신을 살피시고 시험하시며 자신의 뜻과 마음을 연단해 보라고 했다. 왜냐하면 그는 주의 인자하심을 바라보며 살았고,[114] 주의 진리 중에 행하였기 때문이다(시 26:3). 또한 그는 과거에 허망한 사람과 같이 '앉지 아니했고'(לֹא-יָשַׁבְתִּי), 앞으로도 간사한 자와 '동행하지 아니하고'(לֹא אָבוֹא), 악한 자와 같이 '앉지 아니할'(לֹא אֵשֵׁב) 것이라고 했다(시 26:4-5). '허망한 자'(מְתֵי-שָׁוְא)는 문자적으로 '공허한 일을 하는 자'로 우상 숭배자로 볼 수도 있다(Dahood 1970, 160). 그리고 그는 다시 '여호와여'라고 부르며 "내가 무죄하므로 손을 씻고 주의 제단에 두루 다니며 감사의 소리를 들려주고, 주의 기이한 모든 일을 말하리이다"(시 26:6-7)라고 했다. '손을 씻는다'라는 것은 정결의식에서 온 표현으로 깨끗하게 살겠다는 것이고(신 21:6; 시 73:13), '주의 단을 두루 다니며'라는 말은 단 주변을 돈다는 뜻이 아니라 항상 주의 전을 가까이하고 예배하겠다는 것이다. 그리고 다윗은 주께서 자신에게 행한 모든 기이한 일들을 전하며 살겠다고 했다. 다윗은 마지막으로 '여호와여'라고 부르며 "내가 주께서 계신 집과 주의 영광이 머무는 곳을 사랑하오니"(시 25:8)라고 했다. '주께서 계신 집'과 '주의 영광이 머무는 곳'은 같은 의미를 다르게 표현한 것으로 하나님이 임재하시는 곳을 나타낸다(출 24:16; 33:22). 그런데 하나님이 임재해 계신 곳은 성막과 성전이다(출 40:34; 왕상 8:11). 요한복음 1:14에서는 말씀이 육신이 되어 하나님이 우리 가운데 거하시므로 모든 성도 가운데 거하신다고 하였다. 이러한 의미를 이해한다면 다윗이 주의 영광이 머무는 곳을 사랑한다고 말한 것은 주께 예배하고 주와 동행하는 삶을 사랑한다는 뜻임을 알 수 있다.

다윗이 과거에 어떻게 살았고, 앞으로 어떻게 살 것인지 말한 목적은 무엇인가? 그것은 여호와께서 자신의 무죄를 아시고 바르게 판단해 달라는 것이다. 오

---

114 시편 26:3의 "주의 인자하심이 내 목전에 있사오니"라는 말씀을 직역하면 "당신의 인자하심이 내 눈앞에 있기 때문에"(כִּי-חַסְדְּךָ לְנֶגֶד עֵינָי)라고 할 수 있다. 이 말씀은 "내가 주의 진리 중에 행하며"라는 말씀과 동격이다. 이것은 주의 인자하심을 바라보고 진리를 행하며 살았다는 것이다.

늘날 우리도 다윗처럼 오해를 받거나 악한 자들의 거짓말로 위험에 처할 때 이렇게 기도할 수 있다.

(3) 판단(심판)을 위한 기도(시 26:9–12)

이 연에서 다윗은 자신의 생명을 죄인들과 같이 거두지 말도록 기도한다. 그러면서 자신과 죄인들의 삶을 비교하며 죄인들은 손에 사악함이 있고, 그들의 오른손에는 뇌물이 가득하지만 자신은 완전함에 행할 것이라고 했다(시 26:10–11). 특히 '나는 나의 완전함에 행하오리니'(시 26:11)라는 말씀은 '내가 나의 완전함에 행했다'(시 26:1)라는 말씀과 구조적으로 같다. 그 차이는 26:1은 과거 그가 완전하게 살았다는 것이고, 26:11은 앞으로도 완전하게 산다는 것이다. 특히 다윗은 이 일을 위해 "나를 속량하시고 내게 은혜를 베푸소서"라고 기도했다. '속량하다'(파다, פָּדָה)와 '은혜를 베풀다'도 같은 개념을 다르게 표현한 것이다. 이것은 자신의 완전함이 자신의 의 때문이 아니라 하나님이 속죄하시는 은혜 때문임을 고백한 것이다.

다윗은 마지막으로 그의 발이 '평탄한 데에 섰다'라고 하면서 무리 가운데 여호와를 송축할 것이라고 했다. '평탄한 데'는 이중적인 의미가 있다. 장소적 의미로는 여호와가 계신 곳이고, 은유적 의미로 보면 여호와의 공평이 실현되는 것이다(시 67:4; 143:10).[115] 여기서는 후자의 의미로 다윗이 평탄한 데 섰다는 것은 여호와께서 공평을 실현하실 것을 바라보았다는 것이다. 그는 이것을 바라보고 여호와를 송축할 것이라고 했다. 이것이 성도가 계명을 지키고 살면서 악한 자들과 겪는 갈등을 극복하는 방법이다. 우리는 하나님이 온 세상을 공평으로 통치하시는 것을 믿기 때문이다.

---

[115] '평탄한 데'는 히브리어 '미쇼르'(מִישׁוֹר)이다. 이는 하나님의 통치행위로 그것은 '공평'과 '정직' 등으로 나타난다(시 45:6; 143:10; 사 11:4 등).

시편 27편 : 여호와의 얼굴을 찾으라

이 시편은 다윗이 하나님께 자기를 끌어내리려는 악한 자들로부터 구원해 주시기를 구하는 기도다. 독백 형식으로 된 이 기도는 여호와를 신뢰하는 믿음의 기초 위에서 그의 문제를 구한다. 그는 여호와를 신뢰하는 내용을 담은 시편 27:1-7에서는 여호와를 3인칭으로, 탄식하는 기도를 담은 시편 27:8-12에서는 2인칭으로, 27:13-14에서는 다시 3인칭으로 표현한다.

시의 구조
(1) 다윗의 믿음과 소망(시 27:1-6)
(2) 구원을 위한 기도(시 27:7-12)
(3) 다윗의 확신과 격려(시 27:13-14)

(1) 다윗의 믿음과 소망(시 27:1-6)

이 연에서 다윗은 여호와를 3인칭으로 표현하며 어떤 분으로 믿었으며, 그 믿음이 어떤 소망을 갖게 하였는지 보여준다. 그는 여호와를 은유적으로 '나의 빛'과 '나의 구원'과 '나의 생명의 능력' 등으로 표현하고 이러한 여호와를 믿음으로 자신이 어떤 태도를 가지게 되는지 평행법으로 보여준다.

A 여호와는 나의 빛이요 나의 구원이시니
B 내가 누구를 두려워하리요
A′ 여호와는 내 생명의 능력이시니
B′ 내가 누구를 무서워하리요

성경은 은유적인 빛을 다양한 개념으로 사용한다. 여기서는 평행법으로 된 구조를 볼 때 구원과 생명의 능력과 연관된 개념이다. 이러한 믿음은 과거에 그의 살(= 생명)[116]을 먹으려고 오는 원수들이 '실족하여 넘어졌고'(כָּשְׁלוּ וְנָפָלוּ, 완료형),

---

[116] '살'은 신체의 부분으로 생명 전체를 표현하는 제유법이다.

군대가 친다 해도 '두렵지 아니하는'(לֹא־יִירָא, 미완료형) 태도로 나타난다(시 27:2-3). 이러한 시제의 변화는 다윗의 과거 경험을 근거로 지금도 그 은혜를 경험하게 될 것을 기대하는 믿음이 있음을 보여준다.

이 믿음을 토대로 다윗은 여호와의 집에 살기를 소망한다(시 27:4). 그 이유는 (히브리어 원문은 이유를 나타내는 접속사로 시작함) 여호와께서 환난 날에 그의 장막의 비밀한 곳에 숨기실 것이기 때문이다. 여호와의 집은 여호와께서 임재하시며 그의 백성과 만나 교제하는 곳이다. 그래서 그는 '이제'(아타, עַתָּה) 여호와께서 그의 머리를 그를 둘러싼 원수 위에 높이시리라는 확신을 가지게 되었다.

(2) 구원을 위한 기도(시 27:7-12)

이 연에서 다윗은 '여호와'(시 27:7, 8, 11) 또는 '나의 구원의 하나님'(시 27:9)을 2인칭으로 부른다(시 27:8, 9, 11).[117] 이것은 언약 관계에서 친밀함을 나타내는 히브리식 표현이다. 그는 이 연에서 '여호와여'(시 27:7, 8, 11) 또는 '나의 구원의 하나님이여'(시 27:9)라고 부르며 자신을 긍휼히 여겨 응답해 달라고 기도한다(시 27:7). 다윗은 하나님이 "너희는 내 얼굴을 찾으라"(시 27:8; 참조. 신 4:29; 사 55:6; 암 5:4)라고 하신 약속의 말씀에 근거하여 "여호와여 내가 주의 얼굴을 찾으리이다"라고 하며 여호와를 찾았다. 그래서 다윗은 주의 얼굴을 자기에게서 숨기지 말아달라고 기도할 뿐만 아니라 '나의 구원의 하나님이여'라고 부르며 자신을 버리지 말고 떠나지 말아달라고 기도했다(시 27:9). 그러면서 다윗은 만약에 부모는 자기를 버린다 할지라도 여호와는 자기를 영접하실 것을 믿었다(시 27:10).[118] 다윗은 다시 '여호와여'라고 부르며 주의 도를 가르쳐 평탄한 길로 인도해 달라고 기도했다(시 27:11). 그리고 악을 토하는 자들이 자기를 칠 것이기에 자기의 생명을 대적에게 맡기지 말아 달라고 기도했다(시 27:12).

---

117 이 절에 나타난 '주'는 2인칭 '당신'이다.

118 시편 27:10에 "내 부모는 나를 버렸으나"는 번역이 적절하지 못하다. 히브리어 원문은 NIV 성경처럼 양보절로 "내 부모는 나를 버린다 할지라도"라고 번역해야 한다. 다윗의 부모인 이새가 그를 버렸다고 기록하지 않을 뿐만 아니라 이새는 그리스도의 계보에 들어 있다(마 1:6).

(3) 다윗의 확신과 격려(시 27:13-14)

이 연에서 다윗은 그의 확신을 묘사하며 자신에게 격려한다. 그는 악한 자들 때문에 죽지 않고 산 자의 땅에서 여호와의 선하심을 보게 될 것을 확신했다(시 27:13). 그러면서 다윗은 자기가 마치 거울에 있는 자기에게 말하듯 "너는 여호와를 기다릴지어다 강하고 담대하며 여호와를 기다릴지어다"(시 27:14)라고 말하며 자신을 격려했다.

우리 역시 이 세상에서 여러 모양으로 곤경 속에 빠질 때가 있지만 우리가 섬기는 하나님이 어떤 분이신지 기억하고, 그가 하신 말씀대로 여호와를 찾아야 한다. 그리고 구체적으로 문제를 아뢰고 자신에게 "너는 여호와를 기다리라 그러면 과거 다윗과 믿음의 조상들이 만났던 여호와를 만나게 될거야"라고 격려해 보라. 구원의 하나님이 반드시 만나주실 것이다.

시편 28편 : 여호와는 나의 힘과 방패시다

이 시편은 다윗이 여호와께 자신과 이스라엘을 악을 행하는 자들에게서 구원해 주시기를 구하는 기도다.

시의 구조
(1) 다윗 자신의 구원을 위한 기도(시 28:1-5)
(2) 다윗의 확신(시 28:6-7)
(3) 이스라엘의 구원을 위한 기도(시 28:8-9)

(1) 다윗 자신의 구원을 위한 기도(시 28:1-5)

이 연에서 다윗은 악인의 악행을 고발하며 절박한 심정으로 자기를 구원해 주시기를 기도한다. 그는 "주께서 내게 잠잠하시면 내가 무덤에 내려가는 자와 같을까 하나이다"(시 28:1)라고 기도함으로 주께서 귀를 막고 듣지 않으시면 죽는 것과 다를 바 없다고 했다(시 28:1). 그리고 지성소를 향하여 부르짖을 때 그의 간구를 들어달라고 했다(시 28:2). 부르짖는 간구를 들어달라고 두 번이나 나르세 반복한 것은 그의 상황이 절박하다는 것이다. 그러면서 악인들의 악행을 고발한다. 그들은 이웃에게 화평을 말하는 것처럼 보이나 그들의 마음에는 악독이 있다(시 28:3). 다윗은 그들이 하는 일과 그들의 손으로 지은 죄를 갚아달라고 간구했다(시 28:4). 왜 그들은 그러한 죄를 지을까? 그 이유는(히브리어 원문은 이유를 나타내는 접속사로 시작함) 그들이 여호와께서 행하신 일과 손으로 지으신 것을 생각하지 않기 때문이다(시 28:5). 여기서 다윗은 그들의 하는 일과 손으로 지은 죄와 여호와께서 행하신 일과 손으로 지으신 것을 생각하지 않는 것을 대조한다.

(2) 다윗의 확신(시 28:6-7)

이 연에서 다윗은 여전히 악한 자들로 인해 고통스러운 상황에 있지만 여호와께서 자기의 간구하는 소리를 들으실 것을 확신한다. 다윗은 "내 간구하는 소리를 들으심이로다"(시 28:6)라고 했다. 여기 '듣다'(샤마, שָׁמַע)라는 동사는 완료형으로 선지적 과거다. 이것은 그의 간구를 반드시 들으실 것이라는 믿음을 담고 있는 히브리식 표현이다. 다윗의 확신은 여호와가 자신의 힘이요 방패로 믿은 것에 기인한다(시 28:7). 그래서 그의 마음이 기뻐하며 여호와를 찬송하게 될 것이라고 확신한다.

(3) 이스라엘의 구원을 위한 기도(시 28:8-9)

이 연에서 분위기가 바뀌어 다윗은 1인칭인 자신을 위한 간구에서 3인칭 복수, 곧 이스라엘의 구원을 위하여 기도한다. 다윗은 여호와를 그들의 힘이시요 기름 부음 받은 자의 구원의 요새로 고백한다. '기름 부음 받은 자'는 이스라엘을 다스리는 왕으로 세움을 받은 다윗 자신을 말한다. 다윗은 이 여호와께 "주의 백성을 구원하시며 주의 산업에 복을 주시고 또 그들의 목자가 되시어 영원토록 인도하소서"(시 28:9)라고 기도한다. 다윗의 이 기도대로 오늘날 역시 여호와는 자기 백성을 그리스도 안에서 구원하시고 그들의 목자로 영원히 인도하신다.

시편 29편 : 여호와께서 자기 백성에게 평강의 복을 주시도다

이 시편은 창조주 하나님의 영광과 위엄을 찬양하는 찬양시다. 이 시의 핵심부는 여호와의 초자연적인 능력으로 그의 영광을 나타내는 모습을 묘사한다(시 29:3-9). 이 시에는 주제를 나타내는 용어들이 반복해서 나타난다. 이 시의 핵심부인 두 번째 연에서 '여호와의 소리'가 일곱 번(시 29:3-9), 하나님의 이름인 '여호와'가 첫 번째 연에서 네 번(시 29:1-2), 세 번째 연에서 네 번(시 29:10-11) 나타난다.

시의 구조
(1) 권능 있는 자들을 여호와께 예배하도록 부름(시 29:1-2)
(2) 여호와의 소리 : 여호와의 능력(시 29:3-9)
(3) 보좌에 앉으신 여호와(시 29:10-11)

(1) 권능 있는 자들을 여호와께 예배하도록 부름(시 29:1-2)

이 연은 4행으로 이루어져 있으며, 각 행은 조금씩 새로운 요소를 드러내며 의미가 발전해 간다. 히브리어 원문을 따라 읽으면 시의 핵심이 어디에 있는지 더 잘 알 수 있다.

> 돌리라 여호와께(הָבוּ לַיהוָה), 너희 권능 있는 자들아
> 돌릴지어다 여호와께(הָבוּ לַיהוָה), 영광과 능력을
> 돌리라 여호와께(הָבוּ לַיהוָה), 그의 이름에 합당한 영광을
> 예배할지어다 여호와께(הִשְׁתַּחֲווּ לַיהוָה), 거룩한 옷을 입고

그런데 특이한 것은 다윗이 '너희 권능 있는 자들아'라고 부르며 그들에게 여호와께 합당한 영광을 돌리라고 했다는 것이다. '권능 있는 자들'(버네이 에이림, בְּנֵי אֵלִים)은 누구를 말하는가? 구약성경에 두 단어가 결합된 말은 단 2번(시 29:1; 89:6) 나오지만 '신들', '능력자들'이라는 말로 번역할 수 있는 '에이림'(אֵלִים)은 3번

이 나온다(출 36:19; 욥 41:25; 단 11:36). 이 단어의 용례를 보면 모두 '신들'을 말한다.[119] 이스라엘이 유일신 개념을 가지고 있기 때문에 신들은 이방인들이 예배하는 '다른 신들'을 말한다고 볼 수도 있다(Wilson 2002, 504). 여기서 다윗이 사용한 개념은 모든 신적인 존재들을 말한다. 이들도 여호와께 예배해야 한다는 것이다.

(2) 여호와의 소리 : 여호와의 능력(시 29:3-9)

이 연에서 다윗은 '여호와의 소리'를 7번 사용한다. 이것은 '여호와의 손'(민 11:23; 수 4:4), '여호와의 눈'(신 11:12; 왕상 11:6) 등과 같이 여호와가 행하신 일 가운데 한 부분을 통해 전체를 표현하는 방식으로 여호와가 얼마나 초월적이며 무한한 능력을 가지신 분인지 묘사한다. 여호와의 소리는 물 위에 있고, 우렛 소리를 내고, 힘 있고, 위엄이 있고, 백향목을 꺾고, 화염을 가르고, 광야를 진동시키시고, 암사슴을 낙태케 하시고, 삼림을 말갛게 벗기신다(시 29:3-9). 그래서 여호와의 성전에서 그의 모든 피조물들이 '영광'이라고 말한다(시 29:9). 이것은 여호와께서 임재하시고 그의 백성들이 예배하는 성전에서 모든 피조물도 여호와를 찬양한다는 것이다.

(3) 보좌에 앉으신 여호와(시 29:10-11)

이 연에서 다윗은 신들도 예배하는 초자연적인 능력을 가지신 여호와께서 보좌에 앉아 자기 백성에게 힘을 주시는 분으로 묘사한다. 그는 여호와께서 '홍수 때에' 좌정하셨다고 했다. 이것은 번역이 좋지 못하다. 성경에서 '홍수'(마불, מַבּוּל)라는 단어는 홍수 이야기에만 12번 나타난다(창 6:17; 7:6, 7, 10, 17; 9:11×2, 15, 28; 10:1, 32; 11:10). 이 단어에는 불분리 전치사 '러'(לְ)가 결합되어 있다. 이것은 NIV처럼 '홍수 위에'(לַמַּבּוּל, over the flood)로 번역해야 한다. 그래서 홍수 때에 좌정하셨다는 의미는 홍수를 지배하여 단번에 모든 것을 뒤엎을 수 있는 초자연적

---

119 욥기 41:25(MT는 41:17)은 아쉽게도 '용사'라고 번역하여 본래적 의미를 약화시켰다.

인 능력을 가지신 여호와께서 보좌에 앉으셨다는 것이다(Wilson 2002, 507). 이 여호와께서 영원토록 왕으로 좌정하시어 자기 백성에게 힘을 주시고 평강의 복을 주신다. 이 그림을 상상해 보라. 여호와의 백성이 되어 성전에서 그와 만나 교제하는 일이 얼마나 영광스러운가!

시편 30편 : 여호와께 감사하라

이 시편은 감사시지만 탄식시와도 연관이 된다. 왜냐하면 감사시는 탄식시에 대한 응답으로 볼 수 있기 때문이다(롱맨 1989, 179). 이 시편의 표제는 "다윗의 시 곧 성전낙성가"다. 다윗시대에는 성전이 없었다. 그런데도 이러한 이름이 붙은 것은 성전을 봉헌하는 일과 연관되어 있다. 이 시의 저자가 다윗이라면 그 배경이 사무엘하 24장과 역대상 21:1-22:6에 근거해 있다고 보기 때문이다(Alexander 1991, 137; Stek 2002, 816). 역대상 22:1-6에 따르면 다윗은 성전을 짓지 못했지만 성전에 필요한 땅과 기물, 모든 자재를 준비하고 하나님께 봉헌했다. 이러한 배경을 이해한다면 다윗이 하나님의 은혜를 깨닫지 못하고 교만하여 하나님의 심판을 받았으나 죄를 회개하고 제단을 쌓았을 때 응답하신 일에 대한 감사시로 볼 수 있다. 그러나 표제의 내용과 명백하게 관련이 있다고 볼 수 없기에 인위적으로 표제에 맞추어 해석할 필요는 없다(롱맨 1989, 182).

시의 구조
(1) 구원의 하나님께 감사하라(시 30:1-5)
(2) 죽음에 이르게 된 원인(시 30:6-7)
(3) 구원을 위한 간구(시 30:8-10)
(4) 영원히 감사하리라(시 30:11-12)

(1) 구원의 하나님께 감사하라(시 30:1-5)

다윗은 주를 높일 것이라고 했다. 그 이유를 하나님이 자기를 끌어내어 원수들이 자신으로 말미암아 기뻐하지 못하게 하셨고, 또한 자기가 부르짖을 때 고 지시녀, 무덤으로 내려가지 않게 하셨기 때문이라고 했다(시 30:1-3). 특히 '스올' 과 '무덤'이라는 표현을 사용한 것은 죽을 지경에 들어갔음을 의미한다. 하지만 이 상황에서 다윗이 부르짖음으로 주께서 그를 고쳐주셨다. 이로 볼 때 그의 경 험은 죄로 말미암은 하나님의 노여움이든, 왜곡된 세상의 질서 때문에 오는 고 통이든 부르짖는 일이 중요하다는 것을 보여준다.

이뿐만 아니라 다윗은 자신만 주를 높이는 것으로 그치지 않고 "주의 성도들 아"라고 부르며 "여호와를 찬송하며 그의 거룩함을 기억하며 감사하라"라고 말 했다. '성도들'(하시딤, חֲסִידִים)이라 번역된 단어는 언약에서 비롯된 사랑인 '헤세 드'(חֶסֶד)에서 온 말로 하나님의 언약 백성을 말한다(롱맨 1989, 183). 다윗은 성도들 에게 왜 여호와를 기억하며 감사하라고 했을까? 그는 그 이유를 "그의 노염은 잠깐이요 그의 은총은 평생이로다 저녁에는 울음이 깃들일지라도 아침에는 기 쁨이 오리로다"(시 30:5)[120]라고 했다. 하나님은 그의 언약 백성을 항상 이렇게 대 하신다.

(2) 죽음에 이르게 된 원인(시 30:6-7)

이 연에서 다윗은 왜 그가 죽음에 이르게 되었는지 설명한다. 그것은 자신이 형통할 때 "영원히 형통하리라"라고 말했기 때문이라고 했다. 이 일을 부연하여 "주의 은혜로 나를 산 같이 굳게 세우셨더니 주의 얼굴을 가리우시매 내가 근심 하였나이다"(시 30:7)라고 했다. 여호와께서 산과 같이 그를 견고하게 세우셨지만 교만하므로 주의 얼굴을 가렸다고 고백한다. 다윗이 죽음에 이르게 된 원인은 주의 은혜로 견고하게 세워졌음에도 감사하지 않았기 때문이다. 그는 자신의 번 영이 주의 은혜 때문이라는 것을 알게 되었다.

간혹 우리는 주의 은혜로 된 것을 마치 자신이 이룬 것처럼 생각하고 '영원히 형통하리라'라고 생각하지 않는가? 그것은 교만이다. 교만은 하나님이 그의 얼 굴을 가리시므로 죽음에 이르게 하는 무서운 죄다.

---

[120] 히브리어 본문은 이유를 나타내는 접속사 '키'(כִּי)로 시작한다.

(3) 구원을 위한 간구(시 30:8-10)

이 상황에서 다윗은 어떻게 하였는가? 그는 여호와께 부르짖으며 긍휼히 여겨달라고 간구했다(시 30:8-10). 다윗은 그의 교만으로 말미암아 야기된 고통 문제에 대하여 다른 누구 탓이나 시대 탓으로 돌리지 아니하고 모든 인생의 궁극적인 창구인 여호와를 찾았다. 그는 대담하게도 "내가 무덤에 내려갈 때에 나의 피가 무슨 유익이 있으리요 진토가 어떻게 주를 찬송하며 주의 진리를 선포하리이까 여호와여 들으시고 나를 긍휼히 여기소서 여호와여 나의 돕는 자가 되소서"라고 기도했다. 이 기도는 단순히 땅에서의 삶을 연장시켜 달라는 것이 아니라 주를 찬송하며 주의 진리를 선포하는 자로 살겠다는 것이다. 이런 형태의 간구는 성경에 종종 나타난다(참조. 시 6:5; 88:10-12; 115:17; 118:175; 사 38:18ff).

(4) 영원히 감사하리라(시 30:11-12)

다윗은 마지막 연에서 그 자신이 경험한 과거의 개인적인 경험을 토대로 하나님 앞에 고백한다. 주께서 그의 슬픔을 변하여 춤이 되게 하셨고, 죽음과 슬픔을 상징하는 베옷을 벗기시고 기쁨의 옷을 입혀주셨다고 고백한다. 이러한 하나님 체험을 바탕으로 영원히 감사할 것이라고 고백한다.

우리는 하나님이 우리를 위해 십자가에서 행하신 구원을 이해하고 있다. 그리스도는 "사망을 폐하시고 복음으로서 생명과 썩지 아니할 것을 드러내신 분"(딤후 1:10)이시다. 그렇다면 우리가 어떻게 우리 주 예수 그리스도에게 감사하는 일을 소홀히 알 수 있겠는가(롱맨 1989, 185)!

시편 31편 : 주께서 의인의 간구를 들으신다

이 시편은 대적의 음모와 계획과 거짓으로부터 구원해 달라는 탄식시다. 이 시편은 '허탄한 거짓을 숭상하는 자들'(시 31:6), '원수'(시 31:8, 15), '대적들'(시 31:11), '핍박하는 자들'(시 31:15) '의인을 치는 거짓 입술'(시 31:18), '교만하게 행하는 자'(시 31:23) 등의 표현을 자주 사용한다. 이것은 다윗을 고통스럽게 하는 자들이 어떤 자들인지 보여준다. 다윗은 하나님이 악한 자들의 음모에서 구원해 주실 분이고, 주께 부르짖을 때 주께서 그를 의지하는 자들을 구원해 주신다는 것을 보여준다.

시의 구조

(1) 구원을 위한 간구 1(시 31:1-5)
(2) 여호와를 의지함(시 31:6-8)
(3) 고통스러운 상황(시 31:9-13)
(4) 구원을 위한 간구 2(시 31:14-18)
(5) 구원의 확신(시 31:19-24)

(1) 구원을 위한 간구 1(시 31:1-5)

이 연에서 다윗은 주를 '반석(바위)', '산성'(시 31:2, 3, 5)으로 고백하며 구원해 주시기를 간구한다. 그는 주께 피할 때 부끄럽게 하지 마시고 주의 공의로 건져 달라고 기도한다(시 31:1). 주의 공의로 건져달라는 것은 자신을 안전하게 지켜주심으로 주께서 공의로운 분이심을 증명해 달라는 것이다(Wilson 2002, 528). 그는 주께서 자기에게 귀를 기울여 '속히' 건지셔서 그의 바위와 산성이 되어주시며, 그들이 비밀히 친 그물에서 빼내 달라고 간구한다(시 31:2, 4). 그 이유는 여호와는 그의 반석이고 산성이기 때문이다(시 31:3, 4).[121]

이어서 그는 "나의 영을 주의 손에 부탁하나이다"(시 31:5)라고 기도했다. 예수님도 십자가에서 운명하실 때 이 말씀을 하셨다(참조. 눅 23:46). 이것은 예수님의 삶의 모든 것을 하나님께 맡긴 것이다. 이처럼 이 기도는 하나님이 그의 삶을 지켜주시든지, 아니면 데려가시든지 하나님의 돌보심에 자신의 생명을 완전히 내어놓는 것을 의미한다(Wilson 2002, 530). 그리고 진리의 하나님이 그를 속량하셨다고 고백한다(시 31:5). '속량하다'(파다, פדה)는 상응한 값을 치르고 소유권을 가지는 것을 말한다(Harris 1980, 1734). 이것은 단순히 그가 죄가 없다는 것이 아니

---

[121] 시편 31:3 시작과 31:4 중간에 이유를 나타내는 접속사 '키'(כִּי)가 있다.

라 약속에 따라 오실 그리스도의 대속 사역에 근거하여 주의 보호를 받을 자격이 있음을 강조하는 것이다.

(2) 여호와를 의지함(시 31:6-8)

이 연에서 다윗은 고난 가운데 있지만 여호와를 의지하는 믿음을 표현한다. 그는 허탄한 거짓을 숭상하는 자들을 미워하고 여호와를 의지한다. 그가 주의 인자하심을 기뻐하고 즐거워하는 것은 주께서 그의 고난을 '보셨고'(רָאִיתָ ⟨ רָאָה), 환난 중에 있는 그의 영혼을 '아셨고'(יָדַעְתָּ ⟨ יָדַע), 원수의 수중에 '가두지 아니하셨고'(סִגַּרְתַּנִי לֹא ⟨ סָגַר), 그의 발을 넓은 곳에 '세우셨기'(הֶעֱמַדְתָּ ⟨ עָמַד) 때문이다. 여기에 사용된 동사가 모두 과거형이다. 이에 대해 현재 당하고 있는 고난을 해결할 수 있는 희망을 제공하는 과거 구원의 경험이라고 본다(Wilson 2002, 531). 하지만 이를 과거 경험이 아니라 앞으로 있을 일을 확실하게 이루실 것을 믿는 선지적 과거로 볼 수도 있다. 그렇다면 이 말씀은 그가 여호와를 의지하고 있는 믿음의 표현으로 볼 수 있다.

(3) 고통스러운 상황(시 31:9-13)

이 연에서 다윗은 대적들로 인하여 그가 받는 고통의 정도가 어떠한지 보여준다. 그는 여호와의 이름을 부르며 고통 중에 있기에 은혜를 베풀어달라고 간구한다(시 31:9). 이 간구 가운데 다윗은 자신이 근심 때문에 눈과 영혼과 몸이 쇠하였고, 그의 뼈가 쇠하였다고 했다(시 31:9-10). 실제로 근심과 탄식은 몸과 마음을 많이 상하게 한다. 그런데 그의 몸이 대적 때문에 쇠해지기도 하지만 '나의 죄악 때문'이라고 한 것은 그의 고통이 죄에 대한 징계의 성격이 있음을 시사한다. 그는 대적으로 인한 고통을 더 심화하여 묘사하기를 친구가 놀라고, 길에서 보는 자가 그를 피하고, 사람들에게 잊어버린 바 된 것이 마치 죽은 자를 마음에 두지 않는 것과 같으며, 깨진 그릇과 같다고 했다(시 31:11-12). 이것은 사람들에게 소외되고 무시되었다는 것이다. 그 이유는 그가 많은 사람의 비방을 들었고, 사방이 두려움으로 감싸고 있었고, 그의 생명을 빼앗으려고 모의하는 위험한 지경에 놓여있었기 때문이다(시 31:13). 이것이 그가 직면해 있었던 고통스러운 상황이었다.

(4) 구원을 위한 간구 2(시 31:14-18)

이 연에서 다윗은 첫 번째 연인 시편 31:1-5에서 한 간구 내용을 더 구체적으로 구한다. 그는 '여호와여'라고 부르며 "그리하여도 나는 주께 의지하고"(시 31:14)라고 말했다. 이 구절의 첫 단어는 '그러나 나는'이다. 이것은 그가 고통스러운 상황에 빠져 있어도 주를 의지하겠다는 뜻이다. 그래서 "주는 내 하나님이시라"(시 31:14)라고 고백한다. 그리고 "그의 앞날이 주의 손에 있다"(시 31:15)라고 했다. 이것은 그의 개인적인 의지를 하나님의 능력과 권위에 다 맡긴다는 뜻이다. 그는 이 믿음에 근거하여 그의 원수들과 핍박하는 자들의 손에서 건져달라고 기도했고(시 31:15), 다시 '여호와여'라고 부르며 주를 불렀기에 부끄럽지 않게 해 달라고 간구했다(시 31:17). 대신에 악인들을 부끄럽게 하여 스올에 들어가고, 교만하고 악한 말로 무례히 의인을 치는 거짓 입술이 말 못하는 자가 되게 해 달라고 간구했다(시 31:17-18). 다윗은 "주는 내 하나님이시라"고 믿으며 간구하였음에도 응답이 없다면 얼마나 부끄럽겠는가?

(5) 구원의 확신(시 31:19-24)

이 연에서 저자는 구원을 확신하고 여호와를 바라는 자들에게 은혜를 베푸신다는 보편적 진리를 선포하며 마친다. 그는 평행법으로 주를 두려워하는 자(= 주를 경외하는 자)를 위하여 쌓아두신 은혜, 곧 주께 피하는 자들을 위하여 인생 앞에서 베푸신 은혜가 크다고 고백한다(시 31:19). '쌓아두다'(차판, צפן)라는 표현은 어떤 목적을 위해 감추어 둔다는 의미다(Harris 1980, 1953). 동일한 용어를 시편 31:20에서는 '숨기다'(차판, צפן)라고 번역했다. 히브리 아이들을 죽이라는 바로의 명령을 어기고 모세 부모가 모세를 석 달 동안 숨겼을 때 이 표현을 사용했다(출 2:2-3). 그래서 이 말씀은 주께 피하는 자들을 보호하셨다는 것이고, 이 은혜가 크다고 고백하는 것이다. 특히 "말다툼에서 면하게 하시리이다"라고 했다. 이것은 거짓 입술이 말 못하는 자가 되게 해 달라는 간구(시 32:18)가 응답될 것을 믿는다는 뜻이다.

이어서 그는 여호와를 찬송하며 주의 놀라운 사랑을 보이셨다고 했다(시 31:21). 그가 고통스러운 상황에 있을 당시 "주의 목전에서 끊어졌다"라고 말했지만 주께 부르짖을 때 주께서 그의 간구하는 소리를 들으셨다고 했다(시 31:22). "주의 목전에서 끊어졌다"라고 말한 것은 더 이상 그에게 소망이 없다는 뜻이다. 하지만 그는 하나님이 놀라운 사랑을 보이실 것을 믿었다. 그는 이 구원의 확신을 근거로 모든 성도들에게 권면한다.

> 여호와를 사랑하라 그러면 여호와께서 진실한 자들을 보호하시고 교만하
> 게 행하는 자에게 엄중히 갚으시느니라(시 31:23).

이것은 우리 믿음의 보편적 진리이며 주를 사랑하는 자들에게 주어지는 놀라운 위로다.

시편 32편 : 죄 사함 받은 자는 복이 있도다

이 시편은 죄 사함을 받은 것이 왜 행복한지 죄가 있을 때의 고통과 대조하며 죄를 자백하지 않을 때 고통스럽지만 죄를 자백할 때는 주께서 죄악을 사하시고 은신처가 되어 주신다는 것을 보여준다.

시의 구조
(1) 죄 사함을 받은 자가 복이 있다(시 32:1-2)
(2) 왜 죄 사함을 받은 자가 복이 있는가(시 32:5-7))
(3) 어떤 삶을 선택할 것인가(시 32:8-11)

(1) 죄 사함을 받은 자가 복이 있다(시 32:1-2)

이 연에서 다윗은 죄 사함을 받은 자가 복되다고 하며 그 이유를 보여준다. 시편 32:1-2에서 죄의 개념을 설명하는 세 개의 단어와 그 짝을 이루는 죄 용서함이 어떤 것인지 보여주는 세 개의 동사를 평행법과 이미지 언어로 보여준다.

> 허물(페솨, פֶּשַׁע)의 사함을 받고(נְשׂוּי)
>
> 자신의 죄(하타, חֲטָאָה)가 가려진 자(카사, כסה)는 복이 있도다
>
> 마음에 간사함(아온, עָוֹן)이 없고 여호와께 정죄를 당하지 아니하는 자(로 야흐숍, לֹא יַחְשֹׁב חשב)는 복이 있도다

시편 32:1-2에는 성경에서 말하는 죄에 대한 세 가지 용어가 다 나타난다. 그것은 허물(페솨, פֶּשַׁע), 죄(하타, חֲטָאָה), 간사함(아온, עָוֹן)이다. 이것은 죄가 무엇인지 그 범위와 정도를 알려주는 역할을 한다. 이와 함께 죄가 용서함을 받았다는 사실을 말하기 위하여 세 가지 이미지 언어를 사용한다. 그것은 '사함을 받다'(나사, נְשׂוּי), '가려진 자'(카사, כסה), '당하지 아니한 자'(로 야흐숍, לֹא יַחְשֹׁב חשב)이다. 개역개정판은 이 이미지를 살리지 못했다. '사함을 받는다'라고 번역한 히브리어 '나사'(נְשׂוּי)는 '들어올리다', '치우다'라는 의미다. '가려지다'는 '덮다'(카사, כסה)라는 뜻이다. 그리고 '당하지 아니하다'는 법적 용어로 '전가시키지 않다', '간주하지 않다'라는 뜻이다. 그래서 죄를 치우고, 덮고, 간주하지 아니한다는 것은 이미지 언어로 죄 용서함을 받았다는 것을 다양하게 표현한 것이다. 다윗은 죄 용서함을 받은 자는 복이 있다고 했다.

사도 바울은 일한 것이 없이 하나님께 의로 여기심을 받은 자의 복을 설명하며 로마서 4:6-8에 이 말씀을 인용하고 있다. 죄 사함을 받는 것은 하나님과 교제하는 복을 얻기 때문이다.

(2) 왜 죄 사함 받은 자가 복이 있는가(시 32:3-7)

이 연에서 죄 사함을 받은 자가 왜 복이 있는지 여호와를 2인칭 단수인 '당

신'(개역개정판은 '주'라고 번역함)에게 고백하는 형태로 말한다. 왜 죄 사함을 받은 자가 복이 있는가? 시편 32:3, 4에 이유 접속사 '왜냐하면'(키, יכּ)이 있다. 그것은 그가 죄를 고백하지 않을 때 종일 신음하므로 뼈가 쇠하였기 때문이다(시 32:3). 뼈는 신체의 한 부분을 통해 전체를 표현하는 제유법으로 '뼈가 쇠한다'라는 것은 몸 전체가 아팠다는 뜻이다. 그 이유는 주의 손이 주야로 누르심으로 진액이 빠져 여름 가뭄에 나무가 말라 시든 것처럼 되었기 때문이다(시 32:4). 이것이 죄가 주는 고통이다.

모든 성도는 그리스도를 믿음으로 죄 용서함을 받아 하나님과 교제하는 복 있는 사람이 되었다. 하나님과 교제하는 일은 세상이 이해할 수도 없고 믿을 수도 없다. 하나님과 연합된 자만이 경험할 수 있다. 그러나 죄를 범하면 이 은혜를 누릴 수 없다. 죄는 우리 영혼의 창에 이끼가 끼게 하여 앞을 보지 못하게 한다. 모든 것을 자기중심적으로 이해하고, 완고한 모습으로 나타나기도 한다. 이뿐만 아니라 그 죄에 대해 하나님이 징계하심으로 그를 힘들게 한다. 이때 문제를 해결할 수 있는 방법은 무엇인가?

이때 다윗은 "내 허물을 여호와께 자복하리라" 하고 그의 죄악을 숨기지 아니하고 회개하였을 때 주께서 그의 죄악을 사해 주셨다고 고백한다(시 32:5). 그가 죄를 자복할 때 하나님이 죄를 용서해 주셨다. 회개는 죄를 용서받을 수 있게 하고, 하나님의 긍휼하심을 입어 하나님과 교제할 수 있게 한다(참조. 잠 28:13).

다윗은 이러한 체험을 바탕으로 경건한 자는 주를 만날 기회를 얻어서 기도할 것이라고 했다. 그러면 홍수가 범람할지라도 그에게 미치지 못할 것이라고 했다(시 32:6). 이 홍수는 비유적인 표현으로 우리 신자가 이 세상에 살아갈 때 만나게 되는 여러 가지 재난이나 어려움 등을 말한다. 이 비유는 우리 신자에게 아무런 어려움이 오지 않는다는 말이 아니다. 비록 어려움이 온다고 할지라도 기도할 때 그것이 결코 우리의 삶을 삼키지 못한다는 것이다. 이뿐만 아니라 다윗은 주는 자기의 은신처이시고, 환난에서 보호하시고 구원의 노래로 마치 성을 두르듯이 두를 것이라고 고백한다(시 32:7). 이것은 죄를 회개하고 주를 찾는 자에게 주께서 성으로 두르듯이 보호해 주신다는 것이다.

(3) 어떤 삶을 선택할 것인가(시 32:8-11)

두 번째 연에서 다윗이 여호와께 말하는 형태였다면 이 연에서는 저자가 2인칭 단수 '너'와 복수 '너희'에게 말하는 형태다. 이것은 다윗이 개인과 공동체에게 권면한다는 것을 보여준다. 그는 "내가 네 갈 길을 가르쳐 보이리라"(시 32:8)라고 하면서 2인칭 단수로 말한다. 그러면서 실제 권면은 2인칭 복수로 "너희는 무지한 말이나 노새같이 되지 말지어다. 그것들은 자갈과 굴레로 단속하지 아니하면 너희에게 가까이 가지 아니하리로다"(시 32:9)라고 했다. 이것은 개인과 공동체에게 함께 교훈하고자 한 것으로 보인다. 그는 "너희는 무지한 말이나 노새 같이 되지 말지어다"라고 했다. 그것들은 자갈과 굴레로 단속하지 않으면 따르지 않는다. 이 비유적인 표현은 성도에게 어떤 사실을 가르쳐 주는가? 그것은 하나님이 질병이나 고통거리 등으로 징계하지 않으면 순종하지 않는 경향이 사람들에게 있다는 것을 지적함으로 기쁘게 순종해야 한다는 것이다(참조. 시 32:4).

다윗은 이 교훈을 말한 뒤에 악인에게는 많은 슬픔이 있지만 여호와를 신뢰하는 자에게는 인자하심이 성을 두르듯이 두른다고 했다(시 32:10; 참조. 시 32:7). 시편 32:7, 10에 '두르다'는 말은 히브리어로 '사밥'(סבב)으로 마치 군대가 성을 에워싸듯이 하나님의 인자하심이 그의 주변을 에워싸고 돌보신다는 것이다(참조. 왕하 6:15; 8:21). 이 그림이 연상되고, 악인의 삶과 여호와를 신뢰하는 자의 삶의 차이가 느껴지는가? 다윗은 의인이며 마음이 정직한 자들은 여호와를 기뻐하며 즐거워해야 한다고 결론을 맺는다(시 32:11). 구약의 언약 백성과 신약에의 그리스도 안에서 죄 사함을 받고 의롭다 함을 받은 자는 어떤 삶을 선택해야 하는가? 많은 슬픔이 있는 악인의 삶을 살 것인가? 아니면 여호와를 기뻐하며 즐거워하는 의인의 삶을 살 것인가?

시편 33편 : 여호와를 자기 하나님으로 삼은 자는 복이 있도다

이 시편은 시편 32편과 긴밀하게 연결되어 거기에 기뻐하며 응답하는 노래다 (Wilson 2002, 555). 시편 제1권(1-41편)에는 대부분의 시편이 표제가 있지만 33편은 표제가 없다.[122] 이것은 시편 33편이 32편과 연결되어 있음을 시사한다. 그리고 이 시편은 시편 32편과 유사한 표현이 나타난다. 예를 들면 시편 33:1의 '의인들', '정직한 자들', '여호와를 즐거워하다' 등의 표현이 시편 32:11과 같다. 이외에도 사용한 어휘와 주제어가 유사하다. 예를 들면 '인자하심'(시 32:10; 33:18), '복이 있다'(시 32:1-2; 33:12) 등이다. 무엇보다 시편 32:10-11에서 악인의 삶과 의인의 삶을 대조하며 여호와를 기뻐하는 의인의 삶을 선택하도록 권면한 뒤에 시편 33편의 핵심부인 시편 33:19에서 그 삶을 선택한 것이 왜 복인지 설명하기 때문이다.

이 시편은 여호와를 기뻐하는 의인의 삶이 복됨을 찬양하는 찬양시다. 이 시편은 구조적으로 저자가 누구에게 말하느냐에 따라 연을 구분할 수 있다. 첫 번째 연(시 33:1-3)은 2인칭 복수인 회중에게 찬양하도록 권면하고, 두 번째 연(시 33:4-19)은 여호와가 어떤 분이신지 3인칭 단수로 설명하고, 세 번째 연(시 33:20-22)은 1인칭 복수인 우리가 여호와의 인자하심을 구한다.

시의 구조
(1) 여호와를 찬양하라(시 33:1-3)
(2) 여호와를 찬양할 이유 : 여호와의 인자하심(시 33:4-19)
(3) 여호와의 인자하심을 베푸소서(시 33:20-22)

(1) 여호와를 찬양하라(시 33:1-3)

저자는 '너희 의인들아'라고 부르며 여호와를 즐거워하라고 권한다. 그는 수금과 열줄 비파와 새 노래와 즐거운 소리로 감사하고, 찬송하고, 노래하고, 연

---

[122] 시편의 서론인 시편 1-2편과 10편은 표제가 없다. 그것은 시편 10편이 9편과 연결되어 있기 때문이다.

주하라고 한다(시 33:1–3). 여기서 '새 노래'는 하나님이 구원하신 행동에 대한 논리적 반응이다. 동시에 이 새 노래는 종말에 최종적인 구원을 얻어 부를 노래로도 이해될 수 있다. '감사하고', '찬송하고', '노래하고', '연주하라'라는 것은 모두 예배와 연관된 용어로 여호와를 찬양하라는 것이다.

(2) 여호와를 찬양할 이유 : 여호와의 인자하심(시 33:4–19)

이 연에서 저자는 왜 여호와를 찬양해야 하는지를 설명한다. 시편 33:4은 이유 접속사인 '왜냐하면'으로 시작한다. 그는 이 연에서 여호와를 3인칭 단수로 묘사하며 그가 어떤 분이시며, 어떤 일을 하셨는지 묘사한다. 이 연에서 저자는 여호와를 기뻐하는 의인의 삶이 왜 복된지를 설명한다.

① 공의와 정의를 사랑하시는 여호와(시 33:4–5)
여호와의 말씀은 정직하고 그가 행하시는 일은 다 진실하시다. 그는 공의와 정의를 사랑하고 세상에 그의 인자하심이 충만하다. 이러한 하나님의 성품은 우리가 그와 그의 말씀을 신뢰하게 할 뿐만 아니라 여호와를 기뻐하는 자에게 얼마나 큰 복인지 알게 한다.

② 말씀으로 세상을 창조하신 여호와(시 33:6–11)
여호와께서 하늘과 만물을 그의 말씀으로 창조하셨다(시 33:6–7). 그래서 세상의 모든 거민은 여호와를 경외해야 한다(시 33:8). 이뿐만 아니라 그 말씀하신 대로 이루셨기에 나라들의 계획을 폐하시고 온전히 그의 계획을 영원히 서게 하실 것이다(시 33:9–11).

③ 여호와를 경외하는 자들을 살피시는 분(시 33:12–19)
저자는 여호와를 자기 하나님으로 삼은 나라, 곧 하나님의 기업으로 선택된 백성은 복이 있다고 선언한다(시 33:12). 이 절은 평행법으로 되어 밀접한 연관성이 있음을 보여준다.

> 여호와를 자기 하나님으로 삼은 나라(는 복이 있도다)
> 곧 하나님의 기업으로 선택된 백성은 복이 있도다

여호와를 자기 하나님으로 삼는 주체는 사람이고, 하나님의 기업으로 선택된 백성이라고 할 때 주체는 하나님이시다. 이 양면은 분리될 수 없다. 하나님이 선택한 백성은 여호와를 자기 하나님으로 삼고 그 말씀을 순종하기 때문이다. 여호와는 그가 창조하신 세상의 모든 거민과 그 하는 일을 살피시는 분이시다(시 33:13-15). 저자는 하나님이 택한 자기 백성을 살피시는 일이 중요하다는 점을 강조하기 위해 많은 군대와 용사의 힘과 비교하며 이것들로는 능히 구원할 수 없음을 대조하여 보여준다(시 33:16-17). 그러나 하나님은 그를 경외하고, 그의 인자하심을 바라는 자들을 살피사 그들의 영혼을 건지시고, 굶주릴 때 그들을 살리는 분이시다(시 33:18-19). 이것이 여호와를 찬양해야 할 이유다. 동시에 여호와를 기뻐하며 자기 하나님으로 삼은 자가 복됨을 보여준다. 공의와 정의로 통치하시고 그 말씀으로 세상을 창조하신 하나님이 그리스도 안에서 우리 하나님이 되어 주신 사실이 얼마나 복된 일인가!

(3) 여호와의 인자하심을 베푸소서(시 33:20-22)

이 연에서 저자는 1인칭 복수인 '우리'에게 주의 인자하심을 베풀어주실 것을 구하는 기도로 마친다. '우리'라는 용어를 사용한 것은 언약 공동체를 위해 기도하는 것이다. 이 '우리' 개념은 예수님이 가르쳐주신 기도인 "주기도문"에 있는 '우리'와 같은 의미다.

> 오늘 우리에게 일용할 양식을 주시옵고, 우리가 우리에게 죄 지은 자를 사하여 준 것같이 우리 죄를 사하여 주시옵고, 우리를 시험에 들게 하지 마시옵고 다만 악에서 구하시옵소서(마 6:11-13).

저자는 이미 앞에서 묘사한 공의와 정의로 통치하시는 하나님, 말씀으로 세상을 창조하시며, 하나님을 자기 하나님으로 섬기는 백성을 살피시는 여호와께

'주의 인자하심'을 우리 공동체에게 베풀어주시도록 기도한다. 특히 자신이 함께 실고 있는 우리 공동체를 위해 기도힌디. 이 기도는 그리스도 안에 있는 바로 우리의 기도다. 동시에 여호와를 자기 하나님으로 삼은 백성의 특권이다.

> 여호와여 우리가 주께 바라는 대로 주의 인자하심을 우리에게 베푸소서(시 33:22).

시편 34편 : 여호와의 선하심을 경험하라

이 시편은 히브리어 알파벳 22자를 한 절씩 차례대로 쓴 알파벳 이합체 시(acrostic poem)다.[123] 이러한 형태의 시는 내용을 쉽게 기억하게 하려는 의도가 있다. 이 시편은 표제인 "다윗이 아비멜렉 앞에서 미친 체하다가 쫓겨나서 지은 시"에 나와 있는 바와 같이 사무엘상 21:10-15에 기록된 사건이 역사적 배경이다.[124] 이 시편을 다윗이 1인칭으로 자신이 하나님을 만나 체험한 내용(시 34:1-7)과 2인칭 명령법으로 자신의 경험을 바탕으로 하나님의 선하심을 경험해 보도록 권면하는 내용(시 34:8-22)으로 구분할 수 있다(김성수 2018, 185).

시의 구조
(1) 다윗의 개인적인 하나님 경험(시 34:1-7)
(2) 하나님의 선하심을 경험하라(시 34:8-18)
(3) 의인과 악인의 차이(시 34:19-22)

---

123 시편에서 알파벳 이합체 시로 된 시는 9/10, 25, 34, 37, 111, 112, 119, 145편이다.

124 사무엘하 21:10-15에는 다윗이 블레셋의 가드 왕 아기스 앞에서 미친 체하여 쫓겨남으로 위기를 벗어난다. 이 시편의 아비멜렉은 애굽의 바로와 같이 블레셋 지역의 왕을 가리키는 보통명사다(Craigie 1984, 278; Stek 2002, 821).

(1) 다윗의 개인적인 하나님 경험(시 34:1-7)

이 연에서 다윗은 항상 주를 찬양할 것이라는 결심과 그 이유를 보여준다. 그는 자신이 여호와를 자랑할 때 여호와를 경외하는 곤고한 자들이 듣고 기뻐할 것이며 그들에게 함께 주의 이름을 높이자고 했다(시 34:2-3). 그 근거는 그가 여호와께 간구할 때 응답하시고 건지셨다는 것이다(시 34:4). 여기 '간구하다', '응답하다' 그리고 '건지다'(구원하다)라는 동사가 모두 히브리어에서 완료형으로 과거 시제다. 이는 그가 두려움에 빠져 있을 때 하나님을 경험했다는 것이다. 그는 이 경험을 바탕으로 여호와를 믿는 경건한 이들도 동일한 경험을 해보기를 원한다(Wilson 2002, 568). 이것은 누구나 다윗이 경험한 하나님을 만나고 경험할 수 있다는 것이다. 이러한 저자의 마음을 다윗의 경험(A)과 여호와를 경외하는 자들도 경험해 보기를 원하는 마음(B)을 A-B 구조로 보여준다.

A 내가 여호와께 간구하매 … 건지셨도다(시 34:4)

B 그들이 주를 앙망하고 … 부끄럽지 아니하리로다(시 34:5)

A' 이 곤고한 자가 … 구원하셨도다(시 34:6)

B' 주를 경외하는 자를 … 건지시는도다(시 34:7)

이 시의 배경이 되는 역사에서 다윗이 아비멜렉 앞에서 미친 체할 때 그가 기도했다는 기록은 없다. 하지만 이 시편을 볼 때 그는 당시 위급한 상황에서 기도했고 하나님께서 그의 기도를 들으시고 지혜를 주시고 상황을 간섭해 주셨음을 알 수 있다.

(2) 하나님의 선하심을 경험하라(시 34:8-18)

이 연에서 다윗은 2인칭 복수, 명령법으로 그가 경험한 하나님이 선하심을 맛보아 알도록 권하며 그 실제적인 방법을 설명한다. 다윗은 여호와의 선하심을 '맛보아 알라'고 권면한다(시 34:8). '맛보아 알다'(타무 우러우, שַׁעֲמוּ וּרְאוּ)는 인격적으로 경험하는 것을 가리키는 은유적인 표현이다. 신약의 저자들도 이 은유적인 표현을 사용한다(참조. 요 8:52; 히 6:5; 벧전 2:3). 어떻게 여호와를 맛보아 알 수 있는가? 첫째, 그는 여호와를 '경외하라'(어루, יְראוּ)고 했다(시 34:9). 그러면 젊은 사자는 궁핍하여 주릴지라도 여호와를 찾는 자는 부족함이 없을 것이라고 했다(시 34:10). 둘째, 여호와 경외하는 법을 '와서 …들어라'(러쿠 … 쉬무, לְכוּ … שִׁמְעוּ)라고 했다(시 34:11). 이것이 여호와의 선하심을 경험하는 방법이다.

다윗은 여기서 멈추지 아니하고 "복 받기를 원하는 사람이 누구냐?"(시 34:12)라고 질문하며 그 질문에 대해 몇 가지로 답을 준다. 이 역시 여호와의 선하심을 경험하는 방법에 속한다. 첫째, 혀를 악에서 '금하라'(너초르, נְצֹר)고 했다(시 34:13). 둘째, 악을 '버리고'(수르, סוּר) 선을 '행하며'(아세이, עֲשֵׂה), 화평을 '따를지어다'(로드페이후, רָדְפֵהוּ)고 했다(시 34:14). 여호와의 눈은 의인을 향하시고 그의 귀는 그들의 부르짖음에 귀를 기울이시지만 여호와는 악을 행하는 자들을 끊으시기 때문이다(시 34:15-16). 사도 베드로는 시편 34:12-16을 인용하여 부르심을 받은 자로서 윤리적인 삶을 사는 것이 복을 받는 방법으로 설명하고 있다(벧전 3:10-12). 여호와의 선하심을 경험하고 복을 받는 방법은 윤리적인 삶과 무관하지 않다는 것을 보여준다. 그래서 하나님의 선하심을 경험하는 방법은 말부터 달라져야 한다. 왜냐하면 의인이 외칠 때 여호와께서 들으시고 환난에서 건지시고(시 34:17), 충심으로 통회하는 자를 구원하시기 때문이다(시 34:18)

(3) 의인과 악인의 차이(시 34:19-22)

이 연에서 다윗은 의인과 악인이 어떤 차이가 있는지를 보여준다. 그는 의인에게 고난이 많이 있다 할지라도 여호와께서 그의 모든 고난에서 건지신다고 고백한다(시 34:19). 그러면서 "그의 모든 뼈를 보호하심이여 그 중에서 하나도 꺾이지 아니한다"(시 34:20)라고 말한다. 당시에 뼈가 꺾인다는 것은 죽음을 의미한다. 하지만 뼈가 꺾이지 아니한다는 것은 그 뼈를 감싸고 있는 살은 약간의 손상을 입을 수 있으나 결코 치명적인 고통을 주지 못한다. 사도 요한이 요한복음 19:36에서 이 말씀을 예수님께 적용했을 때 이것은 예수님을 의인으로 증거하려는 것이다(Stek 2002, 822). 다윗은 마지막으로 의인과 악인의 운명을 대조함으로 시를 마친다. 악이 악인을 죽일 것이고, 의인을 미워하는 자는 벌을 받을 것이다(시 34:21). 그러나 여호와께서 그의 종들의 영혼을 속량하신다. 그리고 그에게 피하는 자는 벌을 받지 않게 하실 것이다(시 34:22). 그러므로 여호와의 선하심을 경험하려면 여호와를 경외하고 혀를 악에서 금하고, 악을 버리고 화평을 따라야 한다.

시편 35편 : 주의 공의로 심판하옵소서

이 시편은 다윗이 1인칭 화자가 되어 그를 까닭없이 해하려 하는 자들로부터 구원해 주실 것을 간구하는 탄식시다. 이 시편에는 하나님(시 35:3), 다윗(시 35:10), 대적들(시 35:21, 25), 다윗과 함께한 언약 공동체(시 35:27) 등이 한 말인 직접 인용구가 여럿 있다. 이것은 독자들에게 단순히 표면적인 행동이나 반응을 관찰한 내용을 전하기보다 이들이 한 행동의 내적인 면을 생생하게 전달하기 위한 것이다(Wilson 2002, 578). 이 시편은 서론을 제외한 세 개의 연이 다음의 구조로 되어있다.

- 대적자들의 심판을 간구(시 35:4–6, 11–14, 19–20)
- 대적자들의 심판을 간구하는 이유 + 간구(시 35:7–8, 15–17, 20–27)
- 저자의 믿음(시 35:9–10, 18, 28)

시의 구조
(1) 서론 : 구원을 위한 간구(시 35:1–3)
(2) 생명을 해하려는 자들의 심판을 위한 간구(시 35:4–10)
(3) 선을 악으로 갚는 자들의 심판을 위한 간구(시 35:11–18)
(4) 까닭없이 미워하는 자들의 심판을 위한 간구(시 35:19–28)

(1) 서론 : 구원을 위한 간구(시 35:1–3)

이 연에서 다윗은 여호와를 법정에서 다투고, 군대에서 싸우는 자라는 이미지로 묘사하며 자기를 구원해 주시기를 구한다. '나와 다투는 자'는 법정 이미지이고, '나와 싸우는 자'는 군사적 이미지다(Kidner 1973, 142). 특히 그는 '방패'와 '창'으로 그를 쫓는 자의 길을 막아달라고 간구하며 여호와께서 자기 영혼에게 "나는 네 구원이라"라고 말해 달라고 간구했다. 이 말을 듣는다면 고통당하는 자들이 구원이 이를 때까지 견디게 하는 힘이 될 것이다(Wilson 2002, 579).

(2) 생명을 해하려는 자들의 심판을 위한 간구(시 35:4-10)

① 대적자들의 심판을 간구(시 35:4-6)
이 연에서 다윗은 그의 대적자들을 '내 생명을 찾는 자들', '나를 상해하려 하는 자들'이라고 했다(시 35:4). 그는 이들이 낭패를 당하고 바람 앞에 겨와 같게 하고, 그들의 길을 어둡고 미끄럽게 해 달라고 했다(시 35:4-6).

② 심판을 간구하는 이유 + 간구(시 35:7-8)
다윗이 심판을 간구하는 이유는 까닭없이 그의 생명을 해하려고 그물을 웅덩이에 숨기고, 함정을 팠기 때문이다(시 35:7).[125] 그러면서 이러한 악행을 행하는 자들에게 그들이 숨긴 그물에 그들이 잡히게 해 달라고 간구했다(시 35:8).

③ 다윗의 믿음(시 35:9-10)
다윗은 여호와의 구원을 기뻐한다. 신체의 골격을 이루는 뼈를 의인화하여 수사의문문으로 "여호와와 같은 이가 누구냐?"라고 하며 여호와는 "가난한 자를 그보다 강한 자에게 건지시고 가난하고 궁핍한 자를 노략하는 자에게서 건지시는 이"(시 35:10)라고 했다. 이 말을 어떻게 이해해야 할까? 이것은 그가 당하는 고통의 문제가 해결되어서가 아니라 여호와께서 심판하실 날이 있을 것을 의심 없이 믿었다는 뜻이다(Kidner 1973, 142).

---

125 원문에는 시편 35:7을 시작할 때 이유 접속사 '키'(כִּי)가 있다.

(3) 선을 악으로 갚는 자들의 심판을 위한 간구(시 35:11–18)

① 대적자들을 고발함(시 35:11–14)

이 연에서 다윗은 그의 대적자들을 법정에서 증언하는 '불의한 증인'과 '선을 악으로 갚는' 자라고 고발했다(시 35:11–12). 그는 대적자들이 병들었을 때 굵은 베옷을 입고 금식했고, 마치 그의 친구와 형제들에게 행함같이 행했다(시 35:14). 그럼에도 그들은 선을 악으로 갚았다.

② 심판을 간구하는 이유 + 간구(시 35:15–17)

다윗이 심판을 간구하는 이유는 다윗이 선을 베풀었음에도 이들은 다윗이 넘어지자 기뻐하고 그를 치고 찢기까지 했다(시 35:15). 이들은 다윗을 조롱하고 심지어 그를 향해 이를 갈았다(시 35:16). '이를 갈았다'는 것은 악의적으로 분노를 표현한 것이다(Alexander 1991, 160). 다윗이 어떤 일로 넘어지고 고통 가운데 있었는지 설명하지 않지만, 어떤 사람이 어떤 일로 힘이 없어질 때 그때까지 베푼 선의를 무시하고 조롱하는 일은 보편적인 현상이기도 하다. 이러한 악행에 대해 "주여 어느 때까지 관망하시려 하나이까"라고 하며 '내 영혼', 곧 '내 유일한 것'을 사자들(lions)에게서 건져달라고 간구했다(시 35:17).

③ 다윗의 믿음(시 35:18)

다윗은 하나님이 그의 간구를 반드시 들어주실 것을 믿고 많은 백성 중에 감사할 것이라고 한다(시 25:18). 이는 아직 이루어지지 않은 일이지만 하나님이 그의 간구를 들으시고 심판하실 것을 믿었다는 것이다.

(4) 까닭없이 미워하는 자들의 심판을 위한 간구(시 35:19–28)

① 대적자들의 심판을 간구(시 35:19)

이 연에서 다윗은 그의 대적자들을 '부당하게 나의 원수된 자들', '까닭없이 나를 미워하는 자들', '나의 재난을 기뻐하는 자들', '나를 향해 스스로 뽐내는 자들'이라고 했다(시 35:19, 26). 그는 이들이 기뻐하지 못하고 서로 눈짓하지 못하게 해 달라고 간구했다(시 35:19). '서로 눈짓하다'라는 것은 회중 가운데 서로 어떤 일을 하자는 봄짓으로, 이 일을 하시 못하게 해 달라는 것은 악을 행하고자 하는 무리들이 서로 협력하지 못하게 해 달라는 뜻이다(Alexander 1991, 161).

② 심판을 간구하는 이유 + 간구(시 35:20-27)

다윗이 심판을 간구하는 이유는 이들은 화평을 말하지 않고 땅에 사는 자들을 거짓말로 모략하는 자들이기 때문이다(시 35:20).[126] 예수님은 시편 35:19을 사람들이 그리스도를 믿고 따르는 자들을 미워한다는 것을 증거하는 말씀으로 인용하셨다(요 15:25). 이로 보아 당시 다윗을 미워한 것은 그가 하나님을 섬기고 의를 행하기 때문임을 알 수 있다. 그리고 그들이 그를 향해 입을 크게 벌리고 "하하 우리가 목격하였다"(시 35:21)라고 했다. 이것은 일종의 돈절법(頓絕法, aposiopesis)[127]으로 다른 사람이 전해주는 말을 믿지 않아도 되고, 실제로 우리 눈으로 보니 우리가 원하는 것을 얻을 수 있었다는 말이 생략되었다(Alexander 1991, 161). 악한 자들이 무리를 지어 "하하 우리가 보았다"라고 하므로 위협하는 것이다. 이러한 악한 행동에 대해 다윗은 여호와께서 이 악한 행동을 보셨기 때문에 공의로 재판하여 그들이 마음속으로 "아하 소원을 성취하였다"라고 하거나 "우리가 그를 삼켰다"라고 말하지 못하게 해 달라고 간구했다(시 35:24-25). 그래서 그들이 심판을 받아 그의 의를 즐거워하는 자들이 "그의 종의 평안함을 기뻐하시는 여호와는 위대하시다"라는 말을 항상 할 수 있게 해 달라고 간구했다(시 35:26-27).

③ 다윗의 믿음(시 35:28)

다윗은 "나의 혀가 주의 의를 말하며 종일토록 주를 찬송하리이다"라고 했다(시 35:28). 이것은 지금 그의 원수들로 말미암아 고통을 받아 갈등하지만, 언젠가 그의 입으로 주께서 의로우시다고 증거할 수 있는 날이 있으리라는 믿음을

---

[126] 원문에는 시편 35:20을 시작할 때 이유 접속사 '키'(כִּי)가 있다.
[127] 돈절법은 말하는 사람이 일부러 문장을 끝마치지 않고 도중에 끊는 것으로 보통 말없는 분노나 격노를 뜻한다. 가끔 "내가 너를 …"이라고 말할 때처럼 모호한 위협을 담기도 하는데 듣는 사람이 마음속으로 그 문장을 마무리하게 한다.

표현한 것이다.

시편 39편 : 나의 소망은 주께 있나이다

이 시편은 다윗이 죄를 범하자 하나님이 징계하심으로 고통당할 때 구원해 주시기를 간구하는 탄식시다. 이 시의 표제는 "다윗의 시, 인도자를 따라 여두둔 형식으로 부르는 노래"다. 여두둔은 다윗시대에 궁중에서 아삽과 헤만과 함께 당시 기브온 산당에 있었던 여호와의 성막에서 제사장들과 함께 하나님을 찬송한 악장 가운데 한 사람이다(대상 16:41-42). 이것은 이 시의 저자가 다윗인데 악장 여두둔의 형식에 맞추었는지, 여두둔이 저자인데 다윗의 형식에 맞추었는지, 아니면 여두둔이 다윗이 지은 시를 노래하는 일에 책임있는 위치에 있었는지는 알 수 없다(Wilson 2002, 625-626).

시의 구조

(1) 인생의 연약함(시 39:1-6)
(2) 연약한 인생의 소망(시 39:7-13)

(1) 인생의 연약함(시 39:1-6)

이 연에서 저자는 하나님의 징계로 인해 어떤 말도 하지 않고 침묵하다 답답하여 말하는 내용으로 인생이 연약하다는 것을 고백한다. 그는 얼마의 기간인지는 모르나 그의 혀로 범죄하지 아니하려 하여 심지어 악인이 그의 앞에 있었을 때도 입에 재갈을 먹였다(시 39:1). 이미지로 된 '입에 재갈을 먹였다'는 말은 말하기를 멈추고 침묵했다는 것이다. 그가 입을 열지 아니한 것은 주께서 그를 징계하셨기 때문이다(참조. 시 39:9). 그는 이 상황에서 침묵하며 선한 말도 하지 아니하여 그의 근심이 더 심했다(시 39:2). 이는 악한 자에게 말할 수 없는 것과 어떤 선한 말을 해야 한다는 것 사이에 갈등이 있다는 것이다. 이러한 갈등을 표현하지 못할 때 마음과 신체에 어떤 변화가 생길까? 그는 근심이 더 심해졌다. '근심'(커에이브, כְּאֵב)은 고통, 번민 등으로 번역할 수 있는데 현대어로 '스트레스'(stress)다. 그는 이 스트레스가 마음속에 뜨거워져 작은 소리로 말씀을 읊조릴 때 불이 붙었다(시 39:3). 새번역에는 이 말씀을 "생각하면 생각할수록 울화가 치밀어 올라서 주님께 아뢰지 않고서는 견딜 수 없었다"라고 번역했다.

저자는 그 마음에 타오르는 불로 그가 받은 스트레스를 여호와께 쏟아놓는다. 그는 주께서 그의 날의 연수를 한 뼘 길이만큼 짧고, 든든히 서 있는 것처럼 보여도 다 허사라고 고백했다(시 39:4-5). 그리고 '셀라'라고 했다. 시편에 이 용어가 다양한 의미로 사용되지만 여기서는 이 진술이 사실이고 영원하다는 것을 확인하는 역할을 한다(스펄전 1997c, 476). 인생은 하나님 앞에서 연약한 존재라는 것은 영원한 진리다. 각 사람은 금방 없어질 그림자 같고, 재물을 열심히 쌓으나 그것조차 누가 거둘는지 알지 못한다(시 39:6). 저자는 이러한 인간의 존재를 인식하며 그의 종말과 연한이 언제까지인지 알게 해 달라고 했다(시 39:4).

(2) 연약한 인생의 소망(시 39:7-13)

이 연에서 저자는 연약한 인생의 소망이 무엇인지 보여준다. 시편 39:7에는 '그러나 이제는'(버아타, וְעַתָּה)이라는 부사가 있다. 이것은 인생이 연약하다 할지라도 반전이 있다는 것을 보여준다. 그 반전은 그가 주께 소망을 두었다는 것이다(시 39:7). 주가 어떻게 소망이 될 수 있을까? 저자가 침묵할 수밖에 없는 상황이 생긴 데는 그의 배후에 죄가 있었고, 주께서 그 죄를 징계하셨기 때문이다. 그래서 잠잠하고 입을 열지 아니했다(시 39:8-9). 주께서 죄를 책망하시고 징계하실 때 사람이 귀하게 생각했던 것을 좀먹음같이 하시기에 모든 인생이 헛될 뿐이다(시 39:10-11). 이 역시 영원한 진리이기에 '셀라'라고 한다.

이 상황에서 저자 다윗은 그가 부르짖을 때 잠잠하지 말아 달라고 간구했다. 왜냐하면 그는 조상들처럼 주와 함께 있는 나그네이기 때문이다(시 39:12). 이 말은 오직 주만이 그의 도움이 되신다는 뜻이다. 그래서 그는 죄를 용서해 주시기를 구하며 그의 건강을 회복시켜 주시기를 간구하며 시를 끝맺는다. '건강을 회복시키다'(아브리가, אַבְלִיגָה ⟨בלג⟩)라는 말을 개역개정판이나 KJV처럼 이대로 번역할 수도 있고, NASB나 NIV처럼 '기뻐하게 하다', '회복하게 하다'라고 번역할 수도 있다. 인생에게 소망은 주께 죄를 회개하고 간구하면 주께서 건강이든 삶의 고통이든 회복시키신다는 것이다. 이 세계는 불신자가 회개하고 돌아와도 경험할 수 있고, 성도가 죄를 범하여 하나님께 징계를 받아 고통을 받을 때도 회개하고 기도하면 경험할 수 있다. 인생이 다 헛된 것처럼 보여도 주께 소망을 두면 의미있고 복된 인생으로 바뀐다.

시편 40편 : 주는 나의 도움이시다

이 시편은 시편 37, 38, 39편과 같이 개인적인 죄의 결과로 겪게 되는 고통에서 구원해 주시기를 간구하는 탄식시다(Wilson 2002, 635; Stek 2002, 829). 이 시편에서 구원을 위한 결론적 간구로 사용한 시편 40:13-17은 일부를 제외하곤 시편 70:1-5과 동일하다.

시의 구조
(1) 과거의 경험에서 깨닫고 행한 일들(시 40:1-10) (2) 현재의 삶에서 도움을 얻기 위한 기도(시 40:11-17)

(1) 과거의 경험에서 깨닫고 행한 일들(시 40:1-10)

이 연에서 다윗은 과거에 경험한 구원의 은혜를 회상하며 깨달은 교훈이 무엇인지 보여준다. 그는 여호와를 기다렸고, 여호와께서 귀를 기울여 그의 부르짖음을 들으시고, 수렁에서 끌어올리시고 그의 발을 반석 위에 두셨다고 회상한다(시 40:1-2). 이것이 회상인 이유는 여기에 사용한 동사 '기다리고 기다렸다', '귀를 기울이셨다', '들으셨도다', '끌어 올리셨도다', '두셨다' 등이 모두 과거사로 기록하고 있기 때문이다. 이것은 과거 다윗이 경험한 사실을 말하고 있다는 뜻이다. 그가 빠진 '기가 막힐 웅덩이'와 '수렁'(시 40:2)은 이미지 언어로 어려운 삶의 상황을 말한다. 이 상황이 잠시가 아니라 오랜 기간이 흘렀던 것으로 보인다. 그것은 시편 40:1에 보면 "내가 기다리고 기다렸더니"(카우오 키위티, קַוֹּה קִוִּיתִי) 〈קוה〉는 본동사의 부정사를 한 번 더 사용하여 동사의 의미를 강조한다. NIV나 NASB 등은 '인내하며 기다렸다'(waited patiently)라고 번역했다. 이는 그의 기도가 오랫동안 계속되었다는 것이다. 알렉산더(Alexander 1991, 186)는 단순히 기도하며 기다리는 일 외에 아무 일도 할 수 없는 상태를 의미하는 것으로 보았다. 그가 인내하며 기도할 때 하나님은 그를 웅덩이에서 건져내시고, 하나님을 찬송하는 새 노래를 그 입에 담아 주셨다. 다윗이 이러한 하나님을 경험하였을 때 사람들은 하나님을 두려워하고 의지하게 되었다(시 40:3).

다윗은 이러한 경험 이후 두 가지 사실을 깨닫게 되었다. 하나는 여호와를 의지하는 자는 복이 있다는 것이다(시 40:4). 또 하나는 하나님께서 베푸신 기적과 은혜가 셀 수도 없이 많다는 것이다(시 40:5).

이 구원을 경험한 다윗은 어떻게 살았을까? 키드너(Kidner 1973, 159)는 시편 40:6-8을 구원을 경험한 후의 삶이라고 보고 구원해 주신 하나님께 헌신한 것으로 보았다. 다윗이 구원을 경험한 후 나타난 행동은 크게 두 가지다. 하나는 하나님이 번제와 속죄제보다 하나님의 말씀대로 순종하는 삶의 제물을 기뻐하신다는 것을 알고 주의 뜻을 행하기를 즐거워했다(시 40:6-8). "제사와 예물을 기뻐하지 아니하신다"(시 40:6)라는 것은 제사와 예물이 필요없다는 뜻이 아니라 제사의 내용적인 면을 요구하신다는 뜻이다. 다윗은 이것을 알고 "주의 법이 나의 심중에 있나이다"(시 40:8)라고 했다. 관심을 가지고 보아야 할 부분은 시편 40:6-8을 신약의 히브리서 10:5-7에 인용했다는 것이다. 히브리서 저자는 이 말씀을 그리스도께서 이 세상에 오신 것은 그리스도가 구약의 백성들이 지키지 못한 율법을 온전히 지키시고 우리 마음에 성령을 주셔서 마음에서 우러나와 율법을 지킬 수 있게 하시기 위한 것으로 해석했다. 특히 그는 그리스도의 구속 사역의 결과로 이 말씀이 성취된 것으로 보았다(참조. 히 10:14-16). 신약의 기록으로 보아 다윗이 "주의 법이 나의 심중에 있나이다"라고 한 것은 그의 마음에서 우러나와 기쁨으로 하나님의 법을 순종하였다는 뜻이다.

또 하나는 많은 회중 가운데 주의 의와 성실과 구원을 감추지 아니하고 선포했다는 것이다(시 40:9-10). 이러한 다윗의 행동을 볼 때 전도는 "우리가 믿는 하나님은 이런 분이시다"라고 고백하는 행동이다.

(2) 현재의 삶에서 도움을 얻기 위한 기도(시 40:11-17)

이 연에서 다윗은 자신의 삶에서 당시 직면해 있었던 문제를 아뢰고 도움을 얻기 위해 기도한 내용을 설명한다. 그는 주의 인자와 진리를 많은 회중 가운데 선포한 것처럼 "여호와여 … 주의 인자와 진리로 나를 항상 보호하소서"(시 40:11)라고 간구했다. 그가 주의 도움을 간구한 이유는 죄로 인해 수많은 재앙이 그를 덮쳤고 그로 인해 낙심하였기 때문이다(시 40:12).[128] 이것은 시편 37, 38, 39편가 같이 그의 고통의 원인이 개인의 죄 때문임을 보여준다.

죄 때문에 고통당하든지, 아니면 하나님의 섭리 가운데 고통당하든지 이때 문제를 풀 수 있는 방법은 무엇인가? 다윗처럼 죄를 회개하고 주의 은혜를 간구하는 것이다. 다윗은 이 상황에서 '여호와여'라고 부르며 은총을 베풀어 구원해 주시기를 간구한다(시 40:13). 시편 40:13-17과 시편 70:1-5은 원문상으로는 몇 부분을 제외하곤 거의 동일하다.

시 40:17	시 70:5
나는 가난하고 궁핍하오나 **주께서는 나를** 생각하시오니 주는 나의 도움이시요 나를 건지시는 이시라 **나의** 하나님이여 지체하지 마소서	나는 가난하고 궁핍하오니 **하나님이여 속히 내게** 임하소서 주는 나의 도움이시요 나를 건지시는 이시오니 여호와여 지체하지 마소서

당시 다윗이 죄에 대해 하나님이 징계하심으로 고통당할 때 그것을 이겨내도록 돕기보다는 그의 생명을 찾기도 하고, 그의 해를 기뻐하기도 하며, 조소하는 자들이 있었다(시 40:14-15). 다윗은 "여호와여 속히 나를 도우소서"(시 40:13), "다 물러가 욕을 당하게 하소서"(시 40:14), "자기 수치로 말미암아 놀라게 하소서"(시 40:15)라고 기도했다. 또한 주의 구원을 사랑하는 자는 "여호와는 위대하시다"라고 말하게 해 달라고 간구했다(시 40:16). 이러한 간구는 그가 여호와를 그의 도움이시며 그를 건지시는 분으로 믿었기 때문이다(시 40:17). 여호와는 그리스도 안

---

[128] 시편 40:12을 시작할 때 이유를 나타내는 접속사 '키'(כִּי)가 있다.

에서 구속받은 모든 성도에게도 그의 도움이시며 그를 건지시는 분이시다. 이는 성도가 어떤 상황에서든 그에게 간구하면 그의 도움을 입을 수 있다는 것이다.

제2권 : 시편 42-72편

제2권은 엘로힘(אֱלֹהִים) 시편으로 알려져 있다. 그것은 제1권과 달리 하나님의 이름인 '여호와'(יהוה)는 32번 나오지만 '엘로힘'은 198번 나오기 때문이다. 제2권을 다음과 같이 구분할 수 있다.

- 고라 자손의 시 : 시 42-49편
- 아삽의 시 : 시 50편
- 다윗의 시 : 시 51-65편, 68-70편
- 시 : 시 66-67편
- 무제 : 시 71편
- 솔로몬의 시 : 72편

시편 42-43편 : 너는 하나님께 소망을 두라

고라 자손의 마스길, 인도자를 따라 부르는 노래

1 하나님이여 사슴이 시냇물을 찾기에 갈급함 같이
  내 영혼이 주를 찾기에 갈급하니이다
2 내 영혼이 하나님 곧 살아 계시는 하나님을 갈망하나니
  내가 어느 때에 나아가서 하나님의 얼굴을 뵈올까
3 사람들이 종일 내게 하는 말이
  "네 하나님이 어디 있느뇨" 하오니
  내 눈물이 주야로 내 음식이 되었도다
4 내가 전에 성일을 지키는 무리와 동행하여
  기쁨과 감사의 소리를 내며
  그들을 하나님의 집으로 인도하였더니

이제 이 일을 기억하고 내 마음이 상하는도다

5 내 영혼아 네가 어찌하여 낙심하며

어찌하여 내 속에서 불안해 하는가

너는 하나님께 소망을 두라

그가 나타나 도우심으로 말미암아

내가 여전히 찬송하리로다

6 내 하나님이여 내 영혼이 내 속에서 낙심이 되므로

내가 요단 땅과 헤르몬과 미살 산에서 주를 기억하나이다

7 주의 폭포 소리에 깊은 바다가 서로 부르며

주의 모든 파도와 물결이 나를 휩쓸었나이다

8 낮에는 여호와께서 그의 인자하심을 베푸시고

밤에는 그의 찬송이 내게 있어

생명의 하나님께 기도하리로다

9 내 반석이신 하나님께 말하기를

"어찌하여 나를 잊으셨나이까

내가 어찌하여 원수의 압제로 말미암아 슬프게 다니나이까" 하리로다

10 내 뼈를 찌르는 칼 같이

내 대적이 나를 비방하여

늘 내게 말하기를

"네 하나님이 어디 있느냐" 하도다

11 내 영혼아 네가 어찌하여 낙심하며

어찌하여 내 속에서 불안해 하는가

너는 하나님께 소망을 두라

나는 그가 나타나 도우심으로 말미암아

내 하나님을 여전히 찬송하리로다

1 하나님이여 나를 판단하시되

경건하지 아니한 나라에 대하여 내 송사를 변호하시며

간사하고 불의한 자에게서 나를 건지소서

2 주는 나의 힘이 되신 하나님이시거늘

어찌하여 나를 버리셨나이까

내가 어찌하여 원수의 억압으로 말미암아 슬프게 다니나이까

3 주의 빛과 주의 진리를 보내시어 나를 인도하시고

주의 거룩한 산과 주께서 계시는 곳에 이르게 하소서

4 그런즉 내가 하나님의 제단에 나아가

나의 큰 기쁨의 하나님께 이르리이다

하나님이여 나의 하나님이여 내가 수금으로 주를 찬양하리이다

5 내 영혼아 네가 어찌하여 낙심하며

어찌하여 내 속에서 불안해 하는가

너는 하나님께 소망을 두라

그가 나타나 도우심으로 말미암아

내 하나님을 여전히 찬송하리로다

이 두 편의 시는 원래 하나의 시였다. 그것을 알 수 있는 몇 가지 증거들이 있다. 첫 번째로는 42:5, 11, 그리고 43:5에 있는 이 시의 후렴구가 세 번 동일하게 반복되고 있다.

내 영혼아 네가 어찌하여 낙심하며 어찌하여 내 속에서 불안해 하는가 너는 하나님께 소망을 두라 그가 나타나 도우심으로 말미암아 내가 여전히 찬송하리로다.

두 번째로는 이 시의 표제가 42편에는 "고라 자손의 마스길, 인도자를 따라 부르는 노래"라고 되어 있는데 43편에는 없다. 세 번째로는 이 시에 사용된 문체가 같고 흐르는 사상이 동일하다. 그래서 시편 42-43편은 동일한 저자가 쓴 시다. 이 시에서 때로 하나님이 멀리 계시거나 안 계신 것처럼 보여 고통하나 변함없이 하나님께 소망을 두면 하나님은 도우시는 분임을 보여준다. 이 시편은 다음의 구조로 되어 있다.

시의 구조
(1) 성도의 고통(시 42:1-4, 6-10; 43:1-4)
(2) 고통을 극복하는 방법(시 42:5, 11; 43:5)

(1) 성도의 고통(시 42:1-4, 6-10; 43:1-4)

저자는 자신이 어떤 고통에 빠져 있으며, 그 정도가 얼마나 심한지 세 가지의 상황으로 설명한다. 그것은 첫 번째 연인 42:1-4, 두 번째 연인 42:6-10, 그리고 세 번째 연인 43:1-4에 나타난다. 첫 번째 상황에서 저자는 목마른 사슴이 시냇물을 찾기에 갈급함 같이 주를 찾기에 갈급하다는 이미지로 표현했다. 이 표현의 핵심은 하나님의 얼굴을 보는 것이다. 하나님의 얼굴을 본다는 것은 하나님의 집에서 하나님을 섬기며, 하나님을 만나고 교제하는 것이다(참조. 출 33:18; 롬 5:1-2). 하나님과 교제를 경험해 본 사람이라면 타는 목마름으로 주의 은혜를 사모하게 되어있다. 그가 고통하는 것은 하나님이 함께 하시지 않는 것 같다는 것이다.

이때 저자는 전에 성일을 지키는 무리와 동행하며 하나님의 집으로 인도했던 일을 기억하며 더 마음이 상했다(시 42:4). 저자인 고라 자손은 레위인으로 성전에서 찬양을 맡았다. 그런데 과거에 즐겁게 봉사하던 일들을 회상하면서 그는 현재 그 기쁨을 누리지 못하고 있는 것에 대해 고통하고 있다. 왜냐하면 시편 42:6의 말씀을 볼 때 예루살렘 성전에 올라가지 못하고 요단 땅과 헤르몬산과 미살산에 있는 것으로 보이기 때문이다. 아마도 '주의 폭포'와 '주의 모든 파도와 물결'이라는 은유적 표현을 볼 때 하나님께서 징계하셨거나 섭리 가운데 있기 때문으로 보인다(시 42:7). 그리고 "하나님이여 나를 판단하시되 경건하지 아니한 나라에 대하여 내 송사를 변호하시며 간사하고 불의한 자에게서 나를 건지소서"(시 43:1)라는 말씀을 볼 때 자신의 의지와 관계없이 포로로 끌려왔다는 것을 시사해 준다.

이러한 형편에 있는 자신의 모습을 보고 사람들은 "네 하나님이 어디 있느냐"(시 42:3, 10)라고 조롱했다. 저자는 이 조롱이 "내 뼈를 찌르는 칼 같이 내 대적이 나를 비방하였다"(시 43:10)라고 했다. 이때 무엇이 저자를 가장 고통스럽게 했을까? 성도의 기쁨은 하나님과 교제하고 그의 무한하신 능력과 은혜를 경험하며 하나님의 뜻을 이 땅에 성취해 가는 것이다. 저자는 이 은혜를 갈급해 하며 기도했지만(시 42:1-2, 9) 하나님이 자신을 잊으신 것처럼 보였다. 왜냐하면 아무런 응답이 없었기 때문이다. 이것이 당시 고라 자손을 고통스럽게 하였고, 오늘 우리 역시 고통스럽게 한다.

(2) 고통을 극복하는 방법(시 42:5, 11; 43:5)

이러한 고통을 극복하는 방법은 무엇일까? 저자는 그것을 시편 42:5, 11 그리고 시편 43:5에 후렴구로 반복하여 말한다.

> 내 영혼아
> 네가 어찌하여 낙심하며
> 어찌하여 내 속에서 불안해 하는가
> 너는 하나님께 소망을 두라
> 그가 나타나 도우심으로 말미암아
> 내가 여전히 찬송하리로다(시 42:5, 11, 43:5).

이 후렴구는 누가, 누구에게 말하고 있는가? 자기가 자기 자신에게 거울을 보고 말하듯 자신을 책망하기도 하고 격려하기도 한다. 여기에 '낙망하다'라는 단어는 히브리어로 '쉬아흐'(שׁיח)인데 70인역에서 '페리루포스'(περίλυπος)라고 번역했다. 이 단어는 예수님이 십자가를 지시기 전에 겟세마네 동산에서 기도하실 때 제자들에게 "내 마음이 심히 고민하여 죽게 되었으니 너희는 여기 머물러 나와 함께 깨어있으라"(마 26:38)라고 하신 말씀에서 '고민하다'(περίλυπος)라는 단어와 동일하다. 이것은 단순히 고민하거나 낙망하는 정도가 아니라 애간장이 녹아내리는 고통이 있었다는 것이다.

하지만 저자는 자신에게 계속하여 말하기를 그 고통의 단계에 머물러 있지 말고 "너는 하나님께 소망을 두라"라고 했다. 여기에 '소망을 두다'라는 말은 히브리어로 '야할'(ᄀᄀ)이라는 단어로 확신과 소망을 가지고 약속이 성취되기를 기다린다는 뜻이다(Alexander 1991, 198). 그 약속은 신명기 4:29을 의미한다(참고. 레 26:40-42).

> 그러나 네가 거기서 네 하나님 여호와를 찾게 되리니 만일 마음을 다하고
> 뜻을 다하여 그를 찾으면 만나리라.

약속을 믿고 기다려 본 사람은 경험적으로 알고 있겠지만 기다리는 일은 어렵다. 우리 믿음의 선진들도 "게으르지 아니하고 믿음과 오래참음으로 말미암아 약속들을 기업으로 받는 자들을 본받는 자가 되게 하려는 것이니라"(히 6:12)라고 했다. 이때 우리 마음속에 두려워하고 낙망하는 마음과 하나님께 소망을 두고 기다리는 마음이 서로 공존하며 갈등을 일으킨다. 이때 특별한 해법이 있는 것은 아니다. 과거 믿음의 선배들이 경험적으로 알았듯이 하나님께 소망을 두고 그 약속이 성취되기를 바라보고 이 말씀을 자신에게 반복적으로 말해야 한다. 이것이 갈등을 극복하는 실제적인 한 방법이다. 신앙생활의 신비와 묘미는 여기에서 나온다.

시편 46편 : 하나님은 우리의 피난처시로다

이 시편은 우리에게 많이 알려져 있다. 그것은 종교개혁 당시인 1529년 마틴 루터(M. Luther, 1483-1546)가 이 시편에서 영감을 받고 "내 주는 강한 성이요 방패와 병기되시니"(새찬송가 585장)라는 찬송을 작사하고 작곡하였기 때문이다. 이 시의 주제는 하나님은 우리의 피난처가 되신다는 것이다. 이 시의 구조가 이 점을 잘 보여준다. 왜냐하면 이 시의 후렴구인 46:7, 11의 "만군의 여호와께서 우리와 함께하시니 야곱의 하나님은 우리의 피난처시로다"라는 말씀의 반복을 통해 주제를 보여주기도 하고, 세 개의 연으로 주제를 논증하고 있기 때문이다. 여기서 '셀라'는 여러 의미 중에 말씀이 확실하거나 진리를 나타내는 '아멘' 또는 '영원히'라는 의미이다. 이 역시 주제가 하나님은 우리의 피난처가 되신다는 것을

알게 한다. 이 시의 표제는 "고라 자손의 시, 인도자를 따라 알라못에 맞춘 노래"다. '알라못'(עֲלָמוֹת ‹ עַלְמָה)은 '젊은 여자'를 말하는 것으로 오늘날로 말하면 소프라노 음조에 맞춘 노래라고 할 수 있다. 이것은 이 시가 매우 격정적인 감정을 담은 노래라는 것을 알게 한다.

시의 구조

(1) 하나님에 대한 믿음(시 46:1–3)
(2) 자기 백성을 보호하시는 하나님(시 46:4–7)
(3) 하나님을 신뢰하라(시 46:8–11)

---

(1) 하나님에 대한 믿음(시 46:1–3)

이 연에서 저자는 하나님에 대해 어떤 믿음을 가지고 있었는지 보여준다. 그는 세 가지 이미지로 그의 믿음을 "하나님은 우리의 피난처시요 힘이시니 환난 중에 만날 큰 도움이시라"(시 46:1)라고 표현했다. 그것은 피난처와 힘과 큰 도움이다. 하나님이 환난을 만날 때 피할 처소가 되시고, 어려움을 이기게 하시는 힘이 되시고, 환난을 만날 때 도움이 되신다는 것은 성도에게 큰 위로가 아닐 수 없다. 이 믿음이 어떤 의미가 있는지 천재지변의 이미지로 땅이 변하든지 산이 흔들려 바다 가운데에 빠지든지 바닷물이 솟아나고 뛰놀든지 그것이 넘침으로 산이 흔들릴지라도 두려워하지 않을 것이라고 했다(시 46:2–3). 땅이 변한다든지, 산이 흔들려 바다 가운데 빠지는 지진이나 바닷물이 솟아나서 뛰노는 쓰나미 현상은 오늘날 지구상에 일어나는 일들 가운데 하나다. 하나님은 인간의 능력으로 어떻게 할 수 없는 상황을 만나도 우리의 피난처가 되신다.

그런데 우리는 하나님에 대한 이 믿음을 이론적이고 관념적으로만 알고 있지는 않은가? 그렇다면 신앙생활의 깊이와 오묘한 세계를 절대로 경험할 수 없다. 하나님에 대한 지식 체계는 귀신도 알고 있다(약 2:19).

(2) 자기 백성을 보호하시는 하나님(시 46:4-7)

이 연에서 저자는 하나님이 자기 백성이 거주하는 성을 어떻게 보호하시는지 강이 성으로 흘러 들어가는 잔잔한 그림으로 설명한다. 한 시내가 있어 나뉘어 흘러 하나님의 성 곧 지존하신 이의 성소를 기쁘게 하고, 하나님이 그 성 중에 계시기에 성이 흔들리지 아니할 것이다(시 46:4-5). 하나님의 성은 예루살렘 성을 말한다. 이 성을 가리켜 '지존하신 이의 성소'라고 했다. 저자는 하나님의 성을 어떤 의미로 사용하였을까? 성경에는 예루살렘 성을 여러 가지 의미로 사용한다. 첫째, 지리적으로 이스라엘의 수도인 예루살렘이다(수 15:8; 삼하 5:5). 둘째, 하나님의 성전을 가리킨다(사 24:23; 27:13). 셋째, 하나님의 백성과 그리스도의 피로 구속받은 백성을 말한다(렘 4:5; 슥 9:9; 계 21:2, 10). 넷째, 장차 모든 성도가 들어가게 될 완전한 하나님 나라다(히 12:22). 여기서 하나님의 성은 하나님의 백성이다. 하나님의 백성은 지존하신 이인 하나님이 임재하시는 처소이기도 하다. 특히 신약성경은 그리스도께서 우리를 십자가의 보혈로 구속하여 하나님의 백성으로 삼으시고, 영원히 그들 가운데 거할 성전이 되신다고 한다(고전 3:16; 고후 6:16).

그런데 저자는 이 하나님의 성에 한 강이 흐르고 있어 그 성을 기쁘게 한다고 했다. 하지만 예루살렘은 애굽의 테베(나 3:8)나 다메섹(왕하 5:12), 니느웨(나 2:6, 8)와 달리 강이 없다. 그러면 강이 의미하는 것은 무엇인가? 처음 하나님이 땅을 창조하셨을 때 강이 에덴에서 흘러나와 동산을 적셨다(창 2:10). 그리고 장래에 우리가 들어가게 될 나라에 생명수의 강이 하나님과 어린 양의 보좌로부터 나와 길 가운데로 흐른다(계 22:1-2). 이것은 하나님이 임재하여 은혜를 풍성하게 주신다는 것을 보여준다. 이 이미지로 하나님의 성에 강이 흐르는 것은 하나님의 은혜와 그 은혜에 따른 각양 은사들을 말한다. 저자는 이 하나님이 자기 백성 가운데 거하심으로 '새벽에 하나님이 도우시리로다'(시 46:5)라고 했다. 이것은 이 시의 저자가 하나님이 과거에 어떤 일을 하셨는지 역사적인 경험을 토대로 말한 것이다. 그 실례는 시편 46:6이다.

뭇 나라가 떠들며 왕국이 흔들렸더니 그가 소리를 내시매 땅이 녹았도다 뭇 나라가 '떠들며'(מָה < הָמָה)라는 표현은 앞의 시편 46:3에 바닷물이 '솟아나고'(יֶהֱמוּ < הָמָה)와 같은 표현이다. 그래서 '뭇 나라가 떠들며'라는 말은 뭇 나라들이 바닷물이 솟구쳐 밀려오는 것처럼 민족들이 예루살렘 성으로 공격해 들어온다는 것을 그림으로 묘사한 것이다. 이 말씀을 히스기야 시대에 산헤립이 18만5천명의 대군을 거느리고 쳐들어온 역사적 사건으로 보기도 하고(Alexander 1991, 218; 스토트 1989, 73–77), 애굽의 군대를 홍해에 수장시킨 사건으로 보기도 한다(Kidner 1973, 175). 두 사건 다 "새벽에 하나님이 도우시리로다"라고 말한 것처럼 하나님이 당신의 백성을 보호하시기 위해 밤새 일하시고 아침이 되어 모든 상황에서 구원해 주셨다(참조. 출 14:26–31; 왕하 19:35). 그래서 저자는 첫 번째 후렴구에서 "만군의 여호와께서 우리와 함께 하시니 야곱의 하나님은 우리의 피난처시로다 (셀라)"라고 고백했다. 이때 '셀라'는 영원한 진리임을 보여주는 말이다. 특히 '만군의 여호와'라는 표현과 함께 '야곱의 하나님'이라는 표현을 사용한 것은 이스라엘과 언약을 맺으시고 제사장 나라와 거룩한 백성으로 삼아주신 하나님이라는 뜻이다. 야곱과 언약을 맺으신 하나님은 그리스도 안에서 우리 성도들과도 언약을 맺으시고 우리를 그의 거룩한 백성과 제사장 나라로 삼아주셨기에 하나님은 우리의 피난처시다.

(3) 하나님을 신뢰하라(시 46:8–11)

이 연에서 저자는 계속적으로 하나님을 신뢰하도록 권한다. 그는 "와서 여호와의 행적을 볼지어다 그가 땅을 황무지로 만드셨도다 그가 땅 끝까지 전쟁을 쉬게 하심이여 활을 꺾고 창을 끊으며 수레를 불사르시는도다"(시 46:8–9)라고 했다. '와서 여호와의 행적을 볼지어다'라고 한 것은 여호와께서 행하신 일을 보라는 것으로 뭇 나라가 바다 물이 솟아오르는 것처럼 쳐들어 왔을 때 하나님이 그의 백성들을 두렵게 한 원수의 군대를 다 멸하신 사건을 말한다. 이 하나님은 계속 성도들과 함께 계시며 땅끝까지 전쟁을 쉬게 하시고, 악한 자들의 활과 창과 수레를 불로 태워 버리실 것이다.

이 시의 저자는 하나님이 앞으로 어떻게 이 일을 행할 것인지 당시 이스라엘 백성들에게 매우 익숙한 표현을 사용하여 하나님이 얼마나 위대한 하나님이신지 알도록 도전한다. 그것은 "너희는 가만히 있어 내가 하나님 됨을 알지어다 내가 뭇 나라 중에서 높임을 받으리리 내기 세계 중에서 높임을 받으리라"(시 46:10)라는 말씀이다. 이 말씀은 출애굽 당시에 바로와 그의 군대가 이스라엘을 쫓아올 때 하나님이 하신 말씀과 유사하다(출 14:14-18). 저자는 하나님이 말씀하신 것처럼 왜 직접 인용을 통하여 과거 역사적 사건을 생각나도록 기록했을까? 그것은 그 모든 역사적 사건 가운데 일하신 하나님이 현재 성도의 삶 가운데서도 일하실 것이기 때문에 하나님을 변함없이 신뢰하고 따르라는 것이다. 하나님이 행하신 큰일을 보고 때로 어렵고 힘든 일을 만난다 할지라도 낙심하지 말고 하나님을 신뢰하라는 것이다. 그래서 이 시의 저자는 두 번째 후렴구를 통해 하나님이 우리의 피난처가 되어 주심을 고백한다(시 46:11).

오늘날 하루하루 살아가는 일은 마치 전쟁터처럼 위험하다. 우리의 의지와는 상관없이 악한 영들과 사회의 부조리한 현실 때문에 고통을 당하기도 한다. 이러한 문제는 생존의 문제이기에 우리의 신앙을 위협하기도 한다. 그러나 이 모든 상황을 극복하고 이길 수 있는 것은 그리스도 안에 구속받아 만군의 여호와가 우리와 함께 계시고, 우리의 피난처가 되어주신다는 믿음 때문이다.

시편 52편 : 하나님의 인자하심을 의지하리로다

이 시편은 표제에 "다윗의 마스길, 인도자를 따라 부르는 노래, 에돔인 도엑이 사울에게 이르러 다윗이 아히멜렉의 집에 왔다고 그에게 말하던 때에"라고 밝힌 것처럼 다윗이 도엑의 일을 듣고 쓴 일종의 탄식시면서 지혜시다. 이 시의 역사적 배경은 사무엘상 21:1-9과 22:6-19에 기록되어 있다. 이 역사기록에는 다윗이 어떤 감정과 믿음을 가지고 있었으며 어떤 배경에서 도엑이 그러한 행동을 하였는지 설명하지 않는다. 하지만 이 시편에서 도엑의 동기가 무엇인지 드러내어 거짓과 악과 재물을 의지하는 자는 망하지만 하나님의 인자하심을 의지하는 자는 번성한다는 것을 보여준다.

시의 구조
(1) 악한 자의 말과 행동을 고발함(시 52:1-4)
(2) 하나님이 악한 자를 심판하실 것을 믿음(시 52:5-7)
(3) 다윗의 믿음 : 하나님의 인자하심을 의지하리라(시 52:8-9)

(1) 악한 자의 말과 행동을 고발함(시 52:1-4)

이 연에서 다윗은 "포악한 자여"(시 52:1)라고 부르며 그의 말과 행동을 고발한다. 그가 말하는 포악한 자는 도엑이다. 당시 다윗은 그의 친구였던 요나단을 통하여 사울의 최종적인 의도를 확인하고 제사장들이 모여 사는 놉이라는 마을로 도망갔다. 당시 제사장은 아히멜렉이었고, 그는 다윗에게 진설병과 골리앗의 칼을 주었다. 그 자리에 도엑이 있었다(삼상 21:7). 때마침 사울은 권력과 밭과 포도원을 줄 수 있는데 왜 고발하는 사람이 없느냐고 질책했다(삼상 22:7-8). 이때 도엑은 다윗이 아히멜렉에게 간 사실을 말했다. 사울은 아히멜렉에게 불고지죄(不告知罪)를 적용하여 그와 제사장 마을에 사형언도를 내렸고, 이 일을 집행한 사람이 도엑이다(삼상 22:16-19). 다윗은 도엑의 이 행동에 대하여 하나님의 인자하심을 무시하고 악한 계획을 스스로 자랑한다고 고발한다. 그의 혀가 날카로운 삭도 같이 간사를 행한 것으로 묘사하고, 선보다 악을 사랑하고 의를 말함보다 거짓을 사랑하는 동기에서 나온 것이라고 했다(시 52:2-3). 또한 그는 도엑이 남을 해치는 말을 좋아한다고 했다(시 52:4). 이러한 현실에 대해 다윗이 할 수 있었던 일은 무엇일까?

(2) 하나님이 악한 자를 심판하실 것을 믿음(시 52:5-7)

이 연에서 다윗은 하나님이 포악한 자를 심판하실 것을 믿은 내용을 영상으로 보듯이 묘사한다. 평행법과 은유로 하나님이 악한 자를 붙잡아 '장막에서 뽑아내며', '살아 있는 땅에서 네 뿌리를 빼시리로다'라고 했다. 이것은 악인을 그 근원부터 완전하게 멸하신다는 것이다. 그는 악한 자를 나무로 비유하고 그 뿌리까지 완전히 뽑아내실 것을 믿었다. 또한 의인이 이러한 결과를 보고 할 행동을 그림을 보듯이 설명한다. 의인이 이 결과를 보고 '두려워하여'라고 번역했으나 '경외하다'로 번역하는 것이 좋다. 왜냐하면 '야레이'(אֵרָי)라는 동사는 '두려워하다'는 뜻도 있지만 여호와를 경외한다는 뜻도 있기 때문이다. 의인이 여호와께서 포악한 자에게 행하신 일을 보고 '보라'[129]라고 하며 "이 사람은 하나님을 자기 힘으로 삼지 아니하고 오직 자기 재물의 풍부함을 의지하며 자기의 악으로 스스로 든든하게 하던 자라"(시 52:7)라고 했다. 이 의인이 하는 말을 볼 때 도엑은 하나님을 자기 힘으로 삼는 자가 아니라 재물을 힘으로 삼는 자라는 것을 알 수 있다. 하나님은 악인들을 반드시 심판하실 것이다.

(3) 다윗의 믿음 : 하나님의 인자하심을 의지하리라(시 52:8-9)

이 연에서 다윗은 포악한 자와 대조적으로 하나님의 인자하심을 의지할 것을 다짐한다. 포악한 자는 하나님의 인자하심을 무시했다(시 52:1). 그런데 다윗은 하나님이 도엑을 심판하실 때 사용한 나무 은유를 사용하면서 "나는 하나님의 집에 있는 푸른 감람나무 같음이여 하나님의 인자하심을 영원히 의지하리로다"(시 52:8)라고 했다. 그리고 영원히 주께 감사할 것이라고 했다. 그 이유를 주께서 행하셔서 주의 이름을 사모하게 하셨고, 주께서 선하시기 때문이라고 했다(시 52:9).[130] 여기서 '주의 이름을 사모하게 하셨다'라는 것은 하나님의 집에서 주의 이름을 사모하며 구할 때 은혜 주신다는 뜻이다. 하나님의 인자하심은 영원하기 때문이다. 이것이 당시 다윗의 믿음이요 그리스도 안에서 구속받은 우리의 믿음이다.

---

129 원문에는 어떤 사실이나 장면을 주목하게 하는 감탄사 '보라'(히네이, הִנֵּה)가 있다.

130 아쉽게도 개역개정판은 히브리어 원문을 잘 살리지 못했다. 원문은 그가 영원히 주께 감사하는 이유를 두 개의 이유를 나타내는 접속사 '키'(כִּי)로 표현한다(וַאֲקַוֶּה שִׁמְךָ כִי־טוֹב נֶגֶד חֲסִידֶיךָ

כִּי עָשִׂיתָ)

시편 53편(= 시 14편) : 성도를 구원해 줄 자 누구인가?

이 시편은 시편 14편과 내용적으로 같다. 하지만 다 같은 의미는 아니다. 의미를 결정하는 중요한 요소는 문맥과 관점이다. 시편은 각각 독립된 내용이지만 전체적으로 주제에 따라 논리적 흐름이 있도록 배열되었다. 그래서 동일한 내용을 담고 있다고 할지라도 문맥에 따라 의미가 다를 수 있다. 시편 53:2, 4, 6에 '하나님'이 14:2, 4, 7에 '여호와'로 나오고, 53:5에서는 하나님이 구원하시는 자가 2인칭 '너'로 다윗이지만, 14:5-6은 '그'로 가난하고 고통받는 자이다. 또한 이 시편은 14편과 달리 '마할랏'이라는 멜로디에 조율하여(tuning) 불렀다. 이 말은 시편 88편의 표제와 함께 '병 들다'라는 뜻인 '하라'(חָלָה)의 명사형인 '마하라'(מַחֲלָה)에서 왔다고 보고 '질병의 시'로 보기도 한다(Harris 1980, 656a).[131] NASB도 이 단어를 '병, 슬픈 분위기'(sickness, sad tone)라고 번역했다. 그러나 동일한 단어가 '간구하다', '은혜를 구하다'도 가능하기에 은혜를 갈망하는 기도시라고 보아도 된다. 이 시편은 앞의 52편과 뒤의 54편과 밀접한 연관이 있다. 이 시편의 앞뒤에 있는 시편은 다윗이 의인을 공격하는 악한 자들의 행동을 탄식하며 주의 인자하심을 바라보는 내용이다. 이 시편 역시 의인을 공격하는 악한 자들의 행동을 탄식하며 구원해 주시기를 구하는 내용을 담고 있다.

시의 구조

(1) 어리석은 자의 삶의 특성(시 53:1-3)
(2) 어리석은 자가 알지 못하고 있는 것(시 53:4-5)
(3) 성도의 위로 : 성도를 구원해 줄 자 누구인가(시 53:6)

---

(1) 어리석은 자의 삶의 특성(시 53:1-3)

이 연에서 다윗은 어리석은 자의 삶의 특성이 어떻게 나타나는지 보여준다.

---

131 개역개정판은 시편 88편의 표제에 있는 '마할랏'을 난외주에서 '병의 노래'라고 해석했다. 내용적으로 이 의미를 담고 있다. 그런데 이스마엘의 딸(창 28:9)과 르호보암의 아내(대하 11:18)의 이름도 '마할랏'이다. 이 이름은 동일한 어근인 '하라'(חָלָה)와 같아도 이 뜻은 '기도하다', '은혜를 구하다'라는 뜻이다(Harris 1980, 656).

일반적으로 '어리석은 자'는 배운 것이나 상식이 부족하여 사람들 앞에서 체면과 분수를 지키지 못하는 사람을 말한다. 하지만 그에게 어리석은 자는 이런 사람을 말하는 것이 아니라 그의 마음에 '하나님이 없다'라고 말하는 사람이다(시 53:1). 다윗은 하나님이 그들이 하는 일을 보고 계시는 것처럼 묘사한다. '하나님이 하늘에서 인생을 살피사'(시 53:2)라는 표현은 홍수 이야기의 서론(창 6:5-7, 11-13)과 바벨탑 이야기(창 11:5-7)를 생각나게 하여 하나님이 세상을 살피시는 모습을 연상시킨다(Wilson 2002, 288). 다윗은 하나님이 땅을 살피신 결과 다 치우쳐 더러운 자가 되었고 선을 행하는 자가 없다고 하신 것처럼 표현했다(시 53:3). 이것이 하나님 없는 자들의 삶의 특성이다. 사도 바울은 마음에 하나님 두기를 싫어하는 사람들을 그냥 내버려 둘 때 합당치 못한 일이 나타난다고 하면서 불의, 추악, 탐욕, 악의가 가득한 자, 시기, 살인, 분쟁 등의 악한 행동이 나타난다고 했다(롬 1:28-31).

(2) 어리석은 자가 알지 못하고 있는 것(시 53:4-5)

이 연에서 다윗은 어리석은 자들(= 죄악을 행하는 자)이 알지 못하고 있는 것이 무엇인지 보여준다. 그는 수사의문문으로 "죄악을 행하는 자들은 무지하냐?"(시 53:4)라고 질문하므로 그들의 무지를 강조한다. 그들이 무지하기에 비유적인 표현으로 "그들이 떡 먹듯이 내 백성을 먹는다"고 했다. 여기서 '떡'은 당시의 주식인 빵으로 우리나라 문화에서는 주식(主食)인 '밥'이라고 할 수 있다. 그래서 이 말은 악한 자들이 밥을 먹고 생명을 유지하듯 백성들에게 악을 행하며, 백성들을 착취하여 자기의 배를 채운다는 뜻이다(참조. 미 3:3). 이들은 이렇게 행하고도 하나님을 부르지 아니한다(시 53:4). 하나님을 의식하지 않는다는 뜻이다.

그러나 이들이 알지 못하는 두 가지가 있다. 하나는 그들이 악을 행하는 바로 그곳에 하나님이 계신다는 것이다(시 53:5). 개역개정판은 시편 53:5 앞에 장소를 의미하는 '거기에'(샴, מָּשׁ)라는 부사가 빠져 있다. 이것은 하나님이 그들이 악을 행하는 그곳에, 그들이 두려움이 없다고 생각한 바로 그곳에 하나님이 계셔서 그들을 두렵게 할 뿐만 아니라 그들의 뼈를 흩으실 것이고, 수치를 당하게 하신다는 것이다. 또 하나는 하나님이 다윗의 기도를 들으신다는 것이다. 하나님은 다윗을 대항하여 진을 친 자들의 뼈를 흩으셨다(시 53:5).[132] 그리고 악인들은 다윗에게 수치를 당하게 하셨다. 이것은 다윗의 기도를 들으시고 응답하셨다는 것이다. 이 얼마나 놀라운 위로인가?

(3) 성도의 위로 : 성도를 구원해 줄 자 누구인가(시 53:6)

이 연에서 다윗은 결론으로 성도의 위로가 무엇인지 제시한다. 다윗은 "시온에서 이스라엘을 구원하여 줄 자가 누구인가?"(시 53:6)라고 질문하며 하나님이 자기 백성의 포로된 것을 돌이키실 때 이스라엘이 기뻐할 것이라고 했다. 여기에 '포로'는 바벨론 포로를 의미하지 않는다. 이 시의 저자가 다윗인 점을 고려한다면 자기 백성의 포로된 것을 돌이키신다는 것은 하나님이 자기 백성의 운명을 회복시킨다는 뜻이다(김성수 2018, 248). 여기서 시온은 어디를 말하는가? 성경은 시온을 장소적인 예루살렘(삼하 5:7), 여호와가 임재하시는 성소(시 20:2), 하나님의 백성(시 9:11; 97:8), 하늘의 예루살렘(히 12:22) 등의 개념으로 사용한다. 여기서는 하나님이 임재하시는 성소로 보아 성도가 기도할 때 성도의 기도를 들으시고 구원해 주시는 분이 하나님이라는 것을 알게 하시는 것으로 볼 수 있다. 성도의 위로는 하나님은 성도가 고통을 당하는 자리에도 계시고, 성소에서 기도하는 음성을 들으시고 모든 어려운 상황에서 구원해 주신다는 것이다.

시편 56편 : 내가 하나님을 의지하리이다

이 시편은 표제에 "다윗의 믹담 시, 인도자를 따라 요낫 엘렘 르호김에 맞춘 노래, 다윗이 가드에서 블레셋인에게 잡힌 때에"라고 밝힌 것처럼 다윗이 가드에서 블레셋인에게 잡힌 때를 배경으로 쓴 탄식시다. 이 시의 역사적 배경은 사무엘상 21:10-15에 기록되어 있다. 두 개의 후렴구(시 56:4, 10-11)로 보아 세 개의 연으로 구성되었음을 알 수 있다.

---

[132] 개역한글판이 "네가 저희로 수치를 당케 하였도다"라고 번역한 것이 옳다. 개역개정판은 다윗이 수치를 당하는 것처럼 보이게 번역했다.

시의 구조
(1) 역사적 배경(표제)
(2) 다윗의 탄식과 믿음(시 56:1-4)
(3) 원수들을 심판해 주시기를 간구함(시 56:5-11)
(4) 감사할 것을 서원함(시 56:12-13)

(1) 역사적 배경(표제)

이 시편의 표제는 "다윗의 믹담 시, 인도자를 따라 요낫 엘렘 르호김에 맞춘 노래, 다윗이 가드에서 블레셋인에게 잡힌 때에"로 저자와 역사적 배경과 시의 분위기를 알려준다. '믹담'은 시편 16, 56-60편까지 모두 여섯 편으로 대개 교훈 시로 생각하지만 그 정확한 뜻이 무엇인지 알 수 없다. 이 시는 '요낫 엘렘 르호김'(יוֹנַת אֵלֶם רְחֹקִים)이라는 멜로디에 맞춘 노래다. 이 말은 문자적으로 '멀리 떨어져 있는 떡갈나무 위의 비둘기'라는 뜻이다. 이 멜로디는 다윗이 자신을 아는 사람들과 멀리 떨어져 이방인 가운데 있는 외로운 분위기로 이 시를 지었다는 것을 짐작할 수 있다. 이뿐만 아니라 표제에서 "다윗이 가드에서 블레셋인에게 붙잡힌 때에"라고 구체적인 역사적 배경을 밝힌다. 이 역사는 사무엘상 21:10-15에 기록되어 있다. 다윗은 기름부음을 받아 장차 이스라엘을 다스릴 자가 되리라는 약속을 받은 자였다(삼상 16:1, 13). 그는 블레셋의 골리앗을 물리친 이후 사울의 미움을 받고, 사울이 그를 죽이려는 사실을 알고 블레셋으로 망명했다(삼상 20:17-42; 21:10). 이것이 이 시의 역사적 배경이다.

(2) 다윗의 탄식과 믿음(시 56:1-4)

이 연에서 다윗이 어려움으로 탄식하지만 그 가운데 그의 믿음이 어떠함을 보여준다. 당시 역사를 보면 그의 망명지에서 느낀 그의 개인적 감정이 나타나 있지 않다. 하지만 이 시에서 "하나님이여 내게 은혜를 베푸소서"(시 56:1)라고 기도하며 당시의 상황을 밝힌다. 당시에 블레셋에 있는 사람들이 다윗을 죽이려고 엿보는 상황을 설명한다.

> 사람이 나를 삼키려고 종일 치며 압제하나이다(시 56:1b)
>
> 내 원수가 종일 나를 삼키려 하며
>
> 나를 교만하게 치는 자들이 많사오니(시 56:2)

여기에 '종일', '삼키려 하며', '치며', '압제하나이다'라는 단어는 당시 다윗이 블레셋에서 있을 때의 상황이 매우 절박하다는 것을 보여준다. 특히 '삼키다'와 '치다'라는 동사를 반복하므로 그것을 더 강조한다. '삼키다'(샤아프, שָׁאַף)라고 번역된 단어는 '짓밟다', '유린하다'라는 뜻이다. 또한 '원수'라고 번역된 단어는 '감시자'(쇼레이르, שׁוֹרֵר)라는 뜻이다(Harris 1980, 2354a). '교만하게 치는 자'는 '높은 위치에 있는 자'(마롬, מָרוֹם)로 권세 있는 자를 말한다고 보는 것이 이 시에 더 어울린다. 다윗은 이 상황을 '내가 두려워하는 날'(시 56:3)이라고 했다. 이 상황에서 다윗은 후렴구로 첫 번째 연을 매듭짓는다.

> 내가 하나님을 의지하고 그 말씀을 찬송하올지라
>
> 내가 하나님을 의지하였은즉 두려워하지 아니하리니
>
> 혈육을 가진 사람이 내게 어찌하리이까(시 56:4, 10-11).

그는 하나님을 의지한다는 말을 반복하여 그의 믿음을 강조하며 두려워하지 않을 것이라고 했다. 그러면서 그를 짓밟고 치는 자들이 혈육을 가진 자들이기에 다윗 자신에게 어떻게 할 수 없다고 하면서 그들의 한계를 지적한다. 여기서 '혈육을 가진 자'라는 말은 육체를 가진 인간에 불과한 존재라는 것이다.

(2) 원수들을 심판해 주시기를 간구함(시 56:5-11)

이 연에서 다윗은 그의 원수들의 악행을 말하며 심판해 주시기를 간구한다. 원수들은 그의 말을 곡해했다. 이것은 다윗의 말을 그대로 이해하여 전달하지 않고 뒤틀었다는 뜻이다. 그것은 그들의 모든 생각이 사악하기 때문이다(시 56:5). 그 행동의 중심에는 그를 해롭게 하기 위한 동기가 숨어 있다는 것이다. 이뿐만 아니라 모여 숨어서 그의 발자취를 지켜본다고 했다(시 56:6). 다윗은 이러한 상황을 어떻게 극복하고 이길 수 있을까?

나윗은 이들의 악행을 고발하며 그들이 익을 행하고시도 인진힐 수 있는지 반문하고 범위를 넓혀 '뭇 백성'을 낮추어 달라고 간구했다. 다윗은 더 적극적으로 "나의 유리함을 주께서 계수하셨으니 나의 눈물을 주의 병에 담으소서 이것이 주의 책에 기록되지 아니하였나이까?"라고 기도했다. '유리함'은 사울을 피하여 블레셋에 망명해 있었을 때의 상황을 잘 표현해 준다. 그리고 이미지 언어로 그의 눈물을 병에 담아달라고 구하며 이것이 주의 책에 기록되었다고 했다. 이것은 주께서 그의 고통의 날을 기억해 달라는 비유적 표현이다(Alexander 1991, 259).

다윗은 그가 한 기도가 응답되어 원수가 물러가면 이것으로 하나님이 그의 편인 줄을 알게 될 것이라고 했다(시 56:9). 이 기도는 하나님이 자기편이라는 것을 기도 응답을 통해 알게 될 것이라는 뜻이다. 이것은 그의 기도를 응답해 달라는 간절함의 표현이다. 이 기도와 더불어 첫 번째 연에 이어 후렴구로 두 번째 연을 매듭짓는다(시 56:4, 10-11). 이 후렴구는 하나님을 의지한다는 믿음을 강조하여 표현한다.

(3) 감사할 것을 서원함(시 56:12-13)

이 연에서 다윗은 하나님이 구원해 주실 것을 기대하면서 고통 중에서 감사할 것을 서원한다. 그 이유는(원문은 이유를 나타내는 접속사 '키'가 있음) 주께서 그의 생명을 사망에서 구원해 주셨기 때문이다. 이는 그로 생명의 빛에 다니게 하려고 구원해 주셨기 때문이라고 수사의문문으로 말한다(시 56:13). 그는 서원한 대로 공적인 예배에서 감사제를 드렸을 것이다.

이 시편은 기도가 식상해 보여도 하나님을 의지하는 방법이고, 우리를 두렵게 하는 문제를 해결하는 실제적 방편이라는 것을 알려준다. 기도는 분명한 영적인 실재가 있고, 우리 믿음을 현실화시키는 실제적인 방법이다.

시편 57편 : 역경 중에서의 믿음과 기도

이 시편은 표제에 "다윗의 믹담 시, 인도자를 따라 알다스헷에 맞춘 노래, 다윗이 사울을 피하여 굴에 있던 때에"라고 밝힌 것처럼 다윗이 역경 중에 있을 때 간구한 기도시다. 이 시의 역사적 배경은 사무엘상 22:1-26:25에 기록되어 있다. 이 시편은 모든 역경을 풀어가는 해법은 믿음과 기도라는 것을 보여준다. 이 시편은 두 개의 후렴구(시 57:5, 11)로 보아 두 개의 연으로 구성되었음을 알 수 있다.

시의 구조
(1) 역사적 배경(표제)
(2) 다윗의 기도(시 57:1-5)
(3) 다윗의 찬양(시 57:6-11)

(1) 역사적 배경(표제)

이 시편의 표제는 저자와 역사적 배경과 시의 분위기를 알려준다. '믹담'은 시편 16, 56-60편까지 모두 여섯 편이지만 대개 교훈시로 보나 정확한 뜻이 무엇인지 알 수 없다. '알다스헷'(אַל־תַּשְׁחֵת)은 '멸망시키지 마십시오'(don't destroy)라는 뜻으로 이 시가 이러한 음조(音調)에 맞춘(tuning) 노래라는 것을 알 수 있다.

이 표제에서 역사적 배경을 "다윗이 사울을 피하여 굴에 있던 때에"라고 했다. 이 역사가 기록된 사무엘상 22:1-26:25에 보면 아둘람과 엔게디에 있는 굴에 있었을 때이다. 이 역사를 보면 다윗은 이스라엘 왕이 될 것이라는 의미인 기름부음을 받고 블레셋의 골리앗을 죽인 사건이 계기가 되어 사울의 미움을 받아 여러 번 죽을 위기에 빠졌다. 그가 굴에 은신해 있었을 때는 사울이 그가 있는 곳을 알려주거나 도움을 주면 돈과 사회적 지위를 주겠다고 한 때였고(삼상 22:7), 도엑이 제사장 마을인 놉에서 아히멜렉을 만난 일을 고하여 제사장 85명을 죽였을 때다(삼상 22:11, 18). 다윗은 기름부음 받은 자로서 약속이 성취되기보다는 오히려 더 큰 역경 가운데 빠지게 되었다. 이것이 이 시의 역사적 배경이다.

(2) 다윗의 기도(시 57:1-5)

이 연에서 다윗은 당시 긴박한 상황에서 하나님께 무엇이라고 기도했는지 보여준다. 그는 "내게 은혜를 베푸소서"(시 57:1)를 두 번이나 반복하고 있다. 이는 그의 상황이 긴박하다는 것이다. 이때 그는 재앙이 지날 때까지 주의 날개 그늘에 피할 것이라고 했다(시 57:1). 이 비유적인 표현에 대해 알렉산더(Alexander 1991, 79-80, 260-261)는 독수리가 새끼를 단련시키고 보호하기 위한 것에서 가져온 개념으로 보았다(신 32:10; 참조. 시 17:8; 36:7). 그가 이러한 표현을 사용한 것은 권력이나 돈을 의지하지 않고 하나님을 의지하겠다는 믿음의 표현이기도 하지만 자신을 단련시키는 일로 보았다는 것이다.

다윗은 '지존하신 하나님'(엘로힘 엘룐, אֱלֹהִים עֶלְיוֹן)께 부르짖는다. 이 이름을 KJV, ASV, NIV 등에서 대문자로 번역했다. 이 이름은 하나님을 묘사하는 이름으로 신들 중의 신이며 지극히 높으신 분이라는 뜻이다(Harris 1980, 1624h). 그는 이 하나님을 가리켜 '나를 위하여 모든 것을 이루시는 하나님'이라고 했다. 이것은 그에게 있는 역경이 자기를 향한 하나님의 거룩한 목적을 이루기 위한 하나님의 섭리가 작용하고 있는 것으로 이해했다는 것이다. 그는 지존하신 하나님께서 그를 삼키려는 자에게서 구원하실 것을 믿었다. 그는 여기서 '셀라'라고 했다(시 57:3). 이 '셀라'의 의미는 여러 가지가 있으나 여기서는 다음에 나오는 말의 음조(音調)를 높이라는 신호다. 그는 하나님이 인자와 진리를 보내실 것을 믿었다(시 57:3). 그가 처해 있었던 고통을 평행법과 비유적 언어로 "내 영혼이 사자들 가운데서 살며 내가 불사르는 자들 중에 누웠으니"라고 했고, "그들의 이는 창과 화살이요 그들의 혀는 날카로운 칼 같도다"라고 했다(시 57:4).

그런데 이 연의 마지막에 후렴구로 "하나님이여 주는 하늘 위에 높이 들리시며 주의 영광이 온 세계 위에 높아지기를 원하나이다"(시 57:5)라고 기도한다. 이 후렴구는 하나님의 통치가 만물 위에 있음을 고백하는 것이다. 그가 이렇게 고백하는 것은 영광스러운 하나님의 임재를 구하는 것으로 악을 제거하고 세상을 바르게 세워주시기를 소망하는 것이다(Wilson 2002, 832).

(3) 다윗의 찬양(시 57:6-11)

이 연에서 다윗은 앞의 연에서 지존하신 하나님께 구한 기도가 이루어질 것을 믿고 찬양한다. 그는 지금까지 미래 시제를 의미하는 미완료형으로 말해왔으나 시편 57:6에서는 과거 또는 현재완료로 번역되는 완료형으로 기록했다. 여러 영어번역 성경은 이 시제의 차이를 잘 표현했다. 완료형으로 기록한 것은 과거의 경험을 토대로 하고 있다는 것이다. 사울은 다윗을 죽이기 위해 올무를 놓았으나 하나님은 그 상황에서 다윗을 건져주셨다(참조. 삼상 18:17, 25-27; 19:9-12; 18-24 등). 그는 과거에 악한 자들이 그의 걸음을 막으려고 그물을 놓고, 웅덩이를 팠으나 그들이 거기에 빠졌다고 했다. 그리고 '셀라'라고 했다. 이 '셀라'의 의미는 시편 57:3처럼 다음에 나오는 말의 음조(音調)를 높이라는 신호다. 음조를 높이는 내용은 "내 마음이 확정되고 확정되었사오니 내가 노래하고 내가 찬송하리로다"(시 57:7)라는 찬양으로 나타난다. 이것은 그가 경험한 사실을 토대로 사울의 압제가 있음에도 그의 마음이 믿음과 확신으로 굳게 섰다는 것이다(Wilson 2002, 832).

다윗이 경험했던 일은 사울이 그를 잡기 위해 엔게디에 왔을 때의 사건을 염두에 둔 것처럼 보인다. 당시 역사를 보면 사울은 다윗을 잡기 위해 돈과 지위를 약속했다(삼상 22:7). 다윗이 굴에 숨어 있을 때 어떤 사람들이 사울에게 그가 엔게디에 있다고 말하자 사울은 그를 잡기 위해 왔다. 그러나 사울은 당시 굴에 숨어 있던 다윗에게 죽을 수도 있었으나 다윗은 사울이 기름부음을 받은 자였기에 그를 살려주었다(삼상 24:1-4). 다윗은 이 일을 통해 하나님이 그와 함께 하신다는 사실을 알게 되었을 것이다.

이후에 다윗은 비파와 수금을 의인화하여 거울로 보고 말하듯이 자기에게 "내 영광아 깰지어다 비파야 수금아 깰지어다 내가 새벽을 깨우리로다"(시 57:8)라고 했다. 특히 "내가 새벽을 깨우리로다"라는 말은 압제자로부터 오는 고통이 있어도 희망을 열어가겠다는 뜻이다. 그래서 그는 평행법으로 만민 중에 주께 감사하며 찬송하리라고 했다. 왜냐하면 그가 "주의 인자는 커서 하늘에 미치고 주의 진리는 궁창에 이르나이다"(시 57:10)라고 고백한 것처럼 하나님의 인자와 진리가 나타나 자신의 억울함을 증명해 주실 것이기 때문이다(참조. 시 57:3).

다윗은 후렴구에서 다시 한번 하나님이 영광 중에 임재하여 악과 그의 영향을 제거하고 신실한 자들의 믿음을 증명해 주실 소망으로 끝맺는다(Wilson 2002, 833). 다윗이 하나님의 인자와 진리가 온 세상에 미친다고 고백한 대로 당시 역사를 보면 하나님께서 다윗에게 자비를 베푸시고, 결국에는 그를 해하는 사울과 그 주변에 악한 무리들을 벌하셨다. 결과적으로 다윗이 찬양한 것처럼 주의 영광이 온 세계 위에 높아졌다. 그러므로 믿음과 기도는 논리를 초월한 하나님의 자비와 진리를 경험하는 방법이다.

시편 67편 : 하나님은 우리에게 복을 주신다

시 곧 노래, 인도자를 따라 현악에 맞춘 것

1 하나님은 우리에게 은혜를 베푸사 복을 주시고

    그의 얼굴 빛을 우리에게 비추사 (셀라)

2 주의 도를 땅 위에

    주의 구원을 모든 나라에게 알리소서

3 하나님이여

    민족들이 주를 찬송하게 하시며

    모든 민족들이 주를 찬송하게 하소서

4 온 백성은 기쁘고 즐겁게 노래할지니

    주는 민족들을 공평히 심판하시며

    땅 위의 나라들을 다스리실 것임이니이다 (셀라)

5 하나님이여

    민족들이 주를 찬송하게 하시며

    모든 민족으로 주를 찬송하게 하소서

6 땅이 그의 소산을 내어 주었으니

하나님 곧 우리 하나님이 우리에게 복을 주시리로다

7 하나님이 우리에게 복을 주시리니

땅의 모든 끝이 하나님을 경외하리로다

이 시편은 하나님을 찬양하는 찬양시다. 특히 이 시편은 모든 인류가 알아야 할 내용에 관심을 집중하고 있다. 저자는 하나님이 아브라함과 맺은 언약에 따라 아브라함의 축복이 일차적으로 언약 백성들에게 임하기를 구하고, 그 축복을 보고 모든 민족이 하나님을 찬양하고 경외하게 될 것을 보여준다(Wilson 2002, 925). 이 시편은 다음과 같은 구조로 구분할 수 있다.

시의 구조
(1) 하나님의 복을 구하는 기도(시 67:1-2)
(2) 복 주심의 결과 : 하나님의 통치(시 67:3-5)
(3) 하나님의 통치의 결과(시 67:6-7)

(1) 하나님의 복을 구하는 기도(시 67:1-2)

저자는 하나님이 '우리' 곧 이스라엘 공동체에 은혜를 베푸사 복을 주시기를 구한다. 이 축복은 제사장이 회중들에게 축복하는 강복선언과 유사하다(참조. 민 6:24-26). 특히 하나님의 얼굴을 우리에게 비추어 달라고 구한다. 이것은 비유적인 표현으로 하나님의 임재를 보여주시기를 구하는 것이다. 저자가 이스라엘 공동체에 복을 주시기를 구하는 목적은 그들의 번영만을 구하는 것은 아니다. 그것을 구하는 목적은 "주의 도를 땅 위에, 주의 구원을 모든 나라에 알게 하려는"(시 67:2) 것이다.[133] 여기 '도'는 히브리어로 '데렉'(דֶּרֶךְ)인데, 이 단어는 문자적으로 '길'이나 '방법'을 말하는 것으로 주와 교제하는 방법을 말한다. 저자가 하나님이 이스라엘 공동체에 복을 주시기를 구하는 목적은 온 세상이 하나님과 교

[133] 개역개정판은 히브리어 성경의 의미를 바르게 드러내지 못했다. 원문은 부정사 연계형 (infinitive construct)과 목적이나 결과를 나타내는 불분리 전치사 '러'(לְ)와 결합되어 '라다아트'(לָדַעַת)로 시작한다. 그래서 이 절은 "주의 도를 땅에, 주의 구원을 모든 민족에게 알게 하려는 것이다"라고 번역해야 한다.

제하는 길과 구원을 알게 해 달라는 것이다.

(2) 복 주심의 결과 : 하나님의 통치(시 67:3-5)

저자는 하나님이 언약 공동체에게 복 주신 결과 모든 민족이 주를 찬송하게 해 달라고 구한다. 이 점을 수미쌍관법으로 설명한다(시 67:3, 5). 모든 민족이 주를 찬송할 수 있는 것은 하나님이 언약 공동체인 이스라엘에게 복 주심을 보고 "… 주는 민족들을 공평히 심판하시며 땅 위의 나라들을 다스리실 것"(시 67:4)을 알게 되었기 때문이다.[134] 그리고 이 노래 뒤에 '셀라'라고 한 것은 이 말씀이 영원한 진리라는 것을 강조하기 위함이다. 이 말씀은 첫 번째 연의 이스라엘에게 복을 주심으로 주와 교제하는 길과 구원을 알게 해 달라는 말씀과 짝을 이룬다(참조. 시 67:2). 이것은 언약 공동체인 이스라엘의 독특한 위치를 보여준다. 이스라엘은 언약 공동체일 뿐만 아니라 제사장 나라로서 하나님의 의로운 통치를 받는 것을 보여줌으로 세상의 모든 민족이 구원을 얻는 축복의 통로로 부름을 받았다.

이로 볼 때 구약시대 축복의 통로로 부름을 받은 이스라엘에게 복을 내려달라고 기도한 것은 그들을 통하여 이방 모든 민족이 하나님을 알고 그 통치를 받게 하려는 것이다. 신약시대에는 성도가 그리스도 안에서 제사장 나라가 되었기에 성도는 모든 이방의 민족들이 하나님을 알고 그의 공평한 통치를 받게 해야 할 책임이 있다.

(3) 하나님의 통치의 결과(시 67:6-7)

이 연에서 저자는 평행법의 하나인 진술 → 결과의 형태로 된 종합 평행법으

---

[134] 히브리어 본문은 수미쌍관법으로 가운데의 근거를 나타내는 X이며 이유를 나타내는 접속사 '키'(כִּי)로 시작한다. '심판하다'(שָׁפַט)라는 동사도 평행법으로 '다스리다'(נָחָה)와 같은 의미로 사용한다. 앞의 '심판하다'는 '통치하다'라는 의미로, 뒤의 '다스리다'는 '인도하다'라는 의미로 번역되어야 한다.

로 기록했다.

A 땅이 그의 소산을 내어 주었으니(진술)

B 하나님 곧 우리 하나님이 우리에게 복을 주시리로다(결과)

A′ 하나님이 우리에게 복을 주시리니(진술)

B′ 땅의 모든 끝이 하나님을 경외하리로다(결과)

이 연은 언약 공동체의 기도가 응답되리라 확신하고 "땅이 그의 소산을 내어 주었다"라는 말로 시작한다. '주다'(나트나, נָתְנָה)라는 히브리어 동사는 완료형으로 과거나 현재완료로 번역할 수 있다. 개역개정판은 과거사로 번역했고, NIV는 미래로, NASB는 현재완료로 번역했다. 이 단어를 완료형으로 보아 이미 하나님이 주신 땅의 소산물을 보면서 하나님이 미래에 복을 주실 것을 확신하는 것으로 보아야 한다. 이 점을 고려한다면 땅이 그의 소산을 준 것은 하나님이 주신 복의 표징이다(Wilson 2002, 928). 그래서 그 결과 그는 "하나님 곧 우리 하나님이 우리에게 복을 주시리로다"라고 했다(시 67:6b). 그는 다시 하나님이 복을 주실 것을 진술하고 그 결과로 땅의 모든 끝이 하나님을 경외하게 될 것이라고 고백한다(시 67:7). 또한 여기에는 죄로 인하여 부패한 땅(창 3:17-19)이 하나님이 원래 의도한 대로 회복될 것이고, 깨어지고 나누어진 인류(창 11:1-9) 역시 원래 의도한 대로 회복되어 하나님을 경외하게 될 계시적 기대도 있다(Wilson 2002, 928). 그러나 이스라엘을 위해 복을 구한다고 그 복이 저절로 주어지는 것은 아니다. 그들이 제사장 나라로 축복의 통로 역할을 하려면 하나님의 계명을 지켜야 한다는 조건적인 성격이 전제되고 있음을 알아야 한다.

시편 69편 : 하나님이여, 나를 구원하소서

이 시편은 표제에 나타나 있는 대로 다윗의 개인 탄식시로 '소산님에 맞춘' 노래다. NIV는 'To the tune of Lilies'라고 했고, 개역개정판은 난외주에 '백합화 곡조'라고 했다. 이것은 소산님이라는 음조에 맞추어 불렀다는 것이다. 이 시편은 신약성경에 많이 인용되기에 익숙한 표현들이 많다(요 2:17; 15:25; 롬 11:9-10; 15:3 등). 그리스도인인 우리는 세상이 갖고 있지 못한 그리스도를 모시고 있다. 하지만 세상에 살고 있는 한 계속해서 적의와 좌절과 두려움과 위험에 직면한다(롱맨 1989, 168). 다윗도 이러한 상황에 처해 있었던 것처럼 보인다. 이 시편은 다윗이 이 상황에서 어떻게 고통 했고, 어떻게 문제를 해결했는지를 보여준다. 이 시편은 탄식시가 가지고 있는 전형적인 구조를 가지고 있다.

시의 구조

(1) 대적들로부터 구원을 탄원함(시 69:1-4)
(2) 죄의 고백(시 69:5-6)
(3) 탄식(시 69:7-12)
(4) 구원을 위한 간구(시 69:13-18)
(5) 대적들을 심판해 주시기를 원함(시 69:19-28)
(6) 하나님의 이름을 찬송함(시 69:29-35)

(1) 대적들로부터 구원을 탄원함(시 69:1-4)

다윗은 자신이 지금 큰 곤경 가운데 빠져 있다는 것을 시편 69:1-2에서 이미 이미지 언어(= 비유적 언어)로 표현한다.

하나님이여 나를 구원하소서
물들이 내 영혼에까지 흘러들어왔나이다
나는 설 곳이 없는 깊은 수렁에 빠지며
깊은 물에 들어가니

큰물이 내게 넘치나이다

저자는 자신이 처한 상황을 물이 차서 서서히 수렁에 빠진 상태와 깊은 물에 들어가 큰물이 자신을 삼키려고 덮치는[135] 이미지로 묘사한다. 그는 이 일로 부르짖다가 피곤하여 목이 마르고, 하나님을 바라서 눈이 쇠할 지경까지 되었다. 이러한 지경으로 들어가게 된 원인은 '까닭 없이' 그리고 '부당하게' 그를 미워하는 대적들이 머리털보다 많아 그를 끊으려고 하였기 때문이다(시 69:4). 예수님은 제자들에게 세상이 그들을 미워하는 것은 그들보다 예수님을 미워하는 것이라고 하며, 그 이유를 예수님이 제자들을 선택하셨기 때문이라고 설명하셨다. 이 일에 대하여 해설자는 시편 69:4을 인용하여 "그러나 이는 그들의 율법에 기록된 바 그들이 이유 없이 나를 미워하였다 한 말을 응하게 하려 함이라"(요 15:25)라고 했다. 이것은 저자가 당하는 고통이 주를 섬기는 일과 연관된 것임을 알게 한다.

(2) 죄의 고백(시 69:5-6)

저자는 대적들이 '까닭 없이' 그리고 '부당하게' 자신을 미워함으로 어려움 가운데 빠지게 되었다 할지라도 자신을 완전한 존재로 보지는 않는다. 그는 하나님께 구원을 청하기 전에 먼저 자신도 죄가 있음을 고백한다(시 69:5). 이 시에서 그는 죄로 인하여 주의 징계를 받은 사실을 고백한다(시 69:26). 구약의 성도나 신약의 성도인 우리는 그리스도 안에서 죄사함을 받았다. 그렇다고 해서 우리가 죄를 범해도 되는 면허를 받은 것은 아니다(롱맨 1989, 173).

또한 그는 시편 69:6에서 평행법으로 자신의 죄 때문에 주를 바라는 자들, 곧 주를 찾는 자들이 수치를 당하지 않게 해 달라고 기도한다.

주 만군의 여호와여
주를 바라는 자들이 나를 인하여 수치를 당하게 하지 마옵소서

---

[135] 이 단어는 히브리어 '샤타프'(קְטַף)로 개역개정판의 '넘치다'라는 번역보다 '덮치다'라는 표현이 적절하다(참조. 사 28:17).

이스라엘의 하나님이여

주를 찾는 자가 나로 말미암아 복을 당하게 하지 마옵소서

그의 고백은 우리의 죄로 말미암아 다른 성도들의 평판과 사역이 손상될 수 있다는 것을 보여준다(롱맨 1989, 174). 우리가 죄를 범하고 부도덕한 일을 한다면 다른 경건한 자들도 함께 수치를 당하게 되고 전체 교회 공동체도 세상의 조소거리가 될 수 있다.

(3) 탄식(시 69:7-12)

성도가 죄를 범함으로 세상의 조소거리가 되어서는 안 된다. 하지만 저자는 자신의 죄 때문에 주를 찾는 자들이 모욕을 당하지 않게 해 달라는 것이 아니다. 왜냐하면 그 이유를 시편 69:7에서 "(왜냐하면) 내가 주를 위하여 비방을 받았사오니 …"(כִּי־עָלֶיךָ נָשָׂאתִי חֶרְפָּה)라고 말하기 때문이다. 그가 고통을 당하고 있는 것은 주를 위한 헌신 때문이다. 그는 더 구체적으로 "주의 집을 위하는 열성이 나를 삼키고"(시 69:9)라고 했다. 사도 요한은 예수님이 성전에서 장사하는 자들을 내어 쫓으신 사건을 보고 제자들이 이 말씀을 기억했다고 하였다(요 2:17). 또한 다윗은 시편 69:9에 "주를 비방하는 비방이 내게 미쳤나이다"(וְחֶרְפּוֹת חוֹרְפֶיךָ נָפְלוּ עָלָי)라고 했다.[136] 이 말씀은 주를 비방하는 자들의 비방이 그에게 미쳤다는 뜻이다. 사도 바울은 그리스도가 자신을 기쁘게 하지 아니한 것처럼 성도들도 자기를 기쁘게 하지 않아야 한다는 것을 논증하기 위하여 이 말씀을 인용하였다(롬 15:3). 이것은 주를 섬기는 일, 그 중에서 약한 자들과 교제하는 것을 사람들이 비방한다면 기꺼이 감당해야 한다는 것이다. 그래서 그가 고통을 당하는 것은 주를 위한 헌신과 열심 때문이다. 그는 이 문제를 가지고 금식하며 기도하였는데 이 일조차도 비방거리가 되었다고 탄식한다(시 69:10-12).

---

136 개역개정판의 '주를 비방하는 비방'은 바른 번역이 아니다. '주를 비방하는'이라는 단어 '홀페카'(חוֹרְפֶיךָ)는 칼동사, 분사, 복수형에 대명사 접미사 '당신의'(주의)가 결합하여 '주를 비방하는 자들'이다. 그래서 '주를 비방하는 비방'은 '주를 비방하는 자들의 비방'이라고 번역해야 한다. 로마서 15:3은 이 말씀을 바르게 번역하여 인용하였다.

(4) 구원을 위한 간구(시 69:13-18)

저자는 이러한 문제로 곤경에 처한 자신을 구원해 주실 것을 기도한다. 그는 앞의 시편 69:1-3과 동일한 비유적 이미지를 사용하여 시편 69:14-15에서 다음과 같이 기도한다.

> 나를 수렁에서 건지사 빠지지 말게 하시고
> 나를 미워하는 자에게서와 깊은 물에서 건지소서
> 큰 물이 나를 휩쓸거나
> 깊음이 나를 삼키지 못하게 하시며
> 웅덩이가 내 위에 덮쳐 그것의 입을 닫지 못하게 하소서

이와 더불어 다윗은 여호와께 여호와의 인자하심과 긍휼하심에 따라 자기에게 돌이켜 달라고 했다. 그리고 다윗 자신을 '주의 종'이라 부르며 주의 얼굴을 숨기지 말고 구원해 달라고 간구했다(시 69:16-18). 그는 이 간구에서 여호와의 인자하심과 긍휼에 호소한다(참조. 출 34:6). 또한 자신이 '주의 종'이라는 사실에 근거하여 호소한다. 구약시대에 선지자도 주의 종이었고(삼하 7:25; 왕하 14:25), 신약시대에 베드로와 야고보 등의 사도들만이 아니라 성도들도 그리스도의 종이라 불렀다(고전 7:22; 약 1:1; 벧전 2:16; 벧후 1:1). 주의 종은 하나님과 교제하며 하나님의 뜻과 명령을 수행하기 위하여 부르심을 받은 자들이라는 뜻이다.

(5) 대적들을 심판해 주시기를 원함(시 69:19-28)

다윗은 대적들이 그를 고통스럽게 할 때 그들이 하는 비방으로 인하여 수치심과 모욕감을 느꼈다고 말하고, 이러한 감정 상태를 주께서 아신다고 고백했다(시 69:19). 그는 마음이 상하고 불쌍히 여길 자를 바랐으나 대적들은 음식물 대신에 쓸개를 주며, 음료 대신에 초를 마시게 했다(시 69:21). 이것은 대적들이 실제로 이것을 주었다는 것이 아니라 비유적인 표현으로 더 고통스럽게 했다는 것이다.

다윗은 이러한 자신의 고통을 설명하면서 주께서 대적들을 멸해 주시기를 간구한다. 그들의 밥상과 평안이 올무와 덫이 되게 해 달라고 간구한다(시 69:22). 여기에 '밥상'은 제사를 드리는 상을 말한다.[137] 그래서 이 말은 대적들이 드리는 제사가 마치 새를 잡기 위해 올무를 놓은 것처럼 되어 화를 당하는 올무가 되게 해 달라는 것이다. 또한 주의 분노를 그들 위에 붓고, 심지어 생명책에서 지워달라고 간구한다(시 69:22-28). 이러한 저자의 간구는 단순히 저주가 아니라 하나님의 공의를 실현해 악인들을 심판해 달라는 것이다.

복음서 저자들은 대적들이 음식물 대신에 쓸개를 주고, 음료 대신에 초를 주었다는 말씀을 십자가 위에서 고난 당하신 예수님께 적용하였다(마 27:34, 48; 막 15:23, 36; 눅 23:36; 요 19:29). 이러한 면에서 이 시의 저자가 당하는 고난은 그리스도의 고난을 예표적으로 보여준다. 동시에 이 시의 저자인 다윗이 당하는 고난이 자신의 죄 때문이 아니라 '까닭 없이' 대적들에게 미움을 받는 것이고, 수치스럽고 모욕적임을 보여준다. 하지만 예수님께 이 시편을 적용할 때 결정적으로 다른 부분이 있다는 것도 주목할 필요가 있다. 이 시에서 악한 자들은 저자에게 음식물로 쓸개를 주고, 음료로 초를 마시게 한 것은 비유적인 표현이었다. 하지만 예수님께는 문자 그대로 이 일이 십자가 위에서 일어났다(마 27:34, 48; 요 19:28). 더 극적인 차이점은 이 시의 저자는 대적들을 저주하였으나 예수님은 용서하셨다는 것이다.

> 아버지 저들을 사하여 주옵소서 자기들이 하는 것을 알지 못함이니이다(눅 23:34).

(6) 하나님의 이름을 찬송함(시 69:29-35)

다윗은 자신의 처지를 탄식하며 하나님께 악인들을 심판해 주시기를 간구하다가 갑자기 분위기가 바뀌며 하나님을 찬양한다. 그것은 다윗은 지금은 가난하고 슬프지만 하나님께서 간구를 들으시고 응답해 주실 것을 바라보았기 때문이

---

137 밥상은 히브리어 '슐한'(שֻׁלְחָן)으로 제사를 드리는 상을 의미한다(출 25:23).

다. 다윗은 이 찬양이 황소를 드리는 제사보다 주를 더 기쁘시게 한다는 것을 알았다(시 69:29-31). 그는 하나님을 찾는 곤고한 자들이 그의 이러한 찬송을 보고 마음이 소생하기를 구한다. 그리고 여호와는 궁핍한 자의 소리를 들으시며 주로 말미암아 갇힌 자들을 멸시하지 않으시는 분으로 알기를 구한다(시 69:32-33). 다윗의 믿음대로 하나님은 그가 간구한 것을 들으시고 궁핍한 자들의 간구를 들으시는 분임을 증명해 주셨을 것이다.

제3권 : 시편 73-89편

제3권은 모든 시에 다 표제가 붙어 있다. 여기 표제의 대부분은 아삽의 시다. 아삽은 다윗 시대에 예배 음악을 담당했던 레위인이다(대상 15:17-19; 16:4-5). 그의 후손들 역시 성전에서 예배 음악을 담당했다(스 3:10). 제3권을 다음과 같이 구분할 수 있다.

- 아삽의 시 : 시 73-83편
- 고라 자손의 시 : 시 84-85, 87-88편
- 다윗의 시 : 시 86편
- 에스라인 에단의 시 : 시 89편

시편 73편 : 성도는 왜 갈등하는가?

이 시의 저자는 아삽이다. 아삽은 레위지파 사람으로 다윗 시대에 성소에서 찬송을 맡은 자다(대상 16:4-5). 시편에는 그의 시가 시편 50편, 73편부터 83편까지 모두 12편이다. 이 시편은 하나님에 대한 믿음이 흔들릴 때 그것을 해결하는 방법이 무엇인지를 보여준다.

시의 구조
(1) 어떤 문제로 갈등하는가(시 73:1-14)
(2) 갈등을 해결하는 방법은 무엇인가(시 73:15-24)
(3) 갈등을 해결한 후 얻은 결론은 무엇인가(시 73:25-28)

(1) 어떤 문제로 갈등하는가(시 73:1-14)

저자는 하나님이 이스라엘 중 마음이 정결한 자에게 선을 행하신다는 사실을 믿었다(시 73:1). '선하다'라는 말은 히브리어 '토브'(שׂוב)로 하나님이 세상을 창조하시고 난 뒤에 보시기에 '좋았더라'라고 하신 말씀과 같은 단어다. 이것은 단순히 도덕적으로 '선하다'라는 개념이 아니라 '완전하고 좋다'라는 개념으로 하나님은 완전하고 좋으신 분이라는 것이다. 하나님은 이스라엘, 곧 마음이 정결한 자에게 완전하고 좋으신 분이다. 하지만 저자는 이 믿음에 금이 가 큰 갈등이 생겨 넘어질 뻔했다(시 73:2). 그 갈등을 시편 73:3-14에 구체적으로 설명한다. 그 설명의 핵심은 악인과 오만한 자들이 형통하고 고난이 없는 것처럼 보였기 때문이다(시 73:4-5). 그래서 저자는 "교만이 그들의 목걸이요 강포가 그들의 옷이며"(시 73:6)라고 했다. '목걸이'와 '옷'은 비유적 표현으로 교만이 장식품이고 폭력이 옷을 입듯이 일상화되었다는 것이다. 그런데도 악한 자들은 소득도 많고 높은 지위에 있으면서 거만하게 말한다(시 73:7-8). 또한 비유적인 언어로 "그들의 입은 하늘에 두고 그들의 혀는 땅에 두루 다니도다"(시 73:9)라고 했다. 이것은 악한 자들의 말이 마치 하늘에 있는 초자연적인 존재처럼 권세가 있고 세상에 강력한 영향력을 미친다는 것이다.

이러한 현상을 볼 때 갈등이 생기지 않겠는가? 이 현상을 보고 하나님을 섬기는 그의 백성들이 물을 한 잔 들이키며 "하나님이 어찌 알랴 지존자에게 지식이 있으랴"(시 73:11)라고 말했다. 그리고 저자는 갈등의 절정에서 '볼지어다'(= 보십시오)라고 했다. 히브리어로 이 단어는 '히네이'(הנה)라는 말로 어떤 사람이나 현상을 주목하게 할 때 쓰는 표현이다. 저자는 하나님께 어떤 현상을 주목해 보라고 했는가? 악인들은 당연히 그들이 행하는 악한 행동으로 인하여 벌을 받아서 고통을 당해야 하는데 평안하기만 하고, 그들의 재산은 점점 불어난다는 것이다(시 73:12). 그리고 이 현상을 볼 때 마음을 깨끗하게 하고 정직하게 사는 것이 무슨 의미가 있느냐고 반문했다(시 73:13-14). 성도에게 왜 이러한 갈등이 생기는 것일까? 그것은 우리가 믿는 것과 우리가 지금 이 세상에서 경험하고 있는 현실 사이의 모순 때문이다.

(2) 갈등을 해결하는 방법은 무엇인가(시 73:15-24)

저자도 이 문제로 갈등하며 고통했다. 만일 백성들이 말하는 것처럼 "하나님이 어찌 알랴 지존자에게 지식이 있으랴"라고 말하며 마음을 깨끗하게 하며 사는 것이 무슨 의미가 있느냐고 말했다면 주의 자녀들을 배신하는 일을 하였을 것이라고 했다(시 73:15). 이 질문에 대하여 저자는 "내가 어쩌면 이를 알까 하여 생각한즉 그것이 내게 심한 고통이 되었다"(시 73:16)라고 했다. 그 고통 중에 저 자인 아삽은 답을 얻었다. 그것은 그가 하나님의 성소에 들어가서야 그들의 종 말을 깨달았기 때문이다(시 73:17). 구약시대 성소는 하나님이 임재해 계시는 장소였다. 신약시대에는 그리스도께서 십자가에 죽으심으로 그를 믿는 자들이 자유롭게 성소에 왕래하는 복을 받았다(히 10:19-20).

성소에서 기도하는 아삽에게 하나님은 어떻게 답을 주셨는가? 하나님은 그에게 악한 자들을 어떻게 처리할 것인지 그들의 현재와 미래를 보여주셨다. 하나님은 그들을 미끄러운 곳에 두셔서 파멸에 던지실 것이다(시 73:18-20). 성소에 들어가서야 알게 된 악한 자들의 종말을 보고 저자는 현상적인 문제만 보고 갈등하며 아파하였던 자신을 부끄러워하였다. 그러한 자신을 주의 앞에서 마치 짐승 같아 보인다고 했다(시 73:21-22). 그럼에도 주께서 주의 교훈으로 인도하시고 후에는 영광으로 영접하실 것을 알게 되었다. 이것이 그리스도 안에 있는 모든 성도가 받은 은혜다.

(3) 갈등이 해결된 후에 얻은 결론은 무엇인가(시 73:25-28)

이 모든 갈등이 해결된 이후 저자가 얻은 결론은 무엇인가? 주 외에 의지할 분이 없고 주만이 반석이시고 영원한 분깃이 되신다는 것이다(시 73:25-26). 왜냐하면(원문은 이유 접속사가 있음) 음녀 같이 주를 떠난 자는 다 망할 것이기 때문이다(시 73:27). 그래서 그는 하나님께 가까이함이 복이라는 사실을 깨달았다(시 73:28a). 하나님께 가까이함이 복이라는 말은 하나님과 교제하며 사는 것이 참된 복이라는 것이다. 온 천하의 주가 되시는 하나님께서 그와 교제하며 사는 자들이 갈등하고 아파하며 기도할 때 주께서 다 들으시고 악하고 교만한 자들을 심판하실 것이기 때문이다. 그래서 그는 주 여호와를 그의 피난처로 삼아 주의 행적을 전파할 것이라고 했다(시 73:28b). 이것이 전도다.

시편 78편 : 역사의 교훈을 기억하라

아삽이나 아삽의 후손이 지은 이 시편은 출애굽부터 다윗까지의 이스라엘 역사에 나타난 이스라엘의 반역과, 그럼에도 그 역사 가운데 보여주신 하나님의 은혜를 보여주는 '마스길', 곧 역사를 통해 교훈하는 역사시다.[138] 한편으로 이 역사는 반복되어서는 안 될 역사를 보여주기도 하지만, 또 한편으로 범죄로 심판을 받았음에도 불구하고 여호와께서 행하신 큰 기적과 은혜의 역사를 보여주기도 한다.

시의 구조
(1) 여호와께서 행하신 일을 전하는 목적(시 78:1-8)
(2) 출애굽 때의 기적을 잊고 반역한 에브라임(시 78:9-16)
(3) 광야에서 기적을 잊고 반역한 이스라엘(시 78:17-31)
(4) 범죄-심판-회개-구원을 반복한 이스라엘(시 78:32-39)
(5) 광야에서 거듭거듭 반역한 이스라엘(시 78:40-53)
(6) 가나안에서 반역한 이스라엘과 여호와의 심판(시 78:54-64)
(7) 유다와 시온과 다윗을 선택하신 여호와(시 78:65-72)

(1) 여호와께서 행하신 일을 전하는 목적(시 78:1-8)

이 연에서 저자는 여호와께서 행하신 일을 쓰는 목적이 그들의 조상들처럼 살지 않고 그들의 소망을 하나님께 두며 살도록 하기 위함임을 보여준다. 저자는 그의 백성들에게 '내 율법', '내 입의 말'에 귀를 기울이라고 명령한다(시 78:1). 그 법에 대해 '비유로'(= 교훈으로)[139] '예로부터 감추어졌던 것'을 드러낸다고 하면서 이미 이스라엘이 듣고 아는 것이라고 했다(시 78:2-3). 그 일은 여호와께서 행하신 기이한 일이다(시 78:4). 이 일은 이 시편 78:9-72에 기록된 출애굽과 하나

---

138 '마스길'(מַשְׂכִּיל)은 교훈시라는 의미로 시편에서 모두 열세 편이 있다(시 32, 42, 44, 45, 52, 53, 54, 55, 74, 78, 88, 88, 89, 142).
139 개역개정판에 '비유로'라고 번역된 말은 '교훈으로'(ב + מָשָׁל)라고 번역되어야 한다.

님의 구원사역이다. 저자는 이 역사를 설명하면서 특히 법도를 세워 그들의 자손에게 전하게 하였다. 하나님이 행하신 구원사역과 구원받은 자에게 주신 법을 그들의 자손에게 알리게 하신 목적을 긍정적인 표현과 부정적인 표현으로 설명한다. 긍정적인 표현은 그들로 하나님께 소망을 두며 하나님이 행하신 일을 잊지 않게 하려는 것이다(시 78:7). 부정적인 표현은 마음이 정직하지 못하고 하나님께 충성하지 아니하는 조상들과 같이 되지 않게 하려는 것이다(시 78:8).

(2) 출애굽 때의 기적을 잊고 반역한 에브라임(시 78:9-16)

이 연에서 저자는 에브라임의 반역을 설명한다. 이 설명은 이 시편의 결론부인 시편 78:67에서 왜 하나님께서 에브라임을 버리시고 유다 지파를 선택하셨는지 그 이유를 보여준다. 에브라임은 북 이스라엘의 대표 지파이지만 북 이스라엘을 의미하기도 한다(참조. 사 7:2; 호 5:3, 5). 이들은 무기와 활을 가지고 있었어도 전쟁에 패했다(시 78:9). 그 이유는 하나님의 언약을 지키지 아니하며 여호와께서 그들 가운데 행하신 일을 잊어버렸기 때문이다(시 78:10-11). 그리고 저자는 그들이 잊어버린 일이 하나님이 출애굽 당시 소안[140] 들에서 행한 기이한 일(출 7:14-13:16)부터 홍해를 가르신 일(출 14:1-15:21)과 구름 기둥과 불 기둥으로 인도하신 일(출 13:21-22), 반석에서 물을 내게 하신 일(출 17:1-6) 등이라고 했다.

(3) 광야에서 기적을 잊고 반역한 이스라엘(시 78:17-31)

이 연에서 저자는 이스라엘이 광야에서 하나님이 행하신 기이한 일을 잊어버리고 반역한 역사를 기술한다(시 78:17). 그는 그들의 탐욕대로 음식을 구하며 하나님을 시험한 사건을 설명한다. 이 사건은 만나와 메추라기를 내려 먹이신 사건이다(시 78:18-20; 참조. 출 16:1-35; 민 11:10-23). 이때 이스라엘은 하나님의 구원을 믿지 않았기 때문에 여호와께서 진노하셔서 그들 중에 강한 자와 청년들을 죽이셨다(시 78:21-22, 31).

---

140 '소안'(Zoan)은 타니스(Tanis)로 알려진 곳인데 라암셋과 동일시되는 델타 북동쪽에 위치해 있다(Kidner 1973a, 282). 이곳은 이스라엘이 거주한 곳이다.

(4) 범죄-심판-회개-구원을 반복한 이스라엘(시 78:32-39)

이 연에서 저자는 이스라엘이 계속하여 하나님이 행하신 일을 믿지 아니한 행동과 여기에 대하여 하나님이 심판하시고, 그 심판에 대하여 회개하기도 하였지만 다시 범죄한 사건을 설명한다. 그는 "이러함에도 그들은 여전히 범죄하여 그의 기이한 일을 믿지 아니하였으므로"(시 78:32)라고 했다. 이것은 하나님이 은혜를 베풀기도 하고, 진노하기도 하셨음에도 여전히 범죄했다는 뜻이다. 그래서 하나님은 그들의 날들을 헛되게 보내게 하시고, 그들을 죽이셨다(시 78:33). 이것은 민수기 14장에 기록된 정탐꾼 사건을 말한다. 이때 이스라엘은 하나님이 그들의 구속자이심을 기억하고 회개하고 하나님을 간절히 찾았다. 그러자 하나님은 긍휼하시므로 여러 번 진노를 돌이켜 은혜를 베풀어 주셨다(시 78:38). 왜냐하면 하나님은 그들은 육체이며 하나님이 지키지 않으시면 바람과 같은 존재임을 기억하셨기 때문이다(시 78:39).

(5) 광야에서 거듭거듭 반역한 이스라엘(시 78:40-53)

이 연에서 저자는 이스라엘이 광야에서 거듭거듭 시험하고 반역한 사건을 요약한다. 그는 이스라엘이 광야에서 여호와를 배반하고 노엽게 한 일에 대해 '몇 번인가'와 '거듭거듭'이라는 표현을 사용한다(시 78:40-41). 저자는 이러한 반역을 한 이유에 대해 출애굽 당시에 여호와께서 권능의 손으로 행하신 일을 기억하지 아니했기 때문이라고 했다(시 78:42). 그는 하나님이 출애굽 당시에 행한 일들을 차례대로 열거하며 애굽의 장자를 치시며 자기 백성을 양 같이 인도해 내셨고 그들의 원수를 바다에 수장시킨 역사를 언급했다(시 78:43-53). 이러한 구원의 역사를 열거하는 목적은 무엇인가? 구원의 은혜를 잊어버릴 때 감사하지 않고 하나님을 반역할 수 있음을 보여주기 위함이다. 그래서 하나님이 우리의 구원을 위해 역사 가운데 행하신 일들과 우리 인생 여정에 행하신 기이한 일들을 기록하고 새겨보는 일은 하나님의 은혜 가운데 사는 한 방법이다.

(6) 가나안에서 반역한 이스라엘과 여호와의 심판(시 78:54-64)

이 연에서 저자는 이스라엘이 여호와의 큰 능력으로 가나안에 들어왔음에도 반역하자 여호와께서 심판하신 사건을 요약한다. 여호와께서 이스라엘을 그의 성소의 영역, 곧 그의 오른손으로 만드신 산으로 인도하셨다(시 78:54). 저자가 이 표현을 사용한 것은 홍해를 건넌 후에 모세가 지은 노래에 나타난 것으로 여호와께서 아브라함에게 약속하신 땅을 말한다(출 15:17). 여호와께서 큰 능력으로 그곳에 거주하던 나라들을 쫓아내시고 이스라엘에게 기업으로 분배해 주셨다(시 78:55; 참조. 수 21:43-45).

하지만 이스라엘은 지존하신 하나님을 시험하고 그들의 조상들처럼 배반했다(시 78:56). 특히 저자는 이스라엘의 배반을 '속이는 활 같이' 빗나갔다고 했다(시 78:57). 이것은 번역이 적절하지 못하다. '속이다'라고 번역된 '러미야'(רְמִיָּה)는 '게으르다', '느슨하다', '풀리다' 등의 의미를 가지고 있다(참조. 잠 12:27; 19:15). 활이 느슨하면 목표를 맞출 수가 없다. 이스라엘이 '느슨한 활 같다'(כְּקֶשֶׁת רְמִיָּה)는 것은 제 기능을 다할 수 없는 줄 풀린 활과 같다는 뜻이다. 이스라엘은 하나님의 백성의 거룩함을 버리고 산당을 만들고 우상을 숭배했다(시 78:58). 그래서 하나님은 진노하시고 원래 에브라임 땅에 있었던 실로의 장막(수 18:1; 21:1-2)을 떠나시고 그의 능력과 영광의 상징이었던 법궤를 대적에게 내어주셨다(시 78:61). 그 결과 이스라엘에서 청년은 불에 살라지고 처녀들은 혼인 노래를 들을 수 없게 되었다(시 78:62). 이 사건은 사무엘상 4장의 블레셋과 치른 전쟁에서 패하고 여호와의 법궤가 빼앗기고 여호와의 영광이 떠나간 사건이다(Kidner 1973a, 285). 이 기록을 볼 때 이 시편은 다윗시대나 그 후에 지은 노래임을 알 수 있다.

(7) 유다와 시온과 다윗을 선택하신 여호와(시 78:65-72)

이 연에서 저자는 하나님이 에브라임을 버리고 유다와 시온과 다윗을 선택하여 그의 백성을 기르게 하신 역사를 요약한다. 그는 여호와께서 잠에서 깨어나신 것처럼 일어나 그의 대적들을 물리쳐 욕되게 하셨다고 했다(시 78:65-66). 우리가 쉽게 연상될 수 있는 이미지를 사용하여 이스라엘이 반역하여 고통을 당할 때 잠잠히 계신 것처럼 보였던 여호와께서 일어나신 것을 보여준다. 여호와께서 반역한 요셉의 장막인 에브라임을 버리시고 유다 지파와 그가 사랑하는 시온산을 선택하셨다(시 78:67-68). 이미 야곱의 유언을 통하여 유다 지파를 통해 왕이 오실 것이라 예언한 바가 있어도 에브라임이 반역함으로 그 지위를 잃어버린 책임이 무시될 수 없다(참조. 창 49:10). 여호와께서 유다 지파를 통해 그의 종 다윗을 택하여 그의 소유인 이스라엘을 기르게 하셨다(시 78:71).

그러나 저자가 이 역사를 언급하는 것은 여호와께서 유다 지파 중 다윗을 택하여 그의 소유(= 기업)인 이스라엘을 기르게 하신 사실만 말하고자 한 것은 아니다. 역사에서 다윗도 범죄함으로 말미암아 자기 아들 압살롬의 반역으로 백성들이 전쟁의 참화에 내몰렸고, 하나님의 뜻과 반대되는 인구조사로 말미암아 백성들이 전염병으로 죽었기 때문이다(삼하 24:15; 대상 21:14). 그래서 저자는 "그가 그들을 자기 마음의 완전함으로 기르고 그의 손의 능숙함으로 그들을 지도하였다"(시 78:72)라고 말하였다. 그래서 저자의 이 말은 다윗 자손으로 오실 참된 왕이신 그리스도께서 완전하고 지혜롭게 다스리실 하나님 나라를 바라보고 한 것이라고 할 수 있다.

제4권 : 시편 90-106편

제4권은 어떤 특정한 사람이나 가문과 연관된 시들이 아니라 주제를 따라 배열되었다. 여기에 기록된 시편은 대부분 공적인 예배를 위한 시다(Kidner 1973a, 327). 이 시들의 대부분은 모세의 시편인 90편과 다윗의 시편인 101, 103편을 제외하고 저자가 누구인지 알 수 없다. 그리고 역대기 사가는 역대상 16:7-36에서 시편 105:1-15; 96:1-13; 106:47-48을 차례로 인용하기 때문에 이 시편들은 역대기를 기록한 시대에 존재하고 있었던 것으로 보인다. 제4권은 다음의 주제에 따라 배열되었다.

- 여호와께서 다스리신다 : 시 90-102편
- 여호와를 송축하라 : 시 103편
- 첫 번째 할렐루야 시편 : 시 104-106편

시편 90편 : 하나님의 사람 모세의 기도

이 시편의 저자에 대해 존 스토트(1989, 102)는 뚜렷한 근거를 제시하지도 않고 모세가 될 수 없다고 했다. 하지만 이 시편은 표제에 있는 바와 같이 "하나님의 사람 모세의 기도"이다. 여기에 몇 가지 이유가 있다. 첫째, 모세가 '하나님의 사람'으로 나타난다(신 33:1; 수 14:6; 스 3:2). 구약성경에서 저자들은 '하나님의 사람'이라는 명칭을 일반적으로 선지자에게 사용한다(삼상 2:27; 9:6; 왕상 12:22; 13:1; 17:18; 왕하 4:7). 둘째, 어휘와 사상이 모세의 노래와 유사하다. 이 시편은 창세기에 창조와 타락과 노아 홍수 이전의 장수에 대한 암시가 있다. 또한 모세의 노래에 사용된 언어도 유사하고(신 32:1-33:29), 광야에서 유리해야 했던 안타까운 상황을 생각나게 한다(Kidner 1973, 36). 셋째, 이스라엘을 위한 중보자로서 행한 모세의 중보 기도가 이 시의 분위기에 잘 어울린다(출 32:11-13; 34:9; 민 14:13-19; 신 9:25-29; 시 106:23). 이 시편은 영원하신 하나님께 그의 종들을 긍휼히 여겨 주의 은총을 내려 달라는 기도다.

시의 구조
(1) 하나님의 영원성(시 90:1-2)
(2) 인생의 덧없음(시 90:3-6)
(3) 하나님의 진노 아래 있는 인생(시 90:7-10)
(4) 날 계수하는 지혜를 얻기 위한 기도(시 90:11-12)
(5) 하나님의 은총을 구하는 기도(시 90:13-17)

(1) 하나님의 영원성(시 90:1-2)

이 연에서 모세는 주가 대대에 우리의 거처가 되시고 주께서 땅과 세계가 생기기 전, 곧 영원부터 영원까지 하나님이심을 선포한다(시 90:1-2). 여기 '거처'라는 말은 은유적 표현으로 원문에 '마온'(מעון)이다. 모세가 한 이 말은 모세의 노래인 신명기 33:27과 매우 유사하다.

영원하신 하나님이 네 처소(מענה)가 되시니 그의 영원하신 팔이 네 아래에 있도다 그가 네 앞에서 대적을 쫓으시며 멸하라 하시도다.

주가 우리의 거처가 되셨다는 것은 주께서 우리가 거할 처소가 되어 우리를 보호하시고 인도해 주시는 분이 되셨다는 뜻이다. 하나님이 하늘의 처소를 지상에 두신 곳이 성전이다. 이 성전을 가리켜 하나님은 '내 처소'(삼상 2:29)라고 하셨다.[141] 모세는 하나님이 성도 안에 거처를 삼으시고 교제하는 일이 '대대에' 있을 것이라고 했다. 이것은 주의 백성이 받은 은혜다. 구약의 성도들은 언약 안에서 이 은혜를 누렸고, 신약의 성도들도 새 언약 안에서 은혜를 누린다. 왜냐하면 그리스도께서 성도 안에 거주하시기 위해 이 세상에 오셨고(요 1:14) 성령을 통해 거주하시기 때문이다(요 14:17). 영원까지 주는(= 당신은) 자기 백성의 하나님이 되

---

141 일부 소수 사본 가운데 히브리어 필사본(MSS)과 70인역 성경은 '피난처'(καταφυγὴ)로 읽기도 한다.

시어 보호하신다.

(2) 인생의 덧없음(시 90:3-6)

이 연에서 하나님이 우리 가운데 거처를 정하시고 교제하시기를 기뻐하셨음에도 모세는 인생의 덧없음을 말한다. 주께서 사람을 티끌로 돌아가게 하시고 "너희 인생들은 돌아가라"라고 하셨다(시 90:3). 모세는 인생이 왜 하나님이 우리의 거처가 되셨음에도 불구하고 티끌로 돌아갈 수밖에 없는지를 보여준다. 왜냐하면 이 말씀은 인간이 범죄한 후에 하나님이 아담에게 하신 말씀을 생각나게 하기 때문이다.

> 네가 흙으로 돌아갈 때까지 얼굴에 땀을 흘려야 먹을 것을 먹으리니 네가 그것에서 취함을 입었음이라 너는 흙이니 흙으로 돌아갈 것이니라 하시니라(창 3:19).

인생은 죽어야 할 존재일 뿐만 아니라 주와 비교할 때 무한히 짧은 존재이다. 왜냐하면 천 년이 주의 목전에는 지나간 한날 같으며 밤의 한순간과 같기 때문이다(시 90:4; 참조. 벧후 3:8). 주께서 홍수처럼 인생을 쓸어가시기도 한다. 이 역시 인간의 범죄로 노아시대에 홍수로 쓸어가신 사건을 생각나게 한다(창 6:17; 7:23). 모세는 은유적 표현으로 인생이 잠깐 자는 것 같고, 아침에 꽃이 피어 자라다가 저녁에는 시드는 풀 같다고 했다(시 90:4-6). 이러한 은유적 표현들은 인생의 덧없음을 보여준다.

(3) 하나님의 진노 아래 있는 인생(시 90:7-10)

이 연에서 모세는 인생이 왜 덧없게 되었는지 원인을 알려준다. 그것은 인간이 죄를 범함으로 하나님이 진노하셨기 때문이다(시 90:7). 우리의 죄악을 주 앞에 놓으시되, 은밀한 죄까지도 주의 얼굴 빛에 놓으시기에 아무도 숨길 수 없다(시 90:8). 그래서 우리 인생의 날이 주의 분노 가운데 평생이 순식간에 다하게 된다(시 90:9). 이것은 인간이 죄로 말미암아 죽을 운명에 놓이게 되었음을 보여준다(참조. 창 2:17; 3:19; 롬 5:12). 그래서 인생이 칠십, 팔십 그 이상을 산다 해도 모두 수고와 슬픔뿐이고 그조차도 신속하게 가고 날아간다고 했다(시 90:10).

(4) 날 계수하는 지혜를 얻기 원하는 기도(시 90:11-12)

이 연에서 모세는 하나님이 진노하셨다 할지라도 살아가는 날을 계수할 수 있는 지혜를 달라고 기도한다. 모세는 수사의문문으로 "누가 주의 노여움의 능력을 알며 누가 주의 진노의 두려움을 알리이까"(시 90:11)라고 했다. 이것은 인생의 덧없음이 주의 진노 때문인 것을 누가 알겠느냐는 것으로 죽을 운명에 놓인 인생과 죄의 관계를 알지 못한다는 것이다. 하지만 모세는 우리 날들을 계수할 수 있게 되어 지혜로운 마음을 가지게 해 달라고 기도한다. 이것은 인생의 모든 수고와 고통이 죄의 결과임을 알고 하나님 앞에 의미있는 삶을 살게 해 달라는 기도다.

(5) 하나님의 은총을 구하는 기도(시 90:13-17)

이 연에서 모세는 주의 종들을 불쌍히 여겨달라고 기도한다. '주의 종들'은 주와 교제하며 주의 뜻을 수행하는 자들을 말한다. 그는 주의 종들을 불쌍히 여기고 주의 인자하심으로 만족하게 하여 일생 동안 즐겁고 기쁘게 살게 해 주기를 기도한다(시 90:13-14). 모세는 특별히 그의 백성이 죄를 지어 화를 당하게 된 연수대로 기쁘게 해 달라고 기도한다. 그의 기도는 이스라엘이 하나님의 약속을 믿지 못하여 광야 40년을 유리하게 된 사건을 상기하게 한다(민 14:26-35). 그리고 모세는 "주께서 행하신 일을 주의 종들에게 나타내시며 주의 영광을 그들의 자손에게 나타내소서"(시 90:16)라고 기도한다. 이것은 주께서 하실 일을 주의 종들에게 나타내 다시금 주의 종들 안에 거처로 삼아 교제하게 해 달라는 것이다. 그래서 모세는 하나님의 은총을 내려 우리의 손이 행한 일을 견고하게 해주시기를 간구했다. '손'은 사람이 행하는 모든 일을 말하는 것으로 하나님 앞에서 온전하게 행하여 영원토록 하나님과 교제하게 해 달라는 것이다. 어떻게 이 일이 가능한가? 그것은 그리스도께서 우리의 죄를 대속하여 하나님의 말씀을 지키게 하심으로 가능하다.

> 예수께서 대답하여 이르시되 사람이 나를 사랑하면 내 말을 지키리니 내 아버지께서 그를 사랑하실 것이요 우리가 그에게 가서 거처를 그와 함께 하리라(요 14:23).

시편 98편 : 온 땅이여 여호와께 찬양하라

이 시편은 전형적인 찬양시로, 찬양해야 할 여호와가 어떤 분이신지 다양한 시각에서 보여준다.

시의 구조
(1) 과거 : 이스라엘은 그들을 구원하신 여호와께 찬양하라(시 98:1-3)
(2) 현재 : 온 땅은 왕이신 여호와께 찬양하라(시 98:4-6)
(3) 미래 : 만물은 심판하러 오실 여호와께 찬양하라(시 98:7-9)

(1) 과거 : 이스라엘은 그들을 구원하신 여호와께 찬양하라(시 98:1-3)

이 연에서 저자는 여호와의 구원을 경험한 자들, 곧 이스라엘 회중에게 찬양하라고 한다. 찬양해야 할 이유는 여호와께서 이스라엘 백성에게 행하신 구원 때문이다. 시편 98:1은 '기이한 일'을 행하셨다고 하였고, 98:2은 '그의 구원'을 알게 하셨다고 하였다. 또한 다른 표현으로 98:3은 '그의 공의'를 나타내셨다고 하였다. 이 일은 과거 이스라엘 역사에서 출애굽과 가나안 정복과 사사시대와 왕정시대에 행하신 구원의 사건을 염두에 둔 것이다.

하나님은 왜 이스라엘을 거듭 구원하셨는가? 저자는 "그가 이스라엘의 집에 베푸신 인자와 성실을 기억하셨으므로 땅 끝까지 이르는 모든 것이 우리 하나님의 구원을 보았도다"(시 98:3)라고 설명한다. 이것은 여호와께서 아브라함과 맺은 언약부터 다윗과 맺은 언약을 '인자와 성실로' 기억하셨기 때문이다(창 12:3; 출 2:24-25; 삼하 7:8-16 등). 그리고 시편 98:2에 '그의 구원'과 '그의 공의'가 평행(대구, 對句)을 이루고 있다. 이것은 하나님이 구원하시는 행동은 불의한 행동에 대한 하나님의 공의를 나타내는 것으로 보았기 때문이다. 이스라엘 백성은 과거 역사 가운데 행하신 하나님과 맺은 언약에 따라 인자와 성실로 구원하신 사건을 기억하고 찬양해야 한다. 우리 역시 그리스도를 믿어 언약 백성이 되었고, 그 약속에 따라 우리 인생 여정을 돌보며 인도해 주신 은혜를 찬양해야 한다.

(2) 현재 : 온 땅은 왕이신 여호와께 찬양하라(시 98:4-6)

이 연에서 저자는 온 땅에게 여호와께 '즐거이 소리칠지어다'(הָרִיעוּ 〈 רוע, 히필 명령법)라고 명령한다. 이 표현은 시편 98:1의 '찬송하다'와 98:7의 '외칠지어다'(יִרְעַם 〈 רעם, 온건한 명령법)와 평행을 이룬다. 이 연에서 수금과 나팔과 호각 등의 악기와 음성으로 여호와께 찬양하라고 한다. 특히 저자는 현재 '온 땅'에게 명령한다. '온 땅'은 '모든 민족'을 말하기 때문에 저자는 이스라엘의 하나님을 세상 모든 민족을 다스리는 '왕이신 여호와'로 소개한다.

(3) 미래 : 만물은 심판하러 오실 여호와께 찬양하라(시 98:7-9)

여호와를 찬양해야 할 대상이 이스라엘에서, 온 땅으로 그리고 모든 만물로 확장된다. 저자는 바다와 거기 충만한 것과 세계와 그 중에 거주하는 자는 다 외치라고 한다(시 98:7). '큰 물'[142]과 산들까지 다 외치라고 한다(시 98:8). 그 이유는 여호와가 땅을 심판하시기 위해 임하실 것이기 때문이다. 그때 여호와는 의로 세계를 판단하시며, 공평으로 백성들을 심판하실 것이다. 모든 만물이 찬양해야 할 이유는 먼 미래에 그리스도가 오시면 자기 백성만이 아니라 온 세상과 만물이 다 회복될 것이기 때문이다.

이 시를 그리스도 안에 있는 우리에게 적용할 수 있다. 과거 이스라엘을 역사

---

142 '큰 물'로 번역된 히브리어 '너하롯'(נְהָרוֹת)은 '강들'이라 번역해야 한다.

가운데 구원하신 여호와께서 오늘날도 그리스도 안에서 우리의 하나님이 되시기 때문이다. 여호와는 과거에 그리스도를 보내어 우리를 구원히셨고, 현재에 그리스도는 우리의 왕이 되시며, 미래에 그리스도는 공의로 심판하시기 위해 다시 오실 것이다.

시편 105편 : 언약을 기억하시고 이루시는 여호와

이 시편은 저자가 하나님께서 아브라함에게 하신 약속을 기억하시고 은혜를 베푸신 역사를 회고하므로 하나님의 거룩한 백성으로 그의 율법을 지키며 살게 하려는 목적으로 쓴 역사시다. 이 시편은 다음에 있는 시편 106편과 비교하면 차이점이 있다. 시편 105편은 여호와께서 이스라엘에게 베푸신 은혜의 역사를 회고하지만 시편 106편은 하나님의 은혜를 받았음에도 반역한 역사를 회고하기 때문이다. 시편 105편 가운데 105:1-15은 다윗이 언약궤를 예루살렘으로 옮긴 후 아삽과 그의 형제들을 세워 감사하게 한 시(대상 16:7-36) 가운데 역대상 16:8-22과 같다. 이 점 때문에 이 시편을 레위 지파에 속한 성전 봉사자가 특정한 절기 가운데 하나인 장막절이나 초실절(= 칠칠절)에 불렀을 것으로 보기도 한다(Stek 2002, 906). 이 시편의 중심부인 시편 105:8-44은 여호와께서 언약을 기억하시고 베푸신 은혜의 역사를 아브라함에게 약속을 주신 때부터 약속의 땅을 주신 때까지를 회상한다.

시의 구조
(1) 서론적 권면 : 여호와를 예배하라(시 105:1-7)
(2) 여호와께서 언약을 기억하시고 베푸신 은혜(시 105:8-44)
① 아브라함 시대에 베푸신 은혜(시 105:8-15)
② 요셉 시대에 베푸신 은혜(시 105:16-24)
③ 출애굽 시대에 베푸신 은혜(시 105:25-39)
④ 광야와 약속의 땅에서 베푸신 은혜(시 105:40-44)
(3) 여호와께서 베푸신 은혜를 회상하는 목적(시 105:45)

(1) 서론적 권면 : 여호와를 예배하라(시 105:1-7)

이 연에서 저자는 이스라엘에게 열 개의 명령형 동사를 사용하여 여호와를 예배하라고 권면한다. 그것은 '감사하라'(호두, הוֹדוּ), '불러 아뢰며'(키르우, קִרְאוּ), '알게 할지어다'(호디우, הוֹדִיעוּ), '노래하며'(쉬루, שִׁירוּ), '찬양하며'(자머루, זַמְּרוּ), '말할지어다'(시후, שִׂיחוּ), '자랑하라'(히트할루, הִתְהַלְלוּ), '구할지어다'(×2, 디르슈 דִּרְשׁוּ, 바카슈 בַּקְּשׁוּ), '기억할지어다'(지커루, זִכְרוּ)이다. 이 모든 개념을 다 담을 수 있는 말은 '예배하라'라고 할 수 있다. 이는 이 모든 단어가 예배에 사용하는 용어이기 때문이다. 저자는 예배에서 여호와를 구하는 자들은 미완료형으로 '즐거울지로다'라고 했다. 예배는 여호와를 만나는 신비한 은혜가 있기 때문이다.

저자는 특히 이스라엘을 가리켜 '그의 종 아브라함의 후손, 곧 택하신 야곱의 자손'이라고 불렀다(시 105:5). 이것은 이스라엘이 하나님의 뜻을 이루는 자들일 뿐만 아니라 아브라함과 맺은 언약에 참여하는 자들이라는 뜻이다. 이들에게 여호와께서 행하신 기적과 그 입의 판단(미쉬파트, מִשְׁפָּט)을 기억하라고 했다(시 105:5-6). 왜냐하면 그는 여호와 우리 하나님이시고 그의 판단(= 통치)이 온 땅에 있기 때문이다(시 105:7). 여호와께서 기적과 공의로 통치하신 모든 행위를 기억하는 일은 그 은혜에 감사하게 되고 가슴을 뜨겁게 달구게 한다.

(2) 여호와께서 언약을 기억하시고 베푸신 은혜(시 105:8-44)

저자는 아브라함이 약속을 받은 때부터 약속의 땅에 들어가기까지의 긴 역사를 요약하며 여호와께서 언약을 기억하시고 베푸신 은혜(= 구원역사)를 회상한다. 시편 105:8-11은 하나님의 구원역사를 회상하는 105:12-44의 서론적 요약이며 105:42-44는 결론적 요약으로 수미상관(首尾相關)을 이룬다.

① 아브라함 시대에 베푸신 은혜(시 105:8-15)

이 연에서 저자는 여호와께서 아브라함에게 약속을 주시고 그에게 베푸신 은혜를 회상한다. 여호와께서 기억하신 영원한 언약은 아브라함과 이삭, 야곱과 맺은 언약으로 자손과 땅과 복에 대한 약속으로 장차 오실 그리스도 안에서 이

루실 하나님 나라에 대한 약속이다.[143] 여기서는 가나안 땅에 대한 약속을 중심
으로 기술한다(시 105:11). 이 약속을 주신 때에 아브라함 가족들은 이 족속에게
서 저 족속, 이 나라에서 저 나라로 옮겨 다닐 때 여호와께서 보호하신 사건을
회상한다. 이 사건은 왕들을 꾸짖어 아브라함을 보호하신 일이다(시 105:12-15).
이 역사는 아브라함이 애굽에 내려갔을 때 사라가 바로에게 들어간 사건과 그랄
땅의 아비멜렉이 사라를 데려간 사건을 떠올리게 한다(창 12:17; 20:3). 저자는 이
사건을 떠올리게 하며 아브라함을 '나의 기름 부은 자'와 '나의 선지자들'[144]이라
고 했다. 이것은 여호와께서 아브라함을 선택하셨고, 그를 통하여 세상에 하나
님을 전파하는 도구로 삼으셨음을 의미한다.

② 요셉 시대에 베푸신 은혜(시 105:16-24)

이 연에서 저자는 여호와께서 요셉이 애굽의 종으로 팔렸지만 그가 애굽의
총리가 되어 이스라엘이 애굽에 들어갈 때까지 섭리하신 은혜를 회상한다. 여
호와께서 요셉을 애굽에 종으로 팔려가게 하시고 감옥에서 여호와의 말씀이 응
할 때까지 단련하게 하셨다. 그리고 온 땅에 기근이 일어나게 하시어 양식을 끊
으셨을 때 앞서 보낸 요셉을 통해 이스라엘을 구원하셨다. 애굽의 바로가 그를
자유롭게 할 뿐만 아니라 그의 모든 소유를 관리하고 신하들을 다스리게 하였다
(시 105:16-22). 이 역사는 요셉이 형들의 미움을 받아 애굽에 종으로 팔려간 사건
과 보디발의 집에 있는 감옥과 그곳에서 바로의 신하들의 꿈을 해석함으로 애굽
의 총리가 된 사건을 떠올리게 한다(창 37:12-36; 39:12-41:57). 여호와께서 기근을
보내심으로 이스라엘이 요셉이 총리로 있었던 애굽에서 살게 하시고 그곳에서
번성하게 하셨다(시 105:23-24). 이 모든 사건들이 우연처럼 보이지만 저자는 여
호와께서 아브라함과 맺은 언약을 이루시기 위한 일로 보여준다.

---

143 아브라함과 맺은 언약은 『Refo 성경 해설 : 모세오경』의 창세기 11:27-12:5의 해설을 참조
하라.
144 여기서 '선지자들'이라는 복수로 사용한 것은 아브라함만이 아니라 이삭과 야곱을 포함하기
때문이다.

③ 출애굽 시대에 베푸신 은혜(시 105:25-39)

이 연에서 저자는 여호와께서 애굽에서 고통 받던 이스라엘을 구원해 내신 은혜를 회상한다. 이스라엘이 애굽에서 번성하자 대적자들은 여호와의 종들인 이스라엘에게 교활하게 행하였다. 그러자 여호와께서 그의 종 모세와 아론을 보내어 표적과 징조를 행하게 하셨다(시 105:24-27). 이 역사는 요셉을 알지 못하는 애굽의 새 왕조가 일어나 이스라엘을 고통스럽게 하자 모세와 아론을 불러 바로에게 보내신 사건을 떠올리게 한다(출 1:1-7:13). 이때 여호와께서 애굽에서 열 가지 재앙을 내리시고 이스라엘을 인도해 내셨다(시 105:28-38; 참조. 출 7:14-13:16). 특히 출애굽의 역사에서 여호와께서 행하신 것임을 반복하여 강조한다(시 105:24, 28, 31, 34, 36). 이것은 이스라엘이 강성하게 된 것과, 애굽이 교활하게 행한 일들과, 그들을 심판하시기 위해 열 가지 재앙을 내리신 것은 여호와께서 아브라함과 맺은 언약을 성취하시기 위해 행하신 일임을 보여주려는 것이다.

④ 광야와 약속의 땅에서 베푸신 은혜(시 105:40-44)

이 연에서 저자는 여호와께서 이스라엘을 인도하여 광야와 약속의 땅에서 베푸신 은혜를 회상한다. 여호와께서는 광야에서 이스라엘을 낮에는 뜨거운 해로부터 보호하기 위해 구름 기둥을 보내시고, 밤에는 추위와 어두움에서 보호하기 위해 불 기둥을 보내셨다. 또한 만나와 메추라기로 먹이시고, 반석을 갈라 물을 마시게 하셨다(시 105:39-41; 참조. 출 13:21-22; 16:1-17:7; 시 121:5-6).

저자는 여호와께서 이스라엘 역사에서 이러한 은혜를 베푸신 이유를 "이는 (키, כִּי) 그의 거룩한 말씀과 그의 종 아브라함을 기억하셨음이로다"(시 105:42)라고 해석했다. 그리고 저자는 수미상관(首尾相關)으로 시편 105:8-11과 동일하게 여호와께서 아브라함과 언약을 맺으시며 약속하신 땅을 이러한 역사의 긴 과정을 섭리하여 성취하셨다고 기록한다(시 105:43-44). 그는 여호와께서 여러 나라의 땅을 그들에게 주시되 민족들이 수고한 것을 소유로 가지게 하셨다고 했다(시 105:44). 이 역사는 모세가 예언적으로 "네게 건축하지 아니한 크고 아름다운 성읍을 얻게 하시며 네게 채우지 아니한 아름다운 물건이 가득한 집을 얻게 하시며 …"(신 6:10-11)라는 말씀을 떠올리게 한다. 저자가 이 역사를 언급한 것은 여호와께서 약속하신 땅을 주신 은혜를 보여주려는 것이다.

(3) 여호와께서 베푸신 은혜를 회상하는 목적(시 105:45)

이 마지막 연에서 저자는 긴 역사 가운데 베푸신 여호와의 은혜를 회상하는 목적을 요약한다. 특히 목적을 나타내는 문구(בַּעֲבוּר + בְ)를 사용하여 "이는 그들이 그의 율례를 지키고 그의 율법을 따르게 하심이로다"(시 105:45)라고 했다. 여호와께서 이스라엘을 선택하시고 그들에게 은혜를 베푸신 목적은 율법을 지키게 하려는 것이다. 여호와께서 아브라함을 선택하신 목적을 "내가 그로 그 자식과 권속에게 명하여 여호와의 도를 지켜 의와 공도를 행하게 하려고 그를 택하였다"(창 18:19)라고 하셨다. 이러한 이유에서 이스라엘이 율법을 지키는 일은 중요하다. 율법은 무거운 짐이 아니라 하나님을 사랑하고 그와 교제하는 방법이다 (요일 5:3).

시편 106편 : 누가 주께서 받으실 찬양을 선포하랴

이 시편은 이스라엘이 여호와께서 베푸신 은혜를 잊어버리고 반역한 역사와 그 가운데서도 여호와께서 인자하심을 베푸신 역사를 기록한 역사시다. 앞의 시편인 105편과 비교해 보면 다른 관점에서 역사를 기록한다. 시편 105편은 여호와께서 이스라엘에게 베푸신 은혜의 역사를 회상하지만 시편 106편은 하나님의 은혜를 받았음에도 반역한 역사를 회상하기 때문이다. 시편 105편은 저자가 아브라함부터 약속의 땅에 들어간 시대까지의 역사를 하나님이 베푸신 은혜의 관점에서 기록한다. 반면에 시편 106편은 이스라엘이 은혜를 잊어버리고 반역한 관점에서 출애굽 시대부터 사사 시대까지의 역사를 기록한다. 그럼에도 이 시편은 '할렐루야'(시 106:1)로 시작하고 '할렐루야'(시 106:48)로 마친다. 그래서 이 시편을 역사시이면서도 찬양시로 분류한다. 그 이유는 이스라엘이 여호와께서 행하신 일을 잊어버리고 반역했음에도 그들이 부르짖을 때 여호와께서 언약을 기억하시고 구원해 주셨기 때문이다.

시의 구조

(1) 서론 : 누가 주께서 받으실 찬양을 선포하랴(시 106:1-5)

(2) 이스라엘의 불신과 여호와의 은혜의 역사(시 105:6-46)

    ① 홍해에서의 사건(시 106:7-12)

    ② 기브롯 핫다아와에서 있었던 사건(시 106:13-15)

    ③ 다단과 아비람의 반란 사건(시 106:16-18)

    ④ 금송아지 사건(시 106:19-23)

    ⑤ 정탐꾼의 부정적인 보고 사건(시 106:24-27)

    ⑥ 브올에서 있었던 사건(시 106:28-31)

    ⑦ 므리바에서 있었던 사건(시 106:32-33)

    ⑧ 약속의 땅에서 있었던 사건(시 106:34-46)

(3) 구원을 위한 기도와 송영(시 106:47-48)

---

(1) 서론 : 누가 주께서 받으실 찬양을 선포하랴(시 106:1-5)

이 연에서 저자는 "여호와께 감사하라"라고 하면서 그 이유를 "그는 선하시며 그 인자하심이 영원함이로다"라고 했다. 이 찬양은 이스라엘의 역사를 회상하며 과거나 현재나 미래에도 동일하신 여호와의 선하심과 인자하심을 고백할 때 주로 사용한다(대상 16:34; 대하 7:3, 6; 20:21; 시 107:1; 118:1, 29; 136:1). 이것은 이 시편의 핵심부가 이스라엘의 반역과 그 가운데서도 구원을 주신 은혜를 보여주기 때문이다.

저자는 "누가 능히 여호와의 권능을 다 말하며, 주께서 받으실 찬양을 다 선포하랴"(시 106:2)라고 질문한다. 그 대답으로 "정의를 지키는 자들과 항상 공의를 행하는 자는 복이 있도다"(시 106:3)라고 말한다. 항상 공의를 행하는 자가 여호와의 권능을 말할 수 있고, 주께서 받으실 찬양을 선포할 수 있기 때문이다. 그래서 저자는 주의 은혜로 돌보사 주의 나라의 기쁨을 나누고 주의 유산을 자랑할 수 있게 해 달라고 기도한다(시 106:4-5). 공의를 행하지 않으면서 여호와의 구원과 그의 나라를 말한다면 그 구원은 어떤 의미를 줄 수 있겠는가?

(2) 이스라엘의 불신과 여호와의 은혜의 역사(시 105:6-43)

이 연에서 저자는 출애굽 때부터 약속의 땅에서 있었던 반역의 역사와 그 안에서 보여준 하나님의 은혜의 역사를 동시에 회상한다.

① 홍해에서 있었던 사건(시 106:7-12)

여호와께서 애굽에서 모세와 아론을 통해 여러 표적과 열 가지 재앙을 내리셨다. 이를 통해 여호와가 어떤 분이신지 알게 하셨다(참조. 출 7:4-5, 17; 8:10, 22; 9:14). 저자는 이스라엘이 홍해에서 여호와를 거역한 일을 그들이 애굽에 있었을 때 주의 크신 인자하심을 기억하지 아니했기 때문으로 해석했다(시 106:7). 그럼에도 여호와께서 홍해를 갈라 광야같이 지나게 하시고, 뒤따르던 그들의 대적자들을 물로 덮어 하나도 살아남지 못하게 하셨다(시 106:8-11; 참조. 출 14:1-28). 당시 이러한 일을 보고 여호와의 말씀을 믿고 그를 찬양했다(시 106:12; 참조. 출 14:29-31; 15:1-21).

② 기브롯 핫다아와에서 있었던 사건(시 106:13-15)

홍해의 사건을 목격하고 믿었던 이스라엘은 곧 이 사건을 잊어버리고 불평했다(시 106:13). 광야에서 욕심을 내며 사막에서 하나님을 시험했다(시 106:14). 이 기록은 광야에서 만나와 메추라기를 먹이신 사건을 말한다(출 16:1-36). 저자는 이때 여호와께서 그들이 요구한 것을 주셨음에도 그들의 영혼을 쇠약하게 하셨다고 했다(시 106:15). 이 말씀은 여호와께서 만나를 주셨음에도 불구하고 고기로 인하여 불평하자 진노하여 큰 재앙으로 치신 사건을 말한다(참조. 민 11:31-35).

③ 다단과 아비람의 반란 사건(시 106:16-18)

이스라엘이 진영에서 모세와 여호와의 거룩한 자 아론을 질투하매 땅이 갈라져 다단과 아비람의 당을 덮었고 불이 그들을 따르던 악인들을 살랐다(시 106:16-18; 참조. 민 16:1-35). 시기와 질투는 하나님이 세우신 질서를 무시하고 자기 의를 내세운다(참조. 민 16:1-3).

④ 금송아지 사건(시 106:19-23)

이스라엘은 호렙에서 금송아지를 만들어 섬기고, 그들의 영광인 하나님을 풀 먹는 소의 형상으로 바꾸었다(시 106:19-20; 참조. 출 32:1-6). 시편 저자는 이 일의 원인을 애굽에서 큰 일, 곧 놀랄만한 일을 행하신 구원자 하나님을 잊었기 때문이라고 했다(시 106:21-22). 여호와께서 그들을 멸하려 하시자 중보자로 세움을 받은 모세가 여호와께 기도함으로 여호와께서 그의 노를 돌이켜 멸하지 아니하셨다(시 106:23). 이 말씀은 출애굽기 32:1-34:35에 기록된 사건을 요약한 것으로 모세의 중보사역으로 다시금 언약을 세운 것을 말한다(참조. 출 34:27).

바울은 "그들의 영광을 풀 먹는 소의 형상으로 바꾸었도다"라는 표현을 확대하여 "썩어지지 아니하는 하나님의 영광을 썩어질 사람과 새와 짐승과 기어다니는 동물 모양의 우상으로 바꾸었느니라"(롬 1:23)라고 했다. 바울은 하나님이 그를 알만한 것을 보여주셨음에도 불구하고 우상을 숭배한 것으로 보았다. 하나님이 행하신 일을 잊어버리거나, 하나님을 알만한 것을 보였음에도 불구하고 무시할 때 우상을 숭배하게 된다.

⑤ 정탐꾼의 부정적인 보고 사건(시 106:24-27)

이스라엘이 기쁨의 땅을 멸시하며 그 말씀을 믿지 아니하고 그들의 장막에서 원망하여 여호와의 음성을 듣지 아니했다. 그러자 여호와께서 심판하여 광야에서 죽게 할 것이라고 말씀하셨다(시 106:24-26). 이 말씀은 가데스바네아에서 기쁨의 땅이며 약속의 땅인 가나안을 정탐한 후에 열 명의 정탐꾼이 부정적인 보고를 한 후에 있었던 사건이다(참조. 민 13:30-14:45). 이로 인해 이스라엘은 광야에서 20세 이상의 출애굽 세대는 죽고 40년 동안 방황하게 되었다(참조. 민 14:29-30). 그런데 저자는 "그들의 후손을 뭇 백성 중에 엎드러뜨리며 여러 나라로 흩어지게 하리라"(시 106:27)라고 했다. 정탐꾼 사건에서 이 말씀을 한 것은 아니다. 이 말씀은 사사시대 이후부터 바벨론 포로시대까지 일어난 일들이지만 정탐꾼 사건을 통해 앞으로의 일을 예견한 것이다.

⑥ 브올에서 있었던 사건(시 106:28-31)

이스라엘이 브올에서 바알과 연합하여 죽은 자에게 제사함으로 주를 격노하게 하여 재앙이 크게 돌았다(시 106:28-29). 이때 비느하스가 일어나 중재하니 재앙이 그쳤고 이것이 그의 의로 인정되어 영원까지 이르게 되었다(시 106:30 31). 이 말씀은 민수기 25:1-18에 기록된 사건의 요약으로 탐욕에 눈 먼 발람의 꾀로 바알에게 제사하고 모압 여자들과 음행함으로 하나님의 진노가 일어나 24,000명이 죽은 사건을 말한다(참조. 민 25:9; 31:16). 이때에 비느하스가 여호와의 질투심으로 질투하여 음행 중에 있던 미디안 여인 고스비와 시므온 조상의 가문 중 한 지도자인 시므온을 죽임으로 하나님이 그에게 영원한 제사장의 직분을 주셨다(참조. 민 25:12-13).

⑦ 므리바에서 있었던 사건(시 106:32-33)

이스라엘은 므리바에서 여호와를 거역하여 노하게 하였고, 이들 때문에 재난이 모세에게 미치게 되었다. 이때 이스라엘이 하나님의 뜻을 거역함으로 모세가 망령된 말을 했기 때문이다(시 106:32-33). 이 말씀은 민수기 20:1-13에 기록된 사건의 요약이다.

⑧ 약속의 땅에서 있었던 사건(시 106:34-46)

저자는 광야에서 약속의 땅으로 무대를 옮겨 여기서 이스라엘이 범죄하므로 여호와께서 이들을 이방 나라의 손에 넘긴 사건을 요약한다. 이스라엘은 여호와께서 멸하라고 하신 이방 민족들과 섞여 살면서 그들의 행위를 배우고 우상을 섬기므로 그것들이 그들의 올무가 되었다(시 106:34-36; 참조. 삿 2:2-3, 12, 17). 이스라엘은 이방 민족들의 행위를 배워 죄 없는 그들의 자녀들의 피를 흘려 가나안의 우상들에게 제사하기도 했다(시 106:37-39). 그래서 여호와께서 이스라엘을 이방 나라의 손에 넘기셨다(시 106:40-42). 이때 이스라엘이 회개하고 부르짖자 여호와께서 들으시고 그의 언약을 기억하시고 그의 인자하심에 따라 뜻을 돌이키셨다(시 106:43-46). 이 말씀은 사사기의 중심부인 사사기 3:7-16:31에 기록된 반역의 역사를 말한다.[145] 이 역사를 통해 바벨론 포로에서 돌아오는 역사까지

[145] 사사기의 중심부는 반역(A)-보응(B)-회개(C)-구원(D)의 역사를 반복한다. 이 역사를 여섯 개의 평행구조로 설명한다. 이 구조에 대한 설명은 『Refo 500 성경 해설 : 역사서』의 "사사기"의 문학적 구조를 참조하라.

예견한다. 이로 볼 때 저자는 표면적으로 이스라엘의 반역의 역사를 기술하면서도 언약을 기억하시는 하나님의 은혜의 역사를 아울러 기술하고 있다는 것을 알 수 있다.

(3) 구원을 위한 기도와 송영(시 106:47-48)

저자는 출애굽부터 사사시대까지의 긴 역사에서 있었던 이스라엘의 반역 사건을 설명했지만 동시에 그 역사에서 보여주신 여호와의 은혜도 함께 설명했다. 그는 이 역사에서 보여주신 은혜에 근거하여 '여호와 우리 하나님이여'라고 부르며 구원해 주시기를 기도하고 있다(시 106:47-48). 특히 이 기도와 송영은 역대상 16:35-36과 동일한 내용이다. 이것은 다윗이 여호와의 언약궤를 예루살렘에 옮기고 난 후에 아삽과 그의 형제를 세워 감사하게 한 시와 맥을 같이한다. 이 점을 염두에 둔다면 이 기도와 송영은 저자가 성막에 임재해 계시는 하나님께서 당시 이스라엘이 언약궤를 옮기고 한 노래처럼 때로 이스라엘이 반역하여 고통 가운데 있어도 여호와를 찾고 공의를 행한다면 구원해 주실 것을 내다보고 한 찬양이다(참조. 시 106:2-5).

제5권 : 시편 107-150편

제5권은 앞의 네 권보다 내용과 형식에서 다양하기는 하지만 대부분 여호와의 은혜에 감사하고 찬양하는 시로 엮어져 있다. 제5권은 다음의 주제에 따라 배열되었다.

- '감사하라'(호두, יהוה)라는 명령법으로 시작하는 시 : 시 105-107, 118편[146]
- 다윗의 시 : 시 108-110편
- 두 번째 할렐루야 시 : 시 111-117편[147]
- 율법을 찬양하는 시 : 시 119편[148]
- 성전에 올라가는 노래 : 시 120-134편
- 할렐루야 및 감사시 : 시 135-136편
- 다윗의 시 : 시 138-145편
- 세 번째 할렐루야 시 : 시 146-150편

시편 107편 : 주의 인자하심과 인생에게 행하신 기적

1   여호와께 감사하라

     그는 선하시며 그 인자하심이 영원함이로다

2   여호와의 속량을 받은 자들은 이같이 말할지어다

     여호와께서 대적의 손에서 그들을 속량하사

3   동서남북 각 지방에서부터 모으셨도다

---

146 제5권의 시작인 시편 107편이 '감사하라'라는 말로 시작하는 것은 제4권의 마지막 시인 시편 105-106편과 서로 연결하려는 것처럼 보인다.

147 시편 113-118편을 '이집트 할렐'(the Egyptian Hallel)이라 부르기도 한다.

148 이 시편은 알파벳 이합체시(alphabetic acrostic)로 히브리어 알파벳 22자 순서대로 한 글자당 8행씩 모두 176행으로 되어있다.

4 A   그들이 광야 사막 길에서 방황하며

거주할 성읍을 찾지 못하고

5   주리고 목이 말라

그들의 영혼이 그들 안에서 피곤하였도다

6 B   이에 그들이 근심 중에 여호와께 부르짖으매

  C   그들의 고통에서 건지시고

7   또 바른 길로 인도하사 거주할 성읍에 이르게 하셨도다

8 D   여호와의 인자하심과

인생에게 행하신 기적으로 말미암아 그를 찬송할지로다

9   그가 사모하는 영혼에게 만족을 주시며

주린 영혼에게 좋은 것으로 채워주심이로다

10 A   사람이 사망의 그늘에 앉으며

곤고와 쇠사슬에 매임은

11   하나님의 말씀을 거역하며 지존자의 뜻을 멸시함이라

12   그러므로 그가 고통을 주어

그들의 마음을 겸손하게 하셨으니

그들이 엎드러져도 돕는 자가 없었도다

13 B   이에 그들이 그 환난 중에 여호와께 부르짖으매

  C   그들의 고통에서 구원하시되

14   흑암과 사망의 그늘에서 인도하여 내시고

그들의 얽어 맨 줄을 끊으셨도다

15 D   여호와의 인자하심과

인생에게 행하신 기적으로 말미암아 그를 찬송할지로다

16   그가 놋문을 깨뜨리시며 쇠빗장을 꺾으셨음이로다

17 A   미련한 자들은 그들의 죄악의 길을 따르고

그들의 악을 범하기 때문에 고난을 받아

18   그들은 그들의 모든 음식물을 싫어하게 되어

사망의 문에 이르렀도다

19 B   이에 그들이 그들의 고통 때문에 여호와께 부르짖으매

   C   그가 그들의 고통에서 그들을 구원하시되

20   그가 그의 말씀을 보내어 그들을 고치시고

위험한 지경에서 건지시는도다

21 D   여호와의 인자하심과

인생에게 행하신 기적으로 말미암아 그를 찬송할지로다

22   감사제를 드리며 노래하여 그가 행하신 일을 선포할지로다

23 A   배들을 바다에 띄우며 큰 물에서 일을 하는 자는

24   여호와께서 행하신 일들과

그의 기이한 일들을 깊은 바다에서 보나니

25   여호와께서 명령하신즉

광풍이 일어나 바다 물결을 일으키는도다

26   그들이 하늘로 솟구쳤다가 깊은 곳으로 내려가나니

그 위험 때문에 그들의 영혼이 녹는도다

27   그들이 이리저리 구르며 취한 자 같이 비틀거리니

그들의 모든 지각이 혼돈 속에 빠지는도다

28 B   이에 그들이 그들의 고통 때문에 여호와께 부르짖으매

   C   그가 그들의 고통에서 그들을 인도하여 내시고

29   광풍을 고요하게 하사 물결도 잔잔하게 하시는도다

30   그들이 평온함으로 말미암아 기뻐하는 중에

여호와께서 그들이 바라는 항구로 인도하시는도다

31 D   여호와의 인자하심과

인생에게 행하신 기적으로 말미암아 그를 찬송할지로다

32   백성의 모임에서 그를 높이며

장로들의 자리에서 그를 찬송할지로다

33   여호와께서는 강이 변하여 광야가 되게 하시며

샘이 변하여 마른 땅이 되게 하시며

34 그 주민의 악으로 말미암아
옥토가 변하여 염전이 되게 하시며

35 또 광야가 변하여 못이 되게 하시며
마른 땅이 변하여 샘물이 되게 하시고

36 주린 자들로 거기에 살게 하사
그들이 거주할 성읍을 준비하게 하시고

37 밭에 파종하며 포도원을 재배하여
풍성한 소출을 거두게 하시며

38 또 복을 주사 그들이 크게 번성하게 하시고
그의 가축이 감소하지 아니하게 하실지라도

39 다시 압박과 재난과 우환을 통하여
그들의 수를 줄이시며 낮추시는도다

40 여호와께서 고관들에게는 능욕을 쏟아 부으시고
길 없는 황야에서 유리하게 하시나

41 궁핍한 자는 그의 고통으로부터 건져 주시고
그의 가족을 양 떼 같이 지켜 주시나니

42 정직한 자는 보고 기뻐하며
모든 사악한 자는 자기 입을 봉하리로다

43 지혜 있는 자들은 이러한 일들을 지켜보고
여호와의 인자하심을 깨달으리로다

이 시편은 잘 짜인 시적인 구조를 가지고 있다. 이 시편은 시편 107:4-32에 고통스러운 삶의 상황(A), 부르짖는 기도(B), 기도 응답으로 하나님이 베푸신 구원의 은혜(C), 그 은혜에 대한 감사(D)라는 A-B-C-D 구조가 네 번이나 반복된다. 이 시편은 구속받은 성도들이 하나님의 인자하심을 깨닫고, 하나님이 베푸신 구원의 은혜와 인생에게 행하신 기적들을 생각하고 감사하며 살아야 함을 보여준다.

> ## 시의 구조
>
> (1) 여호와께 감사해야 할 이유(시 107:1-3)
> (2) 하나님의 은혜 : 인생에게 행한 기적들(시 107:4-32)
>   ① 특수한 삶의 상황(시 107:4-5, 10-11, 17-18, 23-27)
>   ② 부르짖음(시 107:6a, 13a, 19a, 28a)
>   ③ 구원(시 107:6b-7, 13b-14, 19b-20, 28b-30)
>   ④ 감사(시 107:8, 15, 21, 31-32)
> (3) 여호와의 인자하심을 깨달으라(시 107:33-43)

(1) 여호와께 감사해야 할 이유(시 107:1-3)

이 연에서 저자는 구속받은 성도가 여호와께 감사해야 할 이유를 보여준다. 저자는 "여호와께 감사하라 그는 선하시며 그 인자하심이 영원함이로다"(시 107:1)라는 말씀으로 시작한다. 여기서 감사해야 할 이유를 "이는 그는 선하시며 그 인자하심이 영원함이로다"라고 했다. 이 말씀은 하나님의 선하심과 인자하심이 과거나 현재나 미래에도 영원하기 때문에 감사해야 한다는 뜻이다. 특히 저자는 여호와의 속량을 받은 자들은 여호와께서 대적의 손에서 그들을 속량하여 각 지방에서 모은 것을 감사해야 한다고 했다(시 107:2-3). 여기서 '속량 받은 자들'(거우림, גְּאוּלִים)은 처음에는 어떤 역사적 상황을 고려했을 수 있으나 이 시 자체로는 알 수 없기 때문에 언약 속에 내포된 오실 그리스도를 믿음으로 구원받은 하나님의 자녀들을 말한다. 전 세계 어떤 인종, 어떤 신분의 사람이라고 할지라도 그리스도를 믿었다면 그리스도의 십자가 죽으심이 적용되어 속량을 받은 자다. 이 은혜를 입은 자라면 여호와께 감사해야 한다. 이것이 여호와께 감사해야 할 이유다.

(2) 하나님의 은혜 : 인생에게 행하신 기적들(시 107:4-32)

이 연에서 저자는 네 가지의 특수한 삶의 상황(A), 부르짖음(B), 구원(C) 그리고 감사(D)로 된 A-B-C-D 구조를 반복적으로 설명한다.

① 특수한 삶의 상황(시 107:4-5, 10-11, 17-18, 23-27)

첫 번째 삶의 상황은 삶이 위기에 처해 불안한 경우다(시 107:4-5). 이스라엘과 그 주변은 광야 사막길이 많다. 특히 상인들은 애굽과 메소포타미아 사이를 광야 사막 길을 통하여 무역을 하기 때문에 거주할 성읍을 찾지 못할 때 주리고 목말라 삶이 불안하게 된다. 여기에 '그들의 영혼이 그들 안에서 피곤하게 된다'는 것은 마음속에 불안이 있다는 의미다.

두 번째 삶의 상황은 죄 때문에 감옥에 갇혀 고통하는 경우다(시 107:10-12). 이스라엘 역사에서 이러한 삶은 사사시대부터 바벨론 포로시대까지 광범위하게 나타난다. 그 원인은 언약의 말씀을 거역하고 지존하신 하나님의 뜻을 멸시하였기 때문이다. 하나님은 그들을 노역으로 인한 무거운 짐을 지게 하심으로 낮추셨다.

세 번째 삶의 상황은 질병으로 고통하는 경우다(시 107:17-18). 저자는 죄악의 길을 따랐기 때문에 고난을 받아 모든 음식물을 싫어하는 상태가 되었다고 한다. 일반적으로 사람들이 음식물을 싫어할 때는 무서운 질병에 걸렸을 때다. 모든 질병이 다 죄 때문은 아니다. 하지만 이 시에서 질병은 죄에 대한 벌이다.

네 번째 상황은 뱃사람들이 배를 타고 바다에서 영업하는 중에 큰 풍랑이 일어나 고통하는 경우다(시 107:23-27). 이스라엘 백성들은 바다에서 일어나는 이러한 일에 대해 비교적 익숙하다. 왜냐하면 서쪽이 지중해이고, 남쪽으로는 홍해와 연결되어 바다를 통해 무역도 하고 고기도 잡았기 때문이다(왕상 9:26-28; 10:22). 뱃사람들이 바다에서 일을 하다가 큰 광풍을 만나게 된다. 저자는 '여호와께서' 광풍을 일어나게 하셨다고 하였으나 그 이유를 설명하지 않는다. 이러한 문제는 대개 하나님의 주권에 속한 것이다(참조. 행 27:14-20). 그럼에도 누구든지 이러한 상황을 만나면 고통한다.

② 부르짖음(시 107:6a, 13a, 19a, 28a)

이 고통스러운 상황을 극복할 수 있는 방법은 무엇인가? 그것은 하나님께 부르짖는 것이다.

이에 그들이 근심 중에 여호와께 부르짖으매(시 107:6a, 13a, 19a, 28a).

히브리어에 '기도하다'라는 단어가 있음에도 불구하고 왜 '부르짖다'라는 동사를 사용했을까? 기도는 일반적인 용어이다. 하지만 '부르짖다'라는 용어는 특수하고 구체적인 내용을 구하되 절박함으로 구하는 것을 의미한다.[149] 누가 여호와께 부르짖을 수 있는가? 그들은 하나님이 택한 백성이며 구속받은 백성이다. 그래서 기도는 구속받은 성도들의 특권이요 은혜다.

③ 구원(시 107:6b-7, 13b-14, 19b-20, 28b-30)
여호와께서 그의 백성들이 고통 중에 부르짖는 기도를 들으시고 구원해 주셨다.

여호와께서 그들의 고통에서 구원하셨다(시 107:6b-7, 13b-14, 19b-20, 28b-30).

그들이 여호와께 부르짖을 때 여호와께서 거할 곳 없이 방황하는 자들을 구원하여 거주할 성읍을 주셨고(시 107:7), 흑암과 사망의 고통 속에 있는 자들을 건져내어 그 얽은 줄을 끊어내셨다(시 107:14). 질병으로 고통받는 자들을 고치시고 위험한 지경에서 건져내셨다(시 107:20). 생활터전에서 광풍으로 말미암아 역경 가운데 있는 자들을 구원하여 물결을 잔잔하게 하시고 그들이 바라는 항구로 인도하셨다(시 107:29-30).

두 번째 연에 사용한 동사가 모두 과거사로 기록된 것은 당시 성도들이 경험한 내용을 기록했기 때문이다. 이것은 누구나 어려운 지경에 빠질 수 있고, 심지어 죄 때문에 고통 가운데 빠진다 할지라도 여호와께 부르짖으면 여호와께서 들으시고 구원하신다는 것이다.

④ 여호와께서 행하신 일로 인한 감사(시 107:8, 15, 21, 31-32)
구원함을 받은 자들은 어떻게 살아야 할까? 이 시의 후렴구에 반복적으로 "여호와의 인자하심과 인생에게 행하신 기적으로 말미암아 그를 찬송할지라"(시 107:8, 15, 21, 31-32)라고 말했듯이 찬송해야 한다. 여기 '찬송하다'라는 히브리어

---

149 '부르짖다'라는 단어는 히브리어로 '차아크'(צָעַק)인데 의성어와 의태어로 소리를 높여서 구한다는 뜻이다.

로 '야다'(יָדָה)인데, '감사하다'는 뜻도 있다. 찬송이나 감사는 구원해 주신 하나님의 은혜에 대한 응답으로 나타나는 것이다.

이상의 시적 구조를 볼 때 신자의 삶에 누구에게나, 언제든지 찾아올 수 있는 고통스러운 상황, 부르짖음, 구원, 감사, 곧 A-B-C-D의 구조를 가지고 있다는 것을 알 수 있다.

(3) 하나님의 인자하심을 깨달으라(시 107:33-43)

이 연에서 저자는 하나님이 어떤 분이신지 알기를 원하는 내용을 묘사한다. 하나님은 사람들의 악한 행동으로 인하여 옥토가 변하여 염전[150]이 되게 하시고, 강이 변하여 광야가 되게 하시고, 샘이 변하여 마른 땅이 되게 하시는 분이다(시 107:33-35). 하나님은 사람들이 악을 행할 때 압박과 재난과 우환을 통하여 심판하시는 분이다(시 107:38-39). 그리고 하나님은 사람들이 자신의 지위를 이용하여 악을 행하는 자들을 심판하시고 억울하게 고통받는 자들을 건져 주시는 분이다(시 107:40-41).

저자는 이러한 하나님의 통치를 정직한 자는 보고 기뻐하지만 모든 사악한 자는 그 입을 다물게 될 것이라고 했다. 사람이 언제 입을 다물게 되는가? 그것은 죽을 때나 변명의 여지가 없을 때다. 저자는 이 시의 결론으로 지혜있는 자들에게 이러한 하나님의 통치방식을 지켜보고 하나님의 인자하심을 깨달으라고 도전함으로 마친다(시 107:43). 비록 우리가 하나님의 말씀대로 살아가는 일로 말미암아 갈등하고 힘들어 한다 할지라도, 우리가 우리가 섬기는 하나님이 어떤 분이시며 어떻게 통치하시는지 안다면 우리는 어떤 상황에서도 하나님의 말씀을 믿고 정직하고 올곧게 살아야 한다.

---

150 '염전'은 적절한 번역이 아니다. 히브리어 '머레이하'(מְלֵחָה)는 문맥적으로 '불모지'로 번역하는 것이 좋다.

시편 111편 : 여호와께서 행하시는 일

1   할렐루야

א   (여호와께 감사하리로다)

ב   내가 정직한 자들의 모임과 회중 가운데에서 전심으로

여호와께 감사하리로다

2 ג   여호와께서 행하시는 일들이 크시오니

ד   이를 즐거워하는 자들이 다 기리는도다

3 ה   그의 행하시는 일이 존귀하고 엄위하며

ו   그의 의가 영원히 서 있도다

4 ז   그의 기적을 사람이 기억하게 하셨으니

ח   여호와는 은혜로우시고 자비로우시도다

5 ט   여호와께서 자기를 경외하는 자들에게 양식을 주시며

י   그의 언약을 영원히 기억하시리로다

6 כ   그가 그들에게 뭇 나라의 기업을 주사

ל   그가 행하시는 일의 능력을 그들에게 알리셨도다

7 מ   그의 손이 하는 일은 진실과 정의이며

נ   그의 법도는 다 확실하니

8 ס   영원무궁토록 정하신 바요

ע   진실과 정의로 행하신 바로다

9 פ   여호와께서 그의 백성을 속량하시며

צ   그의 언약을 영원히 세우셨으니

ק   그의 이름이 거룩하고 지존하시도다

10 ר   여호와를 경외함이 지혜의 근본이라

ש   그의 계명을 지키는 자는 다 훌륭한 지각을 가진 자이니

ת   여호와를 찬양함이 영원히 계속되리로다

이 시편은 여호와께서 자기 백성에게 행하신 일들을 기억하며 찬양하는 찬양시다. 이 시편은 뒤에 있는 시편 112편과 함께 알파벳 이합체 시(alphabetic acrostic)다. 시편 111편이 여호와께서 행하시는 일을 기억하게 하여 여호와를 경외하게 하는 시라면, 시편 112편은 여호와를 경외하는 자의 삶과 그가 받게 될 복을 보여준다. 특히 이 시편은 중심주제어가 반복적으로 나타난다. 여호와께서 '행하시는 일'이라고 번역할 수 있는 '마아세'(מַעֲשֵׂה ⟨ עשׂה)가 세 번(시 111:2, 6, 7), '포알'(פֹּעַל)이 한 번(시 111:3), '기적'이라고 번역한 '니퍼라트'(נִפְלָאוֹת ⟨ פלא)가 한 번 (시 111:4) 나온다. 이 짧은 시에 동일한 단어나 같은 의미의 단어가 반복적으로 나온다면 그 단어가 주제어라 할 수 있다.

시의 구조

(1) 여호와께서 행하시는 일을 찬양함(시 111:1-2)
(2) 여호와께서 행하시는 일(시 111:3-9)
(3) 여호와께서 행하시는 일을 소개하는 목적(시 111:10)

---

(1) 여호와께서 행하시는 일을 찬양함(시 111:1-2)

이 연에서 저자는 여호와께서 행하시는 일을 찬양한다. 그는 '할렐루야'(= 여호와를 찬양하라)라고 명령하며 '정직한 자들의 모임'과 '회중' 가운데서 여호와께 감사할 것이라고 했다(시 111:1). '정직한 자들의 모임'과 '회중'은 같은 의미로 여호와를 경외하는 자들, 곧 예배에 참여한 자들을 말한다. 그리고 여호와께서 행하시는 일들을 즐거워하는 자들이 다 '기린다'라고 했다. 여기서 '기리다'(다라쉬, דָּרַשׁ)라는 것은 '조사하다', '숙고하다'라는 뜻이다. 실제로 여호와께서 행하시는 일들을 사모하는 자들은 그 일들을 조사하고 숙고하며 찬양한다.

(2) 여호와께서 행하시는 일(시 111:3-9)

이 연에서 저자는 알파벳 순서에 따라 여호와께서 행하시는 일(= 기적)과 그가 어떤 분이신지 차례로 소개한다. 여호와께서 행하시는 일이 존귀하고 엄위하다

(시 111:3). 이것은 여호와께서 행하신 일이 사람이 할 수 있는 일이 아니라 그 일을 통해 전능지 어호와의 존귀와 위엄을 알리는 역할을 하기 때문이다(참조. 출 14:18). 그의 의가 영원히 서 있다는 것은 여호와께서 영원히 의롭게 통치하신다는 것이다(시 111:3). 여호와는 그의 기적을 기억하게 하시는 분이며 은혜로우시고 자비로우신 분이다(시 111:4; 참조. 출 12:43-13:16). 그를 경외하는 자들에게 양식을 주시며, 그의 언약을 영원히 기억하시는 분이다(시 111:5). 이것은 언약을 기억하시고 애굽에서 구원하신 후에 만나와 메추라기를 먹이신 사건을 연상하게 한다(참조. 출 2:23-25; 16:13-14). 그러나 저자는 여호와께서 행하시는 일을 과거의 사건으로만 묘사하지 않고 그를 경외하는 자들에게 영원히 행하시는 분으로 보여준다. 또한 여호와의 손이 하는 일은 진실과 정의며 그의 법도는 확실하고 영원히 정하신 것이다(시 111:7-8). 이것은 여호와께서 의로운 통치자로 그가 행하시는 일은 진실과 정의를 증명해 주는 역할을 하기에 그의 백성이 진실하고 정의를 행하도록 도전한다.

여호와께서는 구속자로서 그의 백성을 속량하여 보내시며 그의 언약을 영원히 세우시기 때문에 그의 이름은 거룩하고 지존하시다(시 111:9). "그의 백성을 속량하시며 보내셨다"[151]라는 것은 애굽이나 바벨론에서 구원하여 보내시는 사건을 연상시킨다(참조. 신 9:26; 24:18; 사 43:3; 52:3). 여호와께서 그의 백성을 속량하시는 것은 그들의 행함 때문이 아니라 아브라함과 이스라엘과 맺은 언약 때문이다. '속량'은 대가를 지불하는 것을 말하는 것으로 장차 그리스도께서 자기 백성들의 죄를 속량하시는 것을 바라보는 것이다(엡 1:7; 히 9:15). 저자는 이 일을 통하여 하나님은 사람과 맺은 언약을 이루시기에 그의 이름이 거룩하고 지존하신 분임을 보여준다.

(3) 여호와께서 행하시는 일을 소개하는 목적(시 111:10)

이 연에서 저자는 여호와께서 행하시는 일을 소개하는 실제적인 목적을 보여준다. 두 번째 연(시 111:3-9)에서 여호와가 어떤 분이시며 어떤 일을 하시는지 보

---

151 개역개정판은 "여호와께서 그의 백성을 속량하시며"라고 번역했으나 히브리어 원문은 "그가 (여호와께서) 그의 백성을 속량하여 보내시며"(פְּדוּת שָׁלַח לְעַמּוֹ)라고 되어있다.

여주었다. 그는 전능자요, 의로운 통치자요, 구속자요, 자기 백성의 필요를 공급해 주시는 분이다. 그렇다면 이 여호와를 경외하는 것은 지혜의 근본이 될 수밖에 없다. 그래서 여호와를 경외하는 것이 지혜의 근본이고, 그의 계명을 지키는 자는 다 훌륭한 지각을 가진 자이다(시 111:10). 이것은 지혜서인 욥기, 잠언, 전도서에서 다양한 논리로 설명한 결론이다(욥 28:28; 잠 1:7; 전 12:13). 저자는 여호와께서 그의 언약에 따라 전능자요, 의로운 통치자요, 구속자로 그를 경외하는 자들에게 필요를 공급해 주시는 분이시기에 여호와를 찬양함이 계속될 것이라고 노래한다(시 111:10). 여호와를 경외하고 그의 계명을 지키는 자가 참 지혜로운 자임을 여호와께서 증명해 주실 것이다.

시편 112편 : 여호와를 경외하는 자의 삶과 복

1 할렐루야

 א 여호와를 경외하며(여호와를 경외하는 자는 복이 있도다)

 ב 그의 계명을 크게 즐거워하는 자는 복이 있도다

2 ג 그의 후손이 땅에서 강성함이여

 ד 정직한 자들의 후손에게 복이 있으리로다

3 ה 부와 재물이 그의 집에 있음이여

 ו 그의 공의가 영구히 서 있으리로다

4 ז 정직한 자들에게는 흑암 중에 빛이 일어나나니

 ח 그는 자비롭고 긍휼이 많으며 의로운 이로다

5 ט 은혜를 베풀며 꾸어 주는 자는 잘 되나니

 י 그 일을 정의로 행하리로다

6 כ 그는 영원히 흔들리지 아니함이여

 ל 의인은 영원히 기억되리로다

7 מ 그는 흉한 소문을 두려워하지 아니함이여

 נ 여호와를 의뢰하고 그의 마음을 굳게 정하였도다

8 ㅈ 그의 마음이 견고하여 두려워하지 아니할 것이라

ㄲ 그의 대적들이 받는 보응을 마침내 보리로다

9 ㅁ 그가 재물을 흩어 빈궁한 자들에게 주었으니

ㄴ 그의 의가 영구히 있고

ㄱ 그의 뿔이 영광 중에 들리리로다

10 ㄱ 악인은 이를 보고 한탄하여

ㅆ 이를 갈면서 소멸되리니

ㅅ 악인들의 욕망은 사라지리로다

이 시편은 여호와를 경외하는 자의 삶과 그에게 임할 복을 노래하는 찬양시다. 앞의 시편 111편과 함께 알파벳 이합체(alphabetic acrostic) 시다. 시편 111편이 여호와께서 행하시는 일을 기억하게 하여 여호와를 경외하게 하는 시라면, 시편 112편은 여호와를 경외하는 자의 삶과 그가 받게 될 복을 보여준다. 시편 112편은 시편 111:10의 "여호와를 경외함이 지혜의 근본이라 그의 계명을 지키는 자는 훌륭한 지각을 가진 자이니"라는 말씀의 확장이라고 할 수 있다(Kidner 1973a, 399).

시의 구조
(1) 여호와를 경외하는 자에 대한 복의 선언(시 112:1)
(2) 여호와를 경외하는 자의 삶과 복(시 112:2–9)
(3) 악인에 대한 저주의 선언(시 112:10)

(1) 여호와를 경외하는 자에 대한 복의 선언(시 112:1)

이 연에서 저자는 '할렐루야'(= 여호와를 찬양하라)라고 명령하며 찬양해야 할 이유를 선언형식으로 설명한다.

여호와를 경외하며 그의 계명을 크게 즐거워하는 자는 복이 있도다(시

112:1).

여호와를 경외하는 일과 그의 계명을 크게 즐거워하는 일은 히브리어 어법상 같은 개념을 다르게 말한 것이다. '경외하다'(ירא, 두려워하다)는 개념과 '즐거워하다'(חפץ)라는 개념이 서로 반대되는 것처럼 보이나 실제로 하나의 개념이다. '경외하다'라는 표현은 하나님을 섬기는 일을 경망스럽지 않게 하고, '즐거워하다'는 표현은 마음에서 우러나와 섬기게 하기 때문이다. '그의 계명을 크게 즐거워하는 자'는 하나님의 말씀을 사랑하고 그의 말씀을 지키는 것을 기뻐한다. 그래서 여호와를 경외하는 일은 계명을 지키는 삶으로 나타난다. 이러한 사람이 복 있는 사람이다(시 1:1-2). 예수님은 하나님을 사랑하는 사람은 그의 계명을 지키게 되어있을 뿐만 아니라 그의 계명을 지키는 자가 하나님을 사랑하는 사람이라고 하셨다(요 14:15-21).

(2) 여호와를 경외하는 자의 삶과 복(시 112:2-9)

이 연에서 저자는 여호와를 경외하는 자가 어떤 삶을 살며 어떤 복을 받게 될 것인지 알파벳 이합체 시의 형식에 따라 보여준다. 그는 여호와를 경외하는 자의 삶을 '정직한 자'(시 112:2, 4), '자비롭고 긍휼이 많으며 의를 행하는 자'(시 112:4), '은혜를 베풀며 꾸어 주는 자'(시 112:5), '재물을 흩어 빈궁한 자들에게 주는 자'(시 112:9) 등으로 묘사한다. 그리고 그는 각 절마다 여호와를 경외하는 자의 복을 말하거나 삶을 말하기도 하고, 그러한 삶과 복에 대한 이유나 결과를 서로 대응하여 설명한다(A-B, A'-B' 등).

여호와를 경외하는 자는 그의 후손이 땅에서 강성하게 되는 복을 받는다. 그는 정직하고 올곧게 사는 사람이기 때문이다(시 112:2). 그의 집에 부와 재물이 있다. 그것은 그의 공의가 영원히 서 있기 때문이다(시 112:3). 이것은 그가 의를 행했기 때문이기도 하지만 하나님이 그를 의롭게 하시는 은혜 위에 세워주셨기 때문이다(참조. 시 111:3). 정직한 자들은 때론 흑암 중에 있다 할지라도 빛이 비친다. 그는 자비롭고 긍휼이 많으며 의로운 자이기 때문이다(시 112:4). 그는 영원히 흔들리지 아니한다. 하나님 앞에 의롭다 함을 받은 자는 하나님 앞에 영원히 기억되기 때문이다(시 112:6). 그는 흉한 소문을 두려워하지 아니한다. 여호와를 의뢰하고 그 마음을 굳게 정하였기 때문이다(시 112:7). 그의 마음은 견고하여 두려워하지 않는다. 그의 대적들이 받는 보응을 마침내 볼 것이기 때문이다(시 112:8). 그는 재물을 흩어 빈궁한 자들에게 나누어 준다. 그래서 그의 의(= 하나님이 그리스도 안에 덧입혀 주시는 의)가 영원히 있고, 그의 뿔이 영광중에 들릴 것이다(시 112:9). 성경에 '뿔'은 힘과 권세와 존귀와 능력 등을 의미한다(참조. 시 75:5; 132:17; 눅 1:69). 여기서는 영광중에 높여지는 것을 의미하는 것으로 이 땅에서 존귀하게 될 뿐만 아니라 주의 재림까지 바라보고 있다.

(3) 악인에 대한 저주의 선언(시 112:10)

이 연에서 저자는 시편 112:1과 대조적으로 악인에 대한 저주를 선언한다. 악인은 자신이 행한 악한 말과 행동으로 여호와를 경외하는 자들을 공격했으나 결국 의인이 복을 받고 영광중에 높여지는 것을 보고 한탄하고 이를 갈면서 소멸될 것이다. 악인의 모든 욕망도 소멸될 것이다(시 112:10).

저자는 최종적으로 이 시편에서 여호와를 경외하는 자의 복을 악인의 종말과 대조하여 보여준다. 이것은 사람들로 하여금 어떤 삶을 선택할 것인지 도전하기 위함이다. 어떤 삶을 선택하고 싶은가?

시편 116편 : 내게 주신 은혜를 무엇으로 보답할까?

이 시편은 대표적인 감사시로 개인의 감사시다. 감사시의 특징은 저자가 자신의 과거 경험을 토대로 썼다는 것이다. 70인역 성경은 시편 116:1-9과 116:10-19이 분리되어 있는데 그 이유를 알 수 없다. 이 시편은 구조적으로 두 개의 연으로 되어 서로 짝을 이루고 있다(Stek 2002, 920).

시의 구조
(1) 저자의 고백과 결심 : 여호와를 사랑하는도다(시 116:1-9)
(2) 저자의 응답 : 서원을 여호와께 갚으리라(시 116:10-19)

(1) 저자의 고백과 결심 : 여호와를 사랑하는도다(시 116:1-9)

이 연에서 저자는 여호와를 사랑한다는 고백과 함께 일평생 주님께 기도하는 삶을 살 것이라는 결심으로 시작한다. 그 이유를 여호와께서 그의 음성과 간구를 들으시고, 또한 여호와께서 그의 음성과 간구에 귀를 기울이셨고, 또한 들으실 것이기 때문이라고 밝힌다(시 116:1-2).[152]

저자는 어떤 문제로 기도했을까? 그는 환난과 슬픔을 만났을 때 평행구로 사망의 줄이 자기를 두르고, 스올의 고통이 그에게 미쳤다고 했다(시 116:3-4). '스올'(שְׁאוֹל)은 성경에 무덤을 말하기도 하고 지옥을 말하기도 한다(출 3:6; 시 139:8; 사 14:11, 15). 그가 이러한 표현을 사용한 것은 죽을 지경이 되었다는 것을 의미한다. 이러한 환난이 대적들 때문에 온 것인지, 질병 때문에 온 것인지 알 수 없다. 이 상황에서 그는 "여호와여 주께 구하오니 내 영혼을 건지소서"(시 116:4)라고 기도했다. 이 상황에서 그가 얼마나 절박하고 간절하게 기도하였는지 알 수 있는 부분이 있다. 개역개정판에 '주께 구하오니'라고 되어있으나 히브리어 원문은 '아나'(אָנָּא)로 '제발 간절하게 구하오니'라는 뜻이다.

그러면 하나님께 간절하게 자신의 생명을 구해달라고 기도했을 때 하나님께서 기도를 들으시고 응답해 주셨는가? 그는 매우 시적인 표현으로 "주께서 내 영혼을 사망에서, 내 눈을 눈물에서, 내 발을 넘어짐에서 건지셨나이다"(시 116:8)라고 했다. 왜냐하면 그가 고백한 대로 여호와는 은혜로우시며 의로우시며 긍휼이 많으신 분이기 때문이다(시 116:5). 이러한 구원을 경험한 저자는 "내가 생명이 있는 땅에서 여호와 앞에 행하리로다"(시 116:9)라고 결심했다. 이것은 하

---

[152] 이 절에서 '들으신다'(이셔마, יִשְׁמַע)라는 히브리어 동사는 미완료형으로 현재완료로 번역할 수 있고, 뒤에 있는 '기울이신다'(히타, הִטָּה)라는 동사는 완료형으로 과거로 번역할 수 있다. 이러한 차이를 NASB가 잘 번역했다.

나님 앞에서 그와 교제하며 그 뜻을 행하며 살겠다는 것이다.

(2) 저자의 응답 : 감사하며 서원을 여호와께 갚으리라(시 116:10-19)

저자는 환난과 슬픔 중에 기도할 때 도와주신 일에 대하여 그가 어떻게 응답해야 할 것인지 말하기 전에 다시 한 번 그가 어려움 가운데 있을 때 어떻게 했는지를 시편 116:10-11에서 이렇게 말한다.

> 내가 크게 고통을 당하였다고 말할 때에도 나는 믿었도다 내가 놀라서 이
> 르기를 "모든 사람이 거짓말쟁이라" 하였도다.

이 말씀은 시편 116:3-4의 말씀과 같은 뜻인데 이 의미를 다른 시각에서 설명한 것이다. 그가 크게 고통을 당하였다고 말할 때 '믿었도다'라고 했다. 무엇을 믿었다는 것일까? 그것은 여호와는 은혜로우시고 의로우시며, 긍휼이 많으신 분이고, 기도할 때 들어주시는 분으로 믿었다는 것이다. 그는 환난과 슬픔에 처해 있을 때 여러 사람에게 부탁했는지도 모른다. 하지만 그는 그 상황에서 "모든 사람이 거짓말쟁이라"라고 했다. 이것은 사람은 믿을 수 없다는 뜻이다. 그의 믿음대로 그가 기도할 때 하나님은 구원해 주셨다. 이로 볼 때 기도는 믿는 바의 교리가 확실하다는 것을 경험하게 한다.

그러면 저자는 기도함으로 고통스러운 삶에서 구원을 받은 후에 어떻게 하나님께 응답하고 있는가? 그는 어떻게 하나님의 은혜에 보답할 수 있는지를 질문하고, 그 답으로 여호와께 감사하고 모든 백성이 보는 앞에서 서원을 갚을 것을 수미쌍관법으로 설명한다(시편 116:13-14; 116:17-18). 특히 개역개정판은 시편 116:14과 116:18을 약간 다르게 번역하였지만 원문은 똑같다.

> 여호와의 모든 백성 앞에서 나는 나의 서원을 여호와께 갚으리로다
> (נְדָרַי לַיהוָה אֲשַׁלֵּם נֶגְדָה־נָּא לְכָל־עַמּוֹ).

이 말씀을 볼 때 그가 환난과 슬픔 가운데 고통당할 때 여호와께 서원하며 기

도했다는 것을 알 수 있다. 그가 서원을 갚을 것이라고 응답한 것을 볼 때 그가 어려운 지경에 있을 때 하나님께 서원하며 기도하였다는 것을 알 수 있다. 서원은 반드시 해야 할 명령이 아니라 선택적인(optional) 명령이다. 하지만 서원을 하면 반드시 이행해야 한다(참조. 창 34:2, 30, 35:1). 저자가 서원을 공적인 장소에서 이행하겠다는 것은 그가 서원하며 기도한 것을 하나님이 들으셨다는 것이다.

그러면 저자는 왜 감사하며 여호와의 이름을 부르며 여호와의 백성들이 보는 앞에서 공적으로 서원을 갚겠다고 수미쌍관법으로 기록했을까? 그 이유를 또 다른 시각에서 한 번 더 설명한다.

> 그의 경건한 자들의 죽음은 여호와께서 보시기에 귀중한 것이로다 여호와여 나는 진실로 주의 종이요 주의 여종의 아들 곧 주의 종이라 주께서 나의 결박을 푸셨나이다(시 116:15-16).

여기서 '나의 결박을 푸셨다'라는 말은 시편 116:3에 나오는 '사망의 줄이 나를 두르고'라는 표현과 평행을 이룬다. 하나님은 왜 그의 기도를 들으시고 결박을 풀어주셨을까? 그것은 여호와께서 그를 섬기는 경건한 자들의 죽음을 귀중하게 보시기 때문이다. 이 말씀은 경건한 자들의 죽음 자체가 가치 있다는 뜻이 아니다. 여호와께서 경건한 당신의 백성의 생명을 귀중하게 보시기 때문에 죽음에 이르도록 방치하지 않으시고 돌보신다는 뜻이다(Stek 2002, 921). 그 이유는 무엇일까? 그것은 이 저자가 주의 종이기 때문이다.

> 여호와여 나는 진실로 주의 종이요, 주의 여종의 아들 곧 주의 종이라
> (אָנָּה יְהוָה כִּי־אֲנִי עַבְדֶּךָ אֲנִי־עַבְדְּךָ בֶּן־אֲמָתֶךָ).

여호와의 종이라는 말은 어떤 뜻일까? 종의 신분은 그의 주인이 누구냐에 따라 차이가 있다. 구약시대에는 하나님이 보내신 선지자와 다윗을 가리켜 '주의 종' 또는 '하나님의 종'이라고 했다(삼하 7:25; 왕하 14:25). 신약시대에는 사도들인 베드로와 야고보 등을 가리켜 '그리스도의 종'이라고 했다(약 1:1; 벧후 1:1). 또한 그리스도의 부르심을 받은 성도들도 '그리스도의 종'과 '하나님의 종'이라고 했

다(고전 7:22; 벧전 2:16; 계 19:5). 특히 성경에 하나님의 종의 개념은 하나님과 교제하며 하나님의 뜻과 명령을 수행하기 위하여 부르심을 받은 자들이라는 뜻이다. 신약시대에는 그리스도 안에서 구속함을 받은 모든 성도들도 하나님의 종이다. 그렇다면 여러분은 하나님의 종인가? 그렇다면 성도가 기도할 때 하나님이 이 시의 저자를 역경 속에서 만나고 그의 생명을 사망에서, 그의 눈을 눈물에서, 그의 발을 넘어짐에서 구원해 주셨던 것처럼 구원해 주시는 은혜를 발견하게 될 것이다. 그리고 그 구원의 은혜를 기억하고 감사하며 살 때 하나님이 그의 서원을 이행할 수 있게 해주실 것이다.

시편 120편 : 속이는 혀에서 건져 주소서

시편 120편부터 134편까지 열다섯 편의 시편은 모두 "성전에 올라가는 노래"(쉬르 하마로트, שִׁיר הַמַּעֲלוֹת)라는 표제를 가지고 있다. 이 표제에 사용된 '하마로트'(הַמַּעֲלוֹת)는 '올라가다'(아라, עלה)에서 파생된 단어로 '계단'이라는 뜻도 있다(출 20:26; 왕하 20:8). 이 표제를 에스겔이 본 성전에 있는 문간으로 올라가는 층계가 일곱 개와 여덟 개로 되어있는 것과 연관시키기도 한다(겔 40:6, 22, 26, 31, 34, 37). 그리고 이 표제는 예루살렘으로 올라가는 순례길이나 여호와의 산(참조. 사 30:29)에 올라가는 행렬을 말하기도 한다(Kidner 1973, 43). 이러한 견해의 공통분모는 성전에 올라가는 것이다. 성전에 왜 올라가는가? 그것은 성전에 임재해 계시는 하나님을 예배하며 그 하나님과 교제하며 그의 은혜와 능력을 힘입기 위함이다. 그래서 이 노래는 하나님께 예배하기 위해 성전에 올라갈 때 부른 것으로 보는 것이 무난하다. 이 노래는 성전에 올라갈 때 예배자의 복과 믿음, 갈등, 소망 등을 다양한 논리로 보여준다. 그리고 이 열다섯 편의 시는 일정한 논리구조를 가지고 있다.

시편 120편은 "성전에 올라가는 노래" 가운데 첫 번째 노래로 한 개인이 여호와께 기도한 탄식시다.

시의 구조
(1) 구원을 위한 기도(시 120:1-2) (2) 대적들에게 심판을 선언함(시 120:3-4) (3) 대적들로 말미암은 고통스러운 상황(시 120:5-7)

(1) 구원을 위한 기도(시 120:1-2)

이 연에서 저자는 여호와께 그의 생명을 구원해 주실 것을 기도한다. 그는 "내가 환난 중에 여호와께 부르짖었더니 내게 응답하셨도다"(시 120:1)라고 했다. 여기에 '부르짖다'(카라티, קָרָאתִי)와 '응답하다'가 과거형이다. 이것은 과거에 구원을 위하여 기도했을 때 응답받았던 경험을 말한다. 그런데 NIV 영어성경은 현재형으로 번역했다. 이것은 현재 받는 환난 가운데에서 구원을 위한 성도의 기도가 된다. 하지만 기록된 대로 과거로 보고 기도에 응답해 주신 것을 회상하는 것으로 보는 것이 자연스럽다. 저자의 이러한 경험은 지금 환난 가운데 있는 성도들이 간구할 때 응답을 기대하게 한다. 그는 거짓된 입술과 속이는 혀에서 그의 생명을 구원해 줄 것을 구했다(시 120:2). 이것은 거짓말로 그의 생명을 위태롭게 하는 일에서 건져달라는 것이다. 신약성경에서 야고보가 속이는 혀를 가리켜 "쉬지 아니하는 악이요 죽이는 독이 가득한 것"(약 3:8)이라고 했듯이 거짓말은 사람의 생명과 인격을 해한다.

(2) 대적들에게 심판을 선언함(시 120:3-4)

이 연에서 저자는 심판을 선언한다. 그는 거짓된 혀로 그를 위협하는 자들에 대하여 의인법으로 "너 속이는 혀여"(시 120:3)라고 부르며 비유적인 표현으로 거짓된 혀보다 더 치명적인 "장사의 날카로운 화살과 로뎀 나무 숯불"을 더할 것이라고 하였다(시 120:3-4). 이것은 날카로운 화살과 로뎀 나무 숯불과 같이 하나님의 심판이 임하게 될 것을 믿음으로 확신했다는 것이다.

(3) 대적들로 말미암은 고통스러운 상황(시 120:5-7)

이 연에서 저자는 그가 처한 고통스러운 상황을 보여준다. 그는 메섹과 게달의 장막에 머무는 것이 화라고 했다(시 120:5). 메섹은 중앙 아시아 북쪽에 있고(참조. 창 10:2), 게달은 아라비아에 있다(참조. 사 21:16-17). 메섹과 게달이라는 두 지명은 이방 세계를 의미하고 '나'는 이스라엘을 개인화하여 이방 세계에 흩어진 것으로 말할 수 있다. 그렇지 않다면 비유적으로 자신의 세계와는 멀리 떨어진 이방 세계에 둘러싸인 것처럼 느끼는 것으로 말할 수도 있다(Kidner 1973a, 430-431; Stek 2002, 932). 저자는 화평을 원하나 대적들은 싸우려고 한다(시 120:7). 이것이 이 시의 저자와 모든 시대의 성도들이 처한 고통스러운 상황이다. 이 상황에서 성도는 어떻게 이 문제를 해결할 수 있을까?

시편 121편 : 여호와는 너를 지키시는 이시라

이 시편은 "성전에 올라가는 노래" 가운데 두 번째 노래로 성전에 올라가는 예배자에게 여호와가 그를 지키시는 분임을 확신시키는 노래다. 이 시편에서 화자는 1인칭 단수지만 청자는 2인칭 단수로 되어있다. 시편 121:1-2의 1인칭 '나'가 시편 121:3-8의 2인칭 '너'에게 말하는 대화 형식으로 되어있다. 이 대화가 자기에게 하는 말인지, 아니면 순례자들 간에 하는 말인지 알 수 없다(Stek 2002, 932). 하지만 자기 자신을 확신시키는 말로 보는 것이 자연스럽다. 특히 이 노래를 읊을 때 '여호와'(יהוה)가 다섯 번(시 121:2, 5×2, 7, 8), '지키다'(שמר)라는 동사가 여섯 번(시 121:3, 4, 5, 7×2, 8), '너'라는 대명사가 열 번(시 121:3×2, 5×3, 6, 7×2, 8×2) 반복적으로 나온다는 것을 발견할 수 있다. 이것은 이 시편의 주제가 여호와가 너를 지키시는 분이라는 것을 보여준다.

시의 구조
(1) 여호와에 대한 신앙고백(시 121:1-2)
(2) 여호와의 지키심에 대한 확신(시 121:3-8)

(1) 여호와에 대한 신앙고백(시 121:1-2)

이 연에서 저자는 자기의 도움이 어디에서 오는지 질문하고, 그 대답으로 여호와에 대한 신앙을 고백한다. 그는 "내가 산을 향하여 눈을 들리라 나의 도움이 어디서 올까?"라고 질문한다. 여기 '산'은 복수로 '산들'인데 예루살렘 주변을 두르고 있는 산들일 수도 있고(시 125:1-2), 시편 87:1과 133:3처럼 장엄 복수로 시온산 자체를 말할 수도 있다(Stek 2002, 932). 그래서 저자는 성전이 있는 시온산을 바라보고 질문한 것이다.

그 질문에 대해 "나의 도움을 천지를 지으신 여호와에게서로다"라고 했다(시 121:2). 그는 여호와를 하늘과 땅을 창조하신 창조주로 신앙을 고백한다.

(2) 여호와의 지키심에 대한 확신(시 121:3-8)

이 연에서 저자는 자기 자신인 '너'에게 말하는 형식으로 여호와께서 어떻게 지키시는지를 말하고 있다.

첫째, 여호와는 실족하지 아니하게 하시고, 졸지 아니하고 지키시는 분이다(시 121:3). 이와 더불어 그는 시편 121:4을 시작하면서 '보라'[153]라고 하며 여호와를 자신만이 아니라 이스라엘을 지키시는 분으로 졸지도 주무시지도 아니한다고 했다. 이러한 표현을 사용한 것은 엘리야가 잔다고 조롱한 이방신들과 대조하여 여호와는 항상 자기를 지키시는 분임을 확신시키기 위함이다(참조. 왕상 18:27).

둘째, 여호와는 뜨거운 태양 아래에서 그늘이 되시고 낮의 해와 밤의 달이 상하게 하지 못하도록 지키시는 분이다(시 121:5-6). 팔레스타인에는 햇볕이 뜨겁다. 성경 곳곳에 햇볕이 더워 몸을 상하게 한다는 표현이 나온다(참조. 사 4:6; 25:4-5; 49:10; 욘 4:8 등). 반대로 밤은 춥다(참조. 창 31:40; 렘 36:30). 그러나 여호와께서 그늘이 되시기 때문에 낮의 해와 밤의 달이 해치 못한다. 여기 '그늘'은 은유로 낮과 밤만이 아니라 고통과 위협에서 지키신다는 것을 의미한다(Stek 2002, 933).

셋째, 여호와는 모든 환난을 면케 하고 영혼을 지키시는 분이다(시 121:7).

---

153 개역개정판에는 나타나 있지 않으나 히브리어 성경에서 '보라'(히네이, הִנֵּה)라는 감탄사가 있다.

넷째, 여호와는 출입을 지금부터 영원까지 지키시는 분이다(시 121:8). 여기 '너의 출입'은 문자직으로 '네가 나가고 들어오는 것'(צֵאתְךָ וּבוֹאֶךָ)을 밀하는 것으로 일상생활 전부를 말하기도 하고, 일을 수행하는 행위를 말하기도 한다(참조. 삼상 29:6; 왕상 3:7). 여호와께서 지금부터 영원까지 성도의 모든 삶을 지키신다는 것이 얼마나 영광스러운가?

저자는 자기 자신을 향하여 이 여호와가 '너를 지키신다'고 반복하여 확신시킨다. 이처럼 하나님이 어떤 분이신지 자기 자신에게 확신시키는 일은 매우 단순하게 보이지만 여호와가 지켜주시는 것을 경험하게 한다. 특히 신약시대에는 성령이 모든 성도 가운데 계셔서 그를 찾는 자들을 지키시고 도우신다.

시편 122편 : 예루살렘 하나님의 집

이 시편은 "성전에 올라가는 노래" 가운데 세 번째 노래로 예루살렘으로 올라가는 순례자가 예루살렘에 도착하여 그 기쁨을 표현하고, 또한 예루살렘의 평안을 기원하는 찬양시로 시온의 노래라고도 한다(참조. 시 46, 48, 76, 84, 87 등). 이 시에서 구약시대에 특별한 신학적 의미를 담고 있는 '여호와의 집'(시 122:1), '하나님의 집'(시 122:9), '예루살렘'(시 122:2, 3, 6) 그리고 예루살렘을 의미하는 '네 성'과 '네 궁중'(시 122:7)이라는 용어가 특징적으로 나타난다. 이것은 예루살렘과 하나님의 집이 주제어라는 것을 알려준다.

시의 구조
(1) 예루살렘에 도착한 기쁨(시 122:1-2)
(2) 예루살렘의 중요성(시 122:3-5)
(3) 예루살렘의 평안을 구함(시 122:6-9)

(1) 예루살렘에 도착한 기쁨(시 122:1-2)

이 연에서 저자(= 다윗)는 예루살렘에 도착한 기쁨을 표현한다. 그는 어떤 사람이 여호와의 집에 가자고 하였을 때 기뻤다. 여기서 '기뻤다'(사마흐티, שָׂמַחְתִּי)라는 단어는 완료형으로 과거다. 이것은 그가 여호와의 집에 올라오게 된 배경으로 이스라엘의 전례를 따른 것으로 보인다(시 122:4). '여호와의 집'은 예루살렘에 있는 성막을 가리킨다(출 23:19; 34:26; 수 6:24; 왕상 7:40 등). 성막은 하나님이 임재하시며 그의 백성과 만나 교제하는 곳이다(출 25:8, 22).[154] 이 시에서 저자는 여호와의 집이 있는 예루살렘을 의인화하여 "예루살렘아 우리 발이 네 성문 안에 섰도다"(시 122:2)라고 했다. 이것은 예루살렘을 사모해 왔고, 드디어 도착했다는 기쁨을 시적으로 표현한 것이다.

(2) 예루살렘의 중요성(시 122:3-5)

이 연에서 저자는 예루살렘이 왜 중요하며 어떤 의미를 지니고 있는지를 보여준다. 그는 예루살렘 성을 외적으로 잘 짜인 성읍과 같이 잘 건축된 성으로 보았다(시 122:3). 그러나 저자는 단순히 외적인 성읍의 아름다움과 견고함을 묘사하기보다는 여호와의 지파들이 여호와의 이름으로 감사하려고 전례대로 올라가는 곳으로 묘사한다. 이 전례는 율법에 기록된 내용으로 하나님의 이름을 주시려고 택하신 곳에 가서 예배하라는 말씀으로 볼 수 있다(참조. 신 12:5; 14:23-24; 16:16). 하지만 예루살렘으로 올라가는 이유를 볼 때 이곳에 제사를 드리는 것만을 말하는 것은 아니다. 그 이유는 거기에 심판의 보좌, 곧 다윗의 보좌를 두셨기 때문이다(시 122:5).[155] 여기에 '심판'(미쉬파트, מִשְׁפָּט)의 개념은 앞에 말한 시편 122:1-4의 논리와 다른 뜻밖의 결론처럼 보이지만 이사야 2:4과 42:3에 표현된 바와 같이 하나님의 통치행위 또는 그 방편인 공의를 의미한다(Kidner 1973a, 434). 다윗의 보좌는 하나님의 통치를 수행하는 곳이다(참조. 삼하 7:8-16; 대하 9:8; 시 2:2, 6-7). 이것이 예루살렘이 중요한 이유다.

성전에 올라가는 노래는 무작위로 배열된 것이 아니라 일정한 논리 구조를

---

[154] 하지만 이 시의 저자가 표제에 있는 대로 다윗이라면 그의 시대에는 예루살렘에 성막이 없었다. 열왕기상 3:4과 8:1-11에 따르면 예루살렘에 성전이 봉헌되기 전에 순례자의 성이 되었다는 것은 의심스럽다(Stek 2002, 933).

[155] 히브리 시에서 시편 122:5을 시작할 때 이유를 나타내는 접속사 '왜냐하면'(키, כִּי)이 있다.

가지고 있다. 성전에 올라가는 노래를 시작하는 120편에서 저자가 환난 중에 부르짖으며 여호와의 심판을 구한다. 121편에서는 순례자가 여호와의 집에 오는 과정에 여호와께서 지키신다는 것을 묘사하고, 122편에서는 순례자가 여호와께서 택하신 예루살렘에 있는 다윗의 보좌에 나아가 의로운 통치를 기대한다 (Kidner 1973a, 433). 다윗의 보좌에 앉으신 여호와께서 순례자의 간구를 들으시고 공의로 통치하실 것이기 때문이다.

(3) 예루살렘의 평안을 구함(시 122:6-9)

이 연에서 저자는 예루살렘의 평안을 구한다. 시편 122:6은 히브리어에서 아름다운 언어 유희로 서로 엮어져 있는데 그것은 '예루살렘'(여루샬라임, יְרוּשָׁלִָם), '평안'(샬롬, שָׁלוֹם), '구하라'(샤알, שָׁאַל), '형통하다'(샤라흐, שׁלה) 이다(Stek 2002, 933). 이를 통해 예루살렘의 평안을 구하고 있다는 것을 알 수 있다. 저자는 동료 순례자인지 아니면 모든 사람을 향한 것인지 불확실하나 그들에게 예루살렘의 평안을 구할 것을 요청하며 예루살렘을 사랑하는 자들은 형통할 것이라고 말한다(시 122:6). 그는 예루살렘을 의인화하여 2인칭 단수 '너'로 부르며 평안과 형통이 있으라고 한다. 이것은 기도라기보다는 명령으로 축복을 선언하는 것이다.[156]

그런데 저자는 '내 형제와 친구를 위하여'(시 122:8) 그리고 '여호와 우리 하나님의 집을 위하여'(시 122:9)라고 평안과 복을 구한다. 예루살렘은 풍성한 교제 가운데 하나님과 그의 백성이 함께 만나는 곳이다(Stek 2002, 933). 그리고 하나님의 통치를 수행하는 다윗의 보좌이면서, 동시에 하나님과 만나 교제하는 우리 하나님의 집이다. 이 예루살렘의 평안과 복을 구하는 것은 이곳에서 하나님과 그의 백성이 풍성한 교제 가운데 평안과 복을 누리기를 원한다는 것이다. 감사하게도 오늘날 그리스도께서 십자가에 죽으심으로 그를 믿는 자는 누구든지 그리스도 안에서 시공간에 제약을 받지 않고 하나님을 만나 교제하며, 그의 통치를 받을 수 있게 되었다(참조. 히 10:19-20).

---

156 70인역은 명령법인 '게네스또우'(γενέσθω)로 번역했다.

시편 123편 : 여호와여, 우리에게 은혜를 베푸소서

이 시편은 "성전에 올라가는 노래" 가운데 네 번째 노래로 하나님의 은혜를 간절히 구하는 공동체의 탄식시다. 그것은 시편 123:1은 1인칭 단수 '나'로 기도를 시작하지만 123:2-4은 1인칭 복수인 '우리'로 나타나기 때문이다. 시편 122편이 예루살렘에 도착하여 하나님과 만남을 기대하였다면, 123편은 성전에 임재해 계신 하나님께 공동체를 위해 기도한다.

시의 구조
(1) 하나님의 은혜를 바라봄(시 123:1-2)
(2) 하나님의 은혜를 바라보는 이유(시 123:3-4)

(1) 하나님의 은혜를 바라봄(시 123:1-2)

이 연에서 저자는 1인칭 단수로 "하늘에 계시는 주여 내가 눈을 들어 주께 향하나이다"(시 123:1)라고 시작하며 1인칭 복수인 '우리'가 하나님을 바라본다고 기도한다(시 123:2). '하늘에 계신'이라는 말은 단순히 하늘에 계신다는 개념이 아니라 원문은 '하늘 보좌에 앉으신 분'(하요셔비 바샤마임, הַיֹּשְׁבִי בַּשָּׁמָיִם)으로 온 세상을 통치하시는 분이란 뜻이다. 저자는 땅에 있는 여호와의 집에 와 있지만 그 곳을 하늘 보좌에 앉으신 여호와께서 통치하시는 곳으로 본 것이다.

그는 회중의 대표자로서 '우리' 공동체를 위해 기도한다(Kraus 1993a, 394). 특히 관심을 가지고 보아야 할 부분은 개역개정판에는 빠져있지만 특별한 장면을 주목해서 보게 하는 감탄사 '보라'(히네이, הִנֵּה)라는 단어다. KJV와 NASB는 이 점을 잘 드러내었다. 그는 여호와께 그림 언어로 상전의 손을 바라보는 종들의 눈 같이, 여주인의 손을 바라보는 여종의 눈 같이 여호와께서 은혜를 베풀어 주실 때까지[157] 여호와를 바라볼 것이라고 말한다. 이 장면을 연상해 보라. 여기서 종들이 주인의 손을 바라본다는 것은 주의 은혜를 간절히 구한다는 의미이다. 이

---

[157] 개역개정판은 "우리에게 은혜 베풀어 주시기를 기다리나이다"라고 번역했지만 원문은 "(그가) 은혜 베풀어 주실 때까지"(עַד שֶׁיְּחָנֵּנוּ)이다.

것은 여호와의 은혜를 간절하게 사모하고 있음을 보여준다.

(2) 하나님의 은혜를 바라보는 이유(시 123:3-4)

이 연에서 저자는 은혜를 사모하는 이유를 설명한다. 그는 호격으로 '여호와 여'라고 부르며 은혜를 베풀어 달라고 두 번이나 반복해서 구한다(시 123:3a). 이것은 은혜를 간절히 사모한다는 것이다. 그 이유는[158] 여호와를 대적하는 안일한 자들과 교만한 자들의 멸시와 조소가 '우리' 공동체에 넘치기 때문이다. 저자가 이들이 누구인지 밝히지 않기 때문에 알 수 없다. 이러한 일은 히스기야 시대에 예루살렘을 포위한 산헤립의 조롱(왕하 18:17-35)과 느헤미야를 중심으로 성벽을 재건할 때 산발랏과 도비야가 하는 조롱(느 4:2-3) 등이 있다.

당시 이스라엘 공동체를 멸시하고 조롱하는 것은 하나님의 언약 백성과 그들이 하는 일을 멸시한 것이다. 이 일은 오늘날 여호와를 대적하는 권력과 여러 종류의 악한 자들이 교회와 교회가 하는 거룩한 일을 멸시하고 방해하는 것과 같다. 이때 교회는 거룩한 삶을 살면서 당시 저자가 하늘 보좌에 앉아계신 여호와께 이스라엘 공동체를 위해 은혜를 간구했듯이 은혜를 간구해야 한다.

시편 124편 : 위기에서 베푸신 하나님의 은혜

이 시편은 "성전에 올라가는 노래" 가운데 다섯 번째 노래로 시편 123편에서 하나님의 은혜를 구한 것에 대해 하나님이 응답해 주신 일을 기억하고 '우리' 공동체인 이스라엘이 하나님께 찬양하는 찬양시다.

시의 구조
(1) 위기에서 베푸신 하나님의 은혜(시 124:1-5)
(2) 하나님의 은혜에 대한 찬양(시 124:6-8)

---

158 히브리어 원문은 시편 123:3 중간에 이유를 나타내는 접속사 '키'(כִּי)가 있다.

(1) 위기에서 베푸신 하나님의 은혜(시 124:1-5)

이 연에서 저자(= 다윗)는 이스라엘의 여러 위기 상황에서 하나님이 구원해 주신 사건을 회상한다. 이 연은 히브리어 원문에 '만약 A 하지 않았다면 그 결과 B가 되었을 것이다'(B אֲזַי A לוּלֵי)라는 절로 2개의 부정 조건절(A, A')과 3개의 귀결절(B, B', B")로 되어있다.

A   (לוּלֵי)여호와께서 우리 편에 계시지 아니하셨더라면(시 123:1)

A'   (לוּלֵי)여호와께서 우리 편에 계시지 아니하셨더라면(시 123:2b) 사람들이 우리를 치러 일어날 때에(시 123:2a)[159]

B   (אֲזַי)그 때에 그들의 노여움이 … 우리를 산 채로 삼켰을 것이며(시 123:3)

B'   (אֲזַי)그 때에 … 시내가 우리 영혼을 삼켰을 것이며(시 123:4)

B"   (אֲזַי)그 때에 … 넘치는 물이 우리 영혼을 삼켰을 것이라(시 123:5)

사람들이 이스라엘을 치러 일어난 사건이 무엇인지 설명하지 않기 때문에 알 수 없다(시 124:2). 여기서 '사람들'은 누구를 말하는가? 다윗 시대라면 그들은 블레셋이나 그 주변국일 수도 있다. 그러나 저자가 어떤 사람을 명시하지 않았다면 이스라엘을 대적하는 모든 사람을 말한다고 볼 수 있다. 저자는 맹수나 넘치는 물과 같은 몇 가지 이미지로 이스라엘에 임한 재앙을 묘사한다(Kidner 1973a, 436-437). 만약 여호와가 이스라엘 편에 계시지 않았다면 그들의 노여움이 맹수처럼 이스라엘을 삼켰을 것이다. 그리고 대적하는 사람들이 물처럼 이스라엘을 휩쓸고 지나갈 수도 있었을 것이다. 그러나 여호와께서 이스라엘 편에 계셔서 위기에서 구원하셨다.

(2) 하나님의 은혜에 대한 찬양(시 124:6-8)

이 연에서 저자는 여호와께서 여러 재앙에서 구원해 주신 은혜에 대하여 찬

---

159 편의상 히브리어 원문의 순서대로 배열했다. 이는 히브리어 어순과 우리 말 어순이 다르기 때문이다.

양한다. 그는 시편 124:3에 언급한 이미지와 유사하게 여호와께서 이스라엘을 내주어 맹수의 이에 씹히지 않게 하신 여호와를 찬양하라고 한다(시 124:6). 그리고 이미지를 바꾸어 이스라엘이 사냥꾼의 올무에서 벗어난 새 같이 되었다고 고백한다(시 124:7). 이러한 위기에서 구원을 받았다면 당연히 하나님의 은혜를 찬양해야 하지 않을까? 그는 결론적으로 그들의 도움이 하늘과 땅을 창조하신 여호와의 이름에 있다고 고백한다(시 124:8). 그리스도 안에서 하나님의 자녀가 된 우리의 도움도 하늘과 땅을 창조하신 여호와의 이름에 있다.

시편 125편 : 여호와를 의지하는 자는 왜 안전한가?

이 시편은 "성전에 올라가는 노래" 가운데 여섯 번째 노래로 여호와를 의지하는 자들의 안전함을 찬양하는 노래다. 특히 성전에 올라온 순례자들이 성전을 보고 그들이 왜 안전한지 시온산 이미지를 통해 보여준다.

시의 구조
(1) 여호와를 의지하는 자들의 안전(시 125:1–3)
(2) 여호와의 통치방식(시 125:4–5)

(1) 여호와를 의지하는 자들의 안전(시 125:1–3)

이 연에서 저자는 여호와를 의지하는 자들이 왜 안전한지 설명한다. 그는 그들이 안전하다는 것을 두 가지 이미지 언어로 설명한다. 하나는 시온산이 흔들리지 않고 영원히 있음과 같다는 것이다(시 125:1). 시온산이 '흔들리지 않고 영원히' 있다는 것은 단순히 지리적인 시온산을 말하기보다는 하나님이 임재해 계시는 성전을 말한다(시 48:1–14; 78:69; 87:5). 이 시온산처럼 여호와를 의지하는 자들은 흔들리지 않고 영원할 것임을 말한다. 또 하나는 산들이 예루살렘을 두름과 같이 여호와께서 그의 백성을 두르신다는 것이다(시 125:2).

왜 여호와께서 그의 백성을 보호하시는가? 그 이유는 악인의 규가 의인들에게 권세를 누리지 못하게 하려는 것이다(시 125:3).[160] 여기서 '규'(쉐이벧, שֵׁבֶט)는 권위를 나타내는 표지로 통치권을 상징한다(Harris 1980, 2314). 악인이 권세를 행하지 못하게 한 목적은 여호와께서 의인들(= 여호와를 의지하는 자들)로 하여금 죄악에 손대지 않도록 하시기 위함이다.[161] 여호와께서 지금부터 영원까지 그의 백성이 죄악에 손대지 않도록 지키신다. 이것은 여호와께서 죄를 결코 지을 수 없게 한다는 것이 아니라 영원히 악인이 다스리는 것을 허용하지 않는다는 것이다(콜린스 2014, 1198).

(2) 여호와의 통치방식(시 125:4-5)

이 연에서 저자는 여호와께서 올바르게 통치해 주시기를 구한다. 이 기도에서 그는 여호와께서 '선한 자들', '마음이 정직한 자들'에게 선대하시고, '자기의 굽은 길로 치우치는 자들'을 '죄를 범하는 자들'과 함께 다니게 하여 심판하실 것을 구한다(시 125:4-5). 이것이 여호와가 통치하는 방식이기 때문이다. 이러한 여호와의 통치로 이스라엘(= 여호와를 의지하는 자 = 의인들)에게 평강이 있기를 기원한다(시 125:5).

시편 126편 : 여호와는 이스라엘의 운명을 회복하신다

이 시편은 "성전에 올라가는 노래" 가운데 일곱 번째 노래로 과거에 있었던 이스라엘의 회복을 회상하며, 완전한 회복을 간구하는 노래다.

시의 구조
(1) 이스라엘의 회복을 회상함(시 126:1-3)
(2) 이스라엘의 완전한 회복을 간구함(시 126:4-6)

---

[160] 시편 125:3의 히브리어 원문은 이유를 나타내는 접속사 '키'(כִּי)로 시작한다.
[161] 히브리어 원문은 결과나 목적을 나타내는 '러마안'(לְמַעַן, ל+מַעַן)이라는 접속사로 시작한다.

(1) 이스라엘의 회복을 회상함(시 126:1-3)

이 연에서 저자는 과거에 여호와께서 시온을 회복시킨 일을 회상하며 그때의 기쁨을 표현한다. 그는 그림 언어로 여호와께서 시온의 포로를 돌려보내실 때 꿈꾸는 것 같았다고 했다(시 126:1). 개역개정판이나 여러 영어번역 성경은 이 절의 의미를 바벨론 포로에서 돌아오게 하는 사건으로 본다. 하지만 시편 126:1에서 '포로'(쉬바, שִׁיבָה)나 '돌이키다'(슈브, שׁוּב)는 이 보다 더 큰 풍부한 의미를 가지고 있다. 무엇보다 시편 126:4-6은 단순히 포로에서 돌아오는 것보다 수고의 열매로 축복을 얻는 것으로 묘사한다. 영어성경 가운데 RSV와 NEB는 운명을 회복시키는 것으로 번역했다. 히브리어 성경에서 욥이 회복되는 것을 이 단어로 묘사하고 있다(욥 42:10). 그래서 시온이 회복되는 것을 기근이나 포로, 재앙 등 다양한 고통에서 기적적으로 구원 받은 것으로 보는 것이 자연스럽다(참조. Kidner 1973a, 439). 저자는 이 구원을 마치 꿈꾸는 것 같다고 했다. 이것은 예상을 뛰어넘는 일이 일어났다는 것이다.

여호와께서 이스라엘의 운명을 회복하실 때 이스라엘은 "우리 입에는 웃음이 가득하고, 우리 혀에는 찬양이 찼었도다"라고 찬양했다. 또한 이를 본 뭇 나라 백성들도 "여호와께서 그들을 위해 큰 일을 행하셨다"라고 말했다(시 126:2). 이스라엘은 뭇 나라들에게 창조주이시며 구원자이신 하나님을 전파하도록 부르심을 받은 자들이다. 하나님은 종종 이스라엘을 구원하시며 자신이 어떤 분이신지 뭇 나라들에게 드러내셨다(참조. 출 14:4, 18; 단 3:28-30 등). 또한 저자는 "여호와께서 우리를 위하여 큰 일을 행하셨으니 우리는 기쁘도다"라고 회상한다(시 126:3; 참조. 출 14:31; 15:13-17). 하나님이 큰 일을 행하시는 것은 대개 이중적이다. 하나는 자기 백성들이 하나님을 알고 섬기기를 위한 것이기도 하고, 또 하나는 이방 사람들로 하여금 하나님이 어떤 분이신지 알게 하려는 것이다.

(2) 이스라엘의 완전한 회복을 간구함(시 126:4-6)

이 연에서 저자는 현재 이스라엘이 당하는 어려움에서 완전히 회복해 주시기를 구한다. 그는 그림 언어로 "여호와여 우리의 포로를 남방 시내들 같이 돌려보내소서"(시 126:4)라고 기도한다. 여기에 사용된 '포로'나 '돌려보내다'라는 단어는 시편 126:1과 같다. 그는 회복을 구할 때 '남방 시내들 같이' 회복시켜 줄 것을 간 구한다. 이 단어는 첫 번째 연에서 '꿈꾸는 것 같다'와 같은 그림 언어다. 남방(= 네겝)의 시내들은 비가 오면 마른 시내가 급류로 바뀌는 것 같이 극적으로 변한 다(Kidner 1973a, 439). 이 변화는 갑작스럽고도 신속하게 하늘에서 주는 은사다. 반면에 눈물을 흘리며 씨를 뿌리고 그 씨가 발아하고 열매를 맺기까지 땀 흘리 며 후에 기쁨으로 거두는 일은 사람이 해야 할 책임적인 부분으로 느리고, 힘든 일이다(Kidner 1973a, 439). 하지만 저자는 당시 농경사회에서 씨를 뿌리는 일에 대해 '눈물을 흘리며', '울며'라는 표현을 쓰며 이 일이 어렵고도 힘든 일이지만 '기쁨으로'(버린나, בְּרִנָּה) 단을 거둘 것이라고 했다(시 126:5-6). 그는 이 말을 두 번 이나 반복한다. 이것은 이스라엘이 현재 어렵고 힘들지만 그 상황을 이기고 반 드시 결실하여 운명을 회복하게 될 것을 강조하는 것이다.

저자는 이 시에서 여호와께서 '꿈꾸는 것 같이', '남방 시내들 같이' 기적적인 방법으로 갑자기 인도하시는 은혜와 이 세상에 살면서 '울며', '눈물을 흘리며' 수고해야 거둘 수 있는 사람의 책임을 함께 보여준다. 그는 이 노래에서 이스 라엘이 장차 복된 미래를 가지게 되어 기쁨을 완전히 회복하게 될 것을 보여준 다. 이것은 그리스도 안에 있는 성도들도 하나님의 은혜로 꿈꾸듯이 구원을 받 았지만 그 은혜를 이 땅에서도 누리기 위해 눈물로 씨를 뿌려야 한다는 것을 보 여준다.

시편 127편 : 여호와를 사랑하는 자는 복이 있도다

솔로몬의 시 곧 성전에 올라가는 노래

1   여호와께서 집을 세우지 아니하시면

세우는 자의 수고가 헛되며(샤워, שָׁוְא)

여호와께서 성을 지키지 아니하시면

파수꾼의 깨어 있음이 헛되도다(샤워, שָׁוְא)

2 너희가 일찍이 일어나고 늦게 누우며

수고의 떡을 먹음이 헛되도다(샤워, שָׁוְא)

그러므로 여호와께서 그의 사랑하시는 자에게는

잠(쉐이나, שֵׁנָא)을 주시는도다

3 보라 자식들은 여호와의 기업이요

태의 열매는 그의 상급이로다

4 젊은 자의 자식은 장사의 수중의 화살 같으니

5 이것이 그의 화살통에 가득한 자는 복되도다

그들이 성문에서 그들의 원수와 담판할 때에

수치를 당하지 아니하리로다

이 시편은 "성전에 올라가는 노래" 가운데 여덟 번째 노래로 가정과 관련된 경건한 지혜를 보여주는 지혜시다. 예루살렘으로 올라가는 순례자들이 그들의 삶의 안전과 복이 그들 자신의 노력이라기보다 하나님의 선물이라는 것을 되새기게 한다(Stek 2002, 935). 경건한 지혜는 여호와를 경외하는 것이다.

시의 구조
(1) 여호와를 사랑하는 일의 중요성(시 127:1-2)
(2) 여호와를 사랑하는 자에게 주시는 복(시 127:3-5)

(1) 여호와를 사랑하는 일의 중요성(시 127:1-2)

이 연에서 저자(= 솔로몬)는 여호와를 사랑하는 일이 중요하다는 것을 조건절 (A)과 결과절(B)로 된 세 개의 평행구조(A-B, A′-B′, A″-B″)로 설명한다.

A 여호와께서 집을 세우지 아니하시면

B 세우는 자의 수고가 헛되며(샤워, שָׁוְא)

A′ 여호와께서 성을 지키지 아니하시면

B′ 파수꾼의 깨어 있음이 헛되도다(샤워, שָׁוְא)

A″ (생략)

B″ 너희가 일찍이 일어나고 늦게 누우며 수고의 떡을 먹음이 헛되도다

(샤워, שָׁוְא)

저자는 여호와를 사랑하는 일이 중요하다는 것을 논증하기 위해 여호와의 도움이 없이는 삶에서 아무런 의미를 가지지 못한다는 것을 세 가지 이미지로 설명한다. 그것은 집을 세우는 일과, 성을 파수하는 파수꾼, 그리고 아침부터 저녁까지 열심히 일하는 이미지다. 이 세 가지 이미지로 여호와께서 함께하시지 않으면 '헛되다'(샤워, שָׁוְא)라고 세 번 반복한다. 여기에 '집'은 단순히 거주지가 아니라 가정, 가문 등을 의미한다(창 7:1; 출 2:1; 왕상 11:38; 12:16; 13:2). 사람이 살아가는 일에 가정의 행복과 안전한 삶과 경제문제는 삶의 필수적인 요소다. 그러나 자신과 가정의 안전이나 복된 삶은 자신의 노력만으로는 안 된다. 질병이나 부조리(不條理)한 삶의 현실이 노력을 의미 없게 만들기도 한다. 여호와께서 함께하시지 않는다면 아무런 의미를 가지지 못한다.

저자는 이 세 개의 조건절로 된 이미지 언어를 통하여 이러한 결론을 내린다.

… 그러므로 여호와께서 그의 사랑하시는 자에게는 잠을 주시는도다

(시 127:2b).

여기서 '그의 사랑하시는 자'(לִידִידוֹ 〈 לְ + יָדִיד + וֹ)는 누구를 말할까? 이 말씀은 여호와가 주체가 되어 '그가 사랑하시는 자'로 번역될 수 있고, 인간이 주체가 되어 '그를 사랑하는 자'로 번역될 수도 있다. 개역개정판은 여호와가 주체가 되어 '그가 사랑하시는 자'로 번역했다. 그런데 이 의미와 동일한 개념을 연속되는 시편인 시편 128편에서는 우리가 주체가 되어 '여호와를 경외하며 그의 길을 걷는 자'(시 128:1)와 '여호와를 경외하는 자'(시 128:4)라고 했다. 여호와께서 사랑하는 자는 여호와께서 택하신 자다. 그는 여호와를 경외하며 그의 말씀을 따르게 되어 있다. 그래서 이 말씀은 '역설'(paradox)이다. 여호와께서 사랑하시는 자는 동시에 여호와를 사랑하는 자이다.

여호와께서 사랑하시는 자, 곧 여호와를 사랑하는 자에게 '잠을 주시는도다' 라고 했다. '잠'이라고 번역한다면 이 표현은 앞의 세 개의 평행구조로 된 말씀과 어울리지 않는다. NASB는 '그가 잠을 잘 때도'(even in his sleep)라고 번역했다. 그러나 이 시의 문학적 구조로 볼 때 앞에서 세 가지 이미지로 표현한 '헛되다'(샤워, שָׁוְא)를 '잠'(쉐이나, שֵׁנָא)과 비교해 보면 저자가 어떤 의미로 사용했는지 알 수 있다. 여기에 '잠'이라 번역된 히브리어는 명사로는 단 한 번만 사용되고, 동사로는 세 번 사용되는데 '바꾸다'라는 의미로 사용되었다(왕하 25:29; 전 8:1; 애 4:1). 일반적으로 '잠'이라는 용어는 다른 단어가 있다. 명사로는 '탈데이마'(תַּרְדֵּמָה)라는 단어가 있고(창 2:21; 15:12, 삼상 26:12), 동사로는 '야샨'(יָשֵׁן)이라는 단어가 있다(창 2:21; 41:5; 왕상 3:20).

또한 전체 시편을 아무런 의미 없이 배열해 놓은 것이 아니라 비슷한 주제와 논리의 흐름을 따라 배열했다는 점을 고려한다면 시편 128편은 시편 127:2의 '잠'이 무엇을 의미하는지 중요한 해석의 실마리를 준다. 시편 127:2의 "그가 사랑하시는 자에게는 잠을 주시는도다"라는 말씀은 시편 128:1의 "여호와를 경외하며 그의 길을 걷는 자마다 복이 있도다"와 시편 128:4의 "여호와를 경외하는 자는 이같이 복을 얻으리로다"(시 128:4)라는 말씀과 밀접한 연관성이 있다. 복의 구체적인 내용인 가정의 행복과 자녀들의 많음도 서로 밀접한 연관성이 있다(시 127:3-5; 128:2-3). 그래서 '잠'이라고 번역된 단어는 '복'이라고 번역하는 것이 더 적절하다. 스텍(Stek 2002, 935)은 하나님이 축복하신 결과로 보았다. 여호와께서 사랑하시는 자, 곧 그를 사랑하는 자에게 복을 주신다면 여호와를 사랑하는 일은 중요하다. 이 복은 가정의 행복과 안전한 삶과 경제문제를 포함한다.

(2) 여호와를 사랑하는 자에게 주시는 복(시 127:3-5)

이 연에서 저자는 여호와를 사랑하는 자에게 주시는 복이 많이 있지만 가정과 자녀들의 복을 언급한다. 이는 이 시편의 앞부분과 관계없어 보이지만 여호와가 그를 사랑하는 자에게 주시는 많은 복 가운데 한 부분만을 대표적으로 표현한 것이다. 문법적으로 부분을 통해 전체를 표현하는 제유법(synecdoche)이다. 저자는 복의 개념이 무엇을 의미하는지를 보여주는 감탄사 '보라'(히네이, הִנֵּה)를 사용하여 한 장면을 묘사한다. 그것은 여호와의 기업인 자식들이 많다는 것이다. 자식들이 많다는 것이 어떤 의미인지 여러 이미지로 설명한다. 이 자식들은 장사의 수중에 있는 화살과 같다고 했다. 특히 이들이 성문에서 그들의 원수와 담판할 때에 수치를 당하지 않을 것이라고 했다. '성문'은 법정의 의미를 가지고 있기도 하고(신 17:5; 21:19; 룻 4:1; 사 29:21), 성의 출입구로 적들과 마주하는 장소이기도 하다(삿 5:8, 11; 9:40, 44). 여기서는 적들과 마주하는 장소다. 그리고 개역개정판의 '담판하다'(דבר〈 יְדַבְּרוּ)라는 말은 '전쟁에서 적을 쫓아내다'라는 뜻이다. 그리고 '화살'이나 '화살통'이라는 이미지를 사용한다. 이러한 여러 표현을 볼 때 여호와를 경외하는 자들에게 주시는 복은 자식들을 주셔서 원수들이 쳐들어와도 능히 이기게 하신다는 것이다. 이것이 여호와께서 사랑하시는 자, 곧 여호와를 사랑하는 자에게 주신 복이다.

그러므로 우리는 이 시편에서 여호와를 삶의 중심에 놓고, 그를 경외하며 사는 일은 성도의 삶에 선택적인 요소가 아니라 필수적이고 본질적인 요소라는 것을 알 수 있다. 모세는 이러한 삶을 가리켜 '너희의 생명'(신 32:47)이라고 했다.

시편 128편 : 여호와를 경외하는 자에게 주시는 복

이 시편은 "성전에 올라가는 노래" 가운데 아홉 번째 노래로 여호와를 경외하는 자에게 어떤 복을 주시는지를 보여주는 지혜시다. 이 시편에서 저자는 여호와를 경외하는 일이 한 개인만이 아니라 가정과 이스라엘에게 미치는 영향을 보여주므로 여호와를 경외하는 일이 얼마나 중요한지를 알게 한다.

시의 구조
(1) 여호와를 경외하는 자에게 주시는 복(시 128:1-4)
(2) 여호와를 경외하는 자에게 주시는 복의 범위(시 128:5-6)

(1) 여호와를 경외하는 자에게 주시는 복(시 128:1-4)

이 연에서 저자는 수미쌍관법으로 여호와를 경외하는 자에게 여호와께서 어떤 복을 주시는지 보여준다. 저자는 어떤 복을 주시는지 보여주기 위해 자기가 자기에게 말하듯이 2인칭 단수로 네가 네 손이 수고한 대로 먹고 복되고 형통할 것이라고 했다. 이것은 열심히 일한 대로 그 수고의 열매를 누리게 된다는 것이다. 그는 네 안방에 있는 아내는 결실한 포도나무 같고, 네 자녀들은 어린 감람나무 같다고 했다. 결실한 포도나무 같다는 것은 아이를 많이 낳을 것을 말하는 것이 아니라 성적인 행복과 기쁨이 충만하다는 것을 말한다(참조. 아 7:10-13). '네 집 안방에 있는 네 아내'는 잠언 7:11에 음녀의 발이 집에 머물지 아니한 것과 대조적이다(Kidner 1973a, 443). 시편 127:4에서는 자녀들을 '장사의 수중의 화살 같다'라고 했지만, 여기서는 '어린 감람나무 같다'라고 했다. 포도주와 감람유(올리브 오일)는 이스라엘 백성들의 삶에 가장 중요한 요소다(Stek 2002, 936). 그래서 아내를 '결실한' 포도나무로, 자녀들을 '어린' 감람나무로 비유한 것은 가정에서 가장 중요한 아내와 자녀들의 복된 미래를 예견하게 한다.

(2) 여호와를 경외하는 자에게 주시는 복의 범위(시 128:5-6)

이 연에서 저자는 여호와를 경외하는 자의 복의 길이와 넓이를 보여준다. 그는 자신이 여호와를 경외하고 있다고 전제하고 "여호와께서 시온에서 네게 복을 주실지어다"(시 128:5)라고 했다. '시온'은 성전을 의미하기도 하고, 예루살렘을 의미하기도 한다. 여기서 시온은 하나님이 임재하시는 성전을 말한다. 그 복은 평생에 예루살렘의 번영을 보는 것과 자식의 자식을 보는 것, 그리고 이스라엘에게 평강이 임하는 것이다(시 128:5-6). '평생에'와 '자식의 자식을 본다'는 표현은 오랫동안 복을 누리는 것을 보여주고, '예루살렘'과 '이스라엘'이라는 표현은 그 복의 범위가 온 나라에 미치는 것을 보여준다. 저자가 여호와를 경외하는 한 사람의 삶을 가족의 미래와 예루살렘과 이스라엘의 번영과 연결시킨 것은 어떤 의미가 있을까? 이것은 여호와를 경외하는 일은 자신의 복된 미래만이 아니라 그가 속한 공동체의 복된 미래와도 연관되어 있다는 것이다.

시편 129편 : 이스라엘을 고통에서 구원해 주신 여호와

이 시편은 "성전에 올라가는 노래" 가운데 열 번째로 이스라엘을 악인들의 압박에서 구원해 주신 하나님의 은혜에 감사하며, 거기에 근거하여 악인들의 멸망을 기원하는 노래다. 시편 129:1-4은 이스라엘의 과거를 회상하고, 시편 129:5-8은 악인들이 멸망하기를 구하고 있다.

시의 구조
(1) 이스라엘을 고통에서 구원해 주신 여호와(시 129:1-4)
(2) 악인들이 멸망하기를 구하는 기원(시 129:5-8)

(1) 이스라엘을 고통에서 구원해 주신 여호와(시 129:1-4)

이 연에서 저자는 이스라엘을 악인들로부터 구원해 주신 여호와의 은혜를 회상한다. 그는 온건한 명령법으로 "이스라엘은 이제 말하라"[162]라고 했다. 그러자 이스라엘은 자신이 과거에 경험했던 것을 1인칭 '나'가 말하는 방식으로 "그들이 내가 어릴 때부터 여러 번 나를 괴롭혔도다"(시 129:1-2)를 두 번이나 반복하며 강조한다. 여기서 '어릴 때부터'라는 말은 언제를 말하는지 명확하게 알 수 없다. 이스라엘의 출발이 아브라함이 약속을 받은 때부터로 본다면 이때를 말할 수 있고, 국가로서의 출발이라면 출애굽부터라 할 수 있다. 이때부터 악인들이 오랜 세월 이스라엘을 괴롭혔다. 그럼에도 그들은 이스라엘을 이기지 못했다(시 129:2). 그는 그들이 어떻게 고통스럽게 했는지 은유적 표현으로 마치 밭 가는 자들이 밭을 갈아 고랑을 만들 듯이 이스라엘의 등을 갈아 길게 고랑을 지었다고 했다(시 129:3). 이것은 마치 쟁기로 밭을 갈 때 고랑을 내듯이 이스라엘의 등에 채찍 자국이 있었다는 것이다(Kidner 1973a, 444). 그러나 여호와께서 의로우신 분이셨기에 악인들이 이스라엘을 종으로 묶은 줄을 끊어주셨다(시 129:4). 저자는 악인들이 오랜 역사에 걸쳐 이스라엘을 괴롭혔으나 여호와께서 구원해 주신 은

---

[162] 시편 129:1의 "이스라엘은 이제 말하기를"은 온건한 명령법(jussive)으로 "이스라엘은 이제 말하라"라고 할 수 있다.

혜의 역사를 회상한다.

(2) 악인들이 멸망하기를 구하는 기원(시 129:5-8)

이 연에서 저자는 시온을 미워하는 자들이 멸망하기를 기원하고 있다. 그는 시온을 미워하는 자들이 수치를 당하여 물러가기를 기원한다(시 129:5). 이것은 온건한 명령법(jussive)으로 기원을 내포하고 있다. '시온'은 우리 하나님의 성을 의미하기도 하지만(시 48:1; 68:16), 언약 백성을 의미하기도 한다(시 97:8). 여기서 시온을 미워한다는 것은 이스라엘을 미워하는 것이다. 저자는 은유적인 표현으로 "그들은 지붕의 풀과 같을지어다"(시 129:6)라고 했다. 지붕의 풀은 흙이 얇거나 물이 없어 뿌리를 내리지 못한다. 이것은 지붕의 풀은 농부가 벨 수도 없을 뿐만 아니라 묶을 수도 없는 것처럼 결실하지 못하고 사라진다는 것이다(시 129:7). 지나가는 자들이 "여호와의 복이 너희에게 있을지어다 하거나 우리가 여호와의 이름으로 너희에게 축복한다"라고 하지 아니한다(시 129:8). 보아스가 베들레헴에 있는 그의 밭에서 베는 자들에게 "여호와께서 너희와 함께 하기를 원하노라"라고 축복하자 그들이 "여호와께서 당신에게 복 주시기를 원하나이다"라고 한 말을 연상시킨다(참조. 룻 2:4). 이 말씀과 비교해 보면 악인들은 결실하지 못하기 때문에 사람들이 축복하지 못하고, 그들은 축복의 말을 듣지 못하기 때문에 응답할 수도 없다는 것이다. 그래서 이 말씀은 악인들이 지붕의 풀과 같이 마르거나 축복의 말로 인사할 수 없는 것과 같이 되기를 구하는 것이다.

시편 130편 : 깊은 곳에서 주께 부르짖나이다

이 시편은 "성전에 올라가는 노래" 가운데 열한 번째 노래로 죄 용서의 필요성을 느끼고 여호와께서 죄를 용서해 주시기를 구하는 노래다. 이 시편의 구조를 보면 시편 130:1-2에서 1인칭 '나'가 2인칭 '여호와'(너)께 부르짖고, 130:3-4에서 1인칭 '나'가 '여호와'께 부르짖는 이유를 보여주고, 130:5-6에서 '나'가 '여호와'를 기다리고, 130:7-8에서 결론적으로 '이스라엘'에게 권면하며 여호와를

403

기다려야 할 이유를 보여주는 형식이라는 것을 알 수 있다. 그리고 이 시편은 첫 번째 연에서는 '부르짖음', 세 번째 연에서는 '기다림', 네 번째 연에서는 '속량'을 반복하여 기술하므로 주제를 잘 드러내고 있다.

시의 구조
(1) 여호와께 부르짖음(시 130:1-2)
(2) 이유 : 사유하심이 여호와께 있음(시 130:3-4)
(3) 여호와를 바라봄(시 130:5-6)
(4) 이유 : 속량하심이 여호와께 있음(130:7-8)

(1) 여호와께 부르짖음(시 130:1-2)

이 연에서 저자는 여호와의 이름을 부르며 그가 부르짖는 소리에 귀를 기울여 주실 것을 구한다. 그는 '깊은 곳'에서 주께 부르짖었다. 여기서 '깊은 곳'(마아마킴, מִמַּעֲמַקִּים)은 성경에서 모두 5번 나오는데 나머지는 모두 물과 바다와 연관되어 있다(시 69:2; 14; 사 51:10; 겔 27:34). 여기서는 은유적인 표현으로 그가 죄로 인해 받는 고통이 마치 깊은 물에 빠져 죽음에 이른 것처럼 보인다. 이 상태에서 그는 같은 의미를 반복하여 "내 소리를 들으시며"와 "나의 부르짖는 소리에 귀를 기울이소서"라고 구하고 있다. 이러한 반복은 부르짖음이 절실하다는 것이다.

(2) 이유 : 사유하심이 여호와께 있음(시 130:3-4)

이 연에서 저자는 그의 고통의 본질이 죄에서 비롯된 것임을 인식하고 부르짖는 이유를 설명한다. 그는 수사의문문으로 주께서 죄악을 지켜보시면 누가 설 수 있겠느냐고 하면서 아무도 설 수 없다는 사실을 고백한다(시 130:3). 하지만 그는 사유하심이 주께 있음을 확신한다. 그래서 주를 경외할 수 있게 하신다는 사실을 믿었다(시 130:4). 주를 경외한다는 것은 단순히 여호와를 섬기는 일만이 아니라 주와 만나고 교제하는 일을 포함한다(시 25:14; 신득일 2002, 26-31).

(3) 여호와를 바라봄(시 130:5-6)

이 연에서 저자는 사유하심이 주께 있다는 사실을 확신한 후에 여호와를 기다리는 그의 마음을 묘사한다. 그는 동일한 의미를 두 번씩 반복하여 여호와를 기다리는 그의 마음을 간절하게 표현한다. 그것은 "내 영혼은 여호와를 기다리며"(시 130:5a), "나는 주의 말씀을 바라는도다"(시 130:5b), "내 영혼이 주를 더 기다리나니"(시 130:6b), 그리고 은유적 표현으로 "파수꾼이 아침을 기다림보다"(시 130:6a), "참으로 파수꾼이 아침을 기다림보다 더하도다"(시 130:6c) 등이다. 파수꾼이 밤새 파수하며 아침이 되기를 간절하게 기다리듯이 그는 여호와를 간절하게 구한다.

(4) 이유 : 속량하심이 여호와께 있음(130:7-8)

이 연에서 저자는 자기와 이스라엘이 왜 여호와를 기다려야 하는지를 보여준다. 그는 이스라엘에게 권면하며 "여호와를 바랄지어다"라고 하며 그 이유를 "여호와께서는 인자하심과 풍성한 속량이 있음이라"라고 했다(시 130:7). 이 사실을 강조하기 위해 동일한 표현을 다른 연들처럼 반복하고 있다(시 130:8). 이것은 첫 번째 연에서 죄로 인해 깊은 곳에서 부르짖는 것과 대조적으로 이스라엘의 모든 죄악에서 속량하시는 여호와의 은혜를 보여주려는 것이다. 죄가 용서받음으로 자유를 얻어 하나님과 교제하게 된 것이다.

시편 131편 : 이스라엘아 여호와를 바랄지어다

이 시편은 "성전에 올라가는 노래" 가운데 열두 번째 노래로 여호와를 바라는 일이 어떤 것인지 한 단면을 보여주는 노래다. 앞의 노래인 시편 130:7에서 "이스라엘아 여호와를 바랄지어다"라고 권면한 것이 어떤 의미가 있는지 다른 각도에서 보여준다.

시의 구조
(1) 여호와를 바라는 자의 삶(시 131:1-2)
(2) 이스라엘에게 여호와를 바라도록 권면함(시 131:3)

(1) 여호와를 바라는 자의 삶(시 131:1-2)

이 연에서 저자(= 다윗)는 여호와를 바라는 삶이 어떤 것인지 자신의 경험을 통해 보여준다. 그의 마음이 교만하지 않고, 그의 눈이 오만하지 않을 것이라고 했다(시 131:1a).[163] '마음'이나 '눈'은 신체의 한 부분이지만 부분을 통해 인격 전체를 표현한다. 성경에서 마음은 인격의 중심으로 감정, 사상, 동기가 나오고 생명의 근원이다(Stek 2002, 791). 그는 이러한 은유적인 표현을 사용하여 자신을 높여 교만하게 행동하지 않겠다고 했다. 또한 큰 일과 감당하지 못할 놀라운 일을 하려고 힘쓰지 않을 것이라고 했다(시 131:1b). 자칫 이 표현은 삶에 있어서 도전을 회피하는 변명으로 들릴 수 있다(Kidner 1973a, 447). 그러나 핵심은 사람의 능력을 벗어난 말과 행동을 하지 않겠다는 것이다. 전자가 다른 사람을 경시하는 것이라면 후자는 사람의 한계를 잊고 자신의 능력을 과대평가하는 것이다(Kidner 1973a, 447). 저자가 이렇게 말하는 것은 다른 사람을 경시하여 교만하지 않고, 또한 자신의 능력을 과대평가하여 거만하게 행동하지 않겠다는 것이다.

저자는 이와는 반대로 은유적인 표현을 사용하여 '젖 뗀 아이가 어머니 품에 있는 것 같이' 고요하고 평온하게 여호와를 의지하겠다고 했다(시 131:2). 여기에 강조점은 젖 뗀 아이에 있다. 젖 뗀 아이가 젖을 먹고 싶은 것이 아니라 어머니 품에 있는 것 자체가 좋듯이 여호와로부터 얻는 것이 없다 할지라도 여호와의 품에 있는 것으로 만족하겠다는 것이다. 이것이 여호와를 바라는 삶이다.

---

163 개역개정판의 '교만하다'와 '오만하다'는 각각 '가바흐'(נָּבַהּ)와 '룸'(רוּם)이라는 단어의 번역이다. 이 두 단어는 의미상의 차이가 약간 있지만 모두 '높이다'라는 뜻이다.

(2) 이스라엘에게 여호와를 바라도록 권면함(시 131:3)

이 연에서 저자는 여호와를 바라는 일이 어떤 것인지 자신의 경험을 토대로 이스라엘에게 지금부터 영원까지 여호와를 바라도록 권면한다(시 131:3). 이 권면은 시편 130:7에 "이스라엘아 여호와를 바랄지어다"라는 말씀과 같은 표현이다. 그래서 이 시편은 저자의 경험을 토대로 여호와를 바라는 것이 무엇인지 보여주어 지금부터 영원토록 여호와를 의지하도록 권면한다.

시편 132편 : 여호와께서 성전에 계신다!

이 시편은 "성전에 올라가는 노래" 가운데 열세 번째 노래로 예루살렘에 있는 성전이 왜 중요한지 보여준다. 과거 역사 가운데 다윗이 성전을 사모하여 여호와의 임재의 상징인 법궤를 기럇여아림에서 예루살렘으로 옮긴 사건과 이때 하나님께서 다윗에게 하신 약속을 회상하고 있다. 이 시편의 역사적 배경은 법궤를 예루살렘으로 옮겨오는 내용이 담긴 사무엘하 6:1-23(참조. 대상 13:1-14; 15:25-16:6)과, 법궤를 옮기고 난 뒤 성전 짓기를 원할 때 하나님께서 주신 언약의 말씀이 담긴 사무엘하 7:1-29이다.

시의 구조

(1) 다윗의 맹세(시 132:1-5)
(2) 이스라엘의 기도(시 132:6-10)
(3) 다윗에게 하신 여호와의 맹세(시 132:11-12)
(4) 이스라엘에게 하신 여호와의 약속(시 132:13-18)

---

(1) 다윗의 맹세(시 132:1-5)

이 연에서 저자는 다윗이 여호와의 궤를 예루살렘으로 옮긴 동기를 회상한다. 그는 사무엘하 6장과 역대상 13-16장에 기록된 역사에서 다윗이 맹세하며 여호와의 궤를 옮겨올 때까지 점층적으로 '집'에 들어가지 아니하며, '침상'에 오르지 아니하며, '눈'으로 잠들지 아니하며, '눈꺼풀'로 졸게 하지 아니할 것이라고 한 말을 회상했다(시 132:2-5). 다윗이 여호와의 궤를 옮겨오려는 마음을 점층적으로 강조한 것은 이 일의 중요성을 인식하고 반드시 옮기려는 마음을 표현한 것이다. 여호와의 궤는 하나님이 임재하시고 그의 백성과 만나 교제하시는 곳이며, 하나님이 통치하시는 곳이다(출 25:22; 삼하 6:2; 시 80:1; 사 37:16). 하지만 다윗이 법궤를 옮겨오기 전에 법궤는 블레셋과의 전투에서 빼앗겼다가 기럇여아림에 있는 아비나답의 집에 거의 102년 동안 있었다.[164] 다윗이 당시 이 법궤를 옮겨오리라 맹세한 것은 단순히 외적인 성전을 건축하려는 데 있었던 것이 아니다. 그것은 자신과 이스라엘이 하나님을 섬길 때 자신과 나라의 미래가 있다고 믿었기 때문이다.

(2) 이스라엘의 기도(시 132:6-10)

이 연에서 저자는 다윗이 여호와의 궤를 옮겨오는 과정에 드린 기도를 회상한다. 시편 132:6에 개역개정판에는 빠져있지만 특별한 사실을 주목해 보도록 하는 감탄사 '보라'(히네이, הִנֵּה)가 있다. 그는 '우리'가 찾았다고 하므로 개인이 아니라 이스라엘이 찾은 것으로 회상한다. 그들은 법궤가 '에브라다'에 있다 함을 듣고 '나무 밭'에서 찾았다. '에브라다'는 베들레헴이다(룻 4:11; 미 5:2). 개역개정판에서 '나무 밭'을 일반 명사로 보고 번역했지만 난외주는 '야일의 밭'으로 번역했다. 이 단어를 고유명사로 본다면 '야알의 밭'(בִשְׂדֵי-יָעַר)이라고 번역할 수 있다.[165] 그곳은 궤가 있었던 '기럇여아림'(קִרְיַת יְעָרִים)이다(삼상 7:2). 이 뜻은 '야알의 성읍'이라는 뜻이다. 그들은 궤를 옮기면서 "여호와여 일어나사 주의 권능의 궤와 함께 평안한 곳으로 들어가소서"(시 132:8)라고 기도했다. 제사장들은 의의 옷

---

164 사무엘상 7:2에 궤가 아비나답의 집에 있은 지 20년이라는 시점은 사사기 10:7과 11:26을 근거로 볼 때 블레셋의 압제가 시작된 주전 1124년부터 종식된 해인 주전 1084년이다(Howard 1993, 103). 궤가 아비나답의 집에 들어간 것은 주전 1104년이 되고 다윗이 왕이 된 해가 주전 1010년이라면 궤는 적어도 102년 동안 아비나답의 집에 있었다. 다윗이 7년 반을 헤브론에서 통치한 후에 곧바로 옮겼다면 주전 1002년이다.
165 표준새번역과 공동번역과 NIV는 '야알의 밭'이라고 번역했다.

을 입고 주의 성도들은 기뻐 외치라고 했다. 이것은 장차 여기서 제사장들이 제사를 드릴 때 성도들이 하나님의 임재를 경험하며 기뻐하는 것을 사모하라는 것이다(참조. 레 9:22-24). 그리고 "주의 종 다윗을 위하여 주의 기름 부음 받은 자의 얼굴을 외면하지 말아 달라"라고 기도했다(시 132:10). 이것은 여호와께서 다윗을 위하여 그의 등불을 끄지 않겠다고 약속하신 것처럼 솔로몬으로 이어지는 다윗 왕조가 이어지게 해 달라는 것이다. 이 기도는 솔로몬이 성전을 완공한 후에 한 기도와도 같다(참조. 대하 6:41-42; 왕상 15:4). 이로 보아 이 기도는 장차 법궤를 옮긴 후 세워질 성전을 내다보았고, 또한 다윗의 위를 이어 솔로몬과 그 씨를 통해 오실 그리스도를 바라보았다는 것을 알게 한다.

(3) 다윗에게 하신 여호와의 맹세(시 132:11-12)

이 연에서 저자는 다윗에게 하신 여호와의 맹세를 회상한다. 그는 여호와께서 다윗에게 그의 몸에서 난 자녀를 그의 왕위에 두고 그의 자녀들이 주의 언약을 지키면 영원히 그의 왕위에 앉을 것이라고 맹세하신 것이 '변하지' 아니하실 것이라고 했다(시 132:11-12). 이 약속은 하나님이 다윗과 언약을 맺으실 때 하신 약속이다(삼하 7:13, 16; 시 89:25-27). 여기에 '변하다'(שׁוב)라는 동사는 시편 132:10의 '외면하다'와 같은 단어다. 이것은 여호와께서 이스라엘의 기도를 들으시고 그 하신 약속을 결코 외면하지 않으실 것이라는 믿음을 표현한 것이다. 여기서 다윗의 자손이 언약을 지켜야 한다는 것과 '영원히' 왕위에 앉는다는 것은 서로 상반되는 것처럼 보인다. 하지만 '영원히' 앉는다는 것은 오실 그리스도 안에서 받게 될 무조건적인 은혜를 말하고, 언약을 지켜야 한다는 것은 조건적인 은혜를 말한다.

(4) 이스라엘에게 하신 여호와의 약속(시 132:13-18)

이 연에서 저자는 이스라엘에게 하신 여호와의 약속을 회상한다. 그는 여호와께서 시온을 선택하시고 거처를 삼으셨다는 사실을 회상한다(시 132:13). 시온이 여호와께서 선택하신 곳이 되었다는 표현은 솔로몬이 성전을 건축하고 난 뒤에 여러 번 나타난다(왕상 8:44, 48; 11:13, 32; 대하 6:5-6, 34, 38). 바벨론 포로 후에 성전을 재건할 당시에도 이 표현이 나타난다(슥 1:17; 2:12; 3:2). 이것은 여호와께서 성전을 택하여 거처로 삼으시고 그의 백성과 만나 교제하신다는 것이다. 이스라엘의 기도를 들으시고 응답하신 내용이 시편 132:14-18인데 그 의미를 더 구체적으로 확장하고 있다.

8절	권능의 궤와 함께 평안한 곳으로 들어가소서	14절	내가 영원히 쉴 곳이고 내가 … 이를 원하였다
		15절	이 성이 식료품에 풍족히 복을 주고 …
9절	제사장들은 옷을 입고 주의 성도들은 즐거이 외칠지어다	16절	제사장들에게 구원의 옷을 입히리니 그 성도들은 즐거이 외치리로다
10절	다윗을 위하여 주의 기름 부음을 받은 자의 얼굴을 외면하지 마옵소서	17절	다윗에게 뿔이 나게 … 기름 부음 받은 자를 위하여 등을 준비하였도다
		18절	원수에게는 수치 … 그에게는 왕관이 빛나게 …

이스라엘의 기도와 여호와의 응답을 비교해 보면 여호와께서 이스라엘의 기도를 들으시고 더 풍성하게 은혜를 베푸셨다는 것을 알 수 있다. 특히 시온성의 식료품에 풍성하게 복을 주신다는 것은 언약에 내포된 복이 단순히 영적인 것만이 아니라는 것을 보여준다. 그리고 시편 132:17에 '등'(= 등불)을 주신다는 것과 132:18에 여호와께서 기름 부음 받은 자의 원수에게는 수치의 옷을 입히고, 기름부음 받은 자에게는 왕관이 빛나게 할 것이라고 하시므로 오실 그리스도가 영원히 왕으로 통치하실 것을 내다본 것이다(참조. 왕상 15:4, 왕하 8:19). 이것이 구약시대에 성전에 올라가는 자에게 주신 은혜요 복이요, 신약시대에는 그리스도 안에서 이보다 더 풍성한 은혜를 성령으로 누리게 된다.

시편 133편 : 형제가 연합하여 동거하는 자의 복

이 시편은 "성전에 올라가는 노래" 가운데 열네 번째 노래로 성도가 연합하여 교제하는 일이 왜 복된 일인지 두 폭의 그림 언어로 보여준다. 하나는 머리에 있는 기름이 흘러 옷깃까지 내리는 그림이고, 또 하나는 헐몬의 이슬이 시온의 산들에 내리는 그림이다.

시의 구조
(1) 형제가 연합하여 동거함이 좋다(시 133:1)
(2) 형제가 연합하여 동거함이 왜 좋은가(시 133:2-3)

(1) 형제가 연합하여 동거함이 좋다(시 133:1)

이 연에서 저자(= 다윗)는 형제가 연합하여 동거함이 좋다는 것을 수사의문문으로 말한다. 시편 133:1에서 그는 어떤 중요한 사실이나 내용을 주목해 보게 하는 감탄사 '보라'(히네이, הִנֵּה)로 시작한다. 주목해 보아야 할 중요한 내용은 형제가 연합하여 동거함이 선하고 아름답다는 것이다. 여기 '형제'는 빚진 자나 종을 포함한 온 이스라엘을 의미한다고 볼 수 있다(Kidner 1973a, 452). 또한 이 시편이 성전에 올라가는 노래라는 것을 고려한다면 여호와의 집에서 하나님을 예배하는 자들이라 할 수 있다. 신약시대는 그리스도 안에서 구속받은 성도들이다. 이들이 '연합하여'(야하드, יַחַד), 곧 하나가 되어 '거한다는 것'(쉐베트, שֶׁבֶת 〈 יָשַׁב)은 하나님께 예배하는 일을 의미한다. 이 일이 선하고 좋다고 했다. '선하다'(토브, טוֹב)라는 단어는 하나님이 하늘과 땅을 창조하셨을 때 보시기에 '좋았다'라는 형용사와 같은 단어로 물질적으로만이 아니라 도덕적으로도 좋다는 것이다(Harris 1980, 793, 793c). 이를 '어찌 그리'(마, מַה)라는 감탄사를 두 번이나 사용하여 강조한다.

이곳을 '회막'(오헬 모에이드, אֹהֶל מוֹעֵד)이라고도 했다(출 40:32; 레 1:1 등). 이 이름은 만남의 장소로 하나님과 만나는 일도 의미하지만 예배하기 위해 온 회중들과 만나는 일도 포함한다. 신약시대에는 예수님이 속죄제물이 되시고, 친히 대제사장이 되셔서 자기 피를 가지고 성소에 들어가셨다(막 15:37-38; 히 10:19-20). 이 것은 누구든지 그를 믿는 자는 언제, 어디서나 시공간의 제약을 받지 않고 하나 님께 나아갈 수 있다는 것이다. 이 믿는 자들의 모임이 교회다. 이 교회는 성령 으로 세례를 받아 그리스도 안에서 한 몸을 이루고 있다(갈 3:28).

(2) 형제가 연합하여 동거하는 일이 왜 좋은가(시 133:2-3)

이 연에서 저자(= 다윗)는 형제가 연합하여 동거하는 일이 왜 좋은지 두 폭의 그림 언어로 설명한다. 그 그림 가운데 한 폭은 대제사장 아론이 기름 부음을 받 아 그 기름이 수염과 옷으로 흘러내리는 그림이다(시 133:2). 구약시대에는 왕과 제사장과 선지자에게 기름을 부었다(참조. 출 30:30). 그들에게 기름을 붓는다는 것은 그들을 거룩하게 하여 하나님의 목적을 수행하도록 하기 위한 것이었다. 그런데 형제가 연합하여 동거하는 일을 이 그림으로 설명한 것은 성도들을 거룩 하게 하여 하나님의 거룩한 목적에 합당하게 사용할 수 있게 하신다는 것이다. 오늘날 교회에서 형제들과 연합하여 예배하고 교제하며 봉사할 때 교회 가운데 임하여 계신 성령께서 우리를 거룩하게 하시고 하나님과 교제하게 하신다. 이때 치유도 일어나고, 무한하신 하나님의 능력을 경험하기도 한다. 그렇다면 교회 생활은 정말로 기쁘고 복된 일이 아닐까?

또 한 폭의 그림은 헐몬산에서 내린 이슬이 시온산으로 흘러내리는 그림이 다(시 133:3a). 헐몬산은 가나안 북쪽에 있는 산으로 해발 2,814m이다. 산 위의 낮은 기온으로 인해 많은 이슬이 맺힌다. 이 산기슭에서 요단강의 수원이 시작 된다. 이 물이 '시온의 산'으로 내린다. 이것은 당시 농경문화를 배경으로 본다 면 경제적인 풍요를 누린다는 것이다. 이 복은 언약에도 내포되어 있다(참조. 신 28:1-14). 저자가 묘사한 이 두 폭의 그림은 하나는 영적인 것으로 죄가 용서함을 받고 거룩하게 되어 하나님과 교제하며 하나님의 은혜와 능력을 공급받는 것을 의미하고, 또 하나는 물질적인(physical) 것으로 경제적인 복을 누린다는 것이다.

형제가 연합하여 동거하는 일이 왜 이러한 복을 받을까? 그 이유를 시편 133:3 후반부에 설명한다. 개역개정판 성경에는 빠져있지만 '왜냐하면'이라는 접속사가 있다.

(왜냐하면) 거기서 여호와께서 복을 명령하셨나니 곧 영생이로다.

여호와께서 복을 명령하시고, 그 복을 구체적으로 '영생'(חַיִּים עַד־הָעוֹלָם)이라고
했다. 구약성경에 유일하게 나타나는 이 단어는 예수님이 "영생은 곧 유일하신
참 하나님과 그가 보내신 자 예수 그리스도를 아는 것"(요 17:3)이라고 하신 말씀
과 같다. 형제가 연합하여 동거하는 일은 하나님과 교제하며 그가 주시는 힘과
능력을 얻는 일이다. 여기서 우리 개혁주의 교회가 하나님 중심, 성경 중심, 교
회 중심의 생활원리를 가지고 있는 이유를 발견할 수 있다. 교회는 두 폭의 그림
이 보여주듯이 성도를 거룩하게 하여 하나님과 교제하는 은혜와 경제적인 풍요
로움의 은혜를 누리게 하기 때문이다.

시편 134편 : 순례자에게 복을 주옵소서

이 시편은 "성전에 올라가는 노래" 가운데 마지막 열다섯 번째 노래로 순례자
가 성전에서 밤낮으로 섬기는 종들에게 여호와를 송축하라고 권하고, 여호와의
종들이 순례자에게 여호와께서 복을 주시기를 기원하는 모습을 묘사한다(Kidner
1973a, 134).

시의 구조
(1) 순례자가 여호와의 종들에게 송축하라고 권함(시 134:1-2)
(2) 여호와의 종들이 순례자에게 복 주시기를 기원함(시 134:3)

(1) 순례자가 여호와의 종들에게 송축하라고 권함(시 134:1-2)

이 연에서 저자는 순례자가 성전에서 섬기는 여호와의 모든 종들에게 여호
와를 송축하라고 권하는 내용을 묘사한다. 그는 특별히 어떤 중요한 내용이나
사건을 주목해 보도록 '보라'라고 하며 여호와의 성전에 서 있는 여호와의 모든
종들에게 여호와를 송축하라고 권한다(시 134:1). '송축하라'(בָּרֲכוּ ⟨ ברך)라는 동사

는 시편 134:1처럼 하나님을 목적으로 할 때는 '송축하라'라고 번역되지만, 시편 134:3처럼 사람을 목적으로 할 때는 '복을 주실지어다'(= 축복하다)라고 번역된다. 순례자는 '여호와의 전에 서 있는' 종들에게 여호와를 송축하라고 했다. '서 있다'라는 것은 성경에 여러 용례가 있으나 여기서는 주인이 원하는 것은 무엇이든지 하려고 준비하고 있는 것을 말한다(Goldingay 2008, 572). 이들은 밤낮으로 성전에서 여호와를 송축하기 위해 봉사하는 자들인 레위인들이다(대상 9:27, 33). 그리고 평행으로 "성소를 향하여 너희 손을 들고" 여호와를 송축하라고 했다. '손을 든다'라는 것은 기도한다는 의미로 사용되기도 하고(출 9:29; 왕상 8:22, 54, 시 63:4), 찬양할 때 사용되기도 한다(시 28:2; 63:4). 순례자가 성전을 봉사하는 레위인들에게 이렇게 권하는 것은 그것이 레위인들의 직무이기도 하지만 그들의 사역을 통해 백성들에게 하나님의 진노가 임하지 않게 하고, 백성들이 복을 받게 하기 위함이다(참조. 민 8:19; 18:5).

(2) 여호와의 종들이 순례자에게 복 주시기를 기원함(시 134:3)

이 연에서 저자는 여호와의 종들인 레위인과 제사장이 여호와께서 순례자에게 복 주시기를 기원하는 내용을 묘사한다. 시편 134:3에 2인칭 단수 '너에게' 복 주시기를 구하는 것을 볼 때 이 연은 순례자가 권면한 것에 대하여 여호와의 종들인 레위인과 제사장이 축복으로 화답한 것이다(Stek 2002, 939). 특히 여호와의 종들은 하늘과 땅을 지으신 여호와께서 시온에서 '복 주시기를'(יְבָרֶכְךָ ‹ ברך) 기원한다. 성경에서 시온이 다양한 의미로 사용되지만 여기서는 이스라엘 백성들이 예배하는 성소를 의미한다(Kidner 1973a, 454).[166] 여호와의 종들이 기도한 대로 여호와께서 시온에서 주를 찾고 경배하는 자들에게 복을 주실 것이다. 오늘날도 그리스도 안에서 구속받은 성도들이 주를 찾고 경배할 때 교회 가운데 임재해 계신 주께서 복을 주실 것이다.

---

[166] 성경에서 시온을 장소적인 예루살렘(삼하 5:7), 여호와가 임재하시는 성소(시 20:2), 하나님의 백성(시 9:11; 97:8), 하늘의 예루살렘(히 12:22) 등 다양한 의미로 묘사한다.

시편 135편 : 이스라엘을 자기의 특별한 소유로 삼으셨도다!

이 시편은 형식적으로는 찬양시지만 동시에 구속의 역사를 찬양하는 역사시다. 이 시편의 구조를 분석해 보면 여호와의 종들과 모든 하나님의 백성들이 여호와를 송축해야 할 이유를 알 수 있다. 그 이유를 중심축 X를 중심으로 핵심을 전달하는 문학 장치인 대칭구조로 보여준다.

A 여호와를 찬송하라 : 여호와의 종들(시 135:1-4)

  B 여호와의 위대하심(시 135:5-7)

    X 구속사에 행하신 여호와의 위대하심(시 135:8-14)

  B′ 우상의 무능함(시 135:15-18)

A′ 여호와를 송축하라 : 모든 성도들(시 135:19-21)

시의 구조

(1) 여호와를 찬송하라 : 여호와의 종들(시 135:1-4)

(2) 여호와의 위대하심(시 135:5-7)

(3) 구속사에 행하신 여호와의 위대하심(시 135:8-14)

(4) 우상의 무능함(시 135:15-18)

(5) 여호와를 송축하라 : 모든 성도들(시 135:19-21)

---

(1) 여호와를 찬송하라 : 여호와의 종들(시 135:1-4)

이 연에서 저자는 여호와의 종들에게 여호와를 찬송하라고 명하며 그 이유를 설명한다. 그는 "여호와를 찬송하라"라고 하면서 그 대상을 '여호와의 종들'이라고 했고, '여호와의 성전 뜰에 서 있는 너희'라고 했다(시 135:1-2). 이 표현은 앞의 시편인 134:1에 '여호와의 성전에 서 있는 여호와의 모든 종들'을 생각나게 한다. 이들은 성전에서 봉사하는 레위인과 제사장을 말한다. 이들에게 여호와는 선하시며 그의 이름이 아름답기에 찬송하라고 했다(시 135:3).

왜 여호와를 찬양하라고 했을까? 그 이유는 여호와께서 이스라엘을 자기의 특별한 소유로 삼으셨기 때문이다. '특별한 소유'(서굴라, סְגֻלָּה)라는 말은 시내산 언약을 맺을 때 처음 나온 말로(출 19:5) 고대 근동의 조약의 전문용어로 하나님 과 이스라엘의 언약 관계를 나타내는 표현이다(송제근 1998, 55). 이는 가장 보배 롭고 귀한 사랑의 대상이라는 뜻이다(참조. 말 3:17). 여호와의 종들에게 찬양하라 고 한 것은 여호와께서 이스라엘을 언약으로 맺어진 가장 보배롭고 사랑스러운 존재이기 때문이다.

(2) 여호와의 위대하심(시 135:5-7)

이 연에서 저자는 "내가 알거니와"(아니 야다티, אֲנִי יָדַעְתִּי)라는 말로 자신이 알고 있는 여호와의 위대하심을 고백적으로 묘사한다. 여호와는 모든 신들보다 위대 하시다고 고백한다(시 135:5). 이 고백은 출애굽 당시 이드로의 고백과 유사하다 (참조. 출 18:11). 저자는 여호와께서 그가 기뻐하시는 모든 일을 하늘과 땅과 바다 와 모든 깊은 데서 다 행하셨다고 고백하고, 또한 여호와를 안개와 비와 번개를 만드시고 바람을 그 곳간에서 내시는 창조주로 고백한다(시 135:6-7). 이 고백은 여호와께서 그가 원하시는 일은 무엇이든 하실 수 있는 능력이 있는 분이시기에 그의 소유로 택함을 받은 백성은 큰 복을 받았다는 것이다.

(3) 구속사에 행하신 여호와의 위대하심(시 135:8-14)

이 연에서 저자는 이스라엘을 애굽에서 구원해 내시고 약속의 땅을 기업으로 주신 역사를 회상한다. 이 연은 중심축(X)으로 여호와를 찬양해야 할 핵심적인 이유를 설명한다. 여호와께서 이스라엘을 애굽에서 구원해 내시기 위해 행하신 10가지 재앙 가운데 사람부터 짐승까지 애굽의 처음 난 자를 치신 사건을 먼저 언급한 후에 나머지 재앙을 표적들과 징조로 요약했다(시 135:8-9; 참조. 출 7:14- 12:36). 또한 약속의 땅을 정복할 때 치신 나라들 가운데 대표적인 아모리 왕 시 혼과 바산 왕 옥을 치시고 기업으로 주신 역사를 요약했다(시 135:10-12; 참조. 민 21:21-35; 신 2:26-3:7). 이러한 구속의 역사를 경험한 이스라엘은 여호와의 이름 을 대대로 기념해야 한다. 이뿐만 아니라 여호와는 자기 백성을 변호할 것이며,

그의 종들을 위로해 주실 것이다(시 135:13-14).[167] 이것이 여호와께서 구속사에서 이스라엘을 위해 행하신 위대한 일이고, 또한 이들을 보호하여 그리스도를 보내시고 성령을 보내주셨다. 오늘날 그리스도께서는 그의 구속하신 백성들을 변함없이 변호해 주시고 위로해 주신다.

(4) 우상의 무능함(시 135:15-18)

이 연에서 저자는 두 번째 연과 세 번째 연에서 묘사한 여호와의 위대하심과 대조적으로 열국이 섬기는 우상의 무능함을 묘사한다(B-B′). 열국의 우상은 사람들이 만든 것이기에 눈이 있어도 보지 못하고, 귀가 있어도 듣지 못한다(시 135:15-17). 우상을 만든 자와 이것을 의지하는 자는 어떠한 도움이나 위로나 복도 받지 못한다(시 135:18).

(5) 여호와를 송축하라 : 모든 성도들(시 135:19-21)

이 연에서 저자는 모든 성도에게 여호와를 송축하라고 명한다. 이 연은 첫 번째 연과 짝을 이루면서도 여호와의 종들만이 아니라 여호와를 경외하는 모든 자들을 부르며 그들에게 여호와를 송축하라고 한다(A-A′). 이 시편의 논리적 귀결은 여호와께서 자기의 특별한 소유로 선택하여 언약을 맺으시고 구원해 주신 역사를 아는 자들이라면 마땅히 송축해야 한다는 것이다.

---

167 시편 135:14에서 개역개정판이 '판단하다'라고 번역한 히브리어 '딘'(דין)은 '변호하다'라고 번역해야 하고, '위로를 받다'라고 번역한 '나함'(נחם)은 '위로하다'라고 번역해야 한다.

시편 136편 : 여호와께 감사하라

이 시편은 감사시다. 이 시에 '… 에게 감사하라'와 '그 인자하심이 영원함이로다'라는 문구가 반복적으로 나타난다. 히브리 시에서 이러한 반복은 주제를 표현하는 방법이다. 이 시에서 여호와의 인자하심은 영원하기 때문에 그 인자하심을 경험하려면 여호와께 감사하며 살아야 한다는 것을 보여준다.

시의 구조

(1) 신들 중의 신이신 하나님(시 136:1–3)

(2) 창조주 하나님(시 136:4–9)

(3) 구원의 하나님(시 136:10–22)

(4) 언약을 기억하여 보호하시고 양식을 주시는 하나님(시 136:23–26)

(5) 감사해야 할 이유(시 136:1–26)

---

(1) 신들 중의 신이신 하나님(시 136:1–3)

저자는 여호와 하나님을 묘사하면서 '신들 중에 뛰어난 하나님'과 '주들 중에 뛰어난 주'라고 했다(시 136:2–3).[168] 이 말씀은 신명기 10:17에서 가져온 표현으로 여기서 '신들 중의 신'(אֱלֹהֵי הָאֱלֹהִים)은 거짓 신을 포함한 다른 신을 인정하는 것이 아니라 최상급으로 하나님을 표현한 것이다(Alexander 1991, 540). 하나님은 유일하신 참된 하나님이심을 나타낸다. '주들 중의 주'는 세상에 주인이라고 하는 자들이 있으나 가장 능력 있고 탁월한 주라는 뜻으로 하나님이 참된 주권자라는 것이다. 오늘날 포스트모더니즘(postmodernism) 사상을 종교에 적용한 종교다원주의나 불신자들이 생각하듯이 하나님은 여러 신들이나 주들 중 한 분이 아니라 유일하신 참된 신이시다. 저자는 이러한 신과 언약 관계를 맺어 섬기고 있는 것을 감사하라고 했다.

---

[168] 히브리어 원문은 '신들 중의 신'(אֱלֹהֵי הָאֱלֹהִים)과 '주들 중의 주'(אֲדֹנֵי הָאֲדֹנִים)라고 번역할 수 있다. 이 표현은 '뼈 중의 뼈'와 '살 중의 살'(창 2:23)과 같이 최상급을 표현하는 수사적 방식이다.

(2) 창조주 하나님(시 136:4-9)

저자는 모든 만물을 창조하신 하나님께 감사하라고 했다(시 136:4-9). 이 말씀은 창세기 1장에 기록된 천지창조의 사건을 기억하게 한다. 하나님은 온 우주와 세상, 해와 달과 별들을 창조하셨다.

(3) 구원의 하나님(시 136:10-22)

저자는 이스라엘을 애굽에서 구원해 주시고, 가나안으로 인도하여 주신 구원의 하나님께 감사하라고 했다(시 136:10-22). 출애굽기와 여호수아서에 기록된 긴 역사를 간략하게 회상하면서 감사하라고 말하는 것은 이 역사가 하나님께서 이스라엘을 구원해 주신 사건이기 때문이다. 특히 아모리인의 왕 시혼(Sihon)과 바산 왕 옥(Og)의 이름을 열거한 것은 이 구원의 사건들이 역사 가운데 분명히 일어났다는 점을 밝히기 위함이다.

(4) 언약을 기억하여 보호해 주시고 양식을 주시는 하나님(시136:23-26)

저자는 언약을 기억하며 보호해 주시고 양식을 주시는 하나님께 감사하라고 했다(시 136:23-26). '비천한 가운데서도'라는 표현은 어려운 상태에 있을 때를 말한다. 이때 하나님이 기억하신 것은 이스라엘의 조상 아브라함과 언약을 맺어 그들의 하나님이 되신다는 약속이다. 이 약속은 오늘날 아브라함과 이스라엘 자손을 통해 오신 그리스도를 믿는 우리에게도 동일한 약속이다. 이뿐만 아니라 대적에게서 건지시고, '먹을 것'을 주신 하나님께 감사하라고 했다.[169]

특히 이 시편에서 하나님께서 행하신 일을 모두 완료형으로 기록하고 있다. 이것은 과거 역사 가운데서 하나님은 어떤 분이셨고, 어떤 일을 하셨는지를 보여주기 위함이다.

---

169 여기 '먹을 것'(레헴, לֶחֶם)은 이스라엘의 주식인 '빵' 또는 '양식'이다. 이것은 부분을 통하여 전체를 표현하는 제유법(synecdoche)으로 사람이 살아가는 일에 필요한 모든 것을 말한다.

(5) 감사해야 할 이유(시 136:1-26)

이 시에서 저자는 주제를 시의 처음과 끝에 수미쌍관법으로 표현한다. 대개 수미쌍관법은 그 안에 기록된 내용을 입증하는 수사적 장치다. 왜 감사해야 하는가? 이 시에서 반복하고 있는 후렴구인 "그 인자하심이 영원함이로다"(כִּי לְעוֹלָם חַסְדּוֹ)에 나타나 있다. 이 시에 반복적으로 나타나는 후렴구 앞에 '왜냐하면'(키, כִּי)이라는 접속사가 있다. 이 후렴구는 히브리 시에는 동사가 없는 비동사문(nonverbal sentence)으로 불변하는 진리나 당연한 사실을 표현하는 방식이다. 그래서 이 후렴구는 하나님은 참된 신이며, 하늘과 땅을 창조하시며, 당신의 언약 백성을 애굽에서 구원하여 가나안에 들이시고, 어려울 때 도우시며, 대적들에게서 건지시고, 사람이 살아가는 일에 필요한 양식을 공급해 주신 은혜를 과거 그 역사에만 일하신 것이 아니라 주를 믿고 감사하는 자들에게 지금도, 내일도 영원히 보이신다는 것이다. 이를 역사 가운데 증명해 주신 바가 있다(참조. 대하 20:21-22).

더 놀라운 사실은 이 시를 노래했던 언약 백성을 기억하시며 보호해 주셨던 하나님께서 그들을 통하여 메시아를 보내어 죄에서 구원하여 영원한 생명을 주실 것이라고 약속하신 대로 때가 되어 메시아를 보내어 주셨다는 것이다. 이러한 하나님의 인자하심(= 은혜)을 기억하고 감사할 때 과거 역사에서 행하신 하나님의 은혜를 현재도 보여주신다는 것이다. 그래서 하나님의 은혜를 감사하는 것은 과거에 구원해 주신 대로 동일하게 구원해 주실 것을 믿는다는 믿음의 표현이다. 동시에 감사는 하나님의 은혜와 능력을 경험하는 방법이다.

시편 139편 : 하나님이여, 나를 영원한 길로 인도하소서

이 시편은 다윗이 믿고 이해하고 있는 하나님에 대한 지식을 근거로 하나님께 자신의 고통을 탄식하는 기도다. 웨스트민스터 소교리문답 제4문에 하나님이 어떤 분이신지 이렇게 고백한다

하나님은 영이신데, 그의 존재하심과 지혜와 권능과 거룩하심과 공의와 선

하심과 진실하심이, 무한하시고 영원하시며 변함이 없으신 분이시다.

이 고백이 하나님이 어떤 분이신지에 대해 잘 설명했지만 이 설명 역시 하나님에 대한 지식을 다 담을 수 없다. 다윗은 자신이 믿고 이해한 하나님을 차례로 설명한다. 그것은 자신이 처해 있는 고통을 능히 해결해 줄 수 있는 분이심을 말하기 위함이다.

시의 구조

(1) 모든 것을 다 아시는 하나님(시 139:1-6)

(2) 어디든지 계시는 하나님(시 139:7-12)

(3) 창조주시고 인간사를 주장하시는 하나님(시 139:13-18)

(4) 하나님의 심판을 구하는 기도(시 139:19-24)

---

(1) 모든 것을 다 아시는 하나님(시 139:1-6)

이 연에서 다윗은 여호와께서 자기를 '아신다'라는 것을 여러 번 다른 표현으로 설명하며 여호와를 모든 것을 아시는 분으로 설명한다. 그는 '아시나이다'(ידע, 시 139:1, 2), '밝히 아시오며'(!yb, 시 139:2), '살펴보셨으므로'(זרה, 시 139:3), '익히 아시오니'(סכן, 시 139:3) 등의 표현을 통해 하나님을 자기의 생각과 행동 전반을 다 아시는 분으로 소개한다. 무엇을 아시는가? 앉고 일어섬과 생각(시 139:2), 모든 길과 눕는 것과 모든 행위(시 13:3), 혀의 말(시 139:4) 등이다. 또한 '멀리서도' 그의 생각을 밝히 아신다. 이것은 하나님이 모든 것을 아신다는 하나님의 전지성(omniscience)을 강조한다. 이뿐만 아니라 그의 전후를 두르시고 안수하신다(시 139:5). '안수하신다'라는 말은 하나님의 손으로 만지시고 돌보신다는 뜻이다. 이러한 하나님의 전지하심이 너무 높아 다윗 자신은 능히 미치지 못한다고 고백한다(시 139:6).

(2) 어디든지 계시는 하나님(시 139:7-12)

이 연에서 다윗은 수사의문문으로 "내가 주의 영을 떠나 어디로 가며 주의 앞에서 어디로 피하리이까"(시 139:7)라는 말로 시작하며 하나님이 어디든지 계시는 분으로 설명한다. 그가 '하늘'에 가더라도 하나님은 거기 계시고, 그 반대 개념인 '스올'에 가더라도 하나님은 거기도 계신다(시 139:8). 그리고 그가 새벽 날개를 치며 바다 끝에 거주할지라도 거기서도 주의 손이 인도하신다(시 139:9-10). "새벽 날개를 치며 바다 끝에 거주한다"라는 표현은 은유적인 표현으로 새벽에 동쪽에서 떠오르는 태양 빛을 따라 서쪽인 바다 끝에 거주한다는 뜻이다. 또한 흑암이 그를 가리고 그를 두른 빛이 밤이 되리라 하여도 여호와에게서 숨을 수 없다(시 139:11-12). 이것은 여호와는 공간의 제약을 받지 않고 어디든지 계신다는 하나님의 편재성(omnipresence)을 강조한다. 하나님의 편재성은 우리가 언제, 어디서든지 자유롭게 하나님께 나아갈 수 있다는 것과 더불어 하나님이 돌보심에는 제한구역이 없다는 뜻이다.

(3) 창조주시고 인간사를 주장하시는 하나님(시 139:13-18)

이 연에서 다윗은 앞의 두 연에 이어 여호와를 눈에 보이지 않는 것도 아시고, 접근할 수 없는 곳에도 계실 뿐만 아니라 그의 존재 전부를 창조하시고 아시는 전능하신 분으로 설명한다(Kidner 1973a, 465). 그는 여호와를 내장을 지으시고 모태에서 만드신 분으로 설명한다(시 139:13). 또한 주께서 그를 지으신 사실이 기묘하고, 심지어 그의 형질이 이루어지기 전에 그를 위해 정한 날이 주의 책에 다 기록되었다고 했다(시 139:14-16). 이것은 하나님이 창조주이실 뿐만 아니라 모태에 있을 때부터 전 인생을 주관하시는 분이라는 고백이다. 그는 하나님이 창조하시고 섭리하시는 일을 가리켜 "하나님이여 주의 생각이 내게 어찌 그리 보배로우신지요"(시 139:17)라고 말한다. 여기 '생각'(레이아, רֵעַ)은 '목적'이나 '계획'을 말한다(Harris 1980, 2187a). 이것은 자신이 하나님의 계획 속에 창조되었고, 하나님의 섭리 가운데 있다는 고백이다. 이러한 하나님의 목적이나 계획이 자기에게 보배로울 뿐만 아니라 모래를 셀 수 없음같이 그 수가 많다고 고백한다(시 139:18). 이러한 하나님이 항상 그와 함께하신다면 당연히 하나님이 그를 지키시지 않겠는가?

(4) 하나님의 심판을 구하는 기도(시 139:19-24)

이 연에서 다윗은 그가 이해한 하나님에 대한 지식을 근거로 그의 실제적인 문제를 말한다. 그것은 그의 주변에 있었던 악인들을 심판해 달라는 것이다. 그들은 피 흘리기를 즐기는 자들이고, 하나님에 대해 악하게 말하는 자들이다(시 139:19-20a). 그는 이들을 가리켜 '주의 원수들'이라고 부르며 주의 이름으로 헛되이 맹세한다고 했다. 이것은 "여호와의 이름을 망령되게(= 헛되게, 거짓되게) 부르지 말라"(출 20:7)는 계명을 범했다는 것이다. 그는 주를 미워하고 대적하는 자들을 자기도 미워하는 것이 당연하다고 하며, 그들은 주의 원수들일 뿐만 아니라 자기의 원수들이라고 했다(시 139:21-22). 저자가 이렇게 말하는 것은 하나님이 하나님의 원수이자 자신의 원수들을 심판하셔야 한다는 것이다.

때로 이 기도가 '원수를 사랑하라'라는 신약의 말씀에 반대되는 것으로 보이기도 하나 이것은 모든 것을 아시되 생각과 모든 길과 혀의 말을 아시는 하나님께서 공의로 판단해 달라는 것이다. 따라서 하나님의 공의로운 심판을 구하는 기도다. 이어서 저자는 단순히 적개심이 아니라는 것을 말하기 위해 모든 것을 아시는 하나님께서 자신에게 악한 행위가 있나 보시고 영원한 길로 인도해 달라고 간구한다. 그가 구하는 '영원한 길'은 시편 1:6에 멸망받을 악인의 길과는 구별되는 길이며 하나님이 인정하시는 영생의 길이다.

시편 142편 : 주는 나의 피난처시요

이 시편은 표제에 "다윗이 굴에 있을 때에 지은 마스길 곧 기도"라고 한 것처럼 역경 속에 있을 때 구한 기도시다. 당시의 역사는 사무엘상 22:1-26:25에 기록되어 있다. 이 시편은 우리가 하나님을 믿는다 할지라도 상황에 따라 감정 상태가 다를 수 있다는 것을 보여줄 뿐만 아니라 어떤 상황에 있어도 주께서 우리의 피난처가 되시기에 주께 부르짖으며 기도해야 한다는 것을 보여준다.

시의 구조
(1) 다윗이 처한 상황과 그의 감정(시 142:1-2)
(2) 다윗의 갈등과 기도(시 142:3-7a)
(3) 다윗의 믿음(시 142:7b)

(1) 다윗이 처한 상황과 그의 감정(시 142:1-2)

이 연에서 다윗은 여호와를 3인칭으로 부르며 그의 고통을 아뢴다. 다윗이 굴에 있을 때는 다윗이 기름부음을 받은 후(삼상 16:13) 사울에게 쫓겨 다닐 때다. 그 굴이 아둘람굴인지, 아니면 그 주변에 있는 다른 굴인지 알 수 없다. 이 역사는 사무엘상 22:1-26:25에 기록되어 있다. 그가 처음에 은신해 있던 곳은 아둘람굴이었다(삼상 22:1). 아둘람은 가드와 헤브론의 중간지점이다. 하지만 다윗은 어느 한 곳에 정착해 있지 않고 염해 왼쪽 가까이에 위치한 엔게디 여러 굴 가운데 하나로 옮겨 다닌 것으로 보인다(삼상 24:4, 7, 10). 따라서 표제에 '다윗이 굴에 있을 때에'에서 '굴'은 아둘람에 있는 굴일 수도 있고, 엔게디 광야에 있는 여러 굴들 가운데 하나일 수도 있다. 다윗이 굴에 은신해 있을 때 사울은 다윗의 위치를 고하는 자에게 밭과 포도원을 주며 천부장, 백부장의 위치로 높여주겠다고 하면서 죽이려고 했다(삼상 22:7-9). 이때 사울은 다윗이 제사장 마을을 지나가며 도움을 받았다는 도엑의 말을 듣고 사울은 놉에 있는 제사장들을 다 죽이기도 했다(삼상 22:11-19). 또한 다윗은 블레셋이 그일라에 쳐들어와 타작한 곡물을 탈취해 갔을 때 목숨을 걸고 그들을 구원했지만 그일라 사람들은 다윗을 배반하고 사울에게 넘겨주려고 했다(삼상 23:12-13). 이 일들이 당시 다윗이 처해 있었던 상황이었다.

이 상황에서 다윗은 '부르짖으며 소리 내어' 간구했다(시 142:1). '부르짖다'(자아크, זָעַק)라는 동사는 역경 가운데 도움을 위해 울며 부르짖는다는 뜻이다(Harris 1980, 570a). 그리고 평행법으로 "내가 내 원통함을 그의 앞에 토로하며 내 우환을 그의 앞에 진술하는도다"라고 했다. 원통함과 평행을 이루는 '우환'이라고 단어는 '스트레스'를 말한다. '진술하다'라는 말과 평행을 이루는 '토로하다'라는 말의 히브리어 단어는 '샤팍'(שָׁפַךְ)인데 '쏟아 붓는다'라는 뜻이다. 이 표현은 당시 다윗의 감정 상태를 여과없이 보여준다. 그의 기도는 정적이지 않고 매우 역동적이고 감성적이다. 당시 다윗이 기름부음 받았음에도 고통을 당하는 이유는 무엇인가? 이때 다윗이 할 수 있는 일은 무엇인가?

(2) 다윗의 갈등과 기도(시 142:3-7a)

이 연에서 다윗은 앞의 연과 달리 여호와를 2인칭으로 부르며 그의 상황과 갈등을 기도로 표현한다. 한글 어법상 여호와를 '당신'(you)이라고 부르는 일이 부적절하기에 '주'라고 번역했으나 구약성경에서는 언약 관계에 기초하여 친밀하게 부를 때 2인칭으로 사용한다. 그의 영이 속에서 상할 때 주께서 그의 길을 아셨다고 고백한다(시 142:3). 여호와께서 알고 있는 다윗이 가는 길은 어떤 길인가? 다윗의 대적자들은 다윗을 잡기 위해 그의 가는 길에 올무를 숨겼다(시 142:3). 예를 들면 사울은 미갈이 다윗을 사랑하는 것을 듣고 그의 딸 미갈과 결혼을 미끼로 블레셋 사람의 포피 100개를 가져오라고 했다(삼상 18:21, 25). 이것은 다윗을 블레셋 사람의 손에 죽게 하려는 음모였지만 다윗은 블레셋 사람 200명을 죽이고 포피를 가져갔다(삼상 18:27). 사울은 이후에 다윗을 잡기 위해 현상금으로 밭과 사회적 지위를 약속함으로 올무를 놓았다(삼상 22:7-9). 십 사람(삼상 23:19), 도엑(삼상 22:9, 18; 시 52:7) 등이 그들의 이익을 위해 다윗을 고발했다. 이러한 상황에서 다윗은 자기를 아는(= 교제하는) 사람도 없고, 피난처도 없고, 돌보는 사람도 없다고 했다(시 142:4). 그러면서 다윗은 하나님께 소리 높여 부르짖으며 "주는 나의 피난처시요 살아있는 사람들의 땅에서 나의 분깃이시라"(시 142:5)라고 했다. 사람들이 사는 땅에서 주가 그의 '분깃'(헤이렉, חֵלֶק)이라고 했다. 사람들이 사는 땅에서 가장 필요한 것은 무엇인가? 그것은 자본주의 사회에 사는 우리에게 돈이 분깃이듯이 당시 다윗과 그와 함께 한 사람들에게는 필요한 양식이 아니었을까? 그래서 다윗이 주께서 사람들이 사는 세상에서 그의 분깃이라고 한 것은 주께서 삶의 필요를 공급해 주시는 분이라는 고백이다.

다윗은 이 상황에서 "나의 부르짖음을 들으소서 나는 심히 비천하니이다"(시 142:6)라고 기도했다. 여기에 '나는 심히 비천하니이다'라는 말은 낮고 천하다는 뜻이 아니라 지금 상태에서 아무런 힘이 없다는 뜻이다. 그래서 그의 영혼을

'옥'(마스게이르, מַסְגֵּר)에서 끌어내어 달라고 기도했다. 이 '옥'은 다윗이 실제 감옥에 있다는 것이 아니라 은유(metaphor)로 살아있는 권력인 사울의 위협으로 말미암은 고통과 스트레스라는 감옥에 갇혀 있는 감정 상태를 표현한 것이다.

여기서 다윗이 굴에 피해 있을 때를 배경으로 쓴 시편 57편과 비교해 보면 매우 흥미로운 사실을 발견할 수 있다. 이 두 편을 서로 비교해 보면 동일한 상황인데도 다윗의 감정 상태가 어떻게 다른지 다른 빛깔로 보여준다. 시편 57:6-11을 보면 하나님을 향한 굳건한 믿음을 가지고 있다. 시편 57:8에 비파와 수금을 의인화하여 자기 자신을 거울로 보고 말하듯이 표현하며 '내가 새벽을 깨우리로다'라고 했다. '새벽'은 은유로 희망을 의미한다. 동일한 상황이지만 왜 이러한 감정의 변화를 보이는 것일까? 이것이 사람의 본성이다. 실제로 우리의 믿음 생활에서도 어떤 때는 하나님이 크게 보이나 어떤 때는 하나님이 보이지 않는다.

(3) 다윗의 믿음(시 142:7b)

이 연에서 짧지만 다윗이 부르짖은 근거가 무엇인지 보여준다. 그는 "주께서 나에게 갚아 주시리니 의인들이 나를 두르리이다"(시 142:7b)라고 했다. '의인이 나를 두른다'라는 것은 그림 언어로 앞에서 표현한 대로 악한 자들이 두른 것과 정반대로 의인들이 둘러있다는 것이다. 그것은 주께서 그에게 보상해 줄 것을 믿었기 때문이다.[170] 그의 믿음대로 당시 역사의 뒷면을 클릭(click)하여 보면 그를 죽이려고 하는 사울은 블레셋 사람들과의 전쟁에서 죽고 그의 세 아들도 죽는다(삼상 31:6). 그리고 하나님이 사무엘을 통하여 기름을 부으며 약속한 대로 다윗은 이스라엘의 왕이 되었다(삼하 2:4). 하나님은 구속사에서 그를 그리스도가 오시는 축복의 통로로 봉사할 수 있도록 보상해 주셨다.

---

170 히브리어 성경에 이유를 나타내는 접속사 '키'(כִּי)가 있다.

시편 146편 : 하나님을 자기 도움으로 삼은 자의 복

1 할렐루야
　내 영혼아 여호와를 찬양하라

2 나의 생전에 여호와를 찬양하며
　나의 평생에 내 하나님을 찬송하리로다

3 귀인들을 의지하지 말며
　도울 힘이 없는 인생도 의지하지 말지니

4 그의 호흡이 끊어지면 흙으로 돌아가서
　그 날에 그의 생각이 소멸하리로다

5 야곱의 하나님을 자기의 도움으로 삼으며
　여호와 자기 하나님에게 자기의 소망을 두는 자는 복이 있도다

6 여호와는 천지와 바다와 그 중의 만물을 지으시며
　영원히 진실함을 지키시며

7 억눌린 사람들을 위해 정의로 심판하시며
　주린 자들에게 먹을 것을 주시는 이시로다
　여호와께서는 갇힌 자들에게 자유를 주시는도다

8 여호와께서 맹인들의 눈을 여시며
　여호와께서 비굴한 자들을 일으키시며
　여호와께서 의인들을 사랑하시며

9 여호와께서 나그네들을 보호하시며
　고아와 과부를 붙드시고
　악인들의 길은 굽게 하시는도다

10 시온아
　여호와는 영원히 다스리시고
　네 하나님은 대대로 통치하시리로다
　할렐루야

시편은 전체 150편으로 엮어져 있고, 이 중 시편 1-2편은 서론이고, 시편 146-150편은 결론이다. 시편 전체에서 성도들이 경험한 하나님을 토대로 다섯 편의 '할렐루야 시편'으로 찬양하며 마무리하고 있다. 이 시편 역시 논리적 순서를 가지고 있다. 시편 146편은 개인의 찬양, 시편 147편은 공동체의 찬양, 시편 148편은 천하 만물의 찬양, 시편 149편은 하나님 나라의 찬양, 시편 150편은 전체의 결론으로 모든 장소에서 모든 사람이 찬양해야 한다는 것으로 끝맺고 있다.

시편 146편에서 저자는 야곱의 하나님을 자기의 도움으로 삼은 자들은 복이 있다는 점을 보여준다.

시의 구조

(1) 여호와를 찬양하리라는 결심(시 146:1-2)
(2) 사람을 의지하는 일의 한계(시 146:3-4)
(3) 하나님을 자기의 도움으로 삼은 자의 복(시 146:5-10)

---

(1) 여호와를 찬양하리라는 결심(시 146:1-2)

이 연에서 저자는 자기 자신에게 마치 거울을 보고 말하듯 '내 영혼아'라고 부르고 여호와를 찬양할 것이라고 결심한다. 그리고 '나의 생전에'와 '나의 평생에' 찬양할 것이라고 했다. 이뿐 아니라 시편 146:1-2에는 할렐루야를 포함하여 '찬양하다'(하랄, ללה)라는 히브리어 동사가 세 번, '찬송하다'(זמר)가 한 번 나오는데 모두 반복과 강조의 의미를 가진 동사(피엘형)로 쓰고 있다. 이것은 이 시의 저자가 자신을 향하여 그가 살아있는 동안 계속하여 여호와를 찬양할 것을 결심하고 있다는 것이다.

구약성경에 '찬양하다', '찬송하다'에 해당하는 단어 '하랄'(ללה)은 167번, '자마르'(זמר)는 49번이 나온다. '찬양'(讚揚)은 본래 특정 대상을 칭찬하거나 기리어 드러낸다는 뜻을 지니고 있으나 성경에서는 우리 믿음의 대상인 하나님을 높인다는 의미로 사용한다. 그러면 하나님을 찬양하는 행동은 어떻게 나타날까? 입술로는 하나님을 찬양하고 사랑의 노래를 부르지만 하나님의 말씀을 듣고도 행하지 않는다면 그것은 하나님을 찬양하는 행동일까? 아니다(참조. 사 29:13). 그래서 저자가 '하나님을 찬양하리라'고 결심한 것은 하나님을 높이며 살되, 특별히 하나님의 계명을 지키며 살겠다는 뜻이다.

(2) 사람을 의지하는 일의 한계(시 146:3-4)

이 연에서 저자는 사람을 의지하는 일의 한계를 지적한다. 저자는 평행법으로 귀인을 의지하지 말고, 도울 힘이 없는 인생을 의지하지 말라고 했다. 여기서 '귀인'(나디브, נָדִיב)은 힘을 가진 자를 말하는 것으로 돈과 권력을 가지고 있다는 것이다. 저자는 이들을 의지하지 말아야 할 이유를 그도 인생이기에 호흡이 끊어지면 흙으로 돌아가 그의 생각이 소멸하기 때문이라고 했다. 그럼에도 사람들은 왜 지금까지 사람을 의지할까? 그것은 하나님을 의지하는 것보다 사람을 의지하는 것이 더 견고하고 실제적인 것처럼 보이기 때문이다(Kidner 1973a, 483).

그러면 이 시의 저자가 그의 평생에 여호와를 찬양하리라고 결심하면서 왜 사람을 의지하는 일에 한계가 있다고 말할까? 그것은 사람을 의지하는 일과 대조하여 여호와를 찬양하며 사는 일이 왜 중요한 일인지 설명하기 위함이다.

(3) 하나님을 자기의 도움으로 삼은 자의 복(시 146:5-10)

사람을 의지하지 말라고 했다면 그 대안은 무엇일까? 저자는 그 대안을 시편 146:5-10에 자세하게 설명한다. 저자는 그 대안의 서론으로 야곱의 하나님을 자기의 도움으로 삼은 자, 곧 여호와 자기 하나님께 소망을 두는 자가 복이 있다고 설명한다(시 146:5). '야곱의 하나님'이라는 말은 야곱과 언약을 맺으시며 역사 가운데서 이스라엘과 교제하시며 인도하셨던 하나님이라는 뜻이다. 하나님은 야곱과 언약을 맺으면서 중요한 약속을 주셨다. 그 약속은 야곱의 자손이 번성하여 땅의 모든 족속이 그 자손으로 말미암아 복을 받는다는 것이다(창 28:14). 이 것은 야곱의 자손으로 메시아, 곧 그리스도가 오심으로 그를 믿는 자는 누구든지 하나님의 자녀가 되어 야곱의 하나님이 우리 하나님이 되시기 때문이다.

저자는 여호와가 어떤 분이신지 구체적으로 설명함으로 하나님을 자기의 도움으로 삼은 자가 왜 복된 일인지 설명한다.

- 천지와 바다와 그 중의 만물을 지으신 분(시 146:6a)
- 영원히 진실함을 지키시는 분(시 146:6b) : 여기에 '진실함'은 여호와께서 자기 백성과 맺은 언약을 신실하게 지키신다는 뜻이다.
- 억눌린 사람들을 위해 정의로 심판하시는 분(시 146:7a) : 억눌린 사람은 여러 가지로 압제를 당하는 사람들이다.
- 굶주린 자들에게 먹을 것을 주시는 분(시 146:7b).
- 갇힌 자들에게는 자유를 주시는 분(시 146:7c) : 이것은 감옥에 갇힌 모든 자들에게 자유를 주신다는 뜻은 아니다. 악한 권력과 정권에 의해 억울하게 감옥에 갇힌 사람들에게 하나님이 억울함을 풀어주심으로 자유를 주신다는 뜻이다. 지금 우리의 동포인 북한과 중국에서 정의를 외치다가, 혹은 신앙의 자유를 지키다가 억울하게 감옥에 갇힌 사람들이 있다. 하나님은 이들의 한을 풀어주시고, 이들에게 자유를 주실 것이다.
- 맹인들을 보게 하시는 분(시 146:8a) : 태어날 때부터 맹인인 경우도 있고, 후천적인 요인인 사고로 맹인이 되는 경우도 있다. 예수님이 이 땅에 계실 때 태어날 때부터 맹인이었던 사람들을 고쳐주신 것은 예수님이 그리스도가 되신다는 것을 증거하는 사역이다. 예수님께서는 그를 믿는 자들에게도 이러한 표적이 나타난다고 말씀하셨다(막 16:17-18). 이러한 일을 통해 말씀의 확실함과 그 능력을 나타내신다.
- 겸손한 자를 일으키시는 분(시 146:8b) : 시편 146:8에 "비굴한 자를 일으키시며"라고 하였지만 잘못된 번역이다. '비굴한 자'가 아니라 '엎드린 자' 또는 '겸손한 자'라는 뜻이다.
- 의를 행하는 사람을 사랑하시는 분(시 146:8c) : 하나님의 이러한 인격적 특성은 성도로 하여금 때로는 해를 당한다 할지라도 의를 행할 수 있는 힘을 제공한다.
- 나그네들을 보호하시는 분(시 146:9a) : 여기에 '나그네들'(게이림, גֵרִים)은 외국인들 또는 이방인들을 말한다. 지금 우리나라에 동남아 여러 나라에서 생계를 위하여 온 외국인들이 있다. 이들은 법의 보호를 제대로 받지 못하여

고통당하기도 한다. 하나님은 이런 자들을 보호하시기 때문에 주의 백성들은 돌보아야 한다.

- 고아와 과부들을 붙드시는 분(시 146:9b) : 고아와 과부들은 구약시대나 신약시대 그리고 우리시대에도 사회적 약자이다.
- 악인들의 길을 굽게 하시는 분(시 146:9c) : 여기에 '굽게 한다'(아와트, עות)라는 것은 악인들이 생각하는 목적지에 이르지 못하도록 하나님이 막는다는 뜻이다. NIV는 '좌절시키다'(frustrate)라고 번역했다.

저자는 마지막에 "시온아 여호와는 영원히 다스리시고 네 하나님은 대대로 통치하시리로다 할렐루야"(시 146:10)라고 했다. 시온은 성경에 네 가지 의미로 사용된다. 첫 번째로는 물리적인 예루살렘을 말할 때 사용되었고(삼하 5:6-10), 두 번째로는 하나님이 계시는 성전의 의미로(시 76:2), 세 번째로는 하나님의 언약백성을 말하는 것으로(시 97:8; 사 52:2), 네 번째로는 우리가 주님이 재림하실 때 들어가게 될 완전한 하나님 나라를 말하는 것으로 사용된다(히 12:22; 계 14:1). 여기서는 하나님을 섬기며, 하나님을 의지하고, 하나님께 소망을 두며 살아가는 하나님의 백성들을 말한다. 저자는 하나님의 백성들을 부르면서 "여호와 네 하나님은 영원히 대대로 통치하시리로다"라고 했다. 우리가 소망을 두는 하나님은 인간 통치자와 달리 통치의 제한이 없으시고 영원히 통치하시는 분이다.

이 시의 저자가 소개하는 여호와 하나님이 이런 분이시라면 이 하나님을 도움으로 삼는 자는 복 있는 사람이 아닐까? 우리는 이 하나님을 그리스도 안에서 아버지로 두었고, 이 하나님께 소망을 두었기 때문에 복 있는 사람이다.

시편 147편 : 하나님은 누구에게 은혜를 베푸시는가?

이 시편은 '할렐루야'로 시작하고 끝나는 찬양시로 하나님이 이스라엘 공동체와 그를 경외하는 자들을 구원하시고, 돌보시며, 은혜를 베푸시는 내용을 찬양한다. 70인역은 이 시편을 시편 147:1-11과 시편 147:12-20로 나누어 2개의 시로 구분한다. 이 시편은 하나님을 찬송하라는 명령으로 각각의 연을 시작하고

(시 147:1, 7, 12), 하나님의 속성과 하신 일을 묘사하며(시 147:2-5; 8-9; 13-18), 하나님이 누구에게 은혜를 베푸시는지(시 147:6, 10-11, 19-20)의 구조로 되어 있다.

시의 구조

(1) 여호와는 겸손한 자들을 붙드신다(시 147:1-6)
(2) 여호와는 그를 경외하는 자들을 기뻐하신다(시 147:7-11)
(3) 여호와는 이스라엘에게 율례를 주신다(시 147:12-20)

---

(1) 여호와는 겸손한 자들을 붙드신다(시 147:1-6)

이 연에서 저자는 찬양하라는 명령(A)과 여호와께서 하신 일과 그의 속성(B) 그리고 여호와께서 어떤 자들을 붙드시는지(C) 차례로 묘사한다.

① 찬양하라(A)

저자는 '할렐루야' 곧 '여호와를 찬양하라'(הַלְלוּ יָהּ)라고 명령하며 그 이유를 우리 하나님을 찬양하는 일은 선하고 아름다운 일이라고 한다(시 147:1).

② 여호와가 하신 일과 속성(B)

저자는 평행법으로 여호와께서 예루살렘을 세우시며, 흩어진 자들을 모으시고, 상심한 자들을 고치시며, 그들의 상처를 싸매신다고 했다(시 147:2-3). 이것은 여호와께서 역사를 섭리하심으로 이스라엘이 바벨론 포로에서 돌아와 예루살렘 성벽과 공동체를 재건한 사실을 말한다. 그리고 이 일을 행하신 여호와를 별들의 수효를 세시고 능력이 많으시며 지혜가 무궁하신 전능하신 분으로 설명한다(시 147:4-5).

③ 여호와는 겸손한 자들을 붙드신다(C)

저자는 여호와께서 악한 자들을 땅에 엎드러뜨리시지만 겸손한 자들을 붙드신다고 했다(시 147:6). 악한 자들과 대조적으로 사용하는 겸손한 자들은 여호와를 믿는 자들로 스스로의 힘으로는 구원할 수 없다고 인식하는 자들이다(Stek

2002, 950).

(2) 여호와는 그를 경외하는 자들을 기뻐하신다(시 147:7-11)

이 연에서 저자는 여호와께 노래하라는 명령(A')과 여호와의 속성(B') 그리고 여호와께서 어떤 자들을 기뻐하시는지(C') 차례로 묘사한다.

① 노래하라(A')

저자는 감사함으로 여호와께 노래하며(עֲנוּ), 수금으로 여호와께 찬양하라(זַמְּרוּ)고 명령한다(시 147:7).

② 여호와의 속성(B')

저자는 여호와를 구름을 준비하여 비를 내려 산에 풀이 자라게 하시며, 들짐승과 까마귀 새끼에게 먹을 것을 주시는 분으로 설명한다(시 147:8-9). 이것은 여호와께서 자연 만물을 돌보신다는 것이다.

③ 여호와는 그를 경외하는 자들을 기뻐하신다(C')

여호와는 세상적인 능력을 의지하는 사람을 기뻐하시는 것이 아니라 여호와를 경외하며 그의 인자하심을 바라는 자들을 기뻐하신다(시 147:10-11). 말의 힘이 세다든지, 다리가 억세다는 표현은 비유적인 것으로 세상적인 힘과 능력을 말한다.

(3) 여호와는 이스라엘에게 율례를 주신다(시 147:12-20)

이 연에서 저자는 여호와를 찬송하라는 명령(A″)과 여호와가 하신 일과 그의 속성(B″) 그리고 여호와께서 이스라엘에게 어떤 은혜를 주셨는지(C″) 차례로 묘사한다.

① 찬송하라(A″)

저자는 평행법으로 예루살렘과 시온에게 여호와를 '찬송하고'(שַׁבְּחִי), '기뻐하라'(הַלְלִי)라고 명령한다(시 147:12). 예루살렘이나 시온은 같은 표현으로 국가적인 이스라엘을 말하기도 하고, 성전을 말하기도 하고, 하나님의 백성을 말하기도 하지만 여기서는 국가적인 이스라엘과 언약 백성들을 말한다.

② 여호와가 하신 일과 그의 속성(B″)

여호와는 이스라엘의 문빗장을 견고히 하시고, 그 자녀들에게 복을 주시며, 경내를 평안하게 하시고, 먹을 것과 말씀을 주셨다(시 147:13-15). 특히 말씀을 의인화하여 마치 전령처럼 '땅에 보내어', '속히 달리게' 했다는 것은 그의 말씀을 전파하셨다는 것이다. 저자는 여호와를 시편 147:8에 '구름'을 보내시고 '비'를 내리시게 하신 것처럼 '눈'을 양털처럼, '서리'를 재처럼, '우박'을 떡 부스러기처럼 뿌리시는 분으로 묘사한다(시 147:16-17). 그리고 여호와는 말씀과 바람을 보내어 눈, 서리, 우박 등을 녹여 물을 흐르게 하시는 분으로 묘사한다(시 147:18). 바람이라는 이미지로 말씀의 성격을 설명한다. 이것은 여호와가 천지만물과 인간의 생명과 풍성함을 주장하시는 분이라는 뜻이다.

③ 여호와는 이스라엘에게 율례를 주신다(C″)

여호와는 이스라엘에게 그의 말씀을 주셨다. 이 말씀은 다른 어느 민족에게 주신 것이 아니라 이스라엘에게 주셨다(시 147:19-20). 이 말씀은 여호와의 백성 이스라엘을 구속하시는 말씀이며, 그의 구원의 계획을 알게 하고, 그의 거룩한 뜻을 알게 하는 말씀이다(Stek 2002, 951). 여호와께서 바람을 눈과 우박을 녹이기 보내셨듯이 말씀을 의인화하여 전령처럼 그의 백성을 구속하시고 은혜 베푸시기 위해 보내셨다. 그래서 말씀은 그의 백성에게 생명이다(참조. 신 32:47; 빌 2:16; 요일 1:1).

시편 148편 : 천하 만물은 여호와를 찬양하라

이 시편은 '할렐루야'로 시작하고 끝나는 찬양시로 천하 만물에게 여호와의 이름을 찬양하도록 명하는 내용을 담고 있다. 이 시편은 두 개의 연으로 이루어져 있는데, 각 연은 찬양해야 할 대상이 누구이며(시 148:1-4, 7-12) 그 이유가 무엇인지(시 148:5-6, 13-14) 보여주는 구조로 되어있다.

시의 구조
(1) 하늘에 있는 모든 피조물들은 찬양하라(시 148:1-6)
(2) 하늘 아래 있는 모든 피조물들은 찬양하라(시 148:7-14)

(1) 하늘에 있는 모든 피조물들은 찬양하라(시 148:1-6)

이 연에서 저자는 하늘에 있는 모든 피조물들에게 여호와를 찬양하라고 명하고 그 이유를 설명한다. 그는 평행법으로 하늘에 있는 모든 여호와의 천사(מַלְאָכָיו)와 여호와의 군대(처바우, צְבָאָיו),[171] 해와 달과 별들, 하늘의 하늘과 하늘 위의 물에게 여호와를 찬양하라고 명한다(시 148:1-4). '하늘 위의 물'은 하늘 위의 궁창을 말한다(참조. 창 1:7). 이들이 여호와를 찬양해야 할 이유는 여호와께서 명하여 이들을 지으시고, 영원히 세우시고 폐하지 못할 명령, 곧 법칙(혹, חֹק)을 주셨기 때문이다(시 148:5-6). 이 법칙은 하늘에 있는 것들의 질서를 의미한다.

(2) 하늘 아래 있는 모든 피조물들은 찬양하라(시 148:7-14)

이 연에서 저자는 하늘 아래 있는 모든 피조물들에게 여호와를 찬양하라고 명하고 그 이유를 설명한다. 앞의 연처럼 이 연에서 저자는 평행법으로 용들과 바다와 불과 우박과 산들과 작은 산과 과수와 짐승과 세상의 왕들과 모든 백성

---

[171] 개역개정판은 단순히 모든 천사와 모든 군대라고 번역하므로 누구의 천사이며, 누구의 군대인지 알 수 없다. 원문은 '그의 천사'와 '그의 군대'라고 되어 있어 여호와의 천사와 군대인 것을 알게 한다.

들과 땅의 재판관들과 총각과 처녀와 노인들과 아이들에게 여호와의 이름을 찬양하라고 명한다(시 148:7-12). '용'(탄닌, תַּנִּין)은 성경에 사탄으로 나오기도 한다(사 27:1; 51:9). 여기서는 큰 바다의 짐승으로 보인다(참조. 창 1:21). '바다'(터홈, תְּהוֹם)는 '깊음'(deep sea)을 의미하는 말로 바다의 깊은 곳을 의미한다. 그래서 용과 바다는 시편 148:2의 하늘에 있는 '그의 천사'와 '그의 군대'와 댓구를 이루는 것으로 땅에 있는 신적인 존재를 의미하는 것으로 볼 수 있다. 하늘 아래 있는 모든 만물이 여호와의 이름을 찬양해야 할 이유는 그 이름이 홀로 높으시고 그의 영광이 하늘과 땅 위에 뛰어나시기 때문이다(시 148:13).

그러나 놀라운 것은 하늘과 땅 위에 뛰어나신 여호와께서 그의 백성의 뿔을 높이셨다는 것이다(시 148:14). 이것은 여호와의 백성은 특별한 위치를 가지고 있음을 의미한다. '뿔'은 힘과 능력을 상징한다(참조. 왕상 22:11; 슥 1:18-21). 여호와께서 그의 백성의 뿔을 높이셨다는 것은 그의 백성을 구원하여 항상 그들과 함께하시겠다는 뜻으로 종말론적인 개념도 내포하고 있다. 그래서 모든 성도, 곧 그를 가까이하는 이스라엘은 여호와를 찬양해야 한다.

시편 149편 : 성도들의 영광

이 시편은 여호와의 백성인 이스라엘에게 주신 큰 영광을 찬양하는 찬양시다. 이 시편에서 저자는 여호와께서 이스라엘에게 주신 영광을 상기시키고 찬양하게 한다. 여호와께서 이스라엘에 주신 독특한 영광은 시내산 언약에 잘 나타나 있다. 그것은 구원을 받아 하나님의 사랑을 받는 자가 되었다는 것이고, 하나님 나라의 일을 수행하는 거룩한 백성이요 제사장 나라로 부름을 받았다는 것이다(참조. 출 19:5-6).

시의 구조
(1) 성도의 지위(시 149:1-4)
(2) 성도의 지위에 따른 책임(시 149:5-9)

(1) 성도의 지위(시 149:1-4)

이 연에서 저자는 이스라엘에게 구원의 영광을 주신 왕을 찬양하라고 초청한다. 그는 이 연에서 성도의 지위가 얼마나 영광스러운지 보여준다. 저자는 '새 노래로', '성도의 모임 가운데서', '이스라엘은'(= 시온의 주민은), '자기를 지으신 이로 말미암아'(= 그들의 왕으로 말미암아), '소고와 수금으로' 노래하고 즐거워하며 춤추며 찬양하라고 했다(시 149:1-3). '새 노래'는 그때까지의 노래가 아니라 새로운 상황을 염두에 둔 노래다. 그 상황은 여호와께서는 자기 백성을 기뻐하시며 겸손한 자를 구원으로 아름답게 하실 것이기 때문이다(시 149:4).**172"** 여기에 여호와께서 '기뻐하신다'(라차, hc'r)라는 단어는 하나님께서 받으시는 희생제사법에 주로 적용된 것으로 구속과 죄 용서함과 연관된 용어다(Alexander 1991, 570). 이것은 앞으로 오실 그리스도께서 모든 죄를 담당하시고 십자가에 죽으심으로 구속하실 것을 전제하고 있기 때문이다. 겸손한 자(= 낮은 자)를 구원으로 '아름답게 하실'(여파에이르, פאר 〉 יְפָאֵר) 것이라고 했다(시 149:4). 이것은 여호와께서 겸손한 자를 구원하여 영화로운 존재가 되게 하시겠다는 것이다. 이것이 구속받은 성도의 지위다.

(2) 성도의 지위에 따른 책임(시 149:6-9)

이 연에서 저자는 성도의 지위에 따른 책임이 무엇인지 보여준다. 그 책임은 두 가지다. 첫째, 성도들은 영광 중에 즐거워해야 한다. 저자는 간접명령법(jussive)으로 "성도들은 영광중에 즐거워하며 그들의 침상에서 기쁨으로 즐거워할지어다"(시 149:5)라고 했다. 그들은 구원받은 은혜를 즐거워해야 한다. '침상에서' 즐거워한다고 해서 밤에 침상에서 즐거워하라는 뜻이 아니라 낮에는 말할 것도 없고 잠을 자야 할 밤에도 즐거워하고 찬양해야 한다는 뜻이다.

둘째, 성도들은 하나님의 통치를 수행해야 한다(시 149:9). 저자는 성도들의 입에는 하나님에 대한 찬양이 있고, 그들의 손에는 두 날 가진 칼이 있다고 했

---

172 시편 149:4은 이유절을 나타내는 '키'(כִּי)가 있다.

다(시 149:6). 성도들의 손에 두 날 가진 칼이 있다는 것은 전쟁하기 위해 무장하고 있다는 것이다. 그 전쟁이 어떤 전쟁인지 구체적으로 덧붙이기를 뭇 나라에 '보수하며'(לַעֲשׂוֹת נְקָמָה), 왕들과 귀인들을 '결박하고'(לֶאְסֹר), 기록된 판결을 '시행하기 위한'(לַעֲשׂוֹת) 것이라고 말한다(시 149:7-9).[173] '보수하다'를 직역하면 '복수하다'는 뜻인데 그 대상은 누굴까? 그들은 하나님의 나라를 대적하는 자들이다(Stek 2002, 952). 이들을 '민족들', '왕들', '귀인들'이라고 표현했다. 특히 '기록된 판결'(מִשְׁפָּט כָּתוּב)을 그들에게 시행하라고 했다. 이것은 하나님의 통치수단으로 하나님의 법이 기록된 책을 의미한다(Alexander 1991, 571). 저자는 하나님의 통치를 수행하는 이 일이 여호와의 모든 성도들에게 있다고 했다(시 149:9). 이 일은 성도의 영광이며 동시에 책임이다.

이 말씀을 잘못 이해하면 중세시대에 교황이 십자군을 조직하여 성지 탈환이라는 미명 하에 이슬람교도들을 죽인 것처럼 무력으로 죽여 적대감을 가지게 할 수 있다. 이 말씀은 국가로서 이스라엘이 약속의 땅에 들어갈 때 문자적으로 실현되었다(Kidner 1973a, 490). 그러면 현재 교회의 대적이 누구이며, 어떻게 그 대적들을 이기며 하나님의 통치를 수행할 수 있겠는가? 오늘날 교회의 전쟁은 혈과 육을 상대하는 것이 아니라 통치자들과 권세들과 이 어둠의 세상 주관자들과 하늘에 있는 악의 영들을 상대하는 것이다(엡 6:12). 교회의 무기는 세상의 무기와 다르다. 우리의 두 날 가진 칼은 하나님의 말씀이다. 왜냐하면 이 말씀은 살아있고 활력이 있어 좌우에 날선 어떤 검보다도 예리하여 혼과 영과 및 관절과 골수를 찔러 쪼개기까지 하며, 또 마음의 생각과 뜻을 판단하기 때문이다(히 4:12). 그래서 하나님의 말씀은 성도들의 입에 있는 하나님에 대한 찬양이며, 그들의 손에 있는 칼이다(시 149:6). 성도들은 세상의 모든 악한 질서를 배후에서 조종하는 사탄을 이기는 권세와 그리스도와 함께 온 세상을 다스리는 권세를 가지고 있다. 이 얼마나 영광스러운 일인가?

---

[173] 히브리어로 동사가 목적을 나타내는 부정사(infinitive)로 되어있다.

시편 150편 : 여호와를 찬양하라

1 할렐루야

　그의 성소에서 하나님을 찬양하며
　그의 권능의 궁창에서 그를 찬양할지어다

2 그의 능하신 행동을 찬양하며
　그의 지극히 위대하심을 따라 찬양할지어다

3 나팔 소리로 찬양하며
　비파와 수금으로 찬양할지어다
4 소고 치며 춤추어 찬양하며
　현악과 퉁소로 찬양할지어다
5 큰 소리 나는 제금으로 찬양하며
　높은 소리 나는 제금으로 찬양할지어다

6 호흡이 있는 자마다 여호와를 찬양할지어다
　할렐루야

　이 시편은 앞의 네 편의 시편과 같이 '할렐루야 시편'으로 '할렐루야'로 시작하고 마친다는 특징을 가지고 있다. 이 시편에 '찬양하라'라는 단어가 모두 13번 나타난다. 이것은 찬양이 중심주제인 것을 보여준다. 특히 시편이 하나님을 찬양하는 책이라고 할 때 이 주제는 시편 전체의 결론으로 적절하다. 우리가 기쁘든지, 고통하든지, 의심하든지 상관없이 모든 상황에서 모든 기도와 간구의 결론을 찬양으로 마칠 수 있는 것은 하나님이 모든 일을 합력하여 선을 이루신다고 믿기 때문이다(참조. 롬 8:28). 이 시편은 구조적으로 어디에서, 왜, 어떻게, 누가 찬양해야 할 것인지를 보여준다.

시의 구조
(1) 어디에서(시 150:1)
(2) 왜(시 150:2)
(3) 어떻게(시 150:3-5)
(4) 누가(시 150:6)

(1) 어디에서(시 150:1)

이 연에서 저자는 어디에서 여호와를 찬양해야 하는지를 말한다. 그는 여호와의 성소와 권능의 궁창에서 찬양하라고 한다(시 150:1). 이 두 곳은 여호와가 거하시는 처소다(Cohen 1982, 479). 동시에 이 두 곳을 언급한 것은 여호와를 찬양해야 할 장소는 하나님이 특별히 임재해 계시는 성소만이 아니라 하나님이 창조하신 곳 어디서든지 찬양해야 한다는 것이다.

(2) 왜(시 150:2)

이 연에서 저자는 왜 찬양해야 하는지를 간략하게 언급한다. 그는 '여호와의 능하신 행동으로 인하여'(비거부로타우, בִּגְבוּרֹתָיו) 지극히 위대하심을 따라 찬양하라고 한다. '그의 능하신 행동'이 무엇인지 상세히 밝히지 않았지만 하나님의 창조, 보존, 섭리 그리고 구속의 역사를 포함한다(스토트 1989, 169). 시편 전체와 구약의 역사는 이러한 하나님의 능하신 행동을 그의 위대하심에 따라 다양한 방식으로 설명한다.

(3) 어떻게(시 150:3-5)

이 연에서 저자는 어떻게 찬양해야 하는지를 설명한다. 나팔, 비파, 수금, 소고, 춤, 현악, 통소, 큰 소리 나는 제금, 높은 소리 나는 제금 등으로 찬양하라고 한다. 춤과 여덟 가지의 악기로 여호와를 찬양하라고 한다. 특히 그 악기들 가운데 앞의 네 개와 뒤의 네 개 사이에 춤(마홀, מָחוֹל)이 위치해 있다. 성경에 소고와 함께 춤을 추는 기록도 있다(출 15:20; 삼상 18:6; 렘 31:4). 그리고 제금은 히브리어로 '첼체림'(צֶלְצְלִים)으로 복수(複數)로 되어있다. 이것은 의성어로 여러 개의 원반을 서로 부딪쳐 소리를 내는 타악기다. 이러한 여러 종류의 악기 사용을 볼 때 구약시대의 성도들은 예배 중에 여호와를 찬양하는 도구로 다양한 악기를 사용했고, 심지어 춤까지도 사용했음을 알 수 있다.

(4) 누가(시 150:6)

이 연에서 저자는 누가 찬양해야 하는지를 '호흡이 있는 자마다' 찬양하라고 했다. 호흡이 있는 자는 짐승과 모든 가축과 기는 것과 나는 새, 세상의 왕들과 모든 백성들과 고관들과 땅의 모든 재판관과 총각과 처녀와 노인과 아이들을 포함하는 것으로 볼 수 있다(참조. 시 148:10-11). 하지만 여기서의 강조점은 하나님의 창조의 면류관인 사람에게 있다(스토트 1989, 170). 하나님은 사람에게 생기를 불어 넣으심으로 생령이 되게 하셨기 때문이다(창 2:7). '호흡이 있는 모든 자'(콜 한너샤마, כֹּל הַנְּשָׁמָה)는 하나님을 찬양해야 한다.

IX. 구속사적 의미

구속사에서 시편의 위치

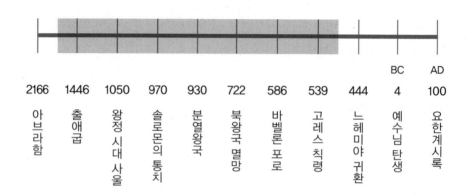

2166	1446	1050	970	930	722	586	539	444	BC 4	AD 100
아브라함	출애굽	왕정시대 사울	솔로몬의 통치	분열왕국	북왕국 멸망	바벨론 포로	고레스 칙령	느헤미야 귀환	예수님 탄생	요한계시록

　　시편은 긴 역사적 과정 속에서 최종 시의 편집자가 의도적으로 동일한 저자나 제목이나 비슷한 주제에 따라 엮은 시편 모음이다. 그리고 시편의 저자와 편집과정을 볼 때 시편의 기록연대를 확정하기는 어렵지만 그 연대는 모세시대부터 바벨론 포로 이후 시대까지 아우른다.

　　시편은 구속사에서 하나님과 맺은 언약에 대한 백성들의 다양한 반응을 기록한다. 물론 이 언약은 사람과 사람 사이에 맺은 언약과 다르다. 왜냐하면 하나님은 사람을 지으신 창조주이시고 자신의 눈높이를 낮추어 사람과 관계를 맺으시고, 조건을 정하시고 그 관계를 주권적으로 보존하시고 인도해 가시기 때문이다(웨스트민스터 신앙고백서 7장, "하나님께서 사람과 맺으신 언약" 1-3항). 이 언약은 하나님이 주권적으로 시행하신 피로 맺은 유대 관계다(Robertson 1980, 15). 시편은 이러한 유대 관계를 다양한 비유적 언어로 표현한다. 그것은 하나님을 목자(시 23:1; 28:9; 80:1), 아버지(시 68:5; 89:26), 왕(시 5:2; 10:16), 용사(시 78:65) 등으로 표현한 것이다. 시편은 구속사의 진전과정은 없다 할지라도 신약성경의 서신서들처럼 개인과 공동체가 구속사에 언약 백성으로 어떤 위치를 차지하고 있으며, 어떤 사명을 가지고 있는지를 설명한다(시 8:1-9; 67:1-7 등).

　　특히 시편에서 저자들은 역사시를 통해 하나님이 자기 백성을 위해 과거에 행하신 구원과 사랑의 행동을 반복하여 언급한다. 하나님의 백성들은 그 역사를 들음으로 기쁨의 이유를 찾았다(시 98:1-3). 또한 고통과 역경 가운데 있을 때 역사 가운데 행하신 하나님의 은혜로운 행동을 회상했디(시 77:1 72). 많은 시들이 역사적 요소들을 가지고 있지만 특히 몇몇 시편들은 그 핵심 목적이 하나님의 은혜로운 행동을 다시 말해주는 것이다(시 78, 105, 106, 136). 그래서 하나님이 그의 백성과 맺은 언약은 추상적이지 않다. 하나님은 역사의 영역에 들어오셔서 이스라엘을 위해 행동하신다(Dillard & Longman 1994, 229). 이것은 언약 백성이 구속사에서 특별한 위치와 책임을 가지고 있음을 보여준다.

하나님은 언약백성들이 하나님과 교제하며, 그 책임을 이행할 수 있는 다양한 방편들을 주셨다. 그것은 율법과 회개와 기도다. 시편 저자들은 이러한 이유에서 율법을 지켜야 할 의무와 특권(시 78:1, 10; 105:45; 시 119:1, 9, 18, 44, 142, 153, 163, 174), 회개하고 부르짖는 일(시 3:4; 31:22; 86:5)을 다양한 상황에서 다양한 방법으로 설명한다.

시편 저자들은 시편에서 개인이든, 공동체든 구속사에서 제사장 나라로서의 위치와 사명을 말한다. 이 토대 위에 하나님과 교제하는 일과 수많은 문제에 부딪혀 갈등할 때 언약 백성이 그 갈등을 어떻게 극복해 내었는지 역사시와 탄식시와 저주시를 통해 보여주고, 그들이 궁극적으로 소망했던 것이 무엇인지 메시아시를 통해 보여준다.

잠언

Proverbs

잠언

-ɘįɘ-

롱맨(2005, 17)이 말한 것처럼 인간이 이 세상에서 사는 것은 쉽지 않다. 인생이라는 싸움터에서 잠시 휴식을 취할 수는 있다. 그러나 그 누구도 복잡한 환경과 관계에서 완전히 자유로울 수 없다. 이 모든 문제의 근원은 인간이 하나님과 맺은 언약을 믿지 않고 죄를 범함으로 모든 관계가 왜곡되었거나 변질되었기 때문이다. 그러면 이 문제를 어떻게 다루어야 하는가? 대하기 어려운 사람들이나 불쾌한 상황에 어떻게 처신해야 하는가? 어떻게 말하고 행동해야 하는가? 우리 감정을 어떻게 표현해야 하는가? 성경에는 인생의 바다를 잘 항해하는 사람을 묘사하는 단어가 하나 있다. 그것은 '지혜롭다'라는 단어다(롱맨 2005, 17-18). 역사를 보면 인간이 인간 자신과 우주를 어떻게 이해할 것인가를 배우려고 한 것은 문명이 시작되었을 때부터다. 거의 모든 문화마다 문학이나 구전(口傳) 형태로 지혜를 모아 놓은 보고가 있다(골즈워디 1993, 66). 그리고 각종 기술을 가지고 있는 자들은 기록으로 남겨 그와 관계된 자들에게 전수하기도 한다. 이런 면에서 본다면 지혜는 분명 인생의 삶을 풍요롭게 하고 의미있게 하는 일과 연관되어 있다. 무엇이 인간을 풍요롭고 의미있게 하는가? 이것은 가치관의 차이에서 온다. 그러면 잠언은 무엇을 지혜라고 보는가? 이 지혜가 세상의 지혜와 다른 점은 무엇인가?

'잠언'(箴言)은 '교훈이 되는 짧은 말'이라는 뜻으로 잠언서의 첫 단어인 '마샬'(מָשָׁל)을 번역한 것이다. 이 단어는 '대표하다', '…와 같다' 등의 의미에서 유래된 것으로 본다(BDB). 그래서 이 단어는 다른 어떤 것을 비유하여 그것의 진정한 속성을 드러내고자 하는 진술이라고 할 수 있다(Scott 1965, 24). 개역개정판에 이 용어를 속담(삼상 10:12; 24:13), 수수께끼(겔 17:2), 비유(시 49:4; 겔 20:49), 비사(욥 29:1) 등으로 번역했다. 이 제목은 잠언서가 어떤 종류의 책이며, 어떤 방식으로 기술하였는지 암시를 준다.

I. 저자와 기록 연대

잠언서의 저자 문제는 단순한 것처럼 보이나 쉽지 않다. 일반적으로 잠언서 저자의 문제는 "다윗의 아들 이스라엘 왕 솔로몬의 잠언이라"(잠 1:1)는 말씀에 근거하여 솔로몬이라고 생각한다. 하지만 잠언 22:17에 '지혜 있는 자의 말씀'(디 버레이 하카밈, דִּבְרֵי חֲכָמִים)과 24:23에 '지혜로운 자들의 (말씀)'(라하카밈, לַחֲכָמִים)이라고 한 것으로 보아 '지혜로운 자들'이라는 하나의 공동체가 있음을 보여준다. 잠언 30:1은 아굴을, 31:1은 르무엘 왕을 언급한다. 잠언 25:1에서는 솔로몬의 잠언이지만 '유다 왕 히스기야의 신하들이 편집한 것'이라고 한다.

잠언서에서 잠언 1:1-22:16은 솔로몬이 지은 것이라고 할 수 있다. 솔로몬은 잠언 3000편을 말하였고, 노래 1005편을 지었다(왕상 4:32). 하지만 잠언 22:17-24:34를 저작한 익명의 '지혜있는 자들'은 누구를 말하는지 알 수 없다. 잠언 25-29장은 히스기야 시대의 신하들이 앞의 문서에 이어 편집하여 추가하였다. 또한 잠언 30:1-33의 저자는 야게의 아들 아굴로 언급되고 있으나 그가 누구인지 알 수가 없고, 또한 잠언 31:1-31을 지은 르무엘 왕이 누구인지 알 수 없다(참조. Wolf 2002, 954).

솔로몬을 위시한 여러 시대의 여러 사람이 잠언를 쓰거나 편집하였기 때문에 잠언서가 언제 저작되었는지 알 수 없다. 그런데 비평가들은 포로시대 이후라고 추정하기도 하는데 그중에 아이스펠트(Eissfeldt 1965, 473)는 긴 문장들이 있다는 것과 지혜를 의인화한 것으로 볼 때 이것은 모두 헬라의 영향으로 주전 4세기 이전의 것이 될 수 없다고 했다. 하지만 이 점에 대하여 키친(Kitchen 1975, 126-127)은 추상적인 내용을 의인화하는 일은 주전 3000년이나 2000년에도 있었다고 비평했다. 그래서 저작 연대를 정확하게 추정하는 것은 어렵다. 다만 우리가 확실하게 알 수 있는 것은 잠언의 다수를 솔로몬(주전 970-930년)이 썼다는 것과 그 솔로몬의 잠언을 히스기야(주전 715-686년) 시대의 신하들이 편집했다는 것 외에는 알 수 있는 자료가 없다는 것이다. 그래서 잠언서는 솔로몬 시대부터 히스기야 시대까지 익명의 편집자가 솔로몬의 잠언을 위시하여 여러 잠언을 수집하고 편집하였다고 본다.

II. 문학적 특징과 구조

다른 성경과 같이 잠언서도 이 책의 주제인 여호와를 경외하는 일이 왜 지혜인지를 설명하기 위한 일정한 논리구조를 가지고 있다. 이 구조를 설명하기 위해 다양한 문학적 기법을 사용하고 있다. 이러한 문학적 기법은 문단의 범위와 주제를 결정하는 역할을 한다. 잠언서는 눈에 띄는 문학적 기법과 특징들을 사용하여 참된 지혜가 무엇이며, 그 지혜가 왜 중요하며, 그 지혜를 실천할 수 있는 방법이 무엇인지 설명한다.

잠언서 안에는 다양한 문학 형태가 있다. 크게 잠언 1-9장과 10-31장으로 구분할 수 있다. 그 차이에 따라 구분한다면 훈계 형식의 잠언과 속담 형식의 잠언으로 구분할 수 있다. 그리고 여기에 여러 문학적 특징들이 나타난다.

1. 훈계 형식의 잠언

훈계 형식의 잠언은 1:1-9:18; 22:1-24:22이다. 훈계는 일반적으로 교사가 학생에게, 또는 아버지가 아들에게 삶의 특정한 부분을 가르치는 것이다. 잠언에 기록된 훈계는 대개 전형적인 형식이 있다. 훈계 형식의 담화 가운데 10개는 아버지 담화로 구분한다(가레트 & 해리스 2014, 1223-1234; Atkinson 1996, 61, 60-82).[174] 특히 앳킨슨(Atkinson 1996, 61, 60-82)은 아버지 담화를 다음과 같이 구분했다.

a. '내 아들아'라고 대상을 부름

b. 듣고, 받아들여야 할 교훈이나 주의하라는 내용

c. 몇 가지 지혜를 찬미하고 그 지혜를 받아들이라는 내용

d. 담화의 핵심 주제를 권면, 금지, 명령 형태로 말함

e. 의인의 복된 상태나 악인이나 어리석은 자의 운명을 말함

---

174 아버지 담화는 '내 아들아'라고 시작한다. 잠언 1:8; 2:1; 3:1, 21; 4:1, 10, 20; 5:1; 6:20; 7:1으로 구분한다.

앳킨슨이 구분한 것은 의미가 있지만 다 동일한 구조로 되어 있는 것은 아니다. 10개의 담화를 보면 대상(내 아들아) → 명령 → 명령의 유익과 중요성 → 결과의 구조로 나타나고, 이 구조에서 명령 → 명령의 유익과 중요성이 두세 번 반복되는 형식을 띠고 있다. 훈계 형식의 잠언은 대부분 1인칭 시점(point of view)으로 되어 있다. 특히 솔로몬의 잠언은 솔로몬이 화자(話者)가 되어 '내 아들아'라고 부르며 훈계한다. 1인칭 시점으로 된 훈계는 잠언 1:7-7:27; 22:17-21 등이다. 특히 잠언 7:14-20은 음녀가 직접 말하는 방식으로 설명한다.

또한 훈계 형식의 잠언은 전지적 시점을 가진 3인칭 화자(잠 8:1-3)가 1인칭 시점으로 설명하기도 한다(잠 8:4-36). 이 경우에 해설자(narrator)는 전지전능한 하나님의 위치에서 설명하고 해석하는 것이 일반적이다. 특별히 잠언 8장에서 1인칭 '나'로 설명하는 부분은 잠언서의 핵심적인 부분으로 지혜를 의인화(personification)하여 설명한다.

골즈워디(Goldsworthy 1987a, 79-80)는 지혜가 의인화된 것은 하나님의 선물이며 동시에 인간의 활동이라는 지혜의 중요한 특성을 강조하기 위한 시적인 표현이라고 했다. 그가 이렇게 말한 것은 하나님이 죄로 말미암아 깨어진 하나님과 인간과 창조세계의 조화를 회복할 수 있는 방법으로 지혜를 주셨고, 인간은 그 지혜를 실천해야 할 책임이 있다고 보았기 때문이다. 특히 잠언 9장은 잠언 1:7-8:36의 결론으로 지혜를 이미지 언어로 의인화하여 그의 식탁에 여종을 보내어 초청하는 형식으로 기록되어 있다.

롱맨(2005, 43-45)은 지혜(여인)과 우매 여인을 서로 대조하며 지혜(여인)이 '성 중 높은 곳에서'(잠 9:3) 부른 것을 높은 곳에 위치해 있는 하나님의 성전에서 부른 것에 근거해 지혜(여인)을 하나님으로 보았고, 우매한 여인은 여호와에게서 멀어지게 하는 우상들과 거짓 신을 상징하는 것으로 보았다. 그가 '성 중 높은 곳'을 성전으로 해석한 것은 이해하기 어렵지만 지혜(여인)을 우매 여인과 대조하여 하나님으로 본 것은 의미가 있다.

잠언 8-9장에 나타나 있는 지혜가 인격체로서 그리스도를 말하는 것인지 아니면 하나님의 속성 가운데 하나를 의인화한 것인지 많은 논쟁이 있었어도 지혜를 묘사한 내용으로 보아 그리스도라고 보기도 한다(Atkinson 1996, 51-52).

2. 속담 형식의 잠언

속담 형식의 잠언은 다양한 형태로 삶의 지혜를 나열하지만 대조와 비교를 통해 핵심을 전달하는 평행법으로 배열하고 있다. 이 형식의 잠언은 10:1-22:16이다. 여기에 375개의 잠언이 있다. 이 가운데 잠언 10:1-15:33에 184개가 있고, 잠언 16:1-22:16에 191개가 있다.

(1) 대조(잠 10:1-15:33)

여기서 묘사하는 기본 패턴은 대개 대조 평행법으로 되어 있다. 이것은 주로 원인과 결과를 중심으로 비교한다(골즈워디 1993, 87).

지혜(혹은 의)　　　→　　　좋은 결과
어리석음(혹은 악함)　→　　　나쁜 결과

대조 평행법이 주를 이루고 있으나 예외적으로 A가 B보다 낫다고 비교하는 부분도 있다(잠 15:16-17)

(2) 비교(잠 16:1-22:16)

여기서 묘사하는 패턴은 일정하지 않다. 유사, 대조, 종합 평행법이 골고루 분포되어 있다. 잠언 16:1-22:16에 전체 191개의 금언 가운데 유사 평행법은 52개, 대조 평행법은 47개, 종합 평행법은 37개로 구분할 수 있다. 이 가운데 평행법의 개념에 포함시키기 어려운 것도 있다(현창학, 2009, 236). 여기에 'A가 B보다 낫다'는 비교형식의 잠언이 많이 있다(잠 16:19; 17:1, 12; 19:1). 어떤 경우는 두 번째 행이 첫 번째 행과 대조를 이루지는 않으나 첫 번째 행을 토대로 추가적으로 설명하는 부분도 있다(잠 16:3, 5-6, 26; 17:14-15; 18:11). 그리고 두 번째 행은 첫 번째 행과 비교하여 논리적인 진전이 있는 것이 아니라 단순히 용어만 바꾸어서 반복하는 경우도 있다(잠 16:6, 13, 16, 18; 17:26-27). 이 역시 넓은 의미로 평행법에 속한다.

잠언 10:1–22:16은 여호와를 경외하는 것이 무엇인지 다양한 평행법으로 설명한다. 이것은 시내산 언약의 말씀을 개인의 삶과 여러 사회적인 관계에 적용하는 것이라고 할 수 있다.

잠언서는 여기에 기록된 내용, 문체, 문학적 특징 그리고 화자(narrator)를 중심으로 다음과 같이 내용을 구분할 수 있다.

1. 서언(잠 1:1–7)

2. 훈계 1(잠 1:8–9:18)

3. 솔로몬의 잠언(잠 10:1–22:16)

4. 훈계 2(잠 22:17–24:34)

5. 히스기야의 신하들이 편집한 솔로몬의 잠언(잠 25:1–29:27)

6. 아굴의 잠언(잠 30:1–33)

7. 르무엘의 잠언(잠 31:1–9)

8. 현숙한 아내(잠 31:10–31)

III. 주제와 기록 목적

잠언서의 주제와 기록 목적은 서언(잠 1:1–7)에 기록되어 있다. 서언에 따르면 잠언서의 주제는 여호와를 경외하는 것이 지식의 근본이라는 것이다(잠 1:7). 성경에서 중심되는 주제가 무엇인지 알게 하는 방법으로 저자들은 주제어를 반복해서 사용함으로 표현했다(Alter 1981, 88–113). 잠언서에 '지혜'(호크마, חָכְמָה)라는 단어는 성경 전체 153번 중에 42번, '훈계'(무사르, מוּסָר)는 54번 중에 30번, '명철'(비나, בִּינָה)은 38번 가운데 14번이 나온다. 하지만 이 세 가지 단어는 같은 의미를 다르게 말한 것이다. 이것은 '지혜', '훈계', '명철'이 잠언서의 주제를 보여주는 주제어라는 것이다. 잠언서에서 말하는 지혜는 여호와를 경외하는 것이다.

잠언서가 왜 이 주제를 말하는가? 서언에 기록된 대로 지혜와 훈계를 알게 하며 명철의 말씀을 깨닫게 하며 지혜롭게, 공의롭게, 정의롭게, 정직하게 행하는 일에 훈계를 받게 하려는 것이다(잠 1:2–3). 그리고 어리석은 자를 슬기롭게 하고 젊은 자에게 근신함을 주고, 지혜 있는 자는 듣고 학식이 더하게 하려는 것이디(잠 1:3 4). 이로 보아 잠언서는 바른 행실과 삶에 대한 필수적인 태도들을 가르치는 목적이 있음을 알 수 있다. 이러한 삶의 목표는 가정을 보존하는 것이고, 나아가 사회 전체의 사회적 안정에 기여하도록 훈련시키고 교육하는 것이다 (벌럭 1999, 238).

그렇다면 고대 이집트나 메소포타미아의 지혜 문집이나 현대에 발간되는 지혜 문집과 다른 점이 무엇인가? 그것은 잠언서는 언약의 문맥 속에 있다는 것이다. 이 점에 대해 골즈워디(Goldsworthy 1987a, 70)가 적절하게 설명하였다.

> 나는 그들이 언약의 관점이 아닌 다른 관점에서 그 개념을 이해할 수 있었
> 으리라 생각하지 않는다. 그 이유는 그들이 이스라엘 사람이었고, 그들이
> 비록 역사를 지혜서의 주제로 다루지는 않는다고 할지라도 인본주의적인
> 철학을 믿는 사람이 아니라 하나님의 언약을 믿는 신앙인이었기 때문이다.
> 그들은 하나님의 계시의 구체적인 내용을 파악하고 더 나아가서 계시에 비
> 추어 세상의 지식과 명철을 연구한 하나님의 사람이었기 때문이다.

시가서의 신학적 기초는 율법서에 있고, 이 역사적 상황은 역사서와 선지서의 문맥을 토대로 개인이나 공동체의 신앙과 경험과 고통과 갈등을 기록했다. 이 점을 고려한다면 언약의 관점에서 잠언서에 기록된 지혜를 읽어야 한다.

하지만 잠언서에는 '언약'보다는 '여호와를 경외하는 일'을 더 강조한다. 이두 용어의 관계를 고려해 본다면 여호와를 경외하는 일이 언약에 신실하게 반응하는 것과 어떤 관계가 있는지 알 수 있다. 예를 들어 솔로몬은 성전을 건축하고 난 뒤에 백성들이 언약적인 축복을 누릴 수 있도록 기도하는 문맥 가운데 언약의 말씀을 지키는 것을 가리켜 '주를 경외한다'(왕상 8:40, 43)라는 표현을 사용했다. '경외하다'라는 단어는 히브리어로 '야레이'(ירא)라는 말로 성경에서 '두려워하다'(출 20:20; 삼하 6:9), '예배하다'(삼상 12:24; 수 24:14), '믿다'(창 22:12; 42:18; 수 4:24), '사랑하다'(신 6:2, 13; 10:20; 28:58) 등으로 나타난다. 그래서 여호와를 경외한다는 것은 예배의 방법과 태도와도 관련되는 포괄적인 개념이며, 신뢰나 믿음이라는 말의 동의어로도 쓰인다(신득일 2002, 15-48). 그러므로 성경의 지혜개념

은 언약신앙과 밀접한 연관성을 가지고 있다. 성경에 기록된 지혜가 고대 근동이나 메소포타미아에 발견된 지혜와 공통점이 많이 있음에도 불구하고 하늘과 땅의 창조자이신 유일하신 참 하나님의 계시를 놓치지 않고 있다는 것은 성경의 지혜의 독특성을 설명하는 것이라고 할 수 있다(Goldsworthy 1987a, 70). 그러므로 잠언서의 지혜는 유익한 경구의 모음집처럼 보이지만 언약의 신앙에 그 토대를 두고 있다는 것을 알 수 있다.

여호와를 경외하는 일은 구체적으로 구약성경에서 반복하는 내용으로 하나님과 언약을 맺을 때 주신 계명을 지키는 일과 연관되어 있다.

> 너희는 내 안식일을 지키며 내 성소를 경외하라 나는 여호와이니라 (레 26:2).

> 다만 그들이 항상 이같은 마음을 품어 나를 경외하며 내 모든 명령을 지켜서 그들과 그 자손이 영원히 복 받기를 원하노라 (신 5:29).

> 이스라엘아 네 하나님 여호와께서 네게 요구하시는 것이 무엇이냐 곧 네 하나님 여호와를 경외하여 그의 모든 도를 행하고 그를 사랑하며 마음을 다하고 뜻을 다하여 네 하나님 여호와를 섬기고 (신 10:12).

> 할렐루야, 여호와를 경외하며 그의 계명을 크게 즐거워하는 자는 복이 있도다 (시 112:1).

> 나는 주를 경외하는 모든 자들과 주의 법도들을 지키는 자들의 친구라 (시 119:63).

잠언서에 여호와를 경외한다는 것은 지혜로운 삶을 말하는 것으로 하나님의 말씀을 믿고 순종하는 삶을 말한다. 그리고 이 지혜는 궁극적으로 그리스도에게로 인도하는 성격이 있다. 역사적으로 볼 때 언약 백성들은 하나님의 법인 계명을 지키지 못했다. 그래서 그리스도께서 오셔서 우리가 지키지 못한 하나님의 법에 따라 대신 형벌을 받아 하나님 앞에서 의롭다 함을 얻게 하시고, 우리가 하나님의 법을 온전히 순종하며 살 수 있도록 그리스도 인에서 새 사람이 되게 해 주셨다. 또한 새 사람에 합당한 삶을 살아갈 수 있도록 성령을 보내주셨다. 이것이 지혜로운 삶을 사는 출발점이다. 그래서 참된 지혜를 실천하는 일은 우리 믿음의 주요, 온전케 하시는 분이며, 알파와 오메가 되신 예수 그리스도를 신뢰하며 살아가는 것을 의미한다(Goldsworthy 1987a, 71-72).

IV. 잠언의 어려운 문제

잠언 가운데 잠언 10-31장에 나타나는 개별 잠언들을 어떻게 해석하고 적용할 것인지의 문제에 대해 많은 논의가 있다.[175] 그러나 가장 중요한 문제는 개별 잠언들이 모든 상황에서 적용할 수 있는 절대적이고 보편적 진리인가 하는 것이다. 잠언은 절대적인 율법이나 법칙을 말하는 것은 아니다. 오히려 적절한 때와 상황에 좌우되는 일반적이고 보편적인 진리를 말하고 있다(롱맨 2005, 81). 다른 말로 하면 잠언서는 그 안에 기록된 말씀대로 순종하면 자동적으로 성공과 행복이 보장되는 주문과 같지 않다는 뜻이다. 예를 들어 잠언 26:7, 9의 말씀을 보자.

> 저는 자의 다리는 (힘 없이) 달렸나니
> 미련한 자의 입의 잠언도 그러하니라

> 미련한 자의 입의 잠언은
> 술 취한 자가 손에 든 가시나무 같으니라

저는 다리는 달리는 데 도움이 되지 않는다. 이와 같이 잠언은 미련한 자가 지혜롭게 행동하는 데 도움이 되지 않는다. 그리고 미련한 자가 잠언을 사용하면 효과가 없을 뿐만 아니라 마치 술 취한 자가 가시나무를 들고 휘두르는 것과

---

175 천사무엘(2009, 147-165)의 논문을 참조하라. 이 논문에서 천사무엘은 잠언의 해석학적인 과제를 (1) 문학적 구조의 통일성에 대한 제시 필요, (2) 지혜의 기원, (3) 사회적 상황, (4) 신학적인 문제 등으로 구분했다.

같이 위험한 무기가 될 수도 있다.

잠언을 기계적으로 적용하는 일이 얼마나 위험한 일인지 또 다른 예를 보자. 그것은 자녀교육에 대한 잠언 23:13-14이다.

> 아이를 훈계하지 아니하려고 하지 말라
> 채찍으로 그를 때릴지라도 죽지 아니하리라
> 네가 그를 채찍으로 때리면
> 그 영혼을 스올에서 구원하리라

만약에 이 말씀을 하나의 법으로 받아들일 경우 매질을 하지 않으면 아이가 지옥에 들어갈까 두려워 아이에게 매질하는 부모가 생길 수도 있다. 실제로 전남 보성에서 한 목사가 그의 자녀들을 학대하여 죽음에 이르게 한 사건이 있었다. 한 언론사의 보도에 따르면 잠언 23:13-14에 따라서 행한 것이라고 했다.[176] 그러나 이 말씀은 훈계의 한 형태인 매질을 사용하기를 꺼리는 사람을 위하여 주는 교훈이다. 부모가 이 말씀을 적용할 때 그 자녀의 상황을 알고 지혜롭게 해야 한다. 이 말씀을 지혜롭게 적용한다는 것은 사람의 지혜가 필요하다는 것이 아니라 '여호와 경외'의 태도가 필요하다는 것으로 매를 드는 행동이 여호와를 경외하는 행동이 될 것인지 고민하고 씨름해야 한다는 뜻이다(김희석 2012, 58-59). 이것은 잠언을 기계적으로 적용하는 것이 위험하다는 것을 보여준다.

---

[176] http://www.ilyosisa.co.kr/news/articleView.html?idxno=16680에서 인용했다. 2012년 2월 21일에 등록됨.

V. 내용

내용 구조

1. 서언(잠 1:1-7)

2. 훈계 1(잠 1:8-9:18)

3. 솔로몬의 잠언(잠 10:1-22:16)

4. 훈계 2(잠 22:17-24:34)

5. 히스기야 신하들이 편집한 솔로몬의 잠언(잠 25:1-29:27)

6. 아굴의 잠언(잠 30:1-33)

7. 르무엘 왕의 잠언(잠 31:1-9)

8. 현숙한 아내(잠 31:10-31)

1. 서언(잠 1:1-7)

이 문단은 서언으로 저자가 누구며, 왜 이 책을 썼는지를 보여준다.

(1) 잠언서를 기록한 목적(잠 1:1-6)

이 책의 저자는 다윗의 아들 솔로몬이다. 그는 네 개의 부정사를 사용하여 이 책을 쓴 목적을 밝힌다. 그것은 (1) 지혜와 훈계를 '알게 하며'(דַעַת ‹ ל + לְדַעַת), (2) 명철의 말씀을 '깨닫게 하며'(הָבִין ‹ ל + לְהָבִין), (3) 지혜롭게, 공의롭게, 정의롭게, 정직하게 행할 일에 대해 훈계를 '받게 하며'(קַחַת ‹ ל + לָקַחַת), (4) 어리석은 자에게 슬기와 젊은 자에게 지식과 근신함을 '주기 위한'(תֵת ‹ ל + לָתֵת) 것이다.[177] 그래서 이 책에 기록된 잠언을 들을 때 지혜 있는 자는 듣고 학식이 더할 것이고, 명철한 자는 지략을 얻을 것이다.

---

[177] 전치사 '러'(ל)는 부정사 연계형에 붙어 목적, 결과 등의 의미를 가진다. 여기서는 목적의 의미다.

(2) 지혜의 근본 : 여호와를 경외함(잠 1:7)

지혜의 근본은 여호와를 경외하는 것이다. 그러나 미련한 자는 지혜와 훈계를 멸시한다. 여기 '근본'(레이쉬트, רֵאשִׁית)은 시간적으로 처음을 말할 수 있고, 질적인 의미에서 제일 중요하다는 것을 말할 수도 있다. 여기서는 두 가지 의미가 다 가능하다(벌럭 1999, 259). 여호와를 경외하는 일은 모든 지식의 출발점이면서 모든 지식의 으뜸이다. 여호와를 경외한다는 것은 여호와께 겁을 먹는 것이 아니라 존경을 바탕으로 두려움을 갖는 것이다. 여호와를 경외하는 것은 성경 많은 부분에서 발견되는 사상이며 기본적으로 믿음이나 신뢰와 같은 것이다. 이러한 믿음은 한 인간으로서 하나님에 대한 언약 책임을 이행하는 신실함이며, 하나님의 신실하심에 대한 인간의 응답이다(골즈워디 1993, 77; 신득일 2002, 15-48).

2. 훈계 1(잠 1:8-9:18)

이 문단은 훈계 형식의 잠언이다. 훈계 형식의 담화 가운데 10개는 아버지 담화로 구분할 수 있다(가레트 & 해리스 2014, 1223-1234; Atkinson 1996, 61, 60-82). 훈계 형식의 잠언 가운데 아버지 담화는 대개 '내 아들아'라는 대상 → 명령 → 명령의 유익과 중요성 강조 → 결과의 형태로 나타난다.[178] 이 문단에서 저자는 잠언 1:7에 언급된 두 길, 곧 여호와를 경외함에 근거를 둔 지혜 있는 자와 이 지혜와 훈계를 멸시하는 미련한 자의 길에 대해 묘사한다. 이 훈계는 화자(= 말하는 자)인 아버지가 청자(= 듣는 자)인 아들에게 어떻게 살아야 함정을 피하며 성공할 수 있는지를 조언한다(롱맨 2005, 31). 특히 이 문단에서 히브리어 '데렉'(דֶּרֶךְ)을 번역한 '길'이라는 단어가 30번이 나온다(잠 1:15, 31; 2:8, 12, 13, 20 등). 이 단어는 사람이 삶에서 취하는 행동을 표현하는 은유다. 길은 현재의 위치와 목적지, 중요한 전환의 순간(갈림길)을 암시한다(롱맨 2005, 33). 이 문단에서 아버지는 두 가지 길, 곧 올가미와 덫이 있는 죽음의 길과 생명의 길을 보여준다. 이 길을 가면서 의인화된 지혜 여인과 우매 여인을 만나게 된다. 지혜 여인을 잠언 1:20-33에 처음 만나게

---

178 이에 대해 이 책의 "문학적 특성과 구조"를 참조하라.

되지만 우리는 두 여인을 만나 누구의 식탁에 앉을 것인지를 선택해야 한다. 그 것은 '여호와인가 아니면 열방의 거짓 신들인가'하는 선택이다(롱맨 2005, 45).[179]

내용 분해

(1) 아버지 담화 1 : 악한 자들과 함께 하지 말라(잠 1:8-19)

(2) 지혜의 호소 1 : 지혜를 거부하지 말라(잠 1:20-33)

(3) 아버지 담화 2 : 지혜를 구하라(잠 2:1-22)

(4) 아버지 담화 3 : 여호와를 경외하라(잠 3:1-12)

(5) 지혜를 얻은 자의 복(잠 3:13-20)

(6) 아버지 담화 4 : 지혜를 따라 살아라(잠 3:21-35)

(7) 아버지 담화 5 : 지혜를 지키라(잠 4:1-9)

(8) 아버지 담화 6 : 의로운 길을 선택하라(잠 4:10-19)

(9) 아버지 담화 7 : 네 마음을 지키라(잠 4:20-27)

(10) 아버지 담화 8 : 음녀를 피하라 1(잠 5:1-23)

(11) 보증, 게으름, 악한 행동 등에 대한 훈계(잠 6:1-19)

(12) 아버지 담화 9 : 음행의 위험(잠 6:20-35)

(13) 아버지 담화 10 : 음녀를 피하라 2(잠 7:1-27)

(14) 지혜의 호소 2 : 지혜의 말을 들어라(잠 8:1-36)

(15) 지혜 여인인가, 아니면 우매 여인인가(잠 9:1-18)

내용 해설

(1) 아버지 담화 1 : 악한 자들과 함께 하지 말라(잠 1:8-19)

이 담화에서 아버지는 '내 아들아'라고 부르며 훈계를 시작한다. 아버지는 지

---

[179] 롱맨(2005, 43-45)은 지혜 여인과 우매 여인을 서로 대조하며 '성 중 높은 곳에서'(잠 9:3) 부른다는 것에 근거해 지혜 여인을 하나님으로 보았고, 우매한 여인은 여호와에게서 멀어지게 하는 우상들과 거짓 신을 상징하는 것으로 보았다.

혜 교사이고, 아들은 학생이다. 성경만이 아니라 애굽, 바벨론, 앗수르 그리고 아람의 지혜 문학에서 배우는 학생들을 '아들'로 부른다(벌럭 1999, 260; 롱맨 2005, 31; Pritchard 1969, 412-25). 앳킨슨(Atkinson 1996, 61)은 이 담화를 다음과 같이 구분했다.

a. 내 아들아(잠 1:8)
b. 훈계를 들으며 법을 떠나지 말라(잠 1:8)
c. 지혜는 아름다운 관과 같다(잠 1:9)
d. 악한 동무를 조심해라(잠 1:10-15)
e. 악한 자들은 그들 스스로 망한다(잠 1:16-19)

앳킨슨이 구분한 것은 의미가 있지만 명령 → 명령의 유익과 중요성의 구조로 되어있다. 아버지는 아들에게 아버지와 어머니의 훈계와 법을 떠나지 말라고 했다(잠 1:8). 그 이유를 "네 머리의 아름다운 관이요 네 목의 금 사슬이니라"(잠 1:9)라고 했다. 아버지의 훈계를 떠나지 말아야 할 이유는 이 일이 아름다운 면류관이요 목에 금사슬이기 때문이다. 이것은 은유적인 표현으로 훈계를 따르는 것이 그의 지위를 높이고 복된 삶을 살게 한다는 뜻이다.

아버지는 악한 자가 유혹하며 다른 사람에게 불의한 방법으로 재물을 얻어 나누자고 유혹하는 일에 대해 그들의 길에 함께 다니지 말라고 명령한다(잠 1:11-15). 악한 자들과 어울리다 보면 조직화된 도둑질이나 심지어 살인에 대한 유혹을 받을 수도 있다(Atkinson 1996, 61). 왜냐하면 이러한 자들의 발은 빠르고 다른 사람의 생명을 해하는 일이기 때문이다. 그러나 아버지는 새가 보고 있는 데서 그물을 치면 그것이 헛일인 것처럼 그들이 불의한 방법으로 이익을 얻기 위해 숨어 기다리는 것은 자기의 생명을 잃을 것이라고 훈계한다(잠 1:16-19). 악한 자들이 가만히 엎드려 다른 사람의 생명을 해하려 하지만 그들 자신이 그들이 친 그물에 걸려 자기의 생명을 해한다는 것이다. 이익을 탐하는 모든 자의 길도 이와 같다. 이것은 부메랑 효과를 보여주는 해학(諧謔)이다. 도둑은 돈을 훔치고 도둑질은 도둑의 생명을 뺏는다! 범죄로 얻을 수 있는 것은 없다(부젤 1996, 27).

(2) 지혜의 호소 1 : 지혜를 거부하지 말라(잠 1:20-33)

저자는 이 문단에서 지혜를 여인으로 의인화(擬人化)하여 권면하는 방식으로 설명한다. 지혜는 길거리, 광장, 시끄러운 길목 등 공적인 장소에서 어리석은 자를 책망하며 돌이키라고 권면한다(잠 1:20-23a). 그러면서 지혜는 '보라'라고 하며 "나의 영을 너희에게 부어주며 내 말을 너희에게 보이리라"(잠 1:23b)라고 했다. 이것은 지혜의 말씀을 따르는 자에게 은혜를 주실 것이라는 위로다. 그러나 지혜가 불러도 듣기 싫어하면 두려움이 광풍 같이 임하고 재앙이 폭풍 같이 이를 것이다. 이때 지혜를 찾아도 만나지 못할 것이다(잠 1:27-28). 그러나 지혜가 하는 말을 듣는 자는 평안히 살고 재앙의 두려움이 없이 안전하게 살게 될 것이다(잠 1:33).

(3) 아버지 담화 2 : 지혜를 구하라(잠 2:1-22)

이 담화에서 지혜 교사인 아버지는 그의 말을 받고 그의 계명을 지켜야 한다고 권면하며, '내 아들아'라는 대상 → 명령 → 명령의 유익과 중요성 강조 → 결과 순으로 설명한다. 아버지는 그의 말을 지켜야 한다는 것을 강조하기 위해 조건절과 평행법과 그림 언어로 진술한다(잠 2:1-4).

> 네가 만일 나의 말을 받으며 나의 계명을 네게 간직하며
> 네 귀를 지혜에 기울이며 네 마음을 명철에 두며
> 지식을 불러 구하며 명철을 얻으려고 소리를 높이며
> 은을 구하는 것 같이 그것을 구하며
> 감추어진 보배를 찾는 것 같이 그것을 찾으면

사람들이 중요한 가치로 생각하는 은과 보배를 찾는 것 같이 지식과 명철을 찾아야 한다(잠 2:4). 그러면 여호와 경외하기를 깨달을 것이고 하나님을 알게 될 것이다(잠 2:5). 이것이 지혜의 유익이다. 왜냐하면 여호와께서 지혜를 주시며 정직한 자를 위해 완전한 지혜를 예비하시고, 행실이 온전한 자에게 방패가 되기

때문에 성도의 길을 보전하실 것이기 때문이다(잠 2:6-8).

지혜 교사는 여호와께서 주시는 지혜가 어떤 유익이 있는지 자세하게 설명한다. 지혜는 선한 길을 깨닫게 하고, 영혼을 즐겁게 하며, 악한 자의 길과 패역을 말하는 자와 음녀에게서 건져 낼 것이다(잠 2:9-12). 악한 자들은 정직한 길을 떠나 어두운 길로 행하게 한다. 음녀는 그의 집이 사망으로, 그의 길은 스올로 기울어져 누구든지 그에게 가는 자는 생명의 길을 얻지 못한다(잠 2:13-19).

지혜는 선한 길로 행하게 한다. 정직한 자는 땅에 거하며 완전한 자는 땅에 남아 있을 것이지만 악인은 땅에서 끊어지겠고 간사한 자는 땅에서 뽑힐 것이다(잠 2:20-22). 이러한 결과는 아들이 아버지의 훈계를 듣고 지혜를 구할 선한 동기를 얻을 것이다.

(4) 아버지 담화 3 : 여호와를 경외하라(잠 3:1-12)

이 담화에서 아버지는 '내 아들아'라고 부르며 교훈을 순종하도록 명령 → 명령의 유익과 중요성 강조 → 결과 순으로 설명한다. 이 담화에서 교훈과 그 중요성을 여러 가지로 설명한다.

① 나의 명령을 지키라(잠 3:1-4)

아버지는 "나의 법을 잊어버리지 말고 네 마음으로 나의 명령을 지키라"라고 명령한다(잠 3:1). 여기 '나의 법'과 '나의 명령'은 하나님 말씀이다. 아버지는 그의 명령을 지키면 장수하고 평강을 더할 것이라고 그 중요성을 설명한다(잠 3:1). 이 명령의 중요성을 강조하기 위해 인자와 진리를 떠나지 말고 그것을 목에 매며 마음판에 새기라고 명령한다(잠 3:3). 인자와 진리는 여호와와 그의 백성 사이의 언약 관계에서 핵심 단어로 언약을 맺으실 때 여호와께서 자신의 성품을 말씀하시며 이 단어를 사용하셨다(출 34:6). '목에 매고 마음판에 새기라'라는 말씀은 항상 그 말씀을 기억할 수 있게 하라는 것이다. 아버지는 이렇게 하면 하나님과 사람 앞에서 은총과 귀중히 여김을 받을 것이라고 설명한다(잠 3:4).

이 말씀은 신명기 6:1-15에 기록된 내용과 유사하다. 신명기에서 모세는 이스라엘에게 듣고 순종하면 장수와 번영을 얻을 것이라고 했다. 그들은 하나님의 말씀을 마음에 새기고, 자녀들에게 부지런히 가르치며, 집에서 강론하며, 손목에 매어 기호를 삼고 미간에 붙여 표를 삼으라고 했다. 이 잠언에서 아버지이 교훈은 하나님의 말씀이다.

② 여호와를 신뢰하라(잠 3:5-8)

아버지는 마음을 다하여 여호와를 신뢰하고 자기 명철을 의지하지 말라고 명령한다. 이 명령의 유익과 중요성을 강조하며 "너는 범사에 그를 인정하라 그리하면 네 길을 지도하시리라"(잠 3:6)라고 했다. '길'은 길을 닦는 것에서 유래한 은유(참조. 사 40:3)로 여호와를 신뢰하면 거친 길이 평탄하게 될 것을 암시한다(Atkinson 1996, 63). 그리고 "스스로 지혜롭게 여기지 말지어다 여호와를 경외하며 악을 떠날지어다"(잠 3:7)라고 했다. 그는 "이것이 네 몸에 양약이 되어 네 골수를 윤택하게 하리라"(잠 3:8)라고 했다. '몸과 골수'는 우리의 전인격을 가리킨다. 성경에서 건강은 통전적(holistic) 단어다. 통전적이라는 것은 우리 존재의 모든 차원에서 하나님과 올바른 관계를 맺는 것이다. 이 말은 여호와를 신뢰하며 육체적인 건강을 보장받는 것만이 아니라 우리 인간이 심신 상관적이며 영적인 존재(psychosomatic-spiritual unities)이기에 하나님의 길로 행하는 것은 우리 마음과 영적인 부분에도 복된 길이라는 것이다(Atkinson 1996, 64). 왜 이러한 권면을 했을까? 그것은 미래를 손에 쥐고 계시는 하나님은 우리가 볼 수 있는 것보다 더 멀리 보시고, 모든 것을 주장하시는 분이심을 보여주려는 것이다.

③ 소산물의 처음 익은 열매로 여호와를 공경하라(잠 3:9-10)

아버지는 "네 재물과 네 소산물의 처음 익은 열매(= 첫 열매)로 여호와를 공경하라"(잠 3:9)라고 했다. 처음 익은 열매를 드린다는 것은 전체 소산물이 하나님께 속해있다는 것을 의미한다(가레트 & 해리스 2014, 1226). 이것은 무엇보다 하나님의 관대하심에 대한 반응으로, 땅과 그 모든 부가 하나님께 속해있고, 우리가 하나님의 청지기로 부름을 받았으며, 하나님의 자비로운 구원과 공급하심에 포함된다는 것에 대한 감사의 표현이다(Atkinson 1996, 64). 처음 익은 열매로 여호와를 공경할 때 창고가 가득 차고 포도즙 틀에 새 포도즙이 넘칠 것이다(잠 3:10). 이것은 온전한 십일조를 드리면 하나님이 하늘 문을 열고 복을 쌓을 곳이 없도록 주신다는 것과 맥을 같이 한다(참조. 말 3:10). 왜냐하면 첫 열매와 십일조는 전체의 대표성을 의미하는 것으로 같은 뜻이기 때문이다(참조. 대하 31:5; 느 10:35-37).

④ 징계를 경히 여기지 말라(잠 3:11-12)

아버지는 여호와의 징계를 경히 여기지 말고 그 꾸지람을 싫어하지 말라고 한다. 왜냐하면 여호와께서 그 사랑하는 자를 징계하시기를 마치 아버지가 아들을 징계함 같이 하시기 때문이다(잠 3:11-12). 여기서 징계의 이유를 설명하시는 것을 볼 때 징계는 여호와께서 우리를 연단하시거나 잘못된 길로 갈 때 바로잡으시려는 행동이다. 히브리서 저자가 히브리서 12:5-7에 이 말씀을 인용하여 적용하는 것을 보아 우리의 유익과 하나님의 거룩하심에 참여하게 하려는 것이다(히 12:10). 성도가 이 세상에 살다 보면 때로 시련과 고통이 있을 수 있다. 이것이 다 죄 때문은 아니다(참조. 요 9:2-3). 그러나 하나님은 성도의 유익과 하나님의 거룩하심에 참여하도록 책망하시기도 한다. 그러므로 징계를 받을 때 싫어하지 말고 징계하시는 하나님의 사랑의 마음을 읽을 수 있어야 한다.

(5) 지혜를 얻은 자의 복(잠 3:13-20)

이 문단에서 저자는 지혜를 얻은 자와 명철을 얻은 자는 복이 있다고 하며 그 이유를 설명한다. 왜 지혜를 얻은 자가 복이 있는가? 그 이유에 대해 저자는 지혜를 얻는 것은 세상에서 가장 귀하게 여기는 은, 금, 진주보다 귀하기 때문이라고 했다(잠 3:13-15). 또한 지혜의 오른손에는 장수가 있고 왼손에는 부귀가 있고, 지혜의 길은 즐거운 길이요 평강이기 때문이다(잠 3:16-17). 그래서 지혜는 그것을 얻은 자에게 생명나무이며 복된 것이다(잠 3:18). 생명나무는 생명을 주는 나무로 창조 시대부터 있었지만 범죄함으로 더 이상 이 나무로부터 생명을 얻을 수 없었다(참조. 창 2:9; 3:22-24). 그러나 지혜를 얻은 자는 현재만이 아니라 미래에도 생명나무 열매를 먹을 것이다. 이 점에 대해 앳킨슨(Atkinson 1996, 37)은 이 잠언을 주해하며 다음과 같이 의미있는 말을 했다.

만일 처음 사람이었던 아담과 하와가 뱀의 유혹에 귀를 기울이지 않고 생명나무를 취했다면! 그러나 그 이야기는 생명나무에서 추방되는 것으로 끝나지 않는다(창 3:22). 하나님의 지혜를 발견하는 자들에게는 여전히 제공된다. 그 나무는 하늘의 예루살렘 생명수 강가에서 그 열매와 잎을 낸다(계 22:2).

저자는 이 지혜를 의인화하여 지혜로 땅에 터를 놓으셨고, 명철로 하늘을 견고히 세우셨고, 그의 지식으로 깊은 바다를 갈라지게 하셨으며, 공중에서 이슬을 내리게 하셨다고 한다(잠 3:19-20). 저자가 지혜의 사역을 묘사하는 것을 보아 여호와를 강조하고 있다. 지혜는 여호와의 손에 들려있는 도구다. 이러한 묘사를 통해 알 수 있는 것은 지혜는 여호와 자신의 지혜라는 것이다(Atkinson 1996, 41-42). 그러므로 이 지혜를 발견하고 얻은 자는 복되다.

(6) 아버지 담화 4 : 지혜를 따라 살아라(잠 3:21-35)

이 담화에서 아버지는 아들에게 앞에서 언급한 지혜(잠 3:13-20)를 지키라고 몇 가지 권면한다. 이 담화의 구조는 명령 → 명령의 유익과 중요성 강조 → 결과 순으로 되어 있다.

① 지혜와 근신을 지키라(잠 3:21-26)

아버지는 완전한 지혜와 근신을 지켜야 한다고 명령한다. 그리하면 그 지혜가 영혼의 생명이 되고 목의 장식이 될 것이라고 한다(잠 3:21-22). 이것이 명령을 지키는 자의 유익이다. 이뿐만 아니라 명령을 지키면 지혜가 그가 가는 길을 평안하게 하겠고 발이 거치지 아니할 것이며, 잘 때에도 두려워하지 않고 잠이 달 것이다(잠 3:23-24). 또한 그는 갑작스러운 두려움이나 악인의 멸망을 보고 그 두려움이 자신에게 미칠까 두려워하지 말아야 한다. 왜냐하면 지혜자의 의지할 자가 여호와이시기 때문이다(잠 3:25-26). 이것은 그가 의지하는 여호와께서 도우신다는 것이다.

② 이웃에게 선을 베풀라(잠 3:27-28)

아버지는 선을 베풀 힘이 있거든 도움이 필요한 이웃에게 베풀기를 아끼지 말라고 명령한다. 그리고 그에게 "갔다가 다시 오라 내일 주겠노라"라고 말하지 말라고 한다(잠 3:27-28). 이것은 도움이 필요한 자들의 도움을 거절하지 않을 뿐만 아니라, 미루지 말고 즉시 도와야 한다는 것이다. 이것은 그가 가진 힘을 미끼로 이웃에게 수치심과 고통을 주어서는 안 된다는 것을 함의한다.

③ 이웃과 평화롭게 살아라(잠 3:29-35)

아버지는 이웃이 평안히 살면 그를 해하려고 모의하지 말고, 까닭없이 다투지 말며, 포악한 자를 부러워하지 말고 그의 행동을 따르지 말아야 한다고 명령한다(잠 3:29-31). 이것은 이웃과 평화롭게 살아야 한다는 것이다. 그리고 이웃의 평화를 깨트리는 사람과 교제해서도 안 된다. 왜냐하면 여호와께서 패역한 자를 미워하시고 정직한 자와 교통하시기 때문이다(잠 3:32-33). 참으로 여호와께서는 거만한 자를 비웃으시며 겸손한 자에게 은혜를 베푸신다(잠 3:34). 특히 신약성경의 저자인 야고보는 이 말씀을 세상과 벗하지 말라는 문맥에서 인용하였고(약 4:6), 베드로는 겸손을 강조하는 문맥에서 인용하였다(벧전 5:6). 참된 지혜를 발견한 사람은 이웃과 평화롭게 산다. 이웃과의 평화를 깨는 것은 악한 행동과 거만함이지만 이웃과의 평화는 겸손함이다.

(7) 아버지 담화 5 : 지혜를 지키라(잠 4:1-9)

이 담화에서 아버지는 지금까지 '내 아들아'라고 불렀지만 여기서는 '아들들아'라고 부른다. 이 담화도 명령 → 명령의 유익과 중요성 강조 → 결과의 구조로 되어 있다. 아버지는 여기서도 반복되는 주제로 아비의 훈계(= 명철, 선한 도리, 법)를 듣고, 주의하고, 떠나지 말라고 명령한다(잠 4:1-2). 특이한 것은 이 훈계를 하는 아버지도 부모로부터 배워 자식에게 전수한다는 것이다. 그 내용을 이 교훈을 하는 아버지의 아버지, 곧 할아버지의 말을 인용하고 있다(잠 4:3-9). 이것은 불가피하게 우리는 어느 정도 부모의 영향을 받고 다음 세대를 형성한다는 것이다. 어떤 사람에게는 '상실의 순환'(cycles of deprivation)이 된 것이 다른 사람에게는 '긍정의 순환'(cycles of affirmation)이 될 수 있다(Atkinson 1996, 67-68).[180]
이비지는 힐이비지의 말을 인용하며 지혜를 얻으려고 힌다(잠 4:5). 여기에 '얻다'(카나, קנה)라는 단어는 값을 치르고 사라는 뜻이다. 이것은 지혜를 얻기 위해 치러야 할 대가가 있다는 것이다. 그리고 그는 지혜를 의인화하여 "지혜를 버리지 말라 그가 너를 보호하리라 그를 사랑하라 그가 너를 지키리라"(잠 4:6)라고 했다. 여기에 지혜의 유익과 중요성이 있다. 또 지혜는 지혜를 품은 자에게 아름다운 관을 줄 것이라고 한다(잠 4:8-9). 이것은 지혜를 소유할 때 어떤 결과가 있을 것인지 보여준다.

(8) 아버지 담화 6 : 의로운 길을 선택하라(잠 4:10-19)

이 담화에서 아버지는 다시 '내 아들아'라고 부르며 그의 명령을 받으라고 교훈하며 명령의 유익과 중요성 강조하되, 특히 정직한 자의 길과 악인의 길을 대조하며 설명한다.

아버지는 아들에게 "내 말을 받으라 그리하면 네 생명의 해가 길리라"(잠 4:10)라고 서론적으로 권면하며 오랫동안 지혜로운 길(= 정직한 길)을 가르쳤다는 사실을 상기시킨다(잠 4:11). 이 길은 다닐 때 곤고하지 않고, 달려갈 때 실족하지 않는다(잠 4:12). 따라서 훈계를 놓치지 말고 지켜야 한다. 왜냐하면 이 길은 생명이기 때문이다(잠 4:13). 반대로 아버지는 악인의 길을 다녀서는 안 된다고 훈계한다(잠 4:14-15). 왜냐하면 악인은 악을 행하지 못하면 잠이 오지 않고 불의한 방법으로 양식을 먹으며 폭력으로 술을 마시기 때문이다(잠 4:16-17).

이 담화에서 아버지는 의인의 길과 악인의 길을 대조 평형법으로 설명한다. 의인의 길은 돋는 햇살 같아서 광명으로 인도하지만 악인의 길은 어둠 같아서 그가 걸려 넘어져도 그것이 무엇인지도 모른다(잠 4:18-19). 어떤 길을 선택하느냐 하는 것은 그 사람의 삶의 질과 미래를 결정한다.

---

180 앳킨슨은 이 두 표현 중에서 '상실의 순환'은 1972년 영국의 정치가 Keith Joseph가 사회복지부 장관으로 취임할 때의 말을 인용했고, '긍정의 순환'은 정신과 의사인 Jack Dominian이 저술한 책의 제목을 인용했다.

(9) 아버지 담화 7 : 네 마음을 지키라(잠 4:20-27)

이 담화에서 아버지는 '내 말'에 주의하며, '내가 말하는 것'에 귀를 기울이고, '그것'을 눈에서 떠나지 말게 하고, 마음속에 지키라고 명령한다(잠 4:20-21). 여기서 '내 말'과 '내가 말하는 것'과 '그것'이 가리키는 것이 무엇인지 말하지 않아도 그것은 잠언서의 중심주제이며 지혜인 여호와를 경외하는 일이다. 여기서 '귀'와 '눈'과 '마음'을 언급하는 것은 전인적으로 지혜를 순종해야 함을 말한다.

이 지혜는 그것을 얻은 자에게 생명이 되고 그의 온 육체에 건강이 된다(잠 4:22). 이 말씀을 근거로 로손(Lawson 1980, 64)은 지혜는 영혼의 건강만이 아니라 온 육체도 건강하게 한다고 하면서 '영혼과 육체의 치료약'이라고 했다. '건강'(말페이, מַרְפֵּא)이라는 단어는 '치료하다', '새롭게 하다'라는 뜻인 '라파'(רפא)에서 온 명사형이다. 비슷한 표현으로 잠언 3:8은 '양약'(리퍼우트, רִפְאוּת < רפא)이라고 했다. 이 용어를 사용한 것은 어떤 의미가 있을까? 여호와를 경외하는 일은 치료하는 능력이 되어 건강을 얻기도 하고, 보약과 양약이 되기도 한다는 뜻이다. 이것은 경건생활과 육체적 건강이 밀접한 연관이 있다는 것이다.

또한 이 담화에서 아버지는 마음을 지키라고 명령한다. 마음은 인간 이성의 중심이다. 마음이 그 밖의 모든 것을 결정한다. 여기서부터 입, 눈, 발의 기능이 나타난다(벌럭 1999, 263). 마음은 생명의 근원이 나오고, 다음으로 입은 구부러지고 비뚤어진 말을 멀리하고, 눈은 바로 보며, 발은 행할 길을 평탄하게 하여 악에서 떠나게 한다(잠 4:24-27).

(10) 아버지 담화 8 : 음녀를 피하라 1(잠 5:1-23)

이 담화에서 아버지는 다른 담화와 같이 명령 → 명령의 유익과 중요성 강조 → 결과 순으로 설명하되 특별히 성적인 문제에 관심을 두고 설명한다.

① 귀를 기울여 근신을 지키라(잠 5:1-2)

아버지는 그가 가르쳐 준 지혜에 주의하며 귀를 기울여 근신을 지키고, 입술로 지식을 지키라고 명령한다(잠 5:1-2). '근신'은 히브리어로 '머짐마'(מְזִמָּה)로 자신의 말과 행동에 주의하라는 뜻이다. 사람이 허탄한 곳에 주의를 기울이거나 부정한 말을 하면 잘못된 길로 갈 수 있는 위험이 있다. 어리석은 말이나 순수하지 못한 몸짓은 스스로 부패하게 되고 어둠의 길로 나아갈 수 있다(Lawson 1980, 69). 그래서 자신의 말과 행동을 지키는 일은 중요하다.

② 음녀의 위험(잠 5:3-6)

왜 아버지의 지혜에 주의하고 자신의 말과 행동을 주의해야 할까? 그 이유는 음녀의 입술은 꿀을 떨어뜨리며 그의 입은 기름보다 미끄럽지만 나중에는 쑥 같이 쓰고, 두 날 가진 칼 같이 날카롭고, 그의 발은 사지로 내려가고 그의 걸음은 스올로 나아가기 때문이다(잠 5:3-5).[181] 음녀는 생명의 길을 찾지 못하고 그 길이 든든하지 못해도 깨닫지 못한다(잠 5:6). 음녀에 대해 사실적이면서도 비유적인 언어로 선명하게 묘사한다. 이것은 음녀와 사랑을 나누고 그의 말을 듣는 것은 매혹적이지만 나중에는 치명적인 위험에 빠진다는 것이다.

③ 음녀를 멀리하라(잠 5:7-14)

아버지는 음녀가 어떤 자인지 말한 다음에 음녀를 멀리하라고 명령한다(잠 5:7-8). 그렇게 하지 않는다면 있게 될 몇 가지를 가정하며 설명한다. 첫째, 존영(=명예)을 잃어버린다. 둘째, 수한(= 수명)이 잔인한 자에게 빼앗기게 된다. 셋째, 재물이 타인에게 빼앗기게 된다. 넷째, 수고한 것이 외인의 집에 있게 된다. 다섯째, 육체가 쇠약할 때 후회하게 된다(잠 5:9-14). 특히 "내가 어찌하여 훈계를 싫어하며 … 가르치는 이에게 귀를 기울이지 아니하였던고 … 큰 악에 빠지게 되었노라"(잠 5:12-14)라고 후회하는 부분을 1인칭 독백 형식으로 말한다. 이러한 결과들이 오지 않도록 음녀를 멀리해야 한다. 로손(Lawson 1980, 74)은 이 말씀을 폭넓게 적용하여 이렇게 말했다.

> 하나님이 위협하시는 것을 믿지 않는 자들은 이 결과를 알게 될 것이다. 지
> 옥에서는 자유롭게 생각할 수도 없고 오직 죽음의 자리만 놓여 있을 것이

---

181 이 절은 원문에 접속사 '키'(כ)로 시작되는 이유절이다.

다. 마지막 날 진노에서, 그 죽음의 자리에 있는 고통에서 해방되어 하나님의 은혜로 구원받은 자들은 얼마나 행복한가!

④ 성 윤리(잠 5:15-19)

아버지는 성 윤리에 대해 말한다. 그는 아내를 '네 우물', '네 샘', '네 샘물', '네 도랑물' 등의 그림 언어로 묘사하며 결혼한 아내와만 성관계를 가져야 한다고 말한다(잠 5:15-17). 이것은 신실한 관계에서 나오는 성적 기쁨을 묘사한다. 성경은 인간이 성생활에서 기쁨을 누리는 것이 하나님의 목적임을 숨기지 않는다. 성관계가 가져다주는 에로틱한 즐거움을 신선하고도 복된 언어로 묘사한다(Atkinson 1996, 74). 남편은 다른 여자와 성관계를 해서는 안 되며, 아내를 복되게 하고 젊어서 취한 아내를 즐거워해야 한다(잠 5:18). 아내는 사랑스러운 암사슴 같고 아름다운 암노루 같기에 남편은 아내의 품을 족하게 여기고 그의 사랑을 항상 연모해야 한다(잠 5:19). 사랑을 나눌 때 그의 아내와 나누어야 하고, 이 열정을 다른 사람과 나누어서는 안 된다(Atkinson 1996, 74).

⑤ 여호와는 사람의 모든 길을 보신다(잠 5:20-23)

아버지는 그의 아들에게 수사의문문으로 "어찌하여 음녀를 연모하겠으며 어찌하여 이방 계집의 가슴을 안겠느냐"(잠 5:20)라고 말하며 그 일이 위험한 일임을 설명한다. 그 이유는 여호와께서 그 모든 행동을 보시기 때문이다(잠 5:21).[182] 아버지는 마지막으로 악인은 훈계를 받지 않음으로 자기 악에 걸리며 그 죄의 줄에 매인다고 경고함으로 음녀의 위험을 상기시킨다(잠 5:22-23; 참조. 잠 5:3-6). 이것은 아들이 음녀에게 빠져서는 안 된다는 것이다.

(11) 보증, 게으름, 악한 자 등에 대한 훈계(잠 6:1-19)

이 문단은 '내 아들아'라고 부르며 시작하지만 다른 아버지 담화와 같이 명령 → 명령의 유익과 중요성 강조 → 결과 순으로 나타나지 않는다. 그 대신에 몇

---

182 개역개정판에 '평탄하게 하시느니라'라고 번역된 원문은 '머팔레이스'(מְפַלֵּס 〈 פלס)로 '헤아리다', '판단하다', '살피다' 등의 뜻이다.

가지 어리석은 행동에 대해 훈계하는 내용을 담고 있다.

① 보증을 서는 일에 대한 훈계(잠 6:1-5)

만일 누군가 이웃이나 타인을 위해 담보하고 보증했다면 그 말로 인해 얽히게 된다(잠 6:1-2). 타인을 위해 담보하여 보증하였으면 그 말에 책임을 져야 한다는 것이다. 타인을 위해 담보하여 보증을 선다는 것은 그 사람의 정직성을 보증해 주는 것으로 만약 그 사람이 채무를 이행하지 못하면 담보를 서 준 사람이 책임을 져야 한다. 그러나 이 일이 잘못된 것을 알았으면 그 사람에게 간구하여 자신을 구원해야 한다. 지혜 교사는 이 일의 어려움을 알고 마치 노루가 사냥꾼의 손에서 벗어나는 것 같이, 새가 그물 치는 자의 손에서 벗어나는 것 같이 스스로 구원하라고 훈계한다(잠 5:3-5). 이것은 우리 자신이 지킬 수 없는 사건에 대해 경솔하게 행하지 않게 하려는 훈계다. 우리는 이 일에 얽혔다면 부끄럽더라도 잘못을 인정하고 자신이 그 관계를 끊어야 한다. 이 훈계의 핵심은 희생이 필요한 약속을 하지 말아야 한다는 것이 아니라 기꺼이 잘못을 인정하고 부적절하고 경솔하게 한 보증을 풀어야 한다는 것이다(Atkinson 1996, 69).

② 게으름에 대한 훈계(잠 6:6-11)

지혜 교사는 게으름에 대해 훈계하며 개미에게 지혜를 배우라고 한다. 잠언의 저자 솔로몬은 짐승과 기어다는 것에 대해서도 지식을 가지고 있었다(왕상 4:32-33). 그는 개미의 생리와 습성과 특성을 가장 잘 알고 있다. 그는 개미의 생태를 관찰하고 난 뒤에 개미는 두령도 없고 감독자도 없고 통치자가 없어도 먹을 것을 여름 동안에 예비하며 추수 때에 양식을 모은다고 했다(잠 6:6-7). 이것은 누가 시키거나 보고 있어서가 아니라 항상 열심히 일하여 무더운 여름에 추운 겨울을 위하여 양식을 예비하고 저장한다는 뜻이다. 그는 개미를 통해 부지런함을 배우도록 권하고 있다. 게으른 자는 "좀 더 자자, 좀 더 졸자, 손을 모으고 좀 더 누워 있자"(잠 6:10)라고 하며 일을 미룬다. 이렇게 살면 빈궁이 강도 같이, 곤핍이 군사 같이 이르게 될 것이다(잠 6:11). 강도나 군사는 예고하고 오는 것이 아니다. 지혜 교사가 이러한 이미지를 사용하여 훈계하는 것은 게으름은 갑자기 빈궁과 파멸을 가져올 수 있다는 것이다. 여호와를 경외하는 자의 삶의 특성은 부지런함이다(잠 12:4, 24, 27; 21:5; 롬 12:8, 11).

③ 악한 자에 대한 훈계(잠 6:12-19)

지혜 교사는 불량하고 악한 자가 어떤 자인지 설명하고, 그가 하는 일은 여호와께서 미워하시는 일이라고 설명한다. 불량하고 악한 자는 구부러진 말을 하고 다니며, 그의 마음에 패역을 품고 항상 악을 꾀하고 다툼을 일으킨다(잠 6:12-14). 이러한 자에게 재앙이 임하기에 멀리해야 한다(잠 6:15). 하나님은 무엇보다 악한 자의 행동을 미워하신다. 그런데 솔로몬은 여호와께서 미워하시는 것은 예닐곱 가지라고 했다(잠 6:16). 그러면서 그것을 열거하기를 교만한 눈, 거짓된 혀, 무죄한 자의 피를 흘리는 손, 악한 계교를 꾀하는 마음, 빨리 악으로 달려가는 발, 거짓을 말하는 망령된 증인, 형제 사이를 이간한 자라고 했다(잠 6:17-19). 예닐곱이라고 하고 실제로는 일곱 가지를 열거한다. 여기에 연속적인 숫자(x, x+1)는 단순히 여섯 또는 일곱이 아니라 산문과 운문(시)에 자주 나타나는 문학적 장치로 많은 수를 나타낸다(Roth 1962, 301, 311). 그래서 여호와께서 미워하시는 일은 여기 열거된 일곱 가지만 아니라 더 많이 있다는 것이다. 이것은 지혜 교사가 이 훈계를 하는 것은 여호와께서 미워하시는 악한 자를 멀리해야 한다는 것이다.

(12) 아버지 담화 9 : 음행의 위험(잠 6:20-35)

이 담화에서 아버지는 다른 담화와 같이 명령 → 명령의 유익과 중요성 강조 → 결과 순으로 설명하되 음행의 위험을 특별히 강조한다. 그는 아비와 어미의 법을 지키고 마음에 새기며 목에 매라고 명령한다(잠 6:20-21). 이 법은 길을 걸을 때나 잘 때든지 항상 인도할 것이다. 이 법은 등불이고 생명이기 때문이다(잠 6:22-23). 특히 이 법은 이방 여인이 호리는 말에 빠지지 않게 할 것이다(잠 6:24).

아버지는 아들에게 음녀의 아름다움과 그 눈꺼풀에 홀리지 말라고 명령한다(잠 6:25). 음녀로 말미암아 사람을 홀려 한 조각 떡만 남게 되고, 음녀는 귀한 생명을 사냥하기 때문이다(잠 6:26). 음녀나 남의 아내와 성관계를 가지는 것이 얼마나 위험한 것인지 몇 가지 이미지 언어로 설명한다. 첫째, 사람이 불을 품으면 옷이 탈 수밖에 없고, 숯불을 밟으면 발을 델 수밖에 없듯이 남의 아내와 통간하는 것도 이와 같다(잠 6:27-29). 둘째, 도둑이 만일 주린 배를 채우려고 도둑 질하면 사람이 그를 멸시하지는 않지만 여인과 간음하는 자는 상함과 능욕을 받고 부끄러움을 씻을 수 없다. 남편이 투기로 분노하여 원수를 갚으려고 하면 많은 선물을 주어도 듣지 아니한다(잠 6:30-35). 이러한 이미지로 설명하는 것은 음행이 삶을 송두리째 삼킬 수 있다는 것이다. 난잡한 성생활의 파괴력을 상기시키기 위해 에이즈나 다른 성적인 질병을 언급할 필요가 없다. 합당하지 못한 성생활은 실제로 헛된 것이다(Atkinson 1996, 75). 합당한 성생활은 결혼한 부부간에 가지는 것이다.

(13) 아버지 담화 10 : 음녀를 피하라 2(잠 7:1-27)

이 담화에서 아버지는 다른 담화와 같이 명령 → 명령의 유익과 중요성 강조 → 결과 순으로 설명하되 아들에게 음녀의 유혹을 피할 것을 강조한다.

① 지혜를 가까이 하라(잠 7:1-5)
아버지는 아들에게 계명을 지켜 살며 눈동자처럼 지키고, 그것을 손가락에 매며, 마음판에 새기라고 명령한다(잠 7:1-3). 특히 그는 지혜에게 "너는 내 누이라"라고 하며 명철에게 "너는 내 친족이라" 하라고 했다(잠 7:4). 이것은 가족처럼 지혜와 명철을 가까이하라는 것이다. 그러면 이 지혜가 말로 호리는 이방 여인에게 빠지지 않게 할 것이다(잠 7:5). 이것이 아버지의 명령이 주는 유익이다.

② 창 너머로 본 음녀와 어리석은 자의 모습(잠 7:6-23)
아버지는 그의 창문 밖으로 본 음녀와 그 음녀의 유혹에 따라 들어간 한 어리석은 젊은이의 모습을 그대로 묘사한다. 그는 저물어 음녀의 집으로 갈 때 음녀는 기생의 옷을 입고 그를 붙잡고 입을 맞추었다(잠 7:6-13). 음녀가 젊은이를 유혹할 때 '부끄러움을 모르는 얼굴로' 말했다고 한다. 이러한 묘사는 음녀가 젊은이를 유혹하기 위해 어떤 옷차림과 어떤 태도로 유혹하는지, 또한 거리와 광장과 모퉁이 등과 같이 어디에서 유혹하는지 설명하는 것이다. 또한 아버지는 음녀가 말하는 방식인 1인칭 화법으로 어리석은 젊은이를 유혹하는 모습을 보여준다(잠 7:14-20). 음녀는 부끄러움을 느끼지 않고 화목제를 드려 서원한 것을 갚았다고 말한다(잠 7:14). 음녀가 화목제를 드려 갚았다는 것은 어떤 의미일까? 이것은 화목제를 드린 후에 먹을 음식인 고기가 있다는 것이다. 화목제 가운데 서원제는 제사드리는 자가 제물을 드린 후에 제사장을 포함하여 이웃과 함께 먹는 음식으로 이튿날까지 먹을 수 있기 때문이다(참조. 레 7:11-36). 그리고 음녀는 자기의 침상에 요와 애굽의 무늬 있는 이불을 폈고 몰약과 침향을 뿌리고 남편이 먼 길을 갔기에 자유롭게 사랑하며 쾌락을 즐기자고 유혹한다(잠 7:15-20). 지혜 교사인 아버지는 음녀가 젊은이를 유혹하는 행동을 매우 구체적으로 묘사한다. 더 나쁜 것은 젊은이는 음녀의 유혹을 받아 함정에 빠졌고, 음녀는 자신의 성적인 욕구를 충족시키기 위해 화목제를 드렸다고 말함으로 종교적인 사람으로 위장했다는 것이다(Atkinson 1996, 76).

어리석은 젊은이는 음녀가 유혹하는 말에 음녀를 따라 들어갔다. 마치 소가 도수장으로 가는 것 같고, 미련한 자가 벌을 받으려 쇠사슬에 매이러 가는 것과 같이 들어가 마침내 화살이 그 간을 뚫게 될 것이다. 이는 새가 그물로 들어가 그의 생명을 잃어버릴 줄 알지 못함과 같다(잠 7:21-23). 아버지가 여러 비유적 언어를 사용한 것은 음녀의 유혹에 빠지는 것이 얼마나 치명적인지 보여주기 위함이다.

③ 음녀의 길로 치우치지 말라(잠 7:24-27)

아버지는 창문 너머로 본 음녀의 모습과 그 음녀의 유혹을 이기지 못하고 따라가는 어리석은 젊은이에 대해 말한 다음 음녀의 길로 치우치지 말 것을 권고한다. 왜냐하면 음녀는 많은 사람을 상하게 하였고, 이로 인해 그에게 죽은 사람이 많기 때문이다. 음녀의 집은 스올이고 사망의 방이다(잠 7:24-27).

(14) 지혜의 호소 2 : 지혜의 말을 들어라(잠 8:1-36)

이 문단에서 저자는 지혜를 의인화하여 호소하는 방식으로 기록했다. 이 문단에서 이 지혜를 3인칭 화자(잠 8:1-3)로 부르다가 1인칭 시점으로 호소한다(잠 8:4-36).

① 지혜가 부름(잠 8:1-3)

저자는 "지혜가 부르지 아니하느냐 명철이 소리를 높이지 아니하느냐"(잠 8:1) 라는 수사의문문과 평행법으로 지혜가 부르고 있음을 강조한다. 그 지혜가 길 가 높은 곳과 네거리와 성문 곁과 문 어귀와 여러 출입하는 문에서 부른다(잠 8:2-3). 어리석은 젊은이를 자기 침상으로 끌어들이려고 서서 기다리며 유혹하 는 음녀와 대조적이다(참조. 잠 7:8-20). 지혜는 공적인 장소에서 자신을 알린다. 지혜는 은밀하거나 음흉한 구석이 없다. 한편으로 이것은 지혜가 부르는 값진 교훈을 어디서든 누구든지 들을 수 있기에 듣지 못했다고 변명할 수 없음을 보 여준다.

② 지혜의 훈계를 받으라(잠 8:4-11)

지혜가 1인칭 화자가 되어 "내가 너희를 부르며 내가 인자들에게 소리를 높 이노라"(잠 8:4)라고 말한다. 지혜는 인종, 계급, 성별과 종족을 넘어 모든 인류를 대상으로 부른다. 지혜는 진리이며 의롭기 때문에 굽은 것과 패역함이 없다. 그 래서 은이나 금보다 지식을 얻을 것을 말한다(잠 8:5-10). 왜냐하면 지혜는 진주 보다 낫기에 원하는 모든 것을 이에 비교할 수 없기 때문이다(잠 8:11). 이렇게 말 하는 것은 지혜의 훈계를 받으라는 것이다.

③ 지혜의 가치와 유익(잠 8:12-21)

이 문단에서 지혜는 1인칭 '나 지혜는'(아니-호크마, אֲנִי־חָכְמָה)이라는 말로 시작 하며 지혜의 특성과 유익을 설명한다. 지혜는 명철과 지식과 근신을 찾고, 여호 와를 경외하며 악, 교만, 거만, 악한 행실, 패역 등을 미워한다. 계략과 참 지식 과 능력이 있다(잠 8:12-14). 또한 지혜는 부귀와 재물도 있고(잠 8:18), 정의로운 길로 행하며 공의로운 길로 다닌다(잠 8:20).

이러한 지혜를 사랑하는 자들이 지혜의 사랑을 입으며, 이 지혜를 간절히 찾 는 자들이 지혜를 만날 것이다(잠 8:17). 이 지혜로 말미암아 왕들은 잘 치리하고, 방백들은 공의를 세우고, 모든 관리들 곧 의로운 재판관들은 의롭게 통치한다 (잠 8:15-16). 지혜를 사랑하는 자는 재물을 얻어 그 곳간에 채운다(잠 8:21). 이것 이 지혜를 사랑하고 지혜를 발견한 자가 얻을 유익이다.

하지만 진정한 지혜는 단순히 안다고 유익을 얻는 것은 아니다. 지혜는 실천하지 않으면 유익이 없다. 폴라니(M. Polanyi, 1957, 480-484)는 이 점에 대해 모든 지식은 헌신을 수반한다고 하며 자전거를 타는 예를 들어 설명했다. 누구든지 자기 딸에게 자전거 타기를 가르치려고 할 때 균형 잡는 법과 페달을 밟는 법, 핸들 돌리는 법, 멈추고 싶을 때 어떻게 해야하는 지를 가르칠 수 있다. 그러나 딸이 자전거 타기가 무엇을 의미하는지 발견하고 알기 시작하는 일은 학교 운동장에 나가 자전거를 실제 탈 때 일어난다. 딸은 위험을 무릅쓰고 믿고 시도해야 한다. 이처럼 지혜도 실제로 실천할 때 그 지혜로부터 유익을 얻게 된다.

④ 지혜의 신적 기원과 활동(잠 8:22-31)

이 문단에서 지혜는 "여호와께서 그의 조화의 시작 곧 태초에 일하시기 전에 나를 가지셨으며[183] 만세 전부터 태초부터, 땅이 생기기 전부터 내가 세움을 받았나니 …"(잠 8:22-23)라고 말한다. 이것은 지혜가 창조 이전에 존재해 있었다는 것이다. 또한 지혜는 하나님이 세상을 창조하실 때 같이 계셨고, 그의 기뻐하신 바가 되었으며, 창조자가 되어 항상 그 앞에서 즐거워하였으며, 인자들을 기뻐하였다(잠 8:23-31). 여기서 하나님이 창조하시기 전에 이미 존재하고 있는 지혜와 하나님 사이의 친밀한 관계를 보게 된다. 그래서 지혜는 하나님 자신이다. 지혜는 인간의 삶과 그 길에 관한 지식을 제공해 줄 수 있고, 사회 조직에 대해 조언할 수 있으며, 건강과 정의를 보상해 줄 수 있다. 왜냐하면 태초부터 지혜는 만물의 핵심에 있었고, 세상이 창조될 때 존재하고 있었기 때문이다(Atkinson 1996, 49).

이 지혜에 대한 묘사는 신약의 그리스도를 생각나게 한다. 골로새서 1:15-18; 히브리서 1:1-3; 요 1:1-5과 매우 유사하다.

그는 보이지 아니하는 하나님의 형상이시요 모든 피조물보다 먼저 나신 이시니 만물이 그에게서 창조되되 하늘과 땅에서 보이는 것들과 보이지 않는 것들과 혹은 왕권들이나 주권들이나 통치자들이나 권세들이나 만물이 다

---

183 개역개정판에 '태초부터 나를 가지셨으며'라고 번역한 것보다 '태초부터 나를 소유하셨고'(יְהוָה קָנָנִי רֵאשִׁית)라고 번역하는 것이 좋다고 생각한다.

그로 말미암고 그를 위하여 창조되었고 또한 그가 만물보다 먼저 계시고 만물이 그 안에 함께 섰느니라 그는 몸인 교회의 머리시라 그가 근본이시요 죽은 자들 가운데서 먼저 나신 이시니 이는 친히 만물의 으뜸이 되려 하심이요 (골 1:15-18).

옛적에 선지자들을 통하여 여러 부분과 여러 모양으로 우리 조상들에게 말씀하신 하나님이 이 모든 날 마지막에는 아들을 통하여 우리에게 말씀하셨으니 이 아들을 만유의 상속자로 세우시고 또 그로 말미암아 모든 세계를 지으셨느니라 이는 하나님의 영광의 광채시요 그 본체의 형상이시라 그의 능력의 말씀으로 만물을 붙드시며 죄를 정결하게 하는 일을 하시고 높은 곳에 계신 지극히 크신 이의 우편에 앉으셨느니라 (히 1:1-3).

 태초에 말씀이 계시니라 이 말씀이 하나님과 함께 계셨으니 이 말씀은 곧 하나님이시니라 그가 태초에 하나님과 함께 계셨고 만물이 그로 말미암아 지은 바 되었으니 지은 것이 하나도 그가 없이는 된 것이 없느니라 그 안에 생명이 있었으니 이 생명은 사람들의 빛이라 빛이 어둠에 비치되 어둠이 깨닫지 못하더라 (요 1:1-5).

이 문단에서 지혜를 인격체로서 그리스도를 말하는 것으로 보기도 하고 하나님의 속성으로 보기도 한다.[184] 하지만 위의 신약의 구절을 볼 때 지혜는 그리스도에게 적용될 수 있는 것이 더 타당해 보인다. 매튜 헨리(Henry 1935)는 이 말씀을 그리스도에게 적용했다. 앳킨슨(Atkinson 1996, 51)은 "지혜를 묘사한 표현을 볼 때 예수님으로 이해한 것이 얼마나 적절한 일인가"라고 했다.

---

184 잠언 8-9장에 나타나 있는 지혜가 인격체로서 그리스도를 말하는 것인지 아니면 하나님의 속성 가운데 하나를 의인화한 것인지 논쟁이 있다. 골즈워디(Goldsworthy 1987a, 79-80)는 지혜를 의인화한 것은 하나님의 선물이며 동시에 인간의 활동이라는 지혜의 중요한 특성을 강조하기 위한 시적인 표현이라고 했다. 롱맨(2005, 43-45)은 지혜를 우매 여인과 대조하여 하나님으로 보았다. 매튜 헨리(Henry 1935)와 앳킨슨(Atkinson 1996, 51-52)은 그리스도로 보았다. 가레트 & 해리스(2014, 1220)는 지혜를 하나님의 속성으로 보기도 하고, 그리스도로 보아도 합리성이 있다고 보았다.

⑤ 결론적 호소(잠 8:32-36)

이 문단은 결론적 호소로 지혜는 지혜의 말을 듣는 일이 왜 중요한지 그 결과를 보여준다. 지혜는 그의 도와 훈계를 듣는 자가 복이 있다고 말한다(잠 8:32-34). 왜냐하면 지혜를 얻는 자는 생명을 얻고 여호와께 은총을 얻지만, 지혜를 잃는 자는 자기 영혼을 해하는 자이고, 지혜를 미워하는 자는 사망을 사랑하는 자이기 때문이다(잠 8:35-36). 이러한 결과를 볼 때 지혜를 소유하고, 지혜의 훈계를 듣는 것은 생명을 얻는 일이다.

(15) 지혜 여인인가, 아니면 우매 여인인가(잠 9:1-18)

이 문단에서 저자는 잠언서의 첫 번째 훈계의 결론으로 의인화한 지혜 여인과 우매 여인을 대조시키며 어떤 선택을 해야 할 것인지 도전한다.

① 지혜 여인의 초청(잠 9:1-6)

지혜는 집을 짓고 일곱 기둥을 다듬고 짐승을 잡으며 포도주를 혼합하여 상을 갖춘다(잠 9:1-2). 여기 '일곱 기둥'이 무엇을 의미하는지 알 수 없다. 이에 대해 일곱 궁창, 창조의 칠일 심지어 메소포타미아 신화에 나오는 일곱 지혜자들과 결부시키기도 한다. 하지만 이러한 추측성 주해에 대해 롤랜드 E. 머피(2001, 118-119)가 말한 것처럼 이러한 논의를 하는 것은 공동묘지를 걷는 것과 같아 그냥 두는 것이 좋다. 다만 '일곱'에 의미를 두고 지혜가 하는 일이 완전함으로 나타내기 위해 상징적으로 말했다고 보는 것은 가능해 보인다(Wolf 2002, 970; 가레트 & 해리스 2014, 1234). 그리고 지혜 여인은 자기의 여종을 보내어 어리석은 자에게 식물을 먹고 포도주를 마시며 어리석음을 버리고 생명을 얻으라고 했다(잠 9:3-6). 이 역시 상징적인 것으로 지혜가 줄 수 있는 모든 것을 말하는 것으로 볼 수 있다(참조. 잠 8:12-21).

② 지혜 여인의 초청에 대한 반응과 그 결과(잠 9:7-12)

이 단락의 화자는 앞의 단락에 이어 지혜 여인이다(잠 9:11). 이 단락은 지혜 여인의 초청(잠 9:1-6)과 우매 여인의 초청(잠 9:13-18) 사이에 위치해 흐름을 방해하고 있는 것처럼 보인다. 그러나 이 단락은 지혜 여인의 초청에 대한 반응과 그 결과를 실망하고 있다. 거만한 자나 익인을 징계하는 자는 도리어 흠이 집힌다(잠 9:7). '흠'(לֹז < יַזָז)은 모욕을 의미하는 것으로 이들을 훈계해도 소용이 없고 도리어 모욕을 당한다는 뜻이다(머피 2001, 120). 그래서 거만한 자를 책망하지 말고 지혜 있는 자를 책망하고 지혜 있는 자에게 교훈을 더하라고 권고한다. 그러면 그가 더욱 지혜로워지고 학식이 더할 것이라고 한다(잠 9:8-9).

지혜는 지혜에 대한 반응과 그 결과를 말한 다음에 잠언서의 주제인 여호와를 아는 것이 지혜의 근본이요 거룩하신 이를 아는 것이 명철이라고 말한다(잠 9:10). 이 말씀은 잠언 1:7과 같은 것으로 머피(2001, 121)는 수미쌍관법을 형성하고 있는 것 같다고 했으나 첫 번째 큰 문단(잠 1:7-9:18)의 주제를 다시 반복하는 것처럼 보인다. 만일 지혜로우면 그 지혜가 유익할 것이지만 거만하면 홀로 해를 당하게 될 것이다(잠 9:12). 이것은 지혜에 대해 어떤 반응을 보이는가에 따라 개인적인 책임이 따른다는 것을 보여준다.

③ 우매 여인의 초청(잠 9:13-18)

지혜 여인과 대조적으로 우매 여인도 '어리석은 자'(잠 9:4, 16)를 불러 자기와 함께 먹고 마시자고 초청한다(잠 9:1, 5, 14, 17). 두 여인 다 보상을 제시한다(잠 9:6, 17). 그러나 그 식탁에 놓인 음식은 다르다. 지혜 여인의 식탁에는 식물과 포도주가 있고 이것을 먹으면 생명을 얻고 명철의 길로 행한다(잠 9:5-6). 하지만 우매 여인의 식탁에 놓인 음식은 정당하지 못한 방법으로 얻은 것이다. 그래서 속담 형식으로 "도둑질한 물이 달고 몰래 먹는 떡이 맛이 있다"(잠 9:17)라고 했다. 도둑질한 물은 시드 부젤(1996, 62-63)이 지적한 것처럼 혼외정사에 대한 언급일 수 있다(참조. 잠 7:18-19). 왜냐하면 자기 샘에서 물을 마시는 것은 자기 아내와 관계하는 것을 뜻하기 때문이다(잠 5:15-16). 이에 비추어 볼 때 도둑질한 물이나 몰래 먹는 떡은 모두 여호와를 경외하는 일에서 벗어난 행동을 상징적으로 말한다. 그러나 어리석은 자는 우매 여인의 식탁에 죽은 자들이 있고, 그의 객들이 스올 깊은 곳에 있는 것을 알지 못한다(잠 9:18). 이것이 우매 여인의 식탁에 앉는 것이 얼마나 위험한 일인지 모른다는 것이다.

저자가 지혜 여인과 우매 여인의 식탁에 앉는 일이 어떤 의미가 있는지를 설명하고 그 결과를 설명하는 것은 어느 식탁에 앉을 것인지를 선택해야 함을 말하기 위함이다. 이 점에 대해 허바드(Hubbard 1989, 128)가 설명한 것은 새겨볼 가치가 있다.

> 소나타나 교향악의 마지막 악장처럼 지혜의 말을 담은 마지막 장은 잠언 1-8장의 주요 주제를 재현하고 있다. 그것은 정확하게 평행을 이루는 언어로 지혜 여인(잠 9:1-6)과 우매 여인(잠 9:13-18)을 대조한다. 모든 페이지와 사실상 모든 단락을 장식하고 있는 선택의 문제가 여기서 선명하게 드러난다. 어떤 선택을 하느냐에 따라 생명을 얻든지 아니면 죽음을 얻든지 결정될 것이다.

3. 솔로몬의 잠언(잠 10:1-22:16)[185]

잠언 10:1-22:16에 기록된 솔로몬의 잠언은 모두 375절이다. 이것은 솔로몬이 지은 많은 잠언 가운데 추려진 것이다(참조. 왕상 4:32). 이 잠언에서 설명하는 사랑, 정의, 성실함 그리고 여호와 경외는 뜬구름 잡는 추상적인 개념이 아니다. 그것들은 인격적인 관계와 태도, 필요 그리고 경외라는 표현과 관련된 현실적 가치들이다(Atkinson 1996, 120). 이 문단에 기록된 잠언은 잠언 1-9장에 설명한 지혜의 구체적인 적용이다. 그리고 이 문단에 기록된 잠언은 잠언 1-9장과 완전히 다른 문체로 된 글이다. 잠언 1-9장은 아버지 담화를 중심으로 일정한 논리 구조를 가지고 권면하는 방식이었으나 잠언 10:1-22:16은 일정한 논리 구조 없이 배열되었다. 또한 잠언 1-9장은 참된 지혜를 권면하되, 명령 → 명령의 유익과 중요성 강조 → 결과 순으로 설명하되 열정과 간절함이 있다. 이에 반해 잠언 10:1-22:16은 객관적인 관찰을 통해 얻은 금언 형식의 잠언이다. 금언이란 관찰과 경험을 통해 얻은 지혜로 삶의 본보기가 될만한 내용을 간략하게 진술한 것을 말한다. 대부분 전제적이며 서술적이다. 대부분의 금언은 평행법으로 되어있다. 이 문단에서 유사 평행법, 대조 평행법, 종합 평형법 등이 섞여 있

---

[185] 이 문단은 잠언의 특성과 의미를 잘 파악할 수 있는 금언을 중심으로 일부만 해설했다. 나머지는 잠언 그 자체를 읽는 것만으로도 충분하다.

으나 기본 패턴은 대개 대조 평행법으로 되어있다. 이 패턴은 서로를 대조하고 비교하는 일을 통해 무엇이 침된 깃인지 보여준다.

이 문단에 기록된 솔로몬의 잠언은 10:1–15:33과 16:1–22:16로 나눌 수 있다. 이렇게 구분하는 것은 문체에 차이가 있기 때문이다. 잠언 10:1–15:33은 대부분 대조 평행법으로 되어있다. 전체 184개의 금언 가운데 163개가 대조 평행법이다. 이와 대조적으로 잠언 16:1–22:16은 유사 평행법과 대조 평행법 그리고 종합 평행법이 골고루 분포되어 있다. 전체 191개의 금언 가운데 유사 평행법은 52개, 대조 평행법은 47개, 종합 평행법은 37개이고, 나머지는 평행법의 개념에 포함하기 어렵다(현창학, 2009, 236). 그리고 여기에 기록된 잠언에는 생생한 이미지 언어도 많이 있다. 우리는 이 잠언이 서로 단절되어있다는 특성을 염두에 둘 필요가 있다. 이 잠언들을 마치 연결된 산문처럼 다루어서는 안 된다. 본문 전체를 하나의 커다란 덩어리로 읽기보다는 잠시 멈추어서 개별적으로 집중해 보는 것이 더 가치가 있다(Atkinson 1996, 99). 그래서 이 문단은 산문 형식의 논리가 있는 것이 아니라 중요한 주제를 중심으로 읽어야 한다. 이러한 이유로 중심되는 문체를 중심으로 이 문단을 구분하여 살펴보려고 한다.

내용 분해

(1) 의로운 자의 삶과 악한 자의 삶의 대조(잠 10:1–15:33)
(2) 여호와를 경외하는 삶(잠 16:1–22:16)

내용 해설

(1) 의로운 자의 삶과 악한 자의 삶의 대조(잠 10:1–15:33)

이 문단에서 솔로몬은 대부분의 금언을 대조 평행법으로 기록했다. 전체 184개의 금언 가운데 163개가 대조 평행법이다. 이 잠언은 의로운 자의 삶과 악한 자의 삶을 대조하여 어떤 삶이 지혜로운 삶인지 보여준다. 그리고 이 잠언은 주로 원인과 결과를 중심으로 비교한다(골즈워디 1993, 87).

지혜(혹은 의)	→	좋은 결과
어리석음(혹은 악함)	→	나쁜 결과

① 표제(잠 10:1a)

"솔로몬의 잠언이라"(잠 10:1a)라는 표제는 잠언 1:1a를 반복한 것으로 첫 번째 모음(잠 1:1-9:18)과 두 번째 모음(잠 10:1-22:16)이 연결되어 있다는 것을 보여준다 (Waltke 2004, 447).

② 교육적 훈계(잠 10:1b)

솔로몬은 훈계를 시작하며 "네 아비의 훈계를 들으며 네 어미의 법을 떠나지 말라"(잠 1:8)라고 했다. 그러나 새로운 문단에서는 지혜로운 아들은 아비를 기쁘게 하지만 미련한 아들은 어미의 근심이 된다고 대조 평행법으로 말하며 시작한 다(잠 10:1). 무엇이 부모를 기쁘게 하는가? 그것은 잠언 1:8-9:18의 아버지 담화에서 밝힌 여호와 경외다. 그래서 이 절은 잠언 1:8-9:18의 훈계가 이후의 잠언들을 이해하고 적용하는 본질적 요소라는 것을 독자에게 알려주는 푯말 역할을 한다(가레트 & 해리스 2014, 1235).

③ 부와 말(잠 10:2-16)

이 문단에서 솔로몬은 주로 부와 말에 대해 의로운 자와 악인의 차이를 설명하며 지혜로운 삶을 선택하도록 자극한다.

a. 부(잠 10:2-5, 15-16, 22)

불의의 재물은 무익하나 공의는 죽음에서 건진다(잠 10:2). 이 금언은 불의한 방법으로 모은 재물은 유익하지 못하나 의로운 방법으로 모은 재물은 죽음에서 건진다는 뜻이다. 그 이유는 여호와께서 의인의 영혼은 주리지 않게 하시나 악인의 소욕은 물리치시기 때문이다(잠 10:3). 이것은 부에 대한 신학적 기초다 (Waltke 2004, 453). 손을 게으르게 놀리는 자는 가난하게 되고 손이 부지런한 자는 부하게 되고, 여름에 거두는 자는 지혜로운 아들이나 추수 때 자는 자는 부끄러움을 끼치는 아들이다(잠 10:4-5). 신학적 기초 뒤에 이 교훈을 둔 것은 부에 대한 올바른 신학적 기초를 가진 자는 부지런함으로 나타남을 보여준다. 지혜로운 아들은 **부지런함**으로 부를 이룬다.

솔로몬은 부자의 재물은 그의 견고한 성이요 가난한 자의 궁핍은 그의 멸망이라고 했다(잠 10:15). 재물이 그를 지켜줄 수 있는 요소가 되기 때문이다. 이와는 반대로 가난한 자는 어렵고 고통스러운 시간이 와도 재물이 없어 아무 일도 못할 수도 있다. 하지만 재물이 분명 유익이 있다 할지라도 여호와를 경외하지 않으면 그 재물은 아무런 의미를 주지 못할 수도 있다(참조. 잠 18:10-11). 이 짧은 잠언에서 우리는 부는 '부지런한 손'(잠 10:4), '노동'(잠 10:16; 13:11), '여호와의 은혜'(잠 10:22)의 결과라는 것을 알 수 있다. 그리고 부는 견고한 성으로 안전을 지켜주기도 하지만(잠 10:15; 18:11) 생명의 위협을 당할 수도 있는 이중성이 있고(잠 13:8), 여호와를 배제한 재물은 유익을 주지 못할 수 있다는 것을 알게 한다(참조. 잠 18:10-11).

b. 말(잠 10:6-14, 18-21, 31-32))

솔로몬은 말과 관련하여 '의인의 머리'와 '악의 입'(잠 10:6), '마음이 지혜로운 자'와 '입이 미련한 자'(잠 10:8), '눈짓하는 자'와 '입이 미련한 자'(잠 10:10), '의인의 입'과 '악인의 입'(잠 10:11), '명철한 자의 입술'과 '지혜 없는 자의 등'(잠 10:13), '지혜로운 자의 지식'과 '미련한 자의 입'(잠 10:14), '의인의 혀'와 '악인의 마음'(잠 10:20), '의인의 입'과 '패역한 혀'(잠 10:31), '의인의 입술'과 '악인의 입'(잠 10:32) 등의 대조적인 표현을 통해 그 중요성을 강조한다. 말과 인격과 신체의 한 부분을 대조한 것은 '마음'과 '눈'이 말과 밀접한 연관이 있기 때문이다. 말은 마음에서 나오고, 신체의 일부인 '눈'을 통해 마음이 나타나기 때문이다.

마음을 감추는 자는 거짓된 입술을 가진 자요 중상하는 자는 미련한 자다(잠 10:18). 마음을 감추고 다르게 말하는 일과 중상하는 일은 둘 다 미련한 행동이다. 말이 많으면 허물을 면하기 어려우나 입술을 제어하면 지혜로운 일이다(잠 10:19). 의인의 혀는 순은과 같이 가치가 있으나 악인의 마음은 가치가 없다(잠 10:20). 의인의 입술은 여러 사람을 교육하나 미련한 자는 지식이 없어 죽는다(잠 10:21). 말에 대한 교훈을 볼 때 의인이 하는 말은 생명의 샘이고(잠 10:11), 지혜가 있고(잠 10:13), 말을 많이 하지 않으며(잠 10:19), 사람을 교육하기도 하고 기쁘게 하기도 한다(잠 10:21, 32)는 것을 알 수 있다. 반대로 악인의 말은 독이 있고(잠 10:6), 말이 많고(잠 10:19), 마음을 감추고 중상하고 패역을 말한다(잠 10:18, 32)는 것을 알 수 있다. 그러므로 여호와를 경외하는 자는 말을 하나님의 계명에 따라 정직하고 바르게 사용해야 한다.

예수님은 말의 사용에 대해 "오직 너희 말은 옳다 옳다, 아니라 아니라 하라 이에 지나는 것은 악으로 좇아 나느니라"(마 5:37)라고 하셨다. 이 말씀은 '예'라고 말해야 할 상황에서는 '예'라고 대답하고, '아니오'라고 말해야 할 상황에는 '아니오'라고 대답해야 한다는 뜻이다. 여호와를 경외하는 성도는 인격과 삶이 수반된 정직한 말을 해야 한다.

④ 구제(잠 11:23-31)

솔로몬은 이 문단에서 여호와를 경외하는 자에게 구제가 어떤 의미가 있는지 설명한다. 성도의 삶의 많은 특징 가운데 하나는 구제와 봉사다. 성도에게 구제는 잠언서의 문맥에서 어떤 의미일까? 잠언서의 문맥에서 살펴본다는 것은 잠언서의 기록 목적과 기록 방식에 따라 본문의 의미를 살펴본다는 뜻이다. 잠언서의 문맥에서 성도에게 구제는 여호와를 경외하는 삶의 방식이며 삶의 지혜다.

a. 구제의 의미

성도에게 구제는 어떤 의미인가? 솔로몬은 "흩어 구제하여도 더욱 부하게 되는 일이 있나니 과도하게 아껴도 가난하게 될 뿐이니라"(잠 11:24)라고 했다. '흩는다'라는 단어는 '나누어 준다'라는 뜻이다. 이 말씀을 공동번역은 "인심이 후하면 더욱 부자가 되지만 인색하게 굴면 오히려 궁해진다"라고 번역했다. 가난하고 고통받는 자들을 위하여 자신의 재산이나 능력이나 시간을 나누어주는 것을 '인심이 후하다'라는 말로 표현할 수 있다. 인심이 후할 때 재산과 능력과 시간이 줄어들 것 같은데 오히려 부자가 된다고 한다. 반대로 의로운 일을 자제하고 그 일에 돈과 재능과 시간을 쓰는 일에 인색한 사람은 가난하게 된다고 한다. 솔로몬은 이 교훈을 좀 더 심화하여 유사 평행법으로 "구제를 좋아하는 자는 풍족하여질 것이요 남을 윤택하게 하는 자는 자기도 윤택하여지리라"(잠 11:25)라고 했다. 이것은 일반 상식과 반대되는 논리요 세상 사람들의 계산법과는 반대된다.

그러나 여호와를 경외하는 자들은 구제를 좋아해야 하고, 남을 윤택하게 하는 자들이 되어야 한다. 이것이 잠언서에서 말하는 지혜요 삶의 기술이기 때문이다.

솔로몬은 이와 함께 곡식을 내놓지 아니하는 자는 백성에게 저주를 받을 것이나 파는 자는 그의 머리에 복이 임할 것이라고 한다(잠 11:26). 농경문화에서 흉년이 들면 양식을 사기도 하고, 때로는 땅이나 집을 저당 잡히고 양식을 구한다. 이 상황에서 양식을 가진 사람이 곡식을 내어놓지 않는다는 것은 무엇을 의미하는가? 이것은 백성들이 고통당하는 것에 대해 무관심하다고 할 수 있고, 비싼 값으로 팔기 위한 것일 수도 있다. 대조 평행법으로 된 뒤의 말씀과 비교하면 값이 더 오르기를 기다렸다가 오르면 비싼 값에 팔거나, 가난한 자들이 양식을 구하기 위하여 집이나 땅을 저당잡혀 돈을 갚지 못하면 삼키기 위한 것이다. 그러나 여호와를 경외하는 자는 곡식을 팔 뿐만 아니라 재산과 능력과 시간을 이웃을 위해 나누어주어야 한다. 성도에게 구제는 여호와를 경외하는 일이고 삶을 윤택하게 만드는 지혜다.

b. 복과 저주와 연결된 구제

구제는 어떤 결과를 가져오는가? 솔로몬은 유사 평행법으로 구제를 좋아하는 자는 풍족하여질 것이요 남을 윤택하게 하는 자는 자기도 풍족해질 것이라고 했다(잠 11:25). 그리고 곡식을 내어놓지 아니하는 자는 저주를 받을 것이고, 곡식을 파는 자에게 복이 임할 것이라고 했다(잠 11:26). 솔로몬은 심지어 이 문맥에서 구제를 선한 행위와 동일하게 본다. 그래서 그는 선을 간절히 구하는 자는 은총을 얻으려니와 악을 더듬어 찾는 자에게는 악이 임할 것이라고 했다(잠 11:27).

구제가 복과 저주로 연결됨에도 불구하고 왜 구제를 실천하지 못하는가? 그것은 솔로몬이 말한 바와 같이 자기의 재물을 의지하기 때문이다(잠 11:28a). 그리고 솔로몬은 재물을 의지하지 않고 구제하는 자를 '의인'이라고 하며 "의인은 푸른 잎사귀 같아서 번성할"(잠 11:28) 것이라고 했다. 더 나아가 구제하는 자를 '지혜로운 자'라고 하며 사람을 얻는다고 했다(잠 11:30). 그리고 솔로몬은 '보라'라는 말로 주의를 집중시키며 "의인이라도 이 세상에서 보응을 받겠거든 하물며 악인과 죄인이리요"(잠 11:31)라고 했다. 이것은 구제가 복과 저주와 연결되어 있음을 보여준다. 구제가 복과 저주와 연결되어 있음에도 실천하지 못하는 이유는 구제의 결과가 말씀대로 금방 풍족해지거나 윤택해지지 않을 뿐만 아니라 구제하지 않는다고 하여도 금방 심판을 받지 않기 때문이다. 즉각적으로 이 말씀대로 구제하면 삶이 풍족해지고 윤택해지고 구제하지 않으면 심판을 받는다면 누가 실천하지 않겠는가? 그래서 구제를 실천하는 것은 하나님의 말씀을 믿는 믿음과 연관되어 있다.

잠언의 말씀이 보편적인 진리인 것은 틀림이 없다. 하지만 반드시 이루어지는 약속과는 성격이 다르다. 예를 들어 잠언 10:27에 "여호와를 경외하는 자는 장수하느니라 그러나 악인의 수명은 짧아지느니라"라는 말씀대로 되는 것이 아니라 의인이 빨리 죽는 경우도 있고, 악인이 이상하게 장수하기도 한다. 잠언 13:25에 "의인은 포식하여도 악인의 배는 주리느니라"라고 했지만 의롭게 사는 사람이 굶주리고 고통받는 경우도 있다. 이 현상은 하나님의 말씀에 따라 구제하고 봉사하려는 선한 의지를 약화시키거나 갈등을 일으키는 요소가 되기도 한다. 여기에는 두 가지 이유가 있다. 하나는 우리 눈에 보이지 아니하는 감추어진 질서 세계에 사탄이 작용하고 있기 때문이고, 또 하나는 인간의 타락 이후에 인간의 죄성이 이 보편적인 진리를 왜곡시키기 때문이다. 그렇다고 이러한 상황 때문에 이 도움이 필요한 우리 이웃들의 아픔과 고통을 외면해서는 안 된다. 성도에게 구제는 여호와를 경외하는 삶의 방식이요 삶을 윤택하게 하는 지혜이기 때문이다.

(2) 여호와를 경외하는 삶(잠 16:1-22:16)

이 문단에서 솔로몬은 유사 평행법과 대조 평행법 그리고 종합 평행법을 골고루 사용했다. 그리고 이 문단에는 '…보다 낫다'라는 비교를 나타내는 잠언도 많다(참조. 잠 16:8, 16, 19, 32; 17:1, 12; 18:5; 19:1, 20:23; 21:9, 19; 22:1). 이 잠언은 지혜로운 삶(= 여호와를 경외하는 삶)이 어떤 것인지 보여준다.

① 마음의 경영과 여호와의 주권(잠 16:1-9)

이 문단에서 잠언 16:8을 제외하고 각 절에 '여호와'라는 이름이 나온다. 이것은 여호와의 이름이 주제어이고, 여호와께서 우리 삶의 모든 영역을 주관하심을 보여준다. 또한 잠언 16:1의 "마음의 경영은 사람에게 있어도 말의 응답은 여호와께로부터 나오느니라"라는 말씀과 16:9의 "사람이 마음으로 자기의 길을 계획할지라도 그의 걸음을 인도하시는 이는 여호와시니라"라는 말씀이 서로 수미상관(首尾相關)으로 연결되어 마음의 경영(1a, 9a)과 하나님 주권(1b, 9b)과의 관계를 보여준다.

a. 사람의 계획에 여호와를 고려해야 할 이유(잠 16:1)

솔로몬은 마음의 경영은 사람에게 있어도 말의 응답은 여호와께로부터 나온다고 했다(잠 16:1). 여기서 '경영'은 어떤 일을 계획하고 그 계획을 실행하기 위하여 자세한 세부계획을 배열하는 것을 말한다. 이 말과 평행으로 된 잠언 16:9a는 '마음으로 자기의 길을 계획하는 것'이라고 했다. 그리고 그 말의 응답은 '여호와께로부터 나오느니라'라고 했다. 이것은 사람이 계획한 대로 다 이루어지는 것이 아니라 그 계획이 실현되는 것은 하나님께 달려 있다는 것이다. 그래서 사람이 어떤 일을 계획한다고 할지라도 반드시 하나님을 염두에 두고 계획을 세워야 한다. 이 점에 대해 한홍(2000, 368)이 적절하게 말했다.

> 당신이 스스로 아무리 탁월하다고 믿어도 당신의 인격과 능력만 가지고 안 되는 일들이 세상엔 너무나 많다. 좋은 사람들이 당신의 리더십을 따라 주어야 하고, 또한 적절한 역사의 바람이 맞아 떨어져야 한다. 그리고 그 모든 것을 뒤에서 지휘하시는 전능자 하나님의 도우심이 없이는 그 어떤 리더십도 가능하지 않다.

사람이 마음으로 경영하는 것이 아무리 뛰어날지라도 여호와께서 도우시지 않는다면 아무 일도 할 수 없다. 하지만 불신자들이나 신자라도 여호와를 고려하지 않아도 잘 되는 경우는 어떻게 이해해야 하는가? 이 경우는 다르다. 여기에는 두 가지 이유가 있는데 하나는 타락 이후 사탄이 이 진리를 따르지 못하도록 방해하기 때문이고, 또 하나는 죄가 이 진리를 왜곡시키고 있기 때문이다. 그래서 이 원리를 실천하는 일에 갈등하게 한다.

b. 사람의 계획에 여호와를 고려한다는 의미(잠 16:2-3a)

사람의 계획에 여호와를 고려한다는 것은 무엇을 의미하는가? 솔로몬은 두 가지로 설명한다. 첫째, 여호와께서 사람의 심령을 살피시기 때문에 자기 행위가 깨끗해야 한다. 여호와는 심령을 감찰하시기 때문이다(잠 16:2). 여호와께서는 사람의 외적인 행위만이 아니라 그 행동의 내면에 있는 마음의 동기까지 살피는 분이시다. 둘째, 모든 행사를 여호와께 맡겨야 한다(잠 16:3). '맡기다'라는 단어의 원문은 '가랄'(גלל)로 '(돌을) 굴리다'(창 29:3), '떠나게 하다'(수 5:9) 등의 이미지 언어다. 이것은 돌을 굴려 보내듯이 여호와께 보낸다는 것이다. 이 일은 기도와 간구로 여호와께 아뢰는 것이다(Lawson 1980, 233). 이러한 방법을 지혜로 받아들이는 것은 결국 여호와의 인격과 능력을 믿는 믿음이다.

c. 사람의 계획에 여호와를 고려한 결과(잠 16:3b-9)

사람의 계획에 여호와를 고려할 때 어떤 결과를 기대할 수 있는가? 솔로몬은 "그리하면 네가 경영하는 것이 이루어지리라"(잠 16:3b)라고 했다. 사람이 여호와께 맡기면 여호와는 어떻게 사람이 경영하는 것을 이루시는가? 여호와께서 모든 것을 그 쓰임에 적당하게 지으셨기에 악인도 악한 날에 적당하게 하신다(잠 16:4). 이 점은 애굽의 바로에게 "내가 너를 세웠음은 나의 능력을 네게 보이고 내 이름이 온 천하에 전파되게 하려 하심이라"(출 9:16; 롬 9:17)라고 하신 말씀에서 잘 볼 수 있다. 여호와는 그의 거룩한 뜻을 이루시기 위해 악한 자들도 사용하신다. 그래서 우리가 악한 자를 만나 갈등하고 아플 때도 있지만 낙심할 필요가 없다. 그것조차 우리에게 유익하게 하실 것이고 하나님의 영광을 나타내시는 수단으로 사용하시기 때문이다. 심지어 사람의 행위가 여호와를 기쁘시게 하면 그 사람의 원수라도 그와 더불어 화목하게 하신다(잠 16:7). 이것은 여호와께서는 우리를 미워하는 사람들의 마음까지도 바꾸어서 화목하게 하신다는 것이다.

이뿐만 아니라 여호와 앞에 정직하면 손해가 올 수 있어도 의를 겸하면 많은 소득이 불의를 겸한 것보다 낫다(잠 16:8). 여호와께 맡기는 것은 당장 눈앞의 이익을 보는 것이 아니라 여호와의 신실하심을 바라보는 것이다. 우리는 여호와께서 사람의 경영과 그 책임을 무시하지 않으면서도 역사와 인생의 배후에서 통치하신다는 사실을 믿고 그에게 맡겨야 한다. 그러면 우리가 마음으로 계획할지라도 여호와께서 우리의 걸음을 인도해 가시는 것을 알게 될 것이다(잠 16:9).

② 왕에 대한 잠언(잠 16:10-15)

이 문단에서 잠언 16:11을 제외하고 각 절에 '왕'이라는 단어가 나온다. 이것은 이 문단의 주제어가 왕과 연관되어 있다는 것이다.

a. 왕의 임무(잠 16:10-11)

솔로몬은 왕의 입술에 하나님 말씀이 있어야 재판할 때 바르게 할 수 있다고 했다(잠 16:10). 이것은 모세가 이스라엘 왕의 자격을 설명한 말을 생각나게 한다.

그가 왕위에 오르거든 이 율법서의 등사본을 레위 사람 제사장 앞에서 책에 기록하여 평생에 자기 옆에 두고 읽어 그의 하나님 여호와 경외하기를 배우며 이 율법의 모든 말과 이 규례를 지켜 행할 것이라 그리하면 그의 마음이 그의 형제 위에 교만하지 아니하고 이 명령에서 떠나 좌로나 우로나 치우치지 아니하리니 이스라엘 중에서 그와 그의 자손이 왕위에 있는 날이 장구하리라 (신 17:18-20).

이스라엘 공동체에서 왕은 하나님의 법 아래 있는 자이며(삼하 7:14; 시 72:1-4) 하나님을 대신하여 공의와 정의를 실현하는 자다. 그래서 왕은 하나님 말씀을 가까이 두고 그 말씀에 따라 통치해야 한다. 특히 솔로몬은 비유적으로 공평한 저울이나 접시 저울과 주머니 속의 저울추도 다 여호와께서 지으신 것임을 말한다. 이러한 저울이나 저울추는 상거래 행위에 쓰는 것이다. 이것이 여호와가 지으신 것이라고 말한 것은 왕이 판결하는 기준이 하나님 말씀이어야 한다는 점을 강조한다(잠 16:11). 또한 이 이미지를 사용한 것은 왕은 모든 상거래가 공정하고 정의롭게 이루어지게 해야 할 책임이 있음을 시사한다.

b. 왕의 도덕적 품성(잠 16:12-13)

솔로몬은 왕이 지녀야 할 도덕적 품성을 강조한다. 왕은 악을 행하는 일을 피해야 한다. 왕의 보좌는 공의로 말미암아 굳게 세워지기 때문이다(잠 16:12). 이것은 왕이 악을 버리고 공의로운 정치를 할 때 그의 자리가 굳게 선다는 뜻이다. 또한 왕들은 의로운 입술을 기뻐해야 하고 정직을 말하는 자를 사랑해야 한다(잠 16:13).[186] 왕이 아첨하는 말을 좋아하고 올바른 비판을 멀리한다면 왕권의 토대는 무너질 것이다(유윤종 2009, 317-318). 오늘날 세계의 모든 지도자는 말할 것도 없고 교회의 지도자들도 이 도덕적 품성을 지녀야 한다. 그는 공의로 통치해야 하고, 의롭게 말하거나 정직하게 말하는 자들의 말을 귀담아들어야 한다. 그는 하나님의 사역자가 되어 그의 통치를 수행하는 자이기 때문이다.

> 그는 하나님의 사역자가 되어 네게 선을 베푸는 자니라 그러나 네가 악을 행하거든 두려워하라 그가 공연히 칼을 가지지 아니하였으니 곧 하나님의 사역자가 되어 악을 행하는 자에게 진노하심을 따라 보응하는 자니라 (롬 13:4).

c. 왕의 중요성(잠 16:14-15)

솔로몬은 왕의 통치행위가 죽음의 사자가 되어 어떤 사람을 죽일 수도 있고, 그의 은택이 마치 늦은 비인 봄비를 내리는 구름과 같을 수 있다는 점을 강조한다(잠 16:14-15). 왕도 사람이기에 분노함으로 평정심을 잃어 저승사자가 될 수도 있다. 이때 지혜자의 역할이 필요하다. 지혜자는 왕의 진노를 가라앉혀 이성적이며 합리적인 판단을 하도록 도와야 한다. 반대로 왕이 은택을 베풀면서 다스리면 그 일은 마치 3-4월경에 내리는 늦은 비(= 봄비)가 곡식을 여물게 하듯이 생명을 줄 수 있다(유윤종 2009, 318). 이것은 왕의 통치가 사람을 살릴 수도 있고, 모든 사람에게 봄비와 같이 생명을 줄 수 있다는 것을 말한다. 왕이 바르게 통치할 수 있도록 좋은 지혜자가 필요하고, 성도들은 지도자들을 위해 기도해야 한다.

> 그러므로 내가 첫째로 권하노니 모든 사람을 위하여 간구와 기도와 도고와 감사를 하되 임금들과 높은 지위에 있는 모든 사람을 위하여 하라 이는 우

---

[186] 개역개정판은 원문의 의미가 모호하다. 원문 역시 모호한 부분이 있으나 "왕들은 의로운 입술을 기뻐해야 하고 정직을 말하는 자를 사랑해야 한다"(מַלְכִים שִׂפְתֵי־צֶדֶק וְדֹבֵר יְשָׁרִים יֶאֱהָב רָצוֹן)라고 번역하는 것이 좋다.

리가 모든 경건과 단정함으로 고요하고 평안한 생활을 하려 함이라 (딤전 2:1-2).

③ 유사 평행법으로 된 잠언(잠 16:17-18, 28, 30)

잠언 16:1-22:16에서 솔로몬은 52개의 잠언을 유사 평행법으로 교훈했다. 유사 평행법은 한 행에 뒤따르는 두 번째 행이 구조적으로 앞 행과 평행을 이루며 앞 행의 의미를 유사하게 반복하는 것이다. 이것은 같은 종류의 의미를 다르게 표현한 것이다. 여기서 몇 가지만 소개한다.

a. 정직한 자의 길(잠 16:17)

악을 떠나는 것은 / 정직한 사람의 대로이니
자기의 길을 지키는 자는 / 자기의 영혼을 보전하느니라

악을 떠나는 것은 정직한 사람의 대로다. 동시에 이 일은 자기를 지키는 길이요 자기의 영혼을 보전하는 길이다. 여기에 사용된 '대로'와 '길'은 은유적 표현으로 율법과 규례를 말한다.

b. 교만한 자(잠 16:18; 참조. 잠 18:12))

교만은 / 패망의 선봉이요
거만한 마음은 / 넘어짐의 앞잡이니라

이 잠언은 문자적으로 교만은 패망 앞에 있고 거만한 마음도 넘어짐 앞에 있다고 할 수 있다.[187] 여기에 '선봉'이나 '앞잡이'는 히브리어로 동일하게 '얼굴 앞에서'(פְּנֵי < לְ + פָּנִים)라는 뜻이다. 이것은 교만이나 거만함은 멸망이나 넘어짐과 함께 있다는 것이다. 교만은 자신이 잘난체하고 뽐내고 건방진 행동을 할 뿐만

---

187 리퍼네이 쉐베르 가온 리퍼네이 키샤론 고바흐 루아흐(לִפְנֵי־שֶׁבֶר גָּאוֹן וְלִפְנֵי כִּשָּׁלוֹן גֹּבַהּ רוּחַ)

아니라 남을 업신여기는 행동이다. 교만한 사람은 당연히 하나님을 의식하지 않고 다른 사람을 업신여기고 남의 말을 귀담아듣지 않는다. 그러나 솔로몬은 이런 사람은 패망할 수 있기에 주의하고 겸손한 사람이 되라고 권고한다.

c. 다툼을 일으키는 패역한 자(잠 16:28)

패역한 자는 / 다툼을 일으키고
말쟁이는 / 친한 벗을 이간하느니라

'패역한 자'(אִישׁ תַּהְפֻּכוֹת)는 히브리어 어원으로 보면 '뒤틀다'(הָפַךְ ⟩ תַּהְפּוּכָה), '배신하다' 등의 의미가 있다. 솔로몬은 패역한 자와 함께 평행법으로 '말쟁이'를 같이 사용함으로 말을 통해 서로의 친한 벗만이 아니라 사람과의 관계를 깨트리는 자로 설명한다. 이러한 행위를 하는 사람은 여호와를 경외하는 사람의 삶이 아니다.

d. 나쁜 음모를 꾸미는 자(잠 16:30)

눈짓을 하는 자는 / 패역한 일을 도모하며
입술을 닫는 자는 / 악한 일을 이루느니라

평행법으로 눈짓을 하는 자와 입술을 닫는 자들이 패역한 일, 곧 뒤틀린 일과 악한 일을 한다고 교훈한 것으로 보아 눈짓을 하는 것은 다른 사람과 패역한 일을 도모하는 것이고, 입술을 닫는 것은 그것을 발설하지 않고 그 도모한 악한 일을 행하는 것을 의미한다. 이러한 행위를 일삼는 자들은 사람과의 관계를 깰 뿐만 아니라 공동체를 해한다.

④ 대조 평행법으로 된 잠언

잠언 16:1-22:16에서 솔로몬은 47개의 잠언을 대조 평행법으로 교훈했다. 대조 평행법은 첫 행에 뒤따르는 행이 첫 행의 의미와 대조된다. 이 경우 대부분 문법 구조가 같다. 여기서 몇 가지만 소개한다.

a. 마음의 즐거움과 심령의 근심(잠 17:22; 참조. 잠 18:14)

마음의 즐거움은 / 양약이라도

심령의 근심은 / 뼈를 마르게 하느니라

마음의 상태가 사람의 육체적 건강에 영향을 미친다(참조. 잠 15:13, 15, 30; 18:14). 여기서 '양약'은 히브리어로 '게이하'(גֵּהָה < גהה)로 어원은 '치료하다'라는 뜻에서 온 명사형으로 '치료약'으로 번역할 수 있다(참조. 호 5:13). 그리고 개역개정판은 '심령의 근심'이라고 번역했으나 원문은 '깨어진 심령' 또는 '상처받은 심령'(רוּחַ נְכֵאָה, broken spirit)이다. '뼈'는 환유(metonymy)로 삶을 지탱하는 기둥을 의미한다. 마음이 즐거우면 몸에 좋은 영향력을 미치고 힘과 건강을 증진하고 약한 부분을 회복시키기도 한다. 하지만 깨어진 심령은 몸의 골격을 망가뜨리고 힘을 쇠약하게 하고 육체의 기력을 떨어지게 한다(Lawson 1980, 272). 로손(Lawson 1980, 272)은 하나님이 주시는 구원의 기쁨은 모든 슬픔을 이기는 강력한 치료법이 될 것이고, 우리 삶에서 겪는 수많은 재난이 주는 악한 영향에 대해 몸과 영혼을 강하게 한다고 했다.

b. 교만과 겸손(잠 18:12; 참조. 잠 16:18)

사람의 마음의 교만은 / 멸망의 선봉이요

겸손은 / 존귀의 길잡이니라

교만은 자신이 잘난체하고 뽐내고 건방진 행동을 할 뿐만 아니라 남을 업신여기는 행동이다. 이 잠언의 문자적 의미는 사람의 마음의 교만은 멸망 앞에 있고, 겸손은 존귀 앞에 있다는 뜻이다. 여기에 '선봉'이나 '길잡이'는 히브리어로 동일하게 '얼굴 앞에서'(לִפְנֵי < ל. + פָּנִים)라는 뜻이다. 이것은 교만은 멸망과 함께 있다는 뜻이고, 겸손은 존귀와 함께 있다는 뜻이다. 겸손한 사람이 되어야 존귀한 사람이 된다는 것이다.

c. 지혜 있는 자와 미련한 자(잠 21:20)

지혜 있는 자의 집에는 / 귀한 보배와 기름이 있으나
미련한 자는 / 이것을 다 삼켜 버리느니라

귀한 보배와 기름은 재물을 의미한다. '삼키다'라는 단어는 완전히 없앤다는 뜻으로 땅이 애굽 사람과 고라 자손을 삼킨다고 할 때 이 용어를 사용했다(출 15:12; 민 16:30). 지혜 있는 자의 집은 재물이 있지만 미련한 자는 재물을 다 삼킨다. 이것이 대조 평행법인 것을 고려한다면 지혜 있는 자는 열심히 일하여 재물을 모아 낭비하지 않았으나 미련한 자는 낭비하였음을 보여준다.

d. 악인과 정직한 자(잠 21:29)

악인은 / 자기의 얼굴을 굳게 하나
정직한 자는 / 자기의 행위를 삼가느니라

솔로몬은 악인과 정직한 자의 행위를 대조 평행법으로 보여준다. "자기의 얼굴을 굳게 하나"에서 '굳게 하다'(הֵעֵז 〈 עזז)라는 동사가 음녀가 젊은이를 유혹할 때 사용한 '부끄러움을 모르다'(참조. 잠 7:13)라는 동사와 같다. 그래서 이 의미는 악인이 악한 행동을 할 때 부끄러움을 모르고 행하지만 정직한 자는 자기의 행위를 조심하고 부끄러워한다는 뜻이다. 사실 우리가 종종 발견하는 현상 가운데 하나는 악인은 그가 행하는 악한 행동에 대해 전혀 부끄러움을 느끼지 않는다는 것이다.

⑤ 종합 평행법으로 된 잠언

잠언 16:1-22:16에서 솔로몬이 사용한 37개의 종합 평행법 가운데 여기서 몇 가지만 소개한다. 종합 평행법에는 진술 → 보완, 진술 → 결과, 진술 → 질문, 진술 → 이유 등의 형태가 있다.

a. 선한 말(잠 16:24)

선한 말은 꿀송이 같아서
마음에 달고 뼈에 양약이 되느니라

이 잠언은 진술 → 보완 또는 진술 → 결과의 형태다. 선한 말은 꿀송이 같이 달다는 것은 선한 말은 사람들에게 기쁨을 준다는 것이다. 그리고 선한 말은 뼈에 양약에 된다고 했다. '뼈'는 환유(metonymy)로 사람의 몸을 의미한다. '양약'은 히브리어로 '말페이'(מַרְפֵּא)다. '치료하다'(라파, רפא)라는 단어의 명사형이다. 이러한 용어로 말하는 것은 선한 말은 몸을 치료하기도 한다는 것이다.

b. 강포한 사람(잠 16:29)

강포한 사람은 그 이웃을 꾀어
좋지 아니한 길로 인도하느니라

이 잠언은 진술 → 결과의 형태다. 강포한 사람은 폭력적인 사람으로 그 이웃을 꾀어 좋지 아니한 길로 가게 한다(참조. 잠 1:8-19). 이 잠언의 목적은 지혜보다는 힘과 폭력을 믿고 따라가면 좋지 않은 길로 가 필경은 망하게 된다는 교훈을 주려는 것이다.

c. 지나친 말(잠 17:7)

지나친 말을 하는 것도 미련한 자에게 합당하지 아니하거든
하물며 거짓말을 하는 것이 존귀한 자에게 합당하겠느냐

이 잠언은 진술 → 질문의 형태다. 여기에 '지나친 말'에서 '지나치다'라는 동사가 히브리어로 '예테르'(יֶתֶר)라는 단어인데 성경에 다양하게 나타난다. 이 잠언이 대조 평행법 형태로 된 종합 평행법이기에 NASB와 KJV처럼 '뛰어난 말'이라

고 번역하는 것이 어울린다. 미련한 자가 유식하고 좋은 말을 쓴다고 가정해 보라. 어울리겠는가? 이와 마찬가지로 존귀한 자가 거짓말을 한다면 어울리겠는가? 지혜롭고 존귀한 자가 거짓말하는 것은 합당하지 않다는 것이다. 이처럼 그리스도 안에서 존귀하게 된 성도들이 거짓말을 하는 것이 합당하지 않다.

d. 사람의 심령(잠 18:14)

사람의 심령은 그의 병을 능히 이기려니와
심령이 상하면 그것을 누가 일으키겠느냐

이 잠언은 진술 → 질문의 형태다. 솔로몬은 사람의 심령은 그의 병을 이긴다는 사실을 진술하고 그 진술의 의미를 확실하게 하는 수사의문문으로 말한다. 사람이 심령의 상태에 따라 그의 병도 치료할 능력이 있다. 그러나 육신이 아무리 건강해도 심령이 상하게 되면 병들게 된다. 솔로몬은 수사의문문으로 심령이 상하면 그의 병을 누가 일으키겠느냐고 한 것은 상처받아 고통하는 심령은 병을 치료할 수 없다는 것이다(참조. 잠 17:22). 이것은 그 사람의 심령이 어떠해야 하는지를 보여준다.

e. 게으른 자의 욕망(잠 21:25)

게으른 자의 욕망이 자기를 죽이나니
이는 자기의 손으로 일하기를 싫어함이니라

이 잠언은 진술 → 이유의 형태다. 게으른 자의 욕망이 자기를 죽일 것이라고 한다. '욕망'(תַּאֲוָה)이라는 단어는 성경에 마음의 소원을 말한 것으로 주로 탐욕과 관련하여 많이 쓰였다(참조. 민 11:4; 시 78:29; 사 26:8). 이 단어를 선택한 것은 게으른 자가 가진 욕망이 탐심과 같이 부정적으로 쓰였음을 보이기 위한 것이다. 사람이 탐심을 가지면 그것이 그를 죽인다. 이와 같이 게으른 자가 가진 욕망은 그 자신을 죽인다. 그 이유는 자기 손으로 일하기 싫어하기 때문이다. 게으른 자도 부와 쾌락과 명예를 탐내지만 손으로 일하기 싫어하기에 결국 자신을 죽이는 지경으로 나아간다. 메튜 헨리(1983, 526)는 게으른 자가 어떻게 죽음으로 끌려가는지 이렇게 설명했다.

> 그 욕망들은 부단히 그를 괴롭히고 다그쳐서 그를 죽을 지경으로 만든다. 아마 그들로 하여금 욕망의 갈망을 충족시키기 위해 위험한 길을 걷도록 하여 그 명을 재촉하며 요절하게 만들 것이다. 육신을 먹여 살리기 위해서는 돈이 필요한데 이를 정당하게 벌어들이기 위해 수고할 생각은 하지 않고 있다가 강도로 변하여 목숨을 잃는 자들은 허다하다.

⑥ '…보다 낫다'라는 비교형식으로 된 잠언

잠언 16:1–22:16에서 솔로몬은 '…보다 낫다'라는 비교형식으로 된 잠언도 많이 사용한다(잠 16:8, 16, 19, 32; 17:1, 12; 18:5; 19:1, 20:23; 21:9, 19; 22:1). 비교형식의 잠언은 유사 평행법이나 대조 평행법의 형태를 가지고 있다.

a. 지혜의 가치(잠 16:16)

> 지혜를 얻는 것이 / 금을 얻는 것보다 / 얼마나 나은고
> 명철을 얻는 것이 / 은을 얻는 것보다 / 더욱 나으니라

세상에서 사람들이 가장 중요하게 생각하는 것이 금과 은, 곧 재물인데 지혜는 이보다 더 낫다. 이와 유사한 교훈이 잠언 3:14; 8:10, 19에도 나온다. 사람이 세상에서 살아가는 일에 재물이 중요하지 않은 것은 아니다. 하지만 재물을 얻는 방법이 되기도 하고, 가치 있고 만족한 삶을 살게 만드는 지혜가 더 중요하다는 것이다.

b. 가난한 자들과 함께 하는 삶(잠 16:19)

> 겸손한 자와 함께 하여 / 마음을 낮추는 것이

교만한 자와 함께 하여 / 탈취물을 나누는 것보다 나으니라

여기에 '겸손한 자'는 히브리어로 '아나윔'(עֲנָוִים)으로 가난하고 겸손한 자들을 말한다. '탈취물'은 전쟁에서 승리하여 얻은 전리품이나 폭력으로 빼앗은 불법적인 재산을 의미한다. 가난한 자들과 함께 마음을 낮추는 것이 교만한 자들과 함께 하며 다른 사람들을 고통스럽게 하여 얻은 재물을 나누어 경제적인 이득을 보는 것보다 낫다. 현실적으로 교만한 자들과 함께 사귀며 거기에서 떨어지는 부스러기를 좋아하는 개들이 많다. 반대로 가난하고 힘없는 자들과 교제하면 자신의 품위가 떨어진다고 생각하는 개들도 많다.

c. 가정의 화목과 다툼(잠 17:1)

마른 떡 한 조각만 있고도 / 화목하는 것이
제육이 집에 가득하고도 / 다투는 것보다 나으니라

여기에 '마른 떡'과 '제육'은 사물의 속성을 통해 사물 전체를 표현한 것으로 가난한 사람과 부유한 사람을 말한다. 가난해서 비록 마른 떡 한 조각만 있어도 가정이 화목하는 것이 부유하여 제육이 집에 가득해도 다투는 것보다 낫다. 이 말씀은 가난이 행복하다고 말하는 것은 아니다. 부유함은 하나님이 주시는 복이다(창 24:35; 26:12). 사람이 살아가는 일에 행복을 주는 요소 가운데 하나가 먹고 마시는 일이다(전 8:15). 재물이 넉넉함은 삶을 풍요하고 여유롭게 하는 것이 사실이다. 하지만 솔로몬은 넉넉한 가운데 다투는 가정보다 가난해도 화목한 가정이 오히려 낫다고 교훈한다.

4. 훈계 2(잠 22:17-24:34)[188]

이 문단은 잠언 1-9장과 같은 훈계 형식의 잠언으로 두 개의 지혜 있는 자의

---

188 이 문단도 앞의 문단과 같이 잠언의 특성과 의미를 잘 파악할 수 있는 금언을 중심으로 일부만 해설했다. 나머지는 잠언 그 자체를 읽는 것만으로도 충분하다.

말씀으로 이루어져 있다(잠 22:17-24:22; 24:23-34). '지혜 있는 자'가 누구인지 분명하지 않다. 이 분난에 기록된 삼언은 삼언 1-9장과 달리 몇 개의 훈세를 제외하곤 길지 않을 뿐만 아니라 각각의 잠언이 주로 2행으로 되어있고, 예외적으로 몇 개가 3행으로 되어있다는 특징을 가지고 있다. 이 잠언을 세 가지 유형으로 나눌 수 있다.

첫째 유형 : 단순히 짧은 선포 형식으로 된 잠언이다. 예를 들어 잠언 22:28 "네 선조가 세운 옛 지계석을 옮기지 말라"라는 잠언은 전후 문맥이 없이 단순히 선포만 있다(참조. 잠 22:28, 29; 23:9, 12; 24:7, 10 등).

둘째 유형 : 선포 형식의 잠언 뒤에 그 이유와 결과를 덧붙이는 잠언이다. 예를 들어 잠언 23:11-12은 잠언 22:28과 같이 옛 지계석을 옮기지 말고 고아들의 밭을 침범하지 말라고 선포한 뒤에 그들의 구속자가 강하기에 그가 그들의 원한을 풀어주기 때문이라는 이유가 덧붙여 있다(참조. 잠 22:22-23, 24-25, 25-26 등).

셋째 유형 : 훈계와 그 훈계의 중요성과 그 의미를 설명하고 도입부와 결론을 갖추고 있는 잠언이다(참조. 잠 23:29-35; 25:30-34).

내용 분해

(1) 지혜 있는 자의 잠언 1(잠 22:17-24:22)
(2) 지혜 있는 자의 잠언 2(잠 24:23-34)

내용 해설

(1) 지혜 있는 자의 잠언 1(잠 22:17-24:22)

이 문단은 서론인 22:17-21을 제외하고 30가지의 잠언으로 되어있다. 여기에 기록된 잠언이 사상과 구조의 유사성 때문에 30가지 교훈으로 구성된 애굽의 잠언 모음집인 『아멘엠오펫의 교훈』(*The Introduction of Amen-Em-Opet*)을 모델로 삼았다고 생각하고 "30가지의 교훈"이라고 제목을 붙이기도 한다(Garrett 1993, 189-193; 참조. Pritchard 1969, 421-424). '30가지'의 교훈은 잠언 22:20에 근거해 있다. 개역개정판은 "내가 모략과 지식의 아름다운 것을 너희를 위해 기록하여"라고 번역했으나 NIV는 개역개정판의 '아름다운 것'(שׁלשׁום)을 '30'(שׁלישׁים)으로 읽었다.[189] 내용을 비교해 보면 유사성도 있지만 차이점도 있다. 이 점에 대해 골즈워디(1993, 83-84)가 다음과 같이 적절하게 평가했다.

첫째, 이교도의 지혜의 주제 및 형식은 이스라엘의 지혜와 중복된다. 왜냐하면 둘 다 오늘날 그리스도인과 비그리스도인의 지혜처럼 동일한 세상에 관해 말하고 있기 때문이다. 둘째, 잠언의 저자는 그 소재를 채택해 완전히 이스라엘의 방법으로 그 진리를 재해석했다. 그리스도인과 비그리스도인은 동일한 사실과 사건을 연구할 수 있고, 그것들에 대해 의견이 일치될 수 있는 부분도 많다. 그러나 해석을 위해 각자가 가지고 있는 근본 원리에서 차이가 나기 때문에 그것들이 궁극적으로 의미하는 것에서도 의견이 일치될 수는 없다.

애굽의 지혜 외에 고대 근동이나 메소포타미아에 발견된 지혜 문서와도 공통점이 있다. 그럼에도 불구하고 하늘과 땅의 창조자이신 유일하신 참 하나님의 계시를 놓치지 않고 있다는 것은 성경의 지혜의 독특성을 설명하는 것이라고 할 수 있다(Goldsworthy 1987a, 70). 잠언서의 지혜는 다른 이방의 문서들과 유사하게 보여도 여호와를 경외하는 일에 그 기초를 두고 있다.

이 잠언을 분해하면 다음과 같이 구분할 수 있다.

• 서론 : 30가지의 잠언에 귀를 기울이라(잠 22:17-21)
• 잠언 1 : 약한 자를 압제하지 말라(잠 22:22-23)
• 잠언 2 : 노를 품는 자와 사귀지 말라(잠 22:24-25)
• 잠언 3 : 보증을 서지 말라(잠 22:26-27)

---

189 원문에서 잠언 22:20은 '기록된 것'(커티브)과 '읽어야 할 것'(커레이)이 다르다. '커티브'는 원래 기록된 본문이고, '커레이'는 맛소라 학자들이 읽기를 권장한 것을 말한다. "내가 너에게 모략과 지식으로 서른 가지(30가지)를 기록하지 않았느냐"(לךָ שׁלישׁים בְּמוֹעֵצֹת וְדָעַת הֲלֹא כְתַבְתִּי)라고 번역할 수 있다. NIV는 읽어야 할 본문에 따라 번역하고, 난외주에 개역개정판과 같이 번역했다.

- 잠언 4 : 지계석을 옮기지 말라(잠 22:28)

- 잠어 5 : 자기 일에 능숙하라(잠 22:29)

- 잠언 6 : 음식을 탐하지 말라(잠 23:1-3)

- 잠언 7 : 부자 되기에 애쓰지 말라(잠 23:4-5)

- 잠언 8 : 악한 자의 음식을 먹지 말라(잠 23:6-8)

- 잠언 9 : 미련한 자의 귀에 말하지 말라(잠 23:9)

- 잠언 10 : 고아들의 밭을 침범하지 말라(잠 23:10-11)

- 잠언 11 : 훈계에 착심하라(잠 23:12)

- 잠언 12 : 아이를 훈계하라(잠 23:13-14)

- 잠언 13 : 마음을 지혜롭게 하라(잠 23:15-16)

- 잠언 14 : 죄인의 형통을 부러워하지 말라(잠 23:17-18)

- 잠언 15 : 네 마음을 바른 길로 인도하라(잠 23:19-21)

- 잠언 16 : 네 아비를 청종하라(잠 23:22-25)

- 잠언 17 : 네 마음을 아비에게 두라(잠 23:26-28)

- 잠언 18 : 술에 잠기지 말라(잠 23:29-35)

- 잠언 19 : 악인의 형통을 부러워하지 말라(잠 24:1-2)

- 잠언 20 : 지혜로 집을 지으라(잠 24:3-4)

- 잠언 21 : 전략으로 싸우라(잠 24:5-6)

- 잠언 22 : 지혜로운 자가 되라(잠 24:7)

- 잠언 23 : 사악한 자를 멀리하라(잠 24:8-9)

- 잠언 24 : 환난 날에 낙담하지 말라(잠 24:10)

- 잠언 25 : 사망으로 끌려가는 자를 건져주라(잠 24:11-12)

- 잠언 26 : 지혜를 얻으라(잠 24:13-14)

- 잠언 27 : 의인의 집을 엿보지 말라(잠 24:15-16)

- 잠언 28 : 원수가 넘어질 때 즐거워하지 말라(잠 24:17-18)

- 잠언 29 : 행악자들로 말미암아 분을 품지 말라(잠 24:19-20)

- 잠언 30 : 여호와와 왕을 경외하라(잠 24:21-22)

① 서론 : 30가지의 잠언에 귀를 기울이라(잠 22:17-21)

지혜 교사는 지혜 있는 자의 말씀을 들으며 그의 지식에 마음을 두라고 권고한다(잠 22:17). '지혜 있는 자의 말씀'은 히브리어로 '디브레이 하카밈'(דִּבְרֵי חֲכָמִים)인데, '말씀'으로 번역된 '디브레이'(דִּבְרֵי)는 성경에 개인의 말(창 27:34; 31:1 등)로도 사용되나 어떤 인물의 행적을 나타내기도 한다(왕상 14:19; 15:7, 23, 31 등). 그래서 지혜 있는 자들이 전해준 일종의 책으로 볼 수도 있다. 지혜 교사는 이 책을 아들이나 제자들에게 가르쳤다고 볼 수 있고, 그는 이 지식을 마음에 두라고 했다고 볼 수 있다. 지혜 교사는 지혜 있는 자의 말씀을 들어야 할 이유로 두 가지를 말했다. 하나는 이 말씀을 보존하여 입술 위에 함께 있게 하려는 것이다(잠 22:18). 또 하나는 여호와를 의뢰하게 하려는 것이다(잠 22:19).

이어서 지혜 교사는 모략과 지식으로 30가지를 기록했다고 했다(잠 22:20).[190] 그가 이를 기록한 목적은 아들이나 제자들이 이 말씀을 깨닫고 그들을 보내는 자들에게 말씀으로 화답하게 하려는 것이다(잠 22:21). 지식은 선행의 수단으로 하나님이 우리에게 주신 선물이다.

② 보증을 서지 말라(잠 22:26-27)

여기서 말하는 보증이란 사람의 인격이나 상품의 품질이 믿을만하다고 증명하는 것을 말하는 것이 아니라 어떤 사람의 인격을 믿고 담보를 제공하여 그가 빌린 채무를 갚지 못하면 대신 책임을 지겠다는 것을 말한다. 솔로몬도 보증에 대해 교훈한 바가 있다(참조. 잠 6:1-5). 매튜 헨리(1983, 552)는 이 교훈을 사려깊지 못하고 불의한 보증에 대한 경고라고 했다. 지혜 교사는 사람과 더불어 손을 잡지 말며 남의 빚에 보증을 서지 말라고 했다. 사람과 교제하거나 돕는 행위 자체를 금하는 것이 아니라 남의 빚에 보증을 서지 말라는 것이다. 만일 채무자가 빚을 갚지 못하여 책임져야 할 때 갚을 것이 없다면 그는 누운 침상마저 빼앗기게 되기 때문이다. 여기 쉼의 자리로서 '침상'은 집에 있는 모든 것을 나타내는 환유적 표현이다(Garrett 1993, 195). 이 지혜는 성도를 보호하여 사람과의 관계가 깨어지지 않을 뿐만 아니라 경제적인 어려움 가운데 빠지지 않게 하려는 것이다.

---

190 잠언 22:20은 히브리어 원문에 따르면 '기록된 것'(커티브)과 '읽어야 할 본문'(커레이)이 다르다. 이 문단의 서론을 참조하라.

③ 지계석을 옮기지 말라(잠 22:28; 23:10-11)

지혜자는 옛 지계석을 옮기지 말라고 했다(잠 22:28). 지계석은 땅의 경계를 위한 돌로 신명기 율법에도 나타난다(참조. 신 19:14; 27:17). 지계석을 옮긴다는 것은 불법적 방법이나 은밀하게 땅을 차지하려는 행위를 말한다. 그런데 지혜자는 지계석을 옮기는 일에 대해 잠언 23:10-11에는 다른 시각에서 범위를 좁혀 고아들의 밭을 침범하지 말라고 했다. 고아들은 약해서 자신을 방어할 수 없는 자들이다. 이들의 지계석을 옮긴다는 것은 합법을 가장한 불법으로 땅을 빼앗는 행위를 말한다. 고아들의 밭을 빼앗으면 고아들의 구속자가 그들의 원한을 풀어주실 것이다. 그래서 고아들의 밭을 빼앗아서는 안 된다(잠 23:11). 이 구속자는 가까운 친척들을 말할 수도 있으나 하나님이 친히 법정 대리인이 되셔서 땅을 회복해 주시는 분이시다.

지계석을 옮기는 행위는 이스라엘 공동체의 특징적인 땅의 기본적인 성격을 훼손하는 것이다. 하나님은 땅을 각 지파에게 기업으로 주시고 그 기업을 팔지 못하게 하셨고, 만약에 가난하여 팔았다 할지라도 가까운 친족이 무르게 했다(레 25:23-28). 이것은 언약 백성들로 하여금 기본적인 경제생활을 통해 소유의 문제로 차별받지 않도록 하기 위함이다.

④ 아이를 훈계하라(잠 23:13-14)

지혜 교사는 아이를 훈계하라고 하며, "채찍으로 그를 때릴지라도 죽지 아니하리라"라고 했다. 여기에 '채찍'은 히브리어로 '쉐이벹'(שֵׁבֶט)으로 '막대기' 또는 '매'다. 자녀를 교육하기 위해 매로 때린다는 것은 일종의 징계 수단을 사용한다는 것이다. 잠언 13:24에도 "매질을 차마 하지 못하는 자는 그 자식을 미워함이라 자식을 사랑하는 자는 근실히 징계하느니라"라고 했다.

하지만 매질하는 문제는 신중하게 고려해야 한다. 훈계와 체벌이 강조되면 자녀들이 위축되고 마음속에 반항심이 생긴다. 반대로 체벌을 무시하면 버릇없고 무례한 아이로 키우게 된다. 그래서 훈계와 사랑을 어떻게 조화있게 사용할 수 있느냐 하는 문제는 아주 중요하다.

만약에 이 말씀을 하나의 법으로 받아들일 경우 매질을 하지 않으면 아이가 지옥에 들어갈까 두려워 아이에게 매질하는 부모가 생길 수도 있다.[191] 그러나 이 말씀은 훈계의 한 형태인 매질을 사용하기를 꺼리는 사람을 위한 교훈이다. 부모가 이 말씀을 적용할 때 그 자녀의 상황을 알고 지혜롭게 해야 한다. 이 말씀을 지혜롭게 적용한다는 것은 사람의 지혜가 필요하다는 것이 아니라 '여호와 경외'의 태도가 필요하다는 것으로 매를 드는 행동이 여호와를 경외하는 행동이 될 것인지 고민하고 씨름해야 한다는 뜻이다(김희석 2012, 58-59).

사도 바울은 구속받은 성도가 자녀를 어떻게 교육해야 할 것인지에 대해 에베소 교회에 보낸 편지글에 자녀를 노엽게 하지 말고 '주의 교양과 훈계로'(εν παιδεια και νουθεσια κυριου) 하라고 했다(엡 6:4). 언뜻 볼 때 주의 교양과 훈계를 가르쳐야 한다고 하는 교육내용을 담고 있는 것처럼 보이지만 교육방법을 가르치고 있다.[192] 개역개정판에 '교양'이라고 번역된 용어는 '파이데이아'(παιδεια)로 징계 또는 훈육을 의미하는 단어다(참조. 히 12:5-6). '훈계'라고 번역된 용어는 '누떼시아'(νουθεσια)다. '징계'는 체벌을 통하여 가르치는 것이지만 '훈계'는 말로서 가르치는 것이다. 바른 교육은 여호와를 경외하는 기본적인 태도에서 징계와 체벌을 상황에 따라 조심스럽게 사용해야 한다.

⑤ 네 아비를 청종하라(잠 23:22-25)

지혜 교사는 자녀가 어떻게 부모를 공경해야 하는지 교훈하기 위해 세 가지를 말한다.

첫째, 자녀는 자기를 낳아준 부모를 청종하고 멸시해서는 안 된다고 교훈한다(잠 23:22). 특히 지혜 교사는 '너를 낳은 부모'라고 했다. 이것은 사람은 저절로 태어난 것이 아니라 부모를 통해 태어났다는 것으로 부모를 공경하는 것은 당연하다는 것이다.

둘째, 자녀는 부모가 가르치는 진리를 중요하게 생각해야 한다고 교훈한다.

---

191 전남 보성에서 한 목사가 그의 자녀들을 학대하여 죽음에 이르게 한 사건이 있었다. 그는 잠언 23:13-14에 따라서 행한 것이라고 했다(http://www.ilyosisa.co.kr/news/articleView.html?idxno=16680).

192 에베소서 6:4에서 이 표현은 수단을 의미하는 전치사 '엔'(εν)과 결합되어 수단의 여격으로 나타나 있다. 이것은 내용이 아니라 방법을 말한다.

지혜 교사는 "진리를 사되 팔지는 말며 지혜와 훈계와 명철도 그리할지니라"(잠 23:23)라고 했다.[193] 지혜 교사는 부모의 교훈을 좇아 진리를 중요하게 생각해야 한다는 것을 값비싼 상품을 사고파는 이미지(image)로 설명한다. "지혜를 사되 팔지는 말라"라는 말씀이 원문에는 '지혜를 사라'라는 명령법으로 되어있고, '팔지 말라'라는 강한 금지명령법으로 되어있다. 이는 지혜가 중요하다는 것이다. 지혜로운 상인은 좋은 물건을 만날 때 더 큰 이익을 남길 수 있다고 생각하여 그가 가지고 있는 모든 것을 팔아서 그것을 산다. 이와 같이 지혜는 우리의 가진 모든 것을 팔아서 사야 할 만큼 중요하고 가치가 있다. 이 문맥에서 진리와 지혜와 훈계와 명철을 다 동의어로 사용하고 있다(진리 = 지혜 = 훈계 = 명철).

셋째, 자녀는 부모를 기쁘게 해야 한다고 교훈한다(잠 23:24-25). 지혜 교사는 "의인의 아비는 크게 즐거울 것이요 지혜로운 자식을 낳은 자는 그로 말미암아 즐거울 것이니라"(잠 23:24)라고 했다. 자녀가 의인이며 지혜로울 때 부모는 크게 즐거워한다고 했다. 이것은 부모는 그의 자녀들이 의인으로 합당하게 살며, 곧 여호와를 경외하는 참된 지혜를 실천하며 인류와 사회를 위해 봉사하는 것을 보고 기뻐한다는 것이다.

⑥ 술에 잠기지 말라(잠 23:29-35)

지혜 교사는 술에 잠기지 말라고 교훈한다. 그는 술에 잠긴 자의 위험을 말하기 위해 여섯 가지의 질문을 하고 그 질문에 답을 하며, 그 위험을 설명한다. 여섯 가지의 질문은 다음과 같다.

재앙이 뉘게 있느뇨?
근심이 뉘게 있느뇨?
분쟁이 뉘게 있느뇨?
원망이 뉘게 있느뇨?
까닭 없는 상처가 뉘게 있느뇨?
붉은 눈이 뉘게 있느뇨?

---

[193] 잠언 23:23은 문맥적으로 맞지 않는 것처럼 보인다. 또한 70인역 성경에는 이 절이 없다.

이 질문에 대한 답은 술에 잠긴 자와 혼합한 술을 구하려 다니는 자이다(잠 23:30). 여기 기록된 재앙, 근심, 분쟁, 원망, 까닭없는 상처와 붉은 눈은 술 취한 자들에게 쉽게 볼 수 있는 현상이다. '혼합한 술'은 여러 가지 술을 섞은 것을 말한다. 우리 문화에 적용하면 맥주, 소주, 위스키, 양주 등을 섞은 일명 폭탄주를 말한다.

지혜 교사는 술이 어떻게 사람을 유혹하며, 얼마나 치명적인지 그리고 술 취한 자의 모습을 보여준다. 포도주는 붉고 잔이 번쩍이며 술이 순하게 내려간다. 여기서 지혜 교사는 포도주 색깔의 시각적 유혹과 맛의 미각적 유혹을 묘사하면서 포도주를 보지도 말라고 권고한다(잠 23:31). 그가 그렇게 말한 것은 포도주가 마침내 뱀 같이 물 것이고 독사 같이 쏠 것이기 때문이다(잠 23:32).

이어서 지혜 교사는 술 취한 자의 모습을 묘사한다. 술 취한 자의 눈에 괴이한 것이 보이며, 마음은 구부러진 말을 할 것이고, 바다 가운데 누운 자 같을 것이요, 돛대 위에 누운 자 같을 것이다(잠 23:33-34). 그가 술에 취해 있을 때 바다 가운데 누운 것 같고, 돛대 위해 누운 자 같다는 것은 언제 바다에 빠져 죽을는지 모른다는 것이다. 이뿐만 아니라 사람이 그를 때려도 아프지 않고 상처를 입혀도 감각이 없다. 그리고 깨고 나면 또 술을 찾는다(잠 23:35). 지혜 교사가 묘사하는 술 취한 사람은 쉽게 우리 주변에서 볼 수 있다. 로이드 존스(Lloyd-Jones 1985, 16)는 술 취한 사람들에 대하여 이렇게 말했다.

> 술 취한 사람들은 더 중요한 것들을 던져 버린다. 순결과 정조마저 던져 버린다. 그것들을 보존하기는 고사하고 그것들을 던져 버린다. 하나님께서 인간에서 주신 가장 보배로운 선물들, 즉 생각하고 판단하고 계산하고 이해하는 능력을 던져 버린다. … 술취함은 사람들로 하여금 순결과 정조와 도덕성을 버리게 만든다.

(2) 지혜 있는 자의 잠언 2(잠 24:23-34)

잠언 24:23a는 새로운 문단이나 내용을 시작하는 신호기능을 가진 절로 '지혜로운 자의 말씀'이다. 이 문단을 앞의 지혜 있는 자의 잠언(잠 22:17-24:22)의 부록으로 보기도 한다(Wolf 2002, 993). 이 문단의 구조는 다음과 같은 평행 구조로 되어 있다(Garrett 1993, 201).

A 법정에서의 재판관의 법(잠 24:23b-26)

B 경제생활에 관한 법 : 우선순위(잠 24:27)

A′ 법정에서의 증인의 법(잠 24:28-29)

B′ 경제생활에 관한 법 : 게으름(잠 24:30-34)

① 법정에서의 재판관의 법(잠 24:23-26)

지혜자는 법정에서 재판관이 재판할 때의 법을 교훈한다. 재판관이 재판할 때 낯을 보는 것은 옳지 못하다(잠 24:23b). 이것은 재판관은 편견을 가지거나 편애해서는 안 되고 정당한 판결을 내려야 한다는 것이다. 악인에게 옳다 하는 자는 백성에게 저주를 받을 것이지만 그를 견책한 자는 기쁨을 얻고 복을 받을 것이다(잠 24:24-25). 재판관은 죄인을 무죄하다고 판결해서는 안 되고 법에 따라 바르게 견책해야 한다. 그리고 지혜자는 적당한 말로 대답함은 입맞춤과 같다고 했다(잠 24:26). 적당한 말로 대답한다는 것은 재판관이 바르게 재판하는 것이다. 성경에서 바알에게 입 맞추지 아니한 자들(참조. 왕상 19:18)과 에서가 야곱을 만났을 때 입 맞추는 일(참조. 창 33:4) 등에서 입 맞추는 행동을 볼 때 존경과 애정의 표현으로 볼 수 있다. 그래서 재판관이 바르게 재판하는 것은 존경받은 행동으로 볼 수 있다.[194]

② 경제생활에 관한 법 : 우선순위(잠 24:27)

지혜자는 자기 집을 세우기 전에 먼저 밖에서 자기 일을 확실하게 하고 자기를 위해 밭에서 준비하라고 명령한다. 이것은 자기 가정을 세우기 위해 먼저 경제적인 안정을 가져야 할 것을 교훈하는 것이다. 이 명령은 잠언 30:30-34에서처럼 게으름에 대해 직접적인 표현으로 말하는 것이 아니라 경제적인 수입이 준비되기 전까지는 열심히 일해야 한다는 것이다.

---

[194] 성적인 의미의 입맞춤도 있다(참조. 잠 7:13; 아 8:1). 이 의미는 이 문맥에서 적절하지 않다.

③ 법정에서의 증인의 법(잠 24:28-29)

지혜자는 잠언 24:23b-26에서와 달리 증인의 역할에 대해 말한다. 증인은 까닭 없이 이웃을 해하려고 말하거나 속이지 말아야 한다(잠 24:28). 특히 어떤 사람이 행한 것 같이 자기도 행하겠다는 복수심으로 증언해서는 안 된다(잠 24:29). 증인은 정직하게 증언해야 한다.

④ 경제생활에 관한 법 : 게으름(잠 24:30-34)

지혜자는 게으르고 지혜 없는 자의 밭과 포도원을 지나며 가시덤불과 거친 풀과 돌담이 무너져 있는 것을 보고 깨달은 내용을 교훈한다(잠 24:30-32). 이것은 주인이 당시의 경제생활의 핵심인 밭과 포도원을 가꾸지 않았다는 것이다. 그래서 지혜자는 솔로몬이 교훈한 바 있는 동일한 말씀으로 교훈한다(잠 24:33-34; 참조. 잠 6:10-11).

> 네가 좀더 자자, 좀 더 졸자, 손을 모으고 좀 더 누워 있자 하니 네 빈궁이
> 강도 같이 오며 네 곤핍이 군사 같이 이르리라.

지혜자는 그가 관찰한 내용을 토대로 여호와를 경외하는 자는 경제생활에 신경을 써야 하고 부지런해야 함을 교훈한다. 부지런하게 경제활동을 하지 않으면 빈궁이 강도 같이, 곤핍이 군사 같이 이른다. 강도나 군사는 예고하고 찾아오는 것이 아니라 갑자기 임한다는 특징을 가지고 있다.

5. 히스기야의 신하들이 편집한 솔로몬의 잠언(잠 25:1-29:27)[195]

히스기야(주전 715-686)는 그의 통치 기간에 다윗 같이 여호와 보시기에 정직하게 행하였고 우상을 제거하였으며 여호와와 연합하여 그에게서 떠나지 아니하였고 여호와께서 모세에게 명한 계명을 지켰다(참조. 왕하 18:3-6). 이러한 그의 행적으로 보아 이 잠언은 그의 신하들이 솔로몬이 여호와 경외의 관점에서 기록

---

195 이 문단도 앞의 문단과 같이 잠언의 특성과 의미를 잘 파악할 수 있는 금언을 중심으로 일부만 해설했다. 나머지는 잠언 그 자체를 읽는 것만으로도 충분하다.

한 지혜의 말씀을 수집하고 편집한 것으로 본다.

히스기야의 신하들이 편집한 솔로몬의 잠언은 문체로 볼 때 첫 번째 모음(잠 25:1-27:27)과 두 번째 모음(잠 28:1-29:27)으로 구분할 수 있다. 첫 번째 모음은 평행법을 많이 사용하지 않는 반면에 두 번째 모음은 대조 평행법을 주로 사용한다. 그리고 첫 번째 모음은 비유법을 많이 사용하고 있으나 두 번째 모음은 예외적으로 몇 군데만 사용한다(참조. 잠 28:3, 15; 29:5).

(1) 첫 번째 모음(잠 25:1-27:27)

이 문단은 히스기야의 신하들이 편집한 솔로몬의 잠언 가운데 첫 번째 모음으로 형태로 볼 때 평행법을 많이 사용하지 않지만 그 대신에 비유법(직유+은유)을 많이 사용한다. 잠언 10:1-22:16은 몇 개의 예외적인 내용을 제외하고 주로 2행으로 담고 있으나 이 모음은 비교적 더 길다.

① 왕들의 지혜와 그 앞에서의 태도(잠 25:2-7)

솔로몬은 왕들이 어떻게 해야 하며, 그들 앞에서 어떤 태도를 가져야 하는지 설명한다. 솔로몬은 왕의 지위와 역할을 설명하기 위해 하나님의 영광과 왕의 영광을 비교한다(잠 25:2). 하나님의 영광은 신비 속에 감추어져 있다(참조. 신 29:29; 사 45:15; 욥 11:7-9). 제한된 인간은 그의 뜻과 계획을 다 이해하지 못한다. 사람은 하나님이 하신 창조의 질서와 원리를 다 알지 못한다. 그러나 왕은 하나님의 창조질서를 발견하고 이를 활용하여 백성들에게 유익을 주고, 역사 가운데 공의와 질서를 세워 하나님의 공의를 드러내야 한다. 이것이 왕의 영광이다 (유윤종 2009a, 426). 그런데 하늘의 높음과 땅의 깊음 같이 왕의 마음을 헤아릴 수 없다(잠 25:3). 이것은 왕이 하나님의 마음을 알기 위해 노력해야 하는 것처럼 백성은 왕의 권위를 인정하고 왕의 마음을 알기 위해 노력해야 함을 말한다(유윤종 2009a, 426).

솔로몬은 왕이 그의 왕권을 튼튼하게 유지하려면 어떻게 해야 하는지 은장색이 은으로 쓸 만한 그릇을 만들기 위해 찌꺼기를 제거하듯이 악한 자를 제거하라고 명령한다(잠 25:4-5). 악한 자들이 왕 곁에서 공의를 세우기를 돕기보다 아첨하고 거짓말을 한다면 왕은 정의로운 나라를 만들 수 없다.

이어 솔로몬은 왕 앞에서 어떤 태도를 지녀야 하는지 교훈한다. 그는 왕 앞에서 스스로 높은 체하지 말고 대인들의 자리에 서지 말라고 했다. 이는 높은 위치에 앉았다가 자기보다 더 높은 위치에 있는 사람이 오면 내려가야 하기 때문이다(잠 25:6-7). 이는 왕 앞에 겸손해야 한다는 것이다. 이 교훈은 같은 상황은 아니라 할지라도 예수님이 청함을 받은 사람들이 높은 자리를 택하는 것을 보시고 비유로 하신 말씀을 생각나게 한다. 이 비유의 결론으로 예수님은 자기를 낮추는 자는 높아지고 자기를 높이는 자는 낮아질 것이라고 하셨다(눅 14:7-11).

② 말과 관련된 교훈(잠 25:8-15)

솔로몬은 우리가 일상에서 쓰는 말이 어떤 역할을 하며 어떤 의미가 있는지 다양한 이미지로 보여준다.

a. 다툼과 관련된 말(잠 25:8-11)

솔로몬은 다투기 위해 서둘러 나가지 말라고 하며 혹시 이웃이 그를 부끄럽게 한다면 그는 크게 봉변을 당할 수 있다고 말했다(잠 25:8). 여기에 '다투다'(리브, רִיב)라는 단어를 소송과 연관된 의미로 보고 NIV는 소송하려고 서둘러 가지 말라고 번역했다. 하지만 이 단어는 소송에 제한되기보다 이를 포함한 모든 종류의 다툼을 말한다. 이 말씀은 어떤 사건이든지 먼저 다투기 전에 그 사건을 깊이 숙고하고 행동해야지 쉽게 흥분하면 낭패를 당할 수도 있다는 것이다.

그리고 정당한 이유로 다투거나 소송했다고 해도 변론만 하고 다른 사람의 은밀한 일을 누설하지 말라고 했다(잠 25:9). 그 일과 관련해서만 말하고 다른 사람의 비밀을 말하여 인신공격해서는 안 된다. 그렇게 한다면 듣는 자가 꾸짖을 것이고 그에 대한 악평이 떠나지를 않을 것이다(잠 25:10). 남의 비밀을 누설하는 것은 비겁한 행동이기에 그는 다른 사람들로부터 비겁하고 야비한 사람이라는 평판을 들을 것이다.

b. 경우에 합당한 말(잠 25:11)

솔로몬은 경우에 합당한 말은 아로새긴 은 쟁반에 금 사과라고 했다(잠 25:11).

'아로새긴 은 쟁반에 금 사과'는 예술가가 은 쟁반에 금 사과를 아로새긴 것으로 볼 수노 있고, 은으로 살 만든 쟁반에 남긴 사과로 볼 수도 있나. NIV나, NASB는 전자로 번역했다. 내용적으로 정교하게 만든 은 쟁반에 담긴 좋은 사과로 보는 것이 경우에 합당한 말을 잘 드러낸다고 생각한다.

c. 슬기로운 자의 책망을 듣는 자(잠 25:12)

솔로몬은 지혜롭게 책망할 때 그것을 청종하는 자의 귀에 금 고리와 정금 장식과 같다고 했다. 금 고리와 정금 장식은 제유법으로 사람을 아름답고 귀하게 보이도록 꾸미는 장식품을 대표한다. 누군가 슬기롭게 책망하는 일도 중요하지만 그의 책망을 받아들인 자는 아름답고 귀한 사람이 된다.

d. 충성된 사자(잠 25:13)

사자는 보낸 사람의 뜻을 말로 전달하는 사람이다. 충성된 사자는 그를 보낸 이에게 마치 추수하는 날에 얼음 냉수 같아서 주인의 마음을 시원하게 한다. '얼음 냉수'의 원문은 '눈의 차가움'(מִנַּת־שֶׁלֶג)이라는 뜻으로 시원한 생수를 의미한다고 볼 수 있다. 이것은 사자는 그를 보낸 자의 뜻을 잘 전달하여 그의 마음을 기쁘게 한다는 뜻이다.

e. 약속을 지키는 말(잠 25:14)

솔로몬은 선물한다고 거짓으로 자랑하고도 선물을 주지 않는 자는 비 없는 구름과 바람 같다고 했다. 농부에게 구름과 바람은 비가 오리라는 기대감을 가지게 한다. 그러나 비가 오지 않으면 크게 실망한다. 이와 같이 선물할 것이라고 자랑한 사람이 선물을 주지 않으면 비 없는 구름과 바람처럼 실망을 주는 사람이 된다는 것이다. 거짓으로 선물을 줄 것이라 자랑하지 말고 약속을 지키는 사람이 되어야 한다.

f. 오래 참음과 부드러운 말(잠 25:15)

솔로몬은 오래 참으면 관원도 설득할 수 있고 부드러운 혀는 뼈를 꺾는다고 했다. 여기서 뼈는 사람 신체의 가장 강한 부분으로 사람의 완고함을 나타낸다.

사람이 자신이 가진 감정을 절제하지 않고 그대로 말하고 행동하면 관원을 설득할 수 없다. 감정을 조절하고 인내하며 설득해야 하고, 말을 부드럽게 하는 것이 지혜로운 삶이다.

③ 원수를 사랑으로 대하는 일(잠 25:21-22)

솔로몬은 원수가 배고파하거든 음식을 먹이고 목말라하거든 마시게 하라고 교훈한다(잠 25:21). 이렇게 하는 것은 핀 숯을 그의 머리에 올려놓는 것과 일반이고 여호와께서 대접하는 이에게 갚아주실 것이라고 했다(잠 25:22). 이 잠언은 원수들을 사랑으로 대해야 한다는 역설적인 진리를 진술한다. 원수를 먹이는 일을 은유적 표현으로 핀 숯을 그의 머리 위에 놓는 것이라고 했다. 여기서 어렵게 느껴지는 것은 '핀 숯을 그의 머리 위에 놓는 것'이 무엇을 의미하는가이다. 시편 18:12-13과 140:10에는 심판의 의미로 사용되었다. 사도 바울은 원수를 갚지 말고 하나님의 진노하심에 맡기라고 하면서 이 말씀을 인용하였다. 그래서 이 잠언이 로마서 12:19-21의 문맥에서 어떻게 인용되었는지 관심있게 볼 필요가 있다.

> 내 사랑하는 자들아 너희가 친히 원수를 갚지 말고 하나님의 진노하심에 맡기라 기록되었으되 원수 갚는 것이 내게 있으니 내가 갚으리라고 주께서 말씀하시니라 네 원수가 주리거든 먹이고 목마르거든 마시게 하라 그리함으로 네가 숯불을 그 머리에 쌓아 놓으리라 악에게 지지 말고 선으로 악을 이기라.

로마서 문맥에서 구원받은 그리스도인의 삶이 사랑으로 나타나야 한다고 설명하고 있는 것으로 보아 핀 숯을 그의 머리에 놓는 일은 심판의 의미가 아니라 원수를 부끄럽게 한다는 뜻이다. 원수 갚는 일은 하나님께 있고 우리의 책임은 우리의 원수를 그의 필요에 따라 사랑하고 섬기며 관대하게 최고의 선을 행하는 것이다. 그의 머리 위에 핀 숯을 놓는다는 것은 해를 입히려는 것이 아니라 그를 부끄럽게 하여 회개케 하려는 것이다(Stott 1994, 336-337). 이로 보아 원수를 먹이고 마시게 하는 것은 핀 숯을 그의 머리 위에 놓는 것이고, 동시에 원수를 부끄럽게 하여 여호와를 경외케 하려는 것으로 보아야 한다.

④ 미련한 자의 어리석음(잠 26:1-12)

이 문단에서 가장 많이 나오는 단어는 '미련한 자'(커실, כְּסִיל)이다. 잠언 26:2을 제외하고 모두 11번 나온다. 여기에도 다양한 이미지를 통해 미련한 자가 어떤 자이며 그들을 어떻게 대해야 하는지 보여준다.

a. 미련한 자와 영예(잠 26:1, 8)

미련한 자는 영예가 적당하지 않음이 마치 여름에 눈이 오는 것과 추수 때에 비 오는 것 같다(잠 26:1). 이는 팔레스타인 기후에서 맞지 않다. 만약에 온다고 해도 농사와 추수에 해가 될 뿐이다. 이것은 미련한 자는 영예가 어울리지 않을 뿐만 아니라 그것은 비정상적이며 다른 사람에게 해를 끼친다.

또한 미련한 자에게 영예를 주는 것은 돌을 물매에 매는 것과 같다(잠 26:8). 돌을 물매에 넣어 던지는 것은 다윗이 골리앗을 물리칠 때처럼 적을 물리치거나 양 떼를 공격하는 사나운 동물을 물리치기 위함이다. 미련한 자가 영예를 얻는 것은 마치 물매를 사용하는 기술이 없는 사람이 사용하여 자기를 상하게 할 뿐만 아니라 다른 사람들에게 치명적인 상처와 고통을 입히는 것과 같다. 그래서 미련한 자에게 영예를 주어서는 안 된다.

b. 까닭 없는 저주(잠 26:2)

까닭 없는 저주는 참새가 떠도는 것과 제비가 날아가는 것 같이 이루어지지 않는다(잠 26:2). 솔로몬은 이미지로 정처 없이 떠도는 참새와 날아가는 제비가 아무런 목적도 없이 날아 안착하지 못하는 것처럼 까닭 없는 저주는 이루어지지 않는다.[196]

c. 미련한 자와 매(잠 26:3)

---

[196] 히브리어 본문을 '기록된 것'(커티브)과 달리 맛소라 학자들이 권장한 대로 읽으면 "까닭 없는 저주는 그에게 돌아오리라"(כֵּן קִלְלַת חִנָּם (לֹא) [לוֹ] תָבֹא)라고 할 수 있다. 이 의미가 미련한 자들의 행동을 설명하는 문맥에서 더 잘 어울린다.

말은 채찍이 있어야 잘 달릴 수 있고, 나귀는 재갈이 있어야 통제가 가능하듯이 미련한 자는 매로 다스려야 한다(참조. 잠 10:13; 19:29). 미련한 자는 적절하게 통제되어야 한다.

d. 미련한 자를 대하는 법(잠 26:4-5)

솔로몬은 미련한 자를 대하는 법에 대해 상반된 듯한 교훈을 하는 것처럼 보이나 같은 교훈을 한다. 하나는 지혜로운 자의 입장에서 미련한 자의 말에 대해 어떻게 대응해야 하는지를 말하고(잠 26:4), 또 하나는 미련한 자의 입장에서 지혜로운 자가 어떻게 대응해야 하는지를 말한다(잠 26:5). 미련한 사람이 어리석은 말을 할 때에는 대답해서는 안 된다. 그러면 그도 어리석은 사람이 될 수 있기 때문이다. 반대로 미련한 사람이 어리석은 말을 할 때 같은 말로 대응하여 그로 하여금 지혜로운 자로 착각하지 않게 하라는 것이다.

e. 미련한 자와 사자(잠 26:6)

솔로몬은 미련한 자 편을 통해 기별을 보내는 것은 마치 자기 발을 베어 버림과 해를 받음과 같다고 교훈한다. 이것은 미련한 자 편을 통해 소식을 전하는 것은 오히려 큰 해를 입을 수 있다는 것이다. 이 경우 미련한 자 편으로 기별을 전하는 것과 충성된 사자 편으로 소식을 전하는 일과 대조를 이룬다(참조. 잠 25:13).

f. 미련한 자와 잠언(잠 26:7, 9-10)

저는 자의 다리는 힘이 없어 정상적으로 달릴 수 없다. 이와 같이 미련한 자의 입에 있는 잠언도 정상적으로 사용할 수 없다. 미련한 자에게 잠언은 그 구실을 할 수 없어 유용성이 없다(잠 26:7).

이와 반대로 솔로몬은 미련한 자의 입에 있는 잠언은 술 취한 자의 손에 있는 가시나무와 같다고 했다(잠 26:9). 술 취한 자에게 가시나무가 들리면 그는 정상적인 분별력이 없기에 매우 위험할 수 있다. 때로 그의 입에 있는 잠언은 술 취한 자의 손에 있는 가시나무처럼 자신을 찌를 수도 있고, 다른 사람을 찌를 수도 있다. 이것은 잠언을 올바로 사용할 때 그 의미가 있다는 것이다. 미련한 자가 잠언을 사용하는 것은 오늘날 마치 술취한 자가 차를 운전하여 사람들을 위험에 빠트리는 것과 같다.

또한 솔로몬은 이와 유사한 교훈을 잠언 26:10에서 한다. 개역개정만은 이 절을 장인이 온갖 것을 만들지라도 미련한 자를 고용하는 것은 지나가는 행인을 고용하는 것과 같다고 번역했다. 이는 숙련된 자를 고용해야 한다는 것이다. 하지만 NASB나 NIV는 "미련한 자를 고용하는 것이나 지나가는 행인을 고용하는 것은 활 쏘는 자가 닥치는 대로 사람을 상하게 하는 것과 같다"라고 번역했다. 이 번역이 더 타당하다. 활 쏘는 자는 훈련을 받아야 한다. 훈련되지 않은 행인이 활을 쏜다면 주위 사람을 다치게 할 수 있는 것처럼 미련한 자가 잠언을 사용하면 주위 사람들이 위험에 처할 수 있다.

g. 미련한 자와 개(잠 26:11)

개가 그 토한 것을 도로 먹는 것 같이 미련한 자는 그 미련한 행동을 계속한다(잠 26:11). 미련한 자는 그 미련한 행동을 버려야 하지만 그 행동을 계속 반복한다. 사도 베드로는 베드로후서 2:22에서 이 잠언의 말씀을 인용하여 그리스도인들처럼 보였으나 배교와 악한 행실을 통해 스스로 그리스도에게 속한 일이 없는 것처럼 행동하는 이들에게 적용했다.

참된 속담에 이르기를 개가 그 토하였던 것에 돌아가고 돼지가 씻었다가
더러운 구덩이에 도로 누웠다 하는 말이 그들에게 응하였도다.

베드로가 인용한 말은 배교한 자가 구원받은 것처럼 보였으나 본래적인 속성을 버리지 않고 토하였던 것과 세상의 더러운 구덩이로 돌아감으로 스스로 구원받지 못했음을 증명했다는 뜻이다. 참으로 구원받은 자들은 하나님이 지키시고 또한 성도들은 인내함으로 그 믿음을 지킨다(참조. 요 10:27-29; 롬 8:28-39; 고전 9:25-27; 웨스트민스터 신앙고백서 제17장 1항).

h. 미련한 자보다 더 위험한 자(잠 26:12)

솔로몬은 잠언 26:1-11에서 미련한 자들에게 다양한 이미지를 통해 말한 다음에 미련한 자보다 더 희망이 없는 자를 말한다. 그는 스스로 지혜롭게 여기는

자이다(잠 26:12). 단순히 미련한 자는 어느 정도 교정될 희망이 있으나 스스로 지혜롭게 여기는 자는 미련한 자보다 더 희망이 없다. 이들은 교만한 자로 하나님이 그를 알만한 것으로 계시해 주셨음에도 '하나님이 없다'라고 부인하는 자들이기 때문이다.

⑤ 게으른 자(잠 26:13-16)

이 단락에서 게으른 자들의 움직이기 싫어하는 행동 습성을 다양한 비유적 언어로 설명한다. "길에 사자가 있다 거리에 사자가 있다"(잠 26:13)라는 말은 게으른 자가 일하기 싫어하여 합당치 않는 핑계를 대는 풍자적인 말이다. 사자가 길거리에 다니는 일이 거의 없음에도 비정상적인 생각을 합리화하며 핑계를 댄다. 또한 게으른 자는 문짝이 돌쩌귀를 따라서 도는 것 같이 침대에서 돈다(잠 26:14). 게으른 자는 그의 행동반경이 침대를 벗어나지 않는다. 그리고 게으른 자는 그 손을 그릇에 넣고도 입으로 올리기를 괴로워한다(잠 26:15). 이것은 잠언 19:24의 반복이다. 이것은 유머와 풍자로 게으른 자의 행동을 극단적으로 묘사한 것이다(이형원 1993, 185; 가레트 & 해리스 2014, 1257). 그리고 게으른 자는 사리에 맞게 대답하는 사람 일곱보다 자기를 지혜롭게 여긴다(잠 26:16). 그는 지혜로운 사람 일곱보다 자신이 더 지혜롭다고 생각하고 일을 회피한다. 솔로몬은 유머와 풍자로 게으른 자의 습성을 묘사함으로 듣는 이로 하여금 이들을 비웃게 만든다.

⑥ 참견하기 좋아하는 자(잠 26:17-22)

이 단락에서 솔로몬은 다른 사람의 일에 참견하기 좋아하고, 남의 말 하기 좋아하는 사람에 대하여 교훈한다.

a. 다툼에 참견하는 자(잠 26:17)

길을 가다가 자기와 상관없는 사람들의 다툼에 참견하는 사람들이 있다. 솔로몬은 이런 사람에 대해 개의 귀를 잡는 자와 같다고 했다(잠 26:17). 개의 귀를 잡아당기면 그 개가 사납게 돌변하여 크게 위험에 처할 수 있다.

b. 심한 말을 해놓고 농담으로 생각하는 자(잠 26:18-19)

자기 이웃을 속이고 말하기를 "내가 농담했이"라고 말하는 사람이 있다. 이러한 사람에 대해 은유(metaphor)로 횃불을 던지고 화살을 쏘아서 죽이는 미친 사람이라고 했다. 때로 의미 없이, 혹은 재미로 남을 놀리거나 농담하는 것이 초래할 수 있는 위험한 결과를 이미지로 보여준다(이형원 1993, 186).

c. 다툼을 일으키는 말(잠 26:20-22)

나무가 다하면 불이 꺼지듯이 다툼을 일으키는 말이 없으면 조용해진다(잠 26:20). 잠언 26:20의 '말쟁이'와 26:22의 '남의 말 하기를 좋아하는 자'의 히브리어 원문에 단순히 말을 많이 하는 사람이 아니라 '험담하는 사람'(닐간, נִרְגָּן)이다. 이런 사람은 숯불에 숯불을, 타는 불에 나무를 더하는 것같이 시비(= 다툼)를 불러일으킨다(잠 26:21). 다른 사람에게 험담하는 것을 타는 불의 이미지로 말하다가 별식(= 맛있는 음식)의 이미지로 설명한다(잠 26:22). 이 잠언은 잠언 18:8을 반복한 것으로 이웃에 대한 험담은 맛있는 음식이 뱃속 깊은 데로 내려가듯이 이웃의 마음 깊은 곳까지 내려가 그 사람을 지배한다(유윤종 2009a, 446). 이웃에 대한 험담은 안좋은 선입견을 형성하게 된다. 그래서 이웃을 험담하는 일은 사람들과의 관계를 깨고 공동체의 질서와 평화를 깬다.

⑦ 거짓말하는 자(잠 26:23–28)

이 단락에서 솔로몬은 거짓말의 특성과 그 위험성에 대해 다양한 이미지로 교훈한다.

a. 악한 마음을 감춘 온유한 입술(잠 26:23-25)

악한 마음을 감춘 온유한 입술은 낮은 은을 입힌 도기다(잠 26:23). '온유한 입술'은 원문에 '불타는 입술'(שְׂפָתִים דֹּלְקִים)이다. 그리고 '낮은 은을 입힌'은 '찌꺼기 은으로 도금한 것'(כֶּסֶף סִיגִים מְצֻפֶּה)이라는 뜻이다. 이것은 불같이 열변을 토하거나 지꺼기 은으로 도금한 도기처럼 겉으로는 그럴듯하게 보이나 속으로는 악한 마음의 동기를 가진 자를 말한다. 원수는 입술로는 꾸미고 속으로는 거짓을 품고 있다. 그래서 그 말이 좋게 보인다 할지라도 믿지 말아야 한다. 왜냐하면 그 속에는 일곱 가지 가증한 것을 감추고 있기 때문이다(잠 26:24-25). 이것은 미사여구나 열변을 토해도 그 말을 다 신뢰하지 말고 그 마음속에 감춘 동기를 분별하는 지혜를 갖추어야 한다는 것이다. 그러나 현실적으로 위장된 거짓은 판독하기가 어렵다. 이 점에 대해 스코트 펙(2002, 108)이 지적한 것을 참고할 필요가 있다.

> 악한 사람들은 위장 전문가인 까닭에 그들의 사악성을 꼭 꼬집어낸다는 것은 거의 불가능하다. 그들의 위장은 대개 판독이 불가능하다.

그러면 어떻게 분별할 수 있는가? 그것은 모든 성도 가운데 내주해 계신 성령의 도움을 의지하여 기도하는 것이다. 그러면 우리 하나님께서 밝혀주신다. 이것이 우리의 믿음이다.

b. 거짓은 밝혀진다(잠 26:26-28)

감사하게도 속임으로 그 미움을 감춘다 할지라도 그의 악이 회중 앞에 드러난다. 함정을 파는 자는 함정에 빠지고 돌을 굴리는 자는 도리어 그것에 치이게 된다. 거짓말하는 자는 자기를 해하게 되고 아첨하는 입은 패망하게 된다(잠 26:26-28). 이미지로 표현된 대로 온갖 거짓말로 함정을 파는 자는 함정에 빠지고 돌을 굴리는 자는 그 돌에 치이기를 소망한다. 하지만 그렇지 않은 현실도 있다. 그 이유는 무엇인가? 그것은 잠언은 절대적인 율법이나 법칙을 말하는 것이 아니기 때문이다. 오히려 적절한 때와 상황에 좌우되는 일반적이고 보편적인 진리를 말한다(롱맨 2005, 81). 그래서 여호와를 경외하는 자로서 기도하며, 하나님이 거짓을 말하는 자들의 정체를 드러나게 하시고 그것이 자신을 멸망시키는 일임을 깨닫도록 기도해야 한다.

⑧ 자기 일에 성실한 자(잠 27:23-27)

이 단락은 자기의 일과 자신을 잘 돌보아야 한다는 경제에 관한 가장 기초적인 교훈을 준다(Garrett 1993, 221). 솔로몬은 자기 양 떼의 형편을 부지런히 살피며 자기 소 떼에게 마음을 두라고 교훈한다. 왜냐하면 재물이 영원히 잊지 못하고 면류관이 영원하지 못하기 때문이다(잠 27:23-24). 재물이나 면류관은 환유

(metonymy)로 부귀와 명예를 말한다. 당시 농경과 목축이 주된 사회에서 양과 소를 돌보는 일은 경제활동에 참여하는 것이다. 풀을 벤 후에 새로 움이 돋고 산에서 꼴을 거둔다(잠 27:25). 이것은 양과 소를 먹이려면 풀을 베기도 하고 초장이 좋은 산을 찾아야 한다는 뜻으로 부지런해야 한다는 것이다. 그래서 양의 털이 옷이 될 수 있고, 염소는 밭을 사는 값이 될 수 있으며, 염소의 젖이 가족과 집에서 부리는 종들의 음식이 될 수 있다(잠 27:26-27). 이것은 부지런하게 일해야 먹고 살 수 있다는 것으로 경제생활의 기본이다. 여호와를 경외하는 자는 경제활동에 열심히 참여하여 그 수익으로 자신의 가족만이 아니라 교회와 민족을 위해 나눌 수 있어야 한다.

(2) 두 번째 모음(잠 28:1-29:27)

이 문단은 히스기야의 신하들이 편집한 솔로몬의 잠언 가운데 두 번째 모음으로 형태로 볼 때 다른 평행법도 간간히 사용하나 주로 대조 평행법을 많이 사용한다.[197] 그리고 예외적으로 비유법으로 사용하는 사례도 있다(잠 28:3, 15, 29:5). 여기서 지혜로운 자와 미련한 자 그리고 의인과 악인 사이의 대조를 통해 의로운 삶이 왜 중요하고 의미있는지 보여준다. 예를 들면 다음과 같다.

① 대조 평행법으로 된 잠언(잠 28:1-2; 4-7; 29:2-4)
대조 평행법은 첫 행에 뒤따르는 행이 첫 행의 의미와 대조적으로 표현된 것이다. 이 경우 대부분 문법 구조가 같다. 여기서 몇 가지만 소개한다.

a. 잠언 28:1-2

악인은 쫓아오는 자가 없어도 도망하나
의인은 사자 같이 담대하니라
나라는 죄가 있으면 주관자가 많아져도

---

197 잠언 10:1-15:33은 대부분 대조 평행법으로 되어 있다.

명철과 지식 있는 사람으로 말미암아 장구하게 되느니라

b. 잠언 28:4-7

율법을 버린 자는 악인을 칭찬하나
율법을 지키는 자는 악인을 대적하느니라
악인은 정의를 깨닫지 못하나
여호와를 찾는 자는 모든 것을 깨닫느니라
가난하여도 성실하게 행하는 자는
부유하면서 굽게 행하는 자보다 나으니라
율법을 지키는 자는 지혜로운 아들이요
음식을 탐하는 자와 사귀는 자는 아비를 욕되게 하는 자니라

c. 잠언 29:2-4

의인이 많아지면 백성이 즐거워하고
악인이 권세를 잡으면 백성이 탄식하느니라
지혜를 사모하는 자는 아비를 즐겁게 하여도
창기와 사귀는 자는 재물을 잃느니라
왕은 정의로 나라를 견고하게 하나
뇌물을 억지로 내게 하는 자는 나라를 멸망시키느니라

② 종합 평행법으로 된 잠언

종합 평행법은 대개 진술 → 보완, 진술 → 결과, 진술 → 질문, 진술 → 이유 등의 형태로 되어 있다.

a. 잠언 28:17(진술 → 보완)

사람의 피를 흘린 자는 함정으로 달려갈 것이니

그를 막지 말지니라

b. 잠언 29:14(진술 → 결과)

왕이 가난한 자를 성실히 신원하면
그의 왕위가 영원히 견고하리라

c. 잠언 29:19(진술 → 이유)

종은 말로만 하면 고치지 아니하나니
이는 그가 알고도 따르지 아니함이니라

③ 예외적인 비유법(잠 28:3, 15; 29:5)
이 문단에 예외적으로 비유법으로 교훈하는 잠언이 세 개가 있다. 이미지 언어는 의미를 생생하게 표현하는 방법이다.

a. 잠언 28:3

가난한 자를 학대하는 가난한 자는
곡식을 남기지 아니하는 폭우 같으니라

b. 잠언 28:15

가난한 백성을 압제하는 악한 관원은
부르짖는 사자와 주린 곰 같으니라

c. 잠언 29:5

이웃에게 아첨하는 것은

그의 발 앞에 그물을 치는 것이니라

6. 아굴의 잠언(잠 30:1-33)

이 문단은 표제에 있는 바와 같이 아굴의 잠언이다(잠 30:1). 아굴이 누구인지 알 수 없다. 성경 여기 외에 어디에도 그에 대한 정보가 없다. 개역개정판에 '잠 언'(잠 30:1)이라고 번역된 단어는 원문에 '마사'(מַשָּׂא)라는 단어다. 이 단어는 성경 에 하나님으로부터 계시받은 말씀, 곧 '신탁'(oracle)을 말하는데 사용되었다(사 13:1; 렘 23:36; 슥 9:1; 12:1 말 1:1 등). 그러나 지혜서는 율법서나 선지서와 달리 하 나님으로부터 직접 받은 계시가 아니라 하나님의 말씀을 믿고 살았던 성도의 경 험을 기록한 경험적 계시이기 때문에 '신탁'으로 번역할 수 없다. 그러나 '마사' 를 지명으로 본다면 "마사 사람 야게의 아들 아굴의 말이다"[198]라고 번역할 수 있 다. NIV의 난외주에 '마사의 야게'라고 했다. 그렇다면 아굴은 이스마엘의 후손 이다(창 25:13-14; 대상 1:30; Wolf 2002, 1001; 유윤종 2009b, 478).

아굴의 잠언은 70인역에서는 잠언 22:17-24:22 다음에 나온다.[199] 그래서 여 기에 근거해 아굴의 잠언을 잠언 30:1-9로만 보기도 하지만 일반적으로 전체를 아굴의 잠언으로 본다.

내용 분해

(1) 인간 이해의 한계(잠 30:1-6)

(2) 겸손을 위한 기도(잠 30:7-9)

(3) 종의 인격 보호를 위한 잠언(잠 30:10)

(4) 악한 무리(잠 30:11-14)

(5) 연속적인 숫자가 들어있는 잠언(잠 30:15-16, 18-19, 21-23, 29-31)

(6) 작지만 지혜로운 것들(잠 30:24-28)

---

198 디버레이 아구르 빈 야케 하마사(דִּבְרֵי אָגוּר בִּן־יָקֶה הַמַּשָּׂא)
199 70인역에는 잠언 22:17-24; 30:1-14; 24:23-24; 30:15-33; 31:1-9; 25:1-29:27; 31:10-31의 순서로 되어 있다. 이것은 사본이 달랐기 때문으로 보인다.

(7) 침묵에 대한 잠언(잠 30:32-33)

내용 해설

(1) 인간 이해의 한계(잠 30:1-6)

아굴은 자신이 다른 사람들에 비하면 미련하고 총명이 없다고 했다(잠 30:2).[200] 이뿐만 아니라 지혜를 배우지 못했고, 거룩하신 자를 아는 지식도 없다고 했다(잠 30:3). 그러면 정말 아굴은 지혜를 배우지 못하고 거룩하신 자를 몰랐을까? 그가 한 연속적인 여섯 개의 수사의문문을 볼 때 지혜가 없는 것이 아니라 인간의 한계를 인식하는 겸손한 표현임을 알 수 있다. 그 질문은 다음과 같다.

- 하늘에 올라갔다가 내려온 자가 누구인지 (너는 아느냐?)
- 바람을 그 장중에 모은 자가 누구인지 (너는 아느냐?)
- 물을 옷에 싼 자가 누구인지 (너는 아느냐?)
- 땅의 모든 끝을 정한 자가 누구인지 (너는 아느냐?)
- 그의 이름이 무엇인지 (너는 아느냐?)
- 그의 아들의 이름이 무엇인지 너는 아느냐(잠 30:4)

하늘에 올라갔다가 내려온 자는 누구인가? 예수님께서 니고데모와의 대화에서 "하늘에서 내려온 자 곧 인자 외에는 하늘에 올라간 자가 없느니라"(요 3:13)라고 하셨다. 바람을 그 손에 모은 자라는 말은 바람을 불게도 하시고 멈추게도 하시고, 태풍과 같이 강한 바람을 보내기도 하시고, 시원하고 기분좋은 바람을 보내기도 하시며 자유자재로 바람을 통제하시는 분이라는 뜻이다. 물을 옷에 싼 자는 비유적인 표현으로 물을 안고 있는 구름을 통제하여 어떤 곳에는 물 폭탄을 내려 홍수가 나게 하고, 어떤 곳에는 비를 적절하게 내리게 하시는 분이라는

---

[200] 개역개정판에 '짐승'이라고 번역된 단어의 원문은 '바아르'(בַּעַר)인데 '미련하다' 또는 '짐승처럼 미련하다'라는 뜻이다.

뜻이다. 땅의 모든 끝을 정한 자는 모든 땅의 경계를 세우신 분이라는 뜻이다. 수사의문문은 답변을 요구하는 것이 아니라 말하고자 하는 의미를 강조하기 위한 것이다. 이에 대한 대답은 성부 하나님과 성자 하나님이다. 이러한 질문을 볼 때 아굴이 미련하고 총명하지 못하다고 한 것은 하나님 앞에서 인간 존재의 한계를 인식한 겸손의 표현이다.

아굴은 이어서 하나님의 말씀이 어떤 의미가 있는지 설명한다. 그는 하나님의 말씀은 다 순전하며 하나님은 그를 의지하는 자의 방패가 되신다고 했다(잠 30:5). 여기에 '순전하다'라는 단어는 원문에 '차라프'(צָרַף)인데 금이나 은이 제련되어 불순물이 없이 깨끗하고 완전하다는 뜻이다(참조. 사 1:25). 아굴이 이 단어를 사용한 것은 하나님의 말씀을 오랜 시간 동안 믿은 자들이 믿고 순종해 본 결과 그 말씀이 진리라는 것이 증명되었기 때문이다. 그래서 누구든지 하나님의 말씀을 정직하게 받아들이고 순종하면 그 말씀대로 하나님이 그의 방패가 되어 주신다는 것이다(Atkinson 1996, 162; 부젤 1994, 172).

이와 더불어 아굴은 하나님의 말씀을 더하거나 왜곡하여 순종하지 아니하면 거짓을 말하는 자가 되어 하나님의 책망을 받게 된다고 경고한다(잠 30:6). 이로 보아 하나님의 말씀을 믿고 순종하는 것은 하늘에 올라가셨다가 내려오신 분이시며, 바람과 비를 통제하시는 분이며, 땅을 창조하시고 그 경계를 정하신 분인 무한하신 하나님을 만나고 교제하며 하나님이 그의 방패가 되어 주시는 것을 경험하는 방법이다.

(2) 겸손을 위한 기도(잠 30:7-9)

하나님을 만나고 교제하는 방법이 하나님 말씀을 믿고 순종하는 것이라면 우리는 무엇을 구하며 살아야 하는가? 아굴은 두 가지 소원을 구했다. 하나는 헛된 것과 거짓말을 멀리하게 해 달라는 것이고, 또 하나는 일용할 양식을 달라는 것이다(잠 30:7-9). 아굴이 두 가지를 구했으나 밀접한 연관성이 있다. 헛된 것과 거짓말을 멀리하게 해 달라는 것은 깨끗하고 거룩한 삶을 살게 해 달라는 것이고, 일용할 양식을 구한 것은 그 삶을 위험하게 만드는 상황이 되지 않게 해 달라는 것으로 볼 수 있다(Kidner 1964, 19). 아굴의 이 기도는 헛된 것을 추구하고,

거짓말을 삶의 수단으로 삼으며, 부와 번영에 최고의 가치를 두며 물질적인 욕망으로 가득한 이 시대의 사람들에게 무엇이 찬된 지혜인지를 보여준다.

아굴은 "헛된 것과 거짓말을 내게서 멀리 하옵소서"라고 기도했다. '헛된 것'(샤워, אָוְא)은 '공허한 말', '빈말'이라는 뜻으로 뒤에 있는 '거짓말'과 동격이다. 약속하고도 지키지 않는다면 그 말은 의미가 없고 공허한 말이다. 이 단어는 자신을 과장하고 교만하거나 거만하게 행동하는 것도 포함한다. 그래서 아굴이 "헛된 것과 거짓말을 내게서 멀리 하옵소서"라고 기도한 것은 인격과 생활로 표현되는 말, 진실한 말, 사람들에게 믿음을 주는 말을 사용하게 해 달라는 것이다.

그러나 이러한 삶을 살지 못하게 만드는 상황들이 종종 발생한다. 아굴은 이를 알고 자기를 가난하게도 말고 부하게도 말고 오직 필요한 양식으로 나를 먹여 달라고 기도했다(잠 30:8). 아굴이 기도한 '필요한 양식'은 어느 정도의 양식을 말하는가? 이 기도는 예수님께서 가르쳐주신 기도 가운데 "오늘 우리에게 일용할 양식을 주시옵고"라는 기도내용과 같은 내용이다. 아굴이나 예수님께서 말씀하시는 '필요한 양식'은 단순히 먹는 문제만을 말하는 것은 아니다. 이 말은 부분을 통하여 전체를 표현하는 제유법으로 말한 것이다. 그래서 필요한 양식은 먹을 것만 아니라 의복과 주택, 건강, 문화생활 등 우리 육신의 생명을 유지하기에 필요한 모든 것을 말한다. 그러면 어느 정도의 재물이 있으면 육신의 생명을 유지하기에 적절한가? 사람마다 씀씀이가 다르기 때문에 '필요한'이라는 말을 한정하기가 어렵다.

아굴은 어느 정도의 양식을 구했는가? 그는 배불러서 하나님을 모른다 하지 않고, 가난하여 도둑질하여 하나님의 이름을 욕되게 하지 않을 정도의 재물을 구했다(잠 30:9). 그는 가난과 부요함 모두 다 하나님을 섬기는 일에 위험이 내재할 가능성이 있음을 말한다. 성경은 부자를 정죄하지 않고 언약 속에 내포된 복 가운데 하나로 본다(참조. 창 24:36). 그럼에도 불구하고 부자는 하나님을 섬기는 일에 많은 위험성을 가지고 있다. 아굴은 부자가 되는 일에는 하나님을 부인하고자 하는 유혹과 하나님을 대항해 높아지고자 하는 교만의 가능성이 내재해 있다고 보았다. 그리고 가난하면 남의 소유를 도적질함으로 하나님의 이름을 욕되게 할 수 있다고 보았다. 아굴은 가난이 도적질의 위험성만 지적했지만 이사야는 하나님을 원망할 수도 있다고 지적했다(참조. 사 8:21). 아굴이 한 기도의 핵심은 어디에 있는가? 필요한 양식이 어느 정도인가, 돈이 얼마 있어야 하는가에 강조점이 있는 것이 아니라 얼마나 여호와를 잘 경외할 수 있는지의 경건성에 강조점이 있다.

(3) 종의 인격 보호를 위한 잠언(잠 30:10)

종에 대해 그의 상전에게 비방하지 말라고 했다. 이는 비방을 당한 종이 비방한 자를 저주하며 하나님께 호소하여 비방한 죄에 대해 심판을 받지 않도록 하기 위함이다. 종은 사회적으로 약자이다. 이 잠언은 사회적 약자들을 모함하거나 괴롭혀서는 안 된다는 것이다.

(4) 악한 무리(잠 30:11-14)

이 짧은 문단에서 아굴은 네 부류의 악한 무리를 열거하고 있다. 여기에 '무리'는 원문은 '도르'(דור)로 '세대'라고 할 수도 있고, 특정의 사람들을 가리킬 수도 있다. 이들은 부모를 저주하며 축복하지 아니하는 무리(잠 30:11), 스스로 깨끗한 자로 여기면서도 자기의 더러운 것을 씻지 아니하는 자, 곧 위선과 가식이 가득한 자(잠 30:12), 눈이 심히 높아 눈꺼풀이 높이 들린 자, 곧 교만한 자(잠 30:13), 앞니는 장검 같고 어금니는 군도 같아서 가난하고 궁핍한 자를 폭력으로 삼키는 자(잠 30:14) 등이다. 특히 아굴은 눈과 눈거풀로 교만한 자를 표현했고, 앞니와 어금니를 전쟁에서 사람을 죽이는 '장검'과 '군도'라는 이미지로 표현했다. 아굴은 악한 자들의 교만과 폭력적인 행동을 그림으로 그리듯이 보여준다. 이러한 자들의 품행은 결코 지혜로운 행동도 아니고 여호와를 경외하는 삶도 아니다.

(5) 연속적인 숫자가 들어있는 잠언(잠 30:15-16, 18-19, 21-23, 29-31)

여기에 기록된 연속적인 숫자(x, x+1)가 들어있는 금언의 형식적인 특징은 '… 하는 것 세 가지, … 하는 것 네 가지'로 되어 있다. 이 형태는 모두 '…을 하라' 또는 '… 하지 말라'는 명령을 하지 않으며 읽는 자들로 하여금 무엇인가 생각하게 만든다. 성경에서 산문과 운문(시)에 종종 발견되는 연속적인 숫자(x, x+1)는 문학적 장치의 하나로 많은 수를 나타낸다(Roth 1962, 301, 311).

① 거머리의 두 딸(잠 30:15-16)

거머리에게 두 딸이 있는데 '다오 다오'(하브 하브, הַב הַב ⟨יהב⟩)라고 한다. 그런데 그 딸들은 족한 줄을 모르고 세 가지를 달라 하고, 족하다 하지 않고 네 가지를 달라 한다(잠 30:15).[201] 아굴은 동물의 피를 빨아들이는 거머리의 이미지를 가지고 더 많이 가지고자 하는 인간의 탐욕이 끝이 없음을 말한다. 그리고 연속적인 숫자(x, x+1)로 말한 것은 끊임없이 계속 달라는 것을 의미한다. 아굴은 끝이 없는 인간의 탐욕을 스올과 아이 배지 못하는 태와 물로 채울 수 없는 땅과 족하다 하지 아니하는 불의 이미지로 소개한다(잠 30:16).

② 음녀의 자취(잠 30:18-20)

아굴은 기이한 일이 세 가지가 있고, 이해할 수 없는 것이 네 가지가 있다고 말하며 그 예를 들었다.[202] 그들은 공중에 날아다니는 독수리의 자취와 반석 위에 기어다니는 뱀의 자취와 바다 위로 다니는 배의 자취와 남자와 여자가 함께한 자취다. 이 외에도 많이 있다. 그런데 아굴은 왜 기이하고 이해할 수 없는 자취를 연속적인 숫자(x, x+1)로 설명했을까? 그것은 음녀의 자취도 이해할 수 없는 현상이 많다는 것이다. 음녀는 그가 먹고 입을 씻음같이 "내가 악을 행하지 아니하였다"라고 말했다. 이것은 사람이 음녀의 악한 행위를 알 수 없기에 음녀를 조심해야 한다고 말하기 위함이다.

③ 견딜 수 없게 하는 일들(잠 30:21-23)

아굴은 세상을 진동시키는 세 가지와 세상이 견딜 수 없게 하는 네 가지가 있

[201] 원문은 개역개정판처럼 '서넛'이 아니라 "그들은 족한 줄을 모르고 세 개를 달라고 하고, 만족하다 하지 않고 네 개를 달라고 한다"라는 뜻이다.
[202] 원문은 개역개정판처럼 '서넛'이 아니라 "나에게 기이한 일들이 세 가지가 있고, 이해할 수 없는 것이 네 가지가 있다"라는 뜻이다.

다고 했다(잠 30:21).²⁰³ 그들은 종이 임금이 된 것과 미련한 자가 음식으로 배부른 것과 미움받는 여자가 시집간 것과 여종이 주모를 이은 것이다(잠 30:22-23). 종이 임금이 된다는 것은 낮은 자리에 앉은 자가 뇌물이나 인척 관계를 통해 높은 자리를 차지하는 정치적 부조리를 지적하는 것으로 보기도 한다(이형원 1993, 228). 이와 더불어 임금의 지위에 어울리지 않는 자가 임금이 되면 백성이 견딜 수 없음도 말한다. 미련한 자가 배부른 것은 성실하지도 않고 정직하지도 않은 자가 재물과 부귀를 취하는 현상을 말한다. 이러한 경제 부조리 현상이 사회에 팽배할 때 사회 구성원은 참을 수 없는 어려움을 당하게 된다(이형원 1993, 228). 여종이 주모를 잇는 경우는 남편이 아내와 이혼한 후에 여종을 아내로 맞아들이거나, 아내가 죽고 난 후에 여종과 결혼했을 경우다. 여기서 이 일로 견딜 수 없다고 말한 것으로 보아 여종이 부정한 성적 행위를 하였거나 정당하지 못한 방법으로 주모를 대신한 것이다. 아굴이 연속적인 숫자(x, x+1)로 말한 것은 이 세상에 견딜 수 없게 만드는 일이 많다는 것이다.

④ 위풍 있게 다니는 것들(잠 30:29-31)

아굴은 잘 걷는 것이 세 가지가 있고, 위풍 있게 걷는 것 네 가지가 있다고 했다(잠 30:29).²⁰⁴ 그들은 짐승 중에 강한 사자와 사냥개와 숫염소와 당할 수 없는 왕이다. 이들을 연속적인 숫자(x, x+1)로 쓴 것은 이 외에도 많이 있다는 것이다. 이들은 공통적으로 강한 외부적인 힘으로 넘어트릴 수 없는 존재가 있음을 말한다. 이것은 어느 집단이든지 맞설 수 없거나 뜻을 꺾을 수 없는 자들이 있다는 것을 보여준다.

(6) 작지만 지혜로운 것들(잠 30:24-28)

아굴은 작지만 가장 지혜로운 것 네 가지를 말한다. 그들은 힘이 없는 종류지만 먹을 것을 여름에 준비하는 개미, 약한 종류지만 바위 사이에 집을 짓는 사

203 원문은 개역개정판처럼 '서넛'이 아니라 "세상을 진동시키는 일들이 세 가지가 있고, 세상이 견딜 수 없게 하는 것이 네 가지가 있다"라는 뜻이다.
204 원문은 개역개정판처럼 '서넛'이 아니라 "잘 걷는 것들이 세 가지가 있고 위풍 있는 것이 네 가지가 있다"라는 뜻이다.

반, 임금이 없어도 떼를 지어 다니는 메뚜기, 손에 잡힐만해도 왕궁에 있는 도마뱀이다. 시반은 힘이 없어도 바위 사이에 안전하게 집을 짓는다.[205] 도마뱀은 작은 몸을 가지고 있어도 왕궁 안에도 들어간다. 아굴은 작고 미약하게 보이는 네 가지 종류의 동물을 예를 들어 그들의 약점을 장점으로 극복하는 지혜로운 자가 될 것을 교훈한다.

(7) 침묵에 대한 잠언(잠 30:32-33)

아굴은 미련하여 스스로 높은 체하였거나 악한 일을 도모했다면 손으로 입을 막아야 한다고 권고한다(잠 30:32). 미련하여 스스로 높은 체했다면 자신의 죄를 인정하고 손으로 입을 막아야 한다. 또한 악한 일을 마음에 생각했다면 손으로 입을 막아야 한다. '손으로 입을 막는다'라는 것은 침묵해야 한다는 뜻이다. 왜냐하면 젖을 저으면 엉긴 젖이 되거나 코를 비틀면 피가 나듯이 스스로 높은 체하거나 악한 말은 노를 격동하여 다툼이 일어나기 때문이다(잠 30:33).

7. 르무엘 왕의 잠언(잠 31:1-9)

이 문단은 표제에 있는 바와 같이 르무엘 왕이 썼지만 그의 어머니가 그를 훈계한 잠언이다(잠 31:1). 아굴과 마찬가지로 르무엘 왕에 대한 정보는 없다. 개역개정판에 '잠언'(잠 31:1)이라고 번역된 단어는 원문에 '신탁'(oracle)이라고 번역할 수 있는 '마사'(מַשָּׂא)라는 단어다(사 13:1; 렘 23:36; 슥 9:1; 12:1 말 1:1 등). 하지만 르무엘 왕의 '잠언'은 '신탁'으로 번역할 수 없다. 그래서 '마사'를 지명으로 본다면 NIV의 난외주에 '마사의 르무엘 왕'이라고 한 것처럼 번역할 수 있다. 그렇다면 르무엘 왕은 이스마엘 자손이 살았던 지역이나 그 족속의 왕으로 볼 수 있다(창 25:13-14; 대상 1:30).

---

205 사반은 히브리어로 '샤판'(שָׁפָן)을 음역한 것인데 NASB가 번역한 것처럼 오소리인지, NIV가 번역한 것처럼 바위너구리인지 알 수 없다.

내용 분해

(1) 힘을 여자들에게 쓰지 말라(잠 31:2-3)

(2) 포도주와 독주를 마시지 말라(잠 31:4-7)

(3) 사회적 약자들을 보호하라(잠 31:8-9)

내용 해설

(1) 힘을 여자들에게 쓰지 말라(잠 31:2-3)

르무엘 왕의 어머니는 르무엘 왕을 가리켜 '내 태의 아들'이라고 했고, '서원대로 얻은 아들'이라고 했다. 이것은 기도로 얻은 아들임을 의미한다(참조. 삼상 1:11, 27-28). 어머니는 아들에게 "네 힘을 여자들에게 쓰지 말라"(잠언 31:3)라고 했다. 그리고 이 일은 왕들을 멸망시키는 일이라고 했다. 여기서 말하는 여자는 자기 아내 외에 후궁들을 말한다. 왕은 성적인 만족을 얻기 위해 후궁들에게 힘과 돈과 시간을 쓰지 말라는 것이다. 이것은 지도자들은 성적으로 절제하고 깨끗해야 한다는 것이다. 그렇지 않으면 왕들을 멸망의 길로 인도해 갈 수 있기 때문이다(참조. 왕상 11:1-3).

(2) 포도주와 독주를 마시지 말라(잠 31:4-7)

왕의 어머니는 르무엘 왕에게 포도주를 마시는 것과 독주를 찾는 것은 왕에게 마땅치 않다고 권면했다(잠 31:4). 이렇게 권고한 것은 술을 마시다가 법을 잊어버리고 모든 곤고한 자의 송사를 굽게 할 수 있는 위험이 있기 때문이다(잠 31:5). 술의 위험성은 지혜자의 잠언에 자세히 설명한다(참조. 잠 23:31-35). 술에 취하면 자신이 누운 자리가 바다인지, 돛대 끝인지 모른다(참조. 23:34). 다른 말로 하면 술에 취하며 길바닥에 드러누웠는지, 아니면 여관에 누웠는지 모른다는 뜻이다. 이런 상태에서 왕은 모든 곤고한 자들의 송사를 굽게 할 수밖에 없다. 왕은 가난하고 고통 받는 자들을 돌보고, 스스로 변호할 수 없는 사람들을 변호하고, 궁핍한 자들의 권리를 보호해야 한다. 왕의 주요 임무는 자기 백성들의 복지와 약자들의 권리를 보호하는 일이다(Atkinson 1996, 166).

그러면서 독주는 죽게 된 자에게, 포도주는 마음에 근심하는 자에게 주어 빈궁한 것을 잊어버리게 해야 한다고 했다(잠 31:6-7). 이것은 왕이 의료 목적, 곧 그들의 고통을 들어주기 위한 것으로 포도주와 독주를 주어야 한다는 것이다(가레트 & 해리스 2014, 1263). 르무엘 왕의 어머니가 왜 이러한 이야기를 하는가? 그것은 술은 사람을 망하게 하고 판단력을 흐리게 만들어 왕의 직무를 수행할 수 없게 한다고 보았기 때문이다.

(3) 사회적 약자들을 보호하라(잠 31:8-9)

왕의 어머니는 말 못하는 자와 모든 고독한 자의 송사를 위해 입을 열어 공의로 재판할 것을 권면했다. '말 못하는 자'는 언어 장애로 말을 못하는 사람이 아니라 자기 스스로 자신의 인권과 권리를 주장할 수 없는 사회적 약자를 말한다. 이러한 권면을 한 목적은 왕이 재판할 때 공정하게 재판하여 사회적 약자들이 억울함을 당하지 않도록 보호해야 한다는 것을 말하기 위함이다.

8. 현숙한 여인(잠 31:10-31)[206]

이 문단은 알파벳 이합체(alphabetic acrostic) 시로 되어있다. 이러한 문학적 장치로 기록한 것은 청각의 즐거움과 더불어 암기하는데 크게 기여한다. 이 시는 행복한 인생을 위해 현숙한 아내를 만나는 일이 중요하며, 아울러 여성 독자들이 현숙한 여인으로 살아감으로 개인과 사회의 복지에 이바지하도록 격려하기 위한 것이다(이형원 1993, 236). '현숙하다'(하일, חַיִל)라는 말은 출애굽기 18:21에서는 '능력이 있는 사람'이라고 번역했고, 잠언 31:29에서는 '덕행이 있다'라고 번역했다. 능력과 덕행이 있는 여인이 현숙한 여인이다. 알파벳 이합체 시로 된 이 노래는 알파벳 순서로 되어 있어 암기하기에 유익함이 있으나 논리 구조를 찾기

---

206 이 부분은 현숙한 여인에 대한 말씀이지만 지혜로운 남자에게도 적용할 수 있다.

어렵다. 그러나 가레트(Garrett 1993, 248)는 이 시를 정교하게 다듬어진 것으로 이해하고 다음과 같이 교차대칭구조로 구분했다. 이 구조는 산만하게 흩어져 있는 듯한 내용을 이해하는 데 도움이 된다.

A 현숙한 아내의 가치(10)
　B 아내로 말미암아 복된 삶을 사는 남편(11-12)
　　C 부지런한 아내(13-19)
　　　D 곤고한 자를 구제하는 아내(20)
　　　　E 미래를 대비하여 옷을 준비한 아내(21)
　　　　　F 이불과 세마포를 입는 아내(22)
　　　　　　G 남편을 인정받게 하는 아내(23)
　　　　　F' 옷을 지어 파는 아내(24)
　　　　E' 미래를 대비하는 아내(25)
　　　D' 지혜를 말하는 아내(26)
　　C' 부지런한 아내(27)
　B' 자녀들과 남편이 아내를 칭찬함(28-29)
A' 현숙한 아내의 가치(30-31)

내용 분해

(1) 현숙한 여인은 여호와를 경외한다(잠 31:10, 30-31)

(2) 현숙한 여인은 남편을 돕는다(잠 31:11-12, 23, 28-29)

(3) 현숙한 여인은 부지런하다(잠 31:13-19, 27)

(4) 현숙한 여인은 곤고한 자를 구제한다(잠 31:20, 26)

(5) 현숙한 여인은 자신을 아름답게 가꾼다(잠 31:22, 24)

(6) 현숙한 여인은 미래를 대비한다(잠 31:21, 25)

내용 해설

(1) 현숙한 여인은 여호와를 경외한다(잠 31:10, 30–31)

이 시는 "누가 현숙한 여인을 찾아 얻겠느냐 그의 값은 진주보다 귀하니라"(잠 31:10)라는 말씀으로 시작한다. '누가 찾아 얻겠느냐?'라는 말씀은 아무도 이러한 아내를 찾을 수 없다는 것이 아니라 이러한 여인을 찾는 일이 가치 있는 일임을 보여주려는 것이다. 저자는 현숙한 아내의 가치가 진주보다 귀하다고 했다.[207]. 이것은 현숙한 여인을 얻는 것은 값비싼 보석보다 더 귀하다는 것이다. 이 여인은 여호와를 경외하는 자다(잠 31:30). NIV 성경이 분리한 것처럼 잠언 31:30–31은 남편이 칭찬하는 말이 아니다. 이 구절은 교차대칭구조를 유지하면서도 이 시의 요약이며 결론이다(Garrett 1993, 251). 저자는 이 시를 시작하며 "누가 현숙한 여인을 얻겠느냐 그의 값은 진주보다 더하다"(잠 31:10)라고 했다. 이 시의 결론에서 현숙한 여인은 '고운 것'은 거짓되고 '아름다운 것'은 헛되나 여호와를 경외하는 여인은 칭찬을 받고, 그 손의 열매가 그에게 돌아가고 그 행한 일로 말미암아 칭찬을 받을 것이라고 했다(잠 31:30–31). '고운 것'(헤인, חֵן)은 매력적이고 사랑을 받을만한 것이고, '아름다운 것'(야피, יֹפִי)은 외적인 아름다움을 말한다. 그러므로 젊은이가 결혼할 때 여인의 고운 것과 아름다운 것도 의미가 있으나 그것이 결정적인 이유가 될 수 없다. 젊은이는 여호와를 경외하는 여인과 결혼해야 한다.

(2) 현숙한 여인은 남편을 돕는다(잠 31:11–12, 23, 28–29)

현숙한 여인은 남편을 돕는다. 그는 남편이 믿을 수 있는 아내다. 그래서 남편은 그를 믿으며 그로 말미암아 열심히 일하여 산업이 핍절하지 않게 한다(잠 31:11). 남편으로 하여금 열심히 일해 부를 이루어 가정생활이 어렵지 않게 한다는 것이다. 그리고 남편에게 선을 행하고 악을 행하지 않는다(잠 31:12). 그래

---

207 개역개정판에 '진주'라고 번역했지만 원문은 '퍼니님'(פְּנִינִים)으로 '산호'다. 개역개정판에는 '진주'(잠 8:11)로, '산호'(애 4:7)로 번역되어 있다.

서 가족들은 그의 모든 덕행을 알고 그의 자식들은 그에게 감사하며 그는 남편으로부터 덕행 있는 여자가 많으나 모든 여자보다 뛰어나다는 칭찬을 듣는다(잠 31:28-29). 무엇보다 현숙한 여인은 남편을 세워 사람들에게 존경받는 자로 세운다. 그의 남편은 그 땅의 장로와 더불어 성문에 앉아 다스리며 사람들에게 존경받는 자가 되었기 때문이다(잠 31:23). 저자는 이 일이 남편 혼자 된 것이 아니라 현숙한 아내가 있었기 때문이라고 본다. 구조적으로 이 말씀이 시의 중심에 있는 것은 이 메시지가 젊은이를 위한 것으로 보기도 한다(Garrett 1993, 251).

(3) 현숙한 여인은 부지런하다(잠 31:13-19, 27)

현숙한 여인은 부지런하다. 그는 양털과 삼을 구하여 부지런히 손으로 일한다(잠 31:13). 양털과 삼은 옷감의 재료다(참조. 수 2:6). 당시는 오늘날처럼 섬유기술이 발달하지 않았기 때문에 대개 양털이나 삼을 구하여 겨울옷과 여름옷을 지었다. 그는 상인의 배와 같아서 먼 데서 양식을 가져오며 밤이 새기 전에 일어나서 자기 집안 사람에게 음식을 나누어준다(잠 31:14-15). 이뿐만 아니라 여종들에게 일을 분담하여 맡기고 밭을 보기도 하고, 사기도 하고 자기 손으로 번 것으로 포도원을 일군다(잠 31:16). 그는 힘 있게 허리를 묶으며 자기의 팔을 강하게 하며 밤에도 등불을 끄지 않고 일한다(잠 31:17-18). '허리를 묶고 팔을 강하게 하다'라는 것은 일할 준비가 되어있거나 일하는 모습을 말한다(참조. 출 12:11; 왕상 18:46; 왕하 4:29). 또한 그는 "손으로 솜뭉치를 들고 손가락으로 가락을 잡는"(잠 31:19) 일을 했다. 이것은 물레로 실을 뽑아내어 실을 감는 모습이다. 이러한 그의 행동을 볼 때 부지런했다는 것을 알 수 있다. 그리고 그는 자기 집안을 보살피고 게을리 얻은 양식을 먹지 않았다(잠 31:27). 이것은 그가 집안을 잘 보살필 뿐만 아니라 성실하고 부지런하게 일하여 양식을 먹었다는 것이다. 이 '양식'은 단순히 음식만 아니라 사람이 살아가는 일에 필요한 모든 것을 상징하는 것이다.

(4) 현숙한 여인은 곤고한 자를 구제한다(잠 31:20, 26)

부지런한 손을 가진 이 여인은 자기 집안 일에만 신경 쓰는 것이 아니라 곤고한 자에게 손을 펴고 궁핍한 자를 위해 손을 내민다(잠 31:20). 이것은 가난하고 고통받는 이웃을 도와준다는 것이다. 현숙한 여인은 능력있는 교사로서 입으로 지혜를 가르치고 혀로 인애의 법을 가르친다(잠 31:26). '인애의 법'(토랏 헤세드, תּוֹרַת־חֶסֶד)은 은혜 또는 사랑의 계명을 말하는 것으로 이를 가르친다는 것은 이 법을 실천하고 있는 것을 전제로 한다.

(5) 현숙한 여인은 자신을 아름답게 가꾼다(잠 31:22, 24)

현숙한 여인은 자신을 아름답게 가꾼다(잠 31:22, 24). 그는 자기를 위하여 아름다운 이불을 지으며 세마포와 자색옷을 입는다(잠 31:22). 이것은 자신을 아름답게 단장한다는 뜻이다. 이뿐만 아니라 옷을 지어 팔기도 하고 띠를 만들어 상인에게 맡긴다(잠 31:24).

(6) 현숙한 여인은 미래를 대비한다(잠 31:21, 25)

현숙한 여인은 미래를 대비하는 지혜가 있다. 그는 눈이 올 때도 자기 집 사람을 위해 두려워하지 않는다. 왜냐하면 그의 가족들은 다 홍색 옷을 입었기 때문이다(잠 31:21).[208] 여기에 '홍색 옷'(샤님, שָׁנִים)은 값비싼 옷을 상징하지만 히브리어 원문은 복수로 '이중으로 된 옷'이라는 뜻도 된다. 그래서 그는 눈이 와서 추워도 두려워하거나 염려하지 않는다. 또한 그는 능력과 존귀로 옷을 입었기에 후일에 웃을 수 있다(잠 31:25). '능력과 존귀'로 옷을 입는다는 것은 단순히 어떤 옷을 입느냐의 문제가 아니라 이미지 언어로 미래에 어려움 가운데 빠진다 할지라도 웃을 수 있도록 준비했다는 것이다(Garrett 1993, 251).

여기에 묘사된 현숙한 여인은 지혜가 제공하는 모든 덕을 가지고 있다. 그는 부지런하고 사업에 대한 감각이 있으며, 동정적이며, 미래를 대비하며, 좋은 교사이며, 가족들에게 헌신적이고 이 모든 것보다 성경적 지혜의 가장 중요한 특

---

208 히브리어 어순이 우리 어순과 다르기 때문에 번역의 한계가 있다. 이 절의 원문은 "눈이 올 때도 그 집 사람을 위해 두려워하지 않는다. 왜냐하면 그 집 사람은 모두 홍색 옷을 입었기 때문이다"(לֹא־תִירָא לְבֵיתָהּ מִשָּׁלֶג כִּי כָל־בֵּיתָהּ לָבֻשׁ שָׁנִים)라고 번역할 수 있다.

징인 여호와를 경외하는 지혜를 가지고 있다. 이 여인은 참된 지혜 여인이다 (Garrett 1993, 252).

젊은 남성은 그의 아내로 현숙한 여인이나 미련한 여인 중 하나를 선택한다. 그가 여호와를 경외하는 현숙한 여인을 선택할 때 그 여인이 자신을 복되고 하나님의 뜻을 성취하는 자로 살게 할 것이다. 지혜는 단순히 규칙이나 개념을 학습하는 문제가 아니라 사회화의 문제이기 때문이다. 사람은 처음에 부모에 의해 사회화되고 다음으로는 그의 아내에 의해 사회화된다(Garrett 1993, 252). 여기서 하나님이 맨 처음 여자를 '돕는 배필'(창 2:18)로 창조하신 의도를 확인할 수 있다. 아내는 남편을 도와 하나님이 창조하신 세상을 잘 경영하게 할 수도 있고 망하게 할 수도 있다. 그래서 잠언서의 지혜는 단순히 지적인 문제가 아니라 관계적인 문제임을 알 수 있다. 사람은 우선적으로 세 가지 특별한 관계를 통해 지혜를 발견할 수 있기 때문에 여호와를 경외하고 부모를 공경하며 현숙한 아내를 찾아야 한다(Garrett 1993, 252). 이 관계가 지혜로운 삶을 가능하게 만드는 가장 중요한 요인이다.

VI. 구속사적 의미

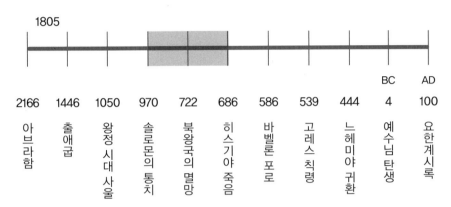

구속사에서 잠언의 위치

잠언서는 어느 시대의 구속사에서 기록되었는지 알 수 없다. 왜냐하면 잠언서는 솔로몬 시대(주전 970-930년)부터 히스기야 시대(주전 715-686년)와 저자와 시대를 알 수 없는 지혜 있는 자들의 잠언(잠 22:17-24:34)과 아굴(잠 30:1-33), 르무엘(잠 31:1-31)이 지은 잠언을 포함하고 있기 때문이다. 그럼에도 잠언서는 솔로몬이 지은 잠언이 중심을 이루고 있고, 히스기야 시대에 솔로몬의 잠언을 수집하여 책으로 엮은 것으로 보아 솔로몬 시대부터 히스기야 시대까지의 구속사를 배경으로 하여 썼다고 본다.

일반적으로 구속사는 하나님이 자기를 위하여 백성을 부르고 보존하고 형성시키고, 또 그들을 통해 온 세상에 복음을 전하시는 사역에 대한 포괄적인 이야기를 다룬다. 또한 구속사는 하나님의 계시, 특히 메시아가 어떻게 계시되어 있고, 어떤 일을 행하실 것인지에 대한 점진적인 개념을 다룬다(가레트 & 해리스 2014, 1218). 이 관점에서만 보면 잠언서는 구속사와 거의 연관이 없는 것처럼 보인다. 하지만 구속사는 항상 두 가지 중심점이 있다. 하나는 구원하시는 하나님이시고, 또 하나는 구원을 필요로 하는 인간이다(고재수 1989, 24). 이 구속사에서 하나님은 그의 백성과 교제하시며 하나님의 작정의 목표인 하나님 나라를 이루신다. 잠언은 구원받은 하나님의 백성이 어떻게 하나님과 교제하며 하나님의 뜻을 이루어갈 수 있는지를 설명한다. 그 방법은 하나님을 경외하는 것이다. 잠언서는 구속받은 백성의 삶의 양식으로서 율법을 다양한 삶의 상황에 적용하여 하나님을 경외하는 자로 사는 것이 왜 지혜로운 삶인지 보여준다.

전도서

Ecclesiastes

S U M M A R Y

전도서

--◦○◦--

　전도서에서 전도자는 타락하여 혼란하고 뒤틀린 세상에서 어떻게 인생을 의미 있게 살 수 있는지에 대한 지혜를 보여준다. 전도서 안에 가장 널리 퍼져 있고 반복적으로 나오는 주제어는 처음(전 1:2)부터 마지막 부분(잠 12:8)까지 반복적으로 나오는 '헛되다'(= 무의미하다)이다. 전도자는 모든 것이 헛되게 보이는 상황에서 벗어나 의미 있고 복된 삶이 무엇인지를 탐구한다. 전도서가 어떤 주제를 탐구하는지 성경의 지혜서인 잠언과 욥기와 비교해 보면 큰 그림을 그릴 수 있다. 잠언은 일반적이고 보편적인 질서세계에서 여호와를 경외하는 것이 왜 지혜인지 설명한다. 욥기는 보편적 질서세계가 아니라 감추어진 질서세계인 하나님의 섭리 때문에 발생하는 문제에 대해 여호와를 경외하는 것이 왜 지혜인지 설명한다. 그러나 전도서는 죄로 인하여 왜곡된 질서세계에서 여호와를 경외하는 일이 왜 지혜인지 설명한다. 골즈워디(Goldsworthy 1987a, 73–114)는 이 점을 간파하고 세 권의 책의 핵심적인 주제를 잠언은 "잠언과 보편적 질서"(Proverbs and perception of order), 욥기를는 "욥기와 감추어진 질서"(Job and the hiddenness of order), 전도서는 "전도서와 혼란한 질서"(Ecclesiastes and the confusion of order)라고 요약했다. 전도서는 죄로 말미암아 타락하여 모든 것이 헛되게 보이는 세상에서도 의미 있는 삶이 무엇인지 탐구하는 책이다.

I. 저자와 역사적 배경

　이 책의 저자는 일반적으로 전도서 표제인 전도서 1:1 "다윗의 아들, 예루살렘 왕"에 근거하여 저자를 솔로몬으로 본다. 하지만 저자 문제는 간단하지 않다. 먼저 이 책의 어휘와 구문법을 볼 때 솔로몬 시대와 맞지 않고 훨씬 후대로 잡아야 한다고 본다(Delitszch 1872, 190). 그리고 저자가 솔로몬이었다면 왜 직접 자신의 이름으로 사용하지 않고 '전도자'라는 가명을 썼는지 등의 의문을 제기하기도 한다. 또한 "나보다 먼저 예루살렘에 있던 모든 자들"(전 1:16; 2:7, 9)이라는 표현은 예루살렘을 다스렸던 왕이 다윗 한 명 외에는 없었기 때문에 솔로몬에게 적합하지 않다. 특히 "내가 이스라엘 왕이었다"(전 1:12)라고 과거시제를 사용한 것을 보면 현재 이스라엘을 통치하는 왕은 아니기 때문에 저작연대는 솔로몬 이후 시대라고 보았고, 또한 '다윗의 아들'이라는 용어도 다윗의 후손을 언급할 수 있기 때문에 여기서 솔로몬 개인이라기보다는 솔로몬부터 이어지는 지혜 전통의 계승자임을 시사하는 것으로 보기도 한다(Goldsworthy 1987a, 107; Young 1953, 348).

그럼에도 불구하고 전도서의 저자를 솔로몬으로 보아야 한다. 이 책 어디에도 그 아들이 솔로몬이라고 밝히는 부분은 없어도 다윗의 아들로서 예루살렘의 왕이 된 사람은 솔로몬밖에 없기 때문이다. 표제 외에도 솔로몬을 저자로 암시하는 부분도 많다(전 1:2, 12, 16; 2:4-9; 7:26-29; 12:9; 참조. 왕상 2:9; 3:12; 4:29-34; 5:12). 또한 전도자가 말한 대부분이 완료형 동사를 사용했다는 것은 솔로몬 자신의 경험을 토대로 썼다는 것이다. 과거 시제에 해당하는 완료형은 과거에서 시작해서 현재까지 미치는 행동을 말한다(카이저 1991, 260). 그리고 열왕기상 1-11장에 묘사된 어법과 생활방식과 경험 등이 유사하고, 전도서에 나타난 독특한 개념인 지혜와 하나님 경외를 생활에 적용한 것을 볼 때 열왕기상 3장과 유사하다(카이저 1991, 28). 이러한 점을 근거로 솔로몬을 전도자와 동일인물로 보고 그 저작연대를 솔로몬이 통치하던 시대인 주전 10세기로 보는 것이 좋다.

이 책의 이름은 전도서 1:1에 '전도자'라는 말에서 나왔다. 전도자라는 말은 히브리어로 '코헬레트'(קֹהֶלֶת)인데 RSV는 '설교자'(the Preacher), NIV는 '교사'(the Teacher)로 번역하였다. 이 단어의 어근은 명사로는 '집회'(assembly) 또는 '회중'(congregation) 등의 의미를 가지고 있고, 동사로는 '모으다', '소집하다' 등의 의미를 가진 '카할'(קָהַל)에서 왔다. 전도자는 회중에게 지혜를 가르치는 자로 이해할 수 있다. '전도서'라는 명칭은 구약의 많은 책들이 그러하듯이 70인역에서 '에클레이시아스테이스'(Ἐκκλησιαστής)라고 번역한 데서 유래되었다. 이 헬라어를 영어로 음역하여 Ecclesiastes라고 한 것이 책의 제목이 되었다.

II. 문학적 특징과 구조

전도서는 문학적 구조를 찾기 어렵다. 그 이유는 이 책의 내용을 총괄하는 일관된 주제와 사상의 논리적 진전이 없는 것처럼 보이기 때문이다. 전도서를 자세히 읽어보면 인간의 경험에서 볼 때 나타나는 일반적인 혼란스러움을 묘사하면서 일정한 흐름을 따라가는 것이 아니라 이리저리 뛰어다니는 것처럼 묘사하고 있다. 그리고 문학 장르도 시와 산문이 혼합되어 나타난다.[209] 그럼에도 불구하고 책의 문학적 구조와 특징을 발견할 수 있다. 그것은 이 책에서 메시지를 전하는 문학적 장치를 통하여 알 수 있다. 대표적으로 수미쌍관법(inclusio)으로 처음과 끝을 "전도자가 이르되 헛되고 헛되도다 모든 것이 헛되도다"(전 1:2; 12:8)라는 말과 3인칭 화자(speaker)가 말하는 것으로 된 전도서 1:1-11과 12:8-14 역시 수미쌍관법으로 구성된 문학적 틀(frame)을 이루고 있다.

'전도자가 이르되'라는 말이 1:1, 2; 7:27; 12:8-10에 나오는데 3인칭으로 언급되어 있다.[210] 나머지 본문은 전도자 자신이 아들에게 권면하는 방식으로 되어 있다. 특히 전도자 자신의 관찰과 경험을 중요시하여 '나는 보았다'(전 1:16; 2:1, 15; 3:17), '나는 깨달아 알게 되었다'(전 1:17; 2:14; 3:14) 등의 1인칭 '나'가 회상하는 방식으로 이야기를 전개한다(채은하 2009, 50). 채은하(2009, 50-55)는 화자인 '나'를 중심으로 18개의 회상 장르로 이 책의 구조를 분석했다. 특히 이 회상이 전도서의 주제를 표현하는 '헛되다'와 수사의문문이나 '바람을 잡으려는 것'과 같다는 문구로 연결했다. 예를 들면 다음과 같다.

- 회상 1(전 1:12-18) : "나 전도자는 …", '헛되다'(전 1:14) + '바람을 잡으려는 것'(전 1:14, 17)
- 회상 2(전 2:1-11) : "나는 내 마음에 이르기를 …", '헛되다'(전 2:11) + '바람을

---

[209] 시와 산문을 구분하는 일은 현대문학의 관점으로 설명할 수는 없다. 왜냐하면 성경의 시는 현대시와는 다른 특징적인 요소들이 있기 때문이다. 롱맨(Longman III 1987, 119-134)은 분리된 형식으로 구분하기 어려운 부분이 많아 문학적 기교와 장치들인 평행법과 이미지 등을 많이 사용하느냐, 아니면 적게 사용하느냐로 구분하기도 하였다.
[210] 전도서 7:27은 3인칭으로 말하지만 실제로는 1인칭으로 자신의 삶에서 관찰하고 경험한 바를 설명하고 있다.

잡으려는 것'(전 2:11)

주목해 보아야 할 부분은 전도서의 프롤로그(prologue)인 전도서 1:2-11과 에
필로그(epilogue)인 전도서 12:8-14이다. 프롤로그와 에필로그는 전도자를 3인
칭으로 언급하는 것에 의해서 이 책의 본문과 구분되어 있고 전도자의 설교를
감싸고 있다. 이러한 문학적 표현은 현대 문학에서도 사용하는 방법인데 이중
플롯(double plot)이라 한다. 이중 플롯이란 이야기 속에 담겨 있는 액자적(額子的)
방법으로 이야기의 중심 부분을 중심 플롯(main plot)이라고 하고 그것을 감싸고
있는 부분을 종속 플롯(sub plot)이라고 한다(서종택 1984, 104).[211] 이러한 구조를 보
면 전체적으로 무엇을 말하기 위하여 이러한 틀을 사용하고 있는지 알 수 있다.
그것은 해 아래 모든 것이 헛되나 의미 있는 것이 있다는 것이다.

전도서에서 수미쌍관법으로 연결된 이 구조 안에 배열된 내용이 논리적 순
서로 되어 있지 않기 때문에 내부구조를 찾는 것은 어렵다. 이는 전도자의 생각
이 이리저리 왔다 갔다 하고, 반복되거나 서로 모순되는 이야기를 하기도 하기
때문이다(전 1:12-18; 2:11-16; 4:1-3; 5:8-9). 그러나 그 배열에 있어서 논리적 순
서가 결여되어 있다는 것은 이 책의 메시지를 벗어나게 하는 것이 아니라 실제
로 기여하는 것으로 보기도 한다(Dillard & Longman 1994, 251). 그래서 문학구조에
대한 결론으로 이 책을 외곽 틀로 짜여진 액자에 들어있는 자서전으로 보는 것
이 가장 좋을 뿐만 아니라 우리가 전도서의 메시지를 해석하는 일에도 중요하다
(Dillard & Longman 1994, 252). 이 구조는 핵심되는 주제가 무엇인지를 외곽 틀을
통하여 그 성격을 규명하고, 그 안에 있는 내용을 지그재그(zigzag)로 배열하여
그 구조 자체를 통하여서도 질서가 왜곡된 형태에서의 다양한 삶을 소개한다.
전도서는 다음과 같은 문학적 구조로 이루어져 있다.

---

[211] 박철현은 이중 플롯은 동서고금을 막론하고 많이 사용하는 이야기 기법이라고 하면서 성경
에 나오는 예들을 많이 지적하기를 출애굽기 24:12-40:38의 성막과 금송아지 이야기(출
32:1-33:23) 사무엘상 2-4장에 나오는 사무엘과 엘리의 아들들의 이야기를 예를 들었다
(박철현, "내러티브의 모양새, 플롯에 달렸다," 182).

III. 주제와 기록 목적

전도서의 주제와 기록 목적을 알 수 있는 몇 가지 요소가 있다. 첫째, 수미쌍 관법(inclusio)으로 처음과 끝을 "전도자가 이르되 헛되고 헛되도다 모든 것이 헛되도다"(전 1:2; 12:8)라는 주제로 감싸고 있다. 둘째, 주제와 관련된 용어를 반복적으로 사용한다. 그것은 '헛되다', '일', '노동', '수고', '해 아래' 등이다. 이 중에 '헛되다'(헤벨, הֶבֶל)가 38번(전 1:2[×5], 14; 2:1, 11, 15, 17, 19, 21, 23, 26; 3:19; 4:4, 7, 8, 16, 5:6, 9; 6:2, 4, 9, 11, 12; 7:6, 15; 8:10, 14[×2]; 9:9[×2]; 11:8, 10; 12:8[×3] 등), 이 세상의 삶을 표현하는 '해 아래'(타하트 하샤메쉬, תַּחַת הַשֶּׁמֶשׁ)가 29번(전 1:3, 9, 14; 2:11, 17, 18, 19, 20, 22; 3:16; 4:1, 3, 7, 15; 5:12, 17; 6:1, 12; 8:9, 15[×2], 17; 9:3, 6, 9[×2], 11, 13; 10:5 등)이 나온다. 이 용어들과 함께 '하나님을 경외할 것'은 7번(전 3:14; 5:7; 7:18; 8:12–13[×3]; 12:13), 인생의 선한 것들은 모두 하나님이 주시는 선물로 받을 것은 6번(전 2:24–26; 3:12–13, 22; 5:18–19; 8:15; 9:7–9), 하나님께서 의인과 악인을 심판하시리라는 사실을 숙고할 것은 5번(전 3:17; 8:12–13; 11:9; 12:7; 13:14) 등이 나온다. 이러한 단어나 절의 반복은 이 책의 신학적 주제를 전달하는 장치로 활용된다. 성경에 반복은 여러 가지 기능을 가지고 있지만 핵심 단어의 반복은 인물, 구성, 상황, 신학 등의 한 특징적인 면을 강조하거나 드러내는 일을 한다(Howard 1993, 56). 이를 고려하여 수미쌍관법으로 이루어진 문학적 구조(전 1:2; 12:8과 1:1–11과 12:8–14)를 볼 때 전도서의 주제는 해 아래 있는 모든 것이 헛되지만 하나님을 경외하고 그 명령을 지키는 일은 사람의 본분이라는 것이다(전 12:13–14).

전도서는 이 주제를 중심으로 몇 가지 기록 목적을 보여준다. 첫째, 하나님을 경외하고 그 명령을 지키는 것이 참된 지혜임을 보여준다. 전도서를 읽을 때 염세적이며, 허무적이고, 회의적이며, 냉소적(cynical)이며 부정적인 표현들을 종종 보게 되고, 이러한 것들이 다른 주제보다 더 크게 보이기도 한다. 사실 전도서에서 전도자가 경험한 바와 같이 하나님의 섭리를 인간의 제한된 이성으로 이해할 수 없는 요소들이 많이 있다. 그중 하나가 하나님의 섭리에 나타난 불공평의 문제다(전 2:21; 4:4; 6:2; 7:14-15; 8:11 등). 이러한 일들은 하나님이 정하신 질서에 큰 혼란을 준다. 그러나 저자는 이러한 질서가 왜곡되고 혼란스러운 일의 근본적인 원인이 인간의 죄 때문인 것을 발견했다(전 3:16; 4:1-3; 5:8-9; 7:29). 그래서 하나님의 섭리가 불공평하고 불합리하게 보이고, 하나님의 공의와 섭리에 의문을 가지게 된다. 여기에는 우리가 하나님에 대하여 도무지 알 수 없는 신비로운 섭리가 작용하고 있기 때문이다. 이 섭리는 설명할 수도 없고, 이해할 수도 없다. 그래서 전도자는 이 책에서 이 세상의 삶이 행복한 일만 있는 것은 아니라 괴로운 일이 있다 할지라도(전 1:13), 모든 것이 하나님의 손안에 있고, 하나님이 선악 간에 반드시 심판하시기 때문에(전 3:17; 9:1; 11:9 등) 여호와를 경외하는 것이 결국 참된 지혜이며 의미있는 일임을 보여준다.

둘째, 여호와를 경외하면서 하루하루의 삶을 하나님의 선물로 인식하고 누리게 하려는 것이다(전 2:24; 3:12-13, 22; 5:18-19; 8:15; 9:7-9).

셋째, 하나님께서 의인과 악인을 심판하시리라는 사실을 숙고할 것을 다섯 번이나 반복하는 말씀을 통하여 의인의 삶을 살아야 한다는 사실을 보여준다(전 3:17; 8:12-13; 11:9; 12:7, 13-14).

IV. 내용

내용 구조

1. 표제와 프롤로그(전 1:1–11)
2. 지혜의 한계와 한 줄기의 빛(전 1:12–2:26)
3. 하나님의 섭리(전 3:1–22)
4. '해 아래' 사는 인생(전 4:1–10:20)
5. 지혜로운 삶으로 부름(전 11:1–12:8)
6. 에필로그(전 12:9–14)

1. 표제와 프롤로그(전 1:1-11)

이 문단에서 저자는 화자(話者)인 전도자를 3인칭으로 묘사하여 이 책의 핵심 주제 가운데 인생의 헛됨을 설명한다. 그는 인생을 땅, 해, 바람, 강을 통해 인생이 해 아래 사는 것이 결코 만족함이 없고 새로운 것이 없음을 반복적으로 설명한다.

내용 분해

(1) 표제(전 1:1)
(2) 인생의 헛됨(전 1:2–11)

내용 해설

(1) 표제(전 1:1)

전도서 1:1은 이 책의 표제다. 이 표제에 "다윗의 아들, 예루살렘 왕"에 근거하여 저자를 솔로몬으로 본다. 이 책에서 솔로몬을 저자로 암시하는 부분도 많다(전 1:2, 12, 16; 2:4-9; 7:26-29; 12:9; 참조. 왕상 2:9; 3:12; 4:29-34; 5:12). 또한 이 표제에 "전도자의 말씀이라"라고 했다. 전도자는 히브리어로 '코헬레트'(קֹהֶלֶת)인데 RSV는 '설교자', NIV는 '교사'로 번역하였다. 이 단어는 '모으다', '소집하다' 등의 의미를 가진 '카할'(קָהַל)에서 온 단어로 전도자는 회중에게 지혜를 가르치는 자로 이해할 수 있다.[212]

(2) 인생의 헛됨(전 1:2-11)

이 문단에서 전도자는 이 책 전체의 서론으로 인생이 헛됨을 밝힌다. 그는 "헛되고 헛되며 헛되고 헛되니 모든 것이 헛되도다"(전 1:2)라고 선언함으로 시작한다. 그는 전도서 전체를 통해 이 명제를 논리적으로 증명한다. '헛되다'(헤벨, הֶבֶל)는 단어는 일반적으로 '헛됨,' '무익함,' '무의미,' '내용이 없음,' '허망함' 등으로 번역될 수 있다. 전도자는 모든 것이 헛되다는 것을 보여주기 위해 해 아래에서 수고하는데 그 수고가 유익이 있는지 질문한다(전 1:3). 이 질문에 대한 대답은 인간이 수고하여 얻은 유익이 없다는 것이다. 전도자는 한 세대는 가고 한 세대는 오지만 땅은 영원히 있다고 했다(전 1:4). 이것은 땅의 영원성과 비교하여 사람의 덧없음을 강조한다. 사람은 잠시 이 땅에 와서 살다가 죽지만 땅은 그대로 있다. 땅이 무대고 사람이 배우라면 무대는 남아 있지만 배우는 계속 바뀌는 것과 같다. 해와 바람은 그 하는 일을 반복하고 있고, 강물은 다 바다로 흐르지만 바다를 채우지 못한다(전 1:5-7). 이 이미지는 강물의 활동이 허무함을 나타낸다.

전도자는 자연에서 반복적으로 일어나는 실례를 언급한 후에 인간에게 관심을 기울이며 "모든 만물이 피곤하다는 것을 사람이 말로 다 말할 수 없다"(전 1:8)라고 했다. 여기 '피곤하다'라는 단어는 원어로 '야게이아'(יָגֵעַ)이다. 이 단어는 '피곤하다'라는 뜻도 있지만 여기서는 '지루하다,' '식상하다'라는 뜻이다. 만물이 늘 동일한 방식으로 움직이기에 지루하게 보이고 새로운 것이 없다는 것

---

[212] 이 책의 서론인 "저자와 역사적 배경"을 참조하라.

이다. 그리고 "눈은 보아도 족함이 없고 귀는 들어도 차지 아니하도다"(전 1:8)라고 했다. 이 역시 사람에게 결코 만족함이 없고 새로운 것이 없다는 것이다. 그래서 전도자는 해 아래 새 것이 없다고 했다(전 1:9). 여기 '새 것'은 다른 의미로 이해되어야 한다. 이것은 그리스도 안에서 구속함으로 이루어질 일, 예를 들면 '새 노래'(시 96:1), '새 언약'(렘 31:31), '새 일'(사 43:19) 등의 '새롭다'라는 개념이다 (Eaton 1983, 60; Murphy 1992, 9; Brown 2000, 27). 그래서 "해 아래 새 것이 없다"라는 말씀은 이 땅에서 하나님을 경외하지 않는 사람이 열심히 활동해도 만족함이 없고 지루함이 반복되는 현상이 계속된다는 뜻이다. 이전 세대들이 기억됨이 없고 장래 세대 역시 그 후 세대들과 함께 기억됨이 없을 것이다(전 1:11). 과거와 장래에 대한 언급이 사람을 말하는지, 사건을 말하는지 알 수 없다. 이 역시 하나님이 기억해 주시지 않는다면 의미가 없다는 것이다.

그렇다면 카이저(1991, 53)가 질문한 것처럼 사람이 땀 흘려 수고하며 스트레스를 받아가며 이루고자 하는 것은 무엇인가? 인생이란 무엇인가? 인생이란 단지 지루함의 연속인가? 전도자가 이 서론에서 인생의 헛됨을 설명하는 목적은 무엇인가? 그것은 새롭고 의미있는 것이 있다는 것을 말하기 위함이다.

2. 지혜의 한계와 한 줄기의 빛(전 1:12-2:26)

이 문단에서 전도자는 자신의 경험을 통해 배운 지혜에 한계가 있다는 것을 설명하며 한 줄기의 빛을 소개한다.

내용 분해

(1) 지혜의 한계(전 1:12–18)

(2) 쾌락의 한계(전 2:1–11)

(3) 인생에 있어서 확실한 것(전 2:12–23)

(4) 긴 터널 끝에 있는 작은 빛(전 2:24–26)

내용 해설

(1) 지혜의 한계(전 1:12-18)

전도자는 1인칭으로 회상하며 "나 전도자는 … 살핀즉"(전 1:12-13)이라고 설명한다. 그는 지혜를 써서 하늘 아래에서 행하는 일을 연구한 결과 하나님이 인생들에게 괴로움을 주시고 수고하게 하셨다는 것과, 그것들이 다 헛되어 바람을 잡으려는 것임을 발견했다(전 1:13-14). 이것이 확실함을 밝히기 위해 자신은 예루살렘의 왕이었고, 지혜를 많이 얻었고, 또한 지혜와 지식을 많이 만나보았다고 했다(전 1:16). 그는 지혜를 알고자 하여 찾았으나 바람을 잡으려는 헛된 것인 줄을 깨달았다(전 1:17). 그러면서 지혜가 많으면 번뇌도 많고 지식을 더하면 근심도 더한다고 했다(전 1:18). 이것은 지혜가 필요 없다는 것이 아니라 한계가 있음을 말한다.

(2) 쾌락의 한계(전 2:1-11)

이 문단에서 전도자는 "나는 내 마음에 이르기를 …"이라고 말하며 낙을 누리기 위해 행한 일들도 바람을 잡는 일이고, 무익했다고 회상한다(전 2:1, 11). 그는 시험 삼아 자신을 즐겁게 하려고 노력했으나 헛되다고 했다(전 2:1). 그는 술로 육신을 즐겁게 하려고 했다(전 2:3). 또한 그는 "나의 사업을 크게 하였노라"(전 2:4)라고 했다. NIV 성경은 "나는 큰 프로젝트를 추진하였다"라고 번역했다. 전도자는 국가적인 일이나 개인적인 프로젝트를 많이 추진했다. 자기가 살 왕궁을 건축하는데 13년이 걸렸다(왕상 9:10). 그리고 그는 많은 도시를 건설했다(왕상 9:15-18). 또한 당시의 농경문화에서 소와 양떼의 수를 많이 증가시켰고, 노비의 수도 크게 증가시켰다(전 2:4-8). 오늘날로 말하면 많은 부동산을 소유하거나 주식 투자에 성공하여 재산을 많이 형성하였고, 노동력도 풍부했고 수많은 경호원이나 봉사하는 사람들을 거느리는 것으로 이해할 수 있다. 오늘날 큰 집, 고급승용차, 그리고 자금을 투자하여 설비를 확장하거나 더 공부하여 더 높은 사회적지위를 차지하려는 프로젝트를 가지고 있는 것과 다를 바가 무엇인가?

이뿐만 아니라 전도자는 인생의 의미를 찾기 위해 노래하는 남녀와 처첩들을 많이 거느렸다(전 2:8b). 오늘날 이 문화에 적용하면 오페라나 클래식 음악 연주회에 가거나 고급 요정에 드나들면서 여자들을 거느리는 것을 말한다. 그리고 "나의 눈이(외적으로) 원하는 것을 내가 금하지 아니하며, 무엇이든지 나의 마음이(내적으로) 즐거워하는 것을 내가 막지 아니했다"라고 회상한다(전 2:10). 이 모두는 자기가 수고하여 얻은 몫이었다(전 2:10). 그럼에도 불구하고 전도자는 그의 손으로 한 모든 일이 헛되어 바람을 잡는 것이며 해 아래 무익한 것임을 알았다(전 2:11). 이것은 세상에 속한 것을 다 가지고, 그 즐거움을 누려도 쾌락에는 한계가 있다는 것이다.

(3) 인생에 있어서 확실한 것(전 2:12-23)

이 문단에서 전도자는 잠시 멈추고 그의 인생의 뒤안길을 '돌이켜' 보면서 그가 발견한 몇 가지 사실을 회상한다. '돌이키다'(파나, פָּנָה)라는 단어는 주의를 기울여 과거를 숙고해 본다는 뜻이다. 첫째, 왕이 되어 무슨 일을 행할까 생각했지만 이미 오래 전에 했던 일이었다(전 2:12). 둘째, 지혜자나 우매자나 죽는 것은 동일하다(전 2:16). 전도자는 이 일을 설명하기 위해 지혜와 우매를 대조시킨다. 지혜가 우매보다 뛰어나고, 지혜자는 그의 눈이 머리 속에 있고 우매자는 어둠 속에 다닌다(전 2:13-14). 그러나 지혜가 이러한 차이를 가져온다 할지라도 지혜자도 우매자도 영원히 기억함이 없고 다 잊어버릴 뿐만 아니라 죽음 앞에 차별이 없다(전 2:16). 셋째, 자신이 지혜와 지식과 재주를 다하여 수고한 모든 것을 자기가 누리는 것이 아니라 자기 뒤를 이을 자나 수고하지 않은 자가 누린다(전 2:18-21). 그래서 그는 이것도 헛된 것이며 큰 악이라고 했다(전 2:21). 넷째, 일평생 수고한 것이 고통과 슬픔뿐이다(전 2:22-23). 그래서 그는 이것도 헛되다고 결론을 내렸다(전 2:15, 17, 23). 그러면 인생에 있어서 새로운 것은 무엇인가?

(4) 터널 끝에 있는 작은 빛(전 2:24-26)

이 짧은 문단에서 전도자는 긴 터널 끝에 보이는 작은 빛을 보여준다. 이턴

(Eaton 1983, 72-73)은 "삶에 대한 새로운 관점이 나타난다. '해 아래'의 한계는 제쳐두고 이와 대조하여 인간사에 하나님의 손이 보여진다"라고 했다. 사람이 먹고 마시고 수고하는 것보다 그의 마음을 더 기쁘게 하는 것이 없는데, 전도자가 그 이유를[213] 살펴본 결과 하나님의 손에서 나온 것이었기 때문이다(전 2:24). 이 말씀은 인생에게 중요한 관점을 가르쳐준다. 그것은 모든 것이 하나님의 주권과 통치 아래 있고, 먹고 마시고 수고하는 것은 다 하나님의 선물이라는 것이다.[214] 이 표현은 먹고 마시는 것이 하나님이 주신 선물이기에 누리라는 것이다. 전도자는 이어서 "아, 먹고 즐기는 일을 누가 나보다 더 해보았으랴"(전 2:25)라고 했다. 하지만 원문은 "하나님 없이 누가 먹을 수 있으며, 만족을 줄 수 있느냐?"[215] 이다. NASB, NEB 등도 이렇게 번역한다. 먹고 마시는 것은 하나님이 주신 선물이다. 신약시대에 사도 바울과 바나바가 루스드라 지방에서 복음을 전할 때도 이 점을 지적한 바 있다.

> 그러나 자기를 증언하지 아니하신 것이 아니니 곧 여러분에게 하늘로부터 비를 내리시며 결실기를 주시는 선한 일을 하사 음식과 기쁨으로 여러분의 마음에 만족하게 하셨느니라 하고(행 14:17).

또한 하나님은 그가 기뻐하시는 자에게는 지혜와 지식과 희락을 주시나 죄인에게는 노고를 주시고 그 죄인이 모아 쌓게 하시지만 그를 기뻐하는 자에게 주게 하신다(전 2:26). 하나님을 기뻐하는 자와 죄인 사이에 분명한 대조가 있다. 이것이 긴 터널 끝에 있는 빛이다. 그 빛은 하나님이다. 왜냐하면 하나님은 그를 기뻐하는 자에게 지혜와 지식과 희락을 주시기 때문이다.

---

[213] 히브리어 원문에 "하나님의 손에서 나오는 것이로다" 앞에 이유 접속사 '키'(כ)가 있다.
[214] 전도서에 "… 보다 나은 것이 없다"라고 한 표현이 네 번 나온다(전 2:24; 3:12, 22; 8:15).
[215] כִּי מִי יֹאכַל וּמִי יָחוּשׁ חוּץ מִמֶּנִּי(키 미 요카르 우미 야후쉬 후츠 밈멘니)

3. 하나님의 섭리(전 3:1-22)

이 문단에서 전도자는 하나님이 만드신 세상은 저마다 다 때가 있고, 하나님이 그 때를 정하셨으며 그것이 인생에게 어떤 의미가 있는지 설명한다.

내용 분해

(1) 하나님의 섭리(전 3:1-8)

(2) 인간의 이해를 초월해 있는 하나님의 섭리(전 3:9-11)

(3) 하나님의 섭리가 인생에게 주는 의미(전 3:12-15)

(4) 하나님의 심판(전 3:16-22)

내용 해설

(1) 하나님의 섭리(전 3:1-8)

전도자는 범사에 기한이 있고, 천하 만사가 다 때가 있다고 선언한다. 히브리어에서 '기한'(저만, זְמָן)은 시간, 연대기 등을 의미하고, '때'(에이트, עֵת)는 일반적으로 한정된 시간을 말하기도 한다. 70인역은 '기한'을 '크로노스'(χρόνος)로 번역하고, '때'를 '카이로스'(καιρὸς)로 번역했다. 전도자는 전도서 3:2-8에 14개의 쌍으로 인간 활동의 모든 범위를 보여준다. 예를 들면 날 때가 있고 죽을 때가 있으며, 심을 때가 있고 심은 것을 뽑을 때가 있으며 … 전쟁할 때가 있고 평화할 때 있으며 등이다(전 3:2-8). 이 중에 "돌을 던져 버릴 때가 있고 돌을 거둘 때가 있다"라는 것을 집을 헐고 지을 때나, 밭을 덮거나 다시 일굴 때로 보기도 하고, 전쟁 용어로 보기도 한다(Eaton 1983, 79-80). 하지만 정확한 의미를 파악하기 어렵다. 전도자는 14쌍의 인간 활동들을 통해 만물 위에 그들을 완전히 통제하시는 하나님을 바라본다. 이것은 인간이 하나님 앞에 겸손해야 하고, 하나님을 신뢰하는 일이 당연하다는 것을 보여준다(Eaton 1983, 78).

(2) 인간의 이해를 초월해 있는 하나님의 섭리(전 3:9-11)

전도자는 하나님의 섭리를 말한 이후에 "일하는 자가 그의 수고로 말미암아 무슨 이익이 있으랴"(전 3:9)라고 했다. 이 말은 해 아래 인간이 수고하는 것으로 결과를 얻는 것이 아니라 하나님의 섭리 가운데 있다는 뜻이다. 이어서 전도자는 하나님이 모든 것을 지으시되 때를 따라 아름답게 하셨고, 또 사람에게 영원을 사모하는 마음을 주셨지만 하나님이 하시는 일의 시종을 사람으로 측량할 수 없게 하셨다고 했다(전 3:11). 하나님은 인생과 관계된 모든 것을 '아름답게' 지으셨다. 히브리어로 '아름답다'(야페, יָפֶה)는 '적절하다'라는 뜻도 있다. 이것은 하나님은 모든 것을 하나님의 때에 사용하시기 위해 적절하게 하셨다는 뜻이다. 하나님이 땅 위의 사건에 그의 때를 정하신 것은 절망의 근거가 아니라 기쁨의 근원이다(Eaton 1983, 81). 거기에는 하나님의 섭리가 작용하기 때문이다. 그리고 하나님이 사람에게 영원을 사모하는 마음을 주셨다는 것은 하나님의 영원하심과 연관이 있다. 하나님은 인간을 영원한 생명을 가진 존재로 창조하셨으나 인간은 죄로 인해 영원한 생명을 상실했다(창 3:22). 영원하신 하나님은 인간과 영원한 언약을 맺으셨다(창 9:16; 시 90:2). 인간에게 있는 영원을 사모하는 마음은 인류에 대한 하나님의 섭리의 영원성과 연관이 있다. 하나님이 인간에게 영원을 사모하는 마음을 주셨다는 것은 인간은 영원한 것들을 위한 공간을 가지고 있다는 것이다. 이 점은 우리가 미래에 대해 염려하며, '하나님이 하시는 일의 시작과 끝'을 알기 원하고, 우리가 처한 상황을 초월하는 어떤 감각을 가지기를 원한다는 뜻이다(Eaton 1983, 81). 그러나 하나님은 자신이 하시는 일의 시작과 끝을 사람으로 측량할 수 없게 하셨다(전 3:11). 하나님이 섭리하시는 일은 인간의 이해를 초월하기에 우리는 세상에서 긴장하며 살 수밖에 없다.

(3) 하나님의 섭리에 대한 우리의 반응(전 3:12-15)

하나님의 섭리가 인간의 이해를 초월해 있다면 우리는 어떻게 살아야 하는가? 이에 대해 전도자는 '내가 … 안다'(야다티, יָדַעְתִּי)를 두 번 사용하여 세 가지 내용을 보여준다(전 3:12, 14).**216** 첫째, 전도자는 사람들이 사는 동안에 선을 행하는 것보다 더 나은 것이 없다는 것을 알았다(전 3:12). 이것은 세상에서 선을 행하며 살아야 한다는 것이다. '선을 행한다'라는 것은 하나님의 말씀에 따라 산다는 의미다. 선을 행하는 것은 구속받은 성도의 특징이기도 하다(참조. 엡 2:10). 성도가 선을 행하는 것은 구원받은 증거이고, 또한 그 선행을 통하여 하나님 나라를 경험하는 방편이다. 둘째, 전도자는 사람마다 먹고 마시는 것과 수고함으로 낙을 누리는 것이 하나님의 선물인 줄을 알았다(전 3:13). 이것은 우리가 살아가는 모든 일을 하나님의 선물로 인식하고 감사하며 그 삶을 누리며 살아야 한다는 것이다. 대개 사람들은 자기들의 능력으로 먹고 마시며 수고한 즐거움을 누린다고 생각하지만 실제로 그 삶을 누리는 것은 하나님의 선물이다. 셋째, 전도자는 하나님이 행하신 일이 영원하고 더할 수도 없고, 그것에서 덜 할 수도 없도록 섭리하시는 것은 하나님을 경외하게 하려 하심인 줄을 알았다(전 3:14). 이것은 하나님이 행하신 일이 하나님이 정하신 바에 따라 가감없이 확실히 이루어지기 때문에 섭리의 목적을 믿고 하나님을 경외하며 살아야 한다는 것이다.

전도자는 하나님의 섭리를 말하면서 전도서 1:9-11에 말했던 것을 반복하여 "이제 있는 것이 옛적에 있었고 장래에 있을 것도 옛적에 있었다"(전 3:15)라고 한다. 다른 점이 있다면 전도서 1:9은 반복되는 사건의 무익함을 강조했다면 여기서는 하나님이 행하시는 일의 신비로움이 변하지 않으심을 강조한다(Murphy 1992, 35). 또 다른 점은 "하나님은 이미 지난 것을 다시 찾으신다"라는 말씀이 첨가되어 있다는 것이다. 이 말씀을 표준새번역은 "하나님은 하신 일을 되풀이하신다"로 번역했다. 이렇게 번역한 것은 하나님이 섭리하시는 방식이 변하지 않는 것으로 이해했기 때문이다.

(4) 하나님의 심판(전 3:16-22)

전도자는 '내가 보건대'라고 회상하며 재판하는 곳, 곧 정의를 행하는 곳에 악이 있다고 했다(전 3:16). 이것은 죄로 인해 왜곡된 세상의 보편적 현상이다. 하지

---

216 전도서 3:12은 '내가 … 안다'(야다티, יָדַעְתִּי)라는 하나의 동사를 사용하지만 전도서 3:13은 '또한'으로 연결하여 한 동사에 두 개의 목적절을 가지고 있다.

만 그는 하나님이 모든 일을 섭리하시는 때가 있는 것처럼 의인과 악인을 심판하시는 것도 때가 있다는 사실을 인식한다(전 3:17). 이는 그가 하나님의 때는 알 수 없고 본질적으로 신비롭지만 하나님이 궁극적으로 악인을 심판하시고 의인을 옹호하실 것을 믿었다는 것이다(Brown 2000, 46). 그러나 그는 여기서 인간의 성격을 도덕적이고 영적인 측면에서 보지 않고 살아있는 피조물이 죽으면 흙이 된다는 관점에서 인간과 짐승이 다르지 않다는 것을 보고 헛됨을 한탄한다(전 3:18-20).[217] 그러나 전도자는 사람과 짐승의 근본적 차이도 있음을 말한다. 그는 인생의 혼은 위로 올라가고, 짐승의 혼은 땅으로 내려간다고 보았다(전 3:21). 사람과 짐승의 사후세계가 어떻게 될 것인지 묘사하지 않기에 알 수 없지만 하나님이 다른 방법으로 취하시는 것은 사실이다.[218]

전도자는 하나님의 섭리에 대한 논의의 결론으로 사람은 하나님이 주신 때를 알고 자기에게 주신 일을 즐거워하는 것보다 더 나은 것이 없고, 그것이 그의 몫이라 했다(전 3:22). 그리고 뒤에 일어날 일이 무엇인지 보게 하려고 그를 도로 데려올 자가 누구냐고 반문한다. 이 질문은 사람이 한 번 죽으면 땅의 사건에 대해 아무런 역할이 없다는 것이다(Eaton 1983, 89).

4. '해 아래' 사는 인생(전 4:1-10:20)

이 문단에서 전도자는 잠언과 유사한 방식으로 짧은 경구와 함께 '해 아래' 사는 인생의 다양한 면들을 다루고 있다. 그는 우리 인생이 직면하는 많은 고초

---

[217] 전도서 3:18은 번역하기에 어려움이 있다. 이튼(Eaton 1983, 85-86)은 이 절을 부가적으로 설명하는 글에서 "… 하나님께서 그들이 – 그들 자신이 스스로 – 짐승임을 깨닫게 하신다" 라고 했다. 이 해석은 신학적으로 이해하기 어렵다. 성경에서 인간을 하나님의 형상으로 지음을 받았다고 했고(창 1:26-27), 하나님보다 조금 못한 존재로 창조하셨을 뿐만 아니라 모든 피조물을 다스리는 권세를 주셨다고 하신 말씀(시 8:5)과 조화되기 어렵다. 하지만 여기서는 생물학적으로 볼 때 짐승과 다를 바 없는 점을 강조하는 것 같다.

[218] 인생과 동물에 동일한 용어인 '혼'을 썼다고 해서 같은 것은 아니다. 넓은 의미에서 동물도 하나님의 언약 속에 있고(창 9:12), 천국에 이리와 어린양이 함께 먹는다고 했기에 천국에서 어떤 모습으로든 존재하는 것은 사실이다(사 11:6-7; 65:24-25). 그럼에도 불구하고 하나님의 형상으로 지음을 받은 인간과 다르기 때문에 영원성과 불멸성을 가지지 못한다. 그래서 동물은 부활과 내세의 삶을 기대할 수 없다(신원하 2015, 68-74).

와 사람들과의 관계, 지도자들의 권위 사용, 지혜의 한계 등 다양한 문제들을 다룬다.

내용 분해

(1) 인생의 고초와 동무(전 4:1–5:7)

(2) 가난과 부(전 5:8–6:12)

(3) 어떤 것이 선한가(전 7:1–8:1)

(4) 불의한 세상에 대한 삶의 태도(전 8:2–9:10)

(5) 지혜와 우매함(전 9:11–10:20)

내용 해설

(1) 인생의 고초와 동무(전 4:1–5:7)

이 문단에서 전도자는 인생이 겪는 여러 가지 고초와 더불어 삶에서 그와 함께 할 동무의 중요성과 하나님께 나아가는 일의 중요성을 보여준다.

① 학대받는 자들(전 4:1–3)

전도자는 해 아래에서 학대받는 자들을 살펴보았다. 그는 '보라'라고 하면서 학대받는 자들이 눈물을 흘리지만 위로자가 없는 모습을 보여준다(전 4:1). 이것이 악한 것은 권세를 가진 자들이 힘 없는 자들을 학대해도 이들을 위로할 자가 없기 때문이다. 그래서 이미 죽었거나 아직 출생하지 아니하여 악한 일을 보지 않는 자가 더 복되다고 했다(전 4:2–3). 구약성경에는 다양한 종류의 압제가 기록되어 있다. 예를 들면 백성들에 대한 왕의 압제(잠 28:16), 종에 대한 주인의 압제(신 24:14), 가난한 자에 대한 부자의 압제(잠 22:16; 암 4:1), 관리의 압제(전 5:8), 가난한 자들끼리의 압제(잠 28:3) 등이 있다.

② 불필요한 경쟁의식(전 4:4-6)

전도자는 또한 모든 수고와 재주로 말미암아 이웃에게 시기를 받는 것을 보았다(전 4:4). 인간은 불필요한 경쟁의식으로 말미암아 서로에 대해 잔인하며 비인간적이 될 수 있다. 예를 들면 이러한 일은 가인이 아벨을 시기하여 쳐죽인 일과 사울이 다윗을 미워하여 죽이려고 한 경우에서 볼 수 있다. 전도자는 이러한 이웃의 시기가 두려워 우매자는 "팔짱을 끼고 있으면서 자기의 몸만 축낸다"(전 4:5)라고 했다. 이것은 수고하지 않고 자신의 음식을 먹음으로 자기의 음식을 탕진하는 사람을 빗대어 하는 말이다(벌럭 1999, 310). 그리고 두 손에 가득하고 수고하며 바람을 잡는 것보다 한 손에만 가득하고 평온함이 더 낫다고 했다(전 4:6). '두 손에 가득하고'라는 말을 가능한 한 많이 움켜잡으려는 것으로 본다면 '한 손에만 가득한' 것은 적은 소득을 말한다. 적은 소득이라도 평온함이 낫다는 것은 "가산이 적어도 여호와를 경외하는 것이 크게 부하고 번뇌하는 것보다 나으니라"(잠 15:16)라는 의미와 유사하다.

③ 함께 하는 동무가 주는 유익(전 4:7-12)

어떤 사람은 아들도 없고 형제도 없이 홀로 있음에도 끝없이 일하지만 만족할 줄 모른다. 그는 이 수고가 자기를 행복하게 하지도 못하는데 도대체 누구를 위함인지 갈등한다. 그래서 전도자는 이 일도 헛되다고 했다(전 4:7-8). 그러면서 그는 한 사람보다 두 사람이 좋다고 했다. 그 이유를 그들이 넘어지면 하나가 그 동무를 붙들어 일으키기 때문이라고 했다(전 4:9-10). 이를 예증하기 위해 두 사람이 함께 누우면 따뜻하고, 한 사람이면 패하겠지만 두 사람이면 맞설 수 있고, 세 겹 줄은 쉽게 끊어지지 않는다고 했다(전 4:11-12). 두 사람은 맞설 수 있고 세 겹 줄은 쉽게 끊어지지 않는다는 것은 고대세계의 일반적인 경구였다. x, x+1와 같은 연속적인 숫자는 구약성경에 일반적으로 나타나는 표현이다(전 11:2; 암 1:3 등). 이것은 일반적으로 언급된 것의 완전수나 때로 무한정의 수를 나타내기도 한다(Eaton 1983, 94-95, 140-141; Roth 1962, 300-311). 이것은 복수(plural)의 힘을 강조하는 것으로 동무들이 서로 힘을 합치면 한 사람이 하는 것보다 낫다는 것이다.

④ 왕의 통치의 한계(전 4:13-16)

선노사가 이 문난에서 한 말은 일종의 비유로 왕의 인기의 불확실성과 그 절과 왕의 지혜가 헛됨을 예증하는 예화로 보인다(Murphy 1992, 42). 가난해도 지혜로운 젊은이가 늙고 둔하여 경고를 더 받을 줄 모르는 왕보다 낫다. 이 젊은이가 왕이 되어 그 치리를 받는 백성이 많아도 후에 오는 자들은 그를 기뻐하지 않는다(전 4:14-16). 이것이 백성들의 변덕스러움이고, 왕권의 운명이다(Murphy 1992, 43). 전도자는 이러한 정치권력도 헛되어 바람을 잡는 일이라고 보았다.

⑤ 하나님을 경외하라(전 5:1-7)

전도자는 하나님이 그가 기뻐하는 자에게 지혜와 지식과 희락을 주시는 분으로(전 2:24-26), 하늘과 땅의 모든 일을 섭리하시는 분으로 설명한 바가 있다(전 3:1-15). 이 문단에서 전도자는 인생이 많은 고초를 겪게 되지만 그 가운데 의미있는 삶을 살 수 있는 길을 보여준다. 그것은 하나님의 집에 들어가 하나님을 경외하는 것이다. 그러나 어떻게 하나님을 경외하는 일이 중요한지 전도자는 "너는 하나님의 집에 들어갈 때에"(전 5:1)라고 말하며 설명한다. '하나님의 집'은 하나님이 임재하시어 그의 백성과 만나 교제하시며, 그의 통치를 수행하시는 곳이다(출 25:8, 22; 29:45-46). 그는 이곳에 들어갈 때 몇 가지 주의를 당부한다. 첫째, 제사보다 말씀을 듣고 순종해야 한다(전 5:1). 그는 이 말을 하면서 '네 발을 삼갈지어다'라고 했다. 이것은 하나님의 전에 나올 때 삶을 돌아보라는 뜻이다. 그는 이를 더 구체적으로 설명하기 위해 우매한 자들이 악을 행하면서도 제물을 드리는 것과 대조하여 말씀 듣기를 강조한다(전 5:1). 둘째, 기도할 때 하나님 앞에서 함부로 입을 열지 말아야 한다(전 5:2-3). 전도자는 그 이유를(원문은 이유 접속사가 있음) 하나님은 하늘에 계시고 우리는 땅에 있기 때문이라고 했다. 하나님은 온 세상에 편만해 계시는 초월적인 분이시고 우리는 땅에 제한된 존재라는 것이다. 이 말씀은 우리가 하나님께 자유롭게 나아갈 수 있다고 하여서 경박하게 하나님을 불러서는 안 된다는 것이다. 셋째, 서원한 것은 갚아야 한다(전 5:4-6). 서원은 하나님의 은혜를 더 깊게 경험할 수도 있도록 주신 제도로 자원하여 드리는 것이다(참조. 신 23:22-24). 서원하고 갚지 아니하면 서원하지 아니한 것이 더 낫다. 전도자가 말한 이것이 여호와를 경외하는 실제적 방법이다.

(2) 가난과 부(전 5:8-6:12)

이 문단에서 전도자는 삶의 성찰과 잠언과 이야기를 통해 가난과 부의 문제를 다룬다.

① 잘못된 사회구조(전 5:8-9)

전도자는 어느 지방에서든 빈민을 학대하고 공의와 정의를 짓밟는 것을 볼지라도 이상하게 생각하지 말라고 하면서 그 이유를(원문은 이유 접속사가 있음) 높은 자는 더 높은 자가 감찰하고 또 그들보다 더 높은 자들도 있기 때문이라고 했다(전 5:8). 이것은 계급구조 안에 계층화된 특정 관료를 말한다. 누군가를 감찰하는 구조는 견제와 균형의 구조가 아니라 서로의 이권을 위해 가지지 못한 자를 압제하는 부패의 고리다(Brown 2000, 58). 그러나 전도자는 매우 의미심장한 말을 덧붙인다. 땅의 모든 소산물은 사람들을 위해 있고, 왕도 밭의 소산을 받는다(전 5:9). 이것은 땅이 관료들의 소유가 아니라 백성들을 위한 것이고, 왕도 밭의 소산을 받아야 한다는 것이다.[219] 이 기본 질서가 왜곡되므로 잘못된 사회구조가 형성되었다.

② 재물의 부정적인 면(전 5:10-17)

전도자는 재물의 부정적인 면을 몇 가지로 설명하며 이 역시 헛되다는 것을 논증한다. 인간의 욕망은 재물이 아무리 많아도 만족하지 못하고 더 많은 것을 요구한다(전 5:10). 재산이 많아지면 먹는 자(食客)가 많아지고 소유주는 그 재산을 보는 것 외에 유익이 없다(전 5:11). 노동자는 먹는 것이 많든지 적든지 잠을 달게 자지만 부자는 그의 재물을 잃을 수도 있다는 불안감과 두려움 때문에 달게 자지 못한다(전 5:12). 그러나 재물 자체가 문제가 있는 것은 아니다. 하나님이 약속하신 것 가운데 하나가 재물에 대한 복이다(창 24:35; 26:12-14). 솔로몬 시대의 부귀와 영화도 하나님이 주신 복이다(왕상 10:23). 문제는 재물을 보는 관점과, 그것을 얻고 사용하는 방법에 관한 것이다.[220]

---

[219] 전도서 5:9을 번역하는 일은 쉽지 않다. NIV가 개역개정판과 같이 번역했고, 표준새번역은 "왕이 있으므로 백성은 마음 놓고 농사를 짓는다"로 번역했다.
[220] 이 점은 리차드 포스터(1998, 9-102)가『돈, 섹스, 권력』이라는 책에서 자세히 설명했다.

③ 재물의 폐단(전 5:13-17)

전도자는 해 아래에서 큰 폐단을 본 일을 회상한다. 그것은 소유주가 재물이 자기에게 해가 되도록 소유하는 것이다(전 5:13). 그의 재물은 재난을 당할 때 없어지고 아들을 낳아도 물려줄 것이 없다(전 5:14). 또한 그가 죽을 때 그 재물을 가지고 가지도 못한다(전 5:15-16). 그리고 이러한 재물을 삶의 목표로 삼는 사람은 일평생을 근심과 질병과 분노가 그를 사로잡는다(전 5:17). 이것은 하나님이 주신 복이 죄로 말미암아 왜곡되거나 변질되었기 때문이다.

④ 재물을 하나님의 선물로 누려라(전 5:18-20)

전도자는 전도서 5:18을 시작하며 '보라'(원문에는 있음)라는 말로 시작한다. 이 단어는 다음에 나오는 말을 강조하거나 주의를 집중시키는 표현이다. 전도자는 다 헛되지만 선하고 아름다운 것을 보았고 그것이 사람의 몫이라고 말한다(전 5:18). 그것은 하나님이 주신 일로 먹고 마시며, 해 아래서 하는 모든 수고 중에서 낙(기쁨)을 누리는 것이다. '먹고 마시는 것'은 종교적인 축제(신 14:26)를 포함하여 교제와 기쁨, 만족 등을 표현하는 말이다. 여기서는 만족스럽고 행복한 삶의 상징이다(Eaton 1983, 103). 또한 하나님은 각 사람에게 재물과 부요를 주어 누리게 하시고, 제 몫을 받게 하시고 그의 수고에 대해 즐거워하게 하셨다. 이 일도 하나님의 선물이다(전 5:19).[221] 이 기쁨이 구속적인 성격을 지니는 것은 그 모든 것들이 하나님이 주신 선물이기 때문이다. 평범한 즐거움에 만족할 수 있는 힘은 하나님이 주신 능력이다(전 5:19; 6:2).[222] 그래서 부를 자기를 높이기 위한 것이 아니라 하나님의 선물로 받아야 한다. 부가 수단으로 사용되는 것이 아니라 서로 나누어 사용한다면 그 가치는 더욱 빛나게 될 것이다(Brown 2000, 63). 사도 바울도 디모데전서 6:17-18에서 재물에 대해 이렇게 말했다.

네가 이 세대에서 부한 자들을 명하여 마음을 높이지 말고 정함이 없는 재

---

[221] 전도서 5:19의 '어떤 사람에게든지'는 원어에 '모든 사람'이다. 그런데 원문은 '그에게', '그의 몫' 그리고 '그의 수고'가 다 단수다. 이것은 모든 사람에게 재물과 부요를 주신 것이 아니라 하나님이 기뻐하시는 자에게 주신 것으로 보아야 한다(전 2:26).

[222] 전도서 5:19과 6:2의 '누리게 하다'는 원어로 '히쉬리트'(הִשְׁלִיט)이다. 이는 '샤라트'(שָׁלַט)의 사역형인 히필형으로 '능력을 주다'라는 뜻이다.

물에 소망을 두지 말고 오직 우리에게 모든 것을 후히 주사 누리게 하시는 하나님께 두며 선을 행하고 선한 사업을 많이 하고 나누어 주기를 좋아하며 너그러운 자가 되게 하라.

⑤ 불행한 인생(전 6:1-12)

이 단락에서 전도자는 인생이 왜 불행한지 몇 가지 사례와 더불어 사람의 한계를 설명한다.

a. 재물을 누리지 못하는 사례(전 6:1-2)

전도자는 전도서 5:18-20과 대조적으로 해 아래에서 불행한 일을 보았는데 그것은 사람의 마음을 무겁게 하는 것이라고 했다(전 6:1). 어떤 사람은 그의 영혼이 바라는 모든 소원에 부족함이 없이 재물과 부요와 존귀를 받았으나 하나님이 누리지 못하게 하심으로 다른 사람이 누린다(전 6:1-2). 이러한 사례가 다수는 아니라 할지라도 이러한 일은 누구에게도 일어날 수 있다. 재물이 많아도 누리지 못한다면 불행한 일이다.

b. 장수해도 행복을 누리지 못하는 사례(전 6:3-6)

만약 어떤 사람이 백 명의 자녀를 낳고 장수한다고 해도 행복하지 못하다면, 그가 안장(매장)되지 못한다면 햇빛을 보지 못하고 낙태된 자가 더 낫다(전 6:3-5). 전도자는 그가 천 년의 갑절을 산다고 해도 행복을 보지 못하고 결국 한 곳으로 돌아간다고 했다. 장수해도 행복하지 않다면 불행한 일이다.

c. 만족할 줄 모르는 욕망(전 6:7-9)

전도자는 사람이 수고하는 것은 입, 곧 먹는 일을 위한 것이나 그 식욕은 결코 채울 수 없다고 했다(전 6:7). 먹는 일을 언급하고 있으나 사람이 가지고 있는 기본적인 욕망을 말하는 것으로 볼 수 있다. 사람의 욕망은 만족함이 없다는 뜻이다. 전도서 6:8은 이해하기 어렵다.[223] 전도자는 지혜자와 우매자가 다를 바

---

[223] 이턴(Eaton 1983, 107)은 다양한 해석을 소개한다. 첫째 질문에 대한 대답으로 보고 "스스로 처신할 줄 아는 가난한 사람이 가진 것"으로, 하나의 질문으로 보고 "어떻게 행할 줄을 아는

없고, 가난한 자들이 살아있는 자들 앞에서 어떻게 행할 줄을 알아 처신하는 것도 의미가 없다고 했다. 이 문맥에서 말하는 것은 지혜자나 우매자나 가난한 자나 그들의 방법으로 욕망을 이룬다 할지라도 그것이 만족을 줄 수 없다는 것이다. 이뿐만 아니라 눈으로 보는 것이 마음으로 공상하는 것보다 나아도 그 역시 바람을 잡는 것이라고 했다(전 6:8-9).

d. 사람의 한계(전 6:10-12)

전도자는 이미 있는 것은 오래 전부터 이름이 있었고, 사람이 무엇인지도 이미 안 바 되었기에 자기보다 강한 자와 다툴 수 없다고 했다(전 6:10). 여기에 '자기보다 강한 자'는 하나님이시다. 하나님이 자연과 인간의 성격을 다 정해 놓으셨다. 그래서 전도자는 인생의 기본적인 성격이 변화되는 것이 불가능함을 보여주어 사람이 그 한계를 벗어날 수도 없음을 강조한다(Eaton 1983, 107). 전도자는 모든 날을 그림자 같이 보내는 인생은 무엇이 선(개역개정판은 '낙'이라고 번역함)인지 알 수도 없고, 무슨 일이 있을 것인지 알려 줄 수도 없다는 것을 수사의문문으로 말한다. "사람에게 무엇이 선인지 누가 알겠는가?" "무슨 일이 있을 것을 누가 능히 그에게 고하겠는가?"(전 6:12). 전도자는 믿음의 문을 제외하고 모든 문을 폐쇄해 버렸다(Eaton 1983, 108).

(3) 어떤 것이 선한가(전 7:1-8:1)

이 문단에서 마치 잠언의 경구(참조. 잠 10:1-22:16)처럼 일정한 논리적 흐름 없이 전달하는 것처럼 보인다. 그러나 전도자는 전도서 6:12에서 "사람에게 무엇이 선인지 누가 알겠는가?"라고 질문한 일에 대해 어떤 것이 선한 일인지를 중심으로 중요한 교훈을 한다. 이 문단은 히브리어 성경에 '낫다'(토브, טוב)로 시작하는 일곱 번의 말씀으로 이루어져 있다(전 7:1, 2, 3, 5, 8(×2), 11).[224]

사람이 갖는 유익은 무엇인가?"로, 혹은 "가난한 사람이 왜 인생 앞에서 어떻게 행할 것을 배워야 하는가?" 등으로 해석한다.

224 '낫다'라고 번역했으나 히브리어 성경에는 '선하다'는 의미인 '토브'(טוב)로 앞의 전도서 6:12의 '낙'이라고 번역한 단어와 같다. 우리 말 구조에서는 문장 끝에 나온다.

① 잠언의 경구들(전 7:1-14)

이 단락에 있는 경구들은 죽음에서 교훈을 얻는 내용(전 7:1-4)부터 우리 일상 생활에서 필요한 다양한 교훈을 담고 있다.

a. 죽음에서 얻은 교훈(전 7:1-4)

전도자는 유사 평행법으로 "좋은 이름이 좋은 기름보다 낫고, 죽는 날이 출생 하는 날보다 나으며"(전 7:1)라고 했다. 여기에 '이름'(쉐임, םֵשׁ)과 '기름'(쉐멘, ןֶמֶשׁ)이 라는 언어유희로 이름이 값비싼 기름보다 낫다는 것을 강조한다. 이것은 죽음을 염두에 두고 명예로운 이름을 남기는 것이 몸에 악취가 나지 않도록 하기 위해 비싼 값을 치르고 얻는 기름보다 낫다고 교훈하는 것이다(벌릭 1999, 315).[225] 죽는 날이 출생하는 날보다 좋다는 것은 이해하기 어렵다. 하지만 이 본문이 유사평 행법으로 된 것임을 고려한다면 의미있게 살다가 죽는 것이 출생하는 것보다 낫 다는 뜻이다. 전도자는 초상집에 가는 것이 잔칫집에 가는 것보다 낫다(= 선하다) 고 한다. 모든 사람의 끝이 이와 같이 되기 때문이다. 그래서 산 자는 이를 염두 에 두어야 한다. 모든 장례식은 우리의 장례식을 예상케 한다(Eaton 1983, 109). 전 도자는 슬픔이 웃음보다 낫다(= 선하다)고 하였다. 그 이유는 얼굴에 근심하는 것 이 마음에 유익하기 때문이다. 또한 지혜자의 마음은 초상집에 있으나 우매자의 마음은 혼인집에 있다고 했다(전 7:3-4). 그가 그렇게 말하는 것은 웃음이 잘못되 었다고 말하는 것이 아니라 지혜자는 죽음을 숙고하고 어떻게 사는 것이 의미있 는 삶인지 배워야 한다는 것이다.

b. 지혜자의 말을 듣는 것이 낫다(전 7:5-7, 11-12)

전도자는 지혜자의 책망을 듣는 일이 우매자의 노래를 듣는 것보다 더 '낫 다'(= 선하다)고 했다(전 7:5). 그 이유를 이유접속사 '키'(יכִּ)로 두 가지를 말한다. 하 나는 우매자의 웃음소리는 마치 솥 밑에서 가시나무가 타는 소리같이 헛되기 때 문이라고 했다(전 7:6). 고대세계에서 가시나무는 빨리 타올랐다가 쉽게 꺼져버 리는 연료였다. 여기서 전도자는 노래(쉬르, רישִׁ)와 솥(시르, רישׂ)과 가시나무(시림,

---

[225] 카이저(1991, 93)는 훌륭한 명성은 그 명성을 소유한 개인을 넘어서는 영향력(보배로운 향 기)을 가진다고 해석했다.

םיריס)라는 언어유희로 우매자의 말을 따르는 것이 얼마나 덧없는 것임을 보여준다. 또 하나는 우매자의 말이나 노래를 듣는 것은 탐욕과 뇌물과 연관되어 있기에 이것은 지혜자를 우매하게 하고 사람의 명철을 망하게 하기 때문이라고 했다(전 7:7). 전도자는 지혜가 유산 같이 아름답고, 햇빛을 보는 자에게 유익하다고 했다(전 7:11). 햇빛을 보는 자에게 유익하다는 것은 지혜를 바르게 사용하는 자는 유익하다는 은유다. 지혜의 그늘 아래 있음은 마치 돈의 그늘 아래에 있음과 같고, 지혜가 더 유익한 것은 그 지혜를 가진 자를 살리기 때문이다(전 7:12). 우리가 이 세상에 살 때 돈은 요긴하고 우리의 삶의 필요를 공급하기도 하고, 보호해 주는 기능을 가지고 있다. 지혜를 돈으로 비유한 것은 지혜가 돈과 같이 요긴하고, 우리의 삶의 필요를 공급하기도 하고, 보호하기도 한다는 것이다. 그럼에도 불구하고 지혜가 더 중요한 것은 그 지혜가 그를 살리기 때문이다. 전도자가 이 책 전체의 행간에서 보여주고자 하는 지혜는 여호와를 경외하는 것이다.

c. 하나님의 섭리와 사람의 한계(전 7:13-14)

전도자는 하나님이 굽게 하신 일을 누가 곧게 하겠느냐고 하며 형통한 날에는 기뻐하고 곤고한 날에는 되돌아보라고 권한다. 하나님은 형통한 날과 곤고한 날을 병행하게 하여 사람이 장래 일을 능히 헤아리지 못하게 하셨다(전 7:13-14). 하나님이 왜 굽게 하시는가? 악한 사람들은 그들이 가진 힘으로 세상을 고통스럽게 하고, 선한 사람은 고통을 당하기도 한다. 이 본문과 관련하여 브라운(Brown 2000, 79)은 "주님은 신비스러운 방식으로 일하신다"라는 문구가 가장 잘 적용된 본문이라고 했다. 전도자는 해 아래 진행되는 모든 현상과 섭리의 신비를 말하면서 사람이 가진 한계를 보여준다.

② 겸손한 생활(전 7:15-22)

전도자가 살펴본 굽은 일 가운데 하나는 자기의 의로움에도 불구하고 멸망하는 의인이 있고, 자기의 악행에도 불구하고 장수하는 악인이 있다는 것이다(전 7:15). 그는 이 현실에 대한 지혜로 지나치게 의인이 되지 말고, 지나치게 악인이 되지 말라고 한다. 이것은 스스로 패망하게 되는 길이라고 한다(전 7:16-17). 이 말씀을 문자 그대로 받아들인다면 율법을 지키며 의롭게 사는 일은 어떤 의미가 있는가? 그것은 아니다. 전도자는 이 문제에 대한 대안으로 이것도 잡으며 저것도 놓지 않는 것이 좋다고 하며 하나님을 경외하는 자는 이 모든 일에서 벗어날 것이라고 했다(전 7:18). 하나님을 경외하는 것은 마치 의로움과 악함을 약간씩 혼합하듯이 의로움과 우매함을 적당히 섞은 상태를 말하는 것이 아니라 인간의 한계를 정확하게 알게 하는데 근거를 두고 있다(Brown 2000, 82). 이것은 스스로의 노력에 따라 의에 도달할 수 있고, 그 의가 번영으로 인도할 수 있다는 인과관계를 반박하고 겸손하게 하려는 것이다.

이 논의의 결론으로 전도자는 지혜는 한 성읍 가운데 있는 열 명의 권력자들보다 더 능력이 있다고 말한다(전 7:19). 이 지혜가 일반적인 지혜든, 하나님을 경외하는 지혜든 권력자들보다 강하다. 하지만 전도자는 보편적인 진리를 덧붙여 강조한다. 전도서 7:20에 히브리어 성경에는 의미를 강조하는 접속사 '키'(כִּי)가 있다. NIV와 NASB도 '참으로'(Indeed)라고 번역했다. 그것은 선을 행하고 전혀 죄를 범하지 않는 사람은 세상에 없다는 것이다. 이것은 사람은 자신을 올바르게 진단하고 겸손해야 한다는 것이다. 이러한 사람의 본성 때문에 브라운(Brown 2000, 81)이 의에 강박관념을 가진 자는 자신과 자신의 악함에 눈을 감는다고 한 말은 옳다.

③ 사람의 죄성(전 7:23–8:1)

전도자는 지혜를 탐구하여 지혜자가 되려 했으나 지혜가 너무 멀고 깊어 도달할 수 없다는 사실을 알았다(전 7:23–24). 그것은 사람이 다 알 수 없도록 지혜가 감추어져 있고 하나님만이 그 길을 아시기 때문이다(참조. 욥 28:21–23). 그럼에도 불구하고 전도자는 지혜를 살피되 악한 것이 얼마나 어리석은 것이며, 어리석은 것이 얼마나 미친 것인 줄을 알고자 했다(전 7:25). 그가 알아낸 것은 마음이 올무와 그물 같고, 손이 포승 같은 여인은 사망보다 더 쓰다는 것이다(전 7:26). 이 여인을 일반 여성과 동일시해서는 안 된다. 여기 '여인'은 원문에 정관사 '그'(הַ)가 결합되어 '그 여인'(하이샤, הָאִשָּׁה)으로 되어 있기에 특정 여인을 지칭한 것으로 보아야 한다(Brown 2000, 83). 이 여인은 지혜와 대조적으로 악하고 어리석은 길로 이끄는 인간의 죄악을 가리킨다(김성수 2017, 341). 그래서 하나님을 기쁘시게 하는 자는 그 여인을 피하지만 죄인은 붙잡히게 된다(전 7:26). 전도자는 왜 이러한 현상이 생기는지 그 이치를 연구하여 한 가지 사실을 깨달았다. 그것은 천 사람 가운데 한 사람을 찾았으나 여자는 한 사람도 찾지 못했다는 것이다(전 7:27-28). 여기 '여자'(이샤, אִשָּׁה)는 정관사 없이 사용하여 '그 여인'과 대조를 이루는 의인을 말한다. 그러면서 전도자는 그가 깨달은 것은 하나님은 사람을 정직하게 지으셨으나 사람이 많은 꾀를 낸 것이라고 했다(전 7:29). 하나님이 창조하신 원래 사람은 온전했으나 사람의 죄성에 문제가 있었다. 전도자는 에덴동산에서 처음 삶의 불순종을 마음속에 두고 있다. 창세기 2-3장에 따르면 거짓에 미혹된 최초의 사람이 하나님께 불순종한 후 사람은 모든 관계에 소외와 불균형과 치욕과 저주와 고통과 수고의 존재로 살게 되었다(Brown 2000, 84-85).

전도자는 전도서 7:1-29에 설명한 문제를 통해 누가 그 상황을 이해하고 바른 길을 갈 수 있는 지혜를 가진 자인지 질문한다. 전도서 8:1은 전도서 8:2에 연관된 구절이라기보다 선행 구절인 전도서 7:29에 속한다. 왜냐하면 이 구절이 고통과 죄에 관하여 지혜를 갈구하는 잠언의 결론을 이루기 때문이다(Eaton 1983, 117). 전도자는 "누가 지혜자와 같으며 누가 사물의 이치를 아는 자이냐?"라고 질문한다(전 8:1a). "누가 … 같으며 누가 … 자이냐?"라는 수사의문문은 참된 지혜를 아는 자가 있다는 것을 부정하는 의미라기보다는 적다는 것을 암시한다. 이런 지혜를 소유한 자는 그의 얼굴이 광채가 나서 사나운 것이 변한다(전 8:1b). 이것은 품행이 공손하고 그의 부드러움이 자신의 얼굴에 표현되는 사람을 말한다(Eaton 1983, 117).

(4) 불의한 세상에 대한 삶의 태도(전 8:2-9:10)

이 문단에서 전도자는 불의한 세상의 삶을 관찰하고 권력자들과 악인들이 더 잘 되는 것처럼 보이는 세상에서 어떻게 사는 것이 지혜로운 삶인지 보여준다.

① 권력을 가진 자에게 순종하라(전 8:2-9)

전도자는 권력을 가진 자 앞에서 어떻게 하는 것이 지혜로운 삶인지 권면한다. 그는 "왕의 명령을 지키라 이미 하나님을 가리켜 맹세하였음이니라"(전 8:2)라고 했다. 왕의 명령을 지켜야 할 이유는 하나님을 가리켜 맹세했기 때문이다.

왕의 명령에 순종해야 할 이유로 신약성경에 바울은 하나님이 모든 권세를 세우셨기 때문이라고 했다(롬 13:1). 그리고 왕 앞에 급히 물러나지 말고 악한 일에 서지 않아야 한다고 권한다(전 8:3). "왕 앞에 급히 물러나지 말라"는 말씀을 공동번역은 "경솔하게 어전에서 물러 나오지 않도록 하라"고 번역했다. 왜냐하면 왕은 자기가 하고자 하는 것을 다 할 수 있는 권세있는 사람이기 때문이다. 왕의 말은 권능이 있기에 "왕께서 무슨 일을 하시나이까"라고 할 수 없다(전 8:4). "왜 그렇게 하십니까?"라고 이의를 제기할 수 없다는 뜻이다. 왕의 명령을 지키면 불행을 알지 못한다. 그러면서 전도자는 여기에 한 마디를 덧붙여 "지혜자의 마음은 때와 판단을 분변한다"(전 8:5)라고 했다. 이 말씀은 어떤 경우에 어떻게 말하고 행동해야 할지 안다는 뜻이다. 그 이유는 사람이 장래 일을 알지 못해 화를 당한다 해도 모든 일에는 알맞은 때와 판단이 있기 때문이다(전 8:6).[226]

전도자는 이 문단의 결론으로 사람의 한계를 지적한다. 그것은 장래 일을 알지 못한다는 것이다(전 8:7). 그것을 구체적으로 네 가지로 말한다. 사람은 바람을 주장할 수 없고, 죽는 날을 주장할 수 없으며, 전쟁할 때가 오면 모면할 수 없으며, 악도 그의 소유를 건져낼 수 없다(전 8:8). 이것은 자연현상이나 죽음이나, 전쟁이 일어나면 피할 수 있는 사람이 없고, 권력자 역시 여기서 벗어날 수 없음을 보여준다. 전도자는 이 모든 일을 보고 사람이 사람을 주장하여 해롭게 하는 때가 있다는 것을 알았다(전 8:9). 이 단락이 선행 구절의 결론인지 다음 단락의 서두인지 관점에 따라 다르다. 그러나 선행 문단이 권력을 가진 자에 대한 내용이고, 다음 문단은 악한 자에 대한 내용이기에 선행 문단의 결론으로 보는 것이 무난하다. 전도자가 본 대로 사람이 사람을 주장하여 해롭게 하는 사례는 많다. 실제로 권력을 가진 자는 그가 가진 각종 힘과 권력을 남용하거나 오용하여 사람들을 모욕하고, 억압하며, 착취하므로 고통과 좌절 가운데 빠지게 한다.

② 하나님을 경외하고 수고한 것을 즐기라(전 8:10-9:1)

이 문단에서 전도자는 악과 불의의 문제를 다시 다루면서 하나님을 경외하

---

[226] 개역개정판에는 논리의 흐름을 이어주는 이유접속사가 빠져 있다. 전도서 8:6을 표준새번역은 "우리가 비록 장래 일을 몰라서 크게 고통을 당한다 해도 모든 일에는 알맞은 때가 있고 알맞은 방법이 있다"라고 번역하였는데, 이것이 원문의 의미에 가장 적절해 보인다.

며 그가 주신 삶을 즐겨야 한다고 했다. 전도서 8:10은 이해하기 어렵다. 이턴 (Eaton 1983, 121)은 히브리어 성경에서 가장 어려운 단락 가운데 하나라고 했다. 그것은 '잊어버린다'라는 개념의 해석 때문이다. NIV와 표준새번역은 이 절을 악한 사람들이 죽어서 무덤에 묻히는 것을 보았는데 사람들은 장지에서 돌아오는 길에 바로 그 사람들이 그들에게 평소에 했던 악한 일을 잊어버리고 그를 칭찬하는 것을 보고 헛되다고 번역했다. KJV, NASB는 개역개정판처럼 사람들이 악한 자의 존재 자체를 기억하지 않고 잊어버렸기에 헛되다고 했다. 핵심은 악한 일에 대한 징벌이 속히 실행되지 않는 것이다. 그래서 사람들이 악을 행하여도 담대해진다. 또한 죄인은 백 번이나 악을 행하고도 장수하기 때문이다(전 8:11-12a). 이것이 전도자와 우리가 세상에서 경험하는 현실이다.

이러한 일은 믿음의 시각에서 볼 때 갈등을 일으키고 믿음의 질서를 무너지게 한다. 그러나 이 때문에 우리가 하나님을 경외하는 일과 경외하지 않는 일이 차이가 없다고 생각해서는 안 된다. 전도자는 하나님을 경외하는 자들은 잘 될 것이지만, 하나님을 경외하지 않는 악인은 장수하지 못하고 그 날이 마치 그림자와 같게 될 것이라고 한다(전 8:12b-13). 이러한 전도자의 응답은 관찰의 결과가 아니라 믿음으로 한 응답이다(Eaton 1983, 123).

전도자가 믿음으로 말했음에도 세상에서 행해지는 헛된 일 가운데 악인들의 행위에 따라 벌을 받는 의인이 있고, 의인들의 행위에 따른 상을 받은 악인이 있음을 말한다(전 8:14). 이것은 부조리한 일이다. 전도자는 이 문제에 대해 만족스러운 설명을 주지 않는다. 그러나 전도서 전체에서 사람이 죄를 범한 이후에 세상의 질서가 혼란해졌기 때문이라고 설명한다(참조. 전 7:29). 전도자는 그럼에도 해 아래 사는 동안 수고하여 먹고 마시는 일이 계속 될 것이기에 그 자체를 즐거워하라고 했다(전 8:15). 그러나 전도자는 사람이 아무리 애써 알아보려고 노력해도 풀 수 없는 한계가 있음을 말한다(전 8:16-17). 그래서 전도자는 이 문단의 결론으로 이 모든 것을 살펴보고 난 뒤에 의인이나 지혜자나 그들이 하는 모든 행위는 다 하나님의 손안에 있다고 했다. 그러면서 전도자는 의인이나 지혜자나 그 미래가 어떻게 될는지 알지 못한다고 했다(전 9:1). 그러면 어떻게 사는 것이 지혜로운 삶인가? 그것은 하나님을 경외하는 삶이다. 이것이 하나님의 주권과 섭리를 믿는 삶의 태도이기 때문이다.

③ 산 개가 죽은 사자보다 낫다(전 9:2-10)

전도자는 모든 사람, 즉 의인이나 악인, 선한 자와 깨끗한 자와 깨끗하지 않은 자 등이 다 직면할 한 가지 일이 있는데 그것은 누구나 죽는다고 말한다(전 9:2-3). 그리고 그는 살아있는 자에게 소망이 있다고 했다. 왜냐하면 산 개가 죽은 사자보다 더 낫기 때문이다(전 9:4). 그리고 죽은 자에게는 사랑도 미움도 야망도 없고, 세상에 있는 모든 일 가운데 그들의 몫은 없기 때문이다(전 9:5-6). 그러므로 이 땅에 살아있는 것 자체가 소망이 있다는 것이다.

전도자는 살아있는 것 자체가 소망이라고 언급한 뒤에 갑자기 기쁨으로 음식을 '먹고'(에콜, אכל ‹ אכל) 포도주를 '마시라'(셔테이, שתה ‹ שתה)고 명령한다. 구약성경에서 '먹고 마시는 것'은 종교적인 축제(신 14:26)를 포함하여 교제와 기쁨, 만족 등을 표현하는 말이다. 여기서는 만족스럽고 행복한 삶의 상징이다(Eaton 1983, 103). 그 이유는 하나님이 그가 하는 일을 이미 받으셨기 때문이다(전 9:7). 이턴(Eaton 1983, 127)은 이 구절을 가리켜 믿음으로 의롭다 함을 얻는다는 교리에 가장 가까운 부분이라고 했다. 믿는 자는 하나님에 의해 받아들여지도록 열심히 노력해야 한다는 것이 아니라 그는 '이미' 받아들여졌다. 그러므로 의복을 항상 희게 하고 머리에 향기름이 그치지 않게 하고 사랑하는 아내와 즐겁게 살아야 한다. 이것이 해 아래에서 수고하여 얻는 몫이기 때문이다(전 9:9). 이러한 이유로 해 아래에서 힘을 다해 일해야 한다. 스올에는 일, 계획, 지식, 지혜도 없기 때문이다(전 9:10). 해 아래 사는 인생은 모든 것을 하나님이 주신 것으로 받아들이고 그것을 즐길 때 비로소 의미가 있다는 것이다.

(5) 지혜와 우매함(전 9:11-10:20)

이 문단에서 전도자는 우매에 비해 지혜가 유익하다는 점을 설명한다. 그리고 한 가지 주제만 전달하는 것이 아니라 다양한 주제들을 전달한다.

① 시기와 기회는 하나님의 손에 있다(전 9:11-12)

전도자가 해 아래서 본 것 가운데 하나는 인생에 많은 변수가 있다는 것이다. 그가 예를 든 것은 다섯 가지다. (i) 발 빠른 경주자라고 먼저 도착하는 것은 아니다. (ii) 용사라고 전쟁에 승리하는 것은 아니다. (iii) 지혜자라고 식물을 얻는 것은 아니다. (iv) 명철자라고 재물을 얻는 것은 아니다. (v) 지식인이라고 은총을 받는 것은 아니다. 그 이유는 시기와 기회가 모두에게 임하기 때문이다(전 9:11). 여기서 상황을 바꾸는 요인인 변수는 시기와 기회다. '시기'는 우리의 한계를 인식하게 한다. 우리 일생의 시기들이 하나님의 손안에 있다는 것을 전도서 전체를 통해 보여준다. 이것은 믿음에 대한 보증일 뿐만 아니라 자기 확신을 가지지 못하게 한다. '기회'는 가장 철저하게 계획을 세우고 준비했음에도 불구하고 예상치 못하게 그 행로를 벗어나게 하기도 한다(Eaton 1983, 130). 따라서 아무리 뛰어난 능력이 있어도 시기와 기회가 맞지 않으면 전혀 예상치 못한 결과를 가져오기도 한다. 전도자는 시기와 기회에 대해 부연하며 물고기가 그물에 걸리기도 하고, 새가 올무에 걸림 같이 인생도 재앙의 날이 갑자기 닥친다고 말한다(전 9:12). 그래서 인생은 시기와 기회를 주장하시는 하나님을 알아야 한다.

② 가난한 자의 지혜가 기억되지 아니한다(전 9:13-18)

전도자는 그가 본 지혜를 소개한다. 한 작은 성읍에 큰 왕이 와서 그것을 에워싸고 흉벽을 쌓아 치고자 할 때 그 성읍에 사는 한 가난한 지혜자가 그의 지혜로 성을 구원했다. 그러나 그 가난한 자를 기억하는 사람이 없었다. 지혜가 힘보다 나으나 가난한 자의 지혜는 멸시를 받고 사람들이 그의 말을 듣지 않는 것이 현실이다(전 9:13-16). 지금도 가난하고 힘없는 자의 지혜로운 말보다 어리석어도 힘 있는 사람의 말을 더 받아들여 공동체를 위험에 빠트리는 현상이 많다.

전도자는 가난한 자의 지혜의 안타까움을 설명하면서도 조용히 들리는 지혜자들의 말들이 우매한 자들을 다스리는 자의 호령보다 낫고, 지혜가 무기보다 낫다고 했다(전 9:17-18a). 그러나 죄인 한 사람이 많은 선을 무너지게 한다(전 9:18b). 이것은 지혜가 중요하지만 사회에 선과 악이 대립하고 있을 뿐만 아니라 악의 영향력이 강력하다는 것을 보여준다.

③ 우매한 자의 삶을 따르지 말라(전 10:1-20)

이 문단에서는 우매함에 대한 일반적인 관점을 다루면서 우매한 자의 삶을 따르지 말 것을 권고한다.

a. 지혜로운 자와 우매한 자(전 10:1-3)

죽은 파리들이 향기름을 악취 나게 만드는 것 같이 적은 우매가 지혜와 존귀를 난처하게 만든다(전 10:1). 악취와 향기름이 상극이듯이 지혜와 우매는 상극이다. 지혜자의 마음은 오른쪽에 있고 우매자의 마음은 왼쪽에 있다(전 10:2). 오른쪽은 옳고 왼쪽이 그르다고 말할 수 없지만 여기서 지혜자와 우매자를 대조하듯이 오른쪽과 왼쪽은 서로 반대되는 개념인 것을 알 수 있다. 표준새번역은 "지혜로운 마음은 옳은 일 쪽으로 기울고, 어리석은 자의 마음은 그릇된 일 쪽으로 기운다"라고 번역했다.

b. 주권자의 우매함(전 10:4-7)

전도자는 주권자가 분을 일으키거든 네 자리를 떠나지 말라고 권고한다. 왜냐하면 공손함이 큰 허물을 덮기 때문이다(전 10:4). 또한 어떤 주권자는 우매한 사람과 종을 높은 지위에 두고 부자와 고관들을 낮은 위치에 두었다(전 10:6). 전도자가 이를 가리켜 재난을 보았다고 했기에 정상적인 질서를 깨뜨리는 행위로 보았다는 것이다.

c. 우매한 자의 행동(전 10:8-11)

이 문단을 표준새번역은 원문의 의미를 잘 살려 번역했다.

구덩이를 파는 자는 거기에 빠질 수가 있고,
담을 허무는 자는 뱀에게 물릴 수가 있다.
돌을 떠내는 자는 돌에 다칠 수가 있고,
나무를 패는 자는 나무에 다칠 수가 있다.
도끼가 무딘데도 그 날을 갈지 않고 쓰면
힘이 더 든다.
그러나 지혜는 사람을 성공하도록 돕는다.
뱀을 부리지도 못하고 뱀에게 물리면
뱀을 부리는 그 사람은 쓸 데가 없다.

사람이 어떤 일을 하든지 위험이 따를 수 있다. 예를 들면 구덩이를 파는 일, 담을 허무는 일, 나무를 패는 일 등이다. 지혜는 이띤 일이든 성공적으로 수행하는 것이다(전 10:10). 그러나 우매한 자들은 지혜롭게 행동하지 못한다.

d. 우매자의 말(전 10:12-15)

지혜자의 말은 은혜로우나 우매자의 말은 자기를 삼킨다(전 10:12). '자기를 삼킨다'는 말은 자기의 말로 자기의 인격과 명예에 해를 끼친다는 뜻이다. 그의 말의 시작은 우매요 그 입의 결말은 미친 것이다(전 10:13). 이것은 그의 말이 처음부터 끝까지 잘못되었다는 것이다. 우매한 자들은 말을 많이 하지만 장래 일을 알지 못한다(전 10:14).

e. 국가를 관리하는 자(전 10:16-20)

한 국가의 왕은 어리고(판단력이 없고), 대신들이 아침부터 잔치하여 취하는 나라는 화가 있다. 이와 대조적으로 왕은 귀족들의 아들이고, 대신들이 술취하지 않고 기력을 위해 정한 때에 먹는 나라는 복이 있다(전 10:16). '귀족들의 아들'이라는 말은 사회에서 자기가 독립적으로 행할 수 있는 능력을 가진 자를 말한다(Eaton 1983, 137). 지혜로운 관리는 자기 통제력이 있고 질서가 있다는 것이다. 이들이 게으르면 서까래가 내려앉고 손을 놓으면 집이 샌다(전 10:18). 이들은 희락을 위해 잔치를 베풀어야 한다(전 10:19a). 하지만 돈이 있어야 한다. 전도서 10:19의 "돈은 범사에 이용되느니라"는 말씀은 "돈이 이 모든 일을 해결한다"라는 뜻이다. NIV와 NASB는 "돈이 모든 일에 대한 대답이다"라고 번역했다. 이것은 국가는 재물을 가지고 백성들의 즐거움을 위해 써야 한다는 것으로, 오늘날은 백성들의 복지를 위해 돈을 써야 한다는 것이다. 브라운(Brown 2000, 100-101)은 이 말씀을 성숙과 신중의 힘은 땅과 그 주민을 위해 잔치를 언제 베풀어야 하고 언제 그만두어야 할지를 알아야 함을 보여준다고 했다. 그리고 전도자는 심중이나 침실에서도 왕이나 부자를 저주하지 말라고 했다(전 10:20). 이는 새가 전하고 날짐승이 전파하여 위태롭게 될 수 있기 때문이다. 이것은 우매한 국가 관리들이 지혜롭게 통치하지 못한 상황을 염두에 두고 한 말로 보인다. 전도자가 이러한 삶의 여러 국면을 소개하는 것은 하루하루를 하나님을 경외하며 살아야 한다는 것을 보여준다.

5. 지혜로운 삶으로 부름(전 11:1-12:8)

이 문단에서 전도자는 지혜로운 삶이 무엇인지 몇 가지 실제적인 예를 들어 소개한다. 이 문단은 다른 부분에 비해 어떤 행동을 하도록 격려하는 내용이 많다는 특징을 지니고 있다.

내용 분해

(1) 믿음으로 살아라(전 11:1–6)

(2) 주어진 삶을 즐기라(전 11:7–10)

(3) 죽기 전에 창조주를 기억하라(전 12:1–8)

내용 해설

(1) 믿음으로 살아라(전 11:1–6)

전도자는 이 문단에서 믿음으로 사는 것이 어떤 것인지 구체적인 실례를 몇 가지 든다. 이턴(Eaton 1983, 140)은 이 문단의 제목을 "믿음의 모험"(The venture of faith)이라고 붙였다.

① 떡을 물 위에 던져라(전 11:1-2)

전도자는 떡을 물 위에 던져라고 권하며 여러 날 후에 도로 찾을 것이라고 했다(전 11:1). 이 떡은 신명기 8:3과 잠언 31:14에서처럼 제유법으로 재물과 삶에 필요한 모든 것을 말한다(Eaton 1983, 140). 떡을 물 위에 던진다는 은유적 표현이 무엇을 말하는 것인지 결정하기 어렵지만 일반적으로 두 가지 해석이 있다. (i) 사업에 투자하라는 것이다. (ii) 가난한 자에게 자선을 베풀라는 것이다. '물 위에 던진다'는 것은 예측이 가능하지 않은 곳을 말한다. 첫 번째 해석은 예측 가능하지 않더라도 모험을 걸고 투자하는 것이다. 표준새번역은 이 해석에 따라 "돈이 있으면, 무역에 투자하여라. 여러 날 뒤에 너는 이윤을 남길 것이다. 이 세상에서 네가 무슨 재난을 만날지 모르니, 투자할 때에는 일곱이나 여덟로 나누어 하여라"라고 번역했다. 전도서 11:2의 '일곱에게나 여덟에게'는 실제 숫자라기보다는 많은 숫자를 의미한다. 구약성경에 종종 나타나는 x, x+1과 같은 연속적인 숫자는 일반적으로 언급된 것의 완전수나 때로 무한정의 수를 나타내기도 한다(Eaton 1983, 94–95, 140–141; Roth 1962, 300–311). 여기서 "일곱이나 여덟에게 나눠주라"라는 것은 할 수 있으면 많은 곳에 투자하라는 의미다.

두 번째 해석은 가난한 자에게 자선을 베풀라는 것이다. 가난한 자에게 자선을 베푸는 행위 자체는 재물에 손해가 되는 것처럼 보여도 여러 날 후에 도로 찾을 수도 있고, 재앙을 만날 때 누군가의 도움을 받을 수도 있기 때문이다. 따라서 가난한 자를 구제하는 일은 미래를 대비하는 지혜라는 것이다. 그리고 "일곱이나 여덟에게 나눠주라"라고 함으로 가능하다면 많은 사람에게 자선을 베풀라고 권한다.

② 예측하지 못해도 씨를 뿌리라(전 11:3-6)

전도자는 두 개의 그림 언어로 예상할 수 없는 상황을 설명한다. 하나의 그림은 구름에 비가 가득하면 땅에 쏟아진다는 것이고, 또 하나의 그림은 나무가 남으로나 북으로 쓰러지면 그대로 있다는 것이다(전 11:3). 구름에 비가 가득하면 땅에 쏟아지는 것은 예상할 수 있지만, 나무가 어디로 쓰러질지 예상할 수 없다. 전도자는 이 그림을 가지고 풍세를 살펴보는 자는 파종하지 못할 것이고 구름만 바라보는 자들은 거두지 못한다고 했다(전 11:4). 농부는 풍세와 구름을 생각하고 무한정 기다리지 않는다. 전도자는 바람의 길이 어떠한지, 아이 밴 자의 태에서 뼈가 어떻게 자라는지 모르는 것과 같이 만사를 성취하시는 하나님의 일을 알지 못한다는 사실을 덧붙인다(전 11:5). 왜 이 사실을 덧붙였을까? 그것은 인간은 만사를 다 예측할 수 없는 한계를 가진 존재라는 것과 섭리의 신비 속에서 믿음이 성장한다는 것을 보여주려는 것이다. 그렇다면 어떻게 해야 하는가? 전도자는 "너는 아침에 씨를 뿌리고 저녁에도 손을 놓지 말라 이것이 잘 될는지 저것이 잘 될는지 혹 둘이 다 잘 될는지 알지 못함이니라"(전 11:6)라고 했다. 이것은 믿음의 모험을 하라는 것이다. 세상에서 굴곡과 변수가 많아도 냉정하게 아침에 씨를 뿌리고 저녁에도 계속 일하는 것 외에 달리 방법이 없다(Brown 2000, 103). 이것이 하나님의 신비한 섭리를 믿는 삶이다.

(2) 주어진 삶을 즐기라(전 11:7-10)

이 문단에서 전도자는 사람이 사는 동안 즐거워하며 살 것을 권면한다. 그러면서 그는 어떻게 사는 것이 즐거운 삶인지 그 한계를 설명한다.

① 사는 동안 즐거워하라(전 11:7-8)
전도자는 "빛은 실로 아름다운 것이라 눈으로 해를 보는 것이 즐거운 일이로다 사람이 여러 해를 살면 항상 즐거워할지로다"(전 11:7-8a)라고 했다. 그러면서 캄캄한 날이 많을 것이기에 그 날을 생각하라고 권면한다(전 11:8b). 빛과 해를 보는 것은 생명을 충만하게 누리는 것을 의미하고, 캄캄한 날은 전도서 12:2-5에 묘사된 노년과 12:6-7에 묘사된 죽음을 의미한다(Murphy 1992, 116). 그래서 해를 보며 사는 동안 즐거워하라는 것은 캄캄한 날이 오기 전에 사는 동안 즐거워하라는 것이다. 이 세상에 살면서 항상 즐거워하며 사는 일은 중요하다.

② 즐거운 삶의 한계(전 11:9-10)
전도자는 "청년이여 네 어린 때를 즐거워하며 네 청년의 날들을 마음에 기뻐하여 마음에 원하는 길들과 네 눈이 보는 대로 행하라"(전 11:9a)라고 했다. 전도자가 청년에게 권면한다고 해서 청년을 우선적으로 고려하고 있다고 결론을 내려서는 안 된다. 청년에 대한 강조는 전도서 12:2-7에 나오는 노년에 관한 주제와 의도적으로 대조시키기 위한 장치다(Murphy 1992, 116). 이것은 세상에서 사는 동안 사는 일 자체를 즐거워하며 마음이 원하고, 눈에 보기 좋은 대로 해보라는 것이다.

그러나 전도자는 어떻게 사는 것이 즐거운 삶인지 그 한계를 설명한다. 그것은 하나님이 이 모든 일로 말미암아 심판하실 줄을 알라는 것이다. 여기 '알다'(다, דַּע〈יָדַע〉)를 명령법으로 쓴 것은 하나님의 왕권과 심판에 대해 무관심하거나 무시해서는 안 된다는 것을 강조하기 위함이다(Eaton 1983, 146). 즐거움을 누리는 것은 하나님의 심판에 대한 지식에 의해 통제된다(Eaton 1983, 145). 이것은 사는 동안 무엇이든지 할 수 있고, 그 결과로 즐거워할 수 있지만 그 삶에 대해 하나님이 책임을 물으신다는 점에서 한계가 있다는 것이다. 그래서 사는 동안 무엇이든지 할 수 있고 즐거워할 수 있지만 하나님의 뜻 안에서 할 수 있다.

(3) 죽기 전에 창조주를 기억하라(전 12:1-8)

이 문단에서 전도자는 정상적인 생활을 할 수 없는 노년과 죽음이 오기 전에 창조주를 기억하라고 명령한다(전 12:1, 7). 또한 그는 노년의 삶과 죽음을 다양한 그림 언어로 묘사한다.

① 죽기 전에 창조주를 기억하라(전 12:1-2)

전도자는 청년의 때에, 곤고한 날이 이르기 전에 창조주를 기억하라고 한다(전 12:1). '곤고한 날'은 나이가 들고 늙어 낙이 없고, 각종 어려움에 직면하게 되는 때를 말한다(Murphy 1992, 118). 특히 전도자는 해, 달, 별들이 어둡기 전에 창조주를 기억하라고 한다(전 12:2). 해, 달, 별들이 어둡게 된다는 것은 전도서 11:7-8과 대조적으로 어둠이 임한다는 것으로 '곤고한 날'과 같은 의미다. 이날이 오기 전에 창조주를 기억하는 것은 청년의 즐거움을 누리는 조건이다.

② 노년과 죽음의 징조들(전 12:3-8)

전도자는 곤고한 날에 있게 될 노년과 죽음의 징조들을 쉽게 이해할 수 있는 그림 언어로 보여준다.

- '집을 지키는 자들'(= 팔다리)은 떨 것이며
- '힘 있는 자들'(= 허리)이 구부러질 것이며
- '맷돌질 하는 자들'(= 치아)이 적으므로 그칠 것이며
- '창들'(= 눈)로 내다 보는 자가 어두워질 것이며
- '길거리 문들'(= 귀)이 닫혀질 것이다.

- 맷돌 소리가 적어질 것이며(= 귀가 잘 들리지 아니한다)
- 새의 소리로 말미암아 일어날 것이며(= 아침 잠이 없다)
- 음악하는 여자들은 다 쇠하여질 것이다(= 목소리가 나오지 않아 노래할 수 있는 기력이 없다)
- 높은 곳을 두려워할 것이며
- 길에서는 놀랄 것이며
- 살구나무가 꽃이 필 것이며(= 은색으로 변한 머리)
- 메뚜기도 짐이 될 것이며
- 정욕이 그친다.

여기에 묘사된 내용이 노인에게 나타나는 보편적인 현상이다. 전도자는 젊음이 지나고 노인이 되어 죽게 되어 "사람이 자기의 영원한 집으로 돌아가고 조문객들이 거리로 왕래하게 됨이니라"(전 12:5b)라고 했다. 전도자는 사람들이 새로운 집으로 가게 된다는 점을 보여준다. 또한 "은 줄이 풀리고 금 그릇이 깨지고 항아리가 샘 곁에서 깨지고 바퀴가 우물 위에서 깨지고 흙은 여전히 땅으로 돌아가고 영은 그것을 주신 하나님께로 돌아가기 전에 기억하라"(전 12:6-7)라고 명령한다. 이 비유적인 언어는 사람은 죽게 되어 흙은 땅으로 돌아가고 영은 하나님께 돌아가는 것으로 끝맺는다. 이 책의 저자는 전체 이야기를 시작할 때 했던 전도서 1:2과 같이 "전도자가 이르되 헛되고 헛되도다 모든 것이 헛되도다"(전 12:8)라는 말로 마친다. 이렇게 말하는 것은 이 땅에 사는 인생은 결국 죽음으로 마치기 때문이다. 하지만 저자는 '사람이 자기의 영원한 집으로 돌아가고', '흙은 여전히 땅으로 돌아가고', '영은 그것을 주신 하나님께 돌아간다'라고 하였다. 이것은 새로운 미래가 있음을 보여준다.

6. 에필로그(전 12:9-14)

이 문단에서 저자는 프롤로그(prologue)와 같이 전도자를 3인칭으로 묘사하며 최종적인 결론을 맺는다.

내용 분해

(1) 전도자의 말의 중요성(전 12:9-10)

(2) 전도자의 말로 경계를 받으라(전 12:11-12)

(3) 하나님을 경외하고 그 명령을 지키라(전 12:13-14)

내용 해설

(1) 전도자의 말의 중요성(전 12:9-10)

전도자는 지혜자여서 깊이 생각하고 연구하여 잠언을 많이 지었으며, 힘써 아름다운 말을 연구하였기에 정직한 말을 기록했다고 말한다(전 12:9-10). 이것은 전도자의 말이 중요하다는 것이다.

(2) 전도자의 말로 경계를 받으라(전 12:11-12)

전도자는 지혜자들의 말씀은 찌르는 채찍 같고, 회중의 스승들의 말씀은 잘 박힌 못 같다고 했다(전 12:11). 채찍은 가축을 재촉하는 도구로 사용되었는데 지혜자들의 말씀은 듣는 사람들을 자극하고 지도하는 의미로 사용한 것으로 보인다. 못은 힘과 견고함을 제공하는 도구로 볼 수 있고 인생을 책임있게 사는 삶의 기초를 제공해 주는 역할을 한다는 의미로 사용한 것으로 보인다(Murphy 1992, 125). 지혜의 말씀은 잘 박힌 텐트의 못처럼 흔들리지 않는 정박지가 된다는 의미도 있다(데이비스 1993, 139). 그리고 지혜자들의 말씀은 한 목자이신 하나님이 주신 말씀이다. 목자라는 비유를 쓴 것은 목자와 양의 관계처럼 하나님이 인도하시리라는 확신을 가지게 한다. 전도자는 '내 아들아'라고 부르며 이 지혜의 말씀으로 경계를 받으라고 명령한다(전 12:12). 이것은 지혜의 말씀에 대한 개인의 판단과 책임을 지적한 것이다(Eaton 1983, 155). 전도자가 이 권고 외에 다른 책들을 쓰는 것은 끝이 없고, 많이 공부하는 것은 몸을 피곤하게 한다는 말씀을 덧붙인다(전 12:12). 이것은 연구하는 일을 부정적으로 보기보다는 지혜의 말씀을 우선적으로 듣고 배워야 함을 강조한 것이다.

(3) 하나님을 경외하고 그 명령을 지키라(전 12:13-14)

전도자는 최종적인 결론으로 "일의 결국을 다 들었으니 하나님을 경외하고 그의 명령을 지킬지어다"(전 12:13)라고 권고한다. 하나님을 경외하는 일과 그의 명령을 지키는 일은 히브리식 반복어법으로 같은 내용을 다르게 말한 것이다. 이것이 모든 사람의 본분이다. 이 말씀을 문자적으로 "왜냐하면 이것이 사람의 전부이기 때문이다"(키-제 콜-아담, כִּי־זֶה כָּל־הָאָדָם)라고 번역할 수 있다. 하나님을 경외하고 그 명령을 지키는 것이 사람에게 가장 중요하고 사람을 사람답게 만든다. 왜 하나님을 경외하고 그의 명령을 지켜야 하는가? 하나님은 모든 행위와 모든 은밀한 일을 선악 간에 심판하실 것이기 때문이다(전 12:14). 하나님이 우리의 모든 행위와 은밀한 일을 선악 간에 판단해 주신다는 것은 우리가 하는 말과 행동이 영원과 맞닿아 있다는 것이다. 모든 것이 헛되고, 때로는 죄로 인해 왜곡된 세상에서 살아도 하나님을 경외하는 일은 그 삶을 행복하고 의미 있게 만드는 지혜다.

V. 구속사적 의미

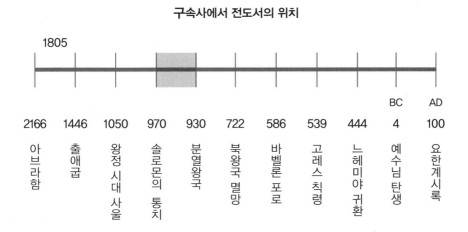

구속사에서 전도서의 위치

2166	1446	1050	970	930	722	586	539	444	BC 4	AD 100
아브라함	출애굽	왕정시대 사울	솔로몬의 통치	분열왕국	북왕국 멸망	바벨론 포로	고레스 칙령	느헤미야 귀환	예수님 탄생	요한계시록

1805

전도서는 솔로몬 통치 시기(주전 970-930년)에 전도자가 죄로 인해 혼란스럽고 왜곡된 질서세계에서 언약 백성으로 어떻게 사는 것이 구속사에서 지혜로운 삶인지 보여준다. 구속사를 받아들이게 되면 인생 전체에 일관성이 주어진다. 구속사는 하나님의 백성에게 그 역사를 인정하도록 촉구하고, 각자를 그 역사가 진행되는 과정에서 자기 역할을 하는 자로 높인다(롱랜드 2014, 1270). 전도서에서 전도자는 구속사에서 하나님을 역사를 통치하는 주권자로 묘사하지만 이 역사의 문제가 무엇이며, 어떻게 언약 백성으로 역할을 다할 것인지 보여준다.

전도자는 질서가 왜곡되거나 혼란이 오게 된 것을 인간의 죄로 말미암은 결과로 설명한다(전 3:16; 4:1-3; 5:8-9; 7:29). 그럼에도 불구하고 전도자는 이 세상에서 행하는 모든 일이 때로 괴로운 일이라 할지라도(전 1:13), 모든 것이 하나님의 손안에 있고, 선악 간에 반드시 심판하시기 때문에(전 3:17; 9:1; 11:9; 12:14 등) 여호와를 경외하고 그 명령을 지키는 것이 모든 사람의 본분이라는 것으로 결론을 맺는다(전 12:13-14).

이러한 삶이 어떻게 가능한가? 성경의 역사를 볼 때 오실 그리스도를 바라보고 이 지혜를 실천한 자도 있었지만 다수는 실천하지 못했다. 이 일이 가능하도록 하나님은 그리스도를 보내어 구속해 주셨다. 하나님은 그리스도 안에서 구속하여 새로운 존재가 되게 해 주셨고(고후 5:17), 그 존재에 합당한 삶을 살아갈 수 있도록 보혜사 성령을 보내어주셨다. 그래서 우리는 하나님을 경외하고 그 명령을 지켜야 하고, 또한 지킬 수 있다.

그럼에도 불구하고 우리는 그리스도께서 다시 오셔서 모든 질서와 만물을 회복하실 때까지 죄로 인해 왜곡된 해 아래의 삶으로 말미암아 갈등한다. 하지만 그때까지 우리가 도저히 이해할 수 없는 경험들로 말미암은 긴장 가운데 우리를 지탱케 하는 힘은 하나님의 은혜를 믿는 믿음이다. 그리스도인에게 있는 독특한 긴장은 모든 괴로움을 해결할 수 있는 최종 목적지를 알고 있으나 내일 무슨 일이 일어날지 알지 못한다는 것이다(Goldsworthy 1987a, 114). 그래서 전도자는 하루하루의 삶을 하나님의 선물로 받아들이고 수고함으로 그 삶을 즐기라고 교훈한다. 하나님을 참으로 경외하는 사람은 사람들 가운데 행하시는 하나님의 섭리의 신비를 경외하며 볼 것이다(Goldsworthy 1987a, 114). 그래서 하나님을 경외하고 그의 명령을 지키는 것은 죄로 말미암아 왜곡되고 변질된 세상에서 의미 있게 살아가는 참된 지혜이고, 구속역사가 진행되는 동안 성도로서 역할을 감당하는 방법이다.

아가

Song of Songs

아가

-ᴑᴉᴑ-

아가서의 히브리어 성경의 책 제목은 '노래들 중의 노래'(쉬르 하쉬림, שִׁיר הַשִּׁירִים)
다. 이 책에서 어떤 노래를 '노래들 중의 노래'라고 생각하고 있는지는 이 책을
어떤 관점에서 읽고 해석하느냐의 문제와 연관되어 있다. 중세시대에 이 책을
인간의 성(性, sex)과 연관하여 읽는 사람은 극소수였다. 그렇게 읽는 사람은 파
문이나 더 심한 결과를 초래할 수도 있었다(Pope 1977, 112-116). 그 결과 아가서
를 단순히 남녀 간의 현실적인 사랑을 비유한 것이 아니라 순전히 신비적이고
영적인 의미에서 교회에 대한 하나님과 그리스도의 사랑을 나타내는 상징으로
해석했다(렌 1993, 144). 그러나 오늘날은 남녀의 성과 연관하여 읽는 것을 자연스
럽게 받아들인다.

아가서는 매우 독특한 책이다. 하나님에 대한 언급이 없으며 탁월한 시로 기
록되어 있으며 도발적이고 생생한 이미지들로 가득하다. 이 책은 한 여인과 한
남자의 성적인 사랑 – 그리고 부부간의 정절 – 을 노래하고 있다(피 & 스튜어트
2007, 201). 헤슬 벌럭(벌럭 1999, 328)은 고대 히브리 사상은 인간 품성의 감각적인
면을 – 단지 쾌감을 위한 것이 아니라 – 선한 것으로 여겼고 무엇보다 하나님을
알 수 있도록 암시된 것으로 보았다고 했다. 하나님은 인간을 하나님 형상으로
창조하셨다. 하나님 형상의 여러 요소 가운데 하나는 하나님이 인간을 남자와
여자로 창조하셨다는 것이다. 이 의미는 남자는 여자의 도움이 필요하며, 인간
은 사회적 존재라는 것이며, 남자는 여자를 여자는 남자를 서로 보완한다는 것
이다(Hoekema 1986, 14). 아가서는 하나님이 창조하신 남자와 여자의 사랑에 대
한 이야기로 남녀 간에 서로 사랑하여 결혼하며, 결혼한 이후에 갈등하며 회복
하여 온전한 사랑을 이루어 가는 것을 노래로 엮은 책이다. 신득일(2012, 429)은
구속받은 백성의 이상적인 남녀 간의 사랑을 노래한 것으로 보았다.

I. 저자와 역사적 배경

이 책의 표제인 아가 1:1에 "솔로몬의 아가"라고 하였기에 솔로몬을 저자로 본다. 이 책에 '솔로몬'이라는 이름이 일곱 번 나타나고(아 1:1, 5; 3:7, 9, 11; 8:11-12), '왕'이라는 표현도 세 번 나타난다(아 1:4, 12; 7:5). 이 외에 열왕기상 4:32에 솔로몬이 1005편의 노래를 지었다고 했다. 저자는 이 책에서 고벨화(아 1:14), 백향목, 잣나무(아 1:17), 수선화, 백합화(아 2:1) 등 21종의 다양한 식물과 노루, 들사슴(아 2:7, 17), 비둘기(아 2:14) 등 약 15종의 다양한 동물과 솔로몬이 누렸을 것으로 생각되는 몰약, 유향, 가마 등 호사스러운 물품과 기구들을 기술하고 있다. 아처(Archer 1946, 474)는 식물과 동물에 대한 지식을 가지고 있는 솔로몬이 저자일 경우 이러한 점을 가장 잘 설명할 수 있다고 보았다(왕상 4:33). 그러나 솔로몬을 저자로 보기에 어려운 것은 아가서에 묘사된 사랑과 많은 아내들과 첩들로 인해 우상숭배와 나라 분열의 원인을 제공한 열왕기서의 내용과 모순된다는 것이다(왕상 11:1-8). 그럼에도 불구하고 전통적으로 솔로몬이 그의 시대에 쓴 것으로 받아들인다. 이 점을 받아들인다면 이 책의 역사적 배경도 솔로몬 시대다.

II. 아가서의 해석 방법

아가서 주석과 설교를 보면 이 책을 어떤 관점에서 보고 해석했는지 알 수 있다. 역사적으로 아가서를 해석하는 일에 몇 가지 유형이 있었다.

1. 풍유적 해석(Allegorical Interpretation, Allegorizing)

풍유법(allegory)과 풍유적 해석 또는 풍유화(allegorizing)는 구별되어야 한다. 풍유는 '알레고리'(allegory)로 더 알려져 있는데, 이것은 의도적으로 구성한 이야기를 통하여 교훈하는 문학방식을 말한다.[227] 이러한 문학 양식으로 된 부분

---

[227] 예를 들어 어떤 한 주제 A라는 사실을 말하기 위하여 B라는 이야기를 사용하여 그 유사성을 적절히 암시하면서 주제를 나타내는 수사법이다. 은유와 유사한 표현 기교라고 할 수 있다. 은유가 하나의 단어나 하나의 문장과 같은 작은 단위에서 구사되는 표현 기교라고 할 수 있

은 성경에 많이 나타난다(삿 9:8-15; 사 5:1-7; 겔 16:1-22; 17:1-10; 23:1-49 등). 그리니 풍유적 해석(allegorizing)은 풍유법과는 전혀 다른 것으로 저자가 의도한 바와는 달리 해석자가 실제로 과거 역사 안에 있었던 사실을 단지 어떤 깊은 영적 진리를 전달하는 도구로 인식하고 본문의 문법적 역사적 의미를 무시하는 것이다(Carr 1984, 21). 아가서에 엔게디(아 1:14), 사론(아 2:1), 길르앗(아 4:1), 디르사(아 6:1), 마하나임(아 6:13) 등은 실제 지역 이름이고 솔로몬과 술람미는 당시 살았던 사람의 실제 이름이다. 그럼에도 아가서에 나오는 등장인물이나 지명 등이 역사적 배경을 가지고 있음을 받아들이지 않고 독단적으로 해석하면 안 된다.

2. 모형론적 해석(Typological Interpretation)

모형론적 해석과 풍유적 해석의 중요한 차이점은 모형론적 해석은 기록된 사건을 역사 안에 있었던 사실로 받아들이지만, 풍유적 해석은 받아들이지 않는다(Hill & Walton 1991, 303). 아가서에는 역사적인 실존인물인 솔로몬이 나오고 있고, 15곳 이상이나 언급되고 있는 지리적인 장소는 실제적인 장소인 것을 보여준다. 모형론적 해석은 아가서에 나오는 인물들과 사건들을 역사적 사실로 인정하면서 어떤 영적인 진리에 대한 모형(type)으로 해석한다. 이 모형론(typology)은 아가서에 기록된 남자 연인과 여자 연인을 예수 그리스도와 그의 신부인 교회와 성도의 한 모형으로 본다. 델리취(Delitzsch 1970, 6)는 아가서를 모형론적으로 해석했다.

> 솔로몬이 그의 영광에 있어서 다윗의 모형이고 지상에서의 사랑은 하늘에서의 사랑의 그림자이며 아가서는 성스러운 역사와 정경의 일부이기 때문에 우리는 그리스도와 그의 교회 간의 사랑이 이 책 안에서 그 그림자를 드리우고 있다는 것을 여기저기에서 언급하기를 주저하지 않을 것이다.

아가서에 등장하는 남자 연인을 솔로몬으로 본다면 솔로몬이 그리스도를 보

지만 알레고리는 이야기 전체가 하나의 총체적인 은유로 되어 있다는 차이점이 있다. 이솝 우화가 대표적이다.

여주는 모형(type)이라고 할 수 없고, 한 목동으로 보아도 그리스도의 모형이 될 수 없다. 그가 그리스도의 직분을 예표하는 왕과 제사장 역할을 수행하는 자가 아니기 때문이다. 만약에 모형론으로 본다면 남녀 간에 이루어지는 사랑의 다양한 표현들을 설명하기 어렵다.

3. 영적인 해석(Spiritual Interpretation, Spiritualizing)

풍유법(allegory)과 영적인 해석(spiritualizing)의 차이는 풍유법은 기록된 사건을 역사 안에 있었던 사실로 받아들이지 않지만 영적인 해석은 역사적 사실로 받아들인다는 것이다. 영적인 해석은 그 역사에 기록된 인물이나 사건이나 심지어 소도구까지 어떤 영적인 의미를 전달해 준다고 보는 것이다. 매튜 헨리(Henry 1935, 3:1053)는 영적 해석의 좋은 실례를 제공해 준다.

이것은 기독교 교회에서 쉽게 영적인 의미로 받아들여질 수 있다. 왜냐하면 하나님의 사랑이 겸손하게 낮아짐과 그 전달은 율법 아래에서보다 오히려 복음 아래에서 더 풍성해지고 자유롭기 때문이며, 또 복음 아래에서 하늘과 땅의 의사소통도 더욱 친밀해졌기 때문이다. … 그리스도와 일반적인 교회에 대한 이 상징에 준하여 그리스도와 각 신자들도 풍성한 상호존중과 사랑의 관계에서 함께 대화하고 있는 것이다.

4. 자연적이며 문자적인 해석(literary & natural interpretation)

자연적이며 문자적인 해석은 성경에 기록된 대로 자연스럽고 문자적으로 해석해야 한다는 것이다. 이것은 이 책에 등장하는 사랑하는 남녀가 가진 감정, 바람, 관심, 희망, 두려움 등을 풍유화나 모형화하지 않고, 있는 그대로 보아야 한다는 뜻이다(Carr 1984, 34). 벌럭(1999, 341)은 성경에 묘사된 남성과 여성의 기본적인 관계에서부터 아가서를 설명함으로 자연적 해석의 타당성을 설명했다.

인류가 남성과 여성으로 창조된 것과 그들에게 성이 주어진 것은 원래의 창조질서이지, 타락 이후에 생겨난 것이 아니다. 신약성경에 바울은 결혼을 그리스도의 교회의 관계를 보여주는 거울로 묘사하고 있다(엡 5:21-33). 사도 요한은 구속의 완성을 '어린 양의 혼인'으로 묘사했다(계 19:7-9). 이것은 결혼으로 이루어지는 남편과 아내의 사랑의 관계를 높이 평가했다는 것이다.

이러한 은유는 남녀가 만나 사랑하고 결혼하는 것을 그리스도와 교회의 관계처럼 친밀하고 숭고한 것으로 보았다는 것이다.

이러한 해석방법 가운데 우리가 받아들일 수 있는 해석은 일차적으로 자연적이며 문법적인 해석이다. 바울이 부부관계를 그리스도와 교회의 관계에 적용하였듯이(엡 5:22-33) 아가서 역시 원래 인간의 성에 대해 말하고자 하는 목적을 무시하지 않는다면 하나님과 그의 백성 간의 관계에 대한 시로 읽는 것은 잘못된 것이 아니다(Dillard & Longman III 1994, 265). 여호와와 이스라엘, 그리스도와 교회의 관계는 성경 다른 곳에서 많이 설명한다. 다만 아가서에서 이 관계를 우선적으로 다룬다면 우리가 하나님이 창조하신 피조물로서 누려야 할 성적인 사랑에 대한 성경의 가르침을 놓칠 수 있다는 것이다(Carr 1984, 36). 아가서를 그리스도와 교회의 관계를 보여주고 설명하는 일에 사용할 수 있다. 결혼 관계는 성경에 그리스도와 그의 교회를 표현하는 데 사용된다. 만약에 아가서가 부부 간의 사랑과 더 깊은 차원의 봉사와 헌신을 묘사한다면 그리스도와 교회 사이에 존재하는 관계에 기초하여 그것을 사용할 수 있다(Carr 1984, 23).

III. 문학적 특징과 구조

책이 어떤 문학적 특징을 가지고 있고, 어떤 문학적 구조로 이루어져 있는지를 살피는 일은 저자가 전달하고자 하는 주제가 무엇인지 알게 하는 중요한 문학적 장치다. 아가서는 시와 이야기가 결합된 서사시의 특징을 가지고 있다. 아가서는 단순히 이야기가 아니라 드라마(戱曲, drama)로 인물(characters)이 등장하고 그들이 살았던 배경(setting)과 이야기를 전개하는 극적 구성(plot)을 가지고 있기 때문이다. 번치(Bunch 1996, 800)는 아가서를 드라마로 보고 남자 연인(lover)의 목소리는 솔로몬 왕의 목소리이고, 여자 연인(beloved)은 여성의 목소리이며, 그들의 친구들은 코러스(chorus)로서 극적인 효과를 더해준다고 했다. NIV가 이탤릭체로(히브리어 원문에 없을 때 사용하는 방법) '남자 연인'(Lover), '여자 연인'(Beloved) 그리고 '친구들'(Friends)로 구분한 것은 아가서를 드라마로 보았다는 것이다.

동시에 아가서는 다양한 이미지 언어를 반복적으로 사용하여 의미를 드러낸 시다. 예를 들면 여자 연인이 사랑하는 자를 가리켜 '수풀 가운데 사과나무 같다'(아 2:3)라고 하든지, '산에서 달리고 작은 산을 빨리 넘어오는구나'(아 2:8) 등의 표현이나 여자 연인의 아름다움을 묘사하는 표현(아 4:1-5; 6:4-7; 7:1-9) 등의 표현이다.

이 드라마의 구성(plot)은 왕과 술람미라는 한 여성 간의 사랑에 초점이 맞추어져 있다. 이야기는 최초의 만남에서부터 일어나는 연애 감정과 사랑의 표현들로부터 결혼(아 3:6-5:1)으로 발전되고, 결혼 이후에 갈등이 발생하지만 모든 문제를 극복하고 그 관계가 더욱 깊어져(아 8:5-14) 서로 헌신적으로 발전하는 것으로 전개된다. 이러한 관점에서 본다면 솔로몬과 한 여성이 나눈 사랑이 통일성 있는 구성으로 짜여 있다는 것을 알 수 있다.

아가서에서 솔로몬과 술람미 여인이 만나 사랑을 나누고 결혼하여 남자와 여자로서 서로 사랑을 나누며 사는 것으로 묘사한다. 아가서는 시로 된 드라마 구성에 따라 크게 세 부분으로 구분할 수 있다.[228]

1. 표제(아 1:1)
2. 연애와 구혼(아 1:2-3:5)

(1) 첫 번째 만남 : 기대(아 1:2-2:7)

여자 연인(아 1:2-4a)
친구들(아 1:4b)

---

[228] 이 구분은 NIV와 존 스텍(Stek 2002a, 1021)이 구분한 것을 기본적으로 참조한 것이다.

친구들(아 5:9)

아내(아 5:10-16)

친구들(아 6:1)

아내(아 6:2-3)

(2) 갈등 이후의 회복(아 6:4-8:4)

남편(아 6:4-9)

친구들(아 6:10)

아내(아 6:11-12)

친구들(아 6:13a)

남편(아 6:13b-7:9a)

아내(아 7:9b-8:4)

(3) 절정(아 8:5-7)

친구들(아 8:5a)

아내(아 8:5b-7)

(4) 결론(아 8:8-14)

친구들(아 8:8-9)

아내(아 8:10-12)

남편(아 8:13)

아내(아 8:14)

IV. 주제와 기록 목적

아가서의 문학적 구조를 볼 때 남녀 간의 사랑의 시작부터 결혼과 그 이후의 과정으로 전개되고 있는 것을 볼 수 있다. 이 책의 구성이 남녀 간의 사랑의 과정에 초점이 맞추어져 있다는 것은 남녀 간의 성적 사랑이 주제라는 것을 알게 한다. 특히 이 책을 자연적이고 문자적으로 해석할 때 남녀 간의 사랑을 찬양하고, 결혼 안에서 남녀 간의 성적인 결합이 하나님의 복으로 주어진 선한 것임을 강조하고 있다는 사실을 알 수 있다. 그래서 이 책의 주제는 남녀 간의 사랑과 결혼의 아름다움과 부부의 교제를 일차적으로 보여준다.

아가서는 이러한 주제를 중심으로 아가서의 기록 목적을 몇 가지로 정리할 수 있다. 첫째, 남녀 간의 성적인 사랑은 창조 때부터 하나님이 인간에게 주신 선물임을 보여준다. 딜러드와 롱맨(Dillard & Longman III 1994, 264-265)은 이 책이 보여주고자 하는 가장 중요한 목적을 하나님과 그의 백성의 관계를 묘사하는 것이 아니라 남녀 간의 성적인 사랑을 예찬하는 것이라고 했다. 그리고 그는 사회는 성을 하나의 우상으로 만들어 자신들의 삶의 빈 공간을 성관계를 통하여 채우려 하였고, 교회는 성을 불결하고 금기시할 대상으로 만듦으로 타락시켜 왔다는 사실을 지적하면서 아가서는 성이 선하고 즐거움을 주고, 결혼이라는 틀 안에서 성을 즐길 때 악한 것이 아니라는 점을 보여준다고 했다. 렌(1993, 145)도 남녀 간의 관계를 표현하고 있는 것은 우리에게 그리스도와 교회 사이에 존재하는 사랑을 가리키는 것이 아니라 복음을 올바로 이해할 때 우리는 그리스도인의 결혼생활에서 이루어지는 사랑의 진정한 의미를 깨닫게 될 것이기 때문에 자연 그대로 해석하는 것이 기본이라고 했다. 이러한 설명은 아가서에 묘사한 남녀 간의 성적인 사랑을 창조 때부터 인간에게 주신 선물로 보았다는 것이다.

둘째, 죄로 인해 왜곡되고 변질된 남녀 간의 성적인 사랑을 회복하여 복된 결혼생활을 하게 하려는 것이다. 이 책에서 고대 세계와 현대 세계에 이르기까지 결혼과 성의 사용이 왜곡되었다 할지라도 하나님이 선하게 창조하신 세계에서 결혼은 정상적인 부분임을 보여준다. 참으로 이 책에서 당시 신실한 이스라엘 백성들은 하나님이 정해 주신 질서 안에서 어떻게 사랑해야 하는지 배웠을 것이다(Stek 2002a, 1021). 딜러드와 롱맨(Dillard & Longman III 1994, 265)은 구속사적인 면에서 이 책에 나타나는 사랑의 행위들(아 2:3-13; 4:12-5:1; 5:2-6:3; 6:11; 7:10-13; 8:13-14)은 우리에게 에덴동산을 연상시킨다고 했다. 그러면서 그는 창세기 2:18-25에 기록된 여자의 창조로 이루어지는 친밀한 남녀의 관계에 대한 이야기라고 했다. 하지만 죄를 범함으로 하나님과의 관계도 깨어지고, 아담과 하와 사이도 깨어졌기 때문에 "이에 그들의 눈이 밝아져 자신들이 벗은 줄을 알고 무화과나무 잎을 엮어 치마로 삼았더라"(창 3:7)라는 말씀은 성에 대한 개념이 왜곡된 것으로 보았다. 그러나 아가서는 죄로 인하여 잘못된 성적인 모습을 타락 이전의 행복한 사랑의 모습으로 회복하는 그림을 보여준다. 이러한 점에서 딜러드와 롱맨은 아가서를 구속사적인 맥락에서 죄로 인하여 타락하고 왜곡된 성적인 사랑의 모습을 회복해 주는 것으로 보았다고 할 수 있다. 랜디(Landy 1979, 53-58) 역시 아가서를 연구하면서 창세기 1-2장에 대한 주석이나 다름이 없고 인간의 성적인 사랑을 '에덴의 안경'을 통해 바라보게 한다고 했다. 하지만 구약시대에 성이 하나님의 선물인 것은 틀림이 없고, 어떻게 사용해야 하는지를 보여주고 있지만 이 책의 저자인 솔로몬 역시 성(性, sex)을 바르게 사용하지 못했다. 성에 대한 바른 이해는 그리스도가 오셔서 구속 사역을 통해 우리를 새로운 피조물로 만들어 주심으로 가능하게 하셨다. 이러한 이유에서 아가서의 기록 목적은 남녀 간에 성적인 사랑의 모습을 보여주고, 그리스도 안에서 어떻게 그 사랑을 회복할 수 있는지를 보여주는 데 있다.

셋째, 이 책이 남녀 간의 사랑에 대해 말해 주는 것은 틀림없으나 우리와 하나님 간의 관계에 대하여도 말하기 위함이다. 왜냐하면 바울이 남편과 아내의 관계를 기초로 그리스도와 교회의 관계로도 설명하고 있기 때문이다.

> 이 비밀이 크도다 나는 그리스도와 교회에 대해 말하노라 그러나 너희도 각각 자기의 아내 사랑하기를 자신 같이 하고 아내도 자기 남편을 존경하라(엡 5:32-33).

또한 이 책은 교회 공동체에서 성도 상호 간 관계의 중요성을 보여주기도 한다(Bunch 1996, 800). 그래서 독단적으로 풍유적이거나 영적이거나 모형적으로 해석하지 않는다면 우리와 하나님 간의 관계와 성도 상호 간의 관계를 보여주는 것으로 읽는 것은 잘못된 것이라고 할 수 없다.

V. 내용

<table>
<tr><td>

내용 구조

1. 표제(아 1:1)

2. 연애와 구혼(아 1:2–3:5)

3. 결혼(아 3:6–5:1)

4. 결혼 이후의 갈등과 회복(아 5:2–8:14)

</td></tr>
</table>

1. 표제(아 1:1)

아가 1:1은 아가서의 표제로 "솔로몬의 아가"라고 하였다. 이 표제는 솔로몬이 저자이고, 책의 역사적 배경이 솔로몬 시대임을 보여준다. 이 책에 '솔로몬'이라는 이름이 일곱 번이 나타나고(아 1:1, 5; 3:7, 9, 11; 8:11–12), '왕'이라는 표현도 나타난다(아 1:4, 12; 7:5). 성경에 솔로몬이 1005편의 노래를 만들었다고 했고(왕상 4:32), 동물과 식물에 대한 지식을 가지고 있었다고 했다(왕상 4:33). 그래서 이 책이 시로 되어 있고, 동물과 식물에 대한 많은 언급은 솔로몬이 지었음을 추정하게 한다.

2. 연애와 구혼(아 1:2-3:5)

이 문단에서 술람미 여인과 솔로몬은 서로에 대한 사랑의 감정을 느끼고 그 사랑을 고백한다.

내용 분해

(1) 첫 번째 만남 : 기대(아 1:2–2:7)

(2) 두 번째 만남 : 함께 하고자 하는 열망(아 2:8–3:5)

내용 해설

(1) 첫 번째 만남 : 기대(아 1:2–2:7)

이 문단에서 저자는 행복하고 흥분된 연인들이 서로를 향한 열망과 기대를 표현하는 내용을 소개한다.

• 여자 연인(아 1:2–4a) : 여자 연인이 남자 연인의 사랑을 갈망하며 연인에게 데려가 달라고 말한다. 그녀는 사랑의 감정을 이렇게 말했다.

> 내게 입맞추기를 원하니
> 네 사랑이 포도주보다 나음이로구나
> 네 기름이 향기로워 아름답고
> 네 이름이 쏟은 향기름 같으므로
> 처녀들이 너를 사랑하는구나
> 왕이 나를 그의 방으로 이끌어 들이시니
> 너는 나를 인도하라(아 1:2–4a).

표준새번역은 이 말씀을 다음과 같이 번역하여 연인의 감정을 풍부하게 묘사했다.

> 나에게 입맞춰 주세요, 숨막힐 듯한 임의 입술로.
> 임의 사랑은 포도주보다 더 달콤합니다.
> 임에게서 풍기는 향긋한 내음,

사람들은 임을 쏟아지는 향기름이라고 부릅니다.

그리기에, 이기씨들이 임을 시랑합니다.

나를 데려가 주세요, 어서요.

임금님, 나를 데려가세요, 임의 침실로.

이 번역이 원문에 크게 벗어나지 않고 원문이 의미하는 바를 생생하게 전달했으나 외설적이라는 비판을 받기도 했다. 이 본문의 핵심은 여자 연인이 남자 연인과 입을 맞추고 그가 그의 방으로 이끌어가기를 원하는 마음을 표현하고 있다는 것이다. '입맞춤'은 하나님이 주신 사랑의 표현이다. 그녀는 남자 연인의 사랑을 포도주보다 더하고, 그의 이름이 향기름보다 더하다고 고백한다.

• 친구들(아 1:4b) : 드라마에서 코러스(chorus) 역할을 하는 친구들('우리'로 표현됨)이 여자 연인의 말을 받아서 "우리가 너를 따라 달려가리라 우리가 너로 말미암아 기뻐하며 즐거워하니 네 사랑이 포도주보다 더 진함이라"라고 했다. 여기에 '너'(2인칭 남성, 단수)는 남자 연인을 말한다. 친구들은 여자 연인이 사랑하는 남자 연인을 함께 기뻐한다.

• 여자 연인(아 1:5-7) : 여자 연인은 자신이 비록 검으나 아름답다고 하면서 자신을 '게달의 장막'과 같아도 '솔로몬의 휘장' 같다고 했다(아 1:5). 게달은 동방에 살던 이스마엘 유목민의 후손이다(창 25:13; 렘 49:28-29). 이들이 친 장막은 거칠고 볼품이 없었을 것이다. 그럴지라도 솔로몬의 휘장 같다고 했다. 이것은 솔로몬이 만든 성전의 휘장을 말하는 듯하다(참조. 대하 3:14). 그녀가 이러한 표현을 쓴 것은 자기 가족의 포도원을 지키는 자로 햇볕에 쬐여 거무스름하게 되었기 때문이다(아 1:6). 그녀는 연인을 만나기를 염원한다. 그녀는 연인을 "내 마음으로 사랑하는 자여"라고 부르며 "어찌 얼굴을 가린 자같이 되랴"라고 말했다(아 1:7). 이는 얼굴을 가린 자는 창기일 수도 있기 때문이다(볼킨 2015, 855). 그녀가 이런 표현을 쓴 것은 당당하게 연인을 만나고 싶은 마음을 표현한 것이다.

• 친구들(아 1:8) : 친구들은 여자 연인을 염소를 치는 시골 여자로 비유하며 양 떼를 따라가면 연인을 만나게 될 것이라고 했다.

• 남자 연인(아 1:9-11) : 남자 연인은 그의 연인의 아름다움을 바로의 병거들

가운데 있는 준마와 비교하고 있다. 왕의 병거는 힘센 수말이 끌었다. 그런데 여기의 '준마'(수사, סוּסָה)는 암말이다. 여기서 그가 그의 연인을 왕의 병거 사이에 있는 암말로 비유한 것은 성적인 매력과 흥분을 불러일으킨다(Carr 1984, 83).

• 여자 연인(아 1:12-14) : 여자 연인은 왕이 침상에 앉았을 때 나드 향기름을 뿜어냈다. '나드'(nard)는 인도에서 자라는 향초(herb)의 뿌리에서 추출한 향이다. 이 향을 뿜어냈다는 것은 여성으로의 매력과 아름다움을 드러내었다는 뜻이다. 그리고 그녀가 사랑하는 연인을 몰약 향주머니와 고벨화 송이로 비유했다.

• 남자 연인(아 1:15) : 남자 연인은 그의 연인을 '어여쁘고 어여쁘다'고 하며 그녀의 눈이 비둘기 같다고 했다. 그의 연인의 눈을 비둘기의 어떤 부분과 비교했는지 알 수 없으나 비둘기의 눈과 비교한 것으로 보는 것이 자연스럽다.

• 여자 연인(아 1:16a) : 여자 연인은 남자 연인의 말을 받아 "나의 사랑하는 자야"라고 부르며 거의 동일하게 "너는 어여쁘고 화창하다"라고 말했다.

• 남자 연인(아 1:16b-17) : 남자 연인은 그의 연인의 말을 받아 우리의 침상은 푸르고, 우리 집은 백향목 들보와 잣나무 서까래라 하므로 이미지 언어로 그 둘의 관계의 미래가 견고하다고 말하는 것이다. 여기 '침상이 푸르다'는 것은 침상의 색상을 말하는 것이 아니라 그 관계의 미래가 복된 것을 말한다.

• 여자 연인(아 2:1) : 여자 연인은 자신을 사론의 수선화와 골짜기의 백합화로 비유한다. 이것은 자신이 아름다움을 뽐내는 것이 아니라 평범한 꽃에 비유한 것이다.

• 남자 연인(아 2:2) : 남자 연인은 그의 연인의 말을 받아 그의 연인을 가시나무 가운데 있는 백합화라고 했다. 이것은 다른 사람들을 가시나무로 비유하며 그의 연인을 백합화로 비유하며 그의 아름다움을 표현했다.

• 여자 연인(아 2:3-7) : 여자 연인은 그의 연인의 말에 화답하며 그가 사랑하는 자를 수풀 가운데 있는 사과나무 같고, 그 열매는 자신의 입에 달았다고 고백한다(아 2:3). 그가 자기를 인도하여 잔칫집에 들어갔고, 자기 위에 있는 그의 깃발은 사랑이라고 했다(아 2:4). 군사적 의미가 담긴 깃발이 이 내용과 멀어 보이지만 깃발이 있다는 것은 소유를 의미한다(Carr 1984, 91). 이것은 자신은 연인의 소유며, 사랑의 포로라는 뜻이다. 그의 사랑의 감정을 묘사하기를 사랑하여 병이 들었다고 말한다. 이는 사랑의 열병을 앓고 있다는 것이고 연인을 많이 사랑한

다는 것이다.

또한 그녀는 노루와 들사슴을 두고 부탁하며 연인이 그의 왼팔로 자기 머리를 고이고 오른팔로 안고 있는 행복한 모습을 연인이 원할 때까지 흔들어 깨우지 말아 달라고 했다(아 2:5-7). '부탁한다'는 단어는 '맹세하다'(샤바, שׁבע)라는 뜻이다. 노루와 들사슴을 두고 맹세하는 것이 무엇을 의미하는지 알 수 없다. 특이한 점은 여자 연인이 그의 연인과 육체적인 친밀함을 가지는 문맥에서 반복해서 말한다는 것이다(아 2:7; 3:5; 8:4).

이성 간에 이루어지는 이 사랑이 얼마나 낭만적이고 행복해 보이는가? 이 사랑의 행위는 에덴동산을 연상시키고, 창세기 2:18-25에 기록된 여자의 창조로 이루어지는 관계를 연상시킨다(Dillard & Longman III 1994, 265).

(2) 두 번째 만남 : 함께 하고자 하는 열망(아 2:8-3:5)

이 문단에서 사랑하는 연인이 여러 장애물을 극복하고 두 번째 만나 함께 하고자 하는 열망과 사랑의 아름다움을 낭만적으로 그려준다.

• 여자 연인(아 2:8-13) : 여자 연인은 '보라'라고 하며 연인의 두 모습을 보여준다. 하나는 그의 연인이 산에서 달리고 작은 산을 빨리 넘어오는 모습으로 소개한다(아 2:8). 산과 작은 산은 그의 연인이 극복해야 할 장애물이다(콜린스 & 스튜어트 2014, 1292). 그의 연인은 마치 노루와 어린 사슴같이 장애물을 극복하고 자기에게 왔다(참조. 합 3:19). 또 하나는 연인이 벽 뒤에 서서 창으로 들여다보는 모습으로 소개한다(아 2:9).[229] 이것은 그의 연인이 그와 만남을 열망하며 준비하는 동안 남자 연인이 그의 연인을 보고 싶은 마음을 표현한다.

연인의 집에 도착한 그의 연인은 "나의 사랑, 내 어여쁜 자야 일어나서 함께 가자"고 했다(아 2:10-13). 저자는 남자 연인이 그의 연인에게 한 말을 수미쌍관법으로 연결하여 함께 가야할 이유를 아가서 2:11-12에 설명한다. 그 이유를[230]

---

[229] 원문에는 "우리 벽 뒤에 서서 …" 앞에 '보라'(히네이, הִנֵּה)가 있다.
[230] 개역개정판에는 아쉽게도 빠져 있으나 원문에는 '왜냐하면 보라'(키-히네이, כִּי־הִנֵּה)가 있다. 이 구는 이유를 나타내는 접속사 '키'와 어떤 사실을 선명하게 보여주는 역할을 하는 '보라'가

겨울도 지나고, 비도 그쳤고, 지면에 꽃이 피었기 때문이라고 했다. 이는 모든 장애물이 제거되었다는 것이다.

• 남자 연인(아 2:14-15) : 남자 연인은 그의 연인을 "바위 틈 낭떠러지 은밀한 곳에 있는 나의 비둘기야"라고 부르며 얼굴을 보여줄 것을 열망한다. 연인을 만나고 싶은 마음과 그의 아름다움을 낭만적으로 표현한다. 그리고 연인들이 있는 포도원을 허는 여우를 잡으라고 했다. 여우는 그들의 관계를 허물고 위협하는 방해물을 의미한다(콜린스 & 스튜어트 2014, 1293).

• 여자 연인(아 2:16-3:5) : 여자 연인은 "내 사랑하는 자는 내게 속하였고 나는 그에게 속하였도다"(아 2:16)라고 했다. 이것은 둘이 연합하여 하나가 되었다는 것이다. 그러면서 베데르 산의 노루와 사슴같이 속히 돌아오라고 했다(아 2:17). 이는 연인이 잠시 떠난 것을 암시한다. 그래서 여자 연인은 마음으로 사랑하는 자를 찾아 나섰다. 그리고 만나서 자기 어머니 집으로, 곧 자기를 잉태한 이의 방으로 가기까지 놓지 않았다(아 3:1-4). 이것은 연인이 그들 사이에 놓인 장애물을 극복하고 드디어 만나 육체적으로 친밀함을 가졌다는 뜻이다. 그러면서 앞의 아가서 2:7과 같이 반복어구를 사용하여 노루와 들사슴을 두고 맹세하며 그의 연인이 원하기 전에 깨우지 말라고 했다(아 3:5). 이 두 연인의 사랑의 감정과 분위기를 느낄 수 있는가? 이성 간에 서로 사랑을 느끼고 표현하는 것도 하나님이 남자와 여자로 창조하신 목적 가운데 하나다.

3. 결혼(아 3:6-5:1)

이 문단은 아가서의 핵심이다. 첫 문단인 아가서 1:2-3:5은 결혼하기 전에 연애하고 구혼하는 이야기다. 이 문단은 연인의 관계가 발전하여 결혼하는 사랑의 절정을 보여준다.

• 친구들(아 3:6-11) : 친구들이 솔로몬의 결혼식 과정을 묘사한다. 몰약과 유향과 여러 향품으로 향내 풍기며 어떤 행렬이 큰 먼지를 일으키며 달려오고 있

결합되어 있다.

다. 그들은 그 행렬이 누구인가 하며 묻는다. 그 행렬은 솔로몬의 가마다. 솔로 몬 왕의 기마는 기둥이 은이고, 바닥이 금이며, 자리는 자색 깔개다. 가마 안의 장식은 예루살렘의 아름다운 여인들이 그려져 있다. 그리고 싸움에 익숙한 용사 60명이 그 가마를 호위한다. 얼마나 장관이었을까? 친구들은 시온의 딸들에게 나와서 솔로몬 왕을 보라고 했다.

• 신랑(아 4:1-15) : 신랑인 솔로몬은 신부의 아름다움과 소유하고픈 열망을 묘사한다. "내 사랑 너는 어여쁘고 어여쁘다"(아 4:1, 7)라는 말로 수미쌍관법을 이루고 있는 첫 부분(아 4:1-7)은 신부의 육체적 아름다움을 묘사하고, 레바논에 서 레바논으로 마치는 둘째 부분(아 4:8-15)은 신부와 하나가 되기를 열망하는 마 음을 묘사한다.

첫 부분인 아가 4:1-7에서 신부의 육체적 아름다움을 '…와 같다'라는 직유 (simile)로 묘사한다. 이 직유가 당시와 현대가 달라 애매하게 보이기도 하기에 너무 강조하지 않도록 조심해야 한다(콜린스 & 스튜어트 2014, 1294). 하지만 아름다 움의 기준이 사람마다 다르고 주관적일 수 있다는 점을 무시해서는 안 된다.

둘째 부분인 아가 4:8-15에서 신랑이 신부를 사모하여 레바논에 있는 스닐 과 헤르몬 꼭대기에서, 사자 굴과 표범 산에서 내려오라고 한다(아 4:8). 이것은 신부가 마치 높은 산과 계곡 너머에 손이 닿을 수 없는 곳에 있는 것처럼 묘사 하면서 하나가 되고 싶은 마음을 표현한다. 그리고 신부와 함께 하나가 되어 신 부의 아름다운 맛과 향기를 포도주와 레바논의 향기로 비유하며 느끼고 있다(아 4:9-11). 아가 4:12에서는 신랑이 신부를 "내 누이, 내 신부는 잠근 동산이요 덮 은 우물이요 봉한 샘이로구나"라고 비유했다. 이 표현은 신랑이 자기 아내를 어 떤 남자도 결코 들어가지 않은 잠근 동산으로 비유함으로 처녀성을 인정하며, 남편으로서 그곳에 들어가기를 원하는 마음을 담고 있다(렌 1993, 165-166). 이것 은 결혼 후 첫날밤을 묘사하는 것처럼 보인다. 아내의 향기를 석류나무와 아름 다운 과수와 고벨화와 몰약과 침향과 다른 모든 귀한 향품의 향기라고 했다(아 4:13-14). 신랑이 신부와의 첫날밤 연합을 앞두고 설레는 감정을 상상해 보라. 부부와 성적인 연합은 하나님이 주신 선물이다.

• 신부(아 4:16) : 신부는 신랑이 아내를 각종 향품의 향기로 비유한 것에 대한 응답으로 "북풍아 일어나라 남풍아 오라"라고 하며 자신의 향기가 신랑에게 가

서 신랑이 그 동산에 들어가 그 아름다운 열매를 먹기를 원한다. 부부의 연합을 원한다는 뜻이다.

• 신랑(아 5:1) : 신랑은 신부의 말에 응답하여 신부에게 들어가 그들이 열망했던 절정으로 완전한 친밀함을 누린다(Carr 1984, 128). 그는 "내 누이 내 신부야"라고 부르며 "내가 내 동산에 들어와서 나의 몰약과 향 재료를 거두고 나의 꿀송이와 꿀을 먹고 내 포도주와 내 우유를 마셨다"라고 했다. 그가 신부를 '내 동산', '나의 몰약', '나의 꿀송이', '내 포도주', '내 우유'라고 비유했지만 이 모두는 그가 신부를 묘사했던 말인 '잠근 동산'(아 4:12), '꿀'(아 4:11), '몰약'(아 4:14) 등과 같은 말이다. 이것은 누구의 동산이나 향이 아니라 신랑, 신부가 하나로 연합했다는 것이다. 그리고 "나의 친구들아 먹으라 나의 사랑하는 사람들아 많이 마시라"(아 5:1b)라고 했다. 개역개정판에 '나의 친구들아', '나의 사랑하는 사람들아'라고 되어 있으나 원문은 '나의'가 없다. 친구들은 누구의 친구를 말함인지 분명하지 않다. 이것은 신랑이 결혼하지 않은 친구들에게 결혼하여 누리는 사랑의 기쁨을 누리라고 권하는 것으로 볼 수도 있다.

4. 결혼 이후의 갈등과 회복(아 5:2-8:14)

이 긴 문단에서 저자는 연인이 결혼 후에 어떤 문제로 갈등했는지 설명하지 않으나 다시 사랑을 회복하는 내용을 보여준다. 카(Carr 1984, 130)는 이 문단의 제목을 재미있게도 "Lost – and Found"라고 붙였다. 이것을 붙여 쓰면 "분실물 보관소"(Lost and Found)다.

내용 분해

(1) 결혼 이후의 갈등(아 5:2-6:3)

(2) 갈등 이후의 회복(아 6:4-8:4)

(3) 절정(아 8:5-7)

(4) 결론(아 8:8-14)

내용 해설

(1) 결혼 이후의 갈등(아 5:2-6:3)

이 문단에서 저자는 주로 아내의 독백으로 이루어져 있으나 아내가 남편을
찾는 것이나 친구들의 말을 볼 때 결혼 후 갈등하고 서로 떨어져 있었음을 보여
준다.

• 아내(아 5:2-8) : 아내는 꿈인지 현실인지 분명하지 않으나 남편의 목소리를
듣는다. "나의 누이, 나의 사랑, 나의 비둘기, 나의 완전한 자야 문을 열어다오
내 머리에는 이슬이, 내 머리털에는 밤이슬이 가득하였다."(아 5:2) 남편이 밤이
슬을 맞으며 아내에게 와서 문을 두드리며 열어주기를 갈망했다는 것이다. '문
을 열어달라'는 말은 성적으로 한 몸임을 허락해 달라는 완곡어법으로 볼 수 있
다(Longman III 2001, 166; 가렛 & 하우스 2010, 312). 볼킨(2015, 860)은 남편의 머리카락
이 '이슬'로 젖어 있다는 것을 근거로 아내가 직장에서 늦게 돌아온 남편을 소홀
히 한 것으로 해석한다. 이때 아내는 옷을 벗었기에 다시 입을 수 없고, 발을 씻
었으니 다시 더럽힐 수 없다고 했다.[231] 이때 남편이 문틈으로 손을 들이밀자 아
내는 마음이 움직여 문을 열었다. 하지만 남편은 벌써 물러간 상황이었고, 아내
는 남편을 찾았으나 찾을 수 없었다(아 5:4-6). 그래서 예루살렘의 딸들에게 "내
가 사랑하므로 병이 났다"라고 말해주기를 부탁한다. 이것은 어떤 이유인지 알
수 없으나 부부관계에 갈등이 있었고, 그 갈등을 해소하고 다시 사랑을 회복하
기 위해 노력하고 있다는 것이다.

• 친구들(아 5:9) : 친구들은 아내의 부탁을 듣고 "여자들 가운데 어여쁜 자야"
라고 부르며 "너의 사랑하는 자가 남의 사랑하는 자보다 나은 것이 무엇이냐?"
라고 두 번이나 묻는다. 친구들의 이 말은 아내가 남편의 육체적 매력을 묘사하
는 무대를 제공한다(Carr 1984, 138).

---

[231] 아가 5:3이 아내가 한 말인지, 남편이 한 말인지 분명하지 않다. 이 말씀을 옷을 벗고 발을 씻
은 신랑의 모습으로 보고 육체적으로 하나됨을 갈망하는 모습으로 보기도 한다(가렛 & 하우
스 2010, 315).

• 아내(아 5:10-16) : 아내는 아가 4:1-7에서 신랑이 신부의 육체적 아름다움을 '…와 같다'라는 직유(simile)로 묘사하듯이, 여기서는 아내가 남편의 육체적인 매력을 직유로 묘사한다. 신랑의 시각에서 신부를 묘사한 것과 신부의 시각에서 신랑을 묘사한 것을 비교해 보면 매우 흥미롭다. 아내가 남편의 매력을 묘사하는 것을 보면 오늘날의 기준과 다를 수 있으나 이 역시 주관적이기에 사람마다 다를 수 있고, 시대마다 달라질 수 있다. 중요한 것은 남편을 생각하는 아내의 마음이 갈등을 극복하고 사랑을 회복할 수 있다는 신호기능을 한다는 것이다.

• 친구들(아 6:1) : 친구들은 "네 사랑하는 자가 어디에 있는가"라고 두 번이나 반복하며 함께 찾을 것을 말한다.

• 아내(아 6:2-3) : 아내는 그의 사랑하는 자, 곧 그의 남편이 자기 동산으로 내려가 향기로운 꽃밭에서 양떼를 먹이며 백합화를 꺾는다고 했다. '자기 동산'은 아내를 말하고, 양떼를 먹이고 백합화를 꺾는 것은 남편이 자기 아내와 관계를 회복했다는 것이다. 그리고 아내는 "나는 내 사랑하는 자에게 속하였고 내 사랑하는 자는 내게 속하였으며 그의 백합화 가운데서 그 양떼를 먹이는도다"(아 6:3)라고 했다. 이는 다시 부부관계가 회복되고 한 몸임을 확인하는 것이다(참조. 아 2:16; 7:10).

(2) 갈등 이후의 회복(아 6:4-8:4)

이 문단에서 저자는 남편이 아내의 아름다움을 표현하고, 아내는 거기에 응답하여 아가 2:7과 3:5과 같이 육체적인 연합을 이루는 사랑의 기쁨을 서정적으로 묘사한다. 이 문단에서 남편이 아내를 묘사하는 내용은 아가 4:1-15과 유사하다.

• 남편(아 6:4-9) : 남편은 아내의 아름다움과 매력을 다양한 표현으로 묘사한다. 그는 '…와 같다'라는 직유로 사랑하는 아내를 디르사 같이 어여쁘고, 예루살렘 같이 곱고, 깃발을 세운 군대 같이 당당하다고 표현한다(아 6:4). 여기서 디르사[232]와 예루살렘은 당시 통일왕국 시대에 중심되고 아름다운 도시였다. 깃발

---

232 솔로몬 이후 나라가 분열되었을 때 디르사는 여로보암이 수도로 정한 곳이었다(왕상 14:17;

을 세운 군대는 힘이 있고 당당함을 보여준다. 아가 4:1-15과 다른 점은 앞에서는 아름다움에 대한 묘사가 중심을 이루고 있었으니 여기서는 아름다움과 함께 아내의 위엄과 당당함을 묘사한다.

• 친구들(아 6:10) : 남편이 아내의 아름다움과 당당함을 말하자 친구들은 응답하며 아내가 어떤 사람인지 묻는다.

• 아내(아 6:11-12) : NIV는 남편의 말로 되어 있으나 아내가 하는 말로 보는 것이 좋다(볼킨 2015, 861-862; 렌 1993, 166; Carr 1984, 151). 아내는 골짜기의 푸른 초목과 포도나무의 순이 났는지 보려고 호도 동산으로 갔는데 부지중에 사랑하는 자의 수레에 앉게 되었다고 했다.

• 친구들(아 6:13a) : 친구들은 술람미 여자를 부르고 돌아와 보게 하라고 했다. 이것은 다음에 남편이 아내를 자세히 묘사하는 배경이 된다.

• 남편(아 6:13b-7:9a) : 남편은 친구들의 요청에 아내의 아름다움을 이미 아가 4:1-15과 6:4-9에 '…와 같다'라는 직유로 묘사하듯이 다양하게 묘사한다. 예를 들어 아내의 키는 종려나무 같고 아내의 유방은 그 열매송이 같다고 했다. 또한 아내의 유방은 포도송이 같고, 콧김은 사과 냄새 같고, 입은 좋은 포도주 같다고 말한다(아 7:7-9). 이것은 아내의 외적인 아름다움과 더불어 성적인 연합을 묘사하는 것이다. 이것이 부부 사이에 있어야 할 사랑의 연합이 아닐까?

• 아내(아 7:9b-8:4) : 남편이 한 사랑의 말을 받아 아내는 "이 포도주는 내 사랑하는 자를 위하여 미끄럽게 흘러내려서 자는 자의 입을 움직이게 하느니라"(아 7:9b)라고 했다. 이것은 입맞춤을 표현한 것이다. 아내는 그의 사랑하는 남편과 연합하여 사랑을 나누는 것을 다양한 비유적 언어로 표현한다. 특히 합환채 향기를 뿜어내고 우리의 문 앞에 귀한 열매가 마련되었다고 했다(아 7:13). 합환채(두다임, דודאים)는 사람의 하체 모양과 비슷하게 생긴 뿌리로, 이것을 먹으면 아기를 가지게 될 것이라고 생각했다(참조. 창 30:14; Stek 2002a, 1028). 이것은 부부관계를 통해 자녀들을 낳게 될 것을 암시한다. 그리고 육체적인 사랑을 여러 차례 묘사한 바가 있지만 연인으로 사랑할 때 쓴 동일한 표현을 반복한다. "너는 왼팔로는 내 머리를 고이고 오른손으로는 나를 안았으리라"라고 하며 남

15:33; 16:23-24).

편이 원할 때까지 흔들지 말고 깨우지 말 것을 당부한다(아 8:3-4; 참조. 2:6-7). 이 것은 하나님이 에덴동산에서 아담과 하와를 하나로 합쳐 한 몸을 이룬 원리를 보여준다. 창세기 2:24이 묘사하고, 예수님이 마태복음 19:6에서 말씀하신 것처럼 두 사람이 육체적으로 하나가 되었다(렌 1993, 166).

(3) 절정(아 8:5-7)

이 문단에서 저자는 부부관계가 새로운 단계로 발전하여 사랑이 절정에 이른 모습을 보여준다.

• 친구들(아 8:5a) : 친구들은 아내의 말을 받아 사랑하는 자를 의지하고 거친 들에서 올라오는 여자가 누구인지 질문한다. 이 질문은 다음에 말하는 아내의 말의 배경이다.

• 아내(아 8:5b-7) : 아내는 그의 남편을 가리켜 "너로 말미암아 네 어머니가 고생한 곳, 너를 낳은 자가 애쓴 그곳 사과나무 아래에서 내가 너를 깨웠노라" 라고 하였다. 고대세계에서 성적인 연합과 출산이 종종 과일나무와 연관되었다 (Stek 2002a, 1029). 아가 2:3에서는 사과나무가 사랑의 장소였으나 여기서는 출산 의 장소다(콜린스 2014a, 1297-1298). 이것이 출산과 연관되었다는 것은 그곳을 남 편의 어머니가 고생한 곳이라고 했기 때문이다. 그래서 아내의 말은 부부가 되 어 새로운 생명을 출산하게 되었다는 것이다.

아내는 남편에게 "너는 나를 도장 같이 마음에 품고 도장 같이 팔에 두라"(아 8:6)고 했다. 사람이 끈으로 매달고 다녔거나 반지처럼 지녔던 도장은 소유권을 의미한다. 이것은 부부는 서로 뗄 수 없는 관계임을 말한다. 또한 부부의 사랑 은 죽음 같이 강하고, 질투는 스올 같이 잔인하며 불과 같이 일어나기에 많은 물 이나 홍수도 삼키지 못한다(아 8:7a). 여기서 질투가 나쁜 의미로 사용되었기보다 여호와께서 그의 백성이 다른 신을 섬길 때 질투하시는 것처럼(출 20:5) 적극적 으로 사랑을 표현하는 열정의 의미로 사용되었다. 동시에 이 표현은 부부 사이 에 어느 누구도 끼어들 수 없는 배타성을 가지고 있음을 보여준다. 또한 사랑은 사람이 그의 가산을 다 준다고 할지라도 그것이 멸시를 당할 정도로 값지다(아

8:7b). 이것이 부부관계의 사랑이다.

(4) 결론(아 8:8-14)

이 문단에서 형제들의 말(아 8:8-9), 아내의 포도원에 대한 언급(아 8:12), 솔로 몬에 대한 언급(아 8:11-12)은 처음 이 노래를 시작할 때의 모습을 돌아보게 한다 (아 1:2-7). 이 노래에 아내(= 여자 연인, 신부)의 노래가 두드러지는데 그것은 사랑 의 경험, 곧 사랑하는 자로, 사랑을 받는 자로서의 사랑, 결혼 그리고 남편(= 남 자 연인, 신랑)과의 친밀함의 경험을 잘 표현하고 있다. 연인과의 입맞춤을 원하는 것으로 시작한 노래가 연인을 부르는 사랑의 친밀함으로 마치고 있다(Stek 2002a, 1021, 1029).

• 친구들(아 8:8-9) : 친구들은 솔로몬과 술람미 여인의 결혼생활을 보고 그들 에게 있는 어린 누이가 청혼받는 날에 누이를 보호할 것임을 말한다. 성벽이라 면 망대를 그 위에 세울 것이고, 문이라면 백향목 판자로 두를 것이라고 했다. 고대 근동에서 오빠들은 누이가 성적으로 성숙하여 청혼을 받을 때까지 지켜주 어야 할 책임이 있다. 누이가 성벽이라면 망대를 세우고, 문이라면 백향목 판자 를 두르는 이미지는 누이를 안전하게 보호할 것임을 강조한다(Carr 1984, 172).

• 아내(아 8:10-12) : 이에 대해 아내는 "나는 성벽이요 내 유방은 망대 같다"라 고 했다. 이것은 아내가 유방이 없는 작은 누이와 달리 이미 성숙했음을 의미한 다. 그리고 화평을 얻은 자 같다고 했다. 이것은 솔로몬과 결혼하여 화평한 가정 을 이루었음을 말한다. 특히 '화평'은 히브리어로 '샬롬'(שָׁלוֹם)이다. 흥미있는 것 은 그의 남편이 '솔로몬'(שְׁלֹמֹה < שָׁלוֹם)이고, 그의 이름이 '술람미'(שׁוּלַמִּית < שָׁלוֹם)다. 이러한 언어 유희(word play)를 통해 술람미가 남편 솔로몬을 얻어 화평한 가정 을 이루었다는 것을 보여준다.

남편인 솔로몬은 바알하몬에 포도원이 있어 풍성한 열매를 얻는다. 그런데 아내는 솔로몬의 포도원을 '내 포도원'이라고 했기에 그 모든 풍요를 나누는 자 가 되었다(Stek 2002a, 1029). 이것은 부부가 연합하여 함께 풍요를 나누는 것을 보 여준다.

• 남편(아 8:13) : 남편은 아내를 향해 "너 동산에 거주하는 자야"라고 부른다. 이것은 계속 거주하는 것으로 집에 함께 사는 자라는 뜻이다(Carr 1984, 175). 친구들이 아내의 목소리를 듣고 싶어하는 상황에서 남편은 아내에게 자신이 아내의 목소리를 듣고 싶다고 했다. 이것은 단순히 목소리를 듣는 것이 아니라 아내와 함께 있고 싶다는 것이다(아 2:14; Carr 1984, 175).

• 아내(아 8:14) : 남편의 요청에 따라 아내는 즉각 응답하여 남편에게 빨리 달려오라고 했다. 이 마지막 초청은 행복한 부부가 나누는 사랑의 교제가 계속된다는 것을 보여준다(Carr 1984, 175). 이것이 창조 당시에 하나님이 가정을 세우신 본래적 모습이다.

VI. 구속사적 의미

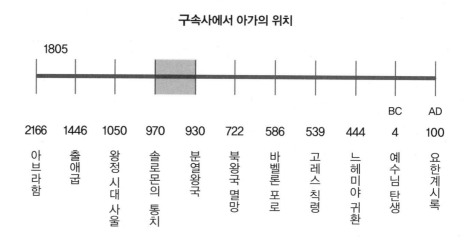

구속사에서 아가의 위치

인간의 죄는 인간의 삶의 모든 면을 왜곡시키거나 변질시켰으나 하나님의 구속사역은 죄로 왜곡되거나 변질된 인간의 삶을 회복시킨다. 아가서는 솔로몬 시대의 구속사에서 남녀 사이와 부부 사이의 사랑이 죄로 인해 왜곡되거나 변질되었음에도 불구하고 하나님이 구속받은 하나님의 백성으로 하여금 남녀 사이와 부부 사이의 성적인 사랑의 기쁨을 알게 한다. 이 책은 하나님이 창조 당시에 사람을 남자와 여자로 창조하셔서 서로 사랑하며, 둘이 한 몸을 이루어 하나님이 창조하신 세상을 다스리는 특권을 받은 사실을 연상시킨다(참조. 창 1:26-31;

2:24-25). 특히 이 책에 나타나는 사랑의 행위들(아 2:3-13; 4:12-5:1; 5:2-6:3; 6:11; 7:10-13; 8:13-14)은 창조 당시 하나님의 형상으로서 사람이 서로 사랑하는 삶을 보여준다. 하지만 죄를 범함으로 하나님과의 관계도 깨어지고, 아담과 하와 관계도 깨어졌다. 그때부터 그들이 벗은 줄을 알고 무화과나무 잎을 엮어 치마를 만들어 입었다(창 3:7). 그러나 이 책은 하나님이 창조하신 본래 남녀 간의 이성적인 사랑과 결혼생활의 아름다움을 보여준다. 그래서 이 책은 구속받은 백성이 사랑하고 결혼하는 일이 정상적인 일임을 보여주고, 이 사랑의 관계에서 이 땅에서 하나님 나라를 경험하며 건설해 갈 수 있음을 보여준다.

신약성경에서 바울은 이 부부관계를 구속받아 성령이 충만할 때 어떤 모습으로 나타나야 하는지 설명한다. 그는 이 교훈을 통해 부부관계가 그리스도 안에서 어떻게 성취되며, 완전히 회복되는 그날까지 이 세상에서 어떻게 이해해야 하는지도 보여준다(엡 5:18, 22-33). 아내는 교회가 그리스도에게 복종하듯 해야 하고, 남편은 그리스도께서 교회를 위해 자기 목숨을 주심같이 사랑해야 한다(엡 5:24-25). 그리고 바울이 부부관계를 기초로 그리스도와 교회의 관계를 설명하는 것도 주의해 보아야 할 교훈이다.

> 이 비밀이 크도다 나는 그리스도와 교회에 대해 말하노라 그러나 너희도 각각 자기의 아내 사랑하기를 자신 같이 하고 아내도 자기 남편을 존경하라(엡 5:32-33).

참고문헌(Bibliography)

가레트, D & K L 해리스 2014. "잠언 해설." 『ESV 스터디 바이블』. 김귀탁 역. 서울: 부
　　　흥과개혁사.

가렛, 두안 & 폴 R 하우스 2010. 『아가 · 예레미야 애가』. 채천석 역. 서울 : 솔로몬.

고재수 1989. "구약의 역사적 본문에 대한 기독론적 해석." 『고려신학보』 제17집. 부
　　　산: 고신대학 신학대학원 출판부.

고재수 1991[1987]. 『구속사적 설교의 실제』. 서울: 기독교문서선교회.

골딩게이, 존 2015[2008]. "잠언." 『IVP 성경주석』. 김순영 외 7인 공역. 서울: 한국기독
　　　학생회 출판부.

골즈워디, 그레이엄 1993. "잠언." 『지혜서 강해집』. 서울: 성서유니온.

골즈워디, 그레이엄 2010. 『복음 중심 해석학』. 배종열 역. 서울: 기독교문서선교회.

김성수. 2005. "시편에도 문맥이 있는가." 『목회와 신학』. 184-190. 서울: 두란노서원.

김성수 2015. 『구약의 키』. 서울 : 생명의 양식.

김성수 2017. 『시가서』(미간행 강의안). 천안: 고려신학대학원.

김성수 2018. 『시편 해설』(미간행 강의안). 천안: 고려신학대학원.

김정우. 1994. 『구약성경에 나타난 리워야단의 영상』. 서울: 총신대학출판부.

김정우. 1998. 『시편주석』 I. 서울: 총신대학출판부.

김지찬 1996. 『언어의 직공이 되라』. 서울: 생명의 말씀사.

김진수 2012. "구약 내러티브의 해석과 설교 (1)." 『신학정론』 제30권 2호: 523-544.

김진수 2013. "구약 내러티브의 해석과 설교 (2)." 『신학정론』 제31권 1호: 35-62.

김희석. "채찍으로 때려도 죽지 아니하리라?" 『크리스채너티 투데이』 2012년 3월호:
　　　58-59.

데이비스, 글랜 N 외 3인 1993. 『지혜서 강해집』. 서울: 성서유니온.

듀엘, 웨슬리 1994. 『기도로 세계를 움직이라』. 김지찬 역. 서울: 생명의 말씀사.

렌, 스티븐 1993. "아가." 『지혜서 강해집』. 서울: 성서유니온.

로벗슨, 팔머 1988. 『계약신학과 그리스도』. 김의원 역. 서울: 기독교문서선교회.

록랜드, 맥스 2014. "전도서 해설." 『ESV 스터디 바이블』. 김귀탁 역. 서울: 부흥과개혁사.

롱맨 3세, 트렘퍼 1989. 『어떻게 시편을 읽을 것인가?』. 한화룡 역. 서울: 한국기독학
　　　생회출판부.

롱맨 3세, 트렘퍼 2005. 『어떻게 잠언을 읽을 것인가?』. 전의우 역. 서울: 한국기독학

생회출판부.

루이스, C S 2002[1992]. 『시편사색』. 김정우 역. 서울: 총신대학교출판부.

루카스, 어니스트 2015[2008]. 『성경이해 5: 시편과 지혜서』. 서울: 성서유니온.

맥그래스, 알리스터 2008. 『구속사로 본 핵심 주석』. 박규태 역. 서울: 국제제자훈련원.

머피, 롤랜드 E 2001. 『잠언』. WBC 성경주석. 박문재 역. 서울: 도서출판 솔로몬.

모티어, J A 2015[2008]. "시편." 『IVP 성경주석』. 김순영 외 7인 공역. 서울: 한국기독
          학생회 출판부.

박영돈 2008. 『성령충만, 실패한 이들을 위한 은혜』. 서울: SFC.

벌럭, C 헤슬 1999. 『시가서 개론』. 임용섭 역. 서울: 서도출판 은성.

베일, C 1995. 『욥기 강해』. 신득일 역. 부산: 고신대학교 출판부.

볼킨, 존 2015[2008]. "아가." 『IVP 성경주석』. 김순영 외 7인 공역. 서울: 한국기독학생
          회 출판부.

부젤, 시드 1996. 『잠언』. BKC 강해주석 시리즈 11. 김태훈 역. 서울: 도서출판 두란노.

불록, C 하젤 2003. 『시편총론 : 문학과 신학적 개론』. 류근상 역. 고양: 크리스챤.

벌코프, 루이스 1974. 『성경해석학』. 서울: 한국개혁주의 신행협회.

베일, C 1995. 『욥기 강해』. 신득일 역. 부산: 고신대학교 출판부.

서종택 1984. "소설론." 『문학개론』. 구인환 외. 서울: 형설출판사.

송제근 1998. 『시내산 언약과 모압 언약』. 서울: 도서출판 솔로몬.

스토트, 존 1989. 『그 이름은 여호와시니』. 홍병창 역. 도서출판 엠마오.

스펄전, 찰스 1997a. 『시편 강해』1. 안효선 역. 서울: 생명의 말씀사.

스펄전, 찰스 1997b. 『시편 강해』2. 안효선 역. 서울: 생명의 말씀사.

스펄전, 찰스 1997c. 『시편 강해』3. 김태곤 역. 서울: 생명의 말씀사.

스펄전, 찰스 1997e. 『시편 강해』5. 안효선 역. 서울: 생명의 말씀사.

스펄전, 찰스 1998b. 『시편 강해』9. 김태곤 역. 서울: 생명의 말씀사.

신득일 2002. "구약에 나타난 여호와/하나님 경외의 삶." 『고신신학』 3: 15-48. 부산:
          고신신학회.

신득일 2012. 『구약정경론』. 서울: 생명의 양식.

신득일 2015. 『101가지 구약 Q & A』. 서울: CLC.

신원하 2015. "목사님, 우리 푸들을 천국에서 볼 수 있을까요?" 『생명나무』 2015년 1월
          호: 68-74.

아우구스티누스 1992. 『하나님의 도성』 I. 조호연 역. 크리스챤 다이제스트.

유윤종 2009. "솔로몬의 두 번째 잠언: 잠언 16:1-22:16의 주해와 적용." 목회와 신학

편집부 편. 『잠언, 어떻게 설교할 것인가』. 서울: 두란노 아카데미.

유윤종 2009a. "솔로몬의 세 번째 잠언: 잠언 25–29장의 주해와 적용." 목회와 신학 편집부 편. 『잠언, 어떻게 설교할 것인가』. 서울: 두란노 아카데미.

유윤종 2009b. "아굴의 잠언: 잠언 30장 주해와 적용." 목회와 신학 편집부 편. 『잠언, 어떻게 설교할 것인가』. 서울: 두란노 아카데미.

이형원 1993. 『잠언』. 서울: 전망사.

젠슨, J. 제럴드 2007. 『욥기』. 현대성서주석. 한진희 역. 서울:한국장로교 출판사.

젠슨, 필립 2015[2008]. "성경의 시." 『IVP 성경주석』. 김순영 외 7인 공역. 서울: 한국기독학생회 출판부.

쥬, 로이 2000. 『욥기』. 전광규 역. 서울: 도서출판 두란노.

차일즈, B S 1992. 『구약신학』. 박문재 역. 서울: 크리스챤 다이제스트.

차일즈, B S 1999. 『성경신학의 위기』. 박문재 역. 서울: 크리스챤 다이제스트.

차일즈, B S 1992. 『구약정경개론』. 김갑동 역. 서울: 대한기독교출판사.

채은하 2009. "전도서의 구조." 『전도서: 어떻게 설교할 것인가』. 서울: 두란노 아카데미.

천사무엘 2009. "잠언 연구의 주요 해석학적 과제들." 『구약논단』 14:4 (2009): 147–165.

최재석, 2006. 『그리스도인에게 문학적 소양이 필요한가?』 서울: 대한기독교서회.

카이저, 월터 C 1991. 『숭고한 삶』. 서울: 생명의 말씀사.

콜린스, C J 2014. "시편 해설." 『ESV 스터디 바이블』. 김귀탁 역. 서울: 부흥과개혁사.

콜린스, C J & 앤드류 스튜어트 2014a. "아가 해설." 『ESV 스터디 바이블』. 김귀탁 역. 서울: 부흥과개혁사.

클라인즈, D J A 2015[2008]. "욥기." 『IVP 성경주석』. 김순영 외 7인 공역. 서울: 한국기독학생회 출판부.

클린스, 데이빗 J A 2006a. 『욥기 1–20』. 한영성 역. 서울: 도서출판 솔로몬.

클린스, 데이빗 J A 2006b. 『욥기 21–37』. 한영성 역. 서울: 도서출판 솔로몬.

클린스, 데이빗 J A 2006c. 『욥기 38–42』. 한영성 역. 서울: 도서출판 솔로몬.

펙, M 스코트 2002. 『거짓의 사람들』. 윤종석 역. 서울: 도서출판 두란노.

포스터, 리차드 1998[1989]. 『돈, 섹스, 권력』. 김영호 역. 서울: 도서출판 두란노.

피, 고든 D & 더글러스 스튜어트 1991. 『성경을 어떻게 읽을 것인가』. 오광만 역, 서울: 성서유니온.

피, 고든 D & 더글러스 스튜어트 2007[2003]. 『책별로 성경을 어떻게 읽을 것인가』. 길성남 역, 서울: 성서유니온.

하경택 2006. 『질문과 응답으로서의 욥기 연구: 지혜, 탄식, 논쟁 안에 있는 '신학'과 '인간학'』. 서울: 한국성서학연구소.

하경택 2018. 『욥기』. 한국장로교총회창립 100주년 기념표준주석. 서울: 한국장로교출판사.

한홍 2000. 『거인들의 발자국』. 서울: 두란노.

함성국 2005. 『시편 해석』. 서울: 대한기독교서회.

해리스, K L & A 콘켈 2014. "욥기 해설." 『ESV 스터디 바이블』. 김귀탁 역. 서울: 부흥과개혁사.a

헨리, 매튜 1983. 『잠언』. 매튜 헨리 주석 시리즈(20). 소창길 역. 서울: 기독교문사.

현창학 2009. "잠언 10–11장의 주해와 적용." 『잠언, 어떻게 설교할 것인가』. 서울: 두란노 아카데미.

Alden, R L 1993. *Job*. NAC. Broad & Holman Publishers.

Alexander, J A 1991[1864]. *Commentary on Psalms*. Grand Rapids: Kregel Publications.

Alter, R 1981. *The Art of Biblical Narrative*. New York: Basic Books.

Alter, R 1985. *The Art of Biblical Poetry*. New York: Basic Books.

Andersen, F I 1974. *Job*. TOTC. Leicester: Inter Varsity Press.

Archer, G L Jr 1946. *A Survey of Old Testament Introduction*. Chicago: Moody.

Atkinson D 1991. *The Message of Job: Suffering and Grace*. BST. Leicester: Inter-Varsity Press.

Atkinson D 1996. *The Message of Proverbs: Wisdom for Life*. BST. Leicester: Inter-Varsity Press.

Bar-Efrat, S 1989. *Narrative Art in the Bible*. Sheffield: Almond Press.

Bible Works 2017. *Software for Biblical Exegesis & Research*.

Brooks, C & R P Warren 1959. *Understanding Fiction*. New York: Appleton Century Crofts.

Brown, W P 2000. *Ecclesiastes*. Interpretation. Louisville: John Knox Press.

Brueggemann, W 1984. *The Message of the Psalms : A Theological Commentary*. Minneapolis: Augsburg.

Bunch, C 1996. "Song of Songs." Cindy Bunch eds. *The NIV Quiet Bible*. Downers Grove.

Caird, G B 1980. *The Language and Imagery of the Bible*. Philadelphia: The Westminster Press.

Calvin, J 1960. *Institutes of the Christian Religion*. ed. by John T. McNeill. Philadelphia: The Westminster Press.

Carr, G L 1984. *The Song of Songs*, Leicester: Inter-Varsity Press.

Childs, B S 1971. "Psalm Titles and Midrashic Exegesis." *Journal of Semitic Studies* 16: 137-150.

Childs, B S 1982. *Introduction to the Old Testament As Scripture*. Philadelphia: Fortress Press.

Clines, D J A 1989. *Job 1-20*. WBC. Dallas: Word Books.

Clines, D J A 2006. *Job 21-37*. WBC. Nashville: Word Books.

Clines, D J A 2012. *Job 38-42*. WBC. Nashville: Word Books.

Cohen, A 1982. *The Psalms*. London: The Soncino Press.

Craigie, P C 1984. *Psalms 1-50*. WBC 19. Waco: Word Books.

Dahood, M 1968. *Psalm I: 1-50*. Anchor Bible. New York: Doubleday & Company.

Dahood, M 1968a. *Psalm II: 51-100*. Anchor Bible. New York: Doubleday & Company.

Dahood, M 1970. *Psalm III: 101-150*. Anchor Bible. New York: Doubleday & Company.

Delitzsch, F 1970[1877]. *Commentary on the Song of Songs and Ecclesiastes*. Translated by M. G. Easton. Clark's Foreign Theological Library, 1877. Reprint. Grand Rapids: Eerdmans.

Dillard, R B & T Longman III 1994. *An Introduction to the Old Testament*. Grand Rapids: Zondervan.

Dorsey, D A 1999. *The Literary Structure of the Old Testament*. Grand Rapids: Baker Books.

Driver, S R 2018[1921]. *A Critical and Exegetical Commentary on the Book of Job*. Vol. 2 of 2(Classic Reprint). Forgotten Books.

Driver, S R 1956[1897]. *An Introduction to the Literature of the Old Testament*. Cleveland: World.

Dumbrell, W J 2002. *The Faith of Israel: A Theological Survey of the Old Testament*.

Grand Rapids: Baker Academic.

Eaton, M A 1983. *The Song of Songs* Leicester: Inter-Varsity Press.

Eissfeldt, O 1965. *The Old Testament : An Introduction.* trans. Peter R. Ackroyd. New York: Harper & Row Publishers.

Garrett, D A 1993. *Proverbs, Ecclesiastes, Song of Songs.* NAC. Nashville: Broadman Press.

Gesenius, 1990[1910]. *Gesenius' Hebrew Grammar.* A. E. Cowley trans. New York: Oxford University Press.

Goldingay, J 2006. *Psalms 1-41.* Grand Rapids: Baker Academic.

Goldingay, J 2007. *Psalms 42-89.* Grand Rapids: Baker Academic.

Goldingay, J 2008. *Psalms 90-150.* Grand Rapids: Baker Academic.

Goldsworthy, G 1987. *Gospel & Kingdom: A Christian Interpretation of the Old Testament.* Australia: The Paternoster Press.

Goldsworthy, G 1987a. *Gospel & Wisdom.* The Paternoster Press.

Greidanus, S 1970. *Sola Scriptura: Problems and Principles in Preaching Historical Texts.* Toronto: Wedge Publishing Foundation.

Greidanus, S 1988. *The Modern Preacher and the Ancient Text: Interpreting and Preaching Biblical Literature.* Grand Rapids: Eerdmans.

Gunkel, H 1967. *The Psalms: A Form-Critical Introduction.* T. M. Honer trans. Philadelphia: Fortress.

Habel, N C 1985. *The Book of Job.* Philadelphia: The Westminster Press.

Harris R L, G L Archer & B K Waltke 1980. *Theological Wordbook of the Old Testament.* Chicago: The Moody Bible Institute.

Harrison, R K 1999. *Introduction to the Old Testament.* Grands Rapids: Eerdmans.

Hartley, J E 1988. *The Book of Job.* NICOT. Grand Rapids: Eerdmans.

Henry, M 1935[1710]. *Commentary on the Whole Bible.* 6 vols. 1710. Reprint. Vol. 3, "Job to Song of Solomon." New York: Revell.

Hill, A E & J H Walton 1991. *A Survey of the Old Testament.* Grand Rapids: Zondervan.

Hoekema, A A 1986. *Created in God's Image.* Grand Rapids: Eerdmans.

Hoekema, A A 1989. *Saved by Grace.* Grand Rapids: Eerdmans.

Hossfeld, F-L & E Zenger 2005a, *Psalms 2: A Commentary on Psalms 51-100.* Trans.

L M Maloney. Hermenia: a Critical and Historical Commentary on the Bible. Philadelphia: Fortress Press.

Hossfeld, F–L & E Zenger 2011, *Psalms 3: A Commentary on Psalms 101-150*. Hermenia: a Critical and Historical Commentary on the Bible. Trans. L M Maloney. Philadelphia: Fortress Press.

Howard Jr., D M 1993. *An Introduction to the Old Testament Historical Books*. Chicago: Moody Press.

Hubbard, D A 1989. *Proverbs*. The Communicator's Commentary. Word.

Janzen, J G 1985. *Job*. Interpretation. Atlanta: John Knox.

Kautzsch, E Ed. Enlarged 1990[1910]. *Gesenius's Hebrew Grammar*. Trans. A. E. Cowley. Oxford.

Kidner, D 1973. *Psalms 1-72*. TOTC. Inter–Varsity Press.

Kidner, D 1973a. *Psalms 73-150*. TOTC. Inter–Varsity Press.

Kitchen, K A 1975. *Ancient orient and Old Testament*. London: Inter–Varsity Press.

Kraus, H J 1988. *Psalms 1-59*. A Continental Commentary. Trans. H. C. Oswald. Minneapolis: Fortress Press.

Kraus, H J 1993a. *Psalms 60-150*. A Continental Commentary. Trans. H. C. Oswald. Minneapolis: Fortress Press.

Landy, F 1979. "The Song of Songs and the Garden of Eden," *JBL* 98, No. 4: 53–58.

Lawson, G 1980[1829]. *Commentary on Proverbs*. Grand Rapids: Kregel Publications.

Lloyd–Jones, D M 1985[1974]. *Life in the Spirit in Marriage, Home & Work : An Exposition of Ephesians 5:18 to 6:9*. Pennsylvania: The Banner of Truth Trust.

Longman III, T 1987. *Literary Approaches to Biblical Interpretation*. Grand Rapids: Zondervan.

Longman III, T 1997. *Reading The Bible With Heart Mind*. Nav. Press.

Longman III, T 2001. *Song of Songs*. Grand Rapids: Eerdmans.

Longman III, T 2012. *Job*. Baker Commentary on the Old Testament Wisdom and Psalms. Grand Rapids: Baker Academic.

Lowth, R 1923. *Lectures on the Sacred Poetry of the Hebrews*. 3rd ed. G. Gregory trans. Bibliolife.

Murphy, R E 1992. *Ecclesiastes*. WBC. Dallas: Word Books.

Parunak, H V D 1984. "Oral Typesetting: Some Uses of Biblical Structure." *Biblica* 62: 153–168.

Pfeiffer, R H 1948. *Introduction to the Old Testament*. New York: Harper & Brothers Publishers.

Polanyi, M 1957. "The Scientific Outlook: Its Sickness and Cure." *Science* 15(March): 480–484.

Pope, M H 1977. *Song of Songs*. AB. Doubleday.

Powell, M A 1990. *What Is Narrative Criticism?* Minneapolis: Fortress Press.

Pritchard, J B ed. 1969. *Ancient Near Eastern Texts(ANET)*. Princeton: Princeton University Press.

Robertson, O P 1980. *The Christ of the Covenants*. New Jersey: P&R.

Robinson, T H 1947. *The Poetry of the Old Testament*. London: Duckworth.

Roth, W M W 1962. "Numerical Sequence x/x+1 in the Old Testament." *Vetus Testamentum* 12: 300–311.

Rowley, H H 1952. "The Interpretation of the Song of Songs." In *The Servant of the Lord and Other Essay of the Old Testament*. London: Lutterworth: 189–234.

Ryken, L 1984. *How to Read the Bible as Literature*. Grand Rapids: Academie Books.

Scott, R B Y 1965. Scott, *Proverbs, Ecclesiastes*. Anchor Bible. New York: Doubleday & Company, Inc

Smick, E B & R Youngblood 2002. "Job Notes." *NIV Study Bible*. Grand Rapids: Zondervan..

Stek, J H 2002. "Psalms Notes." *NIV Study Bible*. Grand Rapids: Zondervan.

Stek, J H 2002a. "Song of Songs," *NIV Study Bible*. Grand Rapids: Zondervan.

Stott, J 1994. *Romans: God's Good News for the World*. Downers Grove: IVP.

Throntveit, M A 1982. "Linguistic Analysis and the Question of Authorship in Chronicles, Ezra and Nehemiah." *Vetus Testamentum* 32: 201–16.

Throntveit, M A 1992. *Ezra-Nehemiah*. Interpretation. Louisville: John Knox Press.

Trimp, C 1988. *Heilsgeschiedenis en Prediking*. Kampen: Uitgeverij Van Den Berg.

Vangemeren, W 1988. *The Progress of Redemption: The Story of Salvation from Creation to the New Jerusalem*. Grand Rapids: Academie.

Vangemeren, W 1997 Ed. *New International Dictionary of Old Testament Theology &*

Exegesis. Grand Rapids: Zondervan.

Waltke, B K 2004. *The Book of Proverbs: Chapters 1-15*. Grand Rapids: Eerdmans.

Waltke, B K 2005. *The Book of Proverbs: Chapters 15-31*. Grand Rapids: Eerdmans.

Walton, J H 2012. *The NIV Application Commentary: Job*. Grand Rapids: Zondervan.

Wessel, W W 2002. "Romans Notes." *NIV Study Bible*. Grand Rapids: Zondervan.

Wessel, W W & W L Lane 2002. "Mark Notes." *NIV Study Bible*. Grand Rapids: Zondervan.

Wilson, G H 2002. *Psalms*. Vol. 1. The NIV Application Commentary. Grand Rapids: Zondervan.

Wolf, H 2002. "Proverbs Notes." *NIV Study Bible*. Grand Rapids: Zondervan.

Young, E J 1953. *An Introduction to the Old Testament*. Grand Rapids: Eerdmans.

Zenger, E 1996. *A God of Vengeance? Understanding the Psalms of Divine Wroth*. Louisville: Westminster Jhon Knox Press.

Zuck, R B 1978. *Job*. Everyman's Bible Commentary. Chicago: Moody Press.